8 Lk 7 20270 (2)

Troyes
1882

Lalore, Charles (éd.)

Collection des principaux obituaires et confraternités du diocèse de Troyes

COLLECTION
DE
DOCUMENTS INÉDITS

RELATIFS A LA

VILLE DE TROYES

ET A LA CHAMPAGNE MÉRIDIONALE

PUBLIÉS PAR LA

SOCIÉTÉ ACADÉMIQUE DE L'AUBE

TOME DEUXIÈME

TROYES
LIBRAIRIE DUFEY-ROBERT
LÉOPOLD LACROIX, SUCCESSEUR
RUE NOTRE-DAME, 83

1882

DOCUMENTS INÉDITS

PUBLIÉS

PAR LA SOCIÉTÉ ACADÉMIQUE DE L'AUBE

Tiré à vingt-cinq exemplaires sur papier de Hollande supérieur. N°

COLLECTION

DE

DOCUMENTS INÉDITS

RELATIFS A LA

VILLE DE TROYES

ET A LA CHAMPAGNE MÉRIDIONALE

PUBLIÉS PAR LA

SOCIÉTÉ ACADÉMIQUE DE L'AUBE

TOME DEUXIÈME

TROYES

LIBRAIRIE DUFEY-ROBERT

LÉOPOLD LACROIX, SUCCESSEUR

RUE NOTRE-DAME, 83

1882

COLLECTION

DES

PRINCIPAUX OBITUAIRES

ET

CONFRATERNITÉS

DU DIOCÈSE DE TROYES

PAR

M. L'ABBÉ CHARLES LALORE

MEMBRE RÉSIDANT
DE LA SOCIÉTÉ ACADÉMIQUE DE L'AUBE

AVERTISSEMENT

I.

Les limites imposées par la Société Académique aux éditeurs de documents m'obligent à énoncer seulement les sources des obituaires.

Ce sont : 1° les *inscriptions tumulaires*, plus ou moins explicites, elles remontent jusqu'à l'origine du christianisme [1] ; 2° les *diptyques* qui étaient lus au *Memento* des morts et qui sont aussi anciens que le canon de la messe [2] ; 3° les *confraternités* ou associations spirituelles qui ont donné lieu aux rouleaux des morts et aux recommandises ; cet usage paraît remonter jusqu'au vi[e] siècle [3].

De ces documents nécrologiques ont été formés, dès le viie siècle, les obituaires. L'obituaire s'appela aussi *liber mortuorum*, et *liber vitæ*.

---

[1] J. De Rossi, *Inscriptiones christ. urbis Romæ septimo seculo antiquiores.* — Le Blant, *Inscriptions chrétiennes de la Gaule.*

[2] Bona, *Rerum liturgic.* ed. Sala, t. III, p. 307. — Ducange, *Glossar.* V° Diptycha, éd. Henschel.

[3] Bona, *ibid.* p. 307. — Mabillon, *Seculum III benedict.* Præfat., observ. 100 ; *Analecta*, t. III, p. 485 ; — *Annales ord. S. Benedicti*, t. III, an. 859. — Ducange, *Glossar.* V° Fraternitas. — L. Delisle, *Rouleaux des morts du IXe au XVe siècle.*

Avant le XIIIe siècle l'obituaire était un catalogue ou registre mortuaire sur lequel étaient inscrits les obits, c'est-à-dire le jour du décès des personnes pour lesquelles on devait prier. Au XIIIe siècle, les obituaires deviennent plus complets; on y trouve, la plupart du temps, le lieu de la sépulture du défunt, des détails sur sa généalogie, les fondations pieuses qu'il a faites, les biens qu'il a donnés pour les frais de son anniversaire à perpétuité. De là le nom de *nécrologe,* et de *martologe* ou martyrologe donné aux obituaires. A l'époque tout à fait moderne, les obituaires sont appelés *livre des anniversaires.*

Nous n'essaierons pas de faire ressortir l'importance des documents nécrologiques. Nos obituaires renferment une des plus belles pages de l'histoire de la charité dans notre pays; ils sont une éclatante profession de la foi à l'immortalité de l'âme; ils complètent des généalogies et précisent des dates; ils font connaître des usages liturgiques et révèlent des détails de mœurs qui sont pleins d'intérêt, etc.

II.

Nous ferons connaître succinctement les documents que nous publions sous le titre de *Collection des principaux obituaires du diocèse de Troyes.*

I. OBITUAIRE DE SAINT-PIERRE DE TROYES.

Sous ce titre sont compris les documents suivants :

1º Les *Recommandises qui se faisaient tous les dimanches à la cathédrale de Troyes, devant la chapelle du Saint-Sauveur, après la procession*, texte du xive siècle, au commencement du manuscrit 38 de la Bibliothèque de Troyes; 2º le *Compotus anniversariorum ecclesie Trecensis* de l'an 1348-1349, aux Archives de l'Aube, registre G. 1656, fol. 55; 3º les *Fondations en l'église de Troyes auxquelles il y a distribution, et autres fondations*, texte de la seconde moitié du xviiie siècle, aux Archives de l'Aube, liasse G. 2576. Les *Fondations* ont été rédigées par Gabriel Forest, prêtre, licencié en droit canon, protonotaire apostolique, chanoine de la cathédrale et greffier du chapitre. Ce document abonde en détails historiques, mais il est malheureusement incomplet, les fondations du mois de juin manquent. Pour combler cette lacune, nous avons tiré le mois de juin d'un catalogue d'anniversaires rédigé en 1712 et qui se trouve aussi aux Archives de l'Aube, liasse G. 2576. Nous avons ajouté en note au livre des *Fondations :* 1º des extraits de donations et testaments ou d'exécutions testamentaires; 2º des inscriptions tumulaires, en signalant les tombes qui existent encore.

2. OBITUAIRE DE SAINT-ÉTIENNE DE TROYES.

Nous publions sous ce titre :

1º Un obituaire, avec mention des fondations faites par les défunts, et des distributions au chœur, rédigé au XIIIᵉ siècle (il se trouve à la Bibliothèque de Troyes, manuscrit 365, fol. LXXI); 2º un supplément tiré d'un obituaire du XIVᵉ-XVIᵉ siècles (à la Bibliothèque de Troyes, manuscrit 1079); 3º *les Fondations establies en l'église royalle de Troyes*. Ce manuscrit, que nous possédons, a été rédigé au XVIIᵉ siècle; on y trouve des additions jusqu'à la date de 1761.

3. OBITUAIRE DE SAINT-URBAIN DE TROYES.

L'obituaire de Saint-Urbain de Troyes se compose du *Liber distributionum* qui a été vu et approuvé en chapitre le 12 août 1711. Nous avons tiré le *Liber distributionum* d'un registre qui se trouve dans les archives de l'église Saint-Urbain. Nous publions en note les deux documents suivants tirés du même registre : 1º *Notices sur les principaux bienfaiteurs désignés au livre du prosne* ; 2º les *Plaques* (ou lames) *des donations* ; 3º enfin, nous avons ajouté quelques extraits de testaments et plusieurs inscriptions tumulaires encore existantes.

4. OBITUAIRE DE SAINT-LOUP DE TROYES.

Cet obituaire comprend : 1° la *Commendatio* ou les *Recommandises* pour les défunts, en français, xiiie siècle, d'après une copie du xviiie siècle qui se trouve dans Cousinet, manuscrit 2283 (t. III, p. 73) de la Bibliothèque de Troyes; 2° l'obituaire rédigé par Nicolas Prunel, abbé de Saint-Loup, pour servir de supplément au *Vetus liber obituum*. Nous publions une copie de l'obituaire de Nicolas Prunel, faite avec quelques additions vers le milieu du xvie siècle (à la Bibliothèque de Troyes, manuscrit 361, fol. 371). A ces deux documents nous ajouterons en supplément à chaque mois : 1° les extraits du *Vetus liber obituum* faits par Cousinet et qui sont dans le manuscrit 2283 (t. III) cité plus haut; 2° nous donnerons des extraits d'un calendrier-obituaire de Saint-Loup (en tête du manuscrit 361, cité plus haut). Il renferme des obits se rapportant à la période de 1591 à 1607.

5. OBITUAIRE DE NOTRE-DAME-AUX-NONNAINS DE TROYES.

Ce recueil comprend : 1° l'*obituaire* de l'abbaye, écrit au xiiie siècle, avec quelques additions, tiré du manuscrit Latin, 7894 de la Bibliothèque nationale ; 2° supplément tiré des *Obits des abbesses, religieuses... du monastère de Notre-Dame de Troyes... fait en 1770* (à la Bibliothèque de Troyes, manuscrit 2605); 3° *Fondations de Notre-Dame-aux-Nonnains*, de 1198 à 1586, copie du xviii° siècle, aux Archives de l'Aube; 4° *Epitaphes et inscriptions extraictes des tumbes... en l'an 1626* (aux Archives de l'Aube).

6. OBITUAIRE DU PARACLET.

Sous ce titre nous publions : 1° le *Livre des sépultures* de l'abbaye, texte français de la deuxième moitié du xiii° siècle avec quelques additions (à la Bibliothèque nationale, F. Français, 14410); 2° le *Necrologium Paracliti* du xiv° au xvi° siècle, copie faite par dom Cajot, dernier confesseur des religieuses du Paraclet ; chaque mois du nécrologe est suivi d'une nomenclature de décès par ordre chronologique (xvi-xviii° siècles). Le *Necrologium Paracliti* se trouve à la Biblothèque de Troyes, manuscrit 2,450.

7. CONFRATERNITÉS EN FAVEUR DES MORTS.

Aux obituaires nous ajouterons plusieurs documents relatifs aux confraternités en faveur des morts. Ces confraternités étaient des associations spirituelles en vertu desquelles les chapitres, collégiales, abbayes et autres établissements réguliers s'engageaient à prier mutuellement pour les morts. Dans les lettres de confraternité on désigne les prières, psautiers, offices, anniversaires auxquels on était mutuellement obligé à telle époque déterminée.

III.

Nous terminerons par quatre observations.

1º En comparant les obituaires du moyen-âge à ceux de l'époque moderne, on trouve les obits les plus importants au point de vue de la chronologie et de l'histoire, portés au calendrier avec la différence d'un jour. Cette différence apparente s'explique facilement. Les principaux obits ayant des vigiles solennelles, qui pendant toute la durée du moyen-âge se célébrèrent la veille dans l'après-midi, l'office est marqué dans les plus anciens obituaires pour la veille ; mais à l'époque moderne, les vigiles ayant été reportées au lendemain matin avant la messe, en conséquence l'obit fut marqué à ce jour dans le calendrier.

2º On trouve dans les obituaires que nous publions des noms de saints canonisés pour lesquels on faisait un office funèbre tous les ans ; ainsi l'obit de saint Bernard est marqué au 23 août dans l'obituaire de Notre-Dame-aux-Nonnains. Cet usage paraîtra moins singulier si on se rappelle que l'obit du même saint Bernard, ainsi que celui de saint Louis, roi de France, et du B. Robert d'Arbrissel sont marqués dans l'obituaire de Fontevrault et qu'ils furent célébrés jusqu'au Concile de Trente. Au XVIIe siècle, on continuait dans l'abbaye du Bec à célébrer une messe annuelle de *Requiem* pour l'âme de saint Anselme, comme on faisait un service funèbre pour saint Charlemagne, au monastère d'Argenteuil. On sait qu'au temps d'Hincmar et même à l'époque d'Innocent III, on priait encore pour le repos de l'âme de saint Léon-le-Grand [1].

3° Enfin, parmi les anniversaires portés aux obituaires, il faut distinguer les anniversaires généraux, les anniversaires personnels et la commémoraison.

Les anniversaires généraux étaient célébrés à perpétuité une ou plusieurs fois l'an par un chapitre, ou une collégiale, ou une abbaye, etc., pour tous ses membres défunts, ou bien pour tous les autres défunts qui lui étaient affiliés par des confraternités. L'anniversaire personnel était fondé et célébré pour un défunt en particulier. Il y avait l'office à l'église, et ensuite la *distribution* aux chanoines, ou bien la *pitance* au réfectoire monastique. Ce dernier usage n'avait

---

[1] Hincmar. *de Predestin.*, l. I, C. XXXIV.— *Decretal. Gregor.*, l. III de celebrat. Missæ, can. Cum Marthæ.

pas seulement pour but de dédommager d'un surcroit de peine, il avait été inspiré par une pensée de foi : dans le style de l'Eglise le jour de la mort est appelé *dies natalis... vita mutatur, non tollitur.* Pour le chrétien, la vraie vie commence à la mort ; c'est pourquoi tant de pieux personnages, en fondant leur anniversaire dans le cloître, ont voulu que, chaque année, au jour où il aurait plu à Dieu de les appeler à lui, les religieux fissent un peu la fête jusqu'au réfectoire [1].

Outre l'anniversaire personnel proprement dit et qui régulièrement devait se célébrer le jour anniversaire de la mort, on trouve encore d'autres services mortuaires personnels fondés pour un même défunt. Ces services sont quelquefois désignés sous les noms d'*obitus, anniversarium*, mais le plus souvent sous ceux de *memoria, commemoratio*. Beaucoup de défunts ont une commémoraison personnelle ou service commémoratif tous les mois. Il y avait aussi la commémoraison commune dite *recommandise* qui se faisait tous les dimanches. Enfin la commémoraison commune et quotidienne se faisait tous les jours par la lecture du nécrologe après celle du martyrologe à l'office ecclésiastique de Prime, et chez les moines après la lecture de la règle [2].

4° Dans les obituaires de Notre-Dame-aux-

---

[1] *Bibliot. Cluniac.* col. 496-B. — *Ibid.* col. 419-C.— D'Achery, *Spicileg.*, t. III, p. 408, ult. ed.

[2] Bona. *op. cit.* — Mabillon, *op. cit.*

Nonnains et du Paraclet on trouve les expressions *monacha laica* — *consoror* — et *monacha, conversa, familiaris ad succurrendum* s'appliquant même à des personnes de la noblesse baronniale. La *monacha, conversa, familiaris ad succurrendum* était une personne qui, se trouvant à l'extrémité, ou en grand danger de mort, prenait l'habit religieux et s'aggrégeait par vœu à un monastère comme religieuse, converse, ou familière, afin de participer à tous les biens spirituels de la communauté et pourvoir ainsi au salut de son âme. Cet engagement était irrévocable, et si la malade revenait à la santé elle ne pouvait retourner au siècle. La *monacha laica* était, dans les monastères de femmes, ce que le *frère lai* était dans les monastères d'hommes. La *consoror* était une bienfaitrice du monastère et participait à tous les biens spirituels de la communauté. Ordinairement, elle vivait dans le monastère; quelquefois les laïques bienfaitrices et affiliées restaient dans le monde.

Troyes, le 17 octobre 1879.

DOCUMENTS INÉDITS

RELATIFS AUX

PRINCIPAUX OBITUAIRES DU DIOCÈSE DE TROYES

1. OBITUAIRE DE SAINT-PIERRE.

§ I.

RECOMMANDISES QUI SE FAISAIENT TOUS LES DIMANCHES A LA CATHÉDRALE DE TROYES, DEVANT LA CHAPELLE DU SAINT-SAUVEUR, APRÈS LA PROCESSION [1].

Dictes *Pater noster* :

1. Pour tous les confrères et les bienfaiteurs de ceste esglise.
2. Pour tous ceux qui sont alé ou service Dieu en Ihrlem et qui encor iront.
3. Pour l'âme le conte Eudon, le vicomte Milon, et le comte Huon qui les marchiez et les franchises donnèrent à ceste esglise.
4. Pour l'âme le conte Henri, la contesse Marie, et le conte Henri, leur fil, qui fut mort au service de Dieu en Ihrlem.
5. Pour l'âme le conte Thiébaut, son frère, et la contesse Blanche, sa femme.
6. Pour l'ame l'évesque Philippe, l'évesque Regnaut, l'évesque Henri, l'évesque Mahé, l'évesque Manessiers, l'évesque Bartholomeu, l'évesque Garnier, l'évesque Hervé, l'évesque Robert, l'éves-

---

[1] Bibliothèque de Troyes, manuscrit *838*, au commencement.

que Nicolas, l'évesque Jehan, l'évesque Guichart, l'évesque Jehan.

7. Pour l'ame le déan Henri de la Noe.
8. Pour l'ame le conte Thiébaut, la contesse Mahaut, le conte Milon de Bar.
9. Pour l'ame dame Hélye de Villemor.
10. Pour l'ame Oudon de Pougy.
11. Pour l'ame Mgr Jehan d'Aubigny, jadis évesque de Troyes.
12. Pour l'ame Mgr Hemeri, jadis cardinal de Chartres.
13. Pour l'ame madame Marie, contesse d'Alançon.
14. Pour l'ame Adam de Bruillecourt, jadis déan de céans.
15. Pour l'ame maistre Pierre d'Arbois, jadis chanoine de céans.
16. Pour l'ame Mgr Amé de Joinville, seigneur d'Aunoy-le-Chastel.
17. Pour l'ame Mgr Gontier, jadis arcevesque de Sens.
18. Pour l'ame Philippe Ameret, escuyer, jadis garde des foires de Champaigne.
19. Pour l'ame maitre Jehan de Champigny, jadis chanoine de céans.
20. Et pour l'ame Mgr Estienne de Givry, jadis évesque de Troyes.
21. Et pour l'ame de maistre Estienne Grappin, jadis chanoine de céans.
22. *Et pro salute vivorum ac requie defunctorum.*

Amen. — Pater noster.. Salvos fac servos.. Oremus : Omnipotens sempiterne Deus qui, vivorum dominaris..

§ II.

COMPOTUS ANIVERSARIORUM ECCLESIE TRECENSIS REDDITUS PER GARNERIUM DE GIEYO PRESBITERUM, COLLECTOREM REDDITUUM ECCLESIE PREDICTE ASSIGNATORUM ANNIVERSARIIS PREDICTIS, A FESTO NATIVITATIS B. JOHANNIS BAPTISTE ANNI DOMINI M^i CCC^i XLVIII^i USQUE AD ULTIMAM DIEM JUNII ANNI XLIX^i [1].

EXPENSE PRO DICTIS ANNIVERSARIIS.

JULIUS.

23.	Pro Herveo, Trecensi episcopo,	C s.
24.	Pro Petro de Bonnavalle,	IIII l.
25.	Pro Colino *Josse*,	XX s.
26.	Pro Symone, majore,	XX s.
27.	Pro domino Johanne de Arzilleriis.	VIII l.
28.	Pro Theobaldo *dou Chanoy*,	X s.
29.	Pro Joberto *al.* Herberto, phisico,	XIIII s.
30.	Pro parentibus Guidonis de Campoguidonis,	XX s.
31.	Pro Petro Beloceri,	C s.
32.	Pro Guinardo, capicerio S. Stephani,	LX s.
33.	Pro memoria episcopi Nicolai, facta per Jac. de Baaçonno,	LX s.
34.	Pro Odone de Donamento,	XXV s.
35.	Pro Balduyno, presbitero,	XV s.
36.	Pro Lamberto dicto *Faucille*,	nichil.
37.	Pro magistro Petro de *Cornillon*,	L. s.
38.	Pro Stephano et ejus fratre Benedicto, de Chigiaco,	nichil.
39.	Pro parentibus Odonis de Thoriaco,	XL s.
40.	Pro memoria Hervei, episcopi,	XX s.
41.	Pro Benedicto, sacerdote,	XX s.
42.	Pro Odone de Thoriaco,	XV l.
43.	Pro Guidone de Remis,	l s.

---

[1] Archives de l'Aube, *reg.* G. 1656, fol. 55.

44. Pro Milone de Brayo, xx s.
45. Pro Johanne de *Champmarot* et ejus matre, xx s.
46. Pro parentibus Johannis de Nantolio, episcopo, xxx s.
47. Pro Galtero *Juveney*, xlv s.
48. Pro Symone, *Evart*. xl s.
49. Pro Stephano, granatario, x s.
50. Pro magistro Stephano, de Sanciaco, xxxv s.
51. Pro episco Paphensi, l s.
52. Pro memoria Johannis, episcopi, de Nantolio, l s.
53. Pro Radulpho d'*Avenez*, x s.
54. Pro Guidone de Capis, frumentum loco suo computatum,
55. Pro J. dicto *Bussot*, x s.
56. Pro patre et matre domini H. de Clauso, sine avena loco suo computata, xii d.
57. Pro Parcevello, de civitate, xxx s.
58. Pro magistro Alberico de Verberia, lx s.
59. Pro Girardo, cantore Trecensi, lx s.
60. Pro Manasse de Villamauri, archidiacono, cvii s.
61. Pro Guiardo de Belloforti. x s.
62. Pro Stephano et Bartholomeo, fratribus, presbyteris, xx s.
63. Pro Valeriano, subdiacono, xiii s.
64. Pro Johanne de Thoriaco, xx s.
65. Pro Galthero de Nogento, xxiii s.
66. Pro Drocone, archidiacono, xx s.

Summa mensis julii : iiii ˣˣ xii l. viii s.

AUGUSTUS.

67. Pro Johanne de Nantolio, episcopo, c s.
68. Pro Radulpho de Suppia, x l.
69. Pro Francisco *Poilevillain*, iiii l.
70. Pro memoria Henrici de Noa, quondam decano, lx s.
71. Pro Stephano de Cantualaude, lx s.
72. Pro Galtero, camerario, li s.
73. Pro Karolo, rege Hungarie, lx s.

74. Pro Milone de Pontibus et ejus uxore, xx s.
75. Pro Comitissa de Pontibus, xx s.
76. Missa S. Spiritus magistri Emerici Helye, lx s.
77. Pro Mattheo, matriculario, lx s.
78. Pro Francisco de Regiis, xl. s.
79. Pro Hugone de Brecis, lx s.
80. Pro patre et matre J. Beloceri, xl. s.
81. Pro G. de Montemorelli, xx s.
82. Pro Radulpho de Saveriis, xx s.
83. Pro Stephano de Planceyo, xxv s.
84. Pro Johanne de *Molinons*, xx s.
85. Pro Symone de Savigniaco, xxx s.
86. Pro Helisabeth, matre Odonis de Mota. x s.
87. Pro Evrardo, matriculario, l s.
88. Pro Johanne, decano, xx s.
89. Pro Anselino *Chanel*, x s.
90. Pro Hermensendi, x s.
91. Pro G. Carnotensi, subdiacono, xx s.
92. Pro Joffrido de *Baaçon*, milite, xl. s.
93. Pro magistro Odone de Meriaco, canonico, sine avena loco suo computata, xl. s.
94. Pro Florentio de Creneio,
95. Pro Petro de Janicuria, *nichil*.
96. Pro Michaele de Barro, *nichil*.
97. Pro Johanne de Villonixa, lx s.
98. Pro Erardo, archidiacono, lv s.
99. Pro Courtesio Murreario, xlvii s.

Summa mensis augusti est : lxxi l. xiii s.

SEPTEMBER.

100. Pro Hatone, Trecensi episcopo, x s.
101. Pro magistro Stephano de Pruvino, xxx s.
102. Pro Herarde, matre Girardi de Barro, xx s.
103. Pro Xpistiano, patre dicti Girardi, xx s.
104. Pro Dominico de Janua, c s.
105. Pro domino Rainaldo de Claellis, presbytero, xxx s.
106. Pro Roberto, fratre Girardi de Barro, xx s.
107. Pro Odone de Senonis, xxx s.
108. Pro Aylermo, subdiacono, x s.

109. Pro Petro Aycii, xxiiii s.
110. Pro Galtero de Sezannia, xxvi s.
111. Pro Andrea de Sancto Fidolo, c s.
112. Pro Philippo de Planceyo, presbytero, xl s.
113. Pro Zacharia, diacono, sine frumento, xl s.
114. Pro Garcia, archidiacono, iiii l.
115. Pro Jacobo de Foissiaco, xxx s.
116. Pro Guerrico Bocelli, xv s.
117. Pro Johanne de Gonnayo, archidiacono, viii l.
118. Pro Ludovico, clerico, x s.
119. Pro Balduyno, presbitero, xx s.
120. Pro magistro Martino, physico, xv s.
121. Pro Herberto de Pruvino, v s.
122. Pro Johanne de *Bochelle,* x l.
123. Pro Symone de Baaçonno, c x s.
124. Pro Artaudo, thesaurario, vi s.
125. Pro Petro Potatore, avenam loco suo computatam.
126. Pro Herberto, archidiacono, xx s.
127. Pro Renero, archidiacono, xx s.
128. Pro Laurentio de *Coloor,* xx s.
129. Pro Adam, apothecario, xx s.
130. Pro Guerrico *Pichot,* xxix s.
131. Pro Matheo, episcopo Trecensi, l s.
132. Pro Milone de Barro, canonico, l s.

Summa hujus mensis septembri : lxix l. xv s.

OCTOBER.

133. Pro Hugone de Lignyaco, l s.
134. Pro Urbano, papa, x l.
135. Pro Milone de Capella, xxx s.
136. Pro Drocone de Sancta Margareta, x s.
137. Pro Girardo, canonico altaris B. M. virginis in ecclesia Trecensi, l s.
138. Pro Guillelmo *Putemonoie,* xv s.
139. Pro Capellano de Sezannia, xx s.
140. Pro Ansello de Chigiaco, x l.
141. Pro Arnaudo, curato de Verdeyo, xxx s.

142.	Pro magistro Herberto, canonico Beate Marie, et parentibus suis,	XL S.
143.	Pro Mateo, curato de S. Pothamio, et magistro Herberto de Vaudis,	LX S.
144.	Pro Petro David,	*nichil.*
145.	Pro Galtero, camerario,	XI S. VIII d.
146.	Pro Hugone de Barro,	*nichil.*
147.	Pro Philippo de Vanna et Johanne de Ruillereto,	XV S.
148.	Pro Renaudo, archidiacono et sacerdote,	XXV S.
149.	Pro Petro de Lugduno, subdiacono,	XX S.
150.	Pro Aalipidi *al.* Helissendi de Capis,	XX S.
151.	Pro Thoma de *Gomer,* milite,	XX S.
152.	Pro Arnulpho, archidiacono,	C S.
153.	Pro Odone, cantore Villemauri, sine frumento loco suo computato,	LVII S.
154.	Pro Petro de Molayo, decano Trecensi[1],	VI l. XVI s.
155.	Pro Joanne, archidiacono, sine frumento et ordeo locis suis computatis,	
156.	Pro Guillelmo de Pruvino, archidiacono,	IIII l.
157.	Pro memoria episcopi Nicolai facta per Johannem de Gonnayo,	XL l.
158.	Pro magistro Girardo, archidiacono,	LX S.
159.	Pro Guillelmo de Bouilleyo,	X l.
160.	Pro patre et matre Johannis de Gonnayo,	XL S.
161.	Pro Anserico, subdiacono,	XL S.
162.	Pro magistro Petro Comestore,	XX S.

---

[1] Sa sépulture était à l'entrée du chœur, devant la stalle du doyen.

    ÉPITAPHE.

Hic de Molayo Petrus jacet, iste decanus
Trecensis, spatio longo vivens, homo planus,
Nobilis, urbanus, pulcher, sapiens, neque vanus,
Sed satis humanus, moderatus, tempore canus,
Hic flendus graviter mortis inivit iter
    anno MCCCXXXIII, die XV octobris.

(Camusat, *Auctar. Prompt.*, fol. 25 r°.)

163. Pro Johanne de Vasconia, XXI s.
164. Pro Petro Mellini, XXXII s.
165. Pro Renaudo de Pogeio, XII s.
166. Pro Petro de Villanova, IIII l.
167. Pro magistro Ansello, XI. s.
168. Pro Henrico de Baaçonno, XXIIII s.
169. Pro Milone de Barro, XX s.
170. Pro memoria Johannis de Nantolio, episcopi Trecensis, LX s.
171. Pro Jacobo de Longavilla, XX s.
172. Pro memoria episcopi Nicolai per Henricum de Noa, XL s.

Summa hujus mensis octobris : IIII^{xx} IX l. VIII s. VIII d.

NOVEMBER.

173. Pro magistro Dyonisio, quondam decano, XV l.
174. Pro J. de Sancto Verano, XL s.
175. Pro pro missa S. Spiritus, Adeline de Doyerio, XXXV s.
176. Pro domino Gregorio, thesaurario domini pape Bonifacii, L. s.
177. Pro Campano, presbytero, sine avena loco suo computata, VII s.
178. Pro parentibus Adeline de Doyerio, XXX s.
179. Pro Philippo, Trecensi episcopo, XX s.
180. Pro Galtero, preposito, XXIII s.
181. Pro Hugone de Planceyo, XX s.
182. Pro Guillelmo Testardi, X L.
183. Pro Johanne de Aubigneio, quondam, Trecensi episcopo, X l.
184. Pro Johanne et Maria, parentibus magistri Dynosii de Campoguidonis, XL s.
185. Pro Henrico *Chaure*, XX s.
186. Pro Radulpho de Blangeyo, XX s.
187. Pro Gileto de Maceyo, XX s.
188. Pro Radulpho de Rumilliaco, XV s.
189. Pro magistro Aymone, frumentum loco suo computatum.

190. Pro Xpistiano, presbytero, frumentum loco suo computatum.
191. Pro domino Auberto (al. Roberto) de Placentia, XXL.
192. Pro Lamberto, diacono, XXX s.
193. Pro Roberto de S. Patroclo. X s.
194. Pro magistro Eustachio, L s.
195. Pro Henrico, archidiacono, L s.
196. Pro memoria Johannis de Bellovisu, C s.
197. Pro memoria episcopi Nicolai per magistrum Johannem de Bellovisu, XL. s.
198. Pro Renaudo, archidiacono, canonico, XXX s.
199. Pro Angermero, canonico subdiacono, X s.
200. Pro donna Macea, avenam loco suo computatam.
201. Pro Roberto *Chaure*, X s.
202. Pro Petro de Muxeio (al. Musseio), milite, XL s.
203. Pro Guillelmo dicto *le Berton*, XX s.
204. Pro memoria Hervei, episcopi, quartam partem decime de Ascenseriis.
205. Pro Clarembaudo de Capis, XL s.
206. Pro Theobaldo, Cabilonensi episcopo, XL s.

Summa hujus mensis novembris : IIII^{xx} v l. v s.

DECEMBER.

207. Pro Petro *d'Allemenches*, ordeum loco suo computatum.
208. Pro Radulpho de Villiaco, L. s.
209. Pro J. de Jardo, archidiacono Brene, VII l.
210. Pro Renaudo, decano S. Urbani, C s.
211. Pro Hernaudo de Senonis, XX s.
212. Pro Lamberto de Parisiis, XV l.
213. Pro Hugone *Julin*, milite, V s.
214. Pro Lupo, milite, X s.
215. Pro Andrea, granetario, X s.
216. Pro Guillermo de Arcu, VII l.
217. Pro Theobaldo, rege Naverre, C s.
218. Pro trecennario Guillermi Testardi, XXXV s.

219. Pro Girardo Parvo, diacono, sine avena, xviii s.
220. Pro Arnulpho, milite, xiiii s.
221. Pro Alexandro, Remensi archidiacono, xx s.
222. Pro magistro H. de Sancto Massentio, xx s.
223. Pro Mathildi, comitissa, xl s.
224. Pro Arnulpho de Glanna, vi l. xii s.
225. Pro J. de Pontibus, lx s.
226. Pro Roberto de Rameruco, presbytero, xxx s.
227. Pro Hugone de Creneyo, presbytero, x s.
228. Pro Matheo, clerico, et Pro Roberto d'*Erviz*, xxx s.
229. Pro Balduino de Pontibus, sacerdote et canonico, x s.
230. Pro Rocelino, subdiacono et canonico, xxxiii s.
231. Pro Dameronna, matre dicti Rocelini, xx s.
232. Pro Milone, de Barro comite, lxx s.
233. Pro Stephano de Lata Quercu, xl s.
234. Pro Odone de Mota, subdiacono, xxx s.
235. Pro Manasse de Mota, x s.
236. Pro Drocone de Cantumerula, xv l.
237. Pro Drocone de Planceyo, subdiacono et canonico, xl s.
238. Pro Theobaldo, clerico, et Osanna, matre ejus, xiiii s.
239. Pro Guillelmo, fratre regis Navarre, c s.

Summa hujus mensis decembris : iiii^{xx} ii l. xv s.

JANUARIUS.

240. Pro Nicolao Falcidie, vi l.
241. Pro magistro Renaudo de Perigniaco, archidiacono Sezannie, c s.
242. Pro Galtero de Barro, subdiacono, xl s.
243. Pro patre et matre dicti Galteri, xl s.
244. Pro magistro Petro de *Morinval*, c s.
245. Pro Theobaldo, comite Campanie, xl s.
246. Pro Roberto de Sancto Pothamio, xx s.
247. Pro domino Johanne de Auxeio, episcopo Trecensi, xv l.

248. Pro Guerrico de Buceyo, xx s.
249. Pro Henrico de Sancto Leone, xl s.
250. Pro Henrico, presbytero et claustra-
rio, lxvi s.
251. Pro Rogero, archidiacono, sine frumento et avena loco suo computatis.
252. Pro Henrico de *Chenigi*, milite, avenam loco suo computatam.
253. Pro Roberto, milite, xx s.
254. Pro Thomas de Sancto Saviniano, xx s.
255. Pro Egidio (*al.* Gilone), archiepiscopo
Senonensi, lx s.
256. Pro Guichardo, Trecensi episcopo, sine
frumento suo loco computato, ix s.
257. Pro Garnero *Le Jay*, diacono et canonico, xii s.
258. Pro Egidio de Pruvino,
259. Pro Renaudo Generi, et Houdeardi,
ejus uxore, xl s.
260. Pro Odone, archidiacono, xl s.
261. Pro Bartholomeo *Berost*, xxx s.
262. Pro Odone de Pougiaco, sine frumento, xiii s.
263. Pro magistro Aymisio de Aurelianis, iiii l. x s.
264. Pro Milone de Planceyo, avenam loco
suo computatam.
265. Pro Stephano de Senonis, diacono, xviii s.
266. Pro Galtero, curato Sancti Dyonosii, xx s.
267. Pro Remigio, canonico altaris B. Marie, xl s.

Summa hujus mensis januarii : lxv l. xviii s.

FEBRUARIUS.

268. Pro Henrico, Trecensi episcopo, sine
avena loco suo computata, xxx s.
269. Pro missa Spiritus Sancti domini Guidonis de Bosco, lx s.
270. Pro donna Isabelli de Lisignis, frumentum loco suo computatum.
271. Pro Jacobo de *Tornange*, xxx s.
272. Pro Petro *Gasteblef* (al. *Gastebien*), xxx s.

273. Pro Johanne de Barro, *nichil.*
274. Pro magistro Symone de Monthelerico, xxv s.
275. Pro Jacobo de Senonis, *nichil.*
276. Pro Thoma Brunelli, diacono, xxx s.
277. Pro Roberto de *Courçon*, cardinali, xxx s.
278. Pro Galtero, cancellario, in frecengiis, *nichil.*
279. Pro Henrico de Maso, xl s.
280. Pro magistro Guillelmo dicto *Carcassone*, xxx s.
281. Pro parentibus domini Oberti de Placentia, iiii l.
282. Pro Johanne de Pruvino, lx s.
283. Pro Renaudo de Valentio, x s.
284. Pro Milone de *Chanlost*, x s.
285. Pro Karolo de Clauso, *nichil.*
286. Pro Stephano Lupi, presbytero, xx s.
287. Pro Guillelmo Lombardo, presbytero, x s.
288. Pro Renaudo, presbytero et canonico, lx s.
289. Pro patre et matre Jacobi de Senonis, xxii s.
290. Pro Girardo de Cucheto, xx s.
291. Pro Guillelmo *Méchin*, Trecensis episcopi, iiii l.
292. Pro Guillelmo de Bangeyo, lx s.
293. Pro Guiardo de Brena, archidiacono, xxx s.
294. Pro Falcone, archidiacono, x s.
295. Pro Henrico, cantore, xl s.
296. Pro Thoma, curato de Corbolio, xx s.
297. Pro patre et matre domini Oberti de Placentia, xl s.
298. Pro magistro cancellario, xx s.
299. Pro Galtero de Janicuria, xx s.
300. Pro Galtero Anglico, xx s.
301. Pro Guillelmo de *Gomes*, l s.
302. Pro Bartholomeo, episcopo, unum modium frumenti.
303. Pro Margareta, marescallissa, domina de *Lesignes*, *nichil.*
304. Pro Johanne Monacho, lx s.
305. Pro Johanne de Marescheriis, iiii l, x s.
306. Pro M. H. de Fontanis et ejus uxore, lxx s.

307. Pro magistro Johanne de *Chacennes* ordeum et avenam.
308. Pro Petro de Chenigeyo,
309. Pro Girardo de Sancto Winebaudo,
310. Pro Girardo Silvestri et ejus uxore, xxx s.
311. Pro Garnero Ferrados, xiii s.
312. Pro Ricardo, canonico altaris B. Marie, xxxii s.

    Summa hujus mensis februarii : lxv l. xii s.

MARTIUS.

313. Pro Girardo de Pougeyo, l s.
314. Pro Henrico de Celario, xxx s.
315. Pro magistro Petro de Claellis, liii s.
316. Pro Henrico de Fonvenna, milite, xxvi s.
317. Pro Matheo, canonico altaris B. Marie, xx s.
318. Pro Maria, comitissa Brene, ordeum et frumentum.
319. Pro Elisabeth, matre defuncti Mathei, matricularii, x s.
320. Pro Johanne Beloceri al. *Belocier*, lx s.
321. Columbo de Tornodoro, *nihil*.
322. Pro Manasse, Trecensi episcopo, c s.
323. Pro Hatone de Senonis, xx s.
324. Pro Helissandi de Capis, xx s.
325. Pro magistro Johanne de Bellovisu, viii l.
326. Pro Guillelmo, Laudunensi episcopo, xxx s.
327. Pro Margareta *la Tiedée* al. *la Tielere*, x s.
328. Pro domno Johanne de Aurelianis, xxv s.
329. Pro Blancha, comitissa, frumentum et avena loco suo computata, xxx s.
330. Pro Girardo, presbytero de Fulcheriis, xxx s.
331. Pro Milone Luppi, x s.
332. Pro Odone, canonico altaris B. Marie, xxv e.
333. Pro Angilberto, canonico dicti altaris, xx s.
334. Pro domino Herberto de Noa, milite, et Auda, ejus uxore, xl s.
335. Pro magistro Guidone *Purée*, curato Sancti Dyonisii, *nichil*.
336. Pro Henrico, comite Campanie, xl s.

337. Pro commemoratione episcopi Nicholai facta per Itherum, archidiaconum,   IIII l. XVI s.
338. Pro commemoratione episcopi Nicholai facta per Stephanum de Cantualaude,   XL s.
339. Pro Ithero, archidiacono,   CXV s.
340. Pro domino Johanne Gaulardi,   LX s.
341. Pro *Bicete* de *Couloore* (al. *Coulous*),   XX s.
342. Pro Johanne *Le Coc* de Sancto Leone, presbytero,   XX s.
343. Pro patre et matre Ytheri, archidiaconi,   XL s.
344. Pro patre et matre Stephani de Cantualaude   XX s.
345. Pro Jacobo *Roncevaille*,
346. Pro Hugone de Bellovisu, milite, et Evelina, ejus uxore,   XL s.
347. Pro Milone, decano Sancti Stephani,   LX s.
348. Pro Conone, presbytero, sine avena,   X s.
349. Pro domino Gilboino, archidiacono,   XX s.
350. Pro Guillelmo Diaboli,   C s.
351. Pro Garnero, Trecensi episcopo,   XL s.
352. Pro domino Jacobo Mellis.   XL s.

Summa hujus mensis martii : LXXVI l.

APRILIS.

353. Pro Nicolao, Trecensi episcopo,   XVI l. X s.
354. Pro magistro Johanne de Charniaco,   VI l.
355. Pro Milone de Sancto Albino,   LX s.
356. Pro Petro de Cella, archidiacono, et ejus parentibus,   VIII l.
357. Pro Hugone de Sancto Leone,   XL s.
358. Pro Nicolao de Sancta Margareta, archidiacono, sine avena,   L s.
359. Pro Bernero, archidiacono, ordeum.
360. Pro Aubrico, draperio,   XX s.
361. Pro Roberto, archidiacono,   LX s.
362. Pro Guidone de Campoguidonis,   LX s.

363. Pro Philippo de Lusigniaco, Theobaldo ejus fratre, et Johanne de Pruvino, avenam.
364. Pro magistro Petro de Tornodoro, xx s.
365. Pro magistro Martino de Hernencuria (al. Ornaturis), xl s.
366. Pro magistro Radulpho de *Mal Ru* (al. Malo Rivo), lx s.
367. Pro Garnero presbytero de Moceyo, xx s.
368. Pro Remigio dicto *Bichet*, xx s.
369. Pro Radulpho, diacono canonico, xxx s.
370. Pro Helia de Villamauri, xx s.
371. Pro Renero de Sancto Quintino, sine avena, xxvii s.
372. Pro Isabelli, regina Navarre, c s.
373. Pro Jacobo de Reliquiis, presbytero, xl s.
374. Pro Hugone de *Frolois* (al. Frolesio), vi l.
375. Pro Guillelmo de Brayo, cardinali, vii l.
376. Pro Fromondo de *Colour*, xx s.
377. Pro Guillelmo Pictaviensi, subdiacono, xx s.
378. Pro Nicolao de Maso, archidiacono, l s.
379. Pro Jacobo de Baaçonno, archidiacono, c s.

Summa hujus mensis aprilis : iiii^{xx} vi l. viii s.

MAIUS.

380. Pro commemoratione J. de Jardo, lx s.
381. Pro missa S. Spiritu Johannis de Musseyo, militis, xl s.
382. Pro Ouda de Planceyo, xx s.
383. Pro trecennariis Nicolai de Sancta Margareta, xxvi s.
384. Pro Johanne de Allemante, presbytero, *nichil.*
385. Pro comitissa de Joigniaco, xx s.
386. Pro Galtero, Nivernensi episcopo, xx s.
387. Pro Johanne de Thoreta, milite,
388. Pro Johanne de *Bochet* (al. de Bochello), cantore, sine avena, xx s.
389. Pro Symone, decano, l. s.

390. Pro Henrico, canonico altaris B. Marie, xv s.
391. Pro Stephano Giraldi, xxx s.
392. Pro Petro Strabone, xxx s.
393. Pro Droino de Esternayo, xv s.
394. Pro Helya de Suilleyo, c s.
395. Pro trecennario episcopi Nicolai per J., cantorem, annonam.
396. Pro Johanne Rocheti, xx s.
397. Pro Helya, subdiacono, avenam.
398. Pro Odone Macé, presbytero, xx s.
399. Pro magistro J. de Corbolio, xx s.
400. Pro commemoratione episcopi Nicolai per Stephanum, decanum S. Stephani, xx s.
401. Pro Guidone de Dampetra, milite, xl s.
402. Pro Hugone de Sanciaco, xl s.
403. Pro Joffrido de Baaçonno, lx s.
404. Pro Girardo, camerario, iiii l.
405. Pro Theobaldo, comite, lx s.
406. Pro memoria Henrici de Noa, lx s.
407. Pro trecennario Jacobi de Baaçonno, xl s.
408. Pro magistro Girardo de Monte Dervensi, iiii l.
409. Pro Guillelmo, Nivernensi episcopo, lx s.
410. Pro Manasse de Sancto Fidolo, cantore Trecensi, xxxii s.
411. Pro Josselino, archidiacono Trecensi, xx s.
412. Pro matre Petri de Villanova, iiii l.

Summa hujus mensis maii : lxv l. xviii s.

JUNIUS.

413. Pro missa Sancti Spiritus Renaudi de Molins, c. s.
414. Pro magistro Galtero *Bursaut* de Villamauri, lx s.
415. Pro Ademaro de Virsiaco, presbytero, iii l.
416. Pro Jacobo de Noa, milite, c s.
417. Pro Renaudo de Chasseneto, canonico, vi l.
418. Pro Stephano de Luxovio, c s.

419.	Pro Petro *le Bougre*,	xx s.
420.	Pro Johanne de Pruvino, subdiacono,	xx s.
421.	Pro Roberto de Asneriis, archidiacono Trecensi,	xi l.
422.	Pro Gauffrido,	xii s.
423.	Pro Girardo, diacono et canonico,	xx s.
424.	Pro Johanne *Buffone*,	x s.
425.	Pro Helimpde de Rameruco,	xl s.
426.	Pro Theobaldo de Pomerio,	xl s.
427.	Pro commemoratione patris et matris Roberti de Asneriis, archidiaconi Trecensis,	lx s,
428.	Pro Henrico de Noa, quondam decano,	x l.
429.	Pro Hugone, piissimo comite Trecorum,	xx s.
430.	Pro Manasse de Rumilliaco,	xx s.
431.	Pro Drocone dicto *Groignet*, presbytero.	xx s.
432.	Pro memoria Johannis de *Coulaverdi*,	xx s.
433.	Pro Johanne de Barro, milite,	xl s.
434.	Pro Ansello de Sauceta,	xlv s.
435.	Pro Petro de Flaviniaco,	lx iiii s.
436.	Pro Guillelmo de *Lusigni*,	xl s.
437.	Pro Johanne Nicolai,	lx s.
438.	Pro Clarello de Sancto Saviniano,	xx s.
439.	Pro Theobaldo Majore,	x s.
440.	Pro Herberto, canonico S. Stephani,	x s.
441.	Pro Hugone de Clauso,	xl s.
442.	Pro Johanne de Paciaco,	*nichil*.
443.	Pro missa Sancti Spiritus facta pro domino (Johanne) de Auxeyo,	x l.
444.	Pro excellentissimo principe Ludovico, rege Francie,	vi l.
445.	Pro Guidone *le Borgne*,	x s.
446.	Pro magistro Aycio, canonico,	xv s.
447.	Pro Vaalino, presbytero,	x s.
448.	Pro Johanne de Nantolio, episcopo Trecensi, et Theobaldo, ejus fratre, episcopo Belvacensi,	x l.

Summa hujus mensis junii : cviii l. vi s.

Summa expensarum omnium anniversariorum ecclesie, prout in regula et in mensibus antedictis continetur, est ix^c lix l. v s. viii d. Et cum recepta reddituum dictorum anniversariorum receptorum ascendat ad summam ix^c iiii^{xx} vi l. x s. restat quod recepta excedit expensas in xxvii l. iiii s. iiii d.

§ III.

FONDATIONS EN L'ÉGLISE DE TROYES, AUXQUELLES IL Y A DISTRIBUTION, ET AUTRES FONDATIONS [1].

JUILLET.

449. 1. Messe pour les défunts confrères de la confrérie de saint Pierre. On distribue 3 sols à chacun de Messieurs. Les quatre chanoines de Nostre-Dame ont autant que MM. à toutes les trois messes des confréries, sçavoir, saint Pierre, saint Sébastien, saint Savinien.

450. 2. *La Visitation.* Feste annuelle, fondée par Nicolas Laurent, prestre chanoine, décédé le 20 août 1574, inhumé sous sa tombe au milieu de trois au devant de l'autel de la chapelle Saint-Nicolas, ou on met le pardon de saint Paul. Il y a une lame au mur du costé du Chauffour. On distribue à chacun de MM. 5 sols, au célébrant 10 sols, au chantre 3 sols, à chascun des 4 chanoines de Nostre-Dame 2 sols, 6 deniers. Son anniversaire est au 20 aoust.

451. Ce dit jour 2 juillet 1223, mourut M. l'évesque Hervey, lxe évesque de Troyes, inhumé en la chapelle de Nostre-Dame sous sa tombe de relief de bronze. M. le R. évesque fait payer par son scelleur à chascun de MM. ce qui se donne aux anniversaires des évesques. On lit dans le *Livre des services :*

... *Eodem die (2 julii) et erat dies dominica, ad Vesperam obiit sancte memorie Herveus, Trecensis*

---

[1] Sur la couverture on lit : Lesquelles fondations sont énoncées plus au long dans le 3e tome des registres de moy Forest. (Archives de l'Aube, lias. G-2576.)

episcopus, in cujus anniversario distribuendi sunt XL sextarii vini in decima vini de Fonte Denis [1]. Il est écrit au *Livre des services*, au 30 juin : *In decima vini de Fonte Dyonisii et de Sancto Quintino cum decima bladi.*

452. 3. Ce jour, 1528, au registre du Chapitre est la fondation de Pierre Pion, inhumé en la chapelle qu'il a fait bastir. Voir au 24 juin cy-après.

453. 4. *Memoria episcopi Nicolai per Jacobum de Baaçonno* [2].

454. 5. L'anniversaire de M. Guidon de la Viéville, prestre chanoine, décédé en 1495, inhumé sous une grande tombe de pierre au devant du pillier de Nostre-Dame de Pitié en la nef. On distribue cent sols.

455. 6. L'anniversaire de Roger de Choiseul, marquis de Praslin, décédé ce jour 1641 en la bataille près la ville de Sedan. Il est inhumé dans le caveau de M. le mareschal de Praslin, son père, dans le chœur de ceste église. On distribue cent sols à chacun. Voir au 4 febvrier les autres distributions. Les deux choristes ont chascun 30 sols pour porter à l'offrande qui appartient à la Fabrique. Le premier du chœur doit officier. Il n'y a pas de Laudes, on les remplace

---

[1] ÉPITAPHE DE L'ÉVÊQUE HERVÉ.
*Presul Trecensis, prius autem Parisiensis
Verbi divini doctor, de Curte Morini
Paupere gente satus, jacet Herveus, hic tumulatus,
Cilicium, corde, jejunia, lamina ferri
Cum rectis corde faciunt me ad sydera ferri.
Anno milleno bis centenoque viceno
Terno, reddo polo spiritum, et ossa solo.
Anno septeno denoque pontificatus,
Et sexto nonas julii transmigro beatus.*
(Camusat, *Prompt.*, fol. 190 v°.)
Le Chapitre a vendu à enlever cette tombe en 1778.

[2] Le 4 juillet 1336, mourut Pierre Belocier, chanoine de Notre-Dame ; il fut inhumé sous une tombe avec cette épitaphe :
Hic jacet dominus Petrus Beloceri, presbiter, quondam canonicus altaris Beate Marie in ecclesia Trecensi, qui obiit die mercurii in translacione beati Martini anno Domini millesimo tricentesimo tricesimo sexto, cujus anima requiescat in pace. Amen. — *Recueil d'inscript.* (que nous possédons), n° 10. — Voir plus haut, n° 31.

par le *Libera* en musique. Le lendemain, la messe, avant laquelle on dit les recommandises, et à l'issue de la messe il y a station et *De profundis* en faulxbourdon. Le sonneur ou cloistrier doibt advertir MM. du Corps de ville en la personne de M. le maire. Il y a un mausolée dans le chœur et une épitaphe en dehors [1]. Il faut voir au 4 febvrier l'anniversaire de Charles de Choiseul, marquis de Praslin, son père.

456. 7. Le lendemain de la Dédicace de Saint-Pierre, se dit une messe des morts solennelle pour M. Jean

---

[1] ÉPITAPHE.

Hoc angusto tumulo capitur maximus, celsissimus, potentissimus Rogerius de Choiseul, *marchio de* Praslain, Chaource, Pargues, Lantages, Villers, Merderay, *etc. Campaniæ prorex, urbis Trecensis moderator, castrorum præfectus et equestrium levioris armaturæ cohortium imperator.*

Cujus, sicut virtutem dum viveret et famam vix capiebat orbis universus, sic et memoria superavit omnium sæculorum invidiam; si dubitaveris, affixum parieti marmorique insculptum elogium vide, lege.

Sur une plaque de marbre :

Adsta, Viator, et disce non annorum diuturnitate, sed virtutis magnitudine vitam æstimare.

Hic situs est celsissimus et potentissimus DD. Rogerius de Choiseul, *marchio de* Praslin, *qui factis immortalibus ad mortem properavit, et, glorioso vitæ compendio, ita domesticam famam cumulavit, ut in eo nihil fere minus laudari possit, quam quod, deducta longa illustrissimorum majorum serie, patre magno illo mareschallo de* Praslin, *Carolo de* Choiseul, *hoc est christianissimorum regum robore, belli fulmine, sui sæculi gloria, natus est.*

Quis futurus esset vir, Rogerius, *vel puer, ostendit; quippe una cum rege* Ludovico XIII° *educatus, tam altos gerebat spiritus, ut ætate plurimis, qui in aula versabantur, æqualis aut minor, summam de se conceptam spem, tandem nimia virtute fefellerit hujus laudis argumentum, ætas in castris transacta, nisi per aliqua hiemalis intervalla, quæ sibi aula vindicabat, ut de bellicatissimo duce faceret virum elegantissimum, et armorum ferocitatem politioris ingenii suavitate temperaret.*

Perspectæ sibi, ac suæ velut alumnæ, fortitudini Rogerii *rex invictissimus primarium regiæ cohorti vexillum sæpius credidit cum adhuc fere militiæ tyrocininium poneret, quasi suis nihil metuendum duceret providus princeps, ubi fidelissimus marchio antesignanus pugnaret in Italia, Belgio, Germania, Gallici imperii, aut amicorum fœderatorumque principum hostes profligavit semper vel terruit, nusquam victus armis aut labore.*

Augusta Trevirorum, Nancæum, Motta, Landrecium, Malbe-

Lesguisé, lxxv⁰ évesque de Troyes, qui dédia l'église le dimanche 9 juillet 1430. Son anniversaire est au 3 aoust, jour de son décès. Il est inhumé en la chapelle du Sauveur, sous une tombe de cuivre.

457. 8. M. Jean d'Arzillières pour lequel le *Livre des services* au 2ᵉ de ce mois fait mention d'un anniversaire au quel on doibt distribuer 8 livres à prendre sur les revenus des Mardelles. Ne se dit point.

458. 10. M. Robert Plumé, chapelain de Saint-Barthélemy, a donné 60 livres pour son anniversaire. (*Livre des services.*)

---

gium, Danvillerium, Attrebatum totque urbes expugnatæ, totque hostes castris exuti, Casalis principi suo asserta victoria Avennea, innumeræ aliæ quarum ipsi triumphus debebatur, gallici nominis decus auxere ingenti Rogerii gloria.

Campaniæ prorex, Trecensium urbis moderator, præfectus castrorum et equitum per illustria facinora ad altius honorum fastigium ascendebat et si fata aspera rupisset sicut patre no ı erat inferior virtute, ita nec fuisset dignitate, si non superasset. Sed qui tot prœliis tot obsidionibus sine vulnere victor evaserat ad Sedanum dum inclinatam aciem sustinet et victricium armorum insolentiam retundit, trajecto æneis glandibus corde, annos natus triginta sex occubuit recusata etiam indecora vitæ conditione.

Cui a perduellibus acceptæ pulchra vulnera honestamque mortem prætulit et suo sanguine testamentum scripsit se vitam despicere quæ patriæ quæ regi foret inutilis.

Repetitas ab hostibus charissimi filii mortalitatis exuvias mater optima illustrissimaque Claudia de Cazillac, *digna plane propria et avita virtute, ac nobilitate, quæ tantæ familiæ accesserit, postquam felicibus ejus manibus more christiano parentavit isto tumulo in quo ex proximo marmore patrem jacere intelligis, composuit kalendis augusti anno salutis* MDCXLI. *Celsissimi autem ac potentissimi conjuges Henricus de* Guenegaud *regi a sanctioribus consiliis et unus e quatuor qui sunt ipsi a secretis, vir summis honoribus atque omni fortunæ prosperitate eo dignior quo his omnibus generose ac christiane major atque officii duntaxat et virtutis amicorumque studiose cupidus nec non* Elisabeth *de* Choiseul *de* Praslin *piissima et amantissima defuncti soror, mulier fœmineo pectore plusquam virilem animum gerens, par virtuti paternæ fraternæque monumentum hoc, ut saltem æri ac marmori æqualis sit Rogerii memoria, quæ æternitate digna est, mærentes posuere, addicto venerabilibus insignis et cathedralis hujusce ecclesiæ canonicis ad preces annuos pro defuncti quiete Deo persolvendas amplo stipendio, ut publicis tabulis cautum est quarum hic exemplar marmori insculptum tibi exibetur.*

Heroi mortuo salutem adprecare et abi.

(Cette plaque de marbre est actuellement au Musée de Troyes, n° 142.)

459. 11. *Commemoratio Hervei, episcopi Trecensis.*

460. 12. *Guido de Remis* a donné 50 livres pour son anniversaire. (*Livre des services.*)

461. 14. *Commemoratio bone memorie Johannis de Nantolio, Trecensis, et Theobaldi ejus fratris, Belvacensis, episcoporum : in terra apud Ongionem xxx s. — Eodem die obierunt parentes predictorum dominorum episcoporum.* Voir au 4 aoust.

462. 18. L'anniversaire de M. René Bigot, chantre et chanoine, décédé ce jour 1658. Il est inhumé en la chapelle de Nostre-Dame du côté de l'Evangile au pied des chaires. Il a fondé des Litanies en ladite chapelle. Il faut voir au 30 juin l'anniversaire de M. Dadié son oncle.

463. 19. Au *Livre des services* commémoration de M. Pierre d'Arbois le jeune, prestre chanoine. On doit distribuer 100 sols comme il est dit au 22 novembre ; mais il ne se dit point.

464. 20. *Sainte Marguerite.* Cette feste a esté fondée double par M. Henri de la Noe, doyen, qui a aussi fait d'autres fondations. Il faut voir au 25 de ce mois et au 14 juin.

465. 21. *Sainte Jule.* On va en procession dire les vespres à Sainte-Madeleine ; à l'issue on chante le répons *Mundi lampas* fondé par M. Jean Bareton, prestre chanoine, grand archidiacre et official. La station se fait au bas de la nef en chantant le *De profundis* en faux-bourdon. Il mourut le 10 septembre 1640 et fut inhumé dans le cavon de la chapelle qu'il avait fait bastir sous l'aile en la nef, à gauche.

466. 22. Ce jour 1531, décéda M. Jean Hennequin, prestre chanoine, archidiacre de Margerie. On distribue à chascun 12 sols. Il est inhumé soubs sa tombe de cuivre en la chapelle première près la grosse tour. Il y a contenance et station, en chantant à basse voix les sept psaumes pénitenciels. On se sert des beaux paremens et ornemens noirs de M. Odard Hennequin, l'évesque.

467. 24. Au *Livre des services,* au 24 novembre, il est escrit qu'en ce jour 24 juillet et aussi 24 mars il y a

un anniversaire, avec 100 s. de distribution chaque fois, pour M. Pierre d'Arbois l'aisné. Il faut voir au 28 septembre. Il estait prestre et chanoine, il est décédé le 28 septembre 1376, et est inhumé soubs la forme de la chapelle de Nostre-Dame. Il est au nombre des bienfaiteurs. Il faut aussi voir au 26 septembre et au jour de la Purification aux quels on voit quelles fondations il a faites et quels biens il a donnés et légués ; et cependant on ne dit rien.

468. '25. *Saint Jacques*. Cette feste a été fondée double par M. Henri de la Noe, doyen. Voyez au 20 juillet et au 14 juin. Ce jour à la messe on distribue des pommes, que l'officiant bénit à l'autel, le maître de musique les fournit, et à cet effet le chapitre a cédé quelques arbres à choisir dans le clos de La Charme de Pouilly.

469. Ce dit jour, après vespres, on chante le respons *Isti sunt,* la prose *Clari sanctorum,* et le *De profundis* en faux-bourdon, fondés par M. Odard Hennequin, prestre chanoine en cette église, et trésorier à Saint-Etienne, ou il est inhumé dans la nef au coing de l'autel de la chapelle de la Trinité. Il fonda ces respons à l'intention de son frère Jacques Hennequin, docteur, qui leur avait donné tous ses bénéfices; lequel docteur mourut aux Cordeliers où il s'étoit retiré et y fut inhumé en la chapelle de la Passion, le dernier aoust 1661 jour de son décès. Ledit Odard mourut en sa maison au cloître Saint-Etienne le 16 décembre 1654. La contenance au dit respons se met sur la tombe de M. Odard Hennequin, leur grand oncle, chenoine et archidiacre, au devant de l'autel du Pardon. On distribue 10 livres. Le dict Jacques Hennequin donna à l'Hospital 48,000 livres pour trois incurables; aux Cordeliers toute sa bibliothèque, qui se montre trois fois la semaine ; plus 10,000 livres au Collége pour la classe de Théologie et une de Philosophie.

470. 26. *Sainte Anne*. Cette feste avoit esté fondée en ix leçons par Henri de la Noe, doyen; puis double de 3e classe par Pierre d'Arbois ; et depuis annuelle par Jean Desrieux, prestre chanoine en cette église,

et auparavant à Saint-Etienne. Il décéda le 21 février 1604, et fust inhumé en l'église de Saint-Estienne soubs une petite tombe noire au devant de la chapelle de Sainte-Cécile. On distribua à chacun de MM. 5 sols. Il y a une lame au dessoubs du tableau de saint Joachim, au 1ᵉʳ pillier dans la nef, où il est fait mention des fondations de Jean Desrieux.

471. Ce dit jour 26 est l'anniversaire de M. Estienne Budé, prestre chanoine, décédé en 1501, et inhumé sous une grande tombe au devant du 1ᵉʳ pillier du Jubé à droite en entrant au chœur devant l'autel Saint-Savinien [1]. On distribue 100 sols.

472. Ce dit jour 26 juillet 1634, décéda dame Simone Toussaint, inhumée à costé gauche d'une petite tombe noire d'un nommé Edme Bourgeois, au devant de la chapelle de Sainte-Anne. On distribue 100 sols.

473. Ce dit jour 26 juillet 1685, l'anniversaire de Nicolas Caquey, prestre et chanoine théologal en cette église, décédé ledit jour et inhumé sous une tombe vis-à-vis l'autel de Saint-Augustin, où on doit dire une messe basse après tout l'office du chœur tous les jours de dimanche et de fête chômée dans le diocèse.

474. 27. Ce jour messe solennelle des morts pour Jean Desrieux. On n'y distribue que 100 sols. Il a aussi fondé une messe basse tous les jours à l'autel Sainte-Anne.

475. 29. Ce jour est décédé en 1581 M. Jacques Peleux, prestre, chanoine en cette église, et chanoine et trésorier à Saint-Etienne. On distribue à son anniversaire 10 livres. Il est inhumé soubs des carreaux au pied de la chaire à prescher, un peu au dessus et à costé de la tombe de M. Dorge.

476. 31. Il y a en ce mois une messe basse à dire pour

---

[1] ÉPITAPHE.

Hic jacet clarus vir quondam et existimatissimus Steph. Budeus in jure civili pontificioque licentiatus, Pontisque Audomari in ecclesia Lexoviensi archidiaconus, in hac denique canonicus et subantistes, anno supra millesimum quingentesimo primo, VII cal. aug. prematuro fato raptus. (Camusat, *Auctar.*, fol. 28 r°.)

deffunct M. Pierre Hérault qui donna la censive des prés des Molinets.

Les distributions de ce mois de juillet montent pour chacun de Mess⁰⁰ présents à la somme de 8 l. 17 s. Plus pour les quatre messes pour M. Huot 24 s. Plus pour les processions fondées par M. de La Ferté, abbé de la Creste, aux dimanches fériaux à 3 s. pour chascune. Plus les chapitres.

AOUST.

477. 1. *Saint Pierre-ès-Liens.* L'anniversaire de M. Edme Maillet, prestre chanoine en cette église, et auparavant à Saint-Estienne et à Saint-Urbain. On distribue 20 sols à chascun. Il mourut le 18 août 1662 et fust inhumé sous la tombe de ses père et mère aux Jacobins au devant de l'autel de la chapelle Nostre-Dame de Pitié vers le pillier.

478. Ce dit jour après vespres le *Gaude Maria*, fondé par Pierre Bertaud, prestre docteur en théologie et chanoine en icelle église, décédé le 25 décembre 1645 et inhumé sous la tombe de pierre seconde au devant du pillier du Jubé, entre l'image de la Vierge et l'autel du Pardon. On distribue 10 livres. Il a aussi fondé une messe solennelle des morts le 2 aoust, et les sermons le jour de l'Assomption. Il y a une lame au premier pillier.

479. 2. Messe Bertaud, avec les recommandises. On distribue 10 livres.

Memoria pro domino Henrico de Noa : in camera LX s.

L'anniversaire de M. Odard Hennequin, prestre chanoine, grand-archidiacre. Il mourut ce 2 aoust 1483. Voir au 25 juillet. Il est inhumé sous une grande tombe au devant de l'autel du Pardon, contre celle de M. Solas, dans la nef [1]. Il estoit aussi cha-

---

[1] ÉPITAPHE.

Cy gist vén. et discrette personne M. Odard Hennequin à son vivant prestre, licencié ez loix, chanoine et grand archidiacre de ceste

noine à Saint-Etienne, curé de Saint-Jean et doyen de Saint-Urbain. On distribue 10 livres. Son anniversaire à Saint-Estienne est au 4 aoust.

480. 3. Ce jour 1450 mourut M. Jean Lesguisé, LXXVe évêque de Troyes, pour le quel on dit une messe le lendemain de la dédicace et aussi ce 3 aoust. On doit dire son anniversaire, pour lequel il a donné 200 livres et auquel on doit distribuer 100 sols ; mais par mesprise il ne se dit point (*Livre des services*). Il est inhumé dans la chapelle de Saint-Sauveur, sous une tombe de cuivre, avec une épitaphe [1]. Voir Guillaume Lesguisé au 16 janvier.

481. 4. Ce jour, dans le *Livre des services* il est fait mention de M. Jean de Nanteuil, LXIIIe évesque de Troyes, qui légua 300 livres à cette église pour laquelle somme 100 s. de rente sont sur une terre acheptée à Chigy. Il mourut en 1298, le 3 aout, à Beauvais, où il est inhumé dans le chœur de l'église [2]. On n'en fait point d'anniversaire. Il faut voir au 14 juillet et au 28 octobre.

482. 5. L'anniversaire de M. Robert Perrot, prestre chanoine et archidiacre de Sézanne, pour lequel on

---

esglise, doyen de *Sainct Estienne*, et curé de *Sainct Jehan au Marché de Troyes*, qui trespassa l'an MCCCCLXXXIII le II aoust.
(Camusat, *Auctar.*, fol. 28 r°. — Dans notre *Recueil*, n° 3.)

[1] ÉPITAPHE.

Cy gist le corps de feu très prudent et très noble sieur monsieur maistre Jehan Lesguisé, jadis évesque et né de Troyes, laquelle évesché il gouverna honorablement par XXIV ans jusqu'au III aoust MCCCCL, qui trespassa à Paris, dont le corps fut amené tout entier cy-dessous inhumé. — (Camusat, *Promptuar.*, fol. 238 r°.)

[2] ÉPITAPHE.

Ecce sub hoc tumulo sunt presulis ossa Johannis
Trecensi populo qui multis prefuit annis,
Cujus Nantolium fulsit per progenitores :
Nam genus egregium, sed sensus nobiliores.
Hic humilis, mundus, largus fuit atque jocundus,
Moribus angelicus, clemens cunctis et amicus.
Si duo demantur, trecenti milleque dantur
Anni, tunc moritur quando Stephanus reperitur.
(*Gallia Christ.*, t. XII, col. 509.)

distribue à chascun de MM. 10 sols. Station sur sa tombe, au devant de la chapelle de la Conception. Il mourut ce dit jour 1667. Il y a une lame au pillier. Il a aussi fondé la procession après complies le jour de l'Annonciation de la sainte Vierge; plus le *Sacrosanctœ* à l'issue des complies de toute l'année.

483. Ce dit jour 5 aoust, par ordonnance du chapitre du 11 septembre 1643, est l'anniversaire de M. Nicolas Boulard, prestre chanoine en cette église et auparavant à Saint-Estienne, décédé le 7 may 1643. Il est inhumé sous sa tombe noire, au bas de la nef, au dessoubs du grand aubenitier. Il y a une lame au pillier. Il y a contenance et station des 7 psaumes. On distribue 10 livres.

484. 6. *Fête annuelle de la Transfiguration de Nostre Seigneur.* Cette feste a esté fondée par M. Claude Hennequin, prestre chanoine. Distribution de 6 sols à chascun. Il mourut le 12 janvier 1666 et est inhumé en l'église de la paroisse de Sainte-Marguerite à Chaalons en Champagne ou il tomba malade dans le voyage que ses parens lui voulurent faire faire à Nostre-Dame de Cresse.

485. *Fête du Saint-Nom de Jésus.* Le premier dimanche après la feste de l'Invention de saint Estienne se célèbre la feste annuelle du Nom de Jésus, fondée par M. Edme Benoist, prestre chanoine. On donne à chascun de Messieurs 6 sols. Le dit sieur Benoist a aussy fondé la messe du lendemain de cette feste pour le repos de son âme, plus un anniversaire pour ses parens au 11 may, et plus le *Salve Regina* à l'issue de toutes les matines, plus une messe du Saint-Nom de Jésus, au chœur tous les vendredis, à diacre et sous-diacre. (V. Actes capitul. des 4, 5 et 12 juillet 1652.) Il mourut le 3 octobre 1590, de la blessure qu'il reçut des ennemis, en allant aux matines le jour de la Saint-Lambert, 17 septembre, et fust inhumé sous sa tombe noire, au devant du pillier dans la nef, au dessus de celui ou est le grand aubenitier. Il y a une lame au dit pillier.

486. — 9. L'anniversaire de M. Didier Malingre, prestre et chanoine. On y distribue 100 sols. Il décéda le

dit jour 1625, et fust inhumé en la chapelle de M. de Gié. Il a aussi fondé le respons *Videns Jacob* après complies le 3ᵉ dimanche de Caresme.

487. 10 aout. Ce jour mourut Jean de Braque, LXXIᵉ évêque de Troyes. Il fut enterré dans le sanctuaire près du maître-autel sous une tombe de cuivre, qui fut remplacée plus tard par une autre en marbre [1].

488. 12. L'anniversaire de Madame Claire de Gyé, mère de M. De Grand, grand-archidiacre, décédée ce jour 1577 et inhumée à Chaulmont. On distribue 100 sols. Il faut voir au 1ᵉʳ septembre cy-après.

489. 14. *Vigile de l'Assomption*. Ce jour mourut M. Charles Mérille, prestre chanoine en cette eglise, et chanoine et scholastique à Saint-Estienne, inhumé en 1615, le jour de son décès, sous la tombe noire la plus proche de la closture du chœur, au devant de la petite porte de l'évesché. On distribue à chascun 3 sols à cet anniversaire, qui est remis au 18 dans le *Livre des services*.

490. Ce dit jour 14 aoust 1634, décéda M. Louis Douinet, prestre chanoine, pour l'anniversaire duquel on distribue 100 sols. Il est inhumé à Paris à Saint-Simphorien, au devant de la porte du chœur. Son cœur fust apporté et mis soubs la tombe noire de MM. les Guillemet, Bascle et Format, sous l'aile au devant de la porte de l'évesché.

491. Ce dit jour 14 aoust à une heure après midi, on va processionnellement à Nostre-Dame-aux-Nonnains chanter vespres. Le lendemain à 7 heures et demie, on y retourne pour y chanter tierce, puis on y laisse les petits semainiers prestre, diacre et sous-diacre et deux enfans pour chanter la grand-messe. On distribue 10 livres. Le matin après tierce chantée, MM. approchent de la grille ou Madame l'abbesse paraît dévoilée, et le premier de la compagnie luy fait et à ses religieuses qui l'assistent une petite exhortation.

492. 15. *Assomption*. Le respons fondé par M. Jean

---

[1] Arch. de l'Aube, *reg.* G. 1274, fol. 37 r°.

Dorge en ce jour, après vespres, est remis au dimanche dans l'octave. On chante *Ante thronum* et on distribue 10 livres. Son anniversaire est au 29 juin jour de son décès 1556. Il y a une tombe noire sous laquelle il est inhumé, au pied de la chaire à prescher. C'est lui qui a fait faire le tableau de relief de l'Assomption de la sainte Vierge au pillier au dessus de la chaire [1].

493. 16. Ce dit jour on dit une messe solennelle des morts pour MM. Nicolas et Jacques les Guillemets, doyens; sans recommandises; on distribue 10 livres. Nicolas décéda le 16 may 1556 et Jacques le 10 décembre 1564; ils sont tous deux inhumés sous la tombe noire au devant de la petite porte de l'évesché, ou sont aussy MM. Bascle le jeune et Format.

494. 17. Il est escrit au *Livre des services* que M. Jean Clément, prestre et chanoine, a donné pour son anniversaire 50 escus d'or et un jardin contigu à la maison canoniale des Tournelles. Il faut voir au 2 avril.

495. 18. Ce jour le compteur doict payer 10 sols pour faire dire une messe basse à l'autel privilégié pour le repos de l'âme de M. Edme Maillet. Voir au 1er aoust.

496. 19. Ce jour est l'anniversaire de M. Louis Raguier, LXXVIe évesque de Troyes. On distribue 10 livres. Il décéda le dit jour 19 aoust 1483 et fust inhumé sous sa tombe de cuivre, la plus proche des marches de l'autel du costé de l'épistre [2]. Il y a

---

[1] Ce même jour, 1630, est décédé Edme Bourgeois. La tombe est maintenant dans la cour de la petite sacristie de la cathédrale.

ÉPITAPHE.

Cy gist Edme Bourgeois, filz de Nicolas Bourgeois, commissaire des pouldres et salpetre pour le Roy en Champagne, Brye et Bourgogne, au magasin de Troyes, qui décéda le XVe d'aoust MDCXXX. Requiescat in pace. — Cfr. 26 juillet.

[2] ÉPITAPHE.

Cy gist R. P. en Dieu, noble sieur messire Louys Raguier, évesque de ceste église, du temps du très chrétien et victorieux prince Charles, VIIe de ce nom, fut son conseillier en sa cour de parlement, et depuis fut président en la chambre de la justice des aides à Paris, lequel trespassa le XIXe d'aoust MCCCCLXXXIII. Dieu en ait l'âme. (Camusat, *Promptuar.*, fol. 238 v°.)

une lame au pillier attenant le throsne épiscopal. Il a fondé une messe haulte de Nostre-Dame tous les mercredis derrière le grand autel pendant la messe Drouin, et une basse tous les jours. Il est escrit au *Livre des services* : *Obiit bone memorie dominus Ludovicus Raguier, quondam Trecensis episcopus, qui dedit huic ecclesie C libras turonensium admortisatas census et perpetui redditus, et in pecunia numerata M et CCCC scuta auri; dedit etiam plura jocalia,* pesles *et ornamenta; ac pro complemento navis ecclesie plures pertinentias cum multis aliis bonis in sua fundatione declaratis* [1].

497. Ce jour est l'anniversaire de M. Nicolas Laurent, décédé en 1574. Voir au 2 juillet. On distribue 10 livres.

498. Ce même jour messe du Saint Esprit fondée par M. Dominique Cornu, prestre chanoine. On distribue cent sols. Son anniversaire se fait le 13 décembre, qui est le jour de son décès en 1627; plus le respons après les vespres le jour des Rameaux; plus le *Pie Jesu* à toutes les messes des morts; plus une messe haute à l'autel Sainte-Anne et une messe basse de Requiem. C'est luy qui a fait faire la dite chapelle et qui a donné une belle chape de velours à fonds d'or, ou ses armes sont sur la bille. Il est inhumé sous sa tombe de pierre au devant de lautel de ladite chapelle. Il y a une lame de cuivre au pilier du dict autel du costé de l'évangile.

499. 21. Ce dit jour feste double de saint Bernard fondée par M. Nicolas Denise, chanoine et archidiacre de Sézanne, pour la quelle on distribue à

---

[1] *Clauses du testament de Louis Raguier, du 28 avril 1483 :* Volumus quod post antiphonam *Quem dicunt* etc. que cantatur in navi ecclesie Trecensis ante magnam missam, ipsa cantata cum *De profundis*, dicatur per presbyterum cum aliis collectis consuetis, *Deus qui inter apostolicos sacerdotes*, etc. Item damus et legamus prefate ecclesie Trecensi ad decorandum chorum ejusdem tapiceriam in qua ostenduntur aliqua miracula sancti Petri, principis apostolorum, patroni nostri, cum alia tapiceria in qua describuntur et figurantur omnes episcopi predecessores nostri et nomina eorum. (Voir à la fin de cet Obituaire.)

chascun de MM. 6 sols. Il faut voir au 7 mars, et 16 apvril son décès.

500. 22. *Octave de l'Assomption.* Cette feste qui estoit semi-double fust fondée double par M. Nicolas Denise, prestre chanoine [1].

501. 23. Ce jour il y a messe solennelle des morts pour le dict sieur Nicolas Denise. On distribue 10 livres. Il mourut le 14 mars 1661 et fust inhumé soubs sa tombe au dessoubs de la châsse de saint Savinien, au devant de la chapelle de Nostre-Dame. Il y a une lame au bas de la tribune. Le dit sieur avait donné une lampe d'argent ciselé, mise au chœur, ou on allumoit deux cierges les festes et dimanches; mais elle fut volée avec le lampion devant les châsses et une aultre lampe en la chapelle du Saulveur, la nuit du lendemain de la Dédicace en 1664. Les deux cierges se mettent présentement sur des chandeliers. Plus il a fondé en fevrier un gros cierge blanc allumé en certains jours.

502. 25. *Feste de saint Louis.* Ce jour, ou le plus proche, est l'anniversaire de M. Henri de Poictiers, LXXe évesque de Troyes, décédé ce jour 1370 et inhumé soubs sa grande tombe de cuivre ciselé, dans le sanctuaire, près du maître-autel au devant du trosne episcopal [2]. M. le révér. évesque faict payer par son scelleur à MM. 14 sols, plus le compteur... sols. Il

---

[1] Ce même jour est décédé M. Jean de Hault, grand-archidiacre de cette église.

ÉPITAPHE.

Noble homme M. Jean de Hault, vivant grand-archidiacre et chanoine en l'église de céans, décédé le XXIIe aoust MDCXXIV, est inhumé soubs ce marbre. Priez Dieu pour luy. (Arnaud, Voyage archéolog., p. 175.)

[2] ÉPITAPHE.

Hic jacet nobilis et potens vir dominus Henricus de Pictavia, olim Dei gratia episcopus Trecensis, filius quondam nobilis potentis principis domini Aymari de Pictavia, comitis Valentinensis et Diensis, qui obiit in civitate Trecensi, in suo hospitio vocato gallicè de la Montée die XXV mensis augusti, anno MCCCLXX. (Camusat, Promptuar., fol. 207 r°.)

A la fin de cet Obituaire nous donnons le testament de Henri de Poitiers.

faut voir l'évesque Nicolas au mardi de *Quasimodo*. Mon dit sieur Henri de Poictier a fondé la 1ʳᵉ messe tous les jours à l'autel de Saint-Sébastien au commencement de matines, suivant les actes capitulaires des 4 et 5 janvier 1340. Il a donné la terre et seigneurie de Longeville pour la dite messe, qui doit estre commencée immédiatement après l'hymne des matines, suivant l'acte capitulaire du 4 janvier 1541. On lit dans le *Livre des services* : *Obiit Henricus de Pictavia, quondam Trecensis episcopus, qui dedit episcopatui Trecensi granchiam de* Crotoy, *sitam apud Sanctum Leonem prope Trecas, pro quo episcopus tenetur ministrare panem et vinum capitulo Trecensi in suo anniversario, prout est fieri consuetum in anniversariis episcoporum; item X l. Turonensium, de qua summa quilibet canonicus percipit III s.; quilibet vicarius VI d.; et residuum dictarum X l. percipit fabrica.*

503. Ce dict jour en 1526, Gauthier Telet, fit la fondation d'un pain et d'une messe du Saint-Sacrement pour les marguilliers prestres.

504. 27. Ce jour est l'anniversaire de M. Jean Huyart, prestre et chanoine, natif de Laisnes-au-Bois, décédé en 1533 et inhumé sous une grande tombe blanche dans la nef, la plus proche et un peu au dessus du tableau de relief ou est le trespas de la sainte Vierge. On distribue 10 livres. Il y a un autre Jean Huyart pour le quel et pour ses parents on dit un anniversaire le 8 mars.

505. 28. *Fête de saint Augustin et de saint Julien.* On chante avant la grand'messe une messe de saint Julien que le petit semainier doit célébrer hault au grand autel à diacre et sous-diacre. Le curé de Saint-Julien paye pour icelle 10 sols à l'office des anniversaires.

506. 29. Ce jour est décédée Nicole, femme de Christofle Simonet, pour l'anniversaire de laquelle on distribue 100 sols. Je n'ay pu apprendre l'année de sa mort, ny le lieu de sa sépulture.

507. Plus ce dict jour après vespres le respons *Gaude Maria* fondé par M. Jean Verrey, chanoine de la

chapelle Nostre-Dame, qui décéda le 30 aoust 1626 et fust inhumé en la dite chapelle du costé de l'évangile et attenant le tombeau de M. Hervey, évesque. On distribue 10 livres.

508. 31. Ce jour est décédé M⁰ Jacques Hennequin, docteur en Sorbonne, pour lequel on prie le dit jour. Il est inhumé aux Cordeliers avec cette épitaphe : « *Cy gist vénérable et discrette personne M⁰ Jacques Hennequin, docteur et lecteur de Sorbonne, le quel décéda le dernier d'aoust MDCLXI* [1]. »

Les distributions de ce mois d'aoust montent pour chacun de Mes^rs présents, à la somme de 8 livres 7 s. Plus pour les quatre messes pour M. Huot 24 sols. Plus pour les processions fondées par M. de La Ferté, abbé de la Creste, à chascun 5 s. Plus pour les chapitres.

SEPTEMBRE.

509. 1. Le 1ᵉʳ dimanche de septembre on chante après vespres le respons *Nativitas tua*, et en allant à la station au pied de la chaire à prescher on chante le *De profondis* en faulx-bourdon, puis le *Libera* en musique, fondé par M. Simon Bouillerot, diacre chanoine, décédé le 31 aoust 1626, et inhumé soubs des carreaux au dit lieu ou on met la contenance. On distribue 10 livres. Il y a une lame de cuivre au pillier. Le lendemain la messe sans recommandises ny musique. On va à la station et on chante comme au jour précédent. On distribue 10 livres.

510. Le dict jour 1ᵉʳ septembre, l'anniversaire de M. Maurice de Gyé, prestre chanoine et grand archidiacre, décédé ce dict jour 1571. On distribue 100 sols. Cet anniversaire a esté fondé par M. Jean de Grand, son neveu, grand achidiacre et successeur du dict sieur de Gyé, inhumé soubs sa tombe noire [2], au devant de l'autel de la chapelle qu'il a fait

---

[1] Cette tombe est maintenant au Musée de Troyes, n° 217.

[2] ÉPITAPHE.

In piam pie mortuorum memoriam, sanctamque beate resurrec-

bastir et orner de belles images, la seconde contre la tour. Il a fondé une messe solennelle au 3 février, plus une messe tous les jours et plusieurs *Gaude* en la dite chapelle, ou il y a trois lames de cuivre derrière le confessional, qui y a esté mis en 1657, et une autre lame pour mon dit sieur de Grand, qui est attaché à la fermeture en dedans. Il faut voir au 21 octobre.

511. Le dict jour 1er septembre les chanoines de la chapelle Nostre-Dame doivent dire une messe pour M. Henri de Saint-Sépulchre, pour la quelle ils reçoivent 10 s. de rente de l'officier des anniversaires.

512. 2. Ce jour est l'anniversaire de Jeanne Lesguisé, veufve de Guillaume Molé, décédée le dit jour 1514 et inhumée sous sa tombe de cuivre à l'entrée de la chapelle du Saulveur. On distribue 100 s.

513. 3. L'anniversaire de M. Jean Milon, prestre chanoine et chantre en cette église, et chanoine de Saint-Estienne. On distribue 10 livres. Il mourut le 3 septembre 1519 et fust inhumé soubs sa tombe noire dans la nef, au dessous de la couronne de fer ou on met les cierges aux festes annuelles [1]. Il y a

---

tionis spem *D. Mauricio de Gyé Calvimontano, hujus ecclesie canonico ac primario archidiacono, prima septembris quinti post millesimum seculi septuagesimi primi anni vita defuncto, religiose devoti parentes, testamentarieque voluntatis executores posuere.* (Camusat, *Auctar.*, fol. 28 v°.)

[1] ÉPITAPHE.

Hic jacet magne circumspectionis vir ac justicie zelator M. Joannes Milon, quondam presbyter, in utroque jure licentiatus, cantor et officialis Trecensis, et canonicus ecclesie S. Stephani, qui obiit die III septembris MDXIX. (Camusat, *Auctar.*, fol. 28 r°.)

Le mème jour 3 septembre 1438, mourut le sous-chantre Jean Blanchet qui fut inhumé sous une tombe devant l'autel de Saint-Adérald.

ÉPITAPHE.

Cy gist M. Jean Blanchet, jadis souz-chantre et maistre de l'œuvre de ceste église, qui de son temps a construict l'ouvrage de l'église et du clochier, parfaict un an devant son décez qui fust le III septembre MCCCCXXXVIII. (Camusat, *Auctar.*, fol. 28 v°.)

une lame au pillier ou est l'image de Nostre Dame de Pitié. Il a un anniversaire à Saint-Estienne le 4, auquel on distribue 6 l.

514. 4. Ce jour et les deux suivants se chantent trois anniversaires pour M. François de Briolay, prestre chanoine, grand archidiacre, grand vicaire et official de M. René de Breslay, évesque de Troyes, son grand oncle ; lequel sieur de Briolay décéda à Paris le 5 septembre 1644 et fust inhumé au-devant du grand autel de l'église de Saint-Pierre-aux-Bœufs sur laquelle paroisse il logeoit. On distribue 100 s. à chasque anniversaire.

515. 5. Ce jour deuxième anniversaire de François de Briolay.

516. Ce dit jour M. Pierre Muette décéda et donna pour distribuer 8 livres. Son anniversaire ne se dit point. (*Livre des services.*)

517. 6. Troisième anniversaire de François de Briolay, lequel par son testament donna à l'Hospital de Troyes la somme de 12,950 livres.

518. 7. Ce jour en 1301, M. André de Saint-Fale, doyen, décéda et donna pour son anniversaire 100 sols de rente à prendre sur la terre de Saint-Fale. Ne se dit point.

519. Ce dit jour mourut M. Guillaume de Taix, né de parents nobles à Fresnay, paroisse de Cloye, près de Chateaudun; il fut amené à Troyes en 1540, étant encore enfant, et fut élevé par Jacques de Launay, son oncle maternel, docteur en médecine; il fut élu doyen de la cathédrale en 1572; il fut aussi nommé administrateur perpétuel de l'abbaye de Basse-Fontaine, près Brienne-la-Vieille; il assista aux états de Blois en 1576, comme député du bailliage de Troyes, à ceux de Melun en 1579 et à ceux de Paris en 1585 et 1586 (il a écrit sur les états de Blois des mémoires que Camusat a fait imprimer à la fin de ses *Mélanges historiques*). Il mourut le 7 septembre 1599 agé de 67 ans et fut inhumé à la cathédrale, ou l'on voit au pillier à main gauche de

la chaire son épitaphe [1] composée et écrite sur un simple vélin par Camusat.

520. Ce dit jour mourut en 1684 M. Nicolas Garnier, soubs-diacre, dont le testament fut leu, par lequel il a fondé un anniversaire double, pour le repos de son âme et celle de ses parents, avec station à la fin du dit anniversaire sur sa sépulture, laquelle est à à l'entrée de la grande et principale porte de l'église. Il a donné 1810 l.

521. 8. *Nativité de la sainte Vierge.* Cette feste estoit double comme celle de la Purification, Annonciation et Conception, et furent toutes fondées annuelles en 1376 par M. Pierre d'Arbois l'ancien, chanoine, qui fonda aussi le *Salve* à la Vierge tous les jours après complies. Ce qui est gravé sur sa tombe de marbre noir, bordée de cuivre, tenant le milieu de cinq tombes qui sont à l'entrée de la chapelle Nostre-Dame. Il se lit au *Livre des services*, au jour de la Purification, qu'il donna pour les dites fondations 300 florins d'or : *Die XI februari anno MCCCLXXVI per bone memorie defunctum M. Petrum de Arbosio, hujus ecclesie canonicum, sepultum in capella B. Marie, festa Purificationis, Annunciationis, Nativi-*

---

[1] MEMORIÆ SACRUM.

Domino Guillelmo de Taix viro clarissimo ex oppidulo de Cloya apud Vindocinos nobili et ingenua familia oriundo; a primoribus annis Trecas misso; ibidem ab avunculo Jacobo Alneto, doctore medico, poeta laureato, demumque ecclesie S. Stephani Trecensis canonico et cellerario, suscepto; ipsius cura optimarum artium linguarumque studii tum Trecensis tum Lutecie Parisiorum non vulgariter instructo; ad amplissimam decanatus hujus ecclesie dignitatem ob eximios mores, vite integritatem, eruditionem prope singularem et summum eloquentie candorem electo et promoto; eo munere XXIV annorum spatio illesa fama feliciter perfuncto; monasterii Beate Marie Bassifontis instituti Premonstratensis in diocesi Trecensi administratori perpetuo; in comitiis totius Gallie prioribus Blesis, sub Henrico III rege christianissimo indictis et celebratis, ab ordine ecclesiastico balliviatus Trecensis et dicte diocesis procuratori delegato; vite sue curriculo ad LXVII annum functo, tandem anno supra sesqui millesimum nonagesimo nono, septembris idus VII placide defuncto, omnibus musarum alumnis acerbissimo sui desiderio relicto, juxta hanc columnam, ut testamento jusserat, religiose sepulto N. Camusat Tricassinus merens posuit. (Dans notre *Recueil*, n° 15.)

tatis et Conceptionis, que duplicia fuerant fundata, extiterunt annualia, pro quorum fundatione dedit CCC florenos auri, de quibus empte fuerunt quindecim librate terre seu annui reditus, admortizate, equaliter distribuende, in predictis IV festis annualibus.

Il mourut le 28 septembre 1376 et est au nombre des bienfaiteurs. [Au 5 juin 1699 réduction de ceste feste annuelle en solennelle.] Plus il se lit au 26 septembre qu'il fonda aussi la feste de sainte Anne double, qui estoit à neuf leçons; et qu'après son trespas Pierre d'Arbois le jeune (son nepveu, chanoine de Saint-Pierre et de Saint-Urbain et curé de Saint-Remy, qui mourut le 23 novembre 1400 et est inhumé sous sa tombe noire à costé droit de celle de son oncle, du testament du quel il estoit exécuteur) fonda trois anniversaires : le premier la veille de saint Michel, jour du décès de son oncle, le second le pénultième jour de janvier, et le troisième le 30 mars; à chascuns desquels anniversaires on doit distribuer 6 livres. Il faut voir au 22 novembre au *Livre des services*. Les héritages donnés pour les dits anniversaires sont énoncés au 26 septembre.

522. Ce dit jour 8, après complies, le respons *Gaude Maria*, de la fondation de M. Simon Chevrier, chantre et chanoine, décédé le 27 mars 1578. Il est inhumé sous une petite tombe noire au pied de la chaire à prescher. On distribue 10 livres. Son effigie est au bas du tableau de relief de l'arbre de Jessé qu'il a fait faire. Son anniversaire est au 27 mars. Il a aussi fondé un *Gaude* le 8 septembre à Saint-Nicier.

523. Ce dit jour 8, sermon avant vespres fondé par M. Michel Goëzaud, prestre chanoine, décédé le 29 apvril 1654. Il est inhumé dans le cavon de M. René de Breslay, évesque, en la chapelle du Saulveur. Il a fondé le respons après vespres le jour de Saint Michel et la messe de *Requiem* le lendemain, qui se dit le jour de Saint Remy. Il faut voir au 3 novembre.

524. Le 9 septembre 1381 mourut M. Drouin de la Marche, chanoine, qui a fait bastir la chapelle et a donné de grands biens aux vicaires. Il est inhumé sous sa tombe de cuivre en la dite chapelle qui est en l'honneur de l'Assomption de la Sainte Vierge [1]. Ce jour les vicaires luy doivent dire un anniversaire et ont double pain. On prie aussy pour Guion Piétrequin.

525. 10. L'anniversaire de M. Jacques Fouquier, prestre chanoine, pour lequel on distribue 10 livres. Il mourut le 10 septembre 1493. Il fut inhumé sous sa tombe noire, au devant de la chapelle de Saint-Sébastien, sur laquelle on met le lutrin des enfans.

526. Ce dit jour 1631 et 16 décembre 1637 M. Claude Fay, prestre chanoine, et curé de Saint-Denis, fonda les *Ave Maria* que l'on sonne le matin avant matines et à huit heures du soir tous les jours. Il y a une lame au gros pillier.

527. L'anniversaire de M. François Chastel, prebstre chanoine, décédé ce dit jour 1640 et inhumé audevant de l'autel de la chapelle de Saint-Nicolas, Pardon de Saint Paul, à costé de la tombe de M. Nicolas Laurent et soubs une autre tombe, première du costé de l'épistre. On distribue 10 livres.

528. 12. L'anniversaire de M. Pierre de Villiers, LXXIIIe évesque de Troyes, et trois autres anniversaires aux 12 décembre, 12 mars, 12 juin, qui doivent estre aux Quatre-Temps de l'année; pour chascun des quels anniversaires on distribue 100 sols, et pour lesquels doivent estre advertis quatre Jacobins, qui y assistent aux vigiles et à la messe et ont chascun 3 sols. Ils entrent par les portes des ailes du chœur et montent aux chaires haultes par la croisée du milieu et se placent entre MM. et les quatre chanoines. Mondit sieur de Villiers mourut le 11 juin 1378 et fust inhumé au devant du grand autel des Jacobins. Il avait été évesque de Nevers estant Jacobin.

---

[1] A la fin de cet Obituaire nous donnons les principales clauses du testament de Drouin.

529. 13. *Obierunt Johannes de Marchia et Maria ejus uxor, parentes Droconis qui dedit XI l. admortizatas pro anniversario suo ; et pro parentibus, amicis et benefactoribus suis LX s. etiam admortizatos.*

530. Il y a en la chapelle de Drouin deux messes de *Requiem* fondées par demoiselle Catherine Morise, veufve de Jehan le Maistre, bourgeois de Troyes ; l'une le 2 apvril et l'autre le 1ᵉʳ dimanche d'octobre. Catherine Morise est décédée le 6 apvril 1623 et est inhumée sous la tombe de Drouin. Il y a une lame.

531. 14. *Exaltation de la Sainte Croix.* C'est une des festes de la paroisse du Saulveur, à laquelle on doibt dire tous les jours la messe haulte après les matines. Voir au 5 janvier et à la Penthecoste.

532. 15. Jean de Gonnay, archidiacre d'Arcis, a légué une maison, grange, terres et autres dépendances pour son anniversaire, au quel on doibt distribuer 10 livres. Ne se dit point. (*Livre des services.*)

533. 16. Ce jour, 1368, décéda M. Adam Cochard, de Brillecourt, doyen, qui donna des héritages et une rente. Il est au nombre des bienfaiteurs, et inhumé dans la sacristie, soubs une tombe noire à laquelle il y a une petite bordure de marbre blanc. (*Livre des services.*) Les héritages sont à la Voyse, Chicherey et Echenilly, et une rente de 7 deniers sur une maison près Saint-Nicier, et une de 20 sols sur une maison près le moulin de la Tour.

534. Ce dict jour, 16 septembre 1479, décéda maistre Jean Macé, prestre, curé de Saint-Pierre-de-Boussenay, doyen de Marigny, qui donna 300 escus d'or pour la fondation d'une messe haulte de *Requiem,* à diacre et sous-diacre, tous les ans et une station sur sa tombe au pied de l'autel du Pardon. C'est à son subjet que l'enfant de chœur donne l'aspersoir à l'officiant, à la station, le dimanche, pour jeter de l'eau béniste sur la tombe du défunct couverte à moitié sous le marche-pied de l'autel du Pardon, laquelle tombe est celle de Jacques Hardi. Il y au-dessus de l'autel une petite lame de cuivre avec une inscription

enclavée dans la muraille [1]. Ladite messe ne se dit point.

535. 17. *Saint Lambert.* Ce jour 17, en action de grâce à Dieu de la défaite et victoire sur les ennemis qui estoient entrés par surprise en cette ville pendant la nuict en l'année 1590, on chante en cette église la grand'messe en musique en l'honneur de saint Lambert, comme on le voit au registre du chapitre de cette année 1590, fol. 116 et 380.

536. Ce fust en ce jour, 1590, que M. Edmond Benoist, chanoine, fust blessé par les ennemis en allant à matines et mourut de ses blessures le 3 octobre suivant. Il est inhumé dans la nef sous sa tombe [2]. Voir à la feste du Saint-Nom de Jésus au commencement d'aoust, au jour de Pasques, et au 11 may ses fondations.

537. 19. Au *Livre des services* il est escrit : *Simon de Burcono, subdiaconus et canonicus, super domum sitam juxta domum de Ripatorio, item super terram de* Courgenay *apud* Plantis *et super aliam terram similiter fundate sunt torchie in elevatione Corporis Xpisti in missa.* Il y a pareille fondation de torches par Henri de la Noe, doyen. Il faut voir au 20 juillet, et la lame dans la chapelle à l'entrée de la Librairie.

538. 23. Ce jour on dit l'anniversaire de M. Melchiade Cruchot, prestre et chanoine, décédé ce dit jour. 1560. Il est inhumé soubs une tombe noire, au mi-

---

[1] INSCRIPTION : *Cy devant gist vénérable et discrette personne personne messire Jehan Macé, doyen de Marigny, qui a donné à ceste esglise CCC escuz d'or soleil pour dire chascun jour perpétuellement par le prebstre qui dira la grande messe, au retour de* Quem dicunt, *le* De profundis, Inclina *et* Fidelium *tout bas en aspergeant d'eau béniste sur la sépulture, et chascun an une messe à diacre et à soubs-diacre à cest autel le XVI septembre ; lequel trespassa le XVI septembre MCCCCLXXIX.* (Dans notre *Recueil*, nº 20.)

[2] EPITAPHE.
D. *Edmundus* Benoist, *hujus ecclesie canonicus, pietate insignis presbyter, LXIXum vite sue annum agens, die S.* Lamberti *XVII septembris ad matutinas pergens, vulneribus in capite receptis, huic sepulchro corpus, animam Deo reddidit III octobris MDXC.* (Camusat, *Auctar.*, fol. 28 vº.)

lieu de la nef, au dessoubs des tableaux de Jessé et du trespas de la Vierge. On distribue 100 sols.

539. Ce dit jour 23, messe des morts en musique, comme aux messes Huot, et pareille station, fondée par Pierre Baudot, prestre chanoine et grand archidiacre, décédé ce dit jour, 1665. On distribue 10 livres. Pareille messe le jour de sa naissance, 19 janvier. Il avoit auparavant fondé annuelle la feste de la Sainte Trinité qui estoit double. Il est inhumé à costé de la chapelle de Saint-Sébastien soubs une tombe blanche, attenant celle de M. Canny, son parent.

540. 25. Ce jour, M. Florentin Hanom de Lamivoye, ancien chanoine et doyen de la cathédrale et grandvicaire de l'évêque, est mort le jeudi 25 septembre 1687 à Bassefontaine, à l'heure de midi, en sa 65e année, lequel avait été reçu à la prébende de théologal le 30 juin 1651 ; archidiacre de Brienne le 31 octobre de la même année : succéda à M. Edme Maillet en sa prébende le 13 décembre 1662 ; puis grandarchidiacre le 19 janvier 1666 ; élu doyen après le décès de Nicolas Vestier, le 4 janvier 1668 ; et résigne sa prébende et son doyenné en faveur de Pierre de Vienne le 30 novembre 1687. MM. ont ordonné, après lui avoir souhaité un éternel repos, qu'il sera incessamment sonné en cette église en attendant qu'ils fassent davantage, désirant rendre à la vertu et au mérite de sa piété et de sa vie exemplaire toute sorte de reconnaissance et donner des marques de leur douleur d'une perte qui leur est si sensible et à tout le clergé [1].

541. 26. Ce jour sont énoncés dans le livre des services les biens donnés par Pierre d'Arbois laisné, dont il est fait mention au 8 septembre.

542. 27. L'anniversaire de M. L'évesque Mahé ou Mathieu, LVIe évesque de Troyes, pour lequel M. le révér. évesque fait payer par son scelleur à chascun de MM. 14 sols. Il décéda le dict jour, 1180, et son corps fust porté en l'abbaye de Boulancourt où il est inhumé. Voir au 27 janvier.

---

[1] Archives de l'Aube, G. 1340, fol. 38 r°.

543. 28. L'anniversaire de M. Jean Festuot, prestre chanoine, pour lequel on distribue 100 sols, décédé le dit jour, ou le 29, en 1570. Inhumé à gauche de la tombe de M. Odard Hennequin, soubs des carreaux.

544. Ce dit jour 28, se célèbre la feste de sainte Maure fondée semi-double par M. Nicolas Desguerrois, prestre chanoine; la dite feste tombant le jour de saint Mathieu est tranférée. Il décéda le 21 décembre 1676 et est inhumé à Saint-Estienne, en la chapelle de Nostre-Dame de Pitié, soubs une tombe contre la muraille du costé de l'épistre.

545. Ce dict jour 28, est l'anniversaire de M. Pierre d'Arbois l'aisné, comme il est dénoncé au 8 de ce mois, au quel on doibt distribuer 100 sols; mais il ne se dit point, ni ceux des 30 janvier et 30 may.

546. 29. *Dédicace de saint Michel.* Ce jour on doibt distribuer à chascun de MM. 2 sols pour leur assistance à la messe, au commencement de laquelle on bénit le charbon.

547. Ce dict jour 29, on chante après vespres le respons *In conspectu* fondé par M. Michel Goëzaud, prestre et chanoine, dont il est faist mention ci-devant au 8 de ce mois. On distribue à chascun 6 sols. L'acte de la fondation est au registre du chapitre de cette année, au 9 septembre 1650. Il laissa par testament à l'Hospital 370 livres.

548. 30. Ce jour, à 1 heure et demie après midi, on faict procession à Saint-Remy pour, en qualité de curé primitif, chanter les premières vespres, et pour icelle on distribue à chascun 3 sols.

Les distributions manuelles du mois de septembre montent pour chascun de MM. présents à la somme de 4 livres 9 sols. Voir à la fin du mois de juillet.

OCTOBRE.

549. 1. Ce jour, 1er octobre, messe des morts en musique, sans recommandises, pour M. Michel Goezaud, qui a fondé le sermon le jour de la Nativité, et le respons le jour de saint Michel. A l'issue de la dite messe

on va à la station en la chapelle du Saulveur. On doit se servir à l'office des ornements noirs de feu M. l'évesque de Breslay. On distribue 10 livres.

550. Ce dit jour les chanoines de la chapelle de Nostre-Dame doivent dire un anniversaire pour M. Henri de la Noe. Ils reçoivent 20 sols de l'officier des anniversaires.

551. 2. *Obiit dominus Urbanus, papa, qui dedit decimam de Riceyo, que admodiatur XXII l.* Cela est escrit au *Livre des services*.

552. 3. Ce jour est l'anniversaire de Nicolas Bâcle le jeune, doyen, installé en 1509, décédé le 3 octobre 1538 [1]. On distribue 12 livres. Il est inhumé sous la tombe noire, au devant de la petite porte de l'évesché, où sont MM. les Guillemet et Format.

553. 4. *Saint François*. Cette feste estoit simple et fut fondée semi-double des deniers restant des biens de M. François Duremain, prestre chanoine, décédé le 29 novembre 1666, auquel jour est son anniversaire. Voir au registre du Chapitre au 30 octobre et 6 novembre 1669.

554. 5. Ce jour est l'anniversaire de M. Nicolas-Format, prestre chanoine, chantre, décédé en 1597. Il y a une Anne Format qui a un anniversaire le 14 février, par les vicaires, à Drouin, avec M. Guillaume Juvenis. Nicolas Format est inhumé sous la tombe noire, au devant de la petite porte de l'évesché, où sont MM. les Guillemet et Bâcle le jeune. Il y a au pillier un épitaphe couverte de verre.

555. 6. *Saint Bruno*. Cette feste double a esté fondée par M. Pierre Guy, prestre chanoine, décédé le 25 septembre 1663. On distribue à chascun 3 sols. Son anniversaire est au 8 de ce mois. Il y a lame. Il est inhumé sous une tombe blanche non gravée, au dessous de la tombe noire qui est au devant et proche la petite porte de l'évesché. Il y a une lame de cuivre et un petit aubénistier au pillier.

556. 8. L'anniversaire de M. Nicolas Joli, prestre chanoine et archidiacre de Brienne, décédé ce jour,

---

[1] Archiv. de l'Aube, *reg.* G. 1283, fol. 89 v°.

1564. On distribue 6 sols. Il y a une lame au pillier de Nostre-Dame de Pitié. Il y a le dit jour, en la chapelle Drouin, un anniversaire pour eux et pour M. Dreux de la Marche.

557. 9. *Saint Denis et ses Compagnons.* Cette feste a esté fondé double par M. Jean Pougeoise, doyen, qui a donné des vignes à Crésantines. Chascun reçoit 10 sols. Dans le *Livre des services* sa mort est énoncée au 7 octobre; sur sa tombe il se voit qu'il estoit curé de Saint-Denis, et qu'il décéda le 3 may 1448, et fut inhumé sous la dicte tombe à l'entrée de la grande porte du chœur [1].

558. 10. Ce jour est l'anniversaire de MM. Nicolas Peleux et Denis Roberdel, son nepveu : le dict Peleux décédé le 24 septembre 1566, prestre et chanoine ; et le dict Roberdel, aussy prestre et chanoine, décéda le 19 février 1579. Au *Livre des services* on distribue 10 livres. Le dict Peleux est inhumé soubs une petite tombe de pierre, la plus proche du pillier où est Nostre-Dame de Pitié ; et le dict Roberdel sous une tombe de marbre noir, proche le Jubé, à à Saint-Estienne, où il estoit chanoine et cellerier.

559. Le dict jour, 10 octobre 1642, M. Emile Housset, recepveur du grenier à sel, donna au Chapitre la somme de 150 livres pour fournir un enfant de chœur qui respond chascun jour à la messe de Nostre-Dame. Il a aussy fondé une messe haute à l'issue des matines les cinq grandes festes de la Vierge, plus le jour de la Toussaint et des Morts. Il décéda le 2 février 1658 ; il est inhumé dans le chœur à Saint-Nicier, soubs la tombe de ses parens. Il y a une lame en la chapelle de Nostre-Dame.

560. 11. En ce jour, si le testament de feu M. François Malier, LXXXIVe évesque de Troyes, est exécuté, il y aura pour luy un anniversaire et un dans l'octave des Morts, auxquels on distribuera à chascun 10 sols sur le pied de 1,000 livres, léguées pour

---

[1] Compte de l'exécution testam. de Jean Pougeoise. Archiv. de l'Aube, *reg.* G. 2292.

chascun des dits anniversaires. Il décéda le dit jour 11, à midi 1 quart, 1678, en son hostel épiscopal [1] et fust inhumé près de la tombe de l'évesque Nicolas, derrière l'aigle du chœur, le lundi 17. On y a mis depuis une tombe de cuivre [2]. Le 24 octobre 1681, 2,000 livres receues pour le dit legs. [Messe en plain-chant, station; on distribue à chacun de MM. 10 sols.]

561. 12. L'anniversaire de M. Jean Calot, prestre chanoine, décédé le 12 octobre 1485, pour lequel on distribue 100 sols. Il estoit curé de Saint-Remy; il donna sa maison avec les appartenances, size au devant de Saint-Remy. Il est au *Livre des services* au 12 décembre. Il est inhumé sous sa tombe de pierre blanche en la nef, au dessus de celle de

---

[1] Archiv. de l'Aube, reg. 1333, fol. 1733 r°. — *Reg.* 1620, fol. 145 v°. : recette au sujet de « 8 pieds de pierre de Tonnerre pour feire le chassis de la tombe de feu l'evêque Malier, à raison de 15 s. le pied. »

[2] ÉPITAPHE.
Hic jacet reverendissimus in Christo pater DD. Franciscus Malier, Trecensis episcopus LXXXIVus, qui obiit XI octobris ætatis LXXV°, anno vero a Verbo Incarnato MDCLXXVIII, a consecratione XLIV°.

Son cœur fut placé dans la muraille du sanctuaire de la Visitation au faubourg Croncels.

ÉPITAPHE,
  Hunc intra parietem
  Exultat in Deum vivum
Francisci Malier du Houssay, Trecensis episcopi,
Cor angustum seculo, quia Deo occupante magnum;
Cor sibi mortuum, quia in amata Ecclesia animatum;
Cor facultatibus pauper, quia affectibus in pauperes dives;
Cor huic domui hæreditarium, quia paternum;
Cor virginum intra septa conclusum,
Quod virginum pectoribus virtutes jam dudum inseruerant.
Felices virgines, quæ convertuntur ad cor ejus.
Quod sit semper in manu Domini,
Qui salvos facit rectos corde.
Dum anxiatur desiderio tui cor meum tu in petra exaltasti me.
  (*Gallia Christ.*, t. XII, col. 522.)

Armoiries : D'argent, à une fasce d'azur accompagnée de trois roses de gueules. (Voir Courtalon, I, 450.)

M. Solas, au devant du premier pillier. Voir au 13 décembre.

562. 15. *Sainte Thérèse.* Cette feste a été fondée double par M. Elie Voisin, prestre, décédé le 11 juin 1650 [1]. Il avait esté enfant de chœur, puis souschantre, et ensuite chanoine de la chapelle de Nostre-Dame. On distribue à MM. 3 sols. Il a aussy fondé la feste annuelle de saint Joseph le 19 mars, le sermon, le *Gaude* des vicaires et la messe le lendemain. Il est inhumé sous la seconde tombe au devant de l'image de la Vierge où on chante le *salve* les samedis. Il fut reçu chanoine de la chapelle de Nostre-Dame le 13 juin 1646.

563. 17. Ce jour est l'anniversaire de M. Anthoine Choignot, prestre chanoine et archidiacre de Sézanne, décédé le 17 octobre 1566. On distribue 10 livres. Il est inhumé proche la tombe noire de M. Jaquoti, au devant de l'autel de la dernière messe.

564. 18. Le dict jour 18, décéda en 1405 M. Dominique Taconni, d'Alexandrie en Lombardie, prestre chanoine de l'église de Saint-Pierre et chanoine cellerier de Saint-Estienne, doyen des cathédrales de Langres et de Châlons, savant en médecine *erat totius regni Francie summus physicus* porte le *Livre noire* de Saint-Estienne. Il donna la rente sur le port de Gennes [2]. On distribue 10 livres. Il a fondé une messe tous les jours à l'autel du Pardon. Il est inhumé soubs une grande tombe noire au pied du premier pillier où on met la lampe en hyver, du costé gauche [3].

565. En ce dict jour 18, se fait commémoration de

---

[1] Archiv. de l'Aube, *reg.* G. 1301, fol. 72 r°.

[2] Archiv. de l'Aube, *reg.* G. 1651, fol. 99 r°.

[3] ÉPITAPHE.

Hic jacet vir magne profunditatis et scientie M. Dominicus Taconis de Alexandria, magister in artibus, insignis medicus, quondam Cathalaunensis ecclesie decanus, hujus et Sancti Stephani ecclesiarum canonicus, et Sancti Stephani cellarius, qui obiit anno MCCCC V, die XVII octobris. (Camusat, *auctar. promptuar.*, fol. 15 r°.

l'évesque Nicolas par Jean de Gonnay, au *Livre des services.*

566. 20. *Saint Adérald.* Cette feste double a esté fondée par Pierre Dorigny, prestre chanoine, conseiller du Roy, décédé le 30 novembre, auquel jour est son anniversaire. Saint Adérald mourut ce jour 20 octobre 1004. Pierre Dorigny fust inhumé à Paris, à Saint-Bernard, sa paroisse. On prétend qu'il estoit conseiller au Parlement.

567. 21. L'anniversaire de M. Jean de Grand, prestre chanoine et grand-archidiacre, décédé ce jour, 21 octobre 1580. On distribue 100 sols. Inhumé en la chapelle de Gyé, à la cathédrale. Il a fondé trois autres anniversaires : pour M. François de Grand, son père; pour Madame Claire de Gyé, sa mère; et pour M. Maurice de Gyé, son oncle et bienfaiteur.

568. 22. Ce jour est mort, en 1270, M. Denis de Champguion, doyen, qui a fondé un anniversaire et les deux chapelles de Saint-Louis. Pour laquelle fondation les exécuteurs de son testament donnèrent 2,000 livres tournois qui servirent à achepter les héritages énoncés audit jour 22 octobre dans le *Livre des services.* Cet anniversaire ne se dit point, quoique le chapitre jouisse du tiers desdits héritages, qui sont des maisons rue Saint-Panthaléon et autres.

569. 23. Ce jour mourut M. Pierre Comestor, premier doyen ; je n'ai pu sçavoir l'année du décès, ny le lieu de la sépulture. *In camera XX s.* au *Livre des services* [1].

570. 28. Ce jour, 1622, décéda M. Nicolas Thévenon, prestre chanoine et archidiacre de Sézanne. On dis-

---

[1] Il fut inhumé dans l'église de l'abbaye de Saint-Victor à Paris.
ÉPITAPHE.
Petrus eram, quem petra tegit, dictusque Comestor,
Nunc comedor. Vivus docui, nunc esso docere
Mortuus, ut discat qui me videt incineratum :
Quod sumus iste fuit, erimus quandoque quod hic est.
(Gallia Christ., t. XII, p. 525.)

tribue 100 sols. Lame et tombe. Il est inhumé au devant du premier pillier en la nef où est Nostre-Dame de Pitié.

571. Ce dit jour, après Vespres, on chante le respons *Cives*, fondé par Simone Toussains, décédée le 26 juillet 1634, au quel jour on dit son anniversaire. On distribue 10 livres.

572. Ce dit jour *Commemoratio Johannis de Nantolio, quondam episcopi Trecensis*. Voir aux 14 juillet et 4 août.

573. 29. *Obiit magister Johannes* Hennequin, *archidiaconus Arceyarum, pro quo distribuntur LX solidi.*

574. *Memoria Nicolai, episcopi Trecensis, facta per dominum Henricum de Noa, canonicum Trecensem.* Voir aux 6 juillet et 18 octobre.

575. 30. *Obiit Johannes de Longo Campo qui dedit ecclesie suum molendinum de Troantio, exceptis XX solidis quos ab antiquo capitulum habebat super dictum molendinum, pro quo distribuuntur L s. in choro; et pro alio anniversario per vicarios, X s.; item pro augmentatione dicti anniversarii magister Johannes de Champigneio assignavit XXX s. capiendos* [1].

576. 31. En ce jour, 1622, décéda M. Laurent Milet, prestre chanoine en cette église et en celle de Saint-Urbain. On distribue 100 sols. Il est inhumé sous la première tombe du costé de l'épitre au devant de la chapelle de Saint-Nicolas, où on met le pardon de saint Paul.

Les distributions manuelles du mois d'octobre montent pour chascun de MM. présents à 3 livres 19 sols. Voir à la fin du mois de juillet.

---

[1] Sa tombe se voyait encore à la cathédrale au XVIII° siècle.

ÉPITAPHE.

Hic jacet dominus Johannes de Longo Campo, presbiter, hujus ecclesie capellanus, qui obiit anno Domini MCCC sexagesimo, trigesima die vespertina mensis octobris. Ejus anima requiescat in pace. Amen. (Dans notre *Recueil* n° 5.)

NOVEMBRE.

577. 1. *La feste de tous les Sains. Annuelle.* Ce jour, à 2 heures de relevée, il y a sermon fondé en l'honneur de saint Charles Borromée par M. Charles de Vanlay. Les enfants, à l'issue des Vespres, doivent aller chanter un *Libera* en musique sur la sépulture du dict sieur de Vanlay.

578. 2. Ce jour, dans le *Livre des services,* est un anniversaire pour M. Nicolas Coiffard, doyen, pour lequel le fabricien doit distribuer 10 livres. Le dict Nicolas a fondé la feste annuelle de l'Ascension et la messe des morts le lendemain. Voir à l'Ascension, au mois de may (n° 806).

579. 3. Ce jour est l'anniversaire de M. René de Breslay, LXXXIIIe évesque de Troyes, décédé le 2, au soir, 1641. Il y a recommandises, station et contenance en la chapelle du Saulveur. On se doit servir du parement, chasuble, tunique et chappe où sont ses armes [1]. MM. reçoivent 20 sols chascun. Il est au nombre des bienfaiteurs et légua 1,500 livres au Chapitre; il avait donné aux hospitaulx 3,000 livres et par testament leur laissa encore 1,500 livres.

580. 4. *Saint Charles Borromée.* Cette feste double a esté fondée par M. Charles de Vanlay, presbtre chanoine, qui décéda le 20 décembre 1645 et fust inhumé en la cave de la chapelle Saint-Claude. On distribue à chascun de MM. 4 sols. Plus il a fondé ce dit jour après Vespres le respons *Iste est* pour lequel on donne à chascun 6 sols. Son anniversaire est au 20 décembre. Voir au 1er novembre.

581. 5. L'anniversaire de M. Juvenal Coiffard, chanoine, pour lequel on doibt distribuer 10 livres; mais il ne se dit point.

582. 6. L'anniversaire de M. Jean d'Aubigny, LXVIIIe évesque de Troyes, décédé le 6 novembre 1341. Il

---

[1] D'argent, au lion de gueules cantonné à dextre d'un croissant d'azur. (Courtalon, *Topographie...* t. I, p. 441.)

est inhumé sous une tombe de marbre noir en la chapelle du Saulveur. On distribue 10 livres.
Il est au nombre des bienfaiteurs.

583. Au dict jour il est fait mention dans l'article du compte de 60 sols que paye le fabricien pour l'augmentation de l'anniversaire de M. Pierre Minet.

584. 7. *Obiit Philippus, Trecensis episcopus.* Ce Philippe, dit aussi Milon II, de Pont-sur-Seine, estait le LIIe évesque de Troyes et mourut en l'an 1121. Il est au nombre des bienfaiteurs. C'est lui qui donna, le 4 mars 1090, une prébende au prieuré de Saint-Georges pour cinq religieux tirés de Saint-Quentin de Beauvais; plus en 1104 il donna au Chapitre les cures de Saint-Remy, Saint-Nicier et Saint-Denis de Troyes, et Saint-Martin de Moussey [1].

585. 9. L'anniversaire de M. Nicolas Clément, prebstre chanoine des églises de saint-Pierre et Saint-Estienne, décédé ce dict jour 9 novembre 1554, inhumé dans la dicte église de Saint-Estienne soubs une tombe de marbre noir, proche le premier pillier du costé droit, appelé le pillier Clément, près la chapelle des Clément. On distribue 10 livres.

586. 12. M. Pierre Belocier [2], chanoine en la chapelle de Nostre-Dame, donna aux vicaires de cette église un setier de froment de rente, à prendre sur la troisième partie du molin de Falourdet pour une messe annuelle. Cela se lit au compte de 1535 à 1536. Depuis la rente a été réduite à 15 sols.

587. Ce dict jour l'anniversaire de M. Jean Flodey, prebstre chanoine en cette église, et soubs-doyen à Saint-Estienne, décédé ce jour, 1592, inhumé en la dicte église de Saint-Estienne soubs une grande tombe noire au milieu de la nef, au dessoubs des orgues. Il y a une lame au pillier. On distribue 10 livres. Il est au nombre des bienfaiteurs.

588. 13. L'anniversaire de M. Odard Hennequin, LXXIXe évesque de Troyes, décédé ce jour 1544,

---

[1] Voir notre *Cartulaire de Saint-Pierre*, n°s 2 et 6.
[2] Voir plus haut, p. 35, note 2.

entre 3 et 4 heures du matin, à l'âge de 60 ans, et inhumé le lendemain dans la nef, de l'autre costé de la chaire à prescher, sous une grande tombe de cuivre, auprès du tableau en relief de la Nativité de Nostre-Seigneur. Il y a une lame au pillier. Il y a contenance et station et on distribue à chascun de MM. 10 sols. Il est au nombre des bienfaiteurs et a faict de grands biens à cette église [1].

589. Le dict jour 13 est l'anniversaire de M. Pierre de Marc, prestre chanoine, théologal et archidiacre de Brienne, décédé à Sens ce dict jour, 1643, et inhumé en l'église métropolitaine soubs une tombe de marbre noir, en la nef, auprès de l'autel de la Trinité. On distribue 10 livres.

590. 14. L'anniversaire de M. Jacques Raguier, LXXVII° évêque de Troyes, décédé ce jour 1518.

---

[1] L'ordre de ses funérailles fut ainsi réglé :
Celebrentur hodie et dicantur vigilie solemnes cum pausis debitis, die crastina non omittetur, sed prima cantabitur missa ordinaria de sancto Martino stetim post' primam in choro decantatam; due postremum misse de Spiritu Sancto et de Beata Virgine Maria, post quarum celebrationem precedetur ad funus ferendum ipsius defuncti, quod reperietur sepultum in domo episcopali, et ornatum seu indutum pontificalibus super grabatum, seu lecticam ad hoc specialiter confectam, non tripodem sed IV pedibus sustentatam; et ante ultimam missam, que erit pro Defunctis, afferetur in ecclesia, presentendum primo et sistendum in navi ecclesie, et ibi cantabitur Salve Regina cum versiculis tribus; preterea presentabitur et jacebit in choro durante ultima missa dicti defunti corpus, qua dicta cum commendationibus que incipiunt Non intres, inhumabitur in media ferme navi ecclesie.. juxta vel prope pilare ubi ponitur theca seu gazophilacium in quod intromittuntur elemosine, devotiones et donaria christianorum ad indulgentias Stationum quas dum viveret impetravit a Summo Pontifice apud Bononiam.. Et convocabuntur omnes quatquot sunt Trecenses et suburbane ecclesie (nisi forsan de monasterio Celle propter nimiam distantiam velis omittere) ut crastina die circa horam nonam matutinam conveniant et compareant funebri pompe, permansure jugiter et continue cum crucibus quoadusque ultima missa fuerit solemniter celebrata, et corpus defuncti terre mandatum et solo conditum ; nam totius diocesis episcopus et curatus erat. (Archiv. de l'Aube, reg. G. 1283, fol. 252 r°.)

Armoiries des Hennequin : Vairé d'or et d'azur, au chef de gueules chargé d'un lion léopardé d'argent. L'évêque écartelait ses armes de celles de sa mère, Catherine Baillet, qui sont : d'azur, à une bande d'argent accostée de deux amphictères ou dragons ailés d'or. (Roserot, *Armorial du département de l'Aube*, n° 419.)

Il est inhumé sous une tombe de cuivre auprès du grand-autel, du costé de l'épitre, et le plus proche de la balustrade de fer, avec cet épitaphe :

Cy gist R. P. en Dieu noble seigneur messire Jacques Raguier, jadis évesque de Troyes et administrateur perpétuel des abbayes de Monstier-Ramey et et Sainct-Jacques de Provins, qui décéda le XIV novembre MDXVIII.

Il fonda pour sa dévotion par chascun an, dans le chœur de Saint-Pierre de Troyes, le premier dimance de l'Advent, après complies, le responds de *Missus est Gabriel* qu'on chante solennellement, et son anniversaire le 14 novembre. Pour ce faire donna par son nepveu, M. Jean Raguier, archidiacre de Sézanne, tout le droit qu'il avait ès seigneuries de Macey, de Magny-Vallon, etc., avec mille livres tournois. Il y a une lame de cuivre [1], contre un pillier, sur les marches à monter à l'autel, qui le déclare plus amplement : bel exemple d'un neveu qui satisfait par sa piété au testament de son oncle, faisant prier Dieu pour son âme. On distribue 10 livres. La distribution n'est pas selon la lame.

591. Le dict jour, 14 novembre 1568, décéda M. Jean Petit, chanoine, archiprètre et maistre d'hostel de M. Odard Hennequin, évesque. Il est inhumé soubs

---

[1] INSCRIPTION.

Feu révérend Père M. maistre Jacques Raguier, en son vivant évesque de Troyes, a fondé perpétuellement par chascun an, au chœur de l'église de céans, le premier dimanche de l'Avent après les complies, le responds de MISSUS EST GABRIEL, *etc. Item a aussi fondé le XIVe jour de novembre en ladicte eglise de céans un anniversaire, etc. auquel sera distribué la somme de X livres. Et pour ce faire par noble et scientifique personne M. Jean Raguier, administrateur perpétuel de l'abbaye de Monstier Ramey, nepveu dudict évesque, archidiacre de Sézanne en l'eglise de céans, a esté délaissé, ceddé et transporté aux vénérables doyen et chapitre tout le droict, part, portion, propriété et possession qu'il a et peut avoir et qu'il lui peut compéter et appartenir ès terres et seigneuries de Macey et de Magnivallon, etc. et avec ce a baillé mille livres tournois pour le remède de l'ame dudict feu Jacques Raguier, évesque de Troyes, lequel trespassa le XIV novembre MDXVIII.*

Armoiries : D'argent, à un sautoir de sable, cantonné de quatre perdrix au naturel. (Roserot, n° 4.

une tombe de marbre noire, dans la nef, à costé et attenant celle de mon dict sieur Hennequin, évesque. On distribue pour son anniversaire 100 sols.

592. 16. *Memoria episcopi Nicolai :* au *Livre des services*, 19 et 20 mars. Ce dict jour 16, au *Livre des services* est marqué l'anniversaire de M. Robert de Plaisance, jadis chanoine de cette église, où il est inhumé [1], et qui trespassa le dict jour en 1312. Ne se dit plus.

593. 18. Anniversaire de M. Robert de Lhommeau, prestre chanoine, décédé ce jour 1641, et inhumé sous la seconde tombe au devant de la Vierge à laquelle on chante le *Salve* les sabmedis. Il y a contenance et station et on distribue 10 livres.

594. 19. Anniversaire de M. Louis Budé, prestre chanoine et archidiacre d'Arcyes, décédé ce jour 1517, inhumé soubs une grande tombe, au devant du pillier du milieu du jubé, à main droite [2]. On distribue 10 livres.

595. Ce dict jour 19, au *Livre des services* est marqué l'anniversaire de M. Estienne de Refuge, chanoine de ceste église et de celle de Saint-Etienne, décédé

---

[1] ÉPITAPHE.

Cy gist monseigneur Robert de Plasence, jadis chenoignes de ... trésouriers et chenoignes de l'église Saint Pere de Troyes, lequel trespassa le jeudi après la Saint Martin d'hiver, l'an de grace mil CCC XII. Priez Dieu pour l'ame de li.

[2] ÉPITAPHE.

Hic situs est Ludovicus Budæus utraque lingua doctus, juris utriusque consultus, Trecensis canonicus et archidiaconus Arciensis, qui diem suum obiit anno MDXVII die 19 novembris. Recte conditos manes esse lector precari ne graveris. (Camusat, *Auctar.*, fol. 28 r°.)

1511-1512. Jean Milon, official, et Charles de Villeprouvée sont exécuteurs testamentaires de Louis Budé avec « noble homme M. maistre Guillaume Budé, notaire et secrétaire du Roy nostre sire, seigneur de Marly, frère et héritier en partie dudit défunct.. Pour une pierre escripte et engravée, assise sur le lieu où a esté inhumé le corps du dict deffunct, c'est assavoir devant le jubé de la dicte église de Troyes, à main dextre en entrent ou cueur d'icelle église, néant, pour ce qu'elle a esté envoyée de Paris et payée par les parens et héritiers d'icelluy deffunct. » (Archiv. de l'Aube, *Reg.* G. 1875, fol. 579. — G. 2308, fol. 23 r°.)

en 1519; il est inhumé en l'église de céans, près du Jubé [1]. Ne se dit plus.

596. 21. *La Présentation.* Cette feste annuelle a esté fondée par M. Jean de Hault, prestre chanoine et grand-archidiacre, décédé le 22 aoust 1604, et inhumé sous une tombe noire dans la nef, au pied du troisième pillier du costé gauche, où est le tableau de relief de la Présentation de la Sainte Vierge, fait de ses deniers. Il y a lame. On distribue à MM. 6 sols. [Au 5 juin 1699 cette feste annuelle est réduite en double de 3° classe.] Plus il a fondé après vespres le dict jour le respons *Felix namque;* plus une messe *de Beata* tous les sabmedis, à diacre et soubs-diacre, pendant la messe Drouin; plus au 15 may l'anniversaire de ses parents; plus la messe au 23 cy-après.

597. 22. Au *Livre des services* on lit : *Obiit venerabilis dominus Petrus de Arbosio, sacerdos et canonicus, de proventione domus sue canonialis in cugno vici S. Lupi, quam tenet dominus Johannes Gaillard, VI l. Item dedit per suos executores CCC et XCI l. VI s et II d. t., super quibus acquisivit X libr* s annu*i redditus a Colino de Chicherio, civi Trecens. pro* v*. l. t. pro fundatione duorum anniversarioru n : primum XXIV martii, et secundum XXIV julii. In quibus debent distribui in quolibet C solidi.* Ne se disent point. Pierre d'Arbois le jeune est inhumé sous la forme en la chapelle de Nostre-Dame.

598. 23. Ce jour messe solennelle des morts pour le sieur de Hault; on distribue cent sols.

599. M. Jean Gilbert, chanoine de Saint-Pierre et de Saint-Estienne, et inhumé dans cette dernière

---

[1] ÉPITAPHE.

Cy devant gist M. Estienne de Refuge, en son vivant chanoine de ceste esglise, chanoine et célerier de l'eglise collegiale Sainct-Estienne de Troyes, lequel a fondé un obit au chœur de l'eglise de céans au jour de son trespas qui fut le XIX novembre MDXIX.

(Camusat, *Auctar.*, fol 28 v°).

Armoiries : D'argent à deux fasces de gueules; à deux givres ou couleuvres d'azur, posées en pal et affrontées, brochant sur le tout. (Roserot, n° 691.)

église, décédé le 23 novembre 1693, a fondé la feste de saint Dominique double de 3ᵉ classe, et un anniversaire le jour de son décès.

600. Au dict jour 23 : *Memoria episcopi Hervei, qui dedit quartam partem decime de Assenceriis.* Voir au 2 juillet, puis au 10.

601. *Eodem die Robertus de R., presbyter, qui dedit aliam quartam partem decime de Assenceriis.* Faut voir au 23 apvril cy-après.

602. 24. *Obiit dominus Guillelmus Britonis qui dedit prata sua versus* Jaseignes : *xx soldi.*

603. 25. Il est escrit au *Livre des services : Obierunt Johannes* Fienne *et Margareta, ejus uxor, Cathalaunensis diocesis, pro quibus magister Petrus* Fienne, *eorum filius, canonicus et archidiaconus Sancte Margarete et officialis Trecensis, in constructione domus et porprisii de Sancto Benedicto super Sequanam exposuit CC libras turonenses pro anniversario eorum, in quo distribuntur singulis annis in die sancte Catharinæ C panes prebendales ; et in crastino, videlicet die anniversarii eorumdem, LX solidi turonenses.* Au lieu du pain l'officier du cellier distribue à châscun 12 sols comme au jour de saint Denis, 9 octobre. Je ne scais en quel temps ils sont morts ni où ils sont inhumés. En 1461 le dict Pierre Fienne avec Odard Hennequin, grand-archidiacre, grand-vicaire de M. Louis Raguier, visitèrent le 23 aout la châsse de sainte Syre.

604. 26. L'anniversaire pour le dict sieur Fienne et sa femme. On distribue à chascun 3 sols.

605. 29. L'anniversaire de M. François Duremain, prebstre chanoine en cette église, et auparavant de Saint-Estienne, décédé ce dict jour 1666, inhumé soubs sa tombe au devant de l'aile de la porte du chœur pour aller à la chapelle du Saulveur ; il y a aussi une lame au pillier de la chapelle des fonts. On distribue 10 livres. Il y a contenance et station. Il y a aussi fondation de 6 deniers de la feste de saint François au 4 octobre et un anniversaire ce jour à Saint-Estienne au 4 octobre ; on y distribue 20 li-

vres. Il laissa aux hospitaulx une maison et jardin en labour, estimés 1,200 livres.

606. 30. L'anniversaire de M. Pierre Dorigny, prebstre chanoine, décédé ce jour. Il est inhumé à Paris à Saint-Benoist. On distribue 6 s. Il a fondé la feste de S. Adérald au 20 octobre. Au *Livre des services* il est escrit : *dominica 1ª Adventus celebratur anniversarium quondam egregii et magne prudentie viri magistri Petri Dorigny, presbiteri, hujus ecclesie canonici, et domini nostri Francorum regis consiliarii, qui pro dicto anniversario celebrando ac solemnisando in presenti ecclesia, quolibet anno, festum S. Aderaldi festum duplex, quod antea celebrabatur ad IX lectiones, legavit huic ecclesie plures census et redditus percipiendos super certis hereditagiis sitis apud* Croncels; *pro quo distribuntur X libre manualiter.*

607. En ce mois il y a deux anniversaires en la chapelle Drouin par les vicaires : l'un pour damoiselle Claude Piétrequin et l'autre pour Pierre Guéric, autrefois vicaire.

Les distributions manuelles de ce mois de novembre montent à la somme de 6 livres 5 sols.. Voir à la fin du mois de juillet.

DÉCEMBRE.

608. Le 1ᵉʳ dimanche de l'Avent on chante après vespres le respons *Missus est* fondé par M. Jacques Raguier, évesque, du quel l'anniversaire est cy-devant au 14 novembre. On distribue 10 l. La distribution se faict selon ce qui est énoncé en la lame.

609. *Sciendum est quod prima die Adventus vicarii debebent facere anniversarium pro D. Henrico* de la Noe, *ad altare dicti Henrici, et celarius debet eis VI s.* (au *Livre des services*). Cet autel est celuy de la chapelle pour aller à la t' éologale. Le dit sieur de la Noe est inhumé soubs sa tombe blanche, au devant de l'autel de la dite chapelle. Il y a une lame à la muraille. Voir au 14 juin.

610. 5. L'anniversaire de M. Estienne Turquam, prebstre chanoine, décédé le 5 décembre 1562, inhumé soubs la tombe, près la sacristie, mise pour M. Jacques Turquam en 1537. On distribue 10 l. Voir au 12 avril.

611. Ce jour on doibt chanter l'anniversaire en musique pour M. Nicolas Vigneron, ainsi qu'il est énoncé cy-après au 10, suivant l'acte du chapitre des 29 janvier et 28 novembre 1681.

612. 6. Ce jour, 1487, dans le *Livre des services*, et le 8 d'après l'inscription de la tombe, décéda Mre Guillaume Bonnin, marguillier à verge, qui fonda un anniversaire en ce jour, pour lequel on distribue 100 s. Il est inhumé avec Jeanne, sa femme, dont l'anniversaire est au 25 apvril, soubs leur tombe au coing de la chapelle du Saulveur, en allant à la chapelle Saint-Nicolas.

613. 7. Ce jour, après les vespres de la veille de la feste de la Conception, on chante le respons *O Maria porta clausa* fondé par M. Jacques Guichard, prebstre chanoine, décédé le 3 décembre 1511. Il est inhumé soubs sa tombe [1] au pied du premier pillier dans la nef, où est le tableau en relief de S. Joachim et de Ste Anne qu'il a faict faire. On distribue 10 l.

614. 8. *La feste de la Conception*, fondée annuelle par M. Pierre d'Arbois, chanoine et prebstre. Il faut voir cy-devant au 8 septembre. Elle estoit double de la fondation de Jacques de la Noe qui est inhumé dans la chapelle de la Conception avec sa femme : leur tombeau estoit au milieu et fut relevé en 1619 quand M. Vestier fit bastir la dicte chapelle.

615. Ce jour, entre vespres et complies, on faict une procession pareille à celle de M. de La Ferté, fondée par M. Claude Vestier, doyen, décédé le 24 février 1653. On distribue 10 s. et M. le doyen a le double. Claude Vestier est inhumé soubs sa tombe noire, au

---

[1] ÉPITAPHE.

Cy gist M. Jacques Guichard, chanoine de ceste eglise, curé de Saint-André les Troyes et de Chevillon les Montargis, qui trespassa l'an MDXI. (Camusat, *Auctar.*, fol. 28 r°.)

pied de la clôture de la chapelle de la Conception, qu'il avait faict construire comme elle se voit. Il y a une épitaphe au pillier au devant de la dicte chapelle. Son anniversaire est au 24 février cy-après.

616. Ce jour on chante une messe solennelle des morts avec les recommandises et les 7 psaumes pour le dict sieur Guichard. Voir plus haut au 7. On distribue 10 livres. Le *Livre des services* porte qu'en ce jour on doibt dire trente messes.

617. 9. Ce dict jour mourut M. François Séguin, prebstre chanoine des églises de Saint-Estienne et Saint-Urbain, inhumé en 1524 en cette église, soubs la tombe noire entre deux autres au dessoubs de la couronne dans la nef. On distribue à chascun 6 s. Les marguilliers prebstres et le sous-chantre doibvent avoir chascun 3 s.

618. Le dict jour 9 le *Livre des services* marque l'anniversaire de M. Jacques Guillemet, élu doyen de ceste église en 1556; il mourut le 9 décembre 1569 et est inhumé sous sa tombe noire près de la porte de l'évêché [1].

619. 10. Vigiles en musique pour feu Nicolas Vigneron, chanoine diacre, aulmosnier de M. le duc d'Orléans et lieutenant général en la chambre du Trésor à Paris. Il avait été reçu chanoine en la place de M. Jean Gilbert le 22 may 1676 et mourut le 3 novembre 1679. Il fut inhumé soubs la tombe de ses père et mère en l'église Saint-Jean de Troyes. On sonne, et on distribue 10 l. comme aux anniversaires doubles.

620. 11. L'anniversaire de Nicolas Vigneron. Les chanoines sepmainiers chantent l'épitre et l'évangile, le petit sepmainier chante la messe, le soubs-chantre

---

[1] ÉPITAPHE.

Nobili et erudito viro Johanni Curtio, supreme Parisiensis curie advocato, singulari amico, qui obiit III° idibus decembris MDLXII. Posuit Jacobus Guillemet, *hujus ecclesie decanus. Ipse requiescit sub hoc marmore quod posuit, qui obiit anno MDLXIX die IX mensis decembris. Duorum anime in pace requiescant.* (Dans notre *Recueil*, n° 19).

tient le chœur. Il y a quatre cierges à l'autel et quatre à la contenance au milieu de la nef. *De profundis* en faulx-bourdon en allant à la station. Cette fondation a été faicte au désir de MM. ses frères, de de madame sa sœur, suivant les actes capitulaires des 29 janvier et 28 novembre 1681.

621. 12. L'anniversaire de M. Pierre de Villiers, LXXIIe évêque de Troyes, comme au 12 septembre, au 12 mars et au 12 juin. On distribue à chascun.. et aux quatre Jacobins 3 s.

622. Ce dict jour le *Livre des services* porte qu'on doit faire l'anniversaire de Jean Calot, chanoine de cette église, où il est inhumé [1]. Voir au 12 octobre.

623. 13. Ce jour est l'anniversaire de M. Nicolas Juvenis, prebstre chanoine en cette église, chantre et chanoine de l'église Saint-Estienne, décédé ce dict jour 15 décembre 1559, inhumé à Saint-Estienne soubs sa tombe de marbre noir, au milieu de la nef, proche la chapelle de la Trinité. On distribue 10 l. Il y a un Guillaume Juvenin au 14 febvrier.

624. Ce dict jour, 13 décembre 1627, mourut M. Dominique Cornu, pour lequel on chante un anniversaire auquel on distribue 100 s. Il faut voir ses autres fondations au 20 aout.

625. 16. Ce dict jour, 16 aout 1637, et auparavant le 10 septembre 1631, M. Claude Fay, prebstre chanoine de cette église et curé de Saint-Denis, donna la somme de 1200 l. pour faire sonner les *Ave Maria* ou *Angelus* avant les matines tous les jours à huict heures du soir. Il y en a une lame au gros pillier de la tour en entrant dans l'église à main gauche. Le roy Louis XI, le 1er may 1442, ordonna qu'au son

---

[1] ÉPITAPHE.

Cy gist honorable et discrète personne messire Jehan Calot, prebstre, natif de Cluny, chanoine de ceans et curé de Sainct-Remy de Troyes, lequel a donné à ceste esglise la maison devant Sainct-Remy pour son anniversaire, qui trespassa le XIIe de décembre MCCCIIII^{xx}. Dieu lui fasse pardon. Amen. (Dans notre *Recueil* n° 7.)

de la grosse cloche à midy on eut à se mettre à genoux et dire l'*Ave Maria* par tout son royaume.

626. 17. Ce jour et les six qui suivent on chante au chœur à *Magnificat* les grandes antiennes appelées les O. Avant la réforme du Bréviaire en 1652 on en chantait neuf et on commençait dès le 15. On paie 1 s. à chascun par chascun jour.

627. 20. Ce jour décéda m^{tre} Pierre Jacquemin, prebstre, chanoine de la chapelle de Nostre-Dame, pour lequel on dit ce jour un anniversaire et on distribue 100 s. (*Livre des services*). Je n'ai pu découvrir en quelle année il est mort, ny où il est inhumé.

628. Ce dit jour, 20 décembre 1645, mourut M. Charles de Vanlay, prebstre chanoine, du quel il est fait mention cy-devant au 1er et au 4 novembre. On distribue 10 l. Il y a contenance et station à l'issue de la messe.

629. 24. Ce jour, 1590, mourut M. Nicolas Hennequin, prebstre chanoine en cette église et doyen de Saint-Urbain. Inhumé dans la dicte église Saint-Urbain dans le cavon au devant du chœur. On doit distribuer pour cet anniversaire qui s'advance de quelques jours la somme de 12 livres (*Livre des services*).

630. Ce jour, un vendredi, 1445, Jacques de Valières, chanoine en cette église et scholastique en celle de Tours, fonda l'antienne *Quem dicunt homines esse filium hominis* qui se chante à l'issue des processions avant la grand'messe. Il donna pour cette fondation la somme de 80 livres par acte du dict jour [1].

631. 25. Ce jour, 1545, mourut M. Pierre Bertault, prebstre chanoine, duquel il est faict mention cy-devant aux 1er, 2 et 15 aoust.

632. 26. Ce jour, après la collecte des vespres, M. le R. évesque faict fournir par son cirier à tous les

---

[1] Archiv. de l'Aube, G 1275, fol. 393. Voir l'acte de cette fondation à la fin de cet Obituaire.

I. — OBITUAIRE DE SAINT-PIERRE. 77

bénéficiers du chœur et vicaires à chascun un cierge de cire jaune, pesant environ un quarteron, pour aller à la station en la chapelle de Saint-Jean l'Evangéliste où sont les fonts; et MM. les dignités en ont chascun un pesant demi-livre à peu près.

Les distributions de ce mois de décembre montent à 3 livres 17 sols.. Voir à la fin du mois de juillet.

JANVIER.

633. 1. Ce jour, après vespres, on chante le respons *Gaude Maria* fondé par M. Jean de Brion prebstre chanoine et archidiacre de Margerie, décédé le 28 décembre 1558, inhumé soubs sa tombe noire dans la nef, au bout de celle de M. Odard Hennequin, évesque. On distribue 10 livres. Il y a une lame au p'llier auquel le tableau en peinture a esté mis à ses frais. Il y a une messe pour luy le 7 de ce mois [1].

634. 2. Ce jour 1467 mourut M. Pierre Guilleminot, prebstre chanoine, pour l'anniversaire duquel on doibt distribuer 100 sols et M. l'évesque doibt une livre de cire. Il est inhumé soubs sa tombe de pierre [2], au dessous de celle de Jacques Guichard, au devant du premier pillier de la nef (*Livre des*

---

[1] ÉPITAPHE.

Cy gist noble personne M. Jean de Brion, archidiacre de Margerie, chanoine en l'église de céans et seigneur de Changy, qui mourut le XXVIII décembre MDLVIII. (Camusat, *Auctar.*, fol. 28 v°.)

1558. Compte de l'exécution testamentaire de Jean de Brion, chanoine de Saint-Pierre, archidiacre de Margerie : « pour la lame de cuyvre mise ou prochain pillier de la sépulture dudict deffunct, suyvant la convention faicte avec Jehan Gauduy, la somme de XXX l. — pour la tumbe de marbre noire mise sur la sépulture dudict deffunct, suyvant le marché faict avec Jacques Julliot dudict Troyes, la somme de LXXV l. t. » Archiv. de l'Aube, *Reg.* G. 2316, fol. 10 r°.

[2] ÉPITAPHE.

Cy gyst vénérable et discrète personne messire Pierre Guilleminot, prestre, jadis chanoine de céans, qui trespassa le second jour du mois de janvier l'an mil CCCCLXVII. Dieu par sa grâce, de ses faultes pardon lui face. Amen.

services) ; ne se dit point. Il estait oncle de Nicolas Solas ; il faut voir le 13 février.

635. Ce dit jour 2 est l'anniversaire de MM. Félix Les Prins, oncle et nepveu, prebstres, inhumés sous leur tombe noire à costé de l'autel de Champigny, près la sacristie. L'oncle mourut le 2 janvier 1631 et le nepveu le 16 juillet 1656. Il y a musique, contenance et stations. On distribue 10 livres. *De profundis* en faulx-bourdon. Ils ont laissé à l'Hospital 250 livres.

636. Ce dit jour, 1665, mourut M. Claude Huot, prebstre chanoine, dont l'anniversaire se faict le 1ᵉʳ lundi de l'année. Il est inhumé sous sa tombe de marbre noir, contre la porte de la sacristie [1]. On distribue à chascun de MM. 12 sols ; aux quatre chanoines chascun 6 sols ; aux marguilliers prebstres, soubs-chantre, vicaires et marguilliers à verge chascun 4 sols ; au custode 3 sols ; au sonneur pour deux grosses laisses 20 sols ; à M. l'officiant chanoine 10 sols ; à MM. les deux choristes, épistolier et évangéliste chanoines chascun 3 sols. On met le gros luminaire, il y a musique, contenance et station comme aux quarante-sept autres messes qui se disent pour luy les lundis de l'année, à la réserve de la Sepmaine-Sainte, l'octave de Pasques, de la Pentecoste et Noel. Il y a un contrat du 6 février 1665. Il laissa à l'Hospital 2,008 livres.

637. Ce dit jour 2 janvier *Obiit Galterus de Ardilleriis canonicus Trecensis, de cujus bonis habuit ecclesia XIII*ˣˣ *florenos aureos pro anniversario suo faciendo (Livre des services).* Ne se dit point.

---

[1] ÉPITAPHE.

Claudius Huot, *presbyter, hujus insignis ecclesiæ Trecensis canonicus, providens tam suæ quam parentum saluti, dedit inter vivos et testamento legavit XXIV mille libras turonenses pro missa propitiationis sibi et defunctis parentibus solemniter musico cantu in choro dictæ eaclesiæ a venerabilibus dominis decano et canonicis unoquoque die lunæ per annum in perpetuum celebrandæ, cum psalmo De profundis eodem cantu, et collectis assuetis in finem super præsenti sepultura, adstante clero, per sacerdotem recitandis, ut latius continetur in tabulis receptis per Johannem Jacobum Chastel, notarium regium Trecensem, die VIa februarii anni MDCLXVi. Obiit die IIa Januarii M°DC°LXV°. R. I. P.*

638. 3. *Obiit magister Renaudus de Berigniaco, archidiaconus Sezannie, de cujus bonis habuit ecclesia VI^{xx} et X libras turonensium pro suo anniversario faciendo (Livre des services).* Ne se dit point.

639. *Obierunt Galterus de Barro, subdiaconus et canonicus Sancti Stephani, et pater et mater ejusdem qui assignaverunt IIII libras turonensium in domo sita in civitate ante domum dictam Le Mouton pro suo anniversario faciendo (Livre des services).* Ne se dit point.

640. Le dit jour, 1572, mourut Jean Guillemet, doyen, inhumé avec Jacques et Nicolas les Guillemets, ses oncles, soubs la tombe noire où depuis a esté mis M. Format, au devant de la petite porte de l'evesché, soubs l'aile. On distribue 10 livres. Au *Livre des services* il est au 20 novembre.

641. Le dit jour, 1634, mourut Edme Méjard, prebstre chanoine en cette église et trésorier à Saint-Urbain. Il est inhumé soubs sa tombe noire dans la nef au devant de la chaire à prescher. On distribue 100 sols à cet anniversaire. Il y a aussi un anniversaire de 100 sols à Saint-Estienne le 5.

642. 4. L'anniversaire de M. Jacques Nivelle [1], prebstre chanoine, théologal et archidiacre de Brienne, décédé ce jour 1624. Inhumé soubs sa tombe au pied de la chaire à prescher, contre celle de M. d'Orge. On distribue 100 sols.

643. Ce dit jour *Obiit Helias Villemauri : in pedagio Villemauri XX soldi (Livre des services).* Elle est au nombre des bienfaiteurs.

644. *Obiit Johannes de Auxcio, Trecensis episcopus et postea Autissiodorensis (Livre des services).* C'était le LXV° évesque de Troyes. Il est au nombre des bienfaiteurs. Voir au 7 de ce mois.

645. Le 5 janvier 1643, il se lit au registre[2] que la messe en la chapelle du Saulveur, qui est la paroisse, doibt estre chantée haute tous les jours, et les

---

[1] Armoiries : D'azur, à un massacre de cerf d'or posé de front et supportant une croix haussée du même. (Roserot, n° 591.)
[2] Archiv. de l'Aube, G. 1299, fol. 78 v°.

dimanches avec prosne, aux frais de M. l'évesque, et on la doibt chanter à 7 heures.

646. 6. *Epiphanie. Feste solennelle.* Quand cette feste arrive le dimanche on ne laisse pas de faire la procession fondée par M. de La Ferté, entre vespres et complies, et on ne chante point de motet après le *Magnificat*, ny si elle arrive le lundi.

647. 7. Ce jour, 1517, mourut Jean II d'Auxois, LXV° évesque de Troyes, oncle de Jean V d'Auxois, LXIX° évesque. Il est inhumé au devant du grand-autel entre Henri de Poictiers et Estienne de Givry, evesques. Il est au nombre des bienfaiteurs quoiqu'il n'ait esté que deux ans évesque. Le *Livre des services* porte qu'il donna 300 livres tournois qui servirent à achepter une maison, des terres et des vignes à Saint-Jean de Bonneval. On lit au *Livre des services* :

Obiit Johannes de Auxeio, Trecensis episcopus, de cujus bonis capitulum habuit CCC l. bonorum Turonensium de quibus CCC l. empte fuerunt domus, terre, vinee apud Sanctum Johannem Lone Vallis, que omnia teret M. Johannes de Auxeio, cantor Trecensis, nepos dicti episcopi [1].

648. Ce même jour 7 on chante une messe solennelle des morts pour M. Jean de Brion dont il est faict mention au 1ᵉʳ jour de ce mois ; pour la quelle on doibt distribuer 16 livres. Au *Livre des services* il y a recommandise.

649. 10. *Saint Guillaume. Double.* Au *Livre des services* : *Pro dicto festo distribuuntur in matutinis et missa VIII sextaria avene in admodiatione de Capellis.*

650. *Obiit Theobaldus, comes Campanie : in ecclesia de Barbona XL. solidi.* C'est le comte Thibaut II, mort en 1152 et qui est dans les bienfaiteurs.

651. Ce dit jour 10, 1618, mourut M. Jean-Baptiste Guillaume, chanoine de Saint-Pierre et de Saint-

---

[1] Armoiries : Un escu de gueulles et trois chasteaux d'or crenelez. (Camusat, *Promptuar.*, fol. 196 v°. — Roserot, n° 46.)

Estienne, inhumé à Saint-Jacques au milieu de la nef, soubs une tombe où sont ces ancêtres. Il a fondé cet anniversaire auquel on distribue 10 livres.

552. 11. *Obiit dominus Stephanus Gilberti, sacerdos et canonicus, qui dedit C francos auri qui expensi fuerunt in rameia ecclesie que ceciderat vigilia Nativitatis Domini, anno M° CCC° LXXX° nono* (au *Livre des services*). Voir au 8 juin.

653. 12. *Obiit Rainaldus, episcopus* (*Livre des services*). Il est au nombre des bienfaiteurs et est le LIII° évesque de Troyes. Il fut élu l'an 1121. Il estoit auparavant prévost de l'eglise; c'estoit la première dignité. Il mourut en 1122. Je ne vois point où il est inhumé et je ne sçais ce qu'il a donné, quoiqu'il soit au nombre des bienfaiteurs.

654. Le dict jour 12, au *Livre des services*, est marquée la mémoire de maitre Renaud, chanoine, célerier de ceste église. Il décéda le 12 janvier 1367 et fut inhumé dans l'église de céans [1].

655. 13. Au *Livre des services* il est faict mention d'un bichet de fèves qui doibt estre distribué aux pauvres le jour de la Cène, et d'un septier de froment de minage que l'abbesse et religieuses de Notre-Dame des Prés doibvent tous les ans à la Toussaint, de quoy on faict 100 pains de prébende qui sont distribués également aux chanoines et autres qui célèbrent au grand autel, et desquels chasque vicaire et marguillier présent ont un pain. Cette distribution ne se faict plus.

656. 16. Ce jour est l'anniversaire de M. Jean Venel, autrefois archidiacre de Metz, prebstre et chanoine de cette église, décédé ce dit jour 1560. Il est inhumé dans la nef auprès de Claude Venel, son neveu. On distribue 10 livres. Il a fondé la messe

---

[1] ÉPITAPHE.

Hic jacet venerabilis et circumspectus vir magister Reginaldus de Lingonis, hujus ecclesie canonicus et celerarius, et canonicus ecclesie Sancti Stephani Trecensis, in utraque jure licentiatus, qui decessit XII.a die mensis januarii anno Domini MCCCLXVII. Anima ejus requiescat in pace. Amen. (Dans notre *Recueil*, n° 16.)

du Saint-Sacrement tous les jeudis de l'année, pour la quelle il donna 1200 livres tournois. Il y a une lame de cuivre au pilier en montant au grand-autel, du costé gauche. Et pour servir à la dite messe il légua un calice en vermeil doré pesant 3 marcs 1 once.

657. A costé de cette lame il y en a une autre où il se lit qu'un nommé Arnoul Vivien a fondé l'*O salutaris hostia* par les enfants aux grand'messes.

658. Le dit jour 16, en 1481 (*v. st.*), est mort Guillaume Lesguisé, frère de l'évêque Jean Lesguisé, chanoine de Saint-Pierre, archidiacre de Brienne, chanoine et chevecier de Saint-Estienne, curé de Sainte-Syre; pour lequel chevecier il ne se fait point de service quoiqu'il ait donné de grands biens [1].

659. 17. Ce jour, 1313, mourut l'évesque Guichard, LXIV° evesque de Troyes. Il est au nombre des bienfaiteurs ; il donna pour son anniversaire les coutumes de Pouilly qui doibvent valoir environ quatre septiers de froment, et 9 sols de censives portant lauds et ventes, et douze poules. Et les exécuteurs de son testament donnèrent encore 100 livres tournois. L'anniversaire ne se dit plus. On lit au 22 dans le Necrologe de l'église de céans : *Obiit Guichardus, Trecensis episcopus, qui dedit ecclesie, tempore quo vivebat, pro anniversario suo faciendo, coustumas quas habebat apud Poilliacum, que coustume debent valere circiter IV sext. frumenti cum mina, et circiter IX s. censuales et XII gallinas portantes laudes et ventas et manus mortuas. Item habuit dictum capitulum per exequutores dicti Guichardi, episcopi, de legato facto sive contento in testamento dicti episcopi Cl. bonorum turonensium. Exequutores debent residuum de dicto legato contento in dicto testamento.*

660. 19. Ce jour se dict une messe des morts en musique avec la même sonnerie, station et distribution

---

[1] Compte de l'exécution testamentaire de Guillaume Lesguisé (Archiv. de l'Aube, *reg.* G 2318, fol 117 r°). C'est Guillaume Léguisé qui a commencé la construction de l'église de Sainte-Syre.

qu'aux messes pour M. Huot, fondée par M. Baudot pour le jour de sa naissance. Il faut voir au 23 septembre, plus au jour de la Trinité. On distribue 10 livres.

661. Ce même jour on dit les premières vespres à la chapelle Saint-Sébastien après les complies du chœur, à cause de l'ancienne confrérie.

662. 20. Ce jour, après la messe du chœur, à la quelle il n'y a point de procession, on faict, le cierge de la confrérie à la main, la procession en l'honneur de sainct Sébastien; et après les vêpres du chœur on chante celle de la confrérie, avec motet.

663. Ce dit jour, 1573, mourut M. François de Grand, seigneur de Briocourt, père de M. Jean de Grand, chanoine et grand archidiacre, qui a fondé cet anniversaire auquel on distribue 100 sols pour le dit sieur François de Grand, son père, inhumé à Chaumont, lieu de sa résidence, en l'église de Saint-Jean, sa paroisse [1]. Il y a une lame à la closture en dedans de la chapelle de M. Gyé. Il faut voir au 21 octobre.

664. Ce dit jour, en 1665, mourut M. Camusat, chanoine de cette église, distingué par sa piété, sa doctrine et les ouvrages qu'il a laissés. Il est inhumé dans l'église de Saint-Frobert, où se trouve son éloge en style lapidaire [2] dans la chapelle de Nostre-Dame fondée par la famille de Mesgrigny.

---

[1] Armoiries : D'azur, à la fasce d'or accompagné de trois étoiles du même. (Caumartin.)

[2] EPITAPHIUM CLARISSIMI ET DOCTISSIMI VIRI
D. D. NICOLAI CAMUSATII, TRECENSIS ECCLESIÆ SANCTI PETRI CANONICI.

Siste viator, nec musarum parentem pedibus calca,
Venerare in hoc tumulo magni Camusatii olim eruditum caput,
Suspice litterarii vetus sacrarium,
Et viventem quondam scientiarum officinam demirare.
Heu jacet magni nominis umbra!
Luge, si litteras amas, quas jam ipse deperiit,
Geme, si pietatem profiteris, quam coluit,
Plange, si censeris inter cives, quos ornavit,
Si annos computes, vixit octogenario major, si eruditionem spectes
seculis omnibus antiquior

665. 21. Ce jour on chante une messe solennelle des morts pour les confrères défuncts de la confrérie de saint Sébastien, pour la quelle on distribue 100 sols; le fabricien la doibt célébrer. Il faut voir au 1ᵉʳ juillet et au 26 janvier.

666. Ce dit jour, en 1661, M. Florentin de Hanon Lamivoye, chanoine théologal, et archidiacre de Brienne, et ensuite chanoine d'une prébende sacerdotale et grand archidiacre, et depuis élu doyen, donna la somme de 100 livres pour une fondation qu'il déclarera en temps qu'il luy plaira et s'en réserva jusqu'au dit temps la rente au denier 20, dont luy fust passé contract ratifié le 1ᵉʳ febvrier suivant, et la dite somme fut employée au rachapt d'une pareille somme due à Mlle Souchet, sœur de feu M. Bigot, chantre et chanoine.

667. 22. L'anniversaire de M. Jacques Cheret, prebstre chanoine, et chantre chez le Roy, le quel mourut ce

---

Multas retro ætates emensus, non annorum spatiis, sed studiorum
  circulis, et quod mirere tot evolvit
Mundi senescentis tempora nec senuit.
Ingenio semper vividus, memoria firmus, acumine vegetus,
  At dum numeravit annos, facta ponderavit,
Imperatorum, nobilium, praesulum imagines pinxit nec vidit,
Vetustas plurium sæculorum stirpes retexuit pene unius horae
  Circuitu, dissolutas conseruit inviolabilis stili nexu,
Detrimento nullo magnitudinis, praeconio virtutis, sed sine
Dispendio veritatis, perlustravit provincias animi gressibus
  Non corporis pressibus.
Cruentas strages regnorum et fortunae ludos spectavit tranquillus
  Omnia denique movit immotus
Nec vacillavit dextera, nec exerravit lingua, nec defecit industria
  Inter tot dotes spectabilis omnibus, sibi despectus,
  Humilis poene ad fastigium, infensior ad plausum,
Corporis habitu incultus et docto librorum pulvere sordidus,
Cultum spernebat corporis, ornatum quaerebat mentis, at non
  pompam, virtutis,
  Colebat pietatem religiose sine fastu,
  Pius sacerdos sine apparatu,
Propriae arbiter conscientiae, nec judex alienae,
In egenos munificus, in scipsum parcus, sed ubique secretus,
At plus radiavit gloria dum latuit, extra Galliam scientia transvolavit.
Sortita est praecoces quos habere non potuit spectatores,
  Nota quidem singulis sed plus exteris chara quam suis,

jour 22 en 1574 et fust inhumé dans la nef au dessus de la tombe de M. Cruchot. Messe en musique et on distribue 10 livres.

668. Ce dit jour est mort Oudon de Pougy, qui est au nombre des bienfaiteurs. Il est escrit de luy : *Dedit in grangia de Balchesiaco II sextarios frumenti, II sextarios ordei et III solidos : abbas S. Martini debet (Livre des services).* Cet Oudon estoit frère de Manassès, LVIIe évesque de Troyes, au 7 mars.

669. 23. Ce jour par suite d'une ancienne dévotion des confrères de la confrérie de Saint-Savinien on chante une messe du Saint-Esprit pour se préparer à célébrer dignement la feste de saint Savinien.

670. 24. *Feste annuelle de saint Savinien. Anno Domini MV^CXLIX die XVI mensis januarii facta est translatio reliquiarum sancti Saviniani a vetere*

Quamvis fuerit lux patriae, splendor Galliae, decus ecclesiae,
Sed heu tantum sydus Parca vindex extinxit!
Illuxit caeteris, sibi defecit,
Deplora, viator, mortuae lucis dispendium, et te quoque cogita moriturum.
Parenta litterarum parenti :
Apprecare illi aeternitatem felicitatis qui pluribus contulit aeternitatem nominis.
SPECTA, ORA, ET LUGE.
Obiit XX Jan. an. M. D. C. LV. aetatis suae LXXX.
R. I. P.
(Courtalon, *Topographie...*, t. II, p. 247.)

Une autre épitaphe, sur une plaque en marbre noir, fut composée en 1770 par Grosley ; elle est maintenant à la cathédrale, au premier pilier à main droite en entrant au chœur.

Hic jacet
Nicolas Camusat *Trecensis ecclesiæ*
Canonicus
Vita, scriptis, moribus
Sacerdotalis ordinis
Exemplar et norma;
Nostratis historiæ
Alter a Pitheo parens.
Obiit octogenarius.
XII kal. februarii anni MDCLV.
P. J. Grosley.
T. R. L.
1770.

capsa lignea in novam constructam argentatam et perbelle deauratam. (Livre des services.)

671. Ce dict jour 24 est décédé M. Nicolas de Mesgrigny, aumonier du roi Louis XIII, abbé de Saint-Maurice de Blasimont au diocèse de Bazas, chanoine de ceste eglise, et nommé évesque de Troyes après la mort de Jacques Vignier, son nepveu; il mourut à l'age de 3o ans avant d'avoir pris possession du siège de Troyes. Il est inhumé à droite du jubé, près du gros pillier où il y a une lame [1], soubs sa tombe en marbre noir [2].

672. 25. Ce jour, ou le plus proche, se faict l'anniversaire de M. Robert de Colaverdey, seigneur de la Chapelle-Saint-Luc, et de Jeanne Ricourt, sa femme. Robert décéda ce dit jour 25, en 1400. Ils sont inhumés soubs une tombe de pierre contre celle de M. Jean de Champigny, auprès de la porte du chœur derrière le trône épiscopal. On distribue 3 sols.

---

[1] INSCRIPTION.

DEO SACRUM ET PIIS MANIBUS.

Nicolao de Mesgrigny, nobili et in præfectura Calvimontium et Tricassium per avitos fasces illustri familia nato, regi christianissimo Ludovico XIII a consiliis, piarum et sacrarum largitionum comes, eleemosynarius per octennium fuit; quo in munere gratiam principis ample demeritus, singulari ipsius judicio et nominatione factus est abbas et dominus Sancti Mauricii Blasimontis in Aquitania, et post acerbam mortem incomparabilis juvenis D. Vignier, ex sorore nepotis, designatus est Trecensis episcopus. Verum ita volentibus fatis, tum avunculus, tum nepos, invidiam a se formidandæ dignitatis amolitus, maluit spoliari quam supervestiri. Itaque sub pontificiis merito vixit canonicus insignis hujus ecclesiæ, et prior S. Gondulfi ad Ligerim. Is supremo vitæ biennio, dum regi et regno ptochodochiis Castrensibus in obsidione Monspessulana sedulo inserviret, gravem contraxit morbum, et deinceps nusquam bene confirmata valetudine, lenta paralysi afflictus, annos æternos in mente habens, obiit Trecis XXIV januarii anno MDCXXIV, ætatis XXX, et elegit in hac matrice ecclesia domum æternam. H. de Mesgrigny mærens frater posuit amoris monumentum æterni. (Gallia Christ., t. XII, col. 521.)

[2] ÉPITAPHE.

Hic jacet Nicolaus de Mesgrigny resurrectionem expectans. Obiit XXIV januarii anno MDCXXIV. Cette tombe existe encore.

Armoiries : D'argent au lion de sable. (Roserot, n° 544.)

673. 26. Messe des Morts pour les confrères défunts de la confrérie de saint Savinien. On distribue 100 sols. Voir au 1ᵉʳ juillet et au 21 janvier.

674. 27. Au *Livre des services : Commemoratio magistri Petri de Arbosio, senioris, VI libre turonensium capiende super redditibus scriptis in anniversario suo in mense septembris,* au 8, jour de la Nativité.

675. Ce jour est l'anniversaire de M. Henri, LVᵉ évesque de Troyes, qui décéda le 27 janvier 1169 et fust inhumé en l'église de l'abbaye de Boulancourt [1], qu'il avait donnée à saint Bernard pour y établir la réforme de Cisteaux [2]. Le scéelleur de l'évesché paye à chascun 14 sols, comme il est escrit au 2 juillet. Il est au nombre des bienfaiteurs. Il a donné au doyen la cure de Laubressel, l'ayant donnée d'abord à Pierre Comestor, doyen. Au *Livre des services : Obiit bone memorie dominus Henricus, Trecensis episcopus : in camera X s.; et decimam de Colaverdeyo que solebat valere VI modios avene; et in ecclesia de Mazothiecelini XX s., camerarius recipit; item in domo episcopi panem et vinum cum cereis pro familiaribus.*

676. 29. L'anniversaire de M. Nicolas Le Bascle, l'aisné, doyen, décédé ce 29 janvier 1509, inhumé soubs sa grande tombe noire, entre celle de M. de Champigny et l'autel près de la sacristie [3]. On distribue 10 livres,

---

[1] ÉPITAPHE.

Hic jacent tres venerabiles viri Henricus et Mattheus episcopi Trecenses, et Martinus abbas hujus domus. (Martène, *Voyage de deux religieux Bénédictins,* t. I, p. 97.)

[2] *L'an mil cent quarante-neuf*
à sainct Bernard par bon amour
le bon Henri de Troyes pasteur
donna ce lieu de Boulancourt.

(V. notre notice sur le *Cartulaire de l'abbaye de Boulancourt,* p. 19.)

[3] ÉPITAPHE.

Hic jacet probitatis et prudentie vir M. Nicolaus Le Bascle, sincere fame, jurisperitus, licentiatus, qui primum ex conjuge Babelonna susceptis liberis, eaque premortua, a presule Trecensi accitus, necnon

au *Livre des services* : *XII libre*. Etant chanoine il fust élu doyen le 27 juin 1494.

677. Ce jour doibt estre l'anniversaire pour M. Pierre d'Arbois, l'aisné, au quel on doibt distribuer 100 s. ainsi qu'il est escrit cy-devant au 8 septembre. Il ne se dit point, ny au 28 septembre, ny au 30 may.

Les distributions de ce mois de janvier montent à 4 livres 18 sols... Voir au mois de juillet.

FEBVRIER.

678. 1. Au *Livre des services* il est faict commémoration de l'évesque Henri, dont l'anniversaire est énoncé cy-devant au 27 janvier.

679. 2. La feste annuelle de la Purification a esté fondée par M. Pierre d'Arbois laisné, comme il se lit au 8 septembre cy-devant.

680. Ce dit jour avant la messe le cirier de M. l'évesque donne des cierges comme au jour de saint Estienne le 26 décembre.

681. Ce mesme jour après complies on chante le respons *Gaude Maria* fondé par M. Gillaume Ribou, chanoine théologal, décédé le 24 juillet 1558, inhumé sous une tombe noire au bas de la nef contre celle des Piétrequin. On distribue 10 livres.

682. 3. Ce jour on chante une messe solennelle des morts pour M. Maurice de Gyé [1], grand-archidiacre et chanoine, pour laquelle on distribue 100 sols, on la sonne comme de 10 livres. Le sous-chantre tient chœur. Il y a recommandise et station comme il est exposé dans la première lame. Voir au 1er septembre. Le dit sieur de Gyé a fondé tous les jours une messe scavoir : trois basses les dimanches, ven-

---

hujus ecclesie canonicus, inde sacerdos effectus, tandem decanus canonice creatus est, obiit XXIX januarii MDIX. (Dans notre *Recueil*, n° 10.)

[1] Armoiries : D'or, semé de trèfles de sable ; au lion du même, armé et lampassé de gueules, brochant sur le tout ; au chef de gueules chargé de trois croissants d'or. (Roserot, n. 408.)

dredis et samedis ; et quatre haultes : le lundi du Saint-Esprit, le mardi des Cinq-Plaies, le Mercredi de Nostre-Dame de Pitié, le jeudi du Saint-Sacrement, plus sept *Gaude* en sa chapelle, par les vicaires et les enfants. Voir au 1er septembre.

683. 4. Ce jour est l'anniversaire de M. Charles de Choiseul, marquis de Praslin, maréchal de France, décédé ce dit jour 4 février 1626, inhumé dans son cavon au chœur, du costé gauche, au pied de son tombeau [1]. On distribue à chascun de MM. 12 sols ; aux quatre chanoines chascun 6 sols ; aux marguilliers prebstre chascun 4 sols ; au maistre 20 sols ; au sonneur 36 sols ; à MM. les choristes, évangelier, épistolier chascun 3 sols. Tout se fait comme au 6 juillet.

684. 5. *Obierunt Johannes Grapin, et Coleta ejus uxor, quorum anniversarium fundavit magister Stephanus Grapin, canonicus et archidiaconus Sancte Margarete in hac ecclesia, qui donavit CCC libras pro constructione et edificatione domus Falcium (gallice Faucilles) site ante Domum Dei comitis.* Le dict Estienne Grapin est au nombre des bienfaiteurs. C'est luy qui a donné des antiphonaires du

---

[1] ÉPITAPHE.

Adsta viator quisquis hoc calcas mortale solum.

Hic jacet excelsus, potentissimusque DD. Carolus de Choiseul, marchio de Praslin, baro de Chaource, Franciæ mareschallus.

Qui, post LXV annos fidelis obsequii regibus Henricis III et IIII ac Ludovico XIII redditi, honorificentissimis quibusque hujusce regni negotiis, præpositus provinciarum Briæ, Campaniæ et Xantoniæ, Trecensium civitatis moderator factus, necnon IX exercituum dux, LIII rebellium urbibus obsessis ac reductis, XLVII pugnis seu præliis, ac in adverso corpore XXII cicatricibus numeratis, intermedioque certamine equis VIII sibi substractis, tandem immensis laboribus, ac vi armorum et prudentia sua sedatis sæpius Galliæ tempestatibus, maxime huic urbi, totique Campaniæ pace reddita, obiit anno salutis M.DC.XXVI, die XI februarii, ætatis suæ LXIII.

Amoris obsequium, doloris qualecumque solatium, sed et æternitatis monumentum hoc Claudia de Cazillac, hujus tanti ducis dignissima conjux, M. P.

(Dans notre *Recueil*, n° 27.)

Armoiries : D'azur, à la croix d'or cantonnée de dix-huit billettes du même (vingt pour la branche ainée). (Roserot, n° 209.)

chœur. Il mourut le 31 may 1458 et est inhumé soubs une grande tombe avec un autre, la troisième en sortant du chœur et tout au devant de la grande porte.

685. 7. Ce jour est l'anniversaire de M. Estienne Roberdel, prebstre chanoine en cette église, et chanoine et célerier à Sainct-Estienne, décédé ce dit jour en 1570 et inhumé à Saint-Estienne soubs une tombe de marbre noire, proche le jubé, soubs la lampe. On distribue 100 sols. Il est au 8 febvrier au *Livre des services*. Le 7 febvrier il a un anniversaire auquel on distribue 10 livres.

686. 8. Au *Livre des services* : *Nota quod die Brandonum fit anniversarium confratribus hujus ecclesie, quisque debet assiduitatem in choro et distribuuntur X libre* [1]. MM. les chanoines disent l'épitre et l'évangile, et tiennent chœur. Cet anniversaire se dit présentement le 1er mardi de caresme ; l'acte du changement de jour, faict à cause de la fondation de la procession de M. de La Ferté est dans les registres au 8 mars 1647. Dans le compte des anniversaires de 1400 il se lit que cet anniversaire a esté fondé par quatre chanoines qui estoient MM. Jacques Cousin, qui donna 40 sols de rente sur le four d'Orvilliers ; M. Aymon d'Arcies, 20 sols ; M. de Champigny, 16 sols ; et M. Pierre d'Arbois, 40 sols [2]. Au 22 novembre dans le *Livre des services*. A la messe il y a les recommandises. On envoye à l'*absolut* au jubé deux de MM. anciens, et à l'issue de la messe on faict la procession autour de l'église en chantant à basse voix les Sept Psaumes, et au retour à l'aigle l'officiant qui aura esté à la dicte pro-

---

[1] « 1391 (*v. st.*) le 11 janvier, en chapitre général, remis à Erard Vitel, maître de l'euvre de ceste église, 4 frans d'or que rév. père en Dieu Pierre d'Arcies, évesque de Troies, a donnés à l'église pour l'augmentation de l'anniversaire appelé l'anniversaire des confrères chanoines et autres personnes ; le quel est célébré chascun an le lundi après les Brandons. » Archiv. de l'Aube, *reg.* G. 1254, fol. LXV v°.

[2] Archiv. de l'Aube, *reg.* G. 1660, fol. 28 r°.

cession, revetu de chappe, dira un peu plus bas que le ton du chœur les versets et les collectes ordinaires. Pendant la dite procession, le soubs-diacre qui sert de contenance marche à un peu de distance après la croix, tenant en main l'aspersoir, accompagné d'un grand enfant de chœur qui porte l'anceau, il jette de l'eau bénite, des deux costés par la nef et les ailes ou l'on passe, sur les tombes et carreaux soubs les quels les défuncts confrères sont inhumés. Cet anniversaire se sonne comme de 10 livres. Cet anniversaire des confrères avait des vigiles à neuf leçons, mais après la consultation faicte en Sorbonne ils ont été réglés à trois leçons par ordonnance du 25 may 1647.

687. 5. Il y aussi à Saint-Estienne le 25 febvrier un anniversaire des confrères au quel on distribue 15 livres.

688. 13. L'anniversaire de M. Nicolas Solas, prebstre chanoine, décédé ce jour en 1513, inhumé dans la nef soubs sa tombe [1], au dessus et un peu à costé de celle de M. Odard Hennequin, évesque. Il y a contenance et station et on distribue 10 livres et du pain, qui se paye présentement avec d'autres fondations pour les quelles on donne deux boisseaux de froment pour les miches de caresme. Il a donné beaucoup de bien.

689. 14. L'anniversaire de M. Guillaume Juvenis, prebstre chanoine, et archidiacre d'Arcies, décédé le 14 febvrier 1551, inhumé dans la nef proche la tombe de M. Jean Verdot. On distribue 10 livres.

690. 15. L'anniversaire de M. Jacques Petitpied, ancien curé de Bercenay-en-Othe, décédé vicaire de

---

[1] ÉPITAPHE.

Cy gist vénérable et discrète personne Nicole Solas, prestre chanoine de ceste esglise, en son temps scéelleur des révérends pères en Dieu messires Louys et Jacques Raguiers, évesques de Troyes, qui trespassa le XIIIe du mois de febvrier, l'an de grace mil cinq cens et treize. Priez Dieu pour lui. Pater noster. (Dans notre *Recueil*, n° 11.

cette église [1], est porté au *Livre des services*. Ne se dit plus.

691. 16. *Livre des services : Obierunt pater et mater Auberti de Placentia :* LX s. Ce que le dit Aubert de Plaisance a donné est énoncé au 8° chapitre de recepte ordinaire des anniversaires.

692. 17. Ce jour, en 1623, il fut permis [2] à M. Jean Sifflet, chanoine, de faire dresser au pillier de la grande tour, à main gauche en entrant dans la nef, un tableau de pierre en figure représentant saint Pierre faisant pénitence. [3]. Il décéda en 1632 le jeudi 12 d'aoust et fust inhumé au pied du susdit tableau de saint Pierre [4]. Il a laissé 600 livres pour un service de vigiles et une messe de lendemain.

693. 20. L'anniversaire de M. Mathurin Huguet, prebstre chanoine en cette église et auparavant à Saint-Estienne, décédé ce jour en 1640. Il est inhumé soubs des carreaux en la nef au devant du tableau de l'arbre de Jessé. Il y a une lame au pillier. On distribue 10 livres.

694. Ce dict jour 20 on lit au *Livre des Services : Obiit Bartholomeus, Trecensis episcopus : in molendinis de Jaillardo unum modium frumenti celerarius recepit et solvit; item in domo episcopali panem et vinum.*

695. 21. L'anniversaire de M. Jean Varocler, prebstre chanoine, décédé ce jour en 1585. Il est inhumé... On distribue 100 sols.

696. 24. Ce jour, en 1653, mourut M. Claude Vestier, doyen et chanoine, inhumé soubs sa tombe noire au

---

[1] ÉPITAPHE.

Cy gist messire Jacques Petitpiet, jadis curé de Bercenay en Othe, au diocèse de Troyes, et vicaire en l'esglise de céans, qui trespassa le XV° jour de feburier mil IIII° et XVI. Priez Dieu pour lui. (Dans notre *Recueil* n° 12.)

[2] Archiv. de l'Aube, reg. G. 1296, fol. 68 r°.

[3] On lisait ce distique au pied :
Si flet ter Petrus qui ter te, Christe, negavit,
Siflet adest culpas qui flet et ipse suas.

[4] Quelques fragments de la tombe de Jean Sifflet forment les degrés d'une cave de la maison n° 15, rue Champeaux.

pied de la closture de la chapelle qu'il avoit faict construire en 1619, au milieu de cinq qui sont soubs l'aile gauche de la nef. Cet anniversaire, auquel on distribue à chascun de MM. 10 sols, est en musique avec faulx-bourdon : M. le doyen a 20 sols; les quatre chanoines chascun 5 sols; le soubs-chantre 4 sols; le custode 3 sols; le sonneur 4 sols. Il y a une épitaphe au pillier qui est au-devant de la dite chapelle [1]. Il donna par testament 400 livres à l'Hospital.

697. 25. Ce jour est l'anniversaire de M. Jean de Champigny, prebstre, chanoine de Cambray, de Reims et de cette église, curé de Sainct-Remy, et collecteur des décimes de la chambre apostolique en la province de Reims, décédé ce jour 25 en l'année 1399, et inhumé soubs une grande tombe noire autrefois couverte de cuyvre, contre la petite

---

[1] INSCRIPTION.
Claudii Vestier *quem familiæ nomen et civica majorum munia clarum Trecis fecerant fecit virtus propria clariorem.*

Pietate in Deum non solum emicuit, sed clero et choro, cui adfuit semper, profuit, et LXV annis canonicus et LIII decanus ecclesiæ huic præfuit nunquam defuit.

Cultus divini avidus et non invidus æmulator, pueros choristas duos sumptibus suis quatuor mille librarum ad cœteros perpetuo adjunxit; altarisque præcipui areæ antea humilis ad decentem eminentiam, picturararumque circum vetustate offuscatarum reformationi contribuit.

Hanc ædiculam Beatæ Virgini Conceptæ dicatam, marmore et auro crustatam, adstruxit ac processione annua eodem Conceptionis festo, et sacrificio solemni die obitus, in perpetuum fundato et indicto, utrumque illustravit excitandisque posterorum beneficis animis nonnulla terræ jugera ac prædia fabricæ ecclesiæ testamento legavit.

Thecam beatæ Mastidiæ sacram una sanctæ Genovefæ argentea imagine sua liberalitate decoravit, et ne quem pietatis et munificentiæ haberet superstitem aut victorem, ornamenta serica, purpurea, auro et argento intexta quantum suffecerint sacerdoti celebranti et asseclis memorabili largitate suæ ecclesiæ consecravit, cui necnon alia extant ejus zeli monumenta quem terra pium, amicum sincerum vidit, mars invidit, et qui pietatis opus vivens absolvit, naturae debitum solvit VI kal. martii anno M° DC* LIII°. R. J. P.*

(Cette inscription est maintenant au Musée de Troyes, n° 136.)

Armoiries : D'azur, à un chevron d'argent accompagné en chef de deux glands d'or tigés et feuillés du même, et en pointe d'une rose d'argent. (Roserot, n° 816.)

porte du chœur, derrière le trosne épiscopal. Le fabricien paie la distribution de 10 livres. Il y a recommandises et station à la contenance. Il est au nombre des bienfaiteurs, aussi il se voit qu'il a fait de grands biens à cette église; il a fondé une messe basse tous les jours à l'autel contre la sacristie. Au *Livre des services : Obiit magister Johannes de Champigneio, sacerdos, hujus et Remensis et Cameracensis ecclesiarum canonicus, qui pro fundatione sui anniversarii assignavit XIII libras capiendas singulis annis super diversis hereditagiis in litteris designatas. Item succentor, matricularii presbiteri, et vicarii hujus ecclesie, mediantibus redditibus et hereditatibus sibi per executores testamenti dicti defuncti tradit et assignat, teneturque singulis annis in dicto anniversario distribuere canonicis hujus ecclesie, presbyteris et laicis matriculariis, canonicis B. Marie qui vigiliis, commendationibus et misse dicti anniversarii presentes interfuerint, et non aliis, cuilibet unum panem ponderis duorum panum prebendalium, et II pintas vini de vinis crescentibus in vineis per ipsum defunctum datis. Tenentur etiam dicti succentor, matricularii presbiteri, et vicarii singulis annis in perpetuum in die dicti anniversarii pauperibus Christi panes unius sextarii frumenti erogare.* Au lieu du pain et du vin on donne depuis très long temps 10 sols et la dite distribution se faict comme au jour de saint Denis, 9 octobre, par l'officier du célier. Cet anniversaire, le jour de saint Victor, se chante par tout le bas-chœur, à l'issue des matines, à l'autel Champigny contre la sacristie, et il y a contenance sur sa tombe et quatre cierges. Il y a au dit autel une lame attachée à la muraille. Il mourut à Reims, mais par son testament il ordonna que son corps fus apporté en cette église.

698. Les marguilliers prebstres doivent à l'autel Champigny une messe basse tous les Quatre-Temps pour maître Nicolas Mergey, marguillier prebstre.

699. Le dimanche de la Septuagésime le curé de Saint-Nizier paye 10 sols que le compteur distribue à tous les présents à none, tant dignités, chanoines, bénéficiers que vicaires également.

700. Le dimanche de la Séxagésime le curé de Saint-Remy paye 10 sols pour pareille distribution.

701. Le Dimanche de la Quinquasésime le curé de Saint-Denis paye de mesme.

702. Le mardi dans la dicte semaine, qui est le Mardi-Gras, se faict l'anniversaire de M. l'évesque Barthélemy, LVIIIe évesque de Troyes, qui, avant son élection, estoit doyen et se nommait Haïce. Il décéda le 20 febvrier l'an 1193 et fust inhumé en l'église de l'abbaye de Larrivour, au devant du grand-autel; sa tombe est élevée d'un demi-pied au-dessus du sol et porte cette inscription : *Hic jacet Bartholomeus, Trecensis episcopus.* Il est au nombre des bienfaiteurs. Le scéeleur de M. l'évesque donne à chascun 14 sols, et le reste comme aux autres évesques. A cet anniversaire, les quatre chanoines de la chapelle de Nostre-Dame tiennent chœur aux vigiles et à la messe; c'est lui qui les fonda en 1183. Plus il donna au Chapitre la collation de la cure de Rameru, plus les moulins de Jaillard et la moitié de la seigneurie de Vanne, dont l'autre moitié avoit esté donnée par Manassès II, son prédécesseur.

703. Le 1er dimanche de Carême le grand maire paie 10 sols pour la distribution de none comme cy-dessus. Ce dimanche est appelé dimanche des Brandons, et en ce jour, devant vespres, on disoit les vigiles du service des confrères et le lundi la messe, mais présentement on dit les vigiles le lundi et la messe le mardi. Il faut voir au 8 ce mois.

704. Le jour du Mardi-Gras, après l'annniversaire pour mondit s^r l'évesque Barthélemy, on chante tierce, puis on faict la procession et on chante la grand-messe d'office double, avec musique et orgue. On s'y sert à l'autel de la chasuble et tunique de gros de Naples rouge chargé de petits lions d'or, qui sont des ornements restés des anglais. On distribue à cette messe 3 sols.

705. Le IIe dimanche de Caresme, le grand chambrier donne 10 sols pour les présents à none.

706. Le IIIe dimanche le doyen de la chrétienté, qui

est le doyen rural du grand-doyenné du grand archidiacre, paie 10 sols pour les présents à none.

707. Le dit jour on chante après complies le respons *Videns Jacob,* fondé par M. Didier Malingre, prebstre chanoine, décédé le 9 aoust 1625. Il est inhumé soubs sa tombe, en la chapelle de M. de Gyé, où se faict la station. On distribue 10 livres. Son anniversaire est au 9 aoust.

708. Le IVᵉ dimanche de Caresme le soubs-chantre donne 10 sols pour les présents à none.

709. Le dit jour, après complies, les enfants chantent *Ave Regina,* et ensuite le respons *O claviger.* En allant à la station on chante à demi-voix *Miserere* puis le *De profundis* en faulx-bourdon, le tout fondé par M. Nicolas Chassebras, prebstre et chanoine, décédé le 6 mars 1626. Il est inhumé soubs sa tombe noire, au bout de la nef, au devant de la chapelle de M. Hennequin. On distribue 10 livres. Le lendemain il y a une messe des morts pour luy et ses parents. On faict station à la contenance comme au *Gaude.* Il y a une lame au pillier, et un contrat du 22 janvier 1626. On distribue 100 sols. Son anniversaire est au 6 mars.

710. Le dimanche de la Passion M. le doyen de cette église paie 10 sols pour les présents à none. Ce dict jour, après complies, les enfants chantent *Ave Regina,* puis le *Stabat mater* dont ils commencent tous les versets et les chœurs les achevant alternativement ; le *Vexilla regis* est alterné par l'orgue et le chœur. C'est la fondation de Jacques Peleux, prebstre chanoine en cette église, et chanoine et trésorier à Saint-Estienne. Il décéda le 29 juillet 1581 et fust inhumé à la quatrième pierre proche la chaire à prescher, et un peu au dessus et à costé de la tombe de M. d'Orge. En allant à la station sur sa sépulture on chante bas le *Miserere* et le *De profundis* puis le *Libera.* On distribue 10 livres. Son anniversaire est au dit jour 29 juillet, au *Livre des services* au 31 mars ; il n'y a pas de *Stabat.*

711. Le vendredi de la semaine de la Passion on faict feste double de Nostre-Dame de Pitié fondée par

M. Pierre Monginet, qui avait servi M. Huot et duquel il avoit reçu de grands biens. On distribue 10 livres. Il décéda le 28 apvril 1671 et fust inhumé soubs des carreaux entre la tombe de M. Turquam et la cloison de la sacristie. Plus le dit Monginet a fondé après complies le respons *Dulcissime Jesu*, pour lequel on doibt distribuer 10 livres; mais on ne dira le dit *Gaude* ou respons qu'après le décès de Marguerite Seury, sa servante, à laquelle il a laissé 30 livres de rente viagère payée par le chapitre pour la somme de 600 livres en principal, donnée pour le dit respons. A la fin il y a station à la tombe; on chante tout bas le *Miserere* et le *De profundis* en faulx-bourdon. Plus il a fondé le lendemain une messe des morts que l'on doibt sonner et chanter avec les mêmes cérémonies, musique, station et distribution qu'aux messes de mondit sieur Huot. Il y a une lame au pillier au devant de la sacristie, et le contract fust passé avec les exécuteurs de son testament le 15 décembre 1673. Il est porté par le dit contract que lorsque le jeudi, vendredi ou sabmedi de la dite sepmaine de la Passion arriveront les festes de saint Joseph et de l'Annonciation la dite feste de Nostre-Dame de Pitié se fera le vendredi de la IVe sepmaine de Caresme.

712. Le dimanche des Rameaux le Chapitre paye 10 sols aux présents à none. Le dit jour dimanche des Rameaux, après complies, les enfants chantent *Ave Regina*, puis le *Stabat*, alternativement avec les chœurs. La station se faict sur la tombe de M. Dominique Cornu, qui a fondé ce présent *Gaude* et faict plusieurs autres fondations cy-devant énoncées au 21 aoust. On distribue 10 livres. Il y a lame et tombe. Le lendemain Lundi-Saint on chante une messe des morts pour le dit sieur Cornu, avec recommandises, et on doibt dire l'apres-disnée les vigiles. On distribue 100 sols. Son anniversaire est au 13 novembre, jour de son décès, 1627.

Le Mardi-Saint, à la prière de MM. du Corps de ville, on faict le matin, après le sermon, la procession générale en mémoire de la réduction de la ville soubs l'obéissance de Henri IV.

713. Le Mercredi-Saint on chante l'anniversaire de M. Garnier, LIX⁰ évesque de Troyes, élcu en 1193, décédé à Constantinople, le 14 apvril 1205, où il est inhumé. Le scéelleur de M. l'évêque paye 14 sols à chascun comme aux autres anniversaires d'évesques. Il envoya le hault du chef de saint Philippe [1], le corps de sainte Hélène, et le bassin de jaspe bordé d'argent [2].

Le dict jour Mercredi-Saint MM. les chanoines capitulants entrent au chapitre à deux heures et récitent le psautier depuis le 1ᵉʳ psalme du dimanche jusqu'au 1ᵉʳ de la sixième férie, et reçoivent chascun 10 sols.

714. Le Vendredi-Saint, à la mesme heure, on entre au chapitre et on récite le reste du psautier à la fin du quel M. le président, tous les MM. à genoulx, dit les litanies des saints. On distribue à chascun 10 sols.

715. Le Sabmedi-Saint, après complies et le *Regina cœli,* chanté en musique devant l'aigle, et la col-

---

[1] Le chef de l'apôtre saint Philippe était enfermé dans la même châsse avec une dent de l'apôtre saint Pierre qui avait été donnée à la cathédrale de Troyes par le comte Henri Iᵉʳ. Cette châsse en argent, enrichie d'ornements d'or, d'émaux et de statuettes, était d'un beau travail. Les vers suivants étaient gravés autour :
Si michi pro pretio rubet aurum, gemma diescit,
Intus quod capio pretii commercia nescit.
Petre tuo denti, capitique Philippe dicatum
Vas ego : dens summa, caput, ima parte locatum.
Hunc, Rome captum, comes huc Henrice tulisti;
Hoc grecis raptum, presul Garnere dedisti.
(Camusat, *Promptuar.,* fol. 116 v°.)

[2] Sur le cercle d'argent étaient gravés quatre vers grecs :
Καὶ πρὶν ὑπουργεῖ τὸ τρύβλιον Δεσπότῳ
Κεῖνο, μαθητὰς ἑστιῶντι τοὺς φίλους :
Καὶ νῦν ὑπουργεῖ τοῖς μειλιγμοῖς Δεσπότου.
Μαρτυρεῖ τοῦτο δῶρον εἰσειργασμένον.

Ils ont été traduits en latin :
Et prius serviebat catinus Domino
Iste, discipulos convivio excipiens amicos :
Et nunc servit placando Domino,
Testatur hoc donum in id inductum et factum.
(Camusat, *Promptuar.,* fol. 116 v°.)

lecte et le *Sacrosanctœ* dit par l'officiant qui, d'ordinaire, est M. le révérend évesque, à son trône, deux enfants de chœur à genoux et leur maître derrière eux, le chœur debout dans les chaires, commencent la litanie du Saint Nom de Jésus, à quoi le chœur respond en faulx-bourdon, et au verset *Jesu fili Dei vivi* on sort pour la procession, qui est d'un tour ; le grand enfant de chœur porte la croix et la bannière. Après la procession le *Salve Regina*. Puis on va au devant de l'évesque, ou en son absence au devant de M. le doyen, qui dit le verset et l'oraison. Pendant le *Salve* le compteur distribue à chascun de MM. présents 10 sols ; et 5 sols aux chanoines de Nostre-Dame ; aux marguilliers prebstres et à verges, au soubschantre, custos et vicaires chascun 4 sols ; plus 20 sols à tous les enfants de chœur pour leur avoir à déjeûner le jour de Pasques sans que leur maître y puisse rien prétendre. Cette fondation a esté faicte par M. Odard Vestier, prebstre chanoine, reçu le 14 juillet 1631 et qui le sabmedi 8 may 1666 s'étant retiré par une dévotion extraordinaire et incognue à l'hermitage de Nostre-Dame du Hayer à Chennegy, y prist l'habit le dimanche 9 par les mains d'un prebstre séculier qui y desservoit, et ensuite il célébra la messe. Pendant l'année de son noviciat, sur la fin, il fit proposer la présente fondation à l'effet de quoy il escrivit au Chapitre qui l'accepta, et le contract en fust passé le 15 apvril 1667, et fust exécuté le Samedi-Saint de la mesme année. Il avait résigné sa prébende à M. Claude Vestier, son frère aisné, qui en prist possession le 6 may 1667. Le dit sr Odard mourut à l'hermitage du Hayer le 26 may 1676 et fust inhumé dans la chapelle du dit hermitage soubs une tombe blanche qu'on y mist pour luy. Il fist de grands biens au dit hermitage en y entrant, et y paya pendant sa vie 400 francs de pension qu'il s'étoit réservée sur ses biens temporels.

716. Le jour de Pasques on chante none solennellement à deux heures et demie, et à l'issue tout le chœur descend à l'aigle et l'orgue joue le *Regina cœli* à quoy les musiciens respondent par versets

alternativement en fleurtis, et la collecte estant dite on va sans rien chanter en allant et revenant, avec la croix et les bannières, le soubsdiacre revestu et tenant le texte, prendre M. le révérend évesque dans la salle où la collation est préparée, mais à laquelle on ne touche point. Peu après, mondit s^r l'évesque s'estant faict revêtir de ses habits pontificaux, on revient au chœur, les quatre choristes ayant été revestus de chappes dans la dite salle, et M. l'évesque après le dernier coup sonné commence vespres. Le scéelleur de mon dit s^r évesque donne au compteur de quoy payer à MM. pour l'assistance au dit *Regina* à chascun 3 sols, et aux autres comme aux anniversaires de 100 sols. Ce changement a esté faict du temps de l'évesque de Beaufremont ; voir au 13 et 20 apvril 1564 [1].

717. Anciennement, après none on entroit au chapitre où se rendoit M. le révérend évesque, et là on jouoit à un jeu qu'ils appeloient *ludus taxillorum*, et il se list au registre de 1561 au 2 apvril que ce jeu fut aboli ; et toutefois il fust conclud qu'on s'assembleroit toujours à l'advenir pour recevoir *poma, neulas, vinum et alia assueta* [2].

718. Le dict jour de Pasques, à 7 heures ou à 6 heures et demie, on chante le respons que les enfants commencent par *Domine non secundum,* puis le respons *Sedit angelus,* après quoi l'orgue joue *Regina cœli,* puis après la collecte on va à la station au bas de la croix en chantant à basse voix *Miserere* et *De profundis,* puis le *Libera.* On distribue 10 livres. Cette fondation a esté faicte par M. Edmond Benoist, décédé le 5 octobre 1590. Voir au 17 septembre, à la feste du Saint Nom de Jésus en aoust, et au 11 mai.

719. Lundi de Pasques. Ce jour après complies les enfans chantent le respons *Christus resurgens,* puis l'orgue joue *Regina cœli.* Après la collecte on va à la station sur la tombe noire de M. Nicolas de Mesgrigny, au pied de l'épitaphe qui est au bout du jubé

---

[1] Archiv. de l'Aube, *reg.* G. 1285, fol. 296 r°.
[2] Ibid., *reg.* G. 1285, fol. 23 v°.

au gros pillier à main droite. On chante le *Miserere* et *De profundis*, puis le *Libera*. On distribue 10 livres. Cette fondation fut faicte par M. Jacques Vignier pour M. Jacques Vignier, son fils, prieur de Saint-Martin-des-Champs, abbé de Saint-Serge à Angers et nommé à l'évesché de Troyes par le roy ensuite de la permutation faicte de la dite abbaye avec M. René de Breslay, évesque de Troyes; et lequel sieur Vignier, abbé, docteur en théologie, estant allé à Rome pour obtenir ses bulles de l'évesché de Troyes, tomba malade et y mourut le lendemain de Pasques, 28 mars 1622, où il est inhumé [1]. Et le roy rendit l'évesché à M. René de Breslay à qui aussi l'abbaye de Saint-Serge demeura. Le dict sieur de Mesgrigny estoit oncle de Jacques Vignier. Voir au 24 janvier et au 28 mars.

720. Mardi de Pasques. Ce dict jour, à l'issue des matines, on chante une messe des morts pour le dict sieur Vignier, abbé. Il y a contenance avec les quatre cierges, mais sans station, et on distribue 10 livres.

721. Ce dict jour procession à Nostre-Dame-aux-Nonnains, comme au 15 août, jour de l'Assomption. Voir plus haut. On a cessé de faire la dite procession le mardi de Pasques 1680.

722. Le mardi d'après le dimanche de Quasimodo se dict l'anniversaire de l'évesque Nicolas, LXIIe évesque de Troyes, décédé le 24 apvril 1269, inhumé soubs sa tombe de cuivre derrière l'aigle du chœur. Il est au nombre des bienfaiteurs et ce qu'il a donné

---

[1] En 1870 une tombe en marbre blanc fut posée dans l'église de Saint-Louis-des-Français, à Rome, afin de conserver le souvenir de la sépulture de Jacques Vignier. Cette tombe porte l'épitaphe suivante :

D. O. M.
Jacobo Vignier
qui ad sedem episcopalem
Trecensem occupandam designatus,
sed nondum vigesimum tertium annum attingens,
Romae
obiit XXVIII *martii anno* D. MDCXXII.
(Coffinet, *Inscript. dans l'église Saint-Louis-des-Français, à Rome.*)

est énoncé dans le *Livre des services* au 16 apvril. Il est faict mention de luy aux 20 juillet, 18 septembre, 18 octobre, 19 et 20 mars et 19 may. Le sceelleur de M. le révér. évesque donne à chascun 14 sols comme aux autres anniversaires épiscopaulx.. Voir au 25 aout.

723. Autrefois on donnoit tous les vendredis de Caresme, plus aux anniversaires de Solas le 13 febvrier, et du comte Henri le 26 mars, des miches de pain en espèce; mais par conclusion du 11 febvrier 1643 ayant esté reconnu que les dictes miches estoient souvent défectueuses, il fust ordonné qu'en la dicte année il seroit payé à MM. du froment en grain, au lieu de pain, à chascun deux boisseaux [1].

Les distributions manuelles du mois de febvrier montent pour chascun de MM. présents à 3 livres 11 sols.. Voir à la fin de juillet.

MARS.

724. 5. M. Pierre Andry, souchantre de cette église, décédé le 5 mars 1691, et inhumé proche et au pied de la balustrade de la chapelle du Sauveur, a légué à la dicte chapelle la somme de 300 livres pour célébrer le 1ᵉʳ jeudi de chasque mois à perpétuité, en la dicte chapelle, une messe basse à son intention.

725. 6. L'anniversaire de M. Nicolas Chassebras, prestre chanoine, duquel il est fait mention cy-devant à la fin de febvrier, au IVe dimanche de Caresme, décédé ce jour 1626. On distribue 10 livres. Il y a contenance, recommandises, et station en chantant bas *Miserere*, et ensuite *De profundis* en faulx-bourdon.

726. 7. Ce jour est l'anniversaire de M. Manassès, LVIIe évesque de Troyes, décédé le 11 juin 1190. Je n'ai pu découvrir où il est inhumé. Il est au nombre des bienfaiteurs. M. le révér. évesque fait payer par son sceelleur à chascun 14 sols, comme aux aultres anniversaires épiscopaulx. Manassès estoit frère

---

[1] Archiv. de l'Aube, *reg.* G. 1299, fol. 86 r°.

d'Oudon de Pougy, du quel il est escrit au 22 janvier. Le dict sieur Manassès donna à recevoir en l'église de Saint-Martin de Boucenay 100 sols de rente ; plus, en 1180, il donna au Chapitre la puissance d'élire un doyen, et en augmenta le revenu de 20 livres de rente annuelle ; plus il donna encore au Chapitre la cure de Saint-Parre-aux-Tertres, où il fonda un anniversaire pour l'ame de Matthieu, son prédécesseur, et y donna 20 sols de rente ; plus, fonda en l'église de Troyes deux anniversaires, l'un pour l'âme de son prédécesseur Henri et donna 20 sols de rente sur son revenu au Meixtercelin, l'autre anniversaire pour son âme, pour lequel il donna 20 sols de rente, et encore depuis un troisième pour l'âme de Roscelin, pour lequel il donna 20 sols de rente, ces deux sommes dernières assignées sur 7 livres de revenu en l'église de Colaverdey ; et, afin que son anniversaire montat jusqu'à 100 sols, il donna la rente de son jardin achepté de Hugues Nabor par tiltre de l'an 1183. Il donna au Chapitre la moitié de la seigneurie de Vannes, et l'évesque Barthélemi, son successeur, donna aussi l'autre moitié qu'il possédoit.

Le dict jour est la feste double de saint Thomas d'Aquin, fondée par M. Nicolas Denise, archidiacre, pour laquelle on paie 10 sols. Faut voir au 16 apvril 1681.

727. 8. L'anniversaire de M. Jean Huyard, chanoine, et de ses parents, pour le quel on distribue 10 livres. Il y a la grande vistre[1] et celle au dessoubz, entre le pillier où est le tableau de Nostre Dame de Pitié et celui de l'Assomption de la sainte Vierge, qui sont faictes des dons du dict Huyard et de Guillaume

---

[1] Légende du vitrail (c'est la cinquième fenêtre de la grande nef, à main droite en allant au chœur) : « Maistre Jehan Huyard, chanoine de ceste esglise, et Guillaume Huyard, avocat du roy à Troyes et grant maire de ceste dicte esglise, ont faict [mettre] ceste verriere l'an M IIII^c IIII^{xx} et XVII. » Cette légende a été mal lue plusieurs fois.

Armoiries des Huyart dans ce vitrail : D'argent, à trois têtes de faucons au naturel, arrachées ; à la bordure engrêlée de gueules.

Huyard, son frère. Et entre les deux dicts pilliers il y a deux tombes une noire et une blanche qui font mention des Huyard; la blanche de Jean, et la noire de Guillaume. Il y a un autre Jean Huyard au 27 aoust.

728. 9. L'anniversaire de M. Gilles Guillaume, prestre chanoine en cette église, et doyen de Saint-Estienne où il est inhumé soubz une tombe, sous le jubé. Il décéda ce jour, mais l'année est effacée sur la dite tombe. On distribue 10 livres.

729. 10. En ce jour au *Livre des services* il est faist mention de maistre Jean de Bellevue, diacre et chanoine de cette église, qui pour son anniversaire a donné beaucoup de rentes en plusieurs lieux mentionnés en l'article.

730. 11. L'anniversaire pour M. Pierre de Villiers, LXXII° évesque de Troyes, comme au 12 septembre et 12 décembre cy-devant, pour le quel on donne à chascun 3 sols. Faut voir au 12 juin. Dans le Nécrologe des Dominicains, au 11 mars, on lit : *Hac die, que est XI^a hujus mensis, in ecclesia cathedrali dicuntur vigilie et crastina die missa pro D. Petro de Villaribus, quondam fratre hujus conventus et episcopo hujus civitatis, quibus debent interesse IV fratres sacerdotes de hoc conventu, et stare in choro inter canonicos et semicanonicos, percipereque eamdem distributionem sicut et ipsi canonici.*

731. Plus en ce jour, ou au 13, les vicaires doibvent à l'issue des matines chanter à l'autel du Pardon une messe des Morts en musique, à diacre et soubzdiacre, pour feue dame Marguerite de Longeville, femme de M. de Goron de Beaulieu, décédée dans le cloistre de cette église le 12 mars 1661 et inhumée soubs une tombe blanche, au devant de l'image de sainte Marguerite qui est au dessus du premier pillier du jubé. Il y a un épitaphe au gros pillier du chœur à costé. Les vicaires reçoivent la somme de 10 livres pour leur distribution. Il y a acte au 24 mars 1661 dans le registre [1].

---

[1] Archiv. de l'Aube, *reg.* G. 1303, fol. 753 r°.

732. 13. *Obiit Blancha, comitissa Campanie : in admodiationibus apud Capellas II sextarios frumenti et VI sextarios avene.* Blanche de Navarre est au nombre des bienfaiteurs, et estoit femme du comte Thibault III. Voir au 22 may.

733. 14. L'anniversaire de M. Nicolas Carru, prestre chanoine en cette église, et curé de Saint-Remy où il est inhumé dans le chœur. Il décéda le 14 mars 1594. *Livre des services* : on distribue 100 sols.

734. 16. Ce jour, par ordonnance du Chapitre du vendredi 28 apvril 1525, à cause de la quantité de chanoines qui estoient des deux églises, se doit dire en celle-ci et le 17 à Saint-Estienne l'anniversaire du comte Henri, comte de Champagne, décédé le 17 mars 1180 et inhumé au milieu du chœur de l'église de Saint-Estienne dont il est fondateur. Il est au nombre des bienfaiteurs. Il est dit au *Livre des services : Distribuuntur panes dominis et vicariis prout in diebus veneris quadragesime per celarium.* On distribue 10 livres; et le dit pain est compris dans les deux boisseaux de froment énoncés à la fin de febvrier. En l'an 1164 le comte Henri donna au monastère de Clugny 12 livres de Provins de rente pour retirer du dit monastère et rendre à cette église cathédrale la prébende que Hatton, LIVe évesque de Troyes, avait donné au dict monastère. Il y a deux tiltres de la dite prébende rendue : l'un d'Estienne, abbé de Clugny, de l'an 1164 ; l'autre de Thibault, prieur du dit monastère, de l'an 1165 ¹. C'est le comte Henri qui a donné a ceste église la dent de saint Pierre enfermée avec le chef de saint Philippe dans le même reliquaire ².

735. 18. L'anniversaire de M. Hugues Marmier, prestre chanoine, décédé le 18 mars 1551 et inhumé à costé gauche et un peu au dessoubs de la tombe de M. Odard Hennequin, évesque, en la nef³. On distribue 10 livres.

---

¹ Voir notre *Cartulaire de Saint-Pierre*, p. 27 et 28.
² Voir au Mercredi-Saint, à la suite du mois de février, n° 713.
³ Archiv. de l'Aube, reg. G. 2314, fol. 17 r°. Compte de l'exécu-

736. 19. *Commemoratio Nicolai episcopi facta per Itherum : in vinea retro monasterium Celle, IIII l. et X s.; item in quinque arpentis terre sitis apud* Villetard, *que quondam* Boutifard *tenebat pro II sextariis frumenti; item in censibus dicti Itherii quos emit a Jacobo de Senonis, XXVI s. ; item in quibusdam peciis terre que fuerunt Oliveri de Vacaria, et in pratis que fuerunt Johannis* Covarey *sitis in Prato Episcopi, XXX* s.

737. 19. *Feste annuelle de saint Joseph.* Elle a esté fondée par maistre Elie Voisin, prestre chanoine de la chapelle de Nostre-Dame, et auparavant soubs-chantre, décédé le 11 juin 1650 et inhumé soubs la seconde tombe, au devant de l'image de la Vierge à la quelle on chante le *Salve* les sabmedis. On distribue à MM. 6 sols; plus a fondé le sermon ce dit jour à 2 heures de relevée; plus un petit *Gaude* sur sa tombe par les vicaires; plus a fondé la feste double de sainte Thérèse, le 15 d'octobre; plus la messe cy-après au 20. Il laissa à l'Hospital 546 livres. [Au 5 juin 1699, réduction de la feste de S. Joseph d'annuelle en double de 3ᵉ classe.]

738. 20. La messe des Morts en musique pour le dit maistre Elie Voisin, à la quelle on distribue à chascun de MM. 3 sols. A l'issue on va à la station en chantant le *De profundis* en faulx-bourdon. Il y a une lame au premier gros pillier dans la nef au dessus de la lampe que l'on met en hyver.

739. *Eodem die commemoratio episcopi Nicolai per Joannem, archidiaconum : in decima de* Roncenay *et d'*Ascenay, *I sextarium frumenti et III minas ordei. Item commemoratio ejusdem Nicolai episcopi per Stephanum de Cantualaude : in domibus et porprisiis sitis in* Voysia *et domo prope Sanctum Panthaleonem XL s. (Livre des services.)*

740. Ce dit jour 20 est la feste double de S. Joachim, fondée par M. Nicolas Bonhomme, prestre chanoine,

---

tion testamentaire de Hugues Marmier, chanoine : « pour une tumbe de marbre non figurée, selon le testament du dit deffunct, LXIX l. t. »

et auparavant chanoine à Saint-Estienne où il a aussi fondé la dite feste double. Il décéda le 26 mars 1665 et fust inhumé dans le cavon de la chapelle de Pion. Par son testament il laissa 800 livres pour la dite fondation, pour la quelle on doit distribuer à chascun 6 sols. L'exécuteur du dict testament n'ayant pas encore délivré entièrement la somme de 800 livres on diffère à exécuter la dicte fondation.

741. 22. *Obiit Itherus, archidiaconus : ut supra in commemoratione episcopi Nicolai per ipsum Itherum; item in redditibus de Fontanis prope Triangulum, IIII l. (Livre des services.)*

742. 24. L'anniversaire de Pierre d'Arbois, le jeune, pour lequel on doit distribuer 100 sols comme il est énoncé au 22 novembre. Ne se dit point.

743. [M. Paillot, prestre et chanoine, décédé le 24 mars 1697, est inhumé en la chapelle de Nostre-Dame. Il a donné 1,500 livres employées aux besoins de l'office des grains, le 4 avril 1688; plus 2,300 livres employées au rachat de rentes, les 25 janvier et 23 may 1692; plus, outre quelques ornements d'autel, a légué par son testament du 23 mars 1697 la somme de 2,000 livres pour son anniversaire; plus 500 livres à la chapelle de Nostre-Dame [1].]

744. Ce dit jour 24, après complies, on chante le respons *Gaude*, fondé par M. Jacques Dorey, prestre chanoine de céans, de Saint-Estienne et de Saint-Urbain, décédé le 30 juillet 1493 et inhumé soubs une grande tombe, la quatrième au devant de la grande porte du chœur, entre celle de MM. Thevenon et Solas. Ils sont deux gravés sur la dicte tombe [2]. On distribue 10 livres. Il y a une lame au dessoubs du tableau de Nostre-Dame de Pitié. Il y a une messe des Morts le 26.

745. 25. Feste de l'Annonciation de la sainte Vierge.

---

[1] Archiv. de l'Aube, *reg.* G. 1305, fol. 335 v°.

[2] *Ibid.*, *reg.* G. 2299. Inventaire du mobilier de Jacques Dorey. Catalogue de ses livres par Jean de Brienne et Macé Panthou, libraires à Troyes.

Cette feste a esté fondée annuelle par M. Pierre d'Arbois, comme il est escript cy devant au 8 septembre. [Le 5 juin 1699 elle fut réduite en solennelle.]

746. Ce jour, après complies pendant le Caresme, et entre vespres et complies quand la feste est remise après Pasques, on fait la procession de la Litanie de la Vierge, fondée par M. Robert Perrot, prestre chanoine et archidiacre de Sézanne, décédé le 5 aout 1667 et inhumé sous sa tombe au devant de la chapelle de feu M. Bareton. On distribue à chascun 10 sols à MM. Il a son anniversaire le dit jour 5 aout. Plus par son testament il fonda le *Sacrosancte et Individue* bas, tous les jours après complies. Il y a aussi une lame de cuivre au pillier.

747. 26. La messe solennelle des morts pour le sieur Jacques Dorey avec recommandises. On distribue 10 livres. Il y doibt avoir contenance, sans cierges ny station. Voir au 24 de ce mois.

748. 28. Ce jour, en 1622, est décédé M. Jacques Vignier, docteur en théologie, prieur-commendataire de Saint-Martin des Champs et de Nostre-Dame d'Argenteuil, nommé à 20 ans évêque de Troyes et inhumé à Rome où il est mort. Il y a une lame au gros pillier à droite du jubé [1]. Voir au lundi et au mardi après Pasques, n° 719 et 720.

---

[1] INSCRIPTION.

Sacrum æternæ memoriæ Jacobo Vignier, doctori theologo Parisiensi, nominato episcopo Trecensi, priori commendatario Sancti Martini a Campis et B. Mariæ Argentoliensis, castissimo moribus, amœnissimo ingenio, nobilissimo gente, ditissimo sacerdotiis, doctissimo ustraque lingua, litteratissimo divina et humana scientia, sapientissimo supra ævum et ætatem, qui raro tot dotium consortio, paulum vicenario major. raptus simul et ostentatus est orbi, adeo præcox fatum omnia dedit et rapuit. Is intra supremum vitæ biennium quatuor publicis et nominatissimis actibus omnia theologiæ mysteria evolvit et exhausit in schola Parisiensi, et ibi Galliam nominis sui stupore implevit, e cineribus Johannis Pici redivivus phœnix. Eadem cum illo olim meditatus Romam venit, sed heu! post sesquimensem adventus didicit homines hic mori. Sub dies supremi morbi doctor theologus Parisiensis renunciatus est, quod uni usquam omnium hominum adolescenti et absenti, ob singularis ingenii mira-

749. 29. Ce dict jour, à Pasques Fleuries en 1461, est décédé Simon Roier, chanoine et maître de l'œuvre de l'église de céans. Son anniversaire est marqué au 29 dans le *Livre des services* [1].

750. 31. *Obierunt quidam canonici pro quibus fabrica solvit IX l. (Livre des services.)*

751. En ce mois de mars, il y a en la chapelle de Drouin, par les vicaires, un anniversaire pour MM. Claude Piétrequin et Jean Gossemant (quelques feuilles portent Guillaume de Creney au lieu de Claude Piétrequin.)

Les distributions manuelles de ce mois de mars montent pour MM. présents à 4 l. 1 s.. Voir au mois de juillet.

APVRIL.

752. 1. Ce jour à 2 heures après midi on va en procession à Saint-Nicier dire, en qualité de curés primitifs, les premières vespres, après les quels le bas chœur va en station hors du chœur à gauche sur la tombe des parents de M. Edmond Simonet, prestre chanoine en cette église, où on chante à haute voix *De profundis*, après quoy le soubs-chantre dit les

---

culum concessum est. Interfuit augustae quinque sanctorum apotheosi sub Gregorio XV pontifice, et statim morbo lexali recumbens, occubuit postridie Paschæ, resurrectionem cogitans, anno MDCXXII. Vixit annos XXII, menses III, indole maturus, funere acerbus spem magis quam rem fruendam præbuit urbi et orbi. Pio erga carissimum filium affectu mœsti parentes posuere. (Gallia christ., t. XII, col. 520.)

Armoiries : D'argent, au chef de gueules; à la bande componée d'argent et de sable brochant sur le tout. En 1650, la famille Vignier obtint du roi le privilège d'ajouter à ses armes une bordure semée de France. (Roserot, n° 823.)

[1] Compte de l'exécution testamentaire de Simon Roier, chanoine et maître de l'œuvre de Saint-Pierre, mort le jour de Pâques Fleuries 1465 (v. st.). « Pour une tumbe achetée au maistre de l'euvre de ceste église la somme de IIII l.; et au Boiteux, pointre, pour la trasser et pourtraire, VI s. VIII d ; et à celui qui l'a gravée, I.V s. t.; et pour le vin de l'achat et des ouvriers, V s. t. — Pour tout, VII l. VI s. VIII d. » (Archiv. de l'Aube, *reg.* G. 2293, fol. 20 v°.)

versets et collectes.. suivant la fondation faite par le dit Edmond Simonet le 11 febvrier 1546; le quel sieur Simonet mourut le 4 septembre 1560 et fust inhumé soubs sa tombe noire la plus proche du pillier dans la nef, où est le tableau en relief de Nostre-Dame de Pitié. On distribue pour la dite procession 100 sols.

753. 2. *Obierunt pater et mater magistri Johannis Clément, canonici, pro quibus distribuuntur centum panes prebendales, capiendos in molendino novo de* Pouan. Ne se dit point. *(Livre des services.)*

754. Ce jour, en 1527, mourut M. Pierre Jaquoti[1], prestre chanoine de cette église, et doyen à Saint-Estienne, inhumé dans la nef soubs une tombe de pierre[2], plus bas que le pillier où est Nostre-Dame de Pitié, auprès de la petite tombe de Madame Dorey, femme de M. de Corberon. On distribue 10 livres. C'est luy qui a faict faire le tableau en relief de Nostre-Dame de Pitié où est son effigie au premier pillier dans la nef; sa mère est à costé de luy sous la même tombe blanche.

755. Ce jour, *obiit dominus Nicolaus Clementis, canonicus et archidiaconus, pro quo distribuuntur C solidi. (Livre des services.)* Ne se dit point.

756. 5. L'anniversaire de religieuse personne maistre Jean Le Febure, prestre, prieur de Nostre-Dame en l'Isle, et depuis maistre spirituel de l'hospital Saint-Nicolas, décédé le 5 apvril 1586 et inhumé au devant dudit hospital, en partie soubs l'aigle. On distribue 10 livres. Et le sonneur advertit le maistre de Saint-Nicolas et son compagnon religieux, qui ont chascun

---

[1] Archiv. de l'Aube, *reg.* G. 1282, fol. 135 v°.

[2] ÉPITAPHE.

Hic jacet vir circumspectus magister Petrus Jaquoti, in jure canonico licentiatus, decanus ecclesie Sancti Stephani, et ecclesie Trecensis canonicus, qui obiit IIa die mensis apvrilis anno Domini MDXXVI. Est ante piscinam, et juxta eum quiescit Margareta, ejus mater, relicta defuncti Leonardi Jaquoti, qui obiit IIa die mensis maii anno Domini MDXIII. Requiescat in pace. Amen. (Dans notre *Recueil*, n° 24.)

6 sols; et le dit maistre prend place au bout des haultes chaires du costé gauche, et son compagnon au bas au devant de luy.

757. 6. Ce jour, au *Livre des services* : *Obiit dominus Johannes Le Chevriat, sacerdos et canonicus, qui dedit domum suam sitam in Vico Medio ante Sanctum Urbanum, et per testamentum residuum bonorum suorum ad opus fabrice hujus ecclesie, ascendens ad summam L librarum Turonensium, pro quo distribuuntur C solidi.* Ne se dit pas. Je n'ai pu savoir l'année ni le jour de la sépulture.

758. 7. L'anniversaire de M. Jean Roisard, prestre chanoine de la chapelle de Nostre-Dame, décédé ce jour 1541, inhumé dans la nef. On distribue 100 sols.

759. 8. L'anniversaire de M. Jean Thienot, prestre chanoine, décédé ce jour 1572 et inhumé soubs une tombe noire au devant du pillier en la nef où est Nostre-Dame de Pitié, à costé de celle de M. Edmond Simonet. On distribue 100 sols.

760. [Le 8 avril 1698, Anne et Marie Raisin fondent une messe à perpétuité, chaque mois, moyennant une rente de 150 livres.]

761. 9. L'anniversaire de M. Jean Jeanson, prestre chanoine, décédé ce jour, ou le 13, en 1517 et inhumé sous une vieille tombe de pierre au pied du pillier où est Nostre-Dame de Pitié en la nef. On distribue 100 sols. On doit aller sur la fosse à l'issue de la dernière messe dire le *De profundis* et les collectes.. qu'il a fondé comme il se lit au dernier article du premier chapitre de recepte ordinaire de la fabrique. [Par une ordonnance du 19 août 1682 il est faist mention par mesprise que c'est un Jean des Noes qui a fondé ce *De profundis*, à cause que dans les comptes des anniversaires des dernières années on a escrit Jean des Noes pour Jean Jeanson.]

762. [Le 9 avril 1698 [1] il y a acceptation de la somme de 6,000 livres offertes par M. Claude Rouget,

---

[1] Archiv. de l'Aube, *reg.* G. 1306, fol. 25 v°.

prestre de ce diocèse, à la charge d'une messe basse quotidienne et perpétuelle à l'autel de Saint-Claude et d'un anniversaire double par chascun an au jour de son décès, avec représentation au milieu de la nef.]

763. 10. *Obiit Jacobus* Vilain, *sacerdos et canonicus, qui, suo testamento completo, ultra particularia legata tam ecclesie quam fabrice, in augmentationes anniversariorum legavit eidem ecclesie Trecensi tertiam partem bonorum suorum, que ascendit ad summam CCXXXVI l. XIII s. et VI d. t.; pro quo distribuuntur C s.* Ne se dit point.

764. Ce jour, 10 apvril 1528, mourut maistre Jean Mailly, prestre chanoine de la chapelle de Nostre-Dame, inhumé dans la dicte chapelle du costé droit au bas des chaires, pour l'anniversaire du quel on distribue 100 s.

765. 12. L'anniversaire de M. Jacques Turquam, prestre chanoine, décédé ce jour 1537, inhumé soubs sa tombe, la plus proche de la porte du thrésor [1]. On distribue 100 sols. Il a un anniversaire en ce jour à Drouin par les vicaires, avec M. Pierre Gombault.

766. 13. L'anniversaire de M. Guidon Mergey, prestre chanoine en cette église, et prévost à Saint-Estienne, décédé le 12 apvril 1543 et inhumé dans la nef soubs une tombe près le pillier où est Nostre-Dame de Pitié, au dessus de celle de M. Edmon Simonet [2]. On distribue 100 sols. Il a fondé à Saint-Estienne en ce jour en Caresme après complies, et au temps de Pasques après none, le *Salve regina* en la nef.

767. 14. *Obiit Constantinopoli Garnerus, Trecensis episcopus : in camera XL s.; item panem et vinum in domo domini episcopi. Nota quod istud anniversarium semper fit die mercurii post Ramos Palma-*

---

[1] ÉPITAPHE.

Cy gist M. Jacques Turquam, jadis prestre chanoine en l'église de céans, lequel trespassa le XII apvril MDXXXVII, avant Pasques. (Camusat, *Auctar.*, fol. 28 v°.)

[2] Archiv. de l'Aube, *reg.* G. 2312. Inventaire du mobilier de Gui de Mergey.

rum in Septimana penosa. (Livre des services.) Il faut voir le Mercredi-Saint, à la fin de febvrier, n° 713.

768. 16. *Obiit bone memorie Nicolaus, Trecensis episcopus. (Livre des services.)* Il faut voir au 24 du présent mois et au mardi d'après *Quasimodo*, à la fin de febvrier, n° 722.

769. Ce jour 1681 mourut M. Nicolas Denise, prestre et docteur de Sorbonne, chanoine et archidiacre de Sézanne, grand-vicaire de M. François Malier, évesque de Troyes, et son official; grand-vicaire de M. l'archevesque d'Embrun, évesque de Metz et abbé de Saint-Loup; plus directeur des religieuses de la Visitation, des Carmélites du faubourg et des Ursulines, qui par son testament leu le dict jour, a fondé cet anniversaire double, plus les festes de saint Bernard et de saint Thomas d'Aquin, acceptées le 2 may. Il y a station [1].

770. 18. L'anniversaire de M. Pierre d'Arcyes, LXXIIIe évesque de Troyes, décédé le dict jour dimanche de *Quasimodo* 1395. Inhumé soubs une tombe de marbre noir [2], dans le chœur derrière l'aigle, à costé de M. l'évesque Nicolas. Il composa lui-même son épitaphe dans son testament [3]. Le compteur reçoit de l'anniversarier 10 l. On distribue à chascun de MM. 4 sols. Mon dit sieur Pierre d'Arcyes a fondé une messe tous les jours à la fin des matines à l'autel à gauche en entrant au chœur. Il y a une lame au mur, au dessus de l'autel, sur laquelle on lit : *Homme de bonne mémoire messire Pierre d'Arcyes, jadis évesque de Troyes, a fondé à cest autel chascun jour une messe perpétuellement pour l'ame de luy, ses père et mère, parens et amys, de la quelle chanter sont tenuz et obligez doyen et chapitre de ceste*

---

[1] Armoiries : D'azur, à trois compas d'argent; à l'engrêlure d'or. (Roserot, n° 275.)

[2] ÉPITAPHE.

Hic jacet bone memorie Petrus de Arceiis, Trecensis episcopus. Obiit die XVIIIa aprilis anni MCCCXCV. (Dans notre *Recueil*, n° 15.)

[3] Voir à la fin de cet Obituaire.

église. Il donna des prés à Pouan, et par son testament ordonna qu'on distribuat un demi pain de prébende à chasque pauvre qui se trouverait à son anniversaire.

Obiit dominus Petrus de Arceiis, Trecensis episcopus : XII l. de quibus distribuuntur Xpisti pauperibus in pane XX s.; cuilibet canonico presenti IIII s.; ceteris de choro ut moris est; residuum fabrice ecclesie. (Livre des services.)

771. *Eodem die fit memoria magistri Dominici de Alexandria, sacerdotis et canonici, VI l.*

772. 19. L'anniversaire de M. Sébastien Canny, prestre chanoine décédé ce 19 apvril 1591, inhumé soubs sa tombe noire à costé de l'autel de la chapelle de saint Sébastien [1]. On distribue 10 livres. Il y a une lame au pillier attenant le dict autel. Il estoit thrésorier à Saint-Urbain où il a fondé un anniversaire.

773. Ce dit jour est anniversaire de M. Nicolas de la Place, doyen, nepveu de M. Louis Raguier, évesque, au quel il succéda à l'abbaye de Montier-la-Celle en commende. Il décéda ce jour 19 apvril 1488 et fust inhumé sous une petite tombe derrière le grand-autel, où est l'évesque Jean de Braque, LXXI° évesque. On distribue 100 sols.

774. 20. L'anniversaire de M. Jean Roté, prestre, docteur en théologie, chanoine à Saint-Etienne, et depuis receu chanoine en cette église, et archidiacre d'Arcyes le 21 may 1644, et grand-archidiacre le 26 aoust 1651, et depuis fust faict grand-vicaire. Il décéda ce jour 20 apvril 1654 et fut inhumé soubs sa tombe de pierre blanche au devant de l'autel de Saint-Adérald, où on met le pardon de la Croix.

---

[1] ÉPITAPHE.

Sebastiani Canny, hujusce Trecensis ecclesie canonici, ac Sancti Urbani thesaurarii, qui vita pie justeque peractus, annos natus LXXXIII ex humanis excessit XIII cal. maii M V· XCI, corpus resurrectionem expectans heredes religiose sub hoc marmore condendum curarunt.

Sur la tombe il y a un écu cantonné de deux croix, avec un lévrier en chef. (Dans notre *Recueil*, n° 4.)

Et le 17 juillet suivant [1] on fit l'acte de sa fondation par son testament remise à la discrétion de M. Duremain, son cousin, portant un anniversaire en ce jour et le respons après vespres le jour de l'Ascension. Il y a contenance et station. On distribue 10 livres. Il y a une lame au pillier de la chapelle des Fonts. Il est parlé du sieur Duremain au 29 novembre.

775. 21. L'anniversaire de M. Esprit d'Allard, marquis de Grimault, décédé ce jour 21 apvril 1630, dans la maison canoniale de M. Bareton, grand-archidiacre et official, où il estoit logé pendant le séjour du roy en cette ville, et fust inhumé dans le cavon du dit sieur Bareton. On donne à chascun de MM. 20 sols. Il y a recommandise, contenance et stations. La présente fondation fust faite par son testament, dont le dit sieur Bareton fut exécuteur; plus il fonda douze messes basses en la dicte chapelle les premiers jours de chaque mois pour le repos de son âme.

776. 23. *Eodem die obiit Renerus de Sancto Quintino qui dedit super domus a la Girouarde XXVII s.; item in decima de Ascenseriis medietatem ipsius decime. (Livre des services.)* Voir au 23 novembre cy-devant.

777. Ce jour, en 1269, est décédé Nicolas de Brie, LXIIe évêque de Troyes, qui a plusieurs anniversaires en ceste église. Il est inhumé dans le chœur au pied de l'aigle [2].

---

[1] Archiv. de l'Aube, *reg.* G. 1302, fol. 203 r°.

[2] ÉPITAPHE.
Anno milleno bis centenoque noveno
Cum sexageno sub aprillis tempore pleno
Prae Marci festo, tu qui legis haec memor esto
Quod linquens mundum miserum nimis et moribundum,
Praesul Trecensis Nicolaus, gente Briensis,
Fons decretorum, patriae lux, forma bonorum,
Annis ter denis numero junctis sibi senis,
Nobilis antista patriae praefulsit in ista,
Vos qui transitis, totiensque venitis et itis,
In prece vos sitis, quod Christus sit sibi mitis.
(*Gallia Christ.*, t. XII, col. 508.)

778. [Marie Vinot, niepce de M. Bareton, chanoine et grand archidiacre, décédée le 25 avril 1694, est inhumée en cette église près la chapelle Saint-Fiacre [1]. Elle a laissé 200 livres pour un service annuel en la dite chapelle. L'acceptation est du 6 may au dit an [2].]

779. Ce dit jour 25, en 1488, mourut dame Jeanne, veufve de Guillaume Bovain, cy-devant énoncé au 6 décembre, et fust inhumée soubs la même tombe au coing de la chapelle du Sauveur. On distribue 100 sols. Il y a mesprise en l'acte capitulaire du 5 décembre 1642 où il est faict mention de deux messes qu'on croyoit quelles ne se disoient point; ce sont deux anniversaires qui ont toujours été dits.

780. 26. *Obiit reverendus pater Guillelmus de Brayo, cardinalis, qui legavit ecclesie C et L libras, pro quibus capitulum assignavit in redditibus de Fontanis prope Triangulum VII l. annualim pro suo anniversario. (Livre des services.)*

781. Ce dict jour 26 est l'anniversaire de M. Estienne de Givry, LXXIVe évesque de Troyes. Eleu l'an 1395, il fust vingt ans conseiller au parlement de Paris, mourut aagé de 92 ans, après avoir esté 31 ans évesque, le dit jour 25 apvril 1426, et fust inhumé sous sa tombe dans le chœur, au devant du grand autel, la première du costé gauche. Il est au nombre des bienfaiteurs. C'est luy qui a faict faire la grande vitre dans la nef premiere et au dessus de saint Joachin et de sainte Anne; c'est luy aussi qui, ensuite de la bulle du 14 may 1406, consentit à la suppression d'une prébende en faveur des enfans de chœur et ce fust celle d'Erard de Vitel, dont il y a acte au registre du 15 décembre 1411. On distribue 10 livres et il est escrit au *Livre des services : Qui multa bona dedit ecclesie*. De son temps vivoient MM. Jean de Champigny et Dominique Tacon. Dans son testament Etienne de Givry demanda à

---

[1] Armoiries : D'argent, à un chevron de gueules accompagné de trois raisins de pourpre. (Roserot, n° 834.)

[2] Archiv. de l'Aube, *reg*. G. 1305, fol. 194 v°.

être inhumé dans le chœur de la cathédrale : *Juxta tumbam bone memorie D. Johannis de Auxeyo, quondam Trecensis episcopi, a parte sinistra chori, volens et ordinans quod una tumba fiat de marmore, et cooperiatur de lectonio ad similitudinem tumbe defuncti M. Johannis de Champigneyo, que est in exitu chori, a parte dextra, et sit longitudinis et latitudinis sicut est tumba illa, et fiat una imago episcopi in medio et superscriptio sicut est fieri consuetum in talibus* [1].

782. 27. Anniversaire de M. Claude Prévostat, prestre chanoine en cette église, et auparavant à Saint-Estienne, qui décéda le 27 apvril 1641 et fust inhumé dans la nef au costé droit de la tombe noire qui est au dessoubs de celle de M. de Brion. Le lendemain de la feste du Sacrement il y a pour luy une messe des Morts avec recommandises et station où est la contenance. On distribue 100 sols. La lame qui porte les fondations de M. Claude Prévostat est avec celle de M. Elias Prévostat, son frère (voir au 14 may), par les soings de M. Nicolas Meneret, leur nepveu (dont l'anniversaire est au 5 may), pour estre mieux en vue. Pour les quelles fondations en cette église a donné 3,000 livres par contrat du 26 aout 1632.

783. 28. Dans le *Livre des services,* au 28 apvril, on trouve : *Obiit Nicolaus de Maso, quondam decanus hujus ecclesie et archidiaconus.* Il est inhumé dans cette église [2]. Ne se dit point.

---

[1] ÉPITAPHE.

Hic jacet excellentis memorie Stephanus de Givriaco Rhemensis diocesis, quondam Trecensis episcopus, qui postquam an. XX Parisiis in regio parlamento sedit, et in episcopali cathedra gregem suum XXXI laudabiliter rexit, etatis anno XCII, spiritum reddidit Domino anno Domini MCCCCXXVI, die aprilis XXVI. R. I. P. (Camusat, *Promptuar.*, fol. 228 v°.)

[2] ÉPITAPHE.

Hic jacet magister Nicolaus de Maso, decanus, quondam archidiaconus de Brena qui decessit anno Domini M.CC.XIX. (Dans notre *Recueil,* n° 21.)

MAY.

784. 1. Ce jour, en 1663, mourut M. Louis Courtois, prestre chanoine, et archidiacre d'Arcyes, dépossédé le 21 may 1642; et par son testament il fonda son anniversaire au quel on distribue 10 livres. Il est inhumé au devant de l'autel de Saint-Adérald soubs une petite tombe ou est M. Jean Regnault, à costé et un peu au dessous de celle de M. Rôté. Depuis qu'il fust dépossédé jusques à son décès il jouit des droits de vétéran et tous les honneurs luy en furent rendus en ses obsèques. Le dit sieur Courtois avoit donné l'ymage d'argent de saint Adérald dès les 19 août, 16 novembre et 10 décembre 1644.

785. 3. Dans le *Livre des services* on lit : *Obiit magister Petrus de Claellis, quondam archidiaconus et officialis hujus ecclesie* [1]. Ne se dit point.

786. 4. Dans le *Livre des services* : *Obiit bone memorie Stephanus de Givry, quondam Trecensis episcopus, qui multa bona dedit ecclesie; pro quo distribuuntur X l. manualiter.* Il faut voir cy-devant au 26 apvril.

787. 5. L'anniversaire de M. Nicolas Meneret, prestre chanoine, qui par son testament, veu le dict jour 5 may 1667, auquel il décéda, laissa la somme de 600 livres pour cet anniversaire; et fust inhumé soubs des carreaux attenant et au bout de la tombe noire qui suit celle de M. de Brion, dans la nef. On distribue 10 livres. Il avoit esté chanoine à Saint-Estienne.

788. 7. Au *Livre des services* : Nicolas Coiffard, doyen, décédé ce dit jour en 1494 [2]. Il faut voir au jour de l'Ascension, à la fin de may.

---

[1] ÉPITAPHE.

Hic jacet magister Petrus de Claellis, quondam archidiaconus Arceiacensis et officialis. Obiit anno MCCXXXV, in vigilia beate Helene. (Dans notre *Recueil*, n° 16.)

[2] ÉPITAPHE.

Cy gist vénérable et discrète personne maistre Nicole Coiffart, prestre, licencié ès-lois et décrets, doyen et chanoine en ceste église,

789. En 1410, le 7 may, Estienne de Givry, évesque de Troyes, fit ouvrir la chasse de sainte Mastie, et y mit son procès-verbal. Il trouva la sainte entière.

790. Le dict jour, 7 may 1587, décéda M. Henri Moleron, chanoine de cette église et de Saint-Estienne ou il est inhumé soubs sa tombe noire, proche la chapelle de sainte Cécile. Son anniversaire se fait en cette église et en celle de Saint-Estienne. On distribue 10 livres dans chaque église.

791. 11. Ce jour on chante un anniversaire pour les parens, amis et bienfaiteurs de M. Edmond Benoist, prestre chanoine, décédé le 3 octobre 1590 de la blessure qu'il reçut en venant à matines le 17 septembre, jour de saint Lambert, par les ennemis qui pendant la nuit avoient surpris la ville et qui ce jour furent tous défaits. On distribue 10 livres. Voir au 1er septembre. Les autres fondations sont énoncées cy-devant à la feste du Nom de Jésus, premier dimanche d'aoust (n° 485), et au jour de la feste de Pasques (n° 718).

792. 14. L'anniversaire de M. Elion Prévostat, banquier à Rome, ou il mourut ce jour 1640 et y est inhumé. M. Claude Prévostat, son frère, a donné pour cet anniversaire, au quel on distribue 10 livres, la somme de 600 livres. Il y a une lame particulière de cette fondation auprès de la lame des fondations du dit sieur Claude Prévostat, au pillier de l'autre costé de l'épitaphe de M. Vignier.

793. 15. L'anniversaire pour les parens, amis et bienfaiteurs de M. Jean de Hault, dont il est escrit au 21 novembre, par luy fondé et pour lequel on distribue 10 livres.

794. 16. Ce jour les vicaires doibvent en la chapelle de

---

en laquelle a fondé en son vivant la feste de l'Ascension de Nostre Seigneur, festée le jour et le lendemain, et une messe de Requiem solemnelle, qui trespassa l'an mil CCCC IIIIxx et XIIII, le VIIe jour du moys de may.
Demandons à Dieu que par sa grâce,
De ses péchés pardon lui face. Amen.
(Dans notre *Recueil*, n° 27.)

Drouin un anniversaire pour MM. Nicolas Guillemet et Jacques de la Noe. Il faut voir les Guillemet au 16 aoust et Jacques de la Noe au 8 décembre.

795. 19. Ce jour 19 may 1519, décéda M. Estienne de Refuge, prebstre chanoine, inhumé soubs une grande tombe avec Jean d'Argillières, au devant de l'autel près la sacristie, entre celles de MM. Turquam et les Guillemet. On distribue à cet anniversaire 100 sols. Il y a lame au pillier.

796. 21. *Obiit bone memorie rever. in Xpisto pater dominus Gontherius, quondam Senonensis episcopus, cujus anniversarium singulis annis celebratur in crastino Trinitatis. Qui dedit huic ecclesie pro redditibus emendis CC francos auri.* Il est au nombre des bienfaiteurs [1]. *Livre des services :* ne se dit point.

797. 22. *Obiit Theobaldus, comes : in theloneo de Marigniaco, in quo capitulum habet IIII libras et X solidos, pro suo anniversario LX s.* Ne se dit point. C'est le comte Thibault III qui est aux bienfaiteurs. Son anniversaire est à Saint-Estienne le 10 janvier.

798. *Eodem die obiit magister Petrus de Pavillione, sacerdos et canonicus, pro quo distribuuntur C solidi. (Livre des services.)* Ne se dit point.

799. 23. *Commemoratio domini Henrici de Noa, decani Trecensis. In camera LX s.*

800. 26. L'anniversaire de M. Claude Bordos, prestre chanoine, décédé le 26 may 1628, inhumé au bout de la tombe de M. Canny, contre l'autel Saint-Sébastien. On distribue 100 sols.

801. 27. L'anniversaire de M. Simon Chevrier, prestre chanoine et chantre, décédé ce jour 27 may 1578, inhumé contre la chaire à prescher soubs sa petite tombe noire. Il a fondé cet anniversaire, au quel on

---

[1] 1388. « Reçu de l'éxécution de feu rev. Père Mgr Gonthier, larcevesque de Senz, IIc francs, dont il a baillé pour lachat de laigle qui est au cuer de léglise de céans IIIIxx l. tournois. » Archiv. de l'Aube, *reg.* G. 1254, fol. XLVIII r°.

distribue 100 sols, et le respons *Gaude* le jour de la Nativité de la Vierge. C'est luy qui a fait faire le tableau de l'arbre de Jessé ou est son effigie au pillier au dessoubs de la dicte chaire.

802. Au *Livre des services* : *Obiit magister Petrus de Arbosio, senior, canonicus et sacerdos; pro quo distribuuntur VI libre capiende super redditibus scriptis in anniversario suo, in mense septembris.*

803. 30. Ce jour on doit dire un des anniversaires pour M. Pierre d'Arbois, l'aisné, comme il est escrit au 8 septembre, et on doit distribuer 6 livres; c'est le même qu'au 27 cy-dessus. Ne se dit point.

804. Le dit jour 30 se dit l'anniversaire de maistre Nicolas Niolas Hérault, marguillier à verge, décédé le dit jour en 1505. Je n'ai pu apprendre où il est inhumé. On distribue 100 sols.

805. 31. Au *Livre des services* : *Obiit venerabilis dominus magister Stephanus* Grapin, *licenciatus in decretis, canonicus et archidiaconus Sancte Margarete in hac ecclesia Trecensi, qui idem* Grapin *legavit ac dedit L scuta auri pro reparatione hereditagiorum et augmentatione anniversariorum ecclesie. Legavit etiam lecturam Henrici* Boich, *collectarium, et rosarium in decretum; necnon eidem ecclesie, sua vita comite, donavit antiphonarios novos et quamplurima alia bona largitus est, decessitque ultima die maii anni Domini M.CCCC.LVIII. Deus eidem parcere dignetur.* Il est au nombre des bienfaiteurs et est inhumé avec un autre soubs la troisième tombe au sortir de la grande porte du chœur, tout au devant [1].

806. *Ascension.* Cette fête a esté fondée annuelle par M. Nicolas Coiffard, doyen, décédé le 7 may 1494,

---

[1] ÉPITAPHE.

Cy gist M. Jean de Voton, maistre ez arts et licentié en decret, jadis chanoine de céans, et curé de Sainct-Jean de Troyes, qui trespassa l'an M.CCCC.XXXVIII le XVI septembre, et M. Estienne Grapin, son oncle, licentié en decret, chanoine et archidiacre de Saincte-Marguerite en ceste église, qui trespassa le derrain jour de may M.CCCC.LVIII. (Camusat, Auctar., fol. 27 v°.)

inhumé sous une tombe de pierre, au devant de l'autel de Saint-Savinien où on dit la dernière messe.

Il est escrit au 6 de may dans le *Livre des services* : *Venerabilis vir magister Nicolaus Coiffard, presbyter, hujus ecclesie decanus, pro fundatione festi Ascensionis annualis dedit huic ecclesie XII l. t. annui et perpetui redditus capiendas super duas domos, unam in Macecraria et alteram in Vico Medio Trecensi et super VII quarteria prati sita* aux Cordeliers. *Et in crastino festi fiet missa solemnis pro defunctis, que pulsabitur cum duobus grossis signis. Distribuuntur LX s. per celerarium, prout in ordinario ecclesie continetur; predicte XII libre sunt admortisate.* On distribue présentement 100 sols. Il faut voir cy-devant au 2 novembre.

807. Le jour de la Pentecoste à 7 heures du soir les enfans chantent *Inviolata*, puis on chante à l'aigle *Veni Sancte Spiritus reple tuorum*, puis l'orgue joue la prose *Veni Sancte*, après quoy on va à la station en la chapelle du Saulveur en chantant le *De profundis* en faulx-bourdon, puis le *Libera* en musique. On distribue à chascun de MM. 10 sols. Cette fondation fust faite par M. Christophle de Moraines, prestre chanoine et archidiacre de Sézannes, qui décéda le 14 septembre 1632 et fust inhumé en la chapelle du Saulveur dans le cavon qu'avoit faict faire M. le révér. évesque René de Breslay, mort le 2 novembre 1641.

Le lendemain la messe des Morts en musique, station et contenance. On se sert des ornements noirs de mon dict sieur de Breslay. Le dit sieur de Moraines par son testament laissa 30 livres de rente à la fabrique à prendre sur des prés à Saint-Lyé; plus il laissa 600 livres à l'Hospital.

808. La feste de la Sainte Trinité, qui estoit double, fust fondée annuelle par M. Pierre Baudot, prestre chanoine, et mort grand-archidiacre le 23 septembre 1665. Cette fondation fust acceptée le 20 may 1650, et le contrat ratifié le 28 juin est inséré tout au long dans le registre. La distribution est à chascun de 6 sols.

809. Le dict sieur Baudot par son testament laissa la somme de 1,200 livres pour chanter deux messes, la première le 23 septembre, jour de son décès, comme celle de M. Huot; la seconde, le 19 janvier, jour de sa naissance. [Au 5 juin 1699, réduction de cette feste annuelle en solennelle.]

810. Le lundi se doibt dire l'anniversaire de M. Gonthier, ainsi qu'il est escrit cy-devant au 21 de ce mois.

811. Le jour de l'octave du Saint-Sacrement est fête double, fondée par M. Nicolas Milet, prestre chanoine en cette église et à Saint-Estienne, où il est inhumé en la chapelle de la Conception. Il décéda le .. novembre 1643. Il donna le 10 juin 1643 la somme de 600 livres pour la dite fondation.

JUIN.

812. 1. Ce jour le *Livre des services* marque la mémoire de Madame Jeanne La Fezzie, femme de M. Arnoul Laurent, décédée le 29 may 1529; et la mémoire de Nicolas Laurent [1], son nepveu, marguillier à verge de cette église, décédé le 11 septembre 1526. Ils sont inhumés sous la même tombe dans la nef [2]. Ne se dit plus.

813. 2. Ce jour, le *Livre des services* marque la mémoire de Jean Convre, chanoine, autrefois maistre de l'œuvre de cette église, décédé le 26 may en 1392 et inhumé soubs sa tombe dans la nef [3]. Ne se dit plus.

---

[1] Armoiries : D'azur, à deux barbeaux d'or affrontés et posés en pal. *Alias* : A deux barbeaux d'argent armorcés de tête en queue. (Roserot, n° 458.)

[2] ÉPITAPHE.

Cy gist noble personne Jeanne La Fezzye, jadis femme de Arnoul Laurent, bourgoys demourant à Troyes, laquelle trespassa le XXIXe jour du moys de may l'an mil cinq cens et XXIX. Dieu ait son ame. Et son nepveu Nicolas Laurent, marguillier de ceste église, qui décéda le XIe de septembre mil V^c et XXVI. (Dans notre Recueil, n° 31.)

[3] Compte de l'exécution testamentaire de « Jehan diz Convre, »

814. Ce dit jour dans le *Livre des services* est une messe de *Requiem* pour M. Jean Verdot, chanoine de cette église et grand-archidiacre, décédé subitement, à table, le samedi 30 septembre 1536 à 1 heure après midi [1], et inhumé sous sa tombe, vers le milieu de la nef, près de la tombe de M. Jehançon. C'était un homme de grande vertu et très aumônier. Il fonda annuelle la fête de la Visitation au 2 juillet, avec un *Gaude* le soir, et un anniversaire tous les ans le lendemain [2]. Ces fondations ont été acceptées le 28 juin 1536 [3]. Dans la suite, la fondation pour la fête de la Visitation parut insuffisante. Voir au 2 juillet (n° 450).

815. 3. Ce jour est l'anniversaire de M. l'évesque Robert, LXI° évesque de Troyes. Il estoit doyen et fust éleu évesque en 1223; il ne le fust que dix ans, car il mourut le 3 juin 1233. Il est au nombre des bienfaiteurs et au *Livre des services* il est escrit au jour 3 juin : *Obiit bone memorie Robertus, Trecensis episcopus : in decima de Roncenayo et Acenayo IIII sextaria frumenti et XX sextaria ordei, cujus bladi predicti medietas distribuitur canonicis et clericis modo consueto et alia medietas distribuitur pauperibus Trecensibus per ministros capituli in die anniversarii.* Je n'ai pu savoir où il est inhumé. De son temps, 1227, l'église de Saint-Pierre tomba toute en ruine et par miracle l'image du Saulveur et le

---

maître de l'œuvre de la fabrique, inhumé le 27 mai 1392 : « A MM. dean et chapitre de Saint-Estienne [de Troyes], pour une tombe achetée d'eulx, paié à messire Jehan Boschet, maistre de l'œuvre en l'an IIII××XV, en IIII escuz, IIII l. X s. — A Jaquet, le tombier, pour faire la dicte tombe, pourtraire, tailler, graver et emplir de cyment.... XXX s. — A Jehan Coste Noyre pour pourtrayre les lettres de la dicte tombe II s. VI d. — Archiv. de l'Aube, reg. G. 2281, fol. 7 v°.

[1] Archiv. de l'Aube, reg. G. 1283, fol. 20 r°.

[2] Ibid., fol. 10 r°.

[3] 1537. Compte de l'exécution testamentaire de Jean Verdot : « A Jehan Gendret, tailleur, pour avoir sculpé l'effigie du dict deffunct avec autres ouvrages en une pierre de marbre noir d'environ six piedz et demy de longueur, et de largeur trois piedz, et trois quarz d'espesseur .. LXXV l. t. » Archiv. de l'Aube, reg. G. 2310, fol. 43 v°.

corps de sainte Hélène qui se trouvèrent sous les ruines ne furent aucunement endommagés. (Voir à la fin de cet Obituaire.) Au 1ᵉʳ article du 2ᵉ chapitre de l'office de la Grand-Chambre dans les grains il est escrit que le dict évesque Robert, l'évesque Guichard et le chapitre de Villemor donnèrent à cette église des coustumes de Pouilly.

816. 4. Anniversaire de noble homme M. Nicolas Hérault, receveur des tailles en l'Election de Troyes et marguillier à verge de cette église [1], 1697.

817. 5. Ce jour est l'anniversaire de M. Jean Guillot, chanoine prêtre de cette église, décédé le jeudi 5 juin 1516 et inhumé devant l'autel de Saint-Sébastien, près de la tombe de M. Fouquier [2]. Sa fondation fut faite en 1516. On distribue à chacun 3 sols.

Ce dit jour, dans le *Livre des services* est marquée la mémoire de dame Catherine de la Marche, décédée le 13 septembre 1361, et de Jeanne, sa fille, femme de Jean de La Garmoise, décédée le 1ᵉʳ septembre 1360. Elles sont inhumées sous leur tombe dans cette église [3].

818. 6. *Saint Claude. Double-majeur.* Cette fête a été fondée double-majeur par M. Claude Regnier, chanoine prêtre de cette église. Voir au 21 de ce mois.

819. 7. Ce jour se fait un des services fondés par M. Nicolas de La Châsse, mort le 29 novembre 1734. Il est inhumé dans cette église [4].

---

[1] Armoiries : D'azur, à un chevron d'or accompagné de trois soleils du même. (Roserot, n° 421.)

[2] Archiv. de l'Aube, *reg.* G. 1281, fol. 53 v°.

[3] ÉPITAPHE.

Ci gist dame Katherine de la Marche, femme Jehan d'Ypre, bourgois de Troyes, qui trespassa l'an mil CCCLXI le XIIIᵉ jour de septembre, et Jehanne, leur fille, jadis femme Jehan de La Garmoise, bourgois de Troyes, qui trespassa l'an mil CCCLXXVII le premier jour de septembre. Dieux ayt mercy des ames delles. Amen. (Dans notre *Recueil,* n° 40.)

[4] Nous possédons la note suivante :

« Lundy dernier 29 novembre 1734, est décédé, à dix heures et un quart du soir, après avoir receû les derniers sacremens avec grande édification, vénérable et discrette personne messire Nicolas de La Châsse, âgé de 88 ans 6 mois et 20 jours, chanoine de l'église

820. 8. *Sainte Syre.* Cette feste fut fondée à IX leçons par Henri de La Noe, doyen. Il faut voir au 14 de ce mois.

821. Ce jour, en 1380, décéda M. Estienne Gilbert, chanoine de cette église et de Saint-Etienne [1]. Voir au 11 janvier.

822. 9. Ce jour est l'anniversaire en rit solennel de M. François Vinot, prêtre et doyen de cette église, docteur en théologie, autrefois principal du collége de Navarre, mort le 31 mai 1709. Pour l'inhumation on suivit le cérémonial qui fut observé aux funerailles de MM. Guillemet, de Taix et Vestier, en 1556, 1599 et le 9 décembre 1668 [2]. Il y a messe en musique, contenance, station, *De profundis* en faulxbourdon [3]. La sépulture est dans la Belle-Chapelle dont les titulaires sont la Trinité et saint Fiacre, et où se trouve le vitrail qui représente le Christ sous le pressoir. Parement; on distribue à chacun de ces MM. 15 sols. Le testament de M. Vinot est du 19 juin 1707.

823. 10. Ce jour est l'anniversaire en rit annuel de M. Louis Guillaume de Chavosdon [4], chanoine et

---

cathédrale de Saint-Pierre, grand-vicaire et official, supérieur, confesseur et bienfaiteur des filles du Bon-Pasteur de la même ville qui sont résidantes à l'hopital Saint-Bernard, rue de la Monoye; le dit feu M. de La Chàsse y ayant demeuré deux ans y est mort en odeur de sainteté, après avoir vécu dans les pratiques austères de la pénitence, dans une humilité profonde, une obéissance aveugle, et une charité pour les pauvres qui n'a point de bornes, s'étant rendu pauvre lui-même pour secourir l'indigent. Il est inhumé dans la chapelle Sainte-Mathie; son corps repose dans la cave qui est sous le marchepied de l'autel, du côté de l'épître, tirant droit sous le lavabo. *Requiescat in pace.*

Armoiries : D'azur, à trois pommes de pin d'or. (Roserot, n° 191.)

[1] Archiv. de l'Aube, *reg.* G. 2279, fol. 7 r°. Compte de l'exécution testamentaire d'Etienne Gilbert : « *Johanni Durandi, tumberio, commoranti Parisius, pro tumba dicti defuncti reddita Trecis supra corpus defuncti, XLIIII l.* »

[2] Au Secrétariat de l'Evêché, *reg.* coté G. 1307, fol. 20 v°.

[3] Armoiries : D'argent, à un chevron de gueules accompagné de trois raisins de pourpre. (Roserot, n° 834.)

[4] Armoiries : D'azur, au chevron d'or accompagné de trois besants du même. (Roserot, n° 403.)

grand-archidiacre de cette église, et conseiller de la cour, mort le 10 juin 1731 ; il avait résigné sa prébende le 31 octobre 1714. La messe est en musique; en allant à la station à la sépulture, qui est au milieu de la nef, on chante le *De profundis* en faux-bourdon. On distribue à chacun de ces MM. 40 sols.

824. 11. Ce jour, en 1190, est décédé M. Manassès de Pougy, LVIIe évesque de Troyes. Voir au 7 mars.

825. Ce dit jour anniversaire pour M. Jacques Rocignot, chanoine de cette église et curé de Saint-Nizier, décédé le 14 février 1476 *(v. st.)* [1], et pour Symon Terroy, chapelain de Sainte-Hélène, son neveu, décédé le 7 novembre 1462; il est inhumé devant l'autel de Sainte-Hélène [2].

826. 12. Anniversaire de Pierre de Villiers-Herbice, dominicain, LXXIIe évêque de Troyes, mort le 11 juin 1378 [3]. On lit dans le Nécrologe de cette église : *Obiit bonæ memoriæ D. Petrus de Villaribus, quondam Trecensis episcopus, qui dedit huic ecclesiæ XII l. t. annui et perpetui redditus, percipiendas*

---

[1] Archiv. de l'Aube, *reg.* G. 2295. Compte de l'exécution testamentaire de Jacques Rocignot.

[2] ÉPITAPHE.

Cy gist Symon Therroy, clerc, chapelain de Saincte-Hélène en ceste eglise, nepveu de messire Jacques Rocignot, prestre chanoine scelleur de Troyes, qui trespassa le VIIe jour de novembre l'an de grace mil IIII^c LXII. Priez Dieu pour luy.

[3] L'épitaphe de Pierre de Villiers imprimée pour la première fois en 1610 (Camusat, *Promptuar.*, fol. 214 v°) place la mort de notre évêque en 1377 ; nous avons adopté l'année 1378 marquée dans l'épitaphe tirée de notre *Recueil*. La date de 1378 est la vraie, car c'est le 14 juin 1378 que les membres de l'Officialité *sede vacante* ont été nommés (voir notre *Cartulaire de Saint-Pierre*, p. LXVII) : or, en vertu de la jurisprudence canonique et du droit coutumier les membres de l'Officialité étaient nommés aussitôt que possible après la mort de l'évêque ; d'ailleurs, à l'appui de cette date nous citerons le compte G. 262 des Archives de l'Aube: « C'est le compte de léveschié de Troyes faict pour révérend père en Dieu mons. Pierre pour un an, commençant à la Nativité sainct Jehan-Baptiste exclusivement mil CCCLXXVI et fenissant à la dicte Nativité après ensuivant mil CCCLXXVII. » Ce compte ayant été rendu, le 24 juin 1377, à Pierre de Villiers, la mort de l'évêque de Troyes ne peut être placée au 11 juin 1377 comme le prouvent l'épitaphe donnée plus haut et la nomination des membres de l'Officialité faite le 17 juin 1378.

super quasdam domos Trecis sitas in vico au Servat, *retro Sanctum Panthaleonem : quarum duæ contiguæ sunt domui Joannis* Le Peley, *ex una parte, et hæredibus J. Diderii, ex altera; alia vero domus contigua est domui Jacobi* Le Charpentier. *Item dedit ecclesiæ apud Pouantium duo molendina : quorum unum vocatur* de Becherel, *quod admodiatur ad bladum, ceram et alia multa, prout in literis continetur. Item dedit ecclesiæ quamdam domum in foro bladi juxta domum* aux Muletz, *quæ locatur circiter XVIII l. Super quibus redditibus ordinavit fieri IV anniversaria, et in quolibet eorum distribui X l. pruvinensium : primum XII junii; secundum XII septembris; tertium XII decembris, et quartum XII martii, in quibus anniversariis tenentur interesse quatuor Jacobitæ, secundum ordinationem fundatoris, percipientes quilibet eorum sicut unus canonicus.* Il faut voir au 12 septembre. Le portrait peint de Pierre de Villiers est au-dessus de l'autel sous le jubé de Saint-Pierre, à droite; au quel autel a été fondée une messe quotidienne par le dit évêque, comme on le voit par la délibération du 19 may 1424 [1]. Pierre de Villiers fut inhumé dans l'église des Dominicains de Troyes, à droite du maitre-autel; son épitaphe est gravée sur une pierre placée près de la statue en pierre de l'évêque à genoux [2].

---

[1] Archiv. de l'Aube, *reg.* G. 1275, fol. 29 r°.

[2] ÉPITAPHE.

    Cy gist très-révérend père,
    De cest couvent natif frère,
    Messire Pierre de Villiers
    Lez Herbices, mout réguliers
    Es articles de nostre foy;
    Qui par long temps de noble roy
    Charles le Quint fut confesseur,
    (De Paradis soyent possesseur);
    Après évesque de Nevers
    Fut digne faict et mout expers;
    Et depuis de ceste cité
    Le fut, vivant en charité,
    Car tellement il ordonna
    Ses biens, car plusieurs en donna,
    Et en spécial céans

827. 13. Ce jour anniversaire de M. Jean Milet de Chaonnes, chanoine de cette église et de Saint-

Où ils estoient biensceantz,
Sy comme en reliquaires,
Livres plusieurs et sanctuaires,
Privilèges, chartres royaulx,
Et aultres precieux joyaulx,
Avec grand somme d'argent
Qui profita a mainte gent ;
Car accreuë en fut léglise
De ce couvent qui bien y vise
De vingt et deux piedz, et verrée
Très-clairement et reparée,
Avec le clocher très-bel
Qui en fut faict tout de nouvel.
Et ledict evesque de rechef
En l'église qui est le chef
De ceste cité et ordinaire
S'y fonda quatre anniversaires
Pour messes célébrer une fois
Les jours douziesmes de quatre moys :
De mars et de juin c'est asscavoir,
Et si tu veulx les autres avoir
Prens septembre et le douziesme
Ainsi ne fauldras à ton esme;
Mais vigiles se diront des morts
Desdicts moys tous les unze jours
A toujours, tant que durera
La cité ; ainsi l'ordonna
Le bon évesque sans doubtance
Pour de ce avoir souvenance.
Et de rechef il ordonna,
Et pour ce grand argent donna,
Quen léglise dudict Sainct-Pere
Assistassent quatre frères
Du couvent, profez et prestres,
C'est asscavoir deux au cuer dextre
Et les deux autres de l'autre cuer :
Et ceste chose ot si en cuer
Qu'il ordonna, si comme me semble,
Qu'avec les chanoines ensemble
Si fussent quand le dict service
Ce feroit en ladicte église,
Et que chacun prist portion
Et pareille distribution
A celle qu'auroit un chanoine ;
Sy comme au cler le tesmoigne
La cause tabellionnée
Du testament et bien scellée,

Etienne et sous-doyen de cette dernière église, décédé le 4 mai 1434 [1].

828. Ce dit jour service solennel des Morts pour MM. de Bouthillier, oncle et neveu, évêques de Troyes. François Bouthillier, LXXXVe évêque de Troyes, docteur en Sorbonne, prieur de Pont-sur-Seine, de Marnay, de Beaumont-en-Auge, de Choisy, abbé de Scellières et d'Oigny, aumônier du roy; il fut sacré évêque de Troyes le 9 avril 1679, abdiqua au mois d'avril 1697 en faveur de son neveu; il décéda à l'âge de 90 ans, le samedi 15 septembre 1731, et fut inhumé dans l'église paroissiale de Saint-Cosme, à Paris. Denis-François Bouthillier de Chavigny, LXXXVIe évêque de Troyes, docteur en Sorbonne, prieur de Beaumont-en-Auge et de Saint-Denis de Marnay, abbé de Vauluisant et de Saint-Loup de Troyes, vicaire-général et archidiacre de l'église de Troyes; il en fut sacré évêque le 20 avril 1698, et transféré au siège métropolitain de Sens, le 13 août 1718. Il décéda le jeudi 9 novembre 1730, à l'âge de 65 ans, et fut inhumé dans la cathédrale de Sens [2].

> Et si faict sans falle la lettre
> Quavons voulu en dépost mettre
> Depuis que cest couvent la prise
> Des seigneurs de ladicte église,
> C'est de doyen et de chapitre,
> Pour en avoir plus ferme tiltre.
> Lequel seigneur, plein de bon sens,
> L'an de grace mil trois cens
> Avec dix et huit et soixante
> Trespassa de ceste présente
> Vie, dicte terre de labeur,
> Du moys de juin l'onziesme jour,
> Dont c'est raison que chacun clame :
> Dieu aye pitié de son ame!
>   Amen.
> (Dans notre *Recueil*, n° 30.)

[1] Archiv. de l'Aube, *reg.* G. 2318, fol. 21. Compte de l'exécution testamentaire de Jean Milet.

[2] ÉPITAPHE.

Hic jacet Dionysius Franciscus Bouthillier de Chavigny, *qui, egregie administrata per XVIII annos Trecensi ecclesia, ad Seno-*

829. 14. Le vendredi 14 juin 1325, est décédé M. Henri de la Noe, chanoine et doyen de cette église. Il est inhumé dans la chapelle de l'Assomption, devant la théologale. Son épitaphe fut d'abord faite dans le vitrail de la chapelle de la Nativité et Assomption de la Sainte-Vierge, mais parce que cette inscription « *pro nimia densitate littere* » empêchait la lumière d'arriver par la fenêtre, elle avait été enlevée ; elle fut retrouvée en 1525, et par délibération du 13 décembre de cette année [1] le Chapitre ordonna qu'elle serait gravée sur une lame de cuivre [2]. Voir au 8 juin, aux 20, 25, 26 juillet.

830. Ce dit jour, anniversaire de M. Nicolas de La Ferté, abbé de la Creste. Messe en plain-chant et à la fin on va en station à la sépulture au près de la porte collatérale du chœur du costé du chapitre. On distribue à chacun de MM. 10 sols.

---

nensem vocatus, huic pari sollicitudine presuit annis XIV, cleri ac populi amor et deliciæ, in quorum animis sibi monimentum marmore hoc perennius, dum viveret erexit. Obiit IX novembris anno MDCCXXX, ætatis LXV.

Armoiries des Bouthillier : D'azur, à trois fusées d'or posées en fasce. (Roserot, n° 130.)

[1] Archiv. de l'Aube, *reg.* G. 1282, fol. 96 r°.

[2] ÉPITAPHE (sur la lame de cuivre).

Cy gist messire Henry de la Noe, jadis dean de céans, qui trespassa l'an MCCC.. le vendredi d'après sainct Barnabé, apostre, li quieulx fonda les torches qu'on allume au grand autel ; et s'y fonda le Salve de la chapelle à cest autel ; et deux festes doubles, l'une de sainct Jacques et l'aultre de saincte Marguerite ; et deux festes de IX leçons, l'une de saincte Anne et l'aultre de saincte Syre ; et aux vicaires à chascun un pain à chascune feste année et double, et chascun jour en l'Advent et Caresme ; et fist mout d'aultres biens en ceste église et aultres, et tout à l'honneur de Dieu.

A l'inscription qui était sur le vitrail s'ajoutaient les mots suivants :

En l'an mil IIIe XXVII fist faire Jaques Damille, chanoine de ceste église. Archiv. de l'Aube, *reg.* G. 1282, fol. 96 r°.

Compte de la cathédrale. 1526-1527. « Chapelle devant la Librairie [nouvelle]. Payé XLV s. t. pour un tableau de cuyvre pesant 10 livres, d'un bon pied en carré, pour mettre et rédiger par escript la fondation de messire Henry de la Noe, en son vivant doyen de ceste église, pour mettre en la dite chapelle. » L'inscription fut gravée par « Nicolas Halyns, ymagier, qui reçut XL s. t. » Archiv. de l'Aube, *reg.* G. 1591, fol. 58-59.

831. 15. Anniversaire de M. Étienne de Plaisance, chanoine et doyen de cette église. On distribue à chacun de MM. 3 sols.

832. Ce dit jour, messe solennelle de *Requiem* pour M. Jacques-Bénigne Bossuet, LXXXVII° évêque de Troyes. Abbé de Savigny au diocèse d'Avranches et de Saint-Lucien de Bauvais, vicaire-général et archidiacre de Meaux, il fut sacré évêque de Troyes le 31 juillet 1718 et abdiqua le 30 mars 1742. Il décéda à Paris le vendredi 12 juillet 1743, à l'âge de 82 ans, et fut inhumé aux Feuillants [1].

833. 16. Anniversaire de M. Jérosme Petitpied, chanoine prêtre de cette église, décédé le vendredi 20 juin 1698. Il est de rite annuel. La messe en musique; à la fin on va en station à la sépulture, dans la chapelle Saint-Pierre, en chantant le *De profundis* en faux-bourdon. On distribue à chacun de MM. 15 sols [2].

834. 17. Messe solennelle de *Requiem* pour M. Matthias Poncet de la Rivière, LXXXVIII° évêque de Troyes. Abbé de Noillé au diocèse de Poitiers, chanoine d'Angers, vicaire-général et archidiacre de Séez, abbé de Cherlieu, de Montebourg et de Saint-Bénigne de Dijon, doyen de Saint-Marcel de Paris, il fut sacré évêque de Troyes le 2 septembre 1742 et abdiqua en 1758. Il décéda à Paris le 5 août 1780 et fut inhumé dans l'église Saint-Marcel [3]. [Écriture de l'époque.]

---

[1] Armoiries : D'azur, à trois roues d'or (Roserot, n° 110).

[2] Archiv. de l'Aube, G. 1306, fol. 34, v°. — Armoiries : D'azur, à un bâton noueux mis en bande, cantonné aux 2 et 3 d'une rose, le tout d'or. (Roserot, n° 636.)

[3] ÉPITAPHE.
D. O. M.
Illustrissimus ac reverendissimus
In Christo pater
Olim Trecensis episcopus,
Deinde
Regii ad Sanctum Marcellum capituli decanus,
Abbas Chariloci commendatarius,
Ordinis Sancti Lazari commendator,
Matthias Poncet de la Rivière

835. 18. Ce jour, dans le *Livre des services*, messe de Requiem pour M. Jean d'Onjon, chanoine de cette église et sous-doyen de Saint-Étienne, décédé en 1369. Il est inhumé sous sa tombe dans la nef [1]. Ne se dit plus.

836. Ce dit jour le *Livre des services* marque aussi une messe de *Requiem* pour M. Jacques Fouquier, chanoine de cette église, décédé le 10 septembre 1493 et inhumé sous sa tombe dans cette église [2]. Voir au 10 septembre.

837. 19. Ce jour, dans le *Livre des services*, messe de *Requiem* pour Guillaume de la Tour, chanoine de cette église, décédé le 28 août 1410 [3]. Ne se dit plus.

838. Ce dit jour service pour M. Pierre Gros, sous-chantre de cette église et curé d'Onjon, décédé en 1513 et inhumé dans cette église [4].

839. Ce dit jour service pour M. François Girardin, chanoine de cette église, décédé le vendredi 3 fé-

---

Obiit die V augusti anno Domini MDCCLXXX,
Ætatis suæ LXXIII.
Qui venerandus erat pastor gregis ante Trecensis
Hic jacet, heu! nostri luxque decusque chori;
Patrem inopes lugent, facundia luget alumnum
Nempe diserta fuit lingua, benigna manus.
Requiescat in pace.

Armoiries : D'azur, à une gerbe de blé d'or, liée du même, sur laquelle sont posés deux oiseaux affrontés du même becquetant cette gerbe, et une étoile en chef d'or ou d'argent (Roserot; h° 659.)

[1] Archiv. de l'Aube, reg. G. 2278, fol. 11 r°. Compte de l'exécution testamentaire de Jean d'Onjon : « *Pro tumba lapidea, empta et operata Parisius, et pro illa adducenda et assedenda supra corpus dicti defuncti,* XXX l. XXX s. »

[2] Ibid., reg. G. 1808, fol. 578 v°. Payé à « Jacques Cordonnier, tailleur d'ymages, » 10 l. 13 s. 4 d. pour une partie « de la façon et gravure de la tumbe faicte pour feu M° maistre Jacques Foucquier. »

[3] Ibid., reg. G. 2318, fol. 1. Compte de l'exécution testamentaire de Guillaume de la Tour.

[4] Archiv. de l'Aube, reg. G. 2306, fol. 42 v°. Compte de l'exécution testamentaire de Pierre Gros » « à Jehançon Garnache, maistre maçon des églises de Troyes, pour avoir fait graver la tombe qui est assise sur la fosse dudict défunt.) »

vrier 1558 et inhumé dans la nef sous sa tombe en marbre noir [1].

840. 20. Ce jour, messe de *Requiem* pour M. Émile Housset, dont il est parlé au 10 octobre (n° 559). Il est inhumé dans le chœur de Saint-Nizier avec ses parents, Jean Housset, son père [2], décédé le 15 août 1648 et... sa mère, décédée le 24 janvier 1665.

---

[1] Archiv. de l'Aube, *reg.* G. 1284, fol. 1379 v°, et G. 2317. Compte de l'exécution testamentaire de François Girardin. Il légua « à Nicole Petit, son chappelain domesticque, CC l. t. à charge qu'il fera mettre et apposer sur sa sépulture une tombe de marbre noir, selon sa discrétion et voulloir (fol. 5, v°).. à maistre Jehan Bailly, maistre maçon de la dicte église pour son droict qu'il a acoustumé d'avoir de despaver et repaver le pavé de l'église ou a esté enterré le deffunct..., V s. t. — A Jehan Taillet, painctre, demourant au dict Troyes, pour trente armoisies lesquelles ont été mises aux torches, cierges et poille... XXX s. t. »
Armoiries : D argent, à trois têtes de corbeau de sable, arrachées de gueules. (Roserot, n° 363.)

[2] ÉPITAPHE.

D. O. M.

Siste viator, sacros cineres calcas piissimi clarissimique viri domini Johannis Housset, cujus si gentilitium stemma spectes, eques; si dignitatem, regis amanuensis necnon reginæ a supplicibus libellis secretioribusque consiliis; si virtutem, christiana pietate insignis fuit, humilis in purpura, religiosus in aula, par fortunæ, verendus invidiæ; altiori dignus solio, si non tenax in obsequio; inter divitias egenus, quia in deliciis parcus; liberalis tamen in concives, munificus in pauperes, ex quibus multos velut ambulones præmisit, ut cum clientela multa cœlum intraret; quin etiam moriens in egenos supellectilem sparsit; nimirum sic collegit vasa in cœlos migraturus, qui plus Deo quam sibi vixerat.

Mirare viator et hunc, ut poteris, votis sequere et imitare.
Obiit XVIII° cal. septembris anno Domini MDCXLVIII, ætatis suæ LXXX.

TUMULUS.

Urna natat lachrymis inopum, sunt balsama fletus,
Roreque cinnameo gratior unda pluit :
Thesaurum in tumulo latitantem turba reposcit,
Sed jam translata est aurea gaza polo,
Ipse tamen flentes non dedignatur egenos
Quos nequiit vivens, ditior inde beat.

On lit encore quelques mots d'une inscription en deux lignes. Les lettres n'étaient pas gravées, mais simplement en or appliqué sur le marbre.

... *Conjux*... *Obiit anno domini MDCLXV IX° cal. februarii.*
(Cette épitaphe, sur une plaque de marbre, est attachée au premier pilier à l'entrée du chœur de Saint-Nizier, à main droite.)

841. 21. Ce jour anniversaire de M. Claude Régnier, chanoine prêtre, qui est de rit annuel. La messe en musique ; à la fin on va en station à la sépulture dans la chapelle Saint-Claude en chantant le *De profundis* en faux-bourdon. On distribue à chacun de MM. 12 sols.

842. Ce dit jour anniversaire de M. François Vestier, chanoine prêtre, on distribue la somme de 10 livres comme à celui de M. d'Orge. Voir au 15 août.

843. 22. Ce jour dans le *Livre des services* est l'anniversaire de Guillaume Galeret, chanoine de cette église, archidiacre de Margerie, curé de Saint-Jean de Troyes, décédé en 1434[1]. Il avait succédé à M. Jean le Verriat, curé de Saint-Jean.

844. Ce dit jour dans le *Livre des services* est l'anniversaire de M. Nicole Quesnel, chanoine de cette église et de Saint-Étienne, décédé le 12 décembre 1493[2]. Ne se dit plus.

845. 23. Ce jour le *Livre des services* marque l'anniversaire de Jacques Dorey, chanoine de cette église, de Saint-Étienne et de Saint-Urbain de Troyes, décédé le 30 juillet 1493[3]. Ne se dit plus.

846. 24. Ce jour dans le *Livre des services* est marqué l'anniversaire de M. Evrard des Champs, chanoine de Notre-Dame en cette église, et curé de Moussey, décédé le 2 mai 1479[4].

847. Ce dit jour, en 1539, est décédé noble homme Pierre Pion[5], seigneur de Rumilly-les-Vaudes (Aube) et en partie de Ravières (Yonne), marguillier à verge de cette église en remplacement de noble homme Nicolas Laurent. Il fit le pèlerinage du Saint-Sépulcre et fut reçu chevalier ; à son retour il édifia

---

[1] Archiv. de l'Aube, *reg.* G. 2288. Compte de l'exécution testamentaire de Guillaume Galeret.

[2] Archiv. de l'Aube, *reg.* G. 2302. Compte de l'exécution testamentaire de Nicole Quesnel.

[3] Archiv. de l'Aube, *reg.* G. 2299. Inventaire du mobilier de Jacques Dorey.

[4] Archiv. de l'Aube, *reg.* G. 2298. Exécution testamentaire.

[5] Armoiries : D'argent, à un demi-vol de sable (Roserot, n° 680).

dans cette église, en 1528, la chapelle Saint-Claude, dans laquelle il fonda une messe quotidienne à perpétuité et où il est inhumé. On lit dans un ancien Obituaire :

Die martis XXIV. junii MDXXXIX obiit Petrus Pion, nobilis vir et miles Hierosolimitanus; novum pompe funebris genus! voluit inhumari hora mediæ noctis, situs et positus in cathedra lignea aut plumbea cum una camisia tele cerata, et supra eam habens cottam seu tunicam peregrini Hierosolimitani tam affabre confectam ut possibile erit [1]. *Jacet in capella divi Claudii quam ipse fundavit et dotavit.* Voir au 3 juillet.

848. 25. Ce jour, messe des Morts pour M. Pierre Petit, dit de Varce, marguillier-prêtre de céans, et curé de Laubressel, décédé le 13 mars 1416 et inhumé dans cette église [2].

849. Ce dit jour, anniversaire de M. Nicolas Morise, chanoine sous-diacre, qui est de rit annuel. La messe en musique ; à la fin on va en station à sa sépulture qui est avec celle de M. Huot, proche la sacristie, en chantant le *De profundis* en faux bourdon. On distribue à chacun de MM. 15 sols.

850. Ce dit jour, messe de *Requiem* solennelle pour M. Jean Philippe, chanoine et doyen de cette église, vicaire-général et official, qui décéda le 13 juillet 1737.

851. 26. Ce jour, anniversaire de Guillaume Maubert, chanoine de cette église, curé de Pont-Sainte-Marie, décédé le 11 septembre 1443 [3].

852. Ce dit jour, messe solennelle de *Requiem* pour M. François Comparot, chanoine et chantre de cette église, élu doyen le 25 juin 1709, puis vicaire-général et official. Il était né à Brienne-la-Vieille ; il mourut le 21 octobre 1721 laissant ses biens à l'Hôtel-Dieu-le-Comte [4].

---

[1] Voir à la fin de cet Obituaire.

[2] Archiv. de l'Aube, reg. G. 2285. Testament de Pierre Petit et inventaire de son mobilier.

[3] Ibid. reg. G. 2291, compte de l'exécution testamentaire de Guillaume Maubert.

[4] Armoiries : De gueules, à un sautoir d'or. (Roserot, n° 239.)

I. — OBITUAIRE DE SAINT-PIERRE.   137

853. 27. La mort de Thibaut de Nanteuil, évêque de Beauvais, et celle de Jean de Nanteuil, LXIII⁰ évêque de Troyes, sont notées à ce jour dans le Nécrologe de l'église de Troyes, en ces termes : *Obierunt Theobaldus de Nantolio Oudoini, episcopus Belvacensis, et Johannes, frater ejus, episcopus Trecensis.* Voir au 4 août.

854. Ce dit jour, messe solennelle des Morts pour M. l'archidiacre Jean de Brion, inhumé dans cette église [1]. Voir au 1ᵉʳ janvier.

855. 28. Ce jour, messe solennelle des Morts pour M. Louis Nevelet, chanoine de cette église et archidiacre de Margerie [2], décédé subitement de contagion, le 29 août 1637.

856. 29. Ce jour, en 1556, est décédé Jean d'Orge, chanoine de cette église, où il est inhumé [3]. Voir au 15 août.

857. Le jour de la feste de saint Pierre se doit dire un *Gaude* fondé par M. Jean Sifflet, décédé la nuit du 11 au 12 août 1632 ; il a laissé 600 livres pour cette fondation [4]. Voir au 17 febvrier.

858. 30. Anniversaire de M. Pierre Dadié, chantre et

---

[1] Archiv. de l'Aube, reg. G. 2316, fol. 10 r°. « A Nicolas Pothier, painctre, pour quatre douzeines d'armoyryes du dict défunct, mises ès torches, cierges et parements tenduz le jour de son décès, et pour quatre tableaux en boys d'icelles armoyryes suspendues, VI l. II s. VI d. »

[2] Ibid., reg. G. 2319. Inventaire du mobilier de Louis Neuvelet. — Au Secrétariat de l'Evêché, reg. coté G. 1298, fol. 302 v°. Armoiries : D'argent (d'or, suivant d'Hozier) à un chevron d'azur, accompagné de trois roses de gueules, boutonnées du champ, et un chef aussi de gueules chargé d'un lion léopardé (ou léopard, suivant d'Hozier) d'or. (Roserot, n° 589.)

[3] Archiv. de l'Aube, reg. G. 2315, fol. 10 v°. Compte de l'exécution testamentaire de Jean d'Orge : « Payé à Jaques Juliot, marchand tailleur de pierre, la somme de LVII l. XII s. t. en XXIII escuz soleil, à XLVIII s. t. pièce, pour une tumbe de pierre de marbre noir, de longueur de six piedz et demy, et trois piedz et demy ou environ de largeur, par marché faict avec le dit Juliot du XV° mars MV° LVI. A ung peintre qui aurait escript sous le tableau de l'Asumption Nostre Dame l'an, le moys et jour de trespas du dict défunct, III s. t. »

[4] Au Secrétariat de l'Evêché, reg. coté G. 1298, fol. 11 v°.

chanoine de cette église, décédé le mardi 30 juin 1637. Il demanda sa sépulture près la chaire à prescher de ceste église et laissa 800 livres pour un anniversaire ou sera distribué 8 sols à chascun de MM. et 16 sols à MM. les dignitez. Il resigna la dignité de chantre en faveur de son neveu M. René Bigot, le 23 mai 1636 [1]. Voir au 18 juillet.

859. Ce dit jour, mémoire de M. Hervé, évêque de Troyes. Voir au 2 juillet.

PIÈCES JUSTIFICATIVES.

Pour l'intelligence des *Fondations en l'église de Troyes, auxquelles il y a distribution, et autres fondations*, il faut ajouter quelques observations ou textes.

I. — DATE DES OBITS.

Pendant toute la durée du moyen-âge et jusqu'en 1567 inclusivement le Chapitre de Troyes, dans ses registres de délibérations capitulaires, commence l'année à Pâques; c'est seulement en 1568 qu'il adopta le nouveau style et fit commencer l'année au 1er janvier, conformément à la réforme du calendrier [2]. Le rédacteur des *Fondations* ayant pris pour base de son travail les délibérations ou actes capitulaires, garda les dates qu'il avait sous les yeux, sans s'occuper de convertir le *vieux* style

---

[1] Au Secrétariat de l'Evêché, reg. coté G. 1298, fol. 222 r° et 302 r°. Acceptation de la fondation de Pierre Dadier. — Archiv. de l'Aube, *liasse* G. 2639.

[2] Archiv. de l'Aube, reg. G. 1285. — L'édit de Charles IX, relatif à la réforme du calendrier, rendu au mois de janvier 1563, prescrit de faire courir l'année du 1er janvier au 1er janvier. Le Parlement continua à commencer l'année à Pâques jusqu'en 1566 inclusivement et n'adopta le nouveau style qu'au 1er janvier 1567.

en style *nouveau*. D'où il résulte que tous les obits marqués depuis le 1ᵉʳ janvier inclusivement jusqu'à Pâques exclusivement pour les années antérieures à 1568, sont attribués à une année qui est le *vieux style* et appartiennent en réalité à l'année suivante.

II. — ENTERREMENT DES CHANOINES DE SAINT-PIERRE.

Les cérémonies et les frais funéraires étaient à peu près les mêmes pour tous les enterrements des chanoines.

Nous donnons la « despense tant pour les funérailles commes autrement » de « messire Jehan Freppier, prebtre, chenoine de l'eglise de Troyes et curé de Saint-Denis » décédé « en lostel de Molesme près de Saint-Quentin à Troyes » au commencement de mars 1428 *(v. st.)* :

« A vi vicaires de léglise de Troyes et à messire Henri Roquel, exécuteur, qui à la fin dicelluy chantèrent le verset *Maria mater gracie;* aspergèrent yau benoite entour du lit en la chambre dudit deffunt ; et après le trespas dicellui chantèrent le ℟ *Subvenite sancti Dei;* dirent les psaulmes avec les oroisons de commendises à chascun v s. t. pour ce, xxxv s. t.

A xvi vicaires de la dite église qui dirent le psaultier et célébrèrent chacun messe pour le dit deffunt à chascun vi s. viii d. valent, cvi s. viii d.

A viii vicaires qui portèrent le corps du dit deffunct à léglise de Troyes et dillec à Nostre-Dame-aux-Nonnains en laquelle il a volu estre enterré à chascun ii s. vi d. valent, xx s. t.

A viii pauvres qui portèrent chascun une torche de trois livres de cire pesant durant les processions et obsèques et enterrement à chascun x d. pour ce, vi s. viii d.

A xxiii chenoines et demi de léglise de Troyes qui ont esté présens à la procession, obsèques, enterrement à chascun iii s. iiii d. valent, lxxviii s. iiii d.

Aux dames de Nostre-Dame-aux-Nonnains de Troyes pour leur procession, xl s.

Pour xlii messes célébrées par xiii prebtres
séculiers en la dite église parrochiale de Nostre-
Dame le jour des obsèques à chascun ii s. vi d.
pour ce, xxxii s. vi d.

A xv vicaires de lesglise qui furent présens
aux diz obsèques à chascun x d. pour ce, xii s. vi d.

A xiii enfans coquatrix à chascun vi d.
valent, v s. v d.

Au chorier qui tient cuer aux diz obsèques
pour ce, vi d.

Aux vi maisons Dieu de Troyes et à iiii ban-
lées à chascun lieu ii x d. pour ce, xvi s. viii d.

A Jehan, clerc du dit deffunt, au quel il laissa
xx s. t. pour ce, xx s.

Pour un service de mors célébré en léglise
du monastère de Molesme pour feu mons.
labbey Guy, jadis maistre dudit deffunt, pour
ce, lx s. t.

Pour un service célébré en léglise de Saint-
Denis de Troyes pour ce, xl s. t.

Pour xxiiii livres de cire en torches ache-
tées la livre iiii s. ii d. valent, c s. t.

Pour une livre de chandoille de bougie pour
alumer à lire les psaultiers et messes pour le
dit deffunt, iiii s. ii d.

A ung varlet qui apporta les torches de les-
picerie, v d.

A messire Gile Colet, fermier de la cure
parrochiale de Nostre-Dame-aux-Nonnains de
Troyes, en laquelle église le dit deffunt a volu
estre enterré devant l'autel de la dicte parroche, par accord fait audit fermier, xl s. t.

Aux dames de la maison Dieu Saint-Nicolas
de Troyes pour avoir ensevely le corps dudit
deffunct, iv s. t.

Pour xvii pains de provende donnés aux
sonneurs des églises avec le vin prins en lostel
du dit deffunt en sonnerent pour le dit deffunt,
acheté chascun pain vi d. ob. valent, ix s. ii d. ob.

Aux enfans de cuer des églises de Saint-
Pere, Saint-Estienne, Saint-Loup, et Saint-

Martin pour leur droit des cierges du luminaire des obsèques dudit deffunt pour ce que
le dit luminaire a esté en torches sans aucuns
cierges, pour ce paié aux diz enfans de chacune
dicelles églises xx d., pour ce. vi s. viij d.

Pour le disner de ceulx qui célébrèrent les
ditz obsèques, des exécuteurs et autres amis
et voisins dudit deffunt, xxx s. t.

Au fossier de Nostre-Dame-aux-Nonnains
pour avoir sonné les cloches dicelle église et
faite la fosse, x s. t.

Au proviseur de l'œuvre de léglise de Troyes
pour le poile dudit deffunt, x l. t.

A ung varlet qui porta le no pour le dit
deffunt dès léglise de Nostre-Dame jusqu'à
lostel dudit deffunt, v d.

A messieurs de léglise de Troyes aux quels
appartient le lit du deffunt, c s. t.

Aux marregliers de Nostre-Dame-aux-Nonnains pour la sépulture dudit deffunt, enterré
devant le grant autel de la dite parroche
comme dit est, iiij l. v s.

Aux iiij marregliers lais de léglise de Troyes
pour le rachat de la sarge qui estoit sur le
corps du dit deffunt [1]. xl s. t. »

Souvent, pendant la durée du moyen-âge, les chanoines invitaient par testament les communautés religieuses à assister en procession à leur enterrement.
Ainsi, nous lisons dans le compte de l'exécution testamentaire de Guillaume Galeret, chanoine et archidiacre
de Margerie en léglise de Troyes, et curé de Saint-Jean
de Troyes (17 juin 1434) [2] :

« A léglise de Troyes pour la procession et service ce
dit jour (des obsèques), c s.

A léglise collégial de Saint-Estienne de
Troyes pour pareille cause, lx s.

A léglise collégial de Saint-Urbain du dit
Troyes, pour pareille cause, lx s.

---

[1] Archiv. de l'Aube, reg. G. 2287, fol. 3-4.
[2] Archiv. de l'Aube, reg. G. 2288, fol. 28 r°.

A leglise de Saint-Loup de Troyes pour pareille cause, XL S.

A léglise de Saint-Martin-des-Aires pour pareille cause, XL S.

A léglise de Nostre-Dame-aux-Nonnains de Troyes pour pareille cause, LX S. »

Au xvii⁰ et au xviii⁰ siècle, quand les chanoines de Saint-Pierre mouraient, on recommandait l'âme des défunts aux prières des Capucins, des Ursulines et des Carmélites « qui sont obligez de faire des services pour MM. les chanoines de cette église décédez » comme il est marqué au 25 novembre 1661 et au 15 janvier 1680, dans les registres du Chapitre.

III. — DES DISTRIBUTIONS AU CHŒUR.

Nous avons publié dans notre *Cartulaire de Saint-Pierre*, p. 224, le règlement général des distributions au chœur de la cathédrale, nous ajouterons ici deux notes relatives au vin et aux méreaux ou jetons de présence. Ces renseignements, rapprochés des distributions manuelles qui avaient lieu à l'occasion des fondations, donnent une idée complète des distributions au chœur.

1. DE VINO.

« Anno MCCCLXVII. Sciendum est quod ordinatum fuit in capitulo quod quilibet canonicus incipiet lucrari vina sua, videlicet pro qualibet die iv pintas in vigilia festi Omnium Sanctorum et durabit usque ad xviii diem januarii, et qui deficiet per dictum tempus perdet pro die ii solidos, videlicet pro pinta vi denarios. Et si aliquis canonicus veniat durante dicto tempore habebit vinum, videlicet pro die iv pintas de vino quod residet in celario [1]. »

2. DE MERELLIS.

« Die mercurii viii augusti anni MCCCLXIX. Traditi fuerunt viii° merelli distributori ecclesie, quorum iv° sunt

---

[1] Archiv. de l'Aube, *reg.* G. 1273, fol. 43 r°.

pro festis duplicibus, residuum pro diebus ferialibus. Cui quidem distributori injunctum fuit quod nulli dominorum meorum, nec etiam canonicis altaris B. Marie tradat merellos, nisi presens fuerit, vel fecerit exitum et introitum horis consuetis; et quilibet merellorum pro festis duplicibus valet iv denarios, et alii merelli ii denarios pro diebus ferialibus [1]. »

IV. — LES TOMBES DANS L'ÉGLISE DE SAINT-PIERRE.

Jusqu'en 1778 la cathédrale de Troyes offrait l'aspect le plus curieux à cause des mausolées et des tombes de cuivre, de marbre et de pierre rangés dans le sanctuaire, le chœur et les nefs. Le livre des *Fondations*, qui est loin d'énumérer toutes les tombes, en mentionne cent quatre-vingt dix.

Une délibération capitulaire du jeudi 4 janvier 1663 fait pressentir que les idées ont changé et que, dans un avenir rapproché, on fera disparaître les dalles funéraires richement gravées et décorées pour les remplacer par un pavé prosaïque.

« MM. le doyen, Goëzaud, Régnier et moy [Gabriel Forest] avons été nommés pour conférer avec monsieur le révérend Evesque au sujet des fréquentes inhumations qui se font en cette église et pour convenir s'il y a moien d'un lieu propre pour faire un cimetière autour d'icelle, pour ensuite estre ordonné et quelles personnes seront enterrées dans cette dicte église et quelle taxe on fera au profit de la fabrique [2]. »

Enfin les plus belles tombes de cuivre ciselé et en relief, ainsi que les mausolées de marbre allaient disparaître. Le chanoine Maydieu raconte avec sang-froid cet acte de vandalisme exécuté sous le prétexte d'embellir la cathédrale.

« Au commencement de l'année 1778, M. Bouczo, chanoine de la cathédrale, proposa au chapitre de faire paver le chœur, couvert, presque sur toute sa surface, par des

---

[1] Archiv. de l'Aube, *reg.* G. 1273, fol. 61 r°.
[2] Archiv. de l'Aube, *reg.* 1304, fol. 932, v°.

tombes, que le laps des temps avait rendues très-difformes. M. Biart offrit 1,200 livres et M. Daguesseau 800 pour repaver l'avant-sanctuaire. Mais le chœur et l'avant-sanctuaire embellis, le sanctuaire même eut-il conservé la difformité que présentaient des pierres cassées et rongées de vétusté, des tombes défigurées... Le Chapitre résolut de faire disparaître toutes ces difformités. On entreprit aussi de transporter au côté droit du chœur le mausolée de M. de Praslain qui empêchait le libre exercice des cérémonies de l'office divin, et écrasait, pour ainsi dire, le second mausolée, quoique plus élevé de six pieds. M. de Saint-Capraise, doyen, d'accord avec son Chapitre, eût voulu supprimer toutes les figures sculptées dans des cadres de pierres qui déparent les pilliers de ce superbe vaisseau; mais il n'était pas bien décidé que cette destruction ne dégraderait pas ces pilliers et ne causerait pas des malheurs, dont la seule possibilité devait effrayer. M. le doyen se contenta de les faire, à ses frais, nettoyer et repeindre par un peintre italien, ainsi que quelques tableaux et statues [1]... » Tous ces embellissements, d'un goût plus ou moins douteux, furent exécutés en 1678 et 1679.

V. — LE CRUCIFIX, DIT DE CHARLEMAGNE, ET LA CHASSE DE SAINTE HÉLÈNE, 1227-1229.

(Voir n° 815.)

En 1227, lorsqu'une partie des constructions de la cathédrale de Troyes furent renversées par un orage, le grand crucifix d'argent, attribué à Charlemagne, fut conservé miraculeusement.

« *Anno MCCXXVII flavit ventus vehemens : tuncque ecclesia Beati Petri Trecensis corruit, ubi miraculum contingit, quia yconium id est imago Salvatoris inter trabes longissimas integrum remansit* [2]. »

Le corps de sainte Hélène fut également conservé sain

---

[1] *Almanach de la ville et du diocèse de Troyes* pour l'an de grâce 1783, p. 187-190.

[2] *Ex Cartulario ecclesie Trecens.*, apud Camusat, *Auctar.*, fol. 27 v°.

et entier au milieu des décombres; mais la châsse fut brisée. Deux ans après, en 1229, chacun des chanoines de la cathédrale, par délibération du 23 avril, sacrifia un setier de froment sur les revenus de sa prébende pour contribuer à la réparation de la châsse de sainte Hélène.

« M[ilo], decanus, Capitulumque Trecense omnibus... Cum ad corpora sanctorum in nostra ecclesia quiescentium veneranda teneamur specialiter : attendentes quod nuper ex subita ecclesie Trecensis ruina capsa beate virginis Helene, in qua ipsius corpus tunc temporis requievit, penitus fuerat diruta et confracta, nec ipsius corpus gloriosum passum est, sicut patet, in aliquo lesionem : nos ad ipsius capsam de novo inceptam, et communi assensu, ordinavimus ut ad reparationem dicte capse de qualibet prebenda unum sextarium frumenti charitatis intuitu conferatur. Datum anno MCCXXIX, die lune post Quasimodo [1]. »

VI. — FONDATION DE RÉGNIER DE SAINT-QUENTIN, AVRIL 1235.

(Voir n° 776.)

M[ilo], decanus, Capitulumque Trecense, omnibus etc. Noverit universitas vestra, quod Joannes de Venna, clericus, et mater ejus, nobis volentibus et consentientibus, vendiderunt pro C libris turonensium pruvinensium venerabili viro D. Renero de Sancto Quintino, cantori B. Stephani Trecensis, et concanonico nostro, omnia que habebant et possidebant in justitia de Venna, villa capituli nostri, tam in terris censualibus, quam in terris, terrageriis, vineis et pratis que movent de censu et costumis ecclesie nostre, et etiam unum arpentum vinee situm in Costa Captivorum, videlicet, XXIII jugera terre et dimidium que emerant a defuncto Vualone, et XIV que emerant a defuncto Martino, unum jugerum quod fuit Sancte Marie de Venna quod emerant a parrochianis,

---

[1] *Ex veteri codice, apud* Camusat, *Auctar.*, fol. 27 v°. C'est par erreur typographique que l'édition de Camusat porte 1299 ou lieu de 1229. Nous possédons une vieille copie de cette pièce portant la date de 1229.

IV que fuerant Amatrii sita in V locis, oschiam que fuit defuncti Renaudi *Locrues ;* et de terra Sancti Petri XIV jugera terrageria et IV arpenta prati sita in praeria et justitia de Venna in diversis locis, et tria arpenta vinee sita in vineis de Venna, salvis tamen nobis in omnibus et per omnia censibus nostris, costumis, terragiis et aliis que ad nostram pertinent jurisdictionem. Dictus vero Renerus hec omnia dedit et assignavit in perpetuam elemosinam fundationi altaris quod fundatum est in ecclesia Trecensi in honore sancte Mastidie, virginis. Statuit autem dictus R., de voluntate et assensu nostro, quod capellanus qui ad servitium dicti altaris statutus est, percipiat integre omnes fructus terrarum, pratorum et vinearum predictarum quandiu predictus Renerus vixerit ; post vero obitum ipsius Reneri statuetur alter capellanus cum isto qui jam statuitur, qui percipiet integre medietatem fructuum et proventuum terrarum, pratorum et vinearum nominatarum. Vollumus autem et concedimus quod illi duo capellani habeant totum pretium prime venditionis domus dicti Reneri in claustro nostro site, et de pretio illo tenebuntur dicti duo capellani emere redditus quantocyus poterunt inveniri commode ad perpetuam fundationem altaris nominati, assensu tamen capituli requisito, qui redditus ad usus dictorum duorum capellanorum cum dictis proventibus communiter devolventur. Illi vero duo capellani pro fidelibus in ecclesia nostra cothidie celebrabunt, et ad servitium chori nostri et altaris sepedicti, et ad custodiam fidelem omnium rerum predictarum ad dictum altare pertinentium per juramentum in institutione eorumdem tenebuntur. Et si forte instituatur aliquis qui non sit sacerdos, infra annum institutionis tenebitur per juramentum ad ordinem sacerdotii promoveri. Capellanum vero instituet dictus Renerus et post ejus obitum decanus Trecensis, si de jure possit ad eum institutio devenire. In cujus rei testimonium presentes literas sigillo nostro fecimus communiri. Actum anno gracie MCCXXXV, mense aprili [1].

---

[1] Archiv. de l'Aube, *lias.* G. 2685. — Camusat, *Auctar.,* fol. 10 r°.

VII. — FONDATION DE HENRI DE LA NOUE,
LE 26 OCTOBRE 1305.

(Voir n° 829.)

Universis presentes litteras inspecturis Petrus de Cella, decanus, Capitulumque Trecensis ecclesie salutem in Domino. Notum facimus quod nos in nostro capitulo per convocationem propter hoc et quedam alia nostre ecclesie negotia factam congregati, anno Domini MCCCV, die martis ante festum Omnium Sanctorum, presentibus in dicto capitulo omnibus qui debuerunt, voluerunt et potuerunt commode interesse cum domino Henrico de Noa, concanonico nostro, pensata prius super his diligenti utilitate nostre ecclesie predicte convenimus in modum qui sequitur, scilicet quod a dicto Henrico recepimus et habuimus in pecunia numerata quatuor mille libras turonensium parvorum quas convertimus una cum alia pecunia in emptionem CC librarum turonensium annui redditus nobis venditarum a nobili viro Galtero, comite Brene, et Joanna ejus uxore, accipiendarum in nundinis Campanie Trecis in pagamento nundinarum sancti Johannis, de qua emptione plenius constat per literas super his confectas quas penes nos habemus [1], in cujus pecunie compensationem exnunc assignamus dicto Henrico super redditibus camere nostre C libras turonensium annui redditus distribuendas exnunc in perpetuum singulis annis juxta ipsius Henrici ordinationem in modum qui sequitur. Primo XXIIII libras pro cantando quoddam *Salve Regina* ante imaginem B. Marie sitam ad Reliquias in dicta ecclesia singulis annis imperpetuum qualibet die sabbati post vesperas. Item X libras pro ejus anniversario, post ejus obitum singulis annis imperpetuum, et una missa de Sancto Spiritu, quamdiu vixerit, in dicta nostra ecclesia celebrandis. Item XXX libras camere nostri capituli, propter quas tenetur Capitulum quolibet anno singulis vicariis ecclesie nostre usque ad numerum viginti, si tot fuerint;

---

[1] Archiv. de l'Aube, *reg.* G. 1256, fol. 49.

dare unum panem prebendalem, singulis diebus, in Adventu Domini, in Quadragesima, et in festis duplicibus et annualibus, sub hac tamen conditione quod dicti vicarii absque defectu aliquo ad matutinas et *au Rechin*, ad missam, vesperas et alias horas interesse tenebuntur. Item XX solidos turonensium canonicis altaris B. Marie in dicta ecclesia pro tribus missis ab eis annis singulis pro ipso Henrico imperpetuum celebrandis. Item XL solidos pro anniversario patris et matris dicti Henrici, annis singulis in dicta nostra ecclesia imperpetuum faciendo. Item XL solidos pro memoria episcopi Nicolai singulis annis imperpetuum in eadem nostra ecclesia facienda. Item VI libras pro duabus memoriis pro ipso Henrico annis singulis ibidem imperpetuum faciendis. Item XX libras pro fundatione unius altaris in dicta ecclesia nostra vendendas et solvendas a nobis capellano dicti altaris singulis annis imperpetuum in Paschate et in festo sancti Remigii subsequenti. Item C solidos turonensium reddendos quolibet anno imperpetuum in festo sancti Remigii Fratribus de Insula Trecensi ad opus unius altaris quod intendit dictus Henricus ibidem fundare. Insuper, concessimus dicto Henrico venditionem liberam et quietam sue domus hac vice, ita tamen quod post hanc venditionem dicta domu sad nos libere revertatur. Item cocessimus eidem, quod quandam domum cum suis pertinentiis et adjacentibus sitam in Chailloelo que quondam fuit defuncti Berneti advocati, moventem de censiva nostra, dicti Fratres de Insula ex donatione dicti Henrici tenebunt imperpetuum absque coactione vendendi ac ponendi extra manum suam, hoc salvo quod nobis solvent singulis annis XXXV denarios turonensium pro censu dicte domus. Nos vero decanus et capitulum predicti dictas conventiones omnes et singulas, prout suscepte sunt, exnunc imperpetuum promittimus bona fide et sub obligatione omnium bonorum dicte ecclesie nostre nos servaturos, facturos et pacifice impleturos, ac contra non venturos aliquatenus in futurum. In cujus rei testimonium sigillum nostrum presentibus litteris duximus apponendum. Actum et datum in dicto capitulo nostro, anno et die predictis [1].

---

[1] Archiv. de l'Aube, *liass.* G. 2661.

VIII. — TESTAMENT DE JEAN D'AUBIGNY, ÉVÊQUE
DE TROYES, 6 NOVEMBRE 1341 [1].

(Voir n° 647.)

In nomine Sancte et Individue Trinitatis, Patris et
Filii et Spiritus Sancti, Amen. Ego Joannes de Aubigneyo, Dei et Apostolice Sedis gratia Trecensis episcopus, sanus mente et bene mei compos, licet infirmus
corpore, considerans et attendens periculosos eventus
qui previderi non possunt, quodque ea que visibilem habent essentiam tendunt invisibiliter ad non esse, sciens
quoque quod nihil est morte certius, nihilque incertius
mortis hora, nolens intestatus decedere, imo volens et
cupiens anime mee salubriter providere, ne dies extrema
me inveniat improvisam, testamentum meum seu ultimam voluntatem de bonis meis mihi à Deo collatis facio,
condo et ordino in modum qui sequitur et in formam.
Primo volo et jubeo omnia et singula debita mea solvi,
forefacta mea illicite extorta, si que sint, reddi et restitui
ac etiam emendari per executores meos inferius nominandos, deinde animam meam recommendo et lego altissimo Creatori, et corpus meum ecclesiastice sepulture,
quam eligo, si me civitate vel diocesi mea Trecensi aut
magis prope dictam meam diocesim, quam prope Parisios vel Ambianensem diocesim decedere contingat, in
ecclesia Trecensi in capella Sancti Salvatoris, et si me in
civitate vel diocesi Parisiensi aut magis prope Parisiensem diocesim quam Trecensem vel Ambianensem diocesim decedere contigerit, eligo eam sepulturam meam
in ecclesia Fratrum Carthusiensis ordinis prope Parisios :
quibus Fratribus, si me in eorum ecclesia inhumari contigerit, do et lego XX libras parisiensium pro pitantia eorumdem : etiam sub conditione predicta lego XX libras
pauperibus Parisiorum per executores meos erogandas
die inhumationis mee predicte aut cito post. Si autem
decederem, permittente Domino, in civitate vel diocesi
Ambianensi, aut magis prope Ambianensem quam Parisiensem, vel Trecensem diocesim, eligo dictam meam
sepulturam in ecclesia Fratrum Predicatorum Ambianen-

---

[1] Archiv. de l'Aube, liasse G. 2627.

sium, quibus fratribus, si me in eorum ecclesia inhumari contigerit, lego XX libras paris. pro pitantia eorumdem, ita tamen quod quilibet sacerdos ipsorum Fratrum unam missam de Defunctis celebrare, et qui non sunt sacerdotes unum psalterium dicere ob anime mee remedium teneantur; et etiam sub dicta conditione lego dictis fratribus L libras paris. pro anniversario meo in eorum ecclesia singulis annis perpetuo solenniter celebrando. Etiam sub hac conditione lego XX libras paris. pauperibus de Ambianis per executores meos die inhumationis mee predicte, vel citius quam commode fieri potuerit, erogandas. Item omnia et singula vestimenta cappelle mee cum uno calice et patena do et lego religiosis viris abbati et conventui monasterii B. Martini de Gemellis Ambianensis, excepta mea cappa nova de brodura quam lego ecclesie Trecensi. Item omnia utensilia mea quecumque sint que ego habeo et habere possum in domo mea de Parisiis do et lego dictis religiosis domus Cartusiensis prope Parisios, una cum omnibus et singulis ciphis meis murreis, tam cum pedibus argenteis quam sine pedibus, et una cum omnibus et singulis meis sargiis, tapiciis, et blanchiis ubicumque existentibus, tam pro lectis quam formulis vel paramentis aliis faciendis. Item do et lego servitoribus meis qui mihi deservient tempore obitus mei in hospitio meo C libras paris. eisdem distribuendas tam cappellanis clericis, armigeris quam valletis de ministerio et aliis mediocribus et inferioribus, prout executoribus meis melius visum fuerit expedire. Item processionibus majoris et S. Stephani ecclesiarum Trecensium cuilibet X libras tur. Item processionibus SS. Urbani, Lupi, Martini, monasterii B. Marie ad Moniales, monasterii B. Marie de Pratis, prioratus de Foissiaco et conventus de Insula cuilibet IV libras tur. Item processionibus S. Johannis in Castro, S^e. Trinitatis, S. Quintini Trecensis cuilibet XL solidos turon. Est tamen advertendum quod dicta legata facta prefatis omnibus processionibus si me in mea Trecensi ecclesia contigerit inhumari, alias non. Item do et lego abbati et conventui de Bullencuria Cisterciensis ordinis Trecensis diocesis omnes et singulos fructus grangie vocate Rubee Granchie, quos ego percipere debebam in anno quo decedam, ita tamen quod ab heredibus vel executoribus meis nihil possint petere pro reparationibus seu restaurationibus domorum vel alia quacunque de causa. Item Petro de Rambertiprato, Ambianensis diocesis, do et lego XXX libras paris. tam pro restitutionibus quam pro servitiis mihi ab ipso impensis temporibus retroactis. Item Hugoni, filio defuncti Roberti de Aubigneyo, quondam fratris mei, nepoti meo, L libras paris. Item do et lego domino Matheo de Tremuilla, nepoti meo, curato parrochialis ecclesie de *Thalemars*, Ambianensis diocesis, LX libras turonenses tam pro restitutionibus quam alia de causa. Item lego D. Petro de Villanova, majoris et S. Stephani ecclesiarum Trecensium canonico, unam crucem argenti que fuit D. Radulphi de Suppia. Item omnes et singulos annulos meos, quicumque sint, et ubicumque, tam aureos quam argenteos do et lego dictis religiosis S. Martini. Item duo coopertoria mea de grisis do et lego domicelle Johanne de Poncello, nepti mee. Item do et lego ac remitto quecunque mihi tam pro reconciliationibus cemeteriorum vel ecclesiarum et procurationibus quam pro quibuscumque emendis tempore obitus mei debebuntur hiis omnibus et singulis qui mihi tunc pro talibus debitis tenebuntur, ita tamen quod pro singulis XX solidis sic debitis, debitores eorumdem tenebuntur unam missam de Defunctis ob anime mee remedium celebrare, seu facere celebrari. Item do et lego Guillelmo de Croiaco, scolastico, et Roberto ejus fratri, canonicis Ambianensibus, consanguineis meis, XXIV cyphos argenteos albos, planos et sine pedibus eisdem duobus equaliter partiendos. Item volo quod omnia utensilia mea cum equis, pecoribus et pecudibus meis, quecunque sint, que ego habeo et habere possum in domibus meis de Aquis et de S. Leone vendantur, et pecunia inde habita per executores meos pauperibus residentibus in parrochia de Aquis et in villa de Sancto Leone, citius quam commode fieri poterit, erogetur. Item do et lego viris venerabilibus et discretis decano et capitulo Trecensi et eorum ecclesie predicte, omne id quo mihi tenetur et teneri potest nobilis vir D. Johannes de Triangulo, miles, ratione quinii denarii terre de Baassunno et terre de Marciliaco *le Hayer* de meo feodo moventem, per ipsum militem emptarum, pro emendis et admortizandis red-

ditibus perpetuis dictis venerabilibus et eorum ecclesie
predicte assignandis, una cum CCC libris turonensium pro
anniversario meo in eorum ecclesia singulis annis perpetuo solenniter celebrando. Item volo et ordino quod
omnes panni mei lanei tam in vestibus pro corpore meo
factis scissi quam scindendi, ubicumque existentes, per
executores meos, aut duos eorum, qui circa hec magis
commode vocare potuerunt pauperibus erogentur, prout melius viderint expedire. Item do et lego cuilibet
executorum meorum inferius nominandorum, qui onus
executionis mee in se receperint pro suis laboribus et
penis in executione mea impendendis XXX libras paris. Item, solutis omnibus et singulis debitis, restitutionibus factis, et omnibus legatis meis completis, om-
nibusque et singulis contentis in presenti testamento
meo legitime et complete executioni debite demandatis
ac etiam restitutionibus domorum episcopalium Trecensium prout decens fuerit peractis, in omni residuo bonorum meorum ecclesiam Trecensem, sponsam meam, pro
media parte, videlicet pro emendis et admortizandis
redditibus perpetuis magne camere venerabilium viro-
rum decani et capituli dicte ecclesie mee perpetua appli-
dis in augmentationem reddituum dicte magne camere,
ut dicti venerabiles et eorum successores pro anime mee
remedio teneantur orare et mei in suis orationibus perpetuis temporibus mentionem facere specialem. Et religiosos fratres domus Carthusiensis de Pratea Trecensis
diocesis, ut ipsi orare pro mea anima teneantur pro alia
media parte heredem meum instituo meliori modo quo
possum. Ad hec autem exequenda et ad finem debite
perducenda, executores meos et fidei commissarios, facio, nomino et ordino venerabiles et discretos viros D.
Joannem de Firmitate, decanum, Johannem de Auxeyo,
cantorem Trecensem, dilectos consanguineos meos Guillelmum et Robertum de Croyaco, fratres, canonicos Am-
bianenses, religiosum virum abbatem monasterii Celle
prope Trecas, Petrum de Villanova majoris et S. Stephani ecclesiarum Trecensium canonicum et nunc sigilliferum nostrum, magistrum Johannem de Superarcus,
decanum ecclesie S. Urbani Trecensis, et M. Hugonem
de Fontanis, cum illa clausula : si non omnes iis exequendis voluerint vel potuerint interesse, quod septem, sex,

quinque, quatuor, tres vel duo eorum premissa omnia
et singula nihilominus exequentur. In quorum executorum meorum manibus ex tunc pono omnia et singula
bona mea ubicunque existentia, et me de eisdem devestio
et eosdem investio per presentes, dans et concedens predictis executoribus meis, septem, sex, quinque, quatuor,
tribus, vel duobus eorum qui onus executionis mee in se
susceperint plenam et liberam potestatem, omnia bona
mea ubicunque existentia, debita et jocalia petendi, recipiendi, levandi, expletandi, vendendi, alienandi, pro
omnibus et singulis in presenti testamento meo contentis, complendis et executioni debite demandandis,
meamque extremam voluntatem adimplendi, et omnia
alia et singula faciendi, exercendi et gerendi, que veri'
executores et fidei commissarii possunt et debent facere,
tam de consuetudine quam de jure. Item volo et ordino
quod hoc testamentum meum seu mea ultima voluntas
sit stabile et firmum, et valeat jure testamenti, vel quasi
jure codicillorum, sine cujuslibet alterius ultime voluntatis alio modo jure et forma quibus de jure sive de consuetudine valere poterit et debebit, et si aliqua solemni-
tas juris desit in eo, quod absit, quod per executores
meos, aut duos eorum possit suppleri. Et si in eo aliquod
fuerit dubium vel obscurum, indistincte vel minus sufficienter positum vel legatum, quod per executores meos
duos vel omnes aut plus possit interpretari seu etiam
declarari. Omnia alia testamenta per me nunc usque
facta per hoc presens testamentum meum revoco et adnullo. In quorum omnium et singulorum premissorum
testimonium et certitudinem pleniorem presens testamentum meum seu meam ultimam voluntatem in presentibus literis scribi feci, quas sigillo meo proprio sigillari
mandavi. Presentibus venerabilibus et discretis viris
dominis Matheo de Tremuilla, majoris, Johanne de Poncello, S. Urbani, ecclesiarum Trecensium, Guidone de
Villagruis, altaris B. Marie in ecclesia Trecensi, magistro Matheo de Contris, de Pougeyo, Trecensis diocesis,
canonicis; dominis Johanne de Vervino de Decanivilla,
Johanne de Metis de Capella Gaudefredi, Firmino de
Bonosacco, ecclesiarum parrochialium, dicte Trecensis
diocesis, rectoribus et pluribus aliis fide dignis vocatis
ad hoc testibus et rogatis. Datum et actum in domo

episcopali de Sancto Leone, anno Domini MCCCXLI, die martis post festum Omnium Sanctorum.

IX. — TESTAMENT DE HENRI DE POITIERS, ÉVÊQUE DE TROYES, 21 AOUT 1370 [1].

(Voir n° 505.)

In nomine Sancte et Individue Trinitatis, Patris et Filii et Spiritus Sancti, Amen. Universis presentes literas seu presens publicum instrumentum inspecturis officialis Trecensis salutem in Domino. Noveritis quod in dilecti et fidelis jurati nostri Erardi dicti de Prisseyo Sancti Martini Trecensis diocesis, clerici publici, apostolica et imperiali auctoritate notarii curieque Trecensis tabellionis, cui in his et majoribus fidem indubiam adhibemus cuique quantum ad hec vices nostras commisimus et committimus per presentes necnon et in testium subscriptorum ad hec vocatorum et rogatorum presentia R. in Christo pater ac D D. Henricus de Pictavia, Dei et Apostolice Sedis gratia Trecensis episcopus, sanus mente et bene compos mentis sue, licet infirmus corpore, considerans et attendens mortis supremos et periculosos eventus, qui nec previderi possunt nec a quoquam evitari, nolensque intestatus decedere, nec ab extrema die quam non est nostrum prescire improvisus preveniri, et ut anime ipsius salubrius consulatur, testamentum suum condidit, et de sua ultima voluntate disposuit prout in quadam folia papiri sub signo petre agnuli ipsius R. patris inclusa inter cetera cavebatur cujus folie tenor sequitur sub hiis verbis.

Je Henry de Poictiers, evesque de Troyes, donne et ordonne pour le salut de mâme que toutes mes debtes soient payees et tous mes tortz, et par especial quand que je auroye prins ne faict penre tant vivres comme chevaux par ces guerres, tant en la terre de Sainct-Just comme devers Nogent, dessa de la riviere et dela, et tout ce que je pourroye avoir de l'autruy et que chacun en soit creu par son serment, ou cas que ce soit personne honneste et suffisant de bonne renomee, jusque à cent solz et ce plus y a, si soit prouvé par tes-

---

[1] Archiv. de l'Aube, lias. G. 2678.

moins. Item je vuil et ordonne ma sépulture en léglise de Sainct-Pierre, ou cas que je mourray en lieu que on puisse apporter mon corps, et ou cas que je ny pourray estre aportez si vuil je que vne tombe y soit faicte et mise en remambrance de moy ou cuer ou en une chapelle que my executeur y fonderont, et soit regardé par mes executeurs quelle journée soit faict mon enterrement comme si le corps estoit presens et celle journée sera adnunciée par tout léveschié, à chacun prestre qui voudra célébrer une messe pour moy le jour de mon obseque, soit religieux ou autre, aura trois gros tournois, et à chacun pauvre qui venra à laumosne le jour de mon obseque demy gros tournois ; et vuil et ordonne que avant le jour de mondict obseque il soit adnuncié et publié par les paroches et lieux solennez. Item je donne et ordonne à léglise de Sainct-Estienne de Troyes cent franz pour mon anniversaire avec largent de la maison de la Montée qui doibt estre vendue pour faire chacun an en ladicte église mon anniversaire, et que quant on le fera vigilles de mors et commendises y soient chantées bien et solennellement. Item à Sainct-Urbain L franz pour faire mon dict anniversaire perpétuellemet une fois lan, vigile et commendises et messe des mors. Item à Nostre-Dame en l'Isle. Item à Sainct-Loup. Item à Sainct-Martin à chacun L franz pour faire chacun une fois mon dict anniversaire, c'est assavoir vigilles, messes et commendises. Item à la maison Dieu-le-Comte, à Sainct-Bernard et à Sainct-Nicolas de Troyes, à chacun XXV franz pour faire mon dict anniversaire une fois lan. Item pour la maison Dieu de Sainct-Abraham reedifier L franz. Item à Sainct-Anthoine, à Sainct-Esprit et Sainct-Jacques à chacun L franz. Item à Nostre-Dame-aux-Nonnains et Nostre-Dame de Foissy à chacun XX franz. Item aux Jacobins et aux Cordeliers de Troyes, c'est assavoir aux Jacobins L franz et aux Cordeliers XXV franz pour ladicte cause. Item aux Chartreux de lez Troyes pour faire mon dict anniversaire par la meniere que li autre dessus L franz. Item je laisse à labbaye dou Paraclit pour faire mon dict anniversaire par la meniere que dessus est dict L franz. Item vuil que mes executeurs fondent quatre chapelles esquelles il ait messe chacun jour, cest assavoir une en la chapelle de mon hostel de léveschié, deux en l'église de Troyes, l'autre en la maison de Sainct-Abraham de Troyes, et au cas que n'auroit chapelle ou lan peust celebrer que lan chantast à Sainct-Anthoine jusques il y eust faict lieu pour celebrer. Item je vuil et ordonne que mes executeurs facent faire et chanter douze annuez là ou bon leur semblera pour le remede de lâme de moy. Item je donne à mes gens et vuil que my executeur le payent à ceux qui me servent, cest assavoir à M. Pierre des Troilles L. franz, à monsieur Felix L franz, à monsieur Guillaume XXV franz, à monsieur Simon XII franz, à Jehanni X franz, à Picotin VI franz, et à tous autres petis vallés de mon hostel à chacun selon ce qu'il m'auront servy et selon lesgart de mes executeurs, à Perrinet le fauconnier VI franz. Item je vuil et ordonne que une chapelle soit faite et accomplie à mes propres coutz et despens ou lieu que l'on dict Chaude-Fouace en la paroche de Nogent-sur-Seine et quelle soit fondée de XXX livrées de terre pour chanter chacun jour une messe pour le remede de lâme de moy et que elle soit faite et fondée avec les autres chapelles que j'ay ordonnées, et mesdiz executeurs la facent faire et achetent les rentes et il trouveront l'amortisement par devers moy avec mes autres lettres, lequel amortissement est de C livres de rentes pour convertir esdites chapelles. Item je laisse et ordonne à laumentation des rentes et revenus de leveschié de Troyes la granche du Crotois avec les terres, preiz et autres rentes appartenant à icelle granche séant à Sainct-Lié laquelle j'ai acquis de mes propres deniers de Collaut de Marulliere avec tous les autres acqués que j'ay fais en ladite ville de Sainct-Lié de quelque personne que ce soit, par telle meniere et condition que my successeur évesque de Troyes à leur temps seront tenu de faire faire mon anniversaire en l'église de Troyes solennellement et faire distribution de pain et de vin selon ce qu'il est accoustumé à faire en ladite église pour mes autres predecesseurs évesques dudict eveschié, c'est assavoir à chacun chanoine, demy chanoine et marreglier présent, trois pintes de vin et un pain de froment du pois de deux pains et demi de prouvende, selon ce que acoustumé est à faire et distribuer en icelle. Et avec ce seront tenus mes dict successeur payer et bailler chascun an le dimanche devant le jour de mon dict anniversaire au chamberier de leuvre de ladicte église X livres tournois pour faire distribucion le jour de mon dict anniversaire à chascun chanoine présent, trois sols. Et aux demi chanoines, marregliers et vicaires, selon ce que accoustumé est à faire et distribuer en ladite église en tel cas. Et ou cas que toutes lesdites X livres ne seroient distribuées par la menière que dit est je veuil que le surplus soit et demeure par devers ledict chamberier pour convertir en laumentacion de ladite euvre. Et vuil que ladite granche et autre héritage en soient chargé, et avec ce vuil et ordonne que sur ladite granche, terres, prez appartenant et acqués soient prins XII sextiers de blé, c'est assavoir IV sextiers de froment et VIII sextiers de soigle à valeur de minage et à la mesure de Troyes chascun an de annuelle et perpetuelle rente pour et en accroissement des rentes et revenus de la cure parochiale de Sainct-Lié ; lequel bled le curé, qui pour le temps sera, penra, recevra et aura chascun an sur la moison des blez de ladite granche et des apartenances au jour de la Sainct Remi par la main des teneurs et possidens les choses dessus dites sans aucun contredit, parmi ce que ledit curé sera tenu de chanter et celebrer toutes les semaines trois messes en la chapelle du fort de Sainct-Lié sans aucun deffaut pour le remede de l'ame de moy. Et ou cas que mes successeurs evesques seroient refusant ou deffaillent de faire enteriner et accomplir les choses dessus dites je vuil et ordonne que ladite granche, rentes et revenus soient et demeurent par devers léglise de Sainct-Pierre pour faire et accomplir les choses dessus dites. Item je vuil et ordonne que paiées et acomplies les choses contenues en mon dit testament tout le seurplus de mes biens meubles et debtes soient donné pour Dieu, c'est assavoir à povres femmes, à povres maisons Dieu, en fonder chapelles ailleurs par l'ordonnance de mes exécuteurs. Item je laisse et donne à monsieur Nicole de Antigny, curé de Sacey, pour prier pour lâme de moy VI franz. Item à Jacob de Charmoilles, qui fut mon chambellier, X franz. Item je vuil et ordonne que tous les ornemens de mes chapelles que j'ay à présent soient distribué et ordonné par mes executeurs par les chapelles que je ordonne à fonder pour moy soient livré vestemens, joyaux d'argent et autres ornemens. Item je laisse à mon frère Robert pour prier pour l'ame de moy X franz. Item je donne et fais mon heritier mon frere monsieur Charles auquel je donne toute la succession qui me peut et pourroit apartenir et avenir tant de mon pere et de ma mere pour lui et pour ses enfans. Item je lui donne la granche de Longueville et les appartenances. Item XX lis garnis c'est assavoir de coutre, coissin, coverture et IV draps pour chascun lit. Item tous mes chevaux à chevaucher, et tout mon harnois pour armer, qui sont tant en mon hostel de la Montée de Troyes comme de Sainct-Lié et d'Aiz. Item je vuil et ordonne que mon dict frere monsieur Charles, parmi ce que je le fais mon heritier et que je lui fais certain laiz, si comme dessus est dit, qu'il soit tenu à conforter et conseiler et ayder mes executeurs à acomplir ma dite ordonnance et lais, et ou cas que mesdits freres se voudroit efforcer par luy ou par autre de empescher madite ordonnance, lais ou dons fais par moy a quelque personne que ce fust et pour quelque cause que ce fust je le prive dès maintenant pour lors de toute madite succession laiz ou ordonnance fais pour luy et à son profit, et les rapelle pour non fais, et en lieu fais et establi mon heritier l'église de Troyes parmi ce que ou cas que mes dis freres sefforceront et voudront jouyr de ma dite succession et lais faict à luy comme dit est je vueil et ordonne que la dite église accompagne le Roy nostre sire a tout ce que je à mondit frere ordonné et laissé afin que par iceluy et par ses gens ladite église soit confortée en accomplissant mes dessus dis lais, dons et ordonnance. Item la granche de Bouzanton, ou cas que ceux à qui je lay laissee mouroyent sens hers de leur corps, je la laisse à l'église de Sainct-Estienne pour fonder deux chapellles en laquelle on chantera chacune sepmaine tous les jours pour le remede de l'ame de moy. Item je donne et ordonne à mon frere monsieur Charles V^r franz que mes nieps le conte de Valentinois me doit sus une obligation de foire; item CCC reaux que le conestable me doit par lettre sus son sceel; avec ce donne à mon dit frere la moitié de ma vaisselle que je ay, Item je vueil et ordonne que ou cas que je trespasseray que tous les chevaux que j'ay prins ou fais prendre soit d'abbaye, prioré, ou autre lieu soient paié le pris qu'il sont prisé ou cas que ne seroient rendus et restitué à ceux à qui il sont.

Dictus R. pater dilectos et fideles suos religiosum et honestum virum F. Petrum de Villaribus, ordinis fratrum Predicatorum, illustrissimi principis ac DD. regis Francie confessorem, venerabilesque ac discretos viros magistros Adam de Brillicuria, decanum, Guillielmum de Magrobrio, officialem, Petrum de Arbosio juniorem, canonicum Trecensem, necnon discretos viros Petrum de *Strelus,* sigilliferum curie Trecensis, Henricum de Sancta Siria, secretarium dicti R. patris, Joannem de Cameraco, magistrum domus Dei Sancti Spiritus Trecensis, et Felisium de Chauchignicago, magistrum hospicii predicti R. patris, presbyteros suos, hujus sui testamenti seu sue ultime voluntatis executores fecit, instituit, nominavit et elegit.

Acta fuerunt hec Trecis in domo habitationis dicti R. patris, presentibus venerabilibus et discretis viris : M. Dominico dicto de Taconibus de Alexandria, Beati Petri, Joanne de Jotro, Sancti Stephani, ecclesiarum Trecensium canonicis; religioso viro F. Roberto Carpentario, ordinis Fratrum Predicatorum Trecensium; D. Bertrando de Sancto Ulpho, presbytero : Guillielmo Bougini de Sancto Medardo, Stephano Belini et Joanne de Cruce, custurario, Trecis manentibus testibus ad premissa vocatis specialiter et rogatis, prout hec dictus juratus noster nobis in hiis scriptis fideliter retulit, ad cujus relationem fidelem, sigillum predicte Trecensis curie litteris presentibus seu presenti publico instrumento una cum signo et subscriptione predicti publici notarii duximus in testimonium omnium et singulorum premissorum apponendum. Actum et datum anno Domini MCCCLXX mensis augusti die XXI, videlicet, die mercurii post festum Assumptionis B. Marie virginis, indictione VIII pontificatus SS. in Christo patris ac D. nostri D. Urbani, digna Dei providentia sacrosancte Romane ac universalis ecclesie summi pontificis, pape V, anno VII. Subsignatum : Erardus de Prisseyo Sancti Martini.

Dépense pour le tombeau de Henri de Poitiers : « A Regnault de Cambray, demorant à Paris, hors de la porte Saint-Jaques, ouvrier de tombes de pierre, pour la vendue et la délivrence d'une tombe de pierre, de II pièces, rendue et assise en léglise de Troies seur la sépulture dudit feu révérent, pour mettre et asseoir en ycelle la tombe de laiton payé audit Regnaut, si comme il appert par lettres de quittance données le XIIIIe jour de mars [M CCCLXXII, LX frans.—A Jehan le Moyere, demorant à Gand, ouvrier de lames ou tombes de laiton, pour les matières, étoffes, ouvraiges, charriages et autres fraiz faiz et mis pour la tombe de laiton de feu reverend père en Dieu Mons. Henry de Poitiers, jadis évesque de Troyes... par lettres données le XXIIe jour de mars lan mil CCCLXXII, IIIe L frans d'or [1]. »

X. — FONDATION DE DROIN DE LA MARCHE, 1371-1381.

(Voir n° 524.)

1. FONDATION D'UNE MESSE QUOTIDIENNE, 26 AOUT 1371.

« En loneur et à la louange de la Sainte Trinité et de la très glorieuse et benoite Vierge Marie, des benois appostres, de Tous Sains, et en espécial en mémoire et soubz le nom de la Assumpcion de la Vierge Marie, pour le remède des ames de lui, de son père, de sa mère, de feu maistre Dreux de La Marche, son oncle, jadis chanoine de la dicte église... [Dreux de La Marche fonde une messe quotidienne] et par les seze vicaires et quatre enffans du cuer sera chantée la dicte messe, chascun jour, à note, à l'autel Saint-Père et Saint-Pol... Et se il plaisoit audit Dreux de faire en la dicte église un autel, il veut que la dicte messe y soit chantée et que devant le dit autel le dit Dreux ait sa sépulture [2]. »

2. AUTORISATION ACCORDÉE PAR JEAN DE BRAQUE, ÉVÊQUE DE TROYES, 23 OCTOBRE 1373.

Joannes, miseratione divina Trecensis episcopus, dilecto nobis in Christo Droconi de Marchia, canonico ecclesie nostre Trecensis, salutem. Vestre laudabili Deoque placite devotioni favorabiliter annuentes, in iis potissime que in augmentum cultus divini cedere dinoscuntur, vobis tenore presentium concedimus, ut in nostra Trecensi ecclesia, loco habili et honesto, nostrorum vicario-

---

[1] Archiv. de l'Aube, lias. G. 2679.
[2] Archiv. de l'Aube, lias. G. 2658.

rum, aut alterius eorumdem arbitrio disponendo, altare erigere valeatis et fundare, pro divina missarum celebratione alta voce, prout vestra exigit devotio, quotidie, per vicarios nostre predicte Trecensis ecclesie, hora non prejudiciabili aliis altarium fundationibus antiquis. Volumus insuper quod pulsatio pro missa cotidie ibidem celebranda per nostros matricularios fiat cum duabus campanis, salvo ipsis salario competenti pro modo laboris hujusmodi, salvo in aliis jure nostro episcopali, et in omnibus quolibet alieno. In cujus rei testimonium sigillum nostrum literis presentibus duximus apponendum. Datum in domo nostra de Sancto Leone, die XXIII mensis octobris anno Domini MCCCLXXIII [1].

3. TESTAMENT DE DROIN DE LA MARCHE, 1ᵉʳ AOUT 1381 [2].

Premièrement je rens mâme et mon corps à Dieu... Je esliz ma sépulture en léglise de Troyes et suppli... que ce soit en ma chapelle qui est au porteau de la dicte église. Et vuil et ordonne avoir une tombe suffisante faicte à Paris pour mettre sur moy, ouvrée selon la devise et ordonnance de mes exécuteurs et une fosse maçonnée et deux barraux de fer dedans pour soutenir le no...

Je vueil et ordonne que au cas que je nauray durant ma vie assiz, admorti, baillé et delivré à messieurs dean et Chapitre de léglise de Troyes la rente, tant en blé comme en argent et aultres choses pour la fondation et dotation de ma chapelle, que par mes executeurs cydessouz nommez soit acquise et achatée des biens de mon exécution ladite rente et amortie. Et parmi ce mesdits seigneurs bailleront et seront tenu de bailler lettres obligatoires à mes executeurs commant ilz seront tenu deci en avant à tousjoursmais perpetuellement de faire chanter en madicte chapelle perpetuellement chacun jour une messe à note par les vicaires et avec ce faire distribuer par le celerier de ladite église chacun jour, à chacun vicaire qui sera à ladite messe ung pain de provende, et

---

[1] Archiv. de l'Aube, lias. G. 2659.
[2] Ibid. Nous donnons les principales clauses.

à chascun enfant de chœur demy pain. Et ainssin de paier au prestre qui chantera ladite messe XX livres chascun an, combien que en certaine obligation passée des lan MCCCLXXI n'est faicte mention que de X livres. Et avec ce seront tenu de livrer à ladite messe luminaire chacun jour de deux cierges qui ardront durant la messe, et sera chascun du poidz de demye livre, et avec ce deux torches de cinq livres de cire chacune, desquelles sera allumée l'une d'icelles chacun jour à la levation du Corps Nostre-Seigneur à ladite messe ; et aux cinq festes Nostre-Dame et aux festes annuelles les deux torches seront allumées comme dit est.

Je vueil et ordonne que mes corps soit portez en ladite église, et que vigile soyent dictes en icelle par les processions ordonnées, et le lendemain la commandise, la messe et enterrement si comme il est acoustumé en tel cas. Item après lesdites vigiles je vueil et ordonne que seize psaultiers soyent dict en ladite église à heure düe après lesdites vigiles par les vicaires de ladite église. Item je laisse à la procession de ladite église X livres, à la procession de Sainct-Estienne IV livres, à la procession de Sainct-Urbain de Troyes XL solz, à la procession de Sainct-Loup XL s., à la procession de Nostre-Dame-aux-Nonnains XL s., à la procession des Frères de l'Isle XXX s., à la procession des Frères Prescheurs XL s., à la procession des Frères Mineurs XL s., à la procession des Frères de la Trinité de lez Troyes XX s., à la procession des Frères de Sainct-Anthoine lez Troyes XX s., parmi ce que senz faire esclandre et ainssin ceulx de Sainct-Urbain soient mis ez processions ou lieu ou il sera ordonné par messeigneurs de léglise de Troyes, et au cas que aissin ne le vouldroient faire si soit convertiz ledict laiz ailleurs par l'ordonnance de mes exécuteurs.

Item je vueil et ordonne que X livrées de terre d'annuelle et perpetuelle rente soyent achatées et admorties par mes exécuteurs et baillée et assignée à mesdictz Seigneurs pour l'augmentation dou salaire dou prestre qui chantera madicte messe avec autres X livres contenues en l'obligation dessus dicte, et ainssin aura ledit prestre XX livres par an. Et avec ce soit baillé assis et admorti à mesdictz seigneurs XX soldées de terre pour payer iceux chacun an au maistre de lœuvre de ladicte église.

PIÈCES JUSTIFICATIVES. 163

Item je vueil et ordonne que LX soldées de terre soyent achatées et admorties par mes exécuteurs et payée ladite rente au souchantre qui aura la garde et les clefz des ornemens de ladict chappelle avec ledict maistre de lœuure, et XX soldées que ledict souchantre doibt avoir pour le cotidian des clefz de ladicte chapelle.

Item, je vueil et ordonne que six ymaiges de pierre soient faictes à Paris par le meilleur ymagineur qui soit à Paris pour mettre en ma chapelle ; et soient faictes au vif dou long et selong les assiettes et chapitiaux estans en la dicte chapelle et soient poinctes de riches coleurs à oille, dasur, dor, synople et autres riches coleurs tenans contre pluye et vent. Et est le premier ung ymaige de Nostre-Dame tenant son enfant, toute droite, et sera ou premier portau devant. Item en la volte dou premier portau de la dite chapelle aux deux cotez un saint Jehan Baptiste tenant *Agnus Dei*, au costé dextre ; au senestre un saint Jaques en labit et selon la devise de mes exécuteurs et dou maistre qui fera les dictes ymaiges. Item au second portau à lantrée de la dicte chapelle ung saint Pere et ung saint Pol. Item au portau de l'entrée cothidienne de la dicte chapelle ung ymaige de Nostre-Dame, toute droite, tenant son enfant. Et seront coronées les dictes deux ymaiges de Nostre-Dame. Et sera faict un treillis de fer autour de lymaige de Nostre-Dame dou premier portau...

Item je vueil et ordonne que une tombe de pierre de lyais [pour ses parents] enterrés dans l'église de Saint-Mammès à Châtillon soit faicte et achetée à Paris, en la quelle sont la figure et pourtraicture de mes feu père et mère et par dessoubz dix-huit petiz imaigez, cest assavoir XII filz et VI filles... Item que terre soit acheptée de XXX réaulx dor pour fonder l'anniversaire de feu Katherine, ma suer, jadis femme de feu Jehan d'Yppre [1]...

Il laisse des sommes d'argent : 1° à Jean de La Garmoise, son neveu ; 2° à deux filles dudit Jean et de feu Jehannotte sa femme ; 3° à son neveu Droyn, fils du dit

---

[1] Voir n° 817. La vraie date de la mort de Jeanne, fille de Jean d'Ypre et de Catherine de La Marche, est 1377.

Jean; 4° à Jean de Saint-Révérien « demorant à la Chante-ly » fils de feu Jaquote, sa sœur; 5° à Jehan de La Marche, son cousin, demeurant à Varzi; 6° à ses trois nièces, filles de feu Isabelle, sa sœur, demeurant à Châtillon; 7° aux enfants de Colas de La Marche, son frère; 8° à Jehannotte, fille de Jean de La Garmoise.

XI. — FONDATION DE GUILLAUME CASSINET, LE 23 OCTOBRE 1387.

Lan mil CCC IIII^{xx} VII le XXIIIe jour doctobre fut fondée une messe cothidianne en léglise de Troyes par messire Guillaume Cassinet, chevalier, et madame Felise, sa femme, et célébrée par Jehan La Bannière, pretre, parmi XVIII l. t. Et a esté ordonné par messieurs du Chapitre a messire Pierre d'Arbois, chanoine de la dite église, que il paie la dite messe sur l'argent receu des mairies [1].

De la somme de V^c frans receus par m^{re} Pierre d'Arbois de la vandue d'une maison assise en la rue de Nostre-Dame, qui jadiz fu feu Pierre de Verdun, jadis bourgeois de Troyes, donnée à léglise de céans par noble homme Guillaume Cassinel, chevalier, et madame Felise La Boulote, sa femme, parmi ce que Chapitre de Troyes est, sera et demourra chargez de fere chanter et célébrer une messe perpetuelle cothidiennement par un chapellain à ce ordonné à lautel Sainte-Marguerite en ceste présente église, ont esté achatez deux frestes de maison, assiz en la Cité, tenant d'une part à la maison de Jehan Dagesne et d'autre part à la rue de lostel du Paon, de Pierre de Verdun la somme de sept vins frans dor. Les quelles maisons, afin que la dicte messe fust et soit dehument célébrée et le chapellain bien paié, sont dès maintenant baillées à leuvre de léglise par telle condition que le proviseur de la dicte euvre paiera le chapellain [2].

---

[1] Archiv. de l'Aube, reg. G. 1254, fol. XXVI, al. 59 r°.
[2] Ibid., fol. XLIII, al. 66 r°.

XII. — Testament de Pierre d'Arcis-sur-Aube, évêque de Troyes, le 18 avril 1395[1].

(Voir n° 770.)

In nomine Domini Amen. Per hoc presens publicum instrumentum cunctis fiat manifestum, quod anno ejusdem Domini MCCCXCV, indictione III, die XVIII mensis aprilis, circa et post horam prime, pontificatus SS. in Christo patris ac D. N. D. Benedicti, divina providentia pape XIII, anno I°, in mei notarii publici et testium subscriptorum ad hec vocatorum et rogatorum presentia propter hoc personaliter constitutus R. in Christo pater ac DD. Petrus, miseratione divina Trecensis episcopus, sanus mente licet infirmus corpore, ut prima facie apparebat, suum fecit et condidit testamentum, seu de sua disposuit ultima voluntate modo et forma contentis conscriptisque et declaratis in quodam rotulo seu in quadam cedula papirea conscripta, sub ejus magno sigillo interclusa ut dicebat, quam cedulam sive rotulum mihi publico subscripto notario in testium subscriptorum presentia, ex tunc manu sua propria, idem R. pater tradidit et realiter assignavit conservandam post ejus obitum aperiendam et publicandam, volens et expresse ordinans idem R. pater contenta in dicto rotulo sive cedula suum esse reputarique et haberi verum indubiumque et stabile testamentum, seu sue ultime voluntatis ordinationem, ac modis omnibus quibus melioribus poterit, seu poterunt, tam de jure quam de consuetudine ac juris benignitate seu alias quovismodo habere roboris firmitatem super quibus omnibus singulis suprascriptis, idem R. pater petiit a me publico notario subscripto fieri in meliori forma que poterit ad dictamen sapientum, ad opus quorum insererit unum vel plura publicum seu publica instrumentum vel instrumenta. Acta fuerunt hec in hospicio episcopali Trecensi videlicet in camera alta in qua cubabat et cubare consuevit idem R. pater, anno, indictione, mense, die et pontificatu supradictis, presentibus venerabilibus et discretis viris dominis et magistris, Martino Helioti, decano ecclesie Trecensis, Guillelmo

---

[1] Camusat, *Promptuar.*, fol. 220 r°.

Mauberti, archidiacono Arceyarum in eadem ecclesia Trecensi, Nicolao Scoti, Petro de Arbosio, Thoma Dominici, dicte ecclesie Trecensis canonicis, Henrico de Sancta Syria, ecclesie Sancti Stephani Trecensis canonico et Petro dicto de Creneyo, curato parrochialis ecclesie de Rumilleyo, Trecensis diocesis presbyteris, Perrecomio de Pigneyo, armigero, Adam de Bousantonno, dicti R. patris familiaribus, testibus ad premissa vocatis specialiter et rogatis. Postmodumque prefato R. patre testatore viam universe carnis ingresso et ejus corpore ecclesiastice nondum tradito sepulture, venerabiles et discreti viri domini decanus et capitulum ejusdem ecclesie, anno, indictione et pontificatu predictis, die vero XIX dicti mensis aprilis, videlicet die lune post octavas festi Resurrectionis Dominice, hora de mane ad sonum campane, ut moris est in dicta ecclesia, in ipsius ecclesie capitulo ad capitulandum congregati, capitulumque facientes et tenentes, in mei notarii publici et testium subscriptorum ad hec vocatorum et rogatorum presentia, supradictum rotulum sive supradictam cedulam papyream sub sigillo dicti R. patris interclusam et mihi notario publico per ipsum R. patrem alias traditam, ut prefertur per me ibidem, et tunc de eorumdem dominorum capitulantium mandato delatam et exhibitam et cujus R. patris testatoris impressionem sigilli eidem cedule appositam, predicti domini capitulantes in mei publici notarii testiumque subscriptorum etiam presentia agnoverunt, asseruerumtque esse veram impressionem sigilli dicti bone memorie R. patris, quo dum viveret et decessit utebatur, aperiri fecerunt, hiisque sic actis, prefati venerabiles domini decanus et capitulum dicte ecclesie Trecensis omnia et singula in predicto rotulo, sive cedula papyrea contenta, per me publicum subscriptum notarium in testium subscriptorum etiam presentia, alta et intelligibili voce extunc legi et publicari fecerunt, cujus quidem rotuli sive cedule papyree tenor scripture sequitur in hec verba.

In nomine Sancte et Individue Trinitatis, Patris et Filii et Spiritus Sancti, Amen. Ego Petrus, miseratione divina Trecensis ecclesie minister indignissimus per Dei gratiam, sanus mente licet infirmus corpore, attendens quod nihil est certius morte et nihil incertius ejus hora, consideransque et attendens mortis periculosos eventus qui previderi non possunt nec a quoquam evitari, quodque omnia que visibilem habent essentiam tendunt de die in diem invisibiliter ad non esse, nolens, ob hoc ab hoc seculo intestatus decedere, imo volens et cupiens anime mee salubriter providere, ne dies extrema vite mee me reperiat improvisum, de bonis mihi a Deo collatis testamentarie dispono, et meum testamentum seu ultimam voluntatem meam facio et condo in modum qui sequitur et in formam. In primis igitur animam meam, cum exierit de corpore, omnipotenti Deo, altissimo omnium conditori et redemptori et gloriosissime ac beate Dei genitrici Marie, beato Michaeli archangelo, beatis Petro, patrono meo, et Paulo, apostolis, beato prothomartyri Stephano, et beato Saviniano, omniumque sanctorum et sanctarum Dei consortio humiliter recommendo, volens ut cum anima mea egressa fuerit de corpore, ipsum corpus in pulverem reversurum tradi ecclesiastice sepulture, quam sepulturam meam eligo in matre et sponsa mea ecclesia Trecensi, videlicet juxta tumbam bone memorie D. Nicolai, Trecensis episcopi, volens et ordinans unam tubam marmoream in qua sculpetur in quadam rota sententia unius episcopi et conscribatur intra dictam rotam istud responsorium : Credo quod redemptor meus vivit et in novissimo die de terra surrecturus sum ; una cum : Hic jacet bone memorie Petrus de Arceiis, Trecensis episcopus. In officio vero sepulture mee, ob revererentiam episcopalis dignitatis, volo procedi ut in talibus est decenter et honeste fieri consuetum et opportunum, volens luminare meum fieri de C libris cere secundum discretionem executorum inferius nominandorum. Item volo quod processiones majoris, SS. Stephani, Lupi et Martini ecclesiarum Trecensium ad obsequium funeralium meorum evocentur et intersint, si ipsarum ecclesiarum placuerit personis. Item volo et ordino quod in dicta ecclesia Trecensi per XXV presbyteros tam de vicariis quam aliis de choro dicte ecclesie dicatur psalterium pro remedio anime mee in vigilia exequiarum mearum legoque cuilibet ipsorum presbyterorum V solidos parisienses. Insuper volo et ordino quod omnia et singula debita mea, forefactaque seu male acquisita, vel minus licite extorta per me, si que sint que legitime probari poterunt, per executores meos de bonis ad executionem meam pertinentibus solvantur restituenturque et emendentur, super quibus volo et ordino quod personis fide dignis, quibus iidem executores fidem duxerint adhibendam, credatur per eorum propria juramenta, videlicet ipsarum personarum una vice duntaxat, usque ad XX solidos turonensium. Item volo et ordino et lego pro distributione facienda more solito personnis dicte ecclesie Trecensis dicta die obsequii mei X libras turonensium, volens et ordinans quod de quodam pallio sive panno aureo, quem penes me habeo, fiat ad sumptus executionis mee una cappa decenter et sufficienter ornata, quam cappam lego dicte ecclesie ad opus ejusdem cum aliis cappis episcorum reservandam. Item lego collegio S. Stephani tam pro processione quam etiam pro quadam missa solemni de officio defunctorum cum vigiliis et recommendationibus in crastino dictarum exequiarum mearum, si commode fieri poterit, in eadem ecclesia celebranda, ob mei parentumque et amicorum meorum, omniumque fidelium defunctorum animarum remedium et salutem VIII libras tur. Item volo et ordino quod dicta die in dicta Trecensi ecclesia admittantur L presbyteri ad celebrandas missas pro remedio anime mee parentumque, benefactorum et amicorum meorum ac omnium fidelium defunctorum et cuilibet dictorum presbyterorum tradantur per executores meos V solidos tur. Item lego collegio monasterii Sancti Lupi Trecensis, tam pro eorum processione quam etiam pro quadam missa solemni de officio Defunctorum cum vigiliis et commendationibus in crastino dictarum exequiarum mearum, ut prefertur, celebrandis, LX solidos tur.; religiosis Sancti Martini in Areis Trecensis, in causa simili, L solidos tur.; collegio ecclesie Sancti Urbani Trecensis, causa simili, LX solidos tur.; religiosis Sancte Trinitatis in suburbio Trecensi, causa simili, XXX solidos tur.; religiosis monasterii Celle prope Trecas, causa simili, LX solidos tur.; religiosis Beate Marie in Insula Trecensi XL solidos tur.; religiosis et canonicis Beate Marie ad monasterium Trecense, causa simili, LX solidos tur. Item, conventui Fratrum Predicatorum Trecensium, causa simili, L solidos tur. Item Fratribus Minoribus conventus Trecensis, causa simili, L solidos tur. Item, curatis seu rectoribus cappellanisque et clericis parrochialium ecclesiarum Beate Marie ad monasterium Trecense, SS.

Nicetii, Dionisii, Aventini, Johannis in Foro, Remigii, Beate Marie Magdalenes Trecensium, Sancti Martini in Vineis, Sancti Egidii, Sancte Savine in suburbio Trecensi, pro simili causa, cuilibet curato aut rectori XX solidos tur. Item magistris, fratribus et sororibus hospitalium sive domorum Dei : Sancti Spiritus, SS. Anthonii, Abrahe, Bernardi, Nicolai, et domus Dei Comitis Trecensis, videlicet personis predictis cujuslibet domorum hospitalium, pro simili causa, XXV solidos tur. Item Religiosis de Pratea prope Trecas, ordinis Carthusiensis, pro uno officio Defunctorum solemniter in ipsorum ecclesia celebrando L solidos turonensium. Item lego eisdem fratribus omne id et quidquid in quo mihi tam in denariis quam in granis tenentur, seu die obitus mei tenebuntur, videlicet in elemosinam et ut animam meam et animas fidelium pro quibus orare intendo habeant in suis orationibus commendatas. Item lego fabrice dicte ecclesie Trecensis ad opus ejusdem fabrice XX libras tur. una cum clochia et mantello meis melioribus ac capucino ejusdem panni fourato de minutis variis et fabrice ecclesie Sancti Stephani Trecensis X libras tur. una cum clochia et malbreto et mantello de camelino meis ac capucino de dicto malbreto fourato de minutis variis. Item lego et remitto fabrice parrochialis ecclesie de Arceiis, Trecensis diocesis, XX libras tur., quas alias et dudum matriculariis fabrice dicte ecclesie in reedificatione ejusdem ecclesie convertendas mutuo tradidi et realiter assignavi in pecunia numerata. Item lego Filiabus Dei in suburbio Sancti Martini in Vineis Trecensis manentibus, ut orent Deum pro remedio anime mee, XXX solidos. Item, fabricis ecclesiarum parrochialium de Sancto Leone et de Aquis, cuilibet XX solidos tur. semel et tantum. Item lego pauperibus infirmis et clericis domorum Dei Sancti Spiritus, SS. Nicolai, Abrahe, Bernardi, Anthonii et Comitis Trecensis per executores meos distribuendas juxta necessitatem personarum X libras. Item lego cuilibet dictarum domorum Dei ad usum pauperum unum lectum latitudinis duarum telarum, munitum cum coopertina et IV lintheaminibus, juxta ordinationem dictorum executorum meorum. Item lego cuilibet aliarum domorum Dei Trecensis diocesis XX solidos tur. Item cuilibet domui leprosarie in banleuca

Trecensi, V solidos tur. Item lego cuilibet pauperi mulieri vidue, in villa de Arceiis die obitus mei degenti, ut orent Deum pro me, V solidos tur. Item lego Perrineto, nepoti meo, nato dilecti germani mei M. Johannis de Arceiis, nunc Aurelianis studenti, totum cursum, sive cursus, et libros meos tam textus quam doctores et summas tam juris canonici quam civilis, ut idem nepos meus in suis orationibus et suffragiis habeat me recommendatum. Item volo et ordino quod de bonis ad dictam executionem meam pertinentibus fiat subsidium per dictos executores meos magistris Jacobo *Le Moynat* et Johanni Baudini de Arceiis, consanguineis meis, ad supportandum onera eorumdem in studio, dum tamen studere voluerint, usque ad triennium, anno quolibet cuilibet eorumdem, videlicet dicto M. Jacobo de X libris tur. et dicto M. Johanni de XV libris tur ; cui M. Joanni lego et do Decretales meas quas emi ab executoribus defuncti D. Johannis Mercerii, quondam canonici ecclesie Sancti Stephani Trecensis.

Item lego ecclesie Cathalaunensi, in qua fui olim canonicus, ut dicte ecclesie persone animam meam parentumque et benefactorum meorum animas in suis orationibus propensius habeant commendatas, C libras tur. in augmentatione reddituum dicte ecclesie in conscientiis dominorum decani et capituli dicte ecclesie convertendas. Item volo et ordino quod infra trium annorum spatium post obitum meum immediate, si commode fieri poterit, alioquin quam citius decenter fieri poterit, celebrentur in ecclesia Beate Marie de Insula Trecensi per religiosos dicte ecclesie tria annualia missarum, videlicet, anno quolibet dictorum trium annorum unum annuale pro mee amicorumque meorum et recommendatorum necnon omnium fidelium defunctorum, quos immensa Dei bonitas in hoc fore voluerit participes, animarum remedio et salute, quodque de debito in quo mihi tenentur deducantur et remittantur eisdem religiosis LXXV libre tur., ita quod ipsi religiosi, sub voto religionis eorumdem, promittant et teneantur dictas missas infra dictum terminum, et ut dictum est, fideliter celebrare. Item volo quod die obsequii mei distribuantur cuilibet pauperi, ipsa die venienti ad elemosinam in loco ad hoc apto, unus obolus valoris quinque denariorum tur. Item volo quod prata et pratorum pecie site in finagio de Pouancio, per me acquisite ab Andrea Comitis, cive Trecensi, et ejus uxore, et post acquisitionem hujusmodi episcopatui Trecensi per me translata sive transportata, causis in litteris hujusmodi transporti contentis et expressis, ad sumptus executionis mee ab illis quorum intererit, dicto episcopatui et ad opus ejusdem quamcitius fieri poterit si possibile sit, admortizari procuretur, alioquin volo et ordino quod successori meo episcopo Trecensi, ob compensationem dicte admortizationis non habite, tradantur per executores meos LX libras tur. semel tantum. Item volo et expresse ordino quod summam CCCCLXXIII denariorum auri francorum, in qua pecunie summa nobilis et potens D. Ogerus, miles, dominus temporalis de Anglura, Trecensis diocesis, mihi tenetur et est debitor per litteras et in literis sub sigillo curie Trecensis confectis et efficaciter obligatis certis et justis causis in eisdem literis contentis, per executores meos inferius nominandos, ab eodem milite seu ejus causam habentibus exigatur et levetur, quodque de dicta summa CCC denariorum auri francorum per executores meos expendantur per hunc modum : videlicet conventui Fratrum Predicatorum Trecensium, in quorum ecclesia corpus quondam nobilis et potentis viri D. Ogeri, militis, domini temporalis de dicta Anglura supradicti D. Ogeri genitoris, est sepultum, tradantur XX franci pro una missa solemni, et prout in talibus est fieri consuetum, ob ipsius defuncti anime remedium in dicta eorum ecclesia de officio Defunctorum celebranda ; residuum vero dicte summe CCC denariorum auri francorum, tam pro luminari decenti in dicta missa ministrando quam una tumba etiam decenti et honesta supra corpus dicti defuncti imponenda, et pro elemosina pauperibus facienda quamtocius per executores meos expendatur. Preterea ob anime mee et aliorum fidelium pro quibus intendo etiam animarum remedium et salutem volo et ordino quod per executores meos de bonis ad executionem meam pertinentibus fundetur anniversarium meum in dicta Trecensi ecclesia, matre et sponsa mea, anno quolibet perpetuo, die mei obitus solemniter celebrandum, in valore XII librarum, seu XII libratarum terre annui et perpetui redditus admortizati, si haberi potuerit admortizatio, quas XII libras ordino ipsa die et anno quolibet perpetuo per distributorem dicte ecclesie distribui in hunc modum videlicet : cuilibet canonico prebendato presenti in dicto anniversario, ut moris est, IV solidos tur.; semicanonicis II: matriculariis presbyteris et succentori dicte ecclesie, cuilibet etiam presenti in dicto anniversario II solidos; vicariis vero et aliis chorialibus dicte ecclesie portionem in talibus assuetam; presbyteris idoneis pro missis ipsa die in dicta ecclesia celebrandis XX sol. tur.; pro pane pauperibus, videlicet cuilibet semipanem prebendalem ipsa die per prefatum distributorem fideliter distribuendum, XX solidos tur. Residuum autem dictarum XII lib. tur. magistro fabrice dicte ecclesie per ipsum distributorem ipsa die anno quolibet tradi volo et realiter assignari in utilitatem et necessitatem dicte fabrice convertendum. Eo vero casu quo admortizatio hujusmodi redditus haberi non posset, supplico dominis et fratribus meis de capitulo dicte ecclesie ut de admortizatione predicta se velint onerare, mediante compensatione condigna. Item eadem causa de dictis bonis meis volo et ordino anniversarium meum per ipsos executores meos ad altare B. Marie in dicta ecclesia Trecensi in valore XX solidatarum terre annui et perpetui reditus admortizati, si fieri poterit, fundari per IV canonicos ad dictum altare, ut moris est, anno quolibet perpetuo etiam solemniter celebrandum. Item lego dictis IV canonicis ad altare B. Marie in dicta ecclesia Trecensi XXI libras tur. annui et perpetui reditus, quas acquisivi ab executoribus defuncti Guidonis Flamichi, capiendas anno quolibet supra certas domos et habitationes sitas Trecis in vico dicto gallice *Des pains à broye*, latius in litteris acquisitionis hujusmodi declaratis, de quibus XXI libris citatis due religiose ordinis Minorum Pruvinensium percipiunt quelibet, ad ipsius vitam duntaxat X lib. turon., post obitum ipsarum religiosarum successive per executores meos dictis IV canonicis assignandas perpetuo et habendas, ad sumptusque dicte executionis mee, si possibile sit, admortizandas : et hoc mediante quod dicti canonici unam missam submissa voce qualibet die perpetuo ad dictum altare pro remedio anime mee et aliorum fidelium pro quibus intendo, celebrent celebrareque seu celebrari facere teneantur. Item volo et ordino quod curatus de Sancto Leone et successores sui pro tempore matriculariique ejusdem ecclesie equali portione percipiant et habeant anno quolibet perpetuo X solidos annui et perpetui reditus, ad sumptus executionis mee, si sit opus et fieri poterit, admortizandos super domum et granchiam quas nuper construi feci, sitas ante ecclesiam de Sancto Leone predicto, necnon super hereditagiis eisdem domui et granchie pertinentibus, que hereditagia olim fuerunt defuncti Gilleti *Coffinet* pro anniversario meo in dicta ecclesia de dicto Sancto Leone, die obitus mei per dictum curatum anno quolibet perpetuo celebrando. Item predicta causa volo et ordino quod de predictis bonis meis per dictos executores meos anniversarium meum apud vicarios dicte ecclesie Trecensis fundetur etiam in valore XX solidorum tur. seu XX solidatarum terre annui et perpetui reditus admortizati, si fieri poterit, et quod per ipsos vicarios anno quolibet perpetuo etiam solemniter celebretur, nisi tamen de premissis fundationibus anniversariorum meorum in vita mea alias fuerit ordinatum. Item causa predicta volo etiam et ordino quod de predictis bonis meis per dictos executores meos anniversarium meum in ecclesiis parrochialibus de Aquis, de Sumofonte et de Primofacto, Trecensis diocesis, in valore X solidorum seu X solidatarum terre annui et perpetui reditus admortizati, si sit possibile, videlicet in qualibet dictarum ecclesiarum fundari per curatos dictarum ecclesiarum in dictis suis ecclesiis, anno quolibet perpetuo etiam solemniter celebrandum, dictos X solidos per quemlibet dictorum curatorum et matriculariorum dictarum ecclesiarum ad opus fabricarum earumdem ecclesiarum equali portione distribui et partiri, nisi tamen de dicta fundatione anniversarii mei in vita mea alias fuerit ordinatum, et si forte redditus pro dictorum anniversariorum meorum fundationibus tam cito ut opto nequiverint reperiri et dictis ecclesiis et personis assignari, volo et ordino quod per tres annos continuos subsequentes anniversaria hujusmodi, anno quolibet ut dictum est, ad sumptus executionis mee celebrentur et fiat dictis personis distributio prelibata. De fundatione autem anniversarii mei in dicta ecclesia Sancti Stephani Trecensis, in qua olim fui thesaurarius, ordinavi, volo tamen et ordino quod de bonis ad executionem meam pertinentibus tradantur et deliberentur decano et capitulo dicte ecclesie XV lib. tur. pro compensatione admortizationis certe partis reddituum dicte ecclesie in fundatione hujusmodi per me assignate, super quo dictis dominis nondum fuit per me satisfactum. Item lego charissimo fratri meo M. Joanni de Arceiis mulam meam cum harnesio. Item lego domicellis Philippe et Marionne, filiabus dicti fratris mei et neptibus meis, pro augmentatione matrimoniorum suorum cuilibet earumdem C libras tur. cum quodam panno perso quem penes me habeo dictis neptibus meis equaliter dividendo. Item lego D. Guillelmo de Creneyo, canonico Trecensi, cognato meo, duos cyphos argenti, ponderis duarum marcharum argenti. Item lego M. Thome Dominici, etiam canonico et officiali Trecensi, duos cyphos argenti similis ponderis. Item lego M. Guillelmo de Doma, priori Sancti Bernardi Trecensis, socio meo, quoddam jocale parvum ad reponendum reliquias, in quo sunt quedam reliquie de Sancta Syria, prout fertur, quod jocale habui ab executoribus domine quondam ducisse Aurelianensis, et hoc ut ipse memoriam mei habeat in futurum. Item lego D. Guillelmo de Turre, sigillifero curie Trecensis, unum cyphum argenti, ponderis unius marche argenti. Item quitto ex nunc et penitus remitto Jacobo *Cauchon*, nepoti meo, C libras tur. de summa CL libris tur. in quibus mihi tenetur causa mutui et hec in augmentationem matrimonii Maressonne, neptis mee, dicti Jacobi et nunc defuncte Macee, ejus uxoris etiam neptis mee, filie, nuper conjugate. Item lego cuilibet filiolorum et filiolarum mearum pauperum quatuor boissellos frumenti et totidem sigali. Item lego Sancte, sorori mee, nunc in domo mea de Sancto Leone commoranti, domum meam quam construi feci cum granchia et aliis edificiis ac toto porprisio ejusdem domus, una cum certis pratis et aliis heriditagiis dicte domui pertinentibus, sitam ante ecclesiam de dicto Sancto Leone, que quidem hereditagia fuerunt quondam Gilleti dicti *Coffinet*, de dicto Sancto Leone, tenenda et possidenda per ipsam Sanctam ad vitam ipsius duntaxat, oneratam de X solidis turon. annui et perpetui redditus, quam domum cum dictis hereditagiis de ipsis X solidis tur. annui et perpetui, pro fundatione anniversarii mei, anno quolibet die obitus mei in ecclesia de dicto Sancto Leone celebrandi, curatoque ac matriculariis dicte ecclesie equali portione, ut prefertur, solvendis una cum aliis debitis antiquis et consuetis, tali conditione apposita, quod dicta Sancta tenebitur dictam domum, granchiam et alia edificia in bono statu de omnibus reparationibus quibuscunque, vita sua durante et in fine vite sue manutenere et dimittere suis sumptibus et expensis; quam domum cum suis pertinentiis volo et ordino perfici et in statu sufficienti poni ad sumptus executionis mee predicte, et hoc ut ipsa Sancta decentius victum suum consequi valeat, ut etiam habeat me in orationibus suisque beneficiis commendatum. Ad hec autem omnia et singula premissa exequenda executionique et fini debitis demandanda cum suis emergentibus, dependitiis et connexis, eligo et nomino executores meos venerabiles et discretos viros M. et D. Joannem de *Arceys*, fratrem, Robertum *Maugier* nepotem, meos, D. nostri regis consiliarios, Guillelmum, dominum temporalem de Plesseyo et de Barbereyo militem, Martinum Helioti, decanum, Guillelmum de Creneyo, Petrum de Arbosio, Thomam Dominici majoris et Henricum de Sancta Syria, Sancti Stephani Trecensis ecclesiarum canonicos, etc. Subsignatum : Joannes *Simi*, de S. Ulpho, notarius.

XIII. — Testament d'Étienne de Givry, évêque de Troyes, ouvert le 26 avril 1426[1].

(Voir n° 781.)

In nomine Sancte et Individue Trinitatis, Patris et Filii et Spiritus Sancti, Amen. Universis presentes litteras inspecturis decanus et capitulum ecclesie Trecensis salutem in Domino. Cum bone memorie quondam R. in Christo pater ac DD. Stephanus, miseratione divina ultimo Trecensis episcopus, dum adhuc ageret in humanis suum fecisset testamentum seu de ultima sua voluntate disposuisset, secundum quod et prout in quodam parvo quaterno papiri, sub magno sigillo dicti bone memorie

---

[1] Archiv. de l'Aube, *lias.* G. 2645. Principales clauses.

fideliter intercluso, pro testamento seu ultima voluntate dicti bone memorie coram nobis in capitulo nostro ad sonum campane hora capitulandi solita simul capitulariter congregatis et capitulantibus, per venerabiles et discretos viros D. Joannem *Le Jay*, Laurentium de Salone, concanonicos nostros, et Jacobum Villani, in dicta nostra ecclesia beneficiatum, presbyteros executoresque testamenti seu ultime voluntatis dicti bone memorie in presentia venerabilis et discreti viri D. Theobaldi de Actigniaco, concanonici nostri, necnon honestarum mulierum Isabellis, relicte defuncti Guillermi Goüaudi, quondam nundinarum campanie et Brie custodis, et Adeline, relicte defuncti M. Symonis *Fourny,* quondam baillivi Trecensis, nepotum et heredum dicti bone memorie, prout fertur, ac etiam in notariorum publicorum testiumque subscriptorum presentia tradito et exhibito dicebatur contineri. Noverint universi quod prefato quaterno, sicut prefertur, tradito et exhibito, necnon et sigillo dicti bone memorie agnito et fideliter approbato, nos, de dictorum heredum voluntate et consensu, qui coram nobis notariisque et testibus predictis dictum quaternum iteratis vicibus approbaverunt, laudaverunt, ratifficaverunt, ac pro testamento et ultima voluntate dicti bone memorie habuerunt et haberi voluerunt, ipsiusque appertionem et publicationem voluerunt et nobis instanter requiserunt, quibus sic actis, nos, de dictorum heredum et executorum consensu, prefatum quaternum publicavimus et fecimus aperiri, quo sic publicato et aperto, necnon de verbo ad verbum per alterum dictorum notariorum subscriptorum alta et intelligibili voce perlecto, nos etiam, de voluntate et consensu dictorum heredum et executorum, decrevimus et tenore presentium decernimus, dictum quaternum grossari et in formam publicam redigi, contentaque in dicto quaterno pro testamento seu ultima voluntate dicti bone memorie teneri et haberi, ac eidem fidem indubiam adhiberi, ac modo et forma melioribus quibus tam de jure quam de consuetudine melius fieri poterit et debebit, de bonis executionis predicte fideliter adimpleri, secundum ipsius quaterni seriem et tenorem, cujus quaterni tenor sequitur et est talis.

In nomine Sancte et Individue Trinitatis, Patris et Filii et Spiritus sancti, Amen. Ego Stephanus, miseratione divina Trecensis ecclesie minister indignissimus per Dei gratiam, sanus mente et corpore, attendens quod nihil est certius morte, et nihil incertius ejus hora, consideransque et attendens mortis periculosos eventus, qui previderi non possunt, nec a quoquam evitari, quodque omnia que visibilem habent essentiam tendunt de die in diem invisibiliter ad non esse, nolens ob hoc ab hoc seculo intestatus decedere, imo volens et cupiens anime mee salubriter providere, ne dies extrema vite mee me reperiat improvisum, de bonis a Deo mihi collatis testamentarie dispono et meum testamentum seu ultimam voluntatem meam facio et condo in modum qui sequitur et in formam. In primis igitur animam meam cum exierit de corpore omnipotenti Deo, altissimo omnium conditori et redemptori, et gloriosissime ac B. Dei genitrici Marie, B. Michaeli, archangelo, B. Petro, patrono meo, et Paulo, apostolis, B. protomartyri Stephano, B. Saviniano et B. Helene, virgini, omniumque sanctorum et sanctarum Dei consortio humiliter recommendo, volens ut cum anima mea egressa fuerit de corpore, ipsum corpus in pulvere reversurum tradi ecclesiastice sepulture, quam sepulturam meam eligo in matre et sponsa mea ecclesia Trecensi, videlicet juxta tumbam bone memorie D. Joannis de Auxeyo, quondam Trecensis episcopi, a parte sinistra chori, volens et ordinans quod una tumba fiat de marmore, et cooperiatur de lectonio, ad similitudinem tumbe defuncti M. Joannis de Champigneyo, que est in exitu chori a parte dextera, et sit longitudinis et latitudinis sicut est tumba illa, et fiat una imago episcopi in medio, et superscriptio sicut est fieri consuetum in talibus. In officio vero sepulture mee ob reverentiam episcopalis dignitatis volo procedi ut in talibus est decenter et honeste consuetum fieri et opportunum, volens luminare meum fieri de L libris cere secundum discretionem executorum meorum inferius nominandorum. Item volo quod processiones majoris, SS. Stephani, Lupi et Martini ecclesiarum Trecensium ad obsequium funeralium meorum evocentur et intersint, si ipsarum ecclesiarum placuerit personnis. Item volo et ordino quod in dicta ecclesia Trecensi per XXV presbyteros, tam de vicariis quam aliis de choro dicte ecclesie, dicatur psalterium pro remedio ani-

me mee in vigilia exequiarum mearum, legoque cuilibet
V solidos turonensium. Insuper volo et ordino quod
omnia et singula debita mea forefactaque seu male acquisita per me, si que sint, que legitime probari poterunt,
per executores meos de bonis ad executionem meam
pertinentibus solvantur restituanturque et emendentur,
super quibus volo et ordino quod personis fide dignis,
quibus iidem executores mei fidem duxerint adhibendam,
credatur per eorum propria juramenta, videlicet ipsarum
personarum una vice duntaxat usque ad XX solidos
turonensium. Item volo et ordino et lego pro distributione
facienda more solito personis dicte ecclesie Trecensis
dicta die obsequii mei XX libras turonensium et fabrice
ecclesie predicte pro pallio meo XX libras turonensium,
volens et ordinans quod de quodam pallio seu panno
serico albo, quem penes me habeo, fiat ad sumptus
executionis mee una cappa decenter et sufficienter ornata, quam cappam lego dicte ecclesie ad opus ejusdem
cum aliis cappis episcoporum reservandam. Item lego collegio dicte ecclesie S. Stephani Trecensis, tam pro processione dicte ecclesie quam etiam pro quadam missa
solemni de officio Defunctorum cum vigiliis et commendationibus in crastino exequiarum mearum, si commode
fieri poterit, in eadem ecclesia celebrandis ob mei parentumque et amicorum meorum omnium que fidelium defunctorum animarum remedium et salutem X libras
turonensium. Item volo et ordino quod dicta die in
ecclesia Trecensi admittantur L presbyteri ad celebrandas missas pro remedio anime mee parentumque et benefactorum ac amicorum meorum et omnium fidelium defunctorum et cuilibet dictorum presbyterorum tradantur
per executores meos III solidi et IV denarii turonensium. Item lego fabrice dicte ecclesie Trecensis ad opus
ejusdem fabrice XX libras turonensium una cum clochia
et mantello meis melioribus et capucio panni dicte clo-
chie fourato minutis variis. Item volo quod die obsequii
mei distribuatur cuilibet pauperi, ipsa die venienti ad
elemosinam, in loco ad hoc apto, unus obolus valoris
quinque denariorum tur. Item volo quod ossa patris,
matris, sororum et fratris meorum que sunt in cimiterio
de Givriaco congregentur in unum, et quod fiat fossa in
pulchriori loco dicti cimiterii et eminentiori, que sit

facta de lapidibus duris cum calce et sabulone et quod
ibidem reponentur, et quod dicta fossa cooperiatur una
tumba de carreria B. Marie de Campis juxta Parisios,
gallice *lyays,* vel alia, et quod situetur secundum superfi-
ciem terre, super qua tumba ponatur alia tumba de dicta
carreria in altitudinem dimidie thesie seu trium pedum,
et quod latera sint ex quatuor lapidibus dicte quarrerie,
prout et quemadmodum facta est sepultura dominorum meorum de Dormano que situata est ante altare
capelle de Dormano in claustro Brunelli. Nolo tamen
quod fiant imagines elevate, quod solum fiant imagines
patris et matris, et quod sculpentur in dicta tumba, et
quod retro imaginem patris fiant sui duo filii quorum
ultimus habeat mitram in capite et teneat in manu bacu-
lum pastoralem; retro vero imaginem matris fiant due
sue filie; hec volo fieri ut transeuntes orent pro eis, et
quod sit aliqualis memoria. Item lego C libras tur. pro
fundatione IV anniversariorum in ecclesia situata in dicto
cimiterio singulis annis IV Temporibus anni. Item lego
ecclesie B. Dyonisii Remensis.L lib. turon. pro uno anniversario singulis annis ibidem per religiosos dicti loci
faciendo. Item lego elemosinario dicti S. Dyonisii XL
libras pro lintheaminibus emendis ad usum pauperum
ibidem receptorum. Item lego episcopatui meo omnes
domos meas quas habeo Parisiis in vico Bivrie, ut successores mei episcopi Trecenses dum ibunt Parisios
habeant ubi possint reclinare. Item lego dicto episcopatui
meo omnes vineas meas quas habeo prope Parisios,
videlicet apud Arcolium et alibi prope. Item domus et
vinee admortizentur per successores meos, et si non
possent admortizari quod vendantur et quod ex pecunia
inde resultante emantur reditus pro dicto episcopatu.
Item volo notum fieri quod bone memorie Petrus de
Arceiis, predecessor meus, cum fecit suum testamentum,
reliquit residuum bonorum suorum, solutis certis legatis,
episcopatui meo, unde contigit quod Petrus Colini,
commissus executioni dicti predecessoris, deposuit in
ecclesia mea Trecensi CCCCLXXV libras, in albis decem
denariorum fortis monete, in quodam scrinio posito in
thesauro dicte ecclesie sub tribus clavibus, quarum
M. Martinus Helioti, decanus Trecensis, habuit unam,
M. Robertus *Maugier,* presidens in Parlamento, aliam,

et ego tertiam. Contigit autem quod deposita in ecclesiis capiebantur, et eapropter de consensu predictorum, qui tradiderunt claves suas, dictum depositum accepi ne periret, et illud habeo in eadem moneta. Item recepi ab eodem Petro Colini LX libras turonensium de dicta moneta, quas predecessor meus receperat ab Egidio *Lepevrier* pro admortizatione quorumdam pratorum apud Pouacium existentium, que prata habuerat in recompensationem ripparie Sequane, ubi nunc sunt molendina dicti Egidii *Lepevrier* apud villam de *Lavau* situata. Item recepi CCC francos auri pro manumissione uxorum et liberorum Joannis dicti *Pougoyse*, de Nogento supra Sequanam, et Joannis *Bareton*, de Meriaco supra Sequanam, super quorum servitute duravit aliquo tempore lis in Parlamento, quiquidem CCC franci sunt in auro, et debent converti in redditibus pro episcopatu meo, prout patet per litteras super hoc confectas, que sunt in thesauro meo ubi littere episcopatus mei conservantur. Item lego nepti mee Margarete, uxori Joannis *Le Jay*, Remis commoranti, CC libras tur. Item lego Isabelli, relicta defuncti Guillermi Gouaudi, nepti mee, C libras turonensium. Item Adeline, ejus sorori, etiam nepti mee, LX libras turonensium. Item lego D. Theobaldo de Actignyaco, nepoti meo, canonico Trecensi, XL libras turonensium. Item lego M. Stephano Uvyeti, etiam canonico Trecensi, nepoti meo, XL libras turonensium. Item lego servitoribus meis, primo D. Laurentio de Salone, necnon D. Joanni *Le Jay*, cuilibet, LX libras turonensium. Item lego episcopatui meo magnum missale meum quod fieri feci, et parvum similiter, necnon Pontificale et collectarium que similiter fieri feci : volo tamen quod post decessum meum hec tradantur dominis fratribus meis decano et capitulo ecclesie mee Trecensis in custodiam, et cum novus episcopus fuerit assumptus quod predicti de capitulo eidem restituant dictos libros pro usu suo quandiu dicto episcopatui preerit, et quod teneatur dare cautionem de ipsis libris restituendis dictis de capitulo cum desinet dicto episcopatui preesse; volo tamen quod quilibet novus episcopus teneatur dare X libras turonensium dictis de capitulo pro pena et labore suis. Item lego ecclesie de Givriaco, in cujus fontibus baptizatus fui, calicem meum argenteum, buretas argenteas, necnon pacem et pixidem argenteas ad reponendum panem; et casulam de serico, amictum et albam paratos de dicto panno, stolam et manipulum de dicto panno, necnon duos pannos de serico ejusdem coloris unum ad parandum altare per intus, et alium ad parandum altare per ante; voloque quod predicta custodiantur per matricularios dicte ville ad usum dicte ecclesie, et quod a nullo possint alienari, et si custodia sit periculosa in loco, custodiantur in aliquo fortalicio donec locus sit securus. Item lego predicto nepoti meo Stephano Uvyeti omnes libros meos juris civilis et canonici ut oret pro me et pro illis qui dictos libros mihi dederunt et pro his a quibus dictos libros recepi. Item ordino quod heredes mei legitimi sint contenti de portione successionis mee eisdem competente, mediantibus predictis legatis, et si quis contra presentem meam ordinationem venire voluerit vel attentaverit quod privetur omni legato sibi vel suis facto et omni successione mea. Residuum vero omnium et singulorum bonorum meorum mobilium, testamento meo completo et perfecto, do et lego prefatis episcopatui ac dominis et fratribus meis decano et capitulo ecclesie Trecensis, videlicet dicto episcopatui medietatem pro redditibus emendis dicto episcopatui per executores meos, et aliam medietatem dictis decano et capitulo, hoc tamen mediante, quod dicti decanus et capitulum tenebuntur quolibet anno celebrare unum anniversarium solemne in dicta Trecensi ecclesia, prout fieri consuetum est pro episcopis in crastino octavarum festi B. Helene virginis, si fieri possit, vel alia die quam citius fieri poterit, et in quolibet anniversario distribuere X libras tur. Volo autem et ordino quod hereditagia mea paterna et materna in archiepiscopatu Remensi existentia, que heredibus meis legitimis, quibus de jure et consuetudine debent obvenire, libere remaneant et quiete. Item lego collegio de Dormano, Parisiis in clauso Brunelli situato, XL libras turonensium. Item lego predicto episcopatui meo seu successori meo futuro pro reparationibus hereditagiorum dicti episcopatus mei faciendis, CL libras turonensium, hoc mediante et his conditionibus, quod dictus successor meus vel alius seu alii nomine ipsius contendentes de omnibus et singulis reparationibus in dictis hereditagiis faciendis

erunt contenti et easdem suis propriis expensis facere
tenebuntur, et in casu quod dictus meus successor, vel
alius, nomine dicti episcopatus contendens non esset con-
tentus de dictis reparationibus, mediantibus legatis per
me ipso episcopatui factis modis predictis, ipsum de
omnibus legatis eisdem episcopatui et successoribus
per me factis, et eadem revoco totaliter et adnullo, ac
portionem residui bonorum meorum eidem per me re-
licti volo in tres partes dividi et distribui, videlicet unam
partem prefate ecclesie mee Trecensi in augmentationem
anniversarii mei, aliam dicto collegio de Dormano, et
reliquam Christi pauperibus, secundum discretionem
executorum meorum infra nominandorum. Item volo et
ordino quod post decessum meum citius quam fieri
poterit sex sextarii frumenti Christi pauperibus erogentur, secundum discretionem executorum meorum
inferius nominandorum. Ad hec autem omnia et singula
premissa exequenda executionique et fini debitis demandanda cum suis emergentibus dependentiis et annexis,
eligo et nomino executores meos venerabiles et discretos
viros M. et D. Joannem de Quercu, in utroque jure licen-
ciatum, officialem ; Joannem *le Jay*, sigilliferum; Laurentium de Salone et Jacobum, capellanos meos, ita quod si
executores ipsi omnes in simul premissis exequendis
vacare seu interesse nequiverint, aut noluerint, tres vel
duo aut unus eorum onus executionis mee suscipere
voluerit in quorum executorum meorum et cujuslibet
eorum in solidum in casu predicto manibus, qui vel qui
onus executionis mee hujusmodi in se susceperint vel
susceperit, exnunc prout extunc, pono per presentes,
omnia et singula bona mea mobilia et immobilia, presentia et futura, quecunque etc. me devestiens et dictos
executores seu bone fidei commissarios meos, et eorum
quemlibet in solidum in casu predicto, investiens de omnibus bonis meis pro omnibus et singulis premissis adim-
plendis et executioni debite demandandis. Dans et concedens dictis executoribus meis et eorum cuilibet in solidum,
ut est dictum, plenam et liberam potestatem ac speciale
mandatum presens testamentum meum seu ultimam
voluntatem meam, si sit opus, reformandi et de novo
condendi et ordinandi, corrigendi, mutandi, minuendi vel
augmentandi in toto vel in parte ad dictamen sapientum,

omnia et singula bona mea mobilia et immobilia, presentia et futura, inventorizata petendi, exigendi, levandi, capiendi, recuperandi et recipiendi, vendendi, alienandique et distribuendi pro premissis omnibus et singulis, cum suis emergentibus dependentiis et connexis et exequendis adimplindisque et fini debito terminandis, et generaliter omnia alia et singula faciendi, gerendi, exercendi et exequendi que veri et legitimi executores et bone fidei commissarii modis omnibus facere possunt et debent tam de consuetudine quam de jure, volens quod hec mea presens ordinatio sit meum testamentum stabile atque firmum et quod valeat et teneat de jure testamentorum seu codicillorum aut alias quovis jure, seu consuetudine, modisque omnibus aliis quibus melius valere poterit et tenere; revocans cassansque et adnullans omnia alia et singula testamenta seu ultime voluntatis mee ordinationes per me hactenus conditas et factas, presenti testamento seu ultime voluntatis mee ordinatione per se solo vel sola valituris. Jurisdictioni autem, auditioni ac omnimode dispositioni fratrum meorum decani et capituli predictorum et nulli alii specialiter et expresse presentem ordinationem seu testamentum submitto. »

In quorum omnium et singulorum fidem et testimonium presentes litteras per dictos notarios qui nobiscum et testibus subscriptis ad premissa presentes interfuerunt fieri fecimus, sigillique capituli nostri una cum signis publicis et subscriptionibus dictorum publicorum notariorum appensionibus muniri. Datum et actum in dicto capitulo nostro, anno Domini MCCCCXXVI, indictione IV, pontificii SS. in Christo patris ac domini nostri, domini Martini, divina providentia pape V, anno IX, mensis vero aprilis die XXVI presentibus venerabilibus et discretis viris fratre Auberto de Corpore, preceptore de Oriente Trecensis diocesis; D. Henrico *Chasteillon*, Joanne Juvenis, in dicta nostra ecclesia beneficiatis ; Theobaldo Anceloti, in foro seculari Trecensi procuratore, et Simone Chenevelli, serviente regio in prepositura Trecensi, testibus ad premissa vocatis specialiter et rogatis. Subsignatum est dictum instrumentum per Nicolaum *Huyard* de Villereto et Henricum *Dorey*, clericum Trecensis diocesis, notarios apostolicos, eorumque signa ibidem apposita.

XIV. — FONDATION DE JACQUES DE VALLIÈRES,
24 DÉCEMBRE 1445 [1].

(Voir n° 630.)

Universis presentes literas inspecturis decanus et capitulum Trecensis ecclesie salutem in Domino simpiternam. Significavit nobis vir venerabilis et discretus M. Jacobus de Valeriis, Beati Martini Turonensis scolasticus, ac etiam ejusdem et nostre Trecensis ecclesiarum canonicus prebendatus, quod cum ipse ex civitate Trecensi originem traxerit, et ab ejus adolescentia dicte Trecensis ecclesie nostre fuerit canonicus prebendatus, devotionemque singularem ad beatum Petrum, apostolorum principem, dicte nostre ecclesie Trecensis patronum, gesserit et gerat, cupiens ob hoc ad honorem Domini Nostri Jesu Christi et dicti beati Petri divinum cultum in dicta nostra ecclesia augmentari, nobis cum maxima instantia requisivit, quatenus diebus singulis imperpetuum post hore tertie et ante majoris misse dicte nostre ecclesie decantationem, vellemus unam antiphonam que incipiet *Quem dicunt homines esse filium hominis*, que ex duabus vel tribus antiphonis beati Petri compilabitur cum versu *Petre, amas me*, quem septimanarius dicet et chorus respondebit *Domine tu scis quia amo te*, et post dicet idem septunanarius *Pasce oves meas*, cum collecta *Deus qui beato Petro* etc. in navi dicte nostre ecclesie coram imagine crucifixi, et in fine psalmum *De profundis* cum collecta *Inclina* et *Fidelium* pro defunctis decantare, ac alterum grossorum signorum dicte nostre ecclesie certis ictibus pulsari facere, gallice *coupeter*, modo quo in ecclesia Parisiensi fit, cum dicitur antiphona *Ave regina celorum*; et una cum hoc annis singulis imperpetuum per nos in choro dicte nostre ecclesie, tali videlicet die qua idem M. Jacobus ab hac luce decedet, unum anniversarium pro remedio anime sue, modo quo in dicta nostra ecclesia fieri consuevit dicere et celebrare, et in recompensationem premissorum idem M. Jacobus nobis et

---

[1] Archiv. de l'Aube, *reg.* G. 1275, fol. 230 r°.

dicte nostre ecclesie obtulit et dare promisit summam XL librarum turonensium pro una vice tantum in utilitatem dicte nostre ecclesie convertendam. Notum facimus quod nos, attendentes dicti M. Jacobi synceram devotionem quam ergo dictum beatum Petrum ac dictam nostram ecclesiam gerit in animo, suam requestam justam et laudabilem voluntatem, prout et quemadmodum superius declaratur, facere et adimplere volumus, promittentes bona fide, sub ypotheca et obligatione omnium et singulorum bonorum dicte ecclesie nostre, omnia et singula premissa, modo superius declarato, facere et integraliter adimplere, quanto citius idem M. Jacobus promissam summam XL librarum turonensium nobis tradiderit et solverit realiter cum effectu. Datum in capitulo nostro, propter hoc ad sonum campane specialiter congregato, sub sigillo dicti nostri capituli, die veneris in vigilia festi Nativitatis Domini M°CCCC°XL°V°.

XV. — TESTAMENT DE LOUIS RAGUIER, ÉVÊQUE DE TROYES, 28 AVRIL 1485 [1].

(Voir n° 496.)

In nomine Sanctissime et Individue Trinitatis Patris et Filii et Spiritus Sancti, Amen. Nos Ludovicus *Raguier*, Trecensis episcopus, sanus mente et intellectu... Imprimis pauperrimam animam nostram, dum carnis mole exuta fuerit, altissimo creatori et redemptori nostro humillime recommendamus... et cadaver nostrum putridum terre sancte in dicta Trecensi ecclesia inter altare et piscinam ipsius altaris ; in quo loco fieri fecimus et condi nostrum sepulchrum seu nostram foveam, vita nostra comite, et desuper nostram tumbam poni... Volentes dictum nostrum corpus, solemnitatibus adhibitis in talibus fieri consuetis, a domo nostra episcopali Trecensi usque ad dictum nostrum tumulum per octo vicarios dicte ecclesie deferri; quorum cuilibet legamus XX denarios turonensium. Item quod nostrum corpus

---

[1] Archiv. de l'Aube, *lias*. G. 2681. Nous donnons seulement quelques clauses.

sit sepultum ad modum episcoporum bene et honorifice, secundum discretionem executorum nostrorum; et volumus indui seu sepeliri nostris vestementis episcopalibus in quibus fuimus consecrati. Item pro luminari ad obsequium nostrum faciendum volumus C libras cere... Item volumus et ordinamus quod in die obitus nostri inscribantur in quodam rotulo tot presbiteri quod accedent ad missas celebrandas et quod cuilibet solvantur III magni albi... Item volumus et ordinamus quod obsequiis completis inchoentur ad altare anniversariorum duo trigintalia missarum de Requiem... quod tringintalibus completis incipiantur ad dictum altare duo annualia missarum per duos probos sacerdotes... Item volumus et ordinamus quod fundacio nostri anniversarii inscribatur in Martyrologio dicte Trecensis ecclesie pro qua fundatione dedimus manualiter M scuta auri, de quibus fuerunt edificata et reparata plura hereditagia... Item quod post antiphonam *Quem dicunt* etc., que cantatur in navi ante magnam missam, ipsa cantata cum *De profundis*, dicatur per presbiterum cum aliis collectis consuetis *Deus qui inter apostolicos*... Item volumus et ordinamus nomen nostrum et cognomen inscribi in recommendatione defunctorum ecclesie que legitur in processione coram capella Salvatoris diebus dominicis... Item volumus et ordinamus omnes processiones ecclesiarum Trecensium nostris devote interesse funeralibus processionaliter, quibus legamus... Capitulis S. Petri, S. Stephani, S. Urbani; abbatiis S. Lupi, S. Martini; fratribus de Insula Trecensi; abbatie B. Marie ad Moniales Trecenses;.monasterio Celle prope Trecas; preceptorie S. Anthonii; ecclesie SS. Trinitatis prope Trecas; ecclesie S. Quintini Trecensis; ecclesie S. Johannis in Castro; Fratribus Predicatoribus, Fratribus Minoribus; hospitali S. Nicholai Trecensis, domui Dei Comitis, domui Dei Sancti Spiritus, hospitali S. Bernardi, hospitali S. Abrahe... Item curato et clericis S. Johannis in Foro Trecensi et SS. Panthaleonis et Nicolai... Item curato et capellanis B. Marie Magdalenes, SS. Remigii et Frodoberti... Curato S. Nicetii... curato S. Dyonisii... curato S. Aventini... curato S. Martini in Vineis... curato Sancte Savine prope Trecas... curato S. Andree... curato S. Leonis... priori de Paganis...

Item legamus ecclesie Trecensi tres pecias tapicerie

quas nobis fecit Balthazardus de *Mons,* tempore quo nobiscum morabatur, ad decorandum altare anniversariorum et ponendum in circuitu ejusdem altaris magnis festis.

Item damus et legamus dicte ecclesie Trecensi tres capellas ecclesie quas fieri fecimus expensis nostris. Quorum una est de panno albo gallice *de damas,* brodata de solaribus gallice *de souleilz,* filo aureo in cujuslibet medio solis brodata sunt arma nostra, et in dicta capella sunt : tres cape, casula, tunica et damatica, albis et amictis paratis et munitis de pari panno et brodatura; item unum magnum pallium de pari panno et brodatura; item quoddam aliud pallium de pari panno et brodatura, que pallia sunt ordinata ad parandum et decorandum majus altare. Et alia capella est de veluto nigro brodata et seminata de stellis de auro *de Chypre,* in qua capella sunt : tres cape, casula, tunica et damatica albis et amictis paratis et munitis de pari panno, cum uno pallio de pari panno ad decorandum predictum dictum altare. Et alia capella est de panno aureo, in qua sunt : tres cape, casula, tunica et domatica munite *de orfraiz* gallice, amictis et albis paratis de pari panno una cum uno pallio, ad decorandum predictum altare, etiam de pari panno...

Item damus et legamus prefate ecclesie Trecensi ad decorandum chorum ejusdem tapiceriam in qua ostenduntur aliqua miracula sancti Petri, principis apostolorum, patroni nostri, cum alia tapiceria in qua describuntur et figurantur omnes episcopi predecessores nostri et nomina eorum.

Item volumus et ordinamus dari ecclesie Nostre Domine Parisiensis, in qua alias fuimus canonicus, L libras turonensium pro faciendo et celebrando semel unum solemne servitium seu anniversarium cum pulsatione consueta in servitio seu anniversario unius episcopi ejusdem ecclesie Parisiensis, et debent contentari domini canonici dicte ecclesie Parisiensis, attentis magnis sumptibus et expensis quas exposuimus in factura organorum ejusdem ecclesie, cum centum scutis realiter per nos traditis pro augmentatione anniversarii nostri in dicta ecclesia Parisiensi per nos fundati.

Item volumus et ordinamus dari confratrie vulgariter nuncupate *la confrarie aux bourgoys de Paris* pro faciendo unum anniversarium, secundum discretionem gubernatorum ejusdem confratrie, XV l. t.

Item legamus ecclesie *des Blancs Manteaux* Parisiis, in qua nostri predecessores pater et mater et parentes sepeliuntur, pro uno anniversario solemni faciendo, ut solitum est, pro remedio animarum patris, matris et parentum omnium nostrorum, XXV libras turonensium.

Item volumus et ordinamus quod nepotes nostri, videlicet R. in Christo Pater DD. Jacobus *Raguier*, Trecensis episcopus, successor noster, nec non Johannes et Droco *les Raguiers*, ejus fratres, legitimi liberi quondam fratris nostri bone memorie M. Anthonii *Raguier*, post obitum nostrum teneant et possideant omnes et singulas acquisitiones per nos factas, et hereditagia que possidebimus die nostri obitus.

Item legamus dictis nepotibus nostris dictis *les Raguiers* omne debitum quod nobis debebat quondam nepos noster Ludovicus, Lexoviensis episcopus electus, eorum frater, ascendens ad MV^e scuta auri. Item damus et legamus predicto nostro nepoti Droconi *Raguier* terram nostram de Romilleyo supra Sequanam cum pertinentiis et dependentiis ejusdem. Item damus et legamus liberis nunc defuncte Denisete *Raguiere*, sororis nostre ab utroque latere, V^e scuta auri. Item damus et legamus liberis natis defuncte Isabellis *Raguiere*, sororis nostre, ex parte patris, seu liberis liberorum ejusdem, V^e scuta auri. Item damus et legamus Guilemete de *Champgirault* et liberis quondam Marie de *Champgirault*, sororis dicte Guilemete, filiarum defuncte Margarete, quondam sororis nostre, V^e scuta auri, scilicet dicte Guilemete CCL, facientia medietatem, et aliam medietatem predictis liberis dicte Marie. Item damus et legamus D. Henrico de *Merle*, nepoti nostro, filio defuncte Jehannete, sororis nostre ex parte matris, CCC scuta auri. Item dedimus et legavimus nepoti nostro fratri Mauricio de Villaprobata Ordis Fratrum Predicatorum L scuta auri. Item damus et legamus nepoti M. Nicolao *de La Place,* decano ecclesie Trecensis, duodecim magnas tassas argenteas...

XVI. — TESTAMENT DE JACQUES RAGUIER, ÉVÊQUE
DE TROYES, 4 NOVEMBRE 1518 [1].

(Voir n° 590.)

In nomine Sancte et Individue Trinitatis Patris et Filii et Spiritus Sancti, Amen. Nos Jacobus *Raguier,* Trecensis episcopus, sanus mente et intellectu... Imprimis nostram pauperrimam animam, dum carnis mole exuta fuerit, altissimo creatori et redemptori nostro humillime commendamus... et cadaver nostrum putridum commendamus terre sancte, volentes illud in dicta Trecensi ecclesia ad latus majoris altaris juxta tumbam seu fossam defuncti avunculi et predecessoris nostri episcopi Trecensis, domini Ludovici *Raguier,* inhumari ; ordinantesque superimponi illi tumbam cupream, juxtaque illam erigi seu fieri unum pillare lapideum in summitate cujus erit ymago sancti Jacobi, et in pedibus ejus erit ymago nostra genibus prostrata. [*Ce testament reproduit la plupart des clauses du testament de Louis Raguier* (n° xv).

Item volumus quod pauperes Xpisti deportantes luminare habeant quisque III ulnas panni nigri super spatulas, ad modum clamidis seu mantelli, ut moris est... Item volumus et ordinamus quod die nostri obitus dentur duobus millibus pauperibus, cuilibet pauperi unus panis dictus *ung molot,* una copina vini et V denarii turonensium ; et quod omnes languentes seu infirmi existentes in hospitalitatibus superius descriptis ac in domibus leprosorum seu etiam prisonarii incarcerati comprehendantur in eisdem elemosinis... Item damus et legamus fabrice ecclesie Trecensis CC libras turonensium ratione et ad causam commutationis votorum B. Marie *de Cléry* et S. Michaelis in Normannia, per nos dudum emissorum et depost in alia aliqua pietatis opera commutatorum. Item damus et legamus conventui Filiarum Penitentium quicquid nobis debetur per decanum et capitulum nomine dicte Trecensis ecclesie pro vendi-

---

[1] Archiv. de l'Aube, *lias.* G. 2681. Nous donnons seulement quelques clauses.

tione domus in qua eedem Filie Penitentes nunc morantur, per nos eisdem decano et capitulo vendite, pro expedendo per eas in edificiis et reparationibus hospitalis seu domus Dei Sancti Abrahe Trecensis ; requirendo nichilominus et rogando eosdem decanum et capitulum ecclesie Trecensis ut easdem Filias Penitentes in dicta domo morari permittant donec et quousque ipse Filie fecerint debite disponi et preparari pro morando hujusmodi hospitale sive domum Dei Sancti Abrahe Trecensis. Item volumus et ordinamus quod executores nostri solvant de bonis nostris Johanni *Cousin*, banquierio Parisiis commoranti, summam L scutorum auri ad solem restantem ex majori pecunie summa, dum et quando expediri fecerit bullas domus Dei Sancti Abrahe pro eisdem Filiabus Penitentibus, easque bullas executores nostri deliberent eis nostris expensis ut prefate Filie orent pro salute anime nostre... Item legamus magistro Johanni *Raguier*, abbati monasterii Arremarensis, horrologyum sicut se comportat existens in butto gallerie superioris domus *de la Crosse* cum campanis et appendiciis suis... [*Signature autographe : J. R., évesque de Troyes.*] Presentes fuerunt ad testamenti hujusmodi signature preceptum seu jussionem : Edmundus *Raguier,* prior de Soisyaco ; Karolus *de Poitiers ;* Margareta *Dison,* mater Filiarum Penitentium Trecensium et soror Peregrina *La Gaye,* altera ex eisdem Filiabus Penitentibus.

XVII. — Fondation de Pierre Pion, 3 juillet 1528. — Sa sépulture.

(Nos 452 et 847.)

1. « ... Doyan et Chapitre de léglise de Troyes... avons receu la somme de deux mille livres tournois de messire Pierre Pion, chevalier de Jerusalem et de dame Jehanne Festuot, sa femme, seigneur et dame de Rumilly lez Vauldes en partie... Lesdiz Pion et sa femme ont à leurs frectz et despens fait décorer et accoustrer honestement ladicte chapelle Sainct-Claude ; en icelle mis... les aornemens et choses qui sensuyvent, assavoir : quatre tuniques de

camelot, les deux noires et les deux jaulnes; une chasuble de camelot d'or et une aultre de camelot jaulne; deux autres chasubles lune de damas noir à offroiz d'or et l'autre de camelot noir ; une chappe aussi de camelot noir touz à offroiz imagez des trépassés ; un poille croisé de damas blanc avec deux paremens de camelot... un calice d'argent du poix de deux marcs, armoyrié des armes des ditz Pion et sa femme; quatre nappes, ung missel, ung livre pour chanter la messe sainct Claude, deux chandeliers, ung anceau... Accordons que nous serons tenuz de faire dire, chanter et célébrer par les deux marrégliers prebtres, les soubzchantre et vicaires dicelle église chascun à son tour et ordre à l'autel et chapelle de mondict seigneur sainct Claude, qui est la deuxiesme chapelle par devers lhostel épiscopal en entrant à main droitte en la nef dicelle église par le grand portal que lon y édifie de présent, une messe basse cothidianement et par chascun jour à tousjours perpetuellement... Quatre anniversaires chascun an aux Quatre-Temps de lan... Le jour de la feste sainct Claude une messe haulte à diacre et soubzdiacre... Permettons à tousjours que les corps desditz Pion et sa femme, enfans deulx et de chascun deulx ensemble leur postérité... soient sepulturez ou charnier que lesdictz Pion et sa femme ont faict faire et caver de leurs deniers en icelle chapelle... D'attacher en ladicte chapelle ung tableau de cuivre à couverture de verre ou quel sera escript, exprimé et déclaré la présente fondation [1]... »

2. « Die festo B. Johannis XXIV junii anni MV^c XXXIX coram dominis hujus ecclesie canonicis comparuerunt M. Johannes *Le Gruyer*, presentis ecclesie canonicus, dominus temporalis de Fontanis, honorabilis vir Symon *Fouchier*, procurator in curia laica, Jacobus *Aubry*, Guilelmus *Granger*, clericus, assistentibus G. *Rogier*, notario, et Petro *Belin*, executores testamenti hodierne defuncti, hora secunda, ut rumor est, post mediam noctem, nobilis viri petri *Pion*, dum viveret militis Hierosolimitani ac matricularii ad virgam in hac ecclesia, atque presentaverunt legendum testamen-

---

[1] Archiv. de l'Aube, *reg.* G. 1282, fol. 179 v°.

tum dicti defuncti, rogantes ut domini volint disponere de officio et pompa funebri, per cujus testamenti lecturam constat eum velle inhumari hora medie noctis, situs et positus in cathedra lignea aut plumbea cum una camisia tele cerate, et supra eam habere cotam seu tunicam peregrini Hierosolimitani tam affabre confectam ut possibile erit, et ferri per vicarios in capellam B. Claudii, quam in hac ecclesia fundavit dictus defunctus, que omnia consenserunt domini modo predicto fieri, orantes pro salute anime ipsius qui septuagenarius fuit [1]. »

XVIII. — TESTAMENT D'ODARD HENNEQUIN, ÉVÊQUE DE TROYES, 27 OCTOBRE 1544 [2].

(Voir n° 588.)

In nomine Domini, Amen. Je Odard Hennequin, prestre indigne, évesque de Troyes et abbé des abbayes de Sainct-Loup et de Sainct-Martin audit Troyes, sachant quil nest rien de plus certain que la mort ne de plus incertain que lheure et événement dicelle, non voulant décéder de ce monde mortel intestat, ains pourveoir au remède et au salut de mon âme immortelle... Je recommande mon âme à nostre Redempteur Jesucrist... Item je esliz ma sépulture en leglise de Troyes, s'il plaist à mes[rs] de la dicte église, et prie mesdits exécuteurs faire faire une tumbe de cuyvre toute dune pièce de sept à huict piedz de long et sur icelle estre mise une épitaphe à leur discrétion... Item je veulx pour ledict autel (le plus rapproché de sa sépulture et où sera dit un annuel de messes basses) estre faict un parement et chasuble noirs, ensemble pour mettre au lieu de ma sépulture ung poisle, et en iceulx parement, chasuble et poisle estre mises mes armoiries et lan de mon décès passé et escheu, le tout baillé et délaissé à la dicte église de Troyes... et prie mesdits seigneurs de léglise susdicte,

---

[1] Archiv. de l'Aube, *reg.* G. 1283, fol. 107 v°.
[2] Ibid., *lias.* G. 2651. Nous donnons seulement quelques clau-

suyvant ce qu'ils mont octroyé aultrefoys, me dénommer le dimanche à la station qu'ilz font à la chapelle du Saulveur, ainsi quilz font pour Mgr Raguier et aultres leurs bienfaicteurs... Item je laisse à Mes^{rs} de léglise de Troyes la somme de quinze cens livres tournoys pour la fondation dun obit solennel quilz sobligeront à faire dire chascun an à perpétuité... Item pour la fondation d'une messe basse par chascun jour à perpétuité en la chapelle en laquelle est enterré mon frère je veulx et ordonne estre baillée à Mes^{rs} de la dicte eglise la somme de mil escus dor souleil, qui leur avait esté laissée par testament de feu mondict frère... Item pour la décoration et ornement de ladicte chapelle je veulx estre achaptez ung bon calice dargent, les chasubles, napes et aultres ornemens y nécessaires... semblablement pour la décoration de la dicte chapelle je veux être baillé mon grant tableau de la Magdalenne qui souloit pendre sur la cheminée de ma chambre, et mon tableau de la Collation de mons. sainct Jehan pour estre mis et apposez en ladicte chapelle, et pour la fermeture dyceulx estre faicte des guichetz et yceulx estre painctz... Item je laisse à léglise Sainct-Urbain, audict Troyes, pour la fondation d'un obit solennel pour le salut de lâme de feu mon frère, la mienne et daultres mes amis, qui se dira à chascun an à perpétuité, la somme de C solz tournois; ensemble pour dénommer tous les dimanches de lan mondict frère et moy, comme ilz font et ont accoustumé leurs aultres bienfaiteurs, la somme de six cent livres tournois. Item je veulx à l'endroit de ma sépulture et au pillier plus prochain estre mis une lame de cuyvre et en icelle estre descript ma fondation et l'impétration du pardon des Stations... Actum et datum in domo episcopali Trecensi anno Domini M. V^c. XLIV, die XXVII mensis octobris.

XIX. — DIVERSES FONDATIONS ET DONATIONS.

1. Pierre d'*Arbois* l'aîné (voir n° 467).

Ses fondations. Le 29 septembre 1363 il fonde « singulis diebus, excepto duntaxat die sabbati, statim post horam completorii... unam antiphonam de B. V. Maria secundum temporis ordinationem... necnon festum duplex et solemnitatem beate Anne, que erat de IX lectionibus. » Pour cette fondation, Pierre d'Arbois donne « L florenos auri nuncupatos gallice *frans* de cugno... Johannis Dei gratia Francorum regis...; et VI falcheyas prati in finagio de Sancta Syria. »

« Die veneris post Circumcisionem Domini anni M.CCC.LXXV » il fonde « quatuor annualia festa sollempnia Nativitatis, Conceptionis, Purificationis, Annuntiationis B. V. Marie, que prius erunt dupplicia. » Il donne donne pour cette fondation « CCC florenos francos auri boni pro XV libratis terre admortisatis emendis. »

Dans son testament du 27 juillet 1376 : « Si contingat me decedere in *partibus meis* eligo sepulturam in capella apostolorum Jacobi et Philippi in ecclesia B. Marie de Lauduna (*al* Laudona in loco nativitatis mee), que capella extitit fundata per predecessores meos... Item domui Filiarum Dei Trecis XX s. Item die obitus mei distribuetur valor LX florenorum in pecunia vel in pane... Item... in die obitus mei et dierum immediate sequentium celebrabuntur V^e misse, proqualibet missa volo dari unum grossum seu IV obolos albos; valent XX l. XVI s. VIII d. »

On lit dans le compte de son exécution testamentaire : « A Jehan de La Crois, tombier, bourgois de Paris, pour une tombe de marbre noire, ouvrée de leton bien et honorablement, si comme ill est contenu dans une lettre obligatoire de Chastelet ou ill est obligé : de laquelle il doit recevoir VI^{xx} frans et il la doit rendre à ses despenz en léglise de Troiz sur le corps de mondit feu sire à cez proprez cous et despenz parmy lesdiz VI^{xx} frans, sur lesquelz ill a eu XX frans. » — (Archiv. de l'Aube, *lias.* G. 2626.)

2. Pierre d'*Arbois* le jeune (n° 742).

Son testament, 23 novembre 1400. Il demande « ut corpus suum inhumetur in dicta ecclesia Trecensi juxta foveam defuncti venerabilis quondam magistri Petri de Arbosio... ipsius testatoris advunculi. Item legavit ecclesie Sancti Johannis dicti de Loone Lingonensis diocesis, pro emendo XX solidatas terre annui et perpetui redditus pro uno anniversario perpetuo ob remedium animarum patris et matris et amicorum suorum in dicto cimiterio sepultorum. » — (Archiv. de l'Aube, *lias.* G. 2626.)

3. *Arnoul* (Arnulphus), archidiacre de Margerie (n° 152).

Le 8 novembre 1263, il cède au Chapitre de Saint-Pierre la part que le Chapitre lui avait accordée dans le pré mouvant de la censive de Guillaume, écuyer de *Malonido,* donné pour la fondation de l'anniversaire de Guillaume [de Grand-Puy], évêque de Nevers. — (Archiv. de l'Aube, *lias.* G. 2626.)

4. Robert d'*Asnières*, grand-archidiacre de Troyes (n° 421).

Son testament, 6 juin 1307 : « Item fratribus domus Sancte Trinitatis pro eorum processione XX s. t. — Item Filiabus Dei Trecensibus X s. t. — Item processioni monialium Beate Marie de Pratis XX s. t. — Item processioni monialium de Foissiaco XL s. t. — Item processioni monachorum Sancti Johannis in Castro XX s. t. — Item legavit ecclesie Treconsi LX libras turon. una cum pretio domus sue et II arpentis prati in praeria de Vannis pro emendis redditibus pro anniversario suo annis singulis in perpetuum celebrando. » — (Archiv. de l'Aube, *lias* G. 2627.)

5. René de *Breslay,* évêque de Troyes (n° 579).

« A tous ceux que ces présentes lettres verront les doyen, chanoines et chapitre de l'église de Troyes salut. Scavoir faisons que comme révérend père en Dieu messire René de Breslay conseiller du roy en ses conseils, évesque de Troyes, aie désiré tant pour l'assurance de son salut que pour le repos des ames de ses défuncts père et mère qu'il fut célébré en ceste église à perpétuité un anniversaire de vigiles et messe solennelle et funèbre par chacun an, scavoir les vigiles le jour de la feste de saint Martin d'hiver et la messe, à l'heure ordinaire, du lendemain, qui est le jour de la feste de saint René, son patron, au mérite et intercession du quel il a très grande confiance ; et pour l'exécution de ce que dessus nous aurait offert la somme de 1,800 livres... Nous, désirant contribuer de ce qui est en nostre pouvoir à l'effect de ceste sienne dévotion que nous louons, avons accordé très volontiers le dict anniversaire estre chanté... moyennant la dite somme de 1,800 livres qui nous a esté payée comptant et receue par les mains de maistre Odard Hennequin, anniversarier... Le 12ᵉ jour du mois d'aoust 1637. — (Archiv. de l'Aube, *lias.* G. 2632.)

6. Adam Cochard de *Brillecourt,* doyen du Chapitre de la cathédrale (n° 533).

Son testament ouvert le 17 septembre 1372. Exécuteurs testamentaires : « Petrum de Rameruco, Guillelmum de Creneyo, canonicos Trecenses; Guidonem de Bosco, thesaurarium ecclesie S. Urbani; Petrum de Cussangeyo, curatum parrochialis ecclesie de Aubruissello, et Renaudum Cochardi, dicti defuncti decani fratrem. » (Archiv. de l'Aube, *lias.* G. 2632.)

7. Etienne *Budé*, prêtre, chanoine de Saint-Pierre et official, mort le 26 juillet 1501.

Son testament, 6 juillet 1501 : « Je esliz ma sépulture en l'église de Saint-Pierre près de feu mongʳ l'evesque Loys Raguier, se il plaist à messieurs... — Item je laisse à messieurs de Saint-Pierre la somme six vingts livres tournois pour mon obit annuel et perpétuel. » Il laisse 120 l. à chacune des églises dont suivent les noms : le Chapitre de Lisieux, les Célestins de Paris, Saint-Gervais de Paris. Ses exécuteurs testamentaires sont ses frères Dreux et Guillaume Budé, notaires et secrétaires du roy. — (Archiv. de l'Aube, *lias.* G. 2632.)

8. Jean de *Champigny,* chanoine de Cambrai, fondateur de la chapelle de Toussains, à Saint-Pierre de Troyes (nᵒˢ 697 et 698).

Charles VI accorde à Jean de Champigny, sur le rapport du duc de Bourgogne, des lettres de légitimation, 3 janvier 1383 (v. st.). — (Archiv. de l'Aube, *lias.* G. 2634.) — Copie du testament de Jean de Champigny (Ibid., *lias.* G. 2635.)

9. Clérembaud de *Chappes* (n° 205).

Mort au pèlerinage de Saint-Jean-de-Compostelle. Sa femme, Hélissende de Chappes (n° 150), par acte de 1205, et son fils Clérembaud de Chappes, par acte de 1218, assignent au Chapitre de Saint-Pierre, sur les revenus de la vicomté de Troyes aux foires de Saint-Remy, 40 s.

de rente, légués verbalement par Clérembaud.—(Archiv. de l'Aube, *lias*. G. 2636.)

10. Gauthier de *Chappes,* chancelier de Champagne (n° 278).

Au mois de février 1206 (v. st.) il lègue 60 sous de rente sur la redevance dite *fresanges* qui se percevait à la Vacherie, à Clérey et dans les villages voisins. Gui de Chappes, son frère, approuve ce legs. — (Archiv. de l'Aube, *lias*. G. 2636.)

11. Jean *Chevriat,* chanoine et maître de l'œuvre de Saint-Pierre, décédé le 12 avril 1459 (v. st.).

Compte de son exécution testamentaire : « A Jehan de Mesgrigny pour l'achat d'une pierre de lyais admenée de Paris pour faire une tombe pour le dit feu Chevriat, C s. — A Jaquet, le pointre, par marchié à lui d'avoir gravée et cimenté la dite tombe, CX s. t. »—(Archiv. de l'Aube, *lias*. G. 2637.)

12. Charles de *Choiseul,* lieutenant au gouvernement de Champagne (n° 683).

Fondation de son anniversaire. Sa veuve fera ériger un monument ainsi composé « une table de marbre, sur icelle un piedestal de quatre à cinq pieds de haut, sur le quel piedestal il y aura une table de marbre et sur la quelle sera l'effigie dudit seigneur priant. » — (Archiv. de l'Aube, *lias*. G. 2637.)

13. Melchisédec *Cruchot*, chanoine de Saint-Pierre (n° 538).

Inventaire après son décès. — Compte de son exécution testamentaire : « Pour ung pèlerinage qu'il a ordonné estre faict à Nostre-Dame-de-Lorette a esté paié tant pour la messe que pour le voiage....XI l. XVII s. t. — A m° Gabriel Favereau, m° maçon de Saint-Pierre... pour une tombe de marbre noir pour mettre sur la fosse du dict défunct, XXX l. t. » — (Archiv. de l'Aube, *lias*. G. 2638.)

14. *Erard,* archidiacre (n° 98).

Il lègue 60 sous de rente pour l'anniversaire de maître

Pierre, cardinal, son oncle, 1262. — (Archiv. de l'Aube, lias. G. 2641.)

15. Florentin *Hanom-Lamivoye,* doyen du Chapitre de Saint-Pierre (n° 540).

Son testament, 10 décembre 1679 : « Il eslit sa sépulture en l'église de Troyes à l'endroit où est inhumé feu M. Baudot grand-archidiacre... lègue et laisse à l'église de Troyes la somme de mille livres en principal à charge : de célébrer une messe basse par chacun an à perpétuité pour le repos de son âme, à l'autel et chapelle de Champigny, proche la sacristie. » — (Archiv. de l'Aube, *lias.* G. 2651.)

16. Odard *Hennequin,* chanoine de Saint-Pierre et trésorier de Saint-Etienne (n° 469).

Testament, 4 décembre 1654 : « Eslit sa sépulture en l'église Saint-Estienne de Troyes à l'endroit où ses père et mère sont inhumez... lègue et laisse à MM. de Saint-Pierre la somme de 600 l. pour célébrer le jour de saint Jacques après vespres un *gaude*... » — (Archiv. de l'Aube, *lias.* G. 2651.)

17. Aymeric *Helye,* chanoine de Saint-Pierre (n° 76).

Testament, 5 août 1375 ; exécuteurs testamentaires : « Stephanus Gilleberti et Johannes de Placentia, canonici ejusdem ecclesie... legavit ecclesie Trecensis canonicis pro eorum processione facienda C solidos turon. » Il charge ses exécuteurs testamentaires de disposer de ses biens. — (Archiv. de l'Aube, *lias.* G. 2651.)

18. Nicolas *Hérault,* marguillier-prêtre (n° 804).

Testament, 29 mai 1505 : « Eslit sa sépulture devant Notre-Dame de Consolation en l'église Saint-Pierre de Troyes... — Item ordonne cent messes basses estre dictes le jour de son service et pour chacune 2 s. t. » — (Archiv. de l'Aube, *lias.* G. 2651.)

19. Pierre *Hérault,* chanoine de Saint-Pierre et de Saint-Estienne (n° 476).

Testament, 27 juillet 1492 : « Ordonne et prie ma sépulture estre faicte en leglise de Troyes en tel lieu qu'il plaira à MM. d'icelle église. Et pour la sépulture laisse à la fabrique mes meilleures robes, surpeliz, patron et aulmusse... — Item je laisse au proffit de Chapitre de la dite église quatre arpens de prey, assis en Escrevaule aux fins de dire et célébrer par chacun an à toujours perpetuellement un anniversaire. Et pour plus meliorer mon anniversaire je encore laisse ung petit jardin séant à Chicherey... » — (Archiv. de l'Aube, *lias.* G. 2652·)

 20. *Ithier* du bourg Saint-Jacques, chanoine-archidiacre de Saint-Pierre (n°* 339, 741).

Son testament, 5 décembre 1272. Ithier fonde à Saint-Pierre son anniversaire; celui de Thibaut, son père, et de Jeanne, sa mère; celui de Nicolas de Brie (V° kalendis aprilis) qu'il appelle « meum creatorem post Deum. » Entre autre legs : « Lego fabrice Trecensis ecclesie C s. canonicis ecclesie Beate Marie Trecensis V s. annui redditus pro anniversario meo. Ecclesie S. Nicetii V s. annui redditus pro anniversario patris mei et V s. pro anniversario matris mee. Altari S. Leonardi in ecclesia Trecensi V s. Processionibus (le jour de son enterrement) S. Petri X l.; S. Stephani LX s.; S. Martini XL s.; monialibus Beate Marie LX s.; Fratribus Predicatoribus XL s.; Fratribus Minoribus XXX s.; fratribus de Insula XXX s.; fratribus Trinitatis XX s.; monialibus de Fossiaco LX s.; monialibus B. M. de Pratis XL s. Lego episcopo Trecensi Summam meam de virtutibus et vitiis et casibus, Graduale meum, Pastorale meum et Speculum ecclesie... Stephano, cognato meo, Breviarium meum, Decretales, Instituta... Johanni, clerico meo, Psalterium meum et X l. t. Lectum plumeum garnitum omnibus domibus Dei Trecensibus. Filiabus Dei Trecensibus XL s. Ecclesiis de Curciamanu, de Calvo Masnillo, de Esclancia XL s. Fiet in ecclesia Trecensi altare S. Margarete, que adhuc non habet altare in ecclesia Trecensi; et ego, qui primus fui institutus capellanus ejusdem altaris, ante dictum altare jaceam. » Le chapelain actuel de Sainte-Marguerite est Guillaume. Exécuteur testamentaires : « Johannes, episcopus Trecensis; Dionysius, decanus Trecensis; Droco de Cantumerula, canonicus Trecensis; Petrus, curatus de Prunaio; Nicholaus, curatus de Aquilefago... — (Archiv. de l'Aube, *lias.* G. 2669, copie de 1277.)

21. *Nicolas* de Brie, évêque de Troyes (n° 722).

Son testament est accepté au mois de juillet 1270. « Omnibus presentes litteras inspecturis Dionysius, decanus, capitulumque Trecensis ecclesie salutem in Domino. Notum facimus universis, quod nos ratum et gratum habemus et quantum in nobis est confirmamus testamentum bone memorie Nicolai quondam Trecensis episcopi et quicquid secutum est ex eo et factum est per executores ipsius episcopi constitutos in ipso testamento et fiet in futurum, promittentes bona fide quod de cetero non petemus aliquid ab ipsis executoribus in judicio vel extra rationem ipsius testamenti seu legati nobis in ipso testamento facti... Actum anno Domini M° CC° LXX°, mense julio. » (Archiv. de l'Aube, *lias.* G. 2669.)

22. *Nicolas* de Margerie, archidiacre de Brienne. (n° 358).

Fondation de son anniversaire au mois de juillet 1259. L'official de Troyes notifie que « Stephanus de Cantualaude, nepos domini Trecensis episcopi, canonicus Trecensis » a promis « assedere L s. pruviniensium annui redditus et XII d. censuales, pro anniversario Nicholai, quondam archidiaconi Brene in ecclesia Trecensi... Actum anno M° CC° L° IX° mense julio.) » — (Archiv. de l'Aube, *lias.* G. 2669.)

23. Pierre de *Molay*, doyen du chapitre (n° 154).

Son testament, 11 juin 1333, avec un codicile du 5 août de la même année : « Petrus de Molayo, decanus ecclesie Trecensis, sanus mente... legavit pro anniversario suo in hac ecclesia imperpetuum faciendo pretium domus sue quam inhabitat una cum curtillis quos ipse emit in justitia et censiva Monasterii Celle Trecensis et XX libras turonensium pro restitutione distributionum, si quas non bene lucratas habuit... — L solidatas terre ecclesie S. Stephani pro suo anniversario... — Monasterio Arremarensi XX l. t. — Leprosarie de Villamauri C s. t. — Domui S. Nicolai XV l. t. — Processionibus S. Petri et S. Stephani LX s. t. — Presbiteris qui corpus suum ad ecclesiam deportabunt XX s. t. — Pro psalteriis ad corpus suum legendis per vicarios S. Petri et S. Stephani cuilibet XII d. — Cuilibet presbitero qui missam celebrabit die obitus XII d. — Ecclesie de Molayo X l. — Pauperibus Trecensibus III sextarios frumenti et C s. — Pauperibus de Molayo C. s. » Son frère Jean, son neveu Guillaume. Il donne toute sa vaisselle d'argent pour fonder à la cathédrale « quamdam capellaniam. » Les exécuteurs testamentaires sont : Guillaume, son neveu ; Renaud de Colombé, doyen de Saint-Urbain, et Jean d'Auxois, chantre de la cathédrale. — (Archiv. de l'Aube, lias. G. 2669.)

24. Simon de *Montlhéry,* chanoine et official de Troyes (n° 274).

Il fait son testament le 14 janvier 1298 (v. st.). L'official de Troyes et « Houdoynus, abbas Sancti Lupi » notifient que « Johannes dictus Patriarcha, clericus curie Trecensis » exécuteur testamentaire « ac Isabellis, ejus uxor » reconnaissent « quod Simon de Monte Lehetherico, quondam canonicus et officialis Trecensis, in suo testamento legasset L l. turonensium ad emendos redditus pro anniversario ipsius Symonis in dicta ecclesia annis singulis faciendo... Actum anno M° CC° XC° VIII°, die mercurii post octabas Epiphanie Domini. » — (Archiv. de l'Aube, lias. G. 2669.)

25. Etienne de *Refuge,* chanoine de Saint-Pierre (n° 795).

Testament, 31 août 1518 : « Item je recommande mon corps à la terre dont il est venu et veul ycelluy estre inhumé, s'il plaist à mess. mes frères de Saint-Pierre, en la fosse qui, s'il leur plaist, sera faicte devant ou prez de l'hostel de Toussains, entre le dit hostel et l'uis du revestière. Et que au piellez plus prochien de la dicte chapelle au lieu plus apparant soit assise une petite pierre ou lame de cuisve ou sera gravé dedans ce qui s'en suit : « Cy gist Estienne de Refuge, jadis chanoine en ceste église qui trespassa le [XIX°] jour de [may] l'an mil [cinq cens et dixneuf]. » Chacun des articles de ce testatament porte la signature autographe d'Etienne de Refuge. — (Archiv. de l'Aube, lias. G. 2682.)

26. Guillaume *Ribout,* chanoine et théologal de Saint-Pierre (n° 681).

Testament, 18 juillet 1558 : « Item je veulx et ordonne mon corps estre inhumé en léglise de monseign. Sainct-Pierre de Troyes au dessus et attenant de la sépulture de Guyon Piétrequin, inhumé en ycelle église, moiennant le bon plaisir de messieurs sil advient que je décède en ceste ville de Troies... » — Exécution testamentaire : « Suivant lordonnance du dit défunct, aurait été convenu et marchandé de mettre sur le lieu ouquel avoit été inhumé le dit défunct une tombe de marbre noir, pour la quelle et rendre assise en la dicte église et réparer toute ouverture ou démolition qui se feroit à lasseoir, a esté marchandé et convenu la somme de LVII l. X s. » — (Archiv. de l'Aube, lias. G. 2682.)

27. Simon *Royer*, chanoine de Saint-Pierre (n° 749).

Il mourut en 1460 (v. st.). Son testament, 25 mai 1458 : « Je esliz ma sépulture en léglise de Troyes, devant le jubé, assez près des reliques, s'il plaist à mes[rs], emprès la fosse où est inhumé maistre Grappin... — Item je veuil et ordonne estre mise une tumbe sur ma fosse et qu'il y ait ung prestre en la dicte tumbe, les mains jointes et que elle soit prinse en la dicte église... et laisse pour ce faire C s. » — Archiv. de l'Aube, lias. G. 2683.)

28. André de *Saint-Phal*, seigneur de Saint-Phal, archidiacre d'Arcis, puis doyen de Saint-Pierre (n° 515).

Testament, 19 février 1298 (v. st.) « die jovis ante festum cathedre S. Petri. » André donne pour son anniversaire à la cathédrale 100 s. de rente annuelle sur sa seigneurie de Saint-Phal; en cas de refus d'exécution par ses héritiers, il nomme sa Majesté le roi son héritier. Il choisit pour exécuteur testamentaire Etienne de Saint-Phal, son frère, curé de Saint-Jean de Troyes. Ce testament fut renouvelé le mercredi après la Madeleine, 1300. André de Saint-Phal fut enterré à Notre-Dame-en-l'Isle sous une tombe en cuivre très-ouvragée. — (Archiv. de l'Aube, lias. G. 2685.)

29. François *Séguin*, chanoine de Saint-Pierre, Saint-Etienne et Saint-Urbain (n° 617).

Son testament, 1er décembre 1524 : « Je eslu le lieu de

ma sépulture en l'esglise cathedral de monseigneur Saint-Pierre de Troyes, quasi devant l'ostel ou lon dict la derreniere basse messe assez près du bureau de la fabrique... Je veul que mon corps soit inhumé de nuys sans procession ne luminaire de cere, excepté deux torches... Je veuil que sur ma dicte sépulture soit mise une tumbe de pierre noire comme celles de feuz Mrs Foucquier et Milon et sur icelle tombe soit insculpé mon nom et surnom lan et jour que seré décédé... » — Exécution testamentaire : « A Jaques Passot, painctre, demorant à Troyes, pour avoir faict cinq escussons ou estoient painctes les armes dudit defunct... X. s. — A Jacques Juliot, tailleur d'ymaige, demorant à Troyes, pour lachat d'une tumbe de marbre mise sur la sépulture dudit défunt ensuivant son ordonnance testamentaire, aussi pour l'avoir fait graver, LXV l. t. » — (Archiv. de l'Aube, *lias*. G. 2684.)

30. Jacques *Turquain*, chanoine de Saint-Pierre. (n° 765).

Son testament, 12 mars 1537 (v. st.) : « Item esliz ma sépulture à l'esglise de monseign. Saint-Pierre, s'il plaist à messeig. près la tumbe de feu monseig. de Champigny ou devant la chapelle de Nostre-Dame de Derrière... — Item ordonne que en l'endroit de ma sépulture s'il plaist à M^{rs} soit mys un tableau ou tumbe... ou soit mys mon nom et jour de mon trespassement... » Compte de l'exécution testamentaire : « A esté payé à Jacques Juliot, tailleur d'hymages, la somme de XXIII l. XV s. t. pour une tombe de pierre bordée de marbre noir et les visaiges et mains d'alebastre blanc, laquelle tumbe du congié de M^{srs} de la dicte église a esté mise et posée sur le corps du dict deffunct, XXIV l. XXV s. t. » — Archiv. de l'Aube, *lias*. G. 2686.)

31. Jacques *Vignier*, évêque nommé de Troyes (n°s 719 et 748).

Son anniversaire fut fondé le 7 novembre 1623, moyennant la somme de 1,200 livres tournois par « Jacques Vignier, baron de Jully et de Villemort, seigneur de Saint-Lyébaut, son père, et Marye de Mesgrigny, sa mère. » Il était neveu, et non fils de Nicolas de Mesgrigny, il faut corriger le n° 719. — (Archiv. de l'Aube, *lias.* G. 2688.)

32. Jacques *Vilain*, chanoine de Saint-Pierre et de Saint-Urbain, curé de Nogent-sur-Seine (n° 763).

Son testament, 10 avril 1451 : « Suam sepulturam, si placet dominis decano et capitulo, elegit in ecclesia Trecensi ante et in medium et magis prope marchiam altaris Beate Mastidie virginis... — Item voluit unam tumbam lapideam desuper fossa seu fovea poni et desuper eadem describi et protrahi facere ymaginem unius sacerdotis habentis manus junctas simul. » — (Archives de l'Aube, *lias.* G. 2688.)

33. Pierre de *Villiers-Herbice*, évêque de Troyes (n°ˢ 730 et 826).

Fondation de quatre anniversaires, le 4 avril 1380. L'évêque donne : « 1° XII l. t. de rente perpétuelle chascun an sur certains héritages ; 2° une maison, celier et caves à Troyes en la rue de Sainct-Nicolas ou Chastel ; 3° deux moulins, l'un à blé et l'autre à fouler draps, l'estanc dessus lesdiz moulins ou finage de Pouain sur la rivière de Barbuise, entre le moulin de Bécherel et la ville de Pouan ; 4° le moulain de Bécherel assis ou finage de Pouan, sur la rivière de Barbuise, au dessus du moulin appelé le Moulin-Neuf... » — (Archiv. de l'Aube, *lias.* G. 2689.)

34. François *Vinot*, doyen de Saint-Pierre, official et vicaire-général (n° 822).

Testament, 19 juin 1707. Il est imprimé. « Suppliant très humblement Messieurs du Chapitre de cette église de permettre qu'on m'enterre proche la chapelle dans laquelle je célébrais ordinairement la Sainte Messe... Je lègue la somme de 100 l. pour être employée incontinent après mon décès à délivrer un ou deux prisonniers retenus pour dettes... Je lègue la somme de 6,000 l. à charge de paier par chacun an à perpétuité la somme de 100 l. pour marier ou faire apprendre métier à une des pauvres filles retirées dans la maison de Saint-Bernard, qui sera choisie par M͏ʳ l'Evêque... Je lègue 2,000 l. pour mon anniversaire à perpétuité dans l'église de Saint-Pierre. » (Archiv. de l'Aube, *lias.* G. 2689.)

35. Arnoul *Vivien*, chanoine de Notre-Dame de Paris. (n° 657).

Fondation de l'*O salutaris*, à l'Elévation, le 6 mai 1530. « Cupiens solenni desiderio utilitatem et incrementum universalis Ecclesie christiane, tum inductus honore simul et amore redemptoris nostri Jesu Christi..., tum ut facilius et commodius acquirere possit et assequi bona spiritualia..., necnon motus insigni devotione ut in predicta ecclesia officium divinum magis ac magis fiat et celebretur devotius, atque etiam ut ejusdem redemptoris nostri Jesu Christi sacratissimum corpus honorificentius cum majori veneratione et oratione speciali, cujus tenor postea his litteris inscribitur, exoretur... dedit in numerata pecunia summam VIe l. turonensium. » L'*O salutaris* doit être chanté « inter Sanctus... et Benedictus... » — (Archiv. de l'Aube, lias. G. 2687.)

XX. — EMPLACEMENT DES ANCIENNES CHAPELLES DE LA CATHÉDRALE.

Plusieurs des personnages cités dans l'Obituaire de Saint-Pierre ayant choisi leur sépulture dans les anciennes chapelles de la cathédrale, il est important de fixer l'emplacement de ces chapelles. La plus grande confusion existe sur ce point parce que les vocables des chapelles, contrairement au droit canonique, ont été plusieurs fois arbitrairement changés depuis quatre-vingts ans. Nous donnons le vocable et nous désignons l'emplacement des chapelles de la cathédrale d'après les anciens pouillés, les comptes de la fabrique et les délibérations capitulaires.

I. *Chapelles dans la nef, côté de l'évangile, à partir du portail occidental.*

1. Chapelle *Saint-Jean-Baptiste*, ou *Hennequin*, ou de *Monseigneur l'Archidiacre de Margerie* (Jean Hennequin, archidiacre de Margerie et abbé de Basse-Fontaine), première chapelle dans la nef, du côté de l'évangile, à partir du portail occidental.

2. La chapelle *de Gyé* ou *du Grand-archidiacre*, deuxième chapelle du même côté. Elle fut fondée le 16 septembre 1556 par Maurice de Gyé, grand-archidiacre de Troyes.

3. *La Conception,* troisième chapelle du même côté. Au même autel *Sainte-Madeleine.* La chapelle de la Conception est aussi appelée chapelle de *Jacques* et de *Girard de la Noue,* ses fondateurs.

4. *Saint-Fiacre,* quatrième chapelle du même côté. Au même autel *la Trinité* et *la Purification.* La chapelle Saint-Fiacre est aussi appelée *La Belle-Chapelle.*

5. *Saint-Michel,* cinquième chapelle du même côté. Au même autel *Saint-Jean l'Evangéliste.* Station de Saint-Jean de Latran.

II. *Chapelles dans la nef, côté de l'épître, à partir du portail occidental.*

6. *L'Assomption,* première chapelle dans la nef du côté de l'épître, à partir du portail occidental, où sont les fonts baptismaux. C'est l'ancien titre de la chapelle *Drouin de la Marche.*

7. *Saint-Claude,* deuxième chapelle du même côté, dite aussi chapelle *Pion,* du nom de son fondateur.

8. *Saint-Lazare,* troisième chapelle du même côté. Au même autel *Saint-Louis.*

9. *La Nativité et l'Assomption de la Sainte Vierge,* quatrième chapelle du même côté, auprès de la petite sacristie. Elle est aussi dite chapelle de *Henri de la Noue,* du nom de son fondateur, et chapelle *devant la librairie nouvelle.* Au même autel *Saint-Jacques à la Lanterne.*

10. *L'Annonciation de la Sainte Vierge,* cinquième chapelle du même côté. Au même autel *Saint-Jacques le Majeur.* Station de Sainte-Marie-Majeure.

III. *Chapelles dans les transepts.*

11. *Saint-Antoine,* autel près du portail septentrional,

à main gauche en entrant, à côté de la petite porte de la tourelle. Station de Saint-Laurent.

12. *Saint-Sébastien,* autel dans le transept méridional, près de la petite porte de la tourelle. Dès le XV⁰ siècle, l'autel de *Sainte-Hélène* était réuni à celui de Saint-Sébastien. Station de Saint-Sébastien.

IV. *Chapelles autour du chœur, en allant du côté de l'évangile au côté de l'épître.*

13. *Sainte-Mâthie,* première chapelle, « vis-à-vis la porte collatérale du chœur au côté de l'évangile » d'après le pouillé de 1760 et tous les documents. Cette chapelle, qu'on appelle maintenant le Sacré-Cœur, a été confondue par les écrivains modernes avec la chapelle Saint-Sauveur. Il importe grandement à l'intelligence de l'Obituaire de Saint-Pierre de rectifier cette erreur. A l'autel de Sainte-Mâthie furent réunis : 1° l'autel de *Saint-Léonard,* qui était adossé au mur septentrional de la chapelle Sainte-Mâthie; 2° l'autel de *Saint-Adérald* qui était uni à celui de Saint-Léonard ; 3° la station de Sainte-Croix qui était aux autels de Saint-Léonard et de Saint-Adérald.

14. *Saint-Jean-Baptiste,* deuxième chapelle en suivant, où étaient au moyen-âge les fonts baptismaux. Au même autel : 1° *Sainte-Trinité ;* 2° *Saint-Barthélemy.*

15. *Saint-Sauveur,* troisième chapelle en suivant. Elle était chapelle paroissiale. C'est le titre de la première église dédiée au culte chrétien dans le diocèse de Troyes. Au même autel *Saint-Jacques le Mineur.* La chapelle de Saint-Sauveur est quelquefois désignée au XVIII⁰ siècle sous le nom de chapelle *des Reliques de sainte Mâthie,* parce que la châsse de cette sainte était dans la chapelle de Saint-Sauveur.

16. *Saint-Nicolas,* quatrième chapelle en suivant. Au même autel *Saint-André.* Station de Saint-Paul.

17. *Notre-Dame,* cinquième chapelle en suivant, au fond du chœur, derrière le maître-autel.

18. *Saint-Pierre* et *Saint-Paul*, sixième chapelle en suivant. Au même autel *Saint-Pierre-ès-liens* et *Sainte-Madeleine*. Station de Saint-Pierre.

19. *Sainte-Marguerite*, septième chapelle en suivant, près du Trésor. Elle est aussi appelée chapelle *des Enfants de sainte Catherine* et chapelle *des Reliques*.

20. *Toussaint*, huitième chapelle en suivant, entre la porte collatérale du chœur, du côté de l'épître, et la porte de la grande sacristie et près de cette dernière, l'autel était adossé au mur du Trésor. Cet autel était aussi dit *de Jean Champigny*, du nom de son fondateur.

21. *Sainte-Hélène*, neuvième chapelle en suivant, dans le collatéral méridional du chœur correspondant à la chapelle de Sainte-Mâthie. L'autel, qui était adossé au mur près du monument des Anglais et de la petite porte qui donne entrée dans la cour de l'Evêché, fut réuni à l'autel Saint-Sébastien (n° 11).

V. *Chapelles dans le chœur.*

22. *Saint-Savinien*, derrière le maître-autel.
23. *Saint-Augustin*, sous le jubé, à droite en entrant.
24. *Saint-Denis*, sous le jubé, à gauche en entrant.

XXI. — TOMBES QUI SE TROUVENT A LA CATHÉDRALE DE TROYES.

La plupart des anciennes tombes ont disparu; plusieurs de celles qui restent sont brisées; les inscriptions de quelques-unes sont illisibles en totalité ou en partie.

1. *François Boilletot*. Sa tombe en pierre est près de la porte de la grande sacristie.

ÉPITAPHE.

D. O. M. *Franciscus* Boilletot, *presbiter, canonicus hujus ecclesiæ, hoc sub lapide tumulatus est. Obiit anno salutis 1694, novembris 28, ætatis 30. Requiescat in pace.*

[*Hic depositum curis nepotum suorum* P. Boilletot — Boilletot, P. Delaporte, *mense martis 1840.*]

2. *Etienne-Antoine de Boulogne*, évêque de Troyes. Sa tombe se trouve dans la chapelle près du Trésor.

ÉPITAPHE DE SON CŒUR.

Hic meliori parte jacet illustrissimus ac reverendissimus in Christo pater DD. Stephanus Antonius comes de Boulogne, archipiscopus, episcopus Trecensis, par Franciœ, qui, dum viveret, optavit ut mortuus ad pedes pii antecessoris sepeliretur; Parisiis autem defuncti prœsulis corpus huc adduci non potuit, ideoque, digna curante familiâ et toto clero Trecensi adprecante, cor novi Athanasii hanc in capellam translatum et prope alterum Joannem elemosinarium rite depositum est. Admirabilia sunt quœ fecit, dixit, scripsit, et in omnem terram exivit sonus eorum. Obiit 13 maii 1825, anno ætatis 77. Resquiescat in pace.

ÉPITAPHE DE SON CORPS.
D. O. M.

Hic jacet RR. DD. Stephanus Antonius de Boulogne, archiepiscopus, episcopus Trecensis, comes et par Franciœ, potens verbo, fide fortis, et Romani Pontificis jurium strenuus propugnator, indè in exilium semel, bis in durum carcerem per triennium ejectus, dein cleri populique sui votis redditus, obiit Parisiis, 13 maii 1825, ætatis 77, ubi conditus in monte Valeriano inter aliorum DD. episcoporum tumulos; hinc translatus, quum arcium munimentis mons cingitur, et venerabili decessori suo DD. De La Tour du Pin appositus, die 21 aprilis 1842. Requiescat in pace.

3. *Edme Bourgeois* (n° 472 et p. 45). Sa tombe est maintenant dans la cour près de la sacristie des chantres.

4. *Etienne Budé* (n° 471). Sa tombe, coupée, est à l'entrée de la cathédrale par la porte Saint-Paul.

5. *Louis Budé* (n° 594). Sa tombe, coupée, sert de margelle au puits qui est dans la nef de la cathédrale.

6. *Jean Calot* (n° 622). Sa tombe est à l'entrée de la cathédrale par la porte Saint-Paul. L'épitaphe de cette tombe porte : *qui trespassa le XII décembre M.CCCC. IIII^{xx} V.*

7. *Sébastien Canny* (n° 772). Sa tombe est dans la cour près la sacristie des chantres.

8. *Pierre Doé*, chanoine de la cathédrale. Sa tombe se trouve dans la première basse-nef, du côté méridonal.

ÉPITAPHE.

Hic jacet Petrus Doé, presbiter, hujus ecclesiœ canonicus et archidiaconus Brenœ. Obiit anno Domini 1700, die 8 novembris.

9. *François Duremain* (n.° 605). Fragment de sa tombe devant la porte du secrétariat de l'Evêché.

10. *Nicole Format* (n° 554). Sa tombe se trouve dans le bas-côté septentrional du chœur. On peut encore lire quelques mots de l'épitaphe : *Nicolaus* Format, *doctor... Obiit 3 nonis octobris.*

11. *Jacques Guichard* (n° 613). Sa tombe est dans le bas-côté méridional du chœur, près du sanctuaire. L'inscription de cette tombe est plus complète que celle qui a été donnée par Camusat.

ÉPITAPHE.

Cy gist M. Jacques Guichard, chenoines de l'église Saint-Pierre de Troyes, curé de Saint-Andry lez Troyes et de Chevillon lez Montargis au dyocèse de Sens, qui trespassa le IIIe jour de décembre l'an M.V^c.XI.

12. *Jean de Hault*, grand-archidiacre (n° 596). Sa tombe est dans le bas-côté septentrional du chœur.

ÉPITAPHE.

Noble homme Jean de Hault, vivant grand-archidiacre et chanoine en l'église de céans, décédé le XXII aoust 1604, est inhumé soubz ce marbre. Priez Dieu pour luy.

Son éloge, qui est au milieu de la tombe, est presque effacé.

13. *Claude Huot* (n° 636). Sa tombe est près de la grande sacristie.

14. *Pierre Jaquoti* (n° 754). Sa tombe est devant la quatrième chapelle de la nef, à partir du portail occidental, du côté de l'épître.

15. *Jean de Longchamp* (n° 575). Sa tombe est dans le premier bas-côté méridional de la nef, près de la chaire.

16. *Jean.* La tombe de ce personnage est dans le premier bas-côté septentrional de la nef.

ÉPITAPHE.

Ex alta mente magnus factis est Johannes. Occubuit mente docilis, qui respuit appes sedulus absque malis, largus fuit ac socialis, plebi dilectus,... et decus, quondam canonicus Trecensis, fidus amicus, plangunt Trecenses, Silvanecti et Senonenses anno Domini M.CCC. quadragesimo primo, nona die maii.

17. *Jeanne La Fezzie* (n° 812). Sa tombe est dans le bas-côté septentrional du chœur. L'inscription de cette

tombe réforme celle qui a été donnée plus haut... *La Fezzie, jadis femme Arnoult Lulier... laquelle trespassa le XXIX.ᵉ jour du moys de may l'an mil cinq cens et un... Nicolas Laurent, marriglier de ceste église... qui décéda le IX septembre mil V.ᵉ et XXVI.*

18. *Catherine de La Marche* (n° 817). Sa tombe est appliquée au mur dans la deuxième chapelle de la nef, à partir du portail occidental, du côté de l'épitre.

19. *Louis-Appollinaire de La Tour du Pin-Montauban.* Sa tombe est dans l'ancienne chapelle Sainte-Marguerite, à côté du Trésor.

ÉPITAPHE.

Ad hujus altaris pedes sepultus jacet reverendissimus in Christo pater illustrissimus DD. de La Tour du Pin-Montauban, archiepiscopus Trecensis. Lugete sacerdotes et levitæ tenerimum patrem, lugete oves optimum pastorem, lugete pauperes hilarem et largum datorem, lugete omnes pontificem omnibus omnia factum ut omnes faceret salvos. Obiit Trecis 28 novembris 1807, ætatis 63. Requiescat in pace.

20. *Lombard*, chanoine et curé de A... Sa tombe est devant la première chapelle de la nef, à partir du portail occidental, du côté de l'évangile. *Obiit Trecis die 18 maii anno 1699, ætatis suæ 72.*

21. *Pierre Malot*, enfant de chœur de Saint-Pierre. Sa tombe est dans la cour près de la sacristie des chantres.

ÉPITAPHE.

Cy gist Pierre Malot, fils de Simon Malot, enfant de chœur de ceste église, qui décéda le 10 juillet 1572. Requiescat in pace. Amen.

22. Les *Mergey* (n° 698). Leur tombe, en marbre noir, se trouve devant la cinquième chapelle de la nef, à partir du portail occidental, du côté de l'épitre. Il ne reste de l'inscription que les mots suivants : ... *[Nicolas] Mergey et Jehan Mergey, son nepveu, et dame Agnès, sa tante ; le premier (prêtre), marriglier de céans, qui décéda le XV septembre...*

23. *Jacques Michel*, maître de chapelle de Saint-Pierre. Sa tombe est en face de la quatrième chapelle de la nef, à partir du portail occidental, du côté de l'évangile.

ÉPITAPHE.

Cy gist M. Jacques Michel, prestre et maistre de musique de ceste église, décédé le 16 décembre 1666. R. J. P. A.

24. *Marc-Antoine de Noë*, évêque de Troyes. Sa tombe est dans l'ancienne chapelle des fonts, après celle du Sacré-Cœur, dans le bas-côté septentrional du chœur.

ÉPITAPHE.

Ci-gît M. Marc-Ant. de Noë, anc. év. de l'Escard, 1er év. de Troyes après le concordat de l'an X (1802) mort le 23 sept. 1803, dans la 78e de son âge. Req. in pace.

La vraie date est le 22 septembre 1802.

25. *Renaud* de Langres (n° 654). Sa tombe est en face de la troisième chapelle de la nef, à partir du portail occidental, du côté de l'évangile. On lit dans l'inscription : *qui decessit XII^a die mensis januarii anno Domini M. CCC. LXII°.*

26. *Jacques-Louis-David de Seguin des Hons*, évêque de Troyes. Sa tombe est dans l'ancienne chapelle Sainte-Marguerite, près du Trésor.

ÉPITAPHE.

D. O. M.

Hic jacet RR. DD. Jacobus Ludovicus David de Seguin des Hons, episcopus Trecensis, qui, dum vixit, in fide virtutem, in patientiâ pietatem ministravit; prudentiam simplicitate, dignitatem modestiâ et morum suavitate commendavit; in mansuetudine opera sua perfecit; ideoque super hominum gloriam dilectus, egenos, viduas, pupillos, exules, peregrinos, totus omnium, fovit, refecit, consolatus est; ut in infirmitate perficeretur, diutini morbi ærumnis probatus, æternitatis ostia et portum quietis attigit annis ferè tribus octogenario major, die ultimâ augusti MD.CCC.XLIII. Requiescat in pace.

27. *Nicole Solas* (n° 688). Sa tombe est près de la porte latérale du chœur, du côté de l'épitre.

28. *Jacques Vilain* (n° 763). Sa tombe est dans le premier bas-côté du chœur, du côté de l'épitre.

29. En 1864, à l'époque de la restauration du chœur de la cathédrale, on découvrit plusieurs caveaux ; le 16 juin, les ossements de quatre évêques de Troyes furent déposés dans un cercueil de chêne à quatre compartiments. Une plaque de cuivre soudée à la partie supérieure du cercueil porte l'inscription suivante :

Hic jacent
RR. DD. episcopi Trecenses defuncti

Nicolaus Briensis .... anno *1269*
Joannes de Braque................. — *1375*
Petrus de Arceiis.................. — *1395*
Franciscus Malier du Houssay....... — *1678*

Quorum ossa ex odeo ecclesiæ Cathedralis extracta in hoc sarcophago recondita sunt die XVI^a mensis junii *1864*.

Ce cercueil est déposé dans le caveau de Jean de Braque, situé derrière le maître-autel.

30. Caveau sépulcral dans la chapelle de la Sainte-Vierge. Ce caveau renferme les restes mortels de saint Vincent, 10e évêque de Troyes (il vivait en 533-541); — de Henry-le-Libéral, comte de Champagne (décédé le 17 mars 1181); — de Thibaut III, son fils (24 mai 1201); — de Hervé, 60e évêque de Troyes (2 juillet 1223), — et de Pierre-Louis Cœur, 95e évêque de Troyes (9 octobre 1860).

2. OBITUAIRE DE SAINT-ÉTIENNE.

§ I.

OBITUAIRE DE SAINT-ÉTIENNE, FIN DU XIIIe SIÈCLE.

JANUARIUS.

1. 1. *Circumcisio Domini.* Festum duplex.
2. 3. Obiit Theobaldus de Sezannia, hujus ecclesie canonicus et subdiaconus, qui nobis dedit quoddam terragium, quod emit a Gaufrido de Meriaco, capicerio ecclesie nostre, situm apud Primum Factum, et XII s., et circa L gallinas in eadem villa, et quoddam pratum, apud Larcicuriam situm, quod emit a Renaudo de Sancto Leodegario, milite, quod valet XXX s., singulis annis ad Brandones persolvendos. Item dedit nobis quoddam pratum apud Courcellas, quod vocatur pratum *de la Parfonde,* et VI sextarios avene; sedent in molendino sito juxta Courcellas: que videlicet pratum et VI sextarios avene emit a Mauricio de Courcellis et heredibus ejus, de quibus

percipimus annuatim XXX s. tribus terminis, scilicet, in anniversario dicti Theobaldi X s., in anniversario Symonis, fratris ejus, X s.; in anniversario Odonis *Bocel*, avunculi eorum, X s. Similiter tercia pars valoris predictorum reddituum distribuetur in quolibet anniversario istorum trium. Et sciendum quod in quolibet anniversario istorum fiet memoria duorum predictorum. Restant XX libre ad redditus emendos : CVI s. VIII d. in camera partitionis.

3. 4. Obiit Hebertus de Sancto Pothamio, hujus ecclesie canonicus et sacerdos, qui dedit nobis vineam de Lanis : in camera partitionis XX s.

4. Item obiit Nicolaus, cancellarius Noviomensis : XV s.; sedent apud *Pannay* in terris et domibus Itheri *Carré*.

5. 5. Obiit Constantius, presbiter de Nois, qui nobis dedit X libras ad emendum quoddam terragium apud Essarta, quod est in prebendis : XX s. in camera partitionis.

6. Item obiit Henricus de Fonvanna, miles, XV s.; sedent apud *Bousanton* in censibus qui fuerunt Girardi de Cucheto ; partiuntur.

7. 6. *Epiphania Domini*. Duplex.

8. 7. Obiit Girardus de Cucheto, hujus ecclesie canonicus subdiaconus, qui dedit nobis duas domos sitas subtus muros episcopi; valent [..]. Item duas pecias prati apud *Coaudon;* valent XV s. Item XX libras de quibus emimus quasdam cameras sitas juxta Balnea ; valent XX s. Item IIII arpenta terre ad Pontem B. Marie ; valent XV s. Valent predicta per totum circiter C s.

9. 8. Obiit Petrus de Ponte, hujus ecclesie canonicus et sacerdos : XL s. in camera partitionis.

10. 9. Obiit Henricus de Poancio.

11. Item eodem die obiit Guillelmus de Sancto Florentino : in camera partitionis XXX s.

12. 10. Obiit Theobaldus, comes Campanie : LX s.; et pro pane X s., in camera partitionis.

13. 11. Obiit Radulphus, hujus ecclesie matricularius,

qui dedit nobis X s. in granchia sua sita in Veteri Roma, et X s. in vinea sua de Praeria percipiendos annuatim ab illo qui grangiam et vineam predictas tenebit, extra.

14. Item obiit Evardus, canonicus et sacerdos altaris B. Marie, qui dedit nobis domum suam de Claustro, et psalterium glosatum et plures alios libros : XXX s. partitionis, extra X s.

15. 12. Obiit dominus Richardus, presbiter et canonicus altaris B. Marie : LX s. partitionis ; sedent apud *Pannay*.

16. 13. Obiit Itherus, decanus hujus ecclesie et sacerdos, qui dedit nobis XL libras ad redditus emendos : XL s. in camera partitionis.

17. 14. Obiit Galterus de Villa Harduini : XX s. in camera partitionis.

18. Item obiit Villanus *Buci :* XX s. partitionis ; sedent apud Noas, prope Fulcas, in terris et vineis.

19. 15. Obiit Guiardus de Foro, hujus ecclesie canonicus et sacerdos, qui nobis dedit domum suam que est in Feneria, juxta domum Hopitalis : C s. partitionis.

20. 16. Memoria Theobaldi, scribe : LX s. in camera partitionis ; et XX s. pro prato *Huinelant,* in camera partitionis.

21. 17. Obiit Huchonnus de Attrabato, qui nobis dedit VIII jugera terre ; valent XXX s. extra ; sedent apud *Ruvigny*. Item dedit nobis quoddam pratum juxta *Marivas* et Ruilliacum, prope prata canonicorum altaris B. Marie hujus ecclesie ; valent XX s. extra.

22. 18. Obiit Guido, dominus Dompetre, qui nobis dedit L. libras ad redditus emendos : L s. in camera partitionis.

23. 19. Obiit Galterus de Barro, hujus ecclesie canonicus et subdiaconus, pro quo debent distribui C s. in camera partitionis.

24. 20. Obiit Guido de Barro et ejus uxor : XL s. ; sedent in domo juxta domum defuncti Guillonis, et

est sita ante domum Phylippi *Le Blonde,* in Civitate : in camera partitionis.

25. 21. Obiit Nicolaus Falcidus, canonicus Trecensis. XXV s. extra. Sedent apud *Pannay* in grangia et ir. terris; Guido subdecanus debet.

26. Item obiit Petrus *Hérault,* hujus ecclesie canonicus et sacerdos : XX s.; sedent in prato quod dicitur *de la Noele* subtus *Culoison,* extra.

27. Item obiit Garnerus Gayus : XX s. partitionis.

28. 22. *Sancti Vincentii.* Festum duplex.

29. 23. Obiit Garcias, regine clericus, hujus ecclesie canonicus dyaconus, qui nobis dedit C libras ad redditus emendos ; de quibus emit Capitulum a Johanne de Campo Gilardi quoddam pratum situm juxta molendina *Osmont,* continguum prato defuncti *Sarré :* XX s., per magistrum Petrum de Marcolio; item X s. annui redditus quos reddit Domus Dei Comitis ecclesie Sancti Stephani pro quodam stallo carnificum; item V s. pro quodam orto sito in Nageria de Foissiaco, canonici altaris Beate Marie debent; item XL s., quos debet reddere camera partitionis pro quadam vinea sita in Monte de *Flois,* per totum LXXV s.

30. 24. Obiit Herbertus, hugerius, et uxor ejus : XL s. extra; sedent in domo sua in Hugeria juxta vicum Templi.

31. 25. Obiit Felicius de Sancto Andrea, hujus ecclesie canonicus et subdiaconus : LX s. in camera partitionis.

32. 26. Obiit Andreas de Lueriis, hujus ecclesie canonicus et sacerdos, qui dedit nobis domum suam lapideam in Claustro, quam tenet magister Johannes Faber : XX s. extra.

33. Item obiit Damianus, capellanus Sancti Mauricii : XX s. in camera partitionis.

34. Dominica ante kalendas februarii celebranda est missa Spiritus Sancti domini Johannis de Aula : XL s. extra; super domum suam quandiu vixerit.

35. 27. Obiit Johannes de Belloforti, presbiter Cruci-

fixi : XXX s. apud *Pannay;* Guido subdecanus, debet.

36. 28. Obiit Balduinus, canonicus et sacerdos, qui dedit nobis quamdam domum sitam in Magno Vico, ante furnum B. Marie : LX s. in camera partitionis. Item XX s.; sedent apud *Gannay :* G[uido], subdecanus, debet.

37. 30. Obiit Odo de Pogeyo, qui dedit nobis IIII sextarios avene, et XX s. qui sunt in prebendis, camera partitionis reddit ; et pro dictis IIII sextarios avene XX s. in camera partitionis.

38. Item obiit Johannes de Barro, qui dedit nobis X s. annui redditus; sedent in quadam logia juxta Sanctum Johannem, que est in prebendis : per totum XXX s. in camera partitionis.

FEBRUARIUS.

39. 1. Obiit Henricus, Trecensis episcopus, qui dedit nobis ecclesiam de Essartis et ecclesiam de Vereriis : LX s., qui sedent in censivis earumdem ecclesiarum, in camera partitionis.

40. 2. *Ypapanti Domini.* Festum duplex.

41. 3. Obierunt Renaudus, Petrus et Coletus Garneri, fratres, qui nobis dederunt medietatem cujusdam stalli ad panem, et XX s. super quamdam domum defuncti Nicolai, ante Scambia : XL s. in camera partitionis.

42. 4. Obiit Johannes de Vitriaco, hujus ecclesie canonicus et subdiaconus : XXX s.; sedent in cameris et platea juxta Balnea.

43. 5. Obiit Galterus de Capis, hujus ecclesie prepositus, qui dedit nobis LX s. annui redditus in fressengiis de Capis, Clareyo et de Vacheria, extra; clerici habent XX s.

44. 6. Obiit Michael de Fayello, hujus ecclesie canonicus et subdiaconus, qui dedit nobis XL libras, pro quo debent distribui XL s.; sedent in ortis et domibus in fine Claustri, extra.

45. 7. Obiit Karolus de Clauso, pater domini Hugonis de Clauso, qui dedit nobis quoddam stallum in quo venditur panis, quod est in prebendis : XX s. in camera partitionis.

46. Item obiit Paganus, clericus de Cambio : XX s. in camera partitionis.

47. 8. Obiit Henricus, cantor Trecensis, qui dedit nobis XX s. ; sedent in furno nostro in Vico Magno : partiuntur.

48. Item obiit Robertus de Barro, canonicus et subdiaconus hujus ecclesie, qui dedit nobis annuale suum : XX s. in camera partitionis.

49. 11. Obiit Petrus de Busseyo, hujus ecclesie canonicus et dyaconus, qui dedit nobis II arpenta vinee apud *Fayel* : L s. in camera partitionis ; clerici habent tertiam partem.

50. 14. Obiit Guillelmus Anglicus : XX s. partitionis ; sedent in domo Hugonis, aurifabri, in Vico Magno.

51. Item obiit Robertus de Latigniaco et ejus uxor : IX s. apud *Pannay*; G[uido], subdecanus debet. Item VI s. in camera partitionis ; item V s. in ortis in fine Claustri.

52. 18. Obiit Lambertus *La Bouche :* XX s. ; sedent in quodam virgulto quod est in Praeria, et in quadam vinea sita ultra domum Leprosorum prope viam que ducit apud Pruvinum : in camera partitionis.

53. Item obiit Mychael, canonicus : XII s. partitionis.

54. 21. Obiit Bartholomeus, Trecensis episcopus : X libras; sedent in stallis que fuerunt defuncti Gerardi de Barro, et defuncte Aelidis de Clauso, et defuncti Guidonis *Pic de Larron*, et defuncti Johannis, filii Odinis de *Truchepot,* et defuncti Roberti *Chaurre* et in porta que fuit defuncti Guillelmi de Clauso : in camera partitionis.

55. 22. Hanricus, capellanus Sancti Thome : XXX s. partitionis ; sedent apud *Pannay*.

56. 23. Obiit Johannes Renardi, sacerdos et canonicus altaris Beate Marie, qui dedit nobis XX s.; sedent in

domo Hugonis, aurifabri, in Vico Magno : in camera partitionis. Item obiit Galterus de Dauda : XX s. partitionis.

57. 24. Obiit Margareta, marescallissa : XL s. ; sedent apud *Villebertain,* extra.

58. 25. Obiit Hugo de Celario, clericus : IIII libras, scilicet, in camera partitionis XL s., et in grangia et terra Petri *Pelerin* apud *Pannay* XL s.; G[uido], subdecanus, debet.

59. 26. Obiit Renerus de Bordis, hujus ecclesie canonicus et diaconus : in molendino de Warnonvillari LXXIII s. in camera partitionis. Item habuimus ab eodem LVI libras X s., pro quo debent distribui LVI s. VI d. partitionis; sedent in novo stagno Giffaudimontis.

60. 28. Obiit dominus Philippus de Castris, canonicus et sacerdos : XL s. in camera partitionis, et XX s. in pane pro pauperibus ; partiuntur.

MARTIUS.

61. 1. Obiit Martinus de Belloforti, miles, et Adelina, uxor ejus : XL s.; sedent in vinea de Monte de *Flois ;* in camera partitionis.

62. 2. Obiit Symon de Spinali Bosco, canonicus et subdecanus, qui nobis dedit XX libras : XX s. in camera partitionis.

63. Item obiit Robertus *Chaurrez,* canonicus et sacerdos, qui dedit nobis quamdam cameram juxta Pondus : XX s. in camera partitionis.

64. 4. Obiit Maria, Trecensis comitissa, regis Francorum filia, que cum marito suo bone memorie comite Henrico ecclesiam istam fundavit, et post mortem ipsius eam fideliter rexit, que dedit nobis LX s.; sedent in stallis que fuerunt defuncti Petri *Hergot.* In hoc anniversario debent accendi VII cereos de penso ante altare. Item dedit nobis quoddam pratum situm juxta Sanctum Patroclum : in camera partitionis.

65. 5. Obiit Girardus, capellanus altaris Sancti Mauricii : XX s.; sedent in cameris juxta Balnea, extra. Item VII s., extra, in censibus de Creneyo.

66. Item obiit Lambertus, cordubernarius : X s., extra.

67. 6. Theobaldus de Plenis, canonicus et subdecanus, qui dedit nobis domum suam de Claustro et quamdam granchiam in burgo Sancti Jacobi : XXV s. in camera partitionis.

68. Item memoria Gaufridi de *Jooigny* : XX s., extra; sedent in domo sua in Loremeria.

69. 7. Obiit magister Felicius de Tanneria, canonicus et diaconus : IIII libras, extra; sedent apud *Pannay*, G[uido], subdecanus, debet. Item VIII s.; sedent in virgulto apud *Torvoye*, quod tenet Johannes *Torpins*, canonicus, extra ; clerici habent quartam partem.

70. 10. Obiit Adam de Castro *Landon*, canonicus et sacerdos, qui dedit nobis domum suam in Claustro : XXX s. in camera partitionis.

71. 12. Obiit Blancha, comitissa Trecensis palatina, que dedit nobis LXX s.; sedent in stallis que fuerunt Guillelmi de Clauso et Gaufridi *Chaperon* et defuncti Karoli de Clauso, in camera partitionis.

72. 13. Obiit Lambertus de Barro, qui dedit nobis C libras ad redditus emendos, quos debet tenere Milo, filius ejus, quandiu vivet, et post mortem ejus ad nos revertentur : XX s. in camera partitionis.

73. Item obiit Elissandis, domina de Capis : XX s. partitionis, in vicecomitatu.

74. 14. Obiit Symon de Sesannia, canonicus et sacerdos : CVI s. VIII d. in camera partitionis.

75. Item fiat memoria defuncti Th[eobaldi], fratris sui, et Odonis Bocuti, avunculi eorum.

76. 15. Obiit Theobaldus de Campo Guidonis, canonicus et sacerdos, qui dedit nobis, XXXIII s. X d. censuales, sitos in Waysia, qui debent distribui in anniversario ejus, cum laudibus et vantis inde habitis,

qui census fuit Jacobi *Le Lorne,* in camera partitionis.

77. 16. Obiit Petrus *Roncevoille,* canonicus et subdecanus, qui dedit nobis domum defuncti Roberti, aurifabri, que est in prebendis de *Giffaumont :* XL s. in camera partitionis.

78. In vigilia anniversarii comitis Henrici dicuntur pro II diebus psalmi post Primam; ad completorium vero pulsandum est cum majori signo, sicut sabbato in Quadragesima.

79. 17. Obiit illustris comes Henricus Campanie : cuilibet canonicus V s. pro toto, in camera partitionis, et XX s. in pane pro pauperibus; camerarii solvunt.

80. 18. Obiit Nicholaus, presbyter, capellanus altaris Crucifixi.

81. 19. Obiit Odo de Luieriis, canonicus et sacerdos, pro quo habemus partem dimidiam quarti bladi in decima de Lueriis : XX s. in camera partitionis.

82. Item obiit Girardus, presbiter de Fulcheriis : XX s., extra; sedent in prato *de la Noelle.*

83. 20. Obiit magister Paganus de Carnoto : XL s. in camera partitionis; sedent in aquis ad Pontem Beate Marie.

84. 22. Obiit Guido de Dampetra, dominus Sancti Justi, qui dedit nobis C libras ad redditus emendos : VI l. in camera partitionis.

85. 23. Obiit Johannes de Furno, canonicus et dyaconus, qui dedit nobis XL libras ad redditus emendos, pro quo debent distribui XL s.; sedent apud *Pannay,* extra; G[uido], subdecanus, debet.

86. 24. Obiit dominus Martinus papa IIII, qui dedit nobis C libras pro redditibus emendis pro anniversario suo; posite sunt in stagno de *Giffaumont :* C s. in camera partitionis.

87. 25. *Adnunciatio Dominica.* Festum duplex.

88. 27. Obiit Milo de Barro, hujus ecclesie decanus, qui dedit nobis quoddam pratum subtus *Vacheri;* valet

LXX s. Item capitulum concessit ei VI sextarios frumenti, quos habebat in grangia Templariorum apud *Brecenay,* et debent adduci in granario Capituli apud Trecas in festo sancti Remigii : X l. X. s. in camera partitionis.

89. 28. Obiit Petrus, Burdegalensis archiepiscopus, qui dedit nobis XX libras pro redditibus emendis : XX s. apud *Pannay.* G[uido], subdecanus, debet.

90. Item obiit Frogerus : XX s. in camera partitionis.

91. 29. Obiit Margareta, regina Navarre : C s.; sedent in portagio vinorum Trecensium, extra.

92. 30. Obiit Petrus David et Petrus Creditor : XX s. extra, in censa Gauffridi de Jovigniaco.

93. Item obiit Ansellus de Triangulo, miles : IX s. in aqua ad Vadum Repertum : in camera partitionis.

94. Item obiit Johannes de *Pannay,* qui dedit nobis quoddam pratum situm apud *Pannay,* in prato *de la Praele :* valet X s.; camerarii solvunt.

95. 31. Obiit Hugo, archiepiscopus Senonensis : XL s. in camera partitionis.

APRILIS.

96. 2. Obiit Nicholaus de Curia, canonicus et subdecanus : XL s.; sedent in vineis suis de Courlangiis; in camera partitionis.

97. 3. Obiit Jacobus *Roncevoille* et Auda, uxor ejus : XXX s. in camera partitionis.

98. 5. Obiit Milo de Sancto Albino, decanus Trecensis, qui nobis dedit medietatem decime de *Fojon :* XL s. in camera partitionis.

99. 6. Obiit Bernardus, presbiter beneficiatus ad altare Sancti Quiriaci in ecclesia Sancti Stephani, qui dedit nobis XL libras, pro quo debent distribui X s. partitionis; sedent in novo stanno de *Girfaumont.*

100. Item obiit Maria dicta *la Sale :* XX s. partitionis; sedent apud *Pannay.*

101. 7. Obiit magister Garnerus de *Corbie,* canonicus et subdecanus : XL s.; sedent in furno nostro in Vico Magno; clerici habent quartam partem in camera partitionis.

102. 8. Obiit Emeniardis, uxor Couteleti : XX s. in camera partitionis.

103. Item obiit Aalidis de Lueriis : X s. in camera partitionis.

104. 11. Obiit Robertus, presbiter : XL s. in camera partitionis.

105. Item eodem die obiit Isabellis, uxor defuncti Jacobi *Priste Mouche,* qui dedit nobis quemdam locum in quo venduntur sotulares : valet VI s.; camera partitionis reddit. Non recipiuntur.

106. Item memoria Blanche, comitisse Trecensis palatine : XX s. in camera partitionis.

107. 12. Obiit Petrus, major de Essartis, et Margareta, ejus uxor : XL s.; sedent apud *Pannay* in grangia et terris Petri *Pelerin,* extra; G[uido]. subdecanus, reddit.

108. 13. Memoria Theobaldi, scribe, debet fieri in octabis Pasche : LX s. in camera partitionis, et XX s. pro prato *Huynelant* in camera partitionis.

109. 14. Obiit Guio *de Condé,* canonicus et sacerdos : XXV s. extra; sedent in quadam domo retro domum Sancti Johannis.

110. Item obiit Hugo, canonicus et sacerdos : XX s. partitionis.

111. 17. Obiit Nicolaus, Trecensis episcopus : IIII libras in camera partitionis.

112. 19. Obiit Milo Brebannus, miles : XX s. in camera partitionis, quos capitulum ei concessit super domum que est apud Pruvinum in vico Sancti Johannis juxta domum Sancti Quiriaci.

113. Item obiit Guillelmus, cancellarius : XX s. in camera partitionis.

114. 21. Obiit Petrus Bouchardi et Jacobus, filius

ejus : XX s., extra, in domo sua in Foro, que dicitur *à la Carole.*

115. Item obiit Blancha *Priste Mouche,* que dedit nobis apud *Lechcrolles* XVIII s. IIII d. censuales.

116. Item obiit Hugo, concergius, qui dedit nobis VIII solidos; sedent in vineis et in ortis granchie sue que est in Prato Episcopi. Summa per totum : XX s. in camera partitionis; XXX s. extra.

117. 22. Obiit nobilis et illustris mulier Ysabellis, quondam regina Navarre, illustris regis Francorum filia : C s. in portagio vinorum Trecensium; extra.

118. 23. Obiit Remigius *Bichet,* hujus ecclesie succentor et sacerdos : C. s. in camera partitionis.

119. 24. Obiit Renaudus de Maissiaco, canonicus et sacerdos, qui nobis dedit tres grossos fructus prebende sue; positi fuerunt in novo stanno Giffaudimontis, pro quibus debent distribui LX s. partitionis.

120. 25. Obiit Philippus de Sezannia, canonicus, qui nobis assignavit XXX s. in camera partitionis annui redditus, in stallis carnificum.

121. Item obiit Theobaldus de Fimis, canonicus, qui nobis dedit X s. extra, in domo sua lapidea quam tenet magister P. de *Donemaine.*

122. 26. Obiit Guillelmus *Putemonoie*, qui dedit nobis XV s. VII d. censuales apud Cuchetum, de quibus debentur ecclesie Sancti Lupi V s.

123. Item obiit Gilbertus, filius Laurentii : XX s. in camera partitionis.

124. 27. Obiit Renerus de Sancto Quinto, hujus ecclesie cantor et subdiaconus : XX s.; sedent in quodam stallo juxta Celarium ad allia, extra.

125. 28. Obiit magister Johannes de Heduno, canonicus et subdiaconus, qui nobis dedit grossos fructus prebende sue pro anniversario suo annuatim faciendo : LX s. partitionis; sedent apud *Pannay*.

126. 29. Obiit dominus Guillelmus de Braio, cardinalis, qui dedit nobis C libras ad redditus emendos : C s. in camera partitionis

127. 30. Obiit magister Radulphus, canonicus et subdiaconus et scholasticus, qui dedit nobis C libras ad redditus emendos : C s. in camera partitionis.

MAIUS.

128. 1. Obiit Robertus, presbiter : XL s. in camera partitionis.
129. 2. *Sancti Quiriaci.* Festum duplex.
130. 3. *Inventio sancte Crucis.* Festum duplex.
131. 4. Obiit Guido de Vanna, canonicus et diaconus, pro quo habemus apud Boilliacum in anniversario suo IIII modios vini et IIII quarterones de nucibus, vel III quarterones frumenti ad valorem minagii, et III s. annui redditus; Jaquinus *Li Caillaz* debet in vindemiis, extra. Item XX s. in vicecomitatu : camera partitionis reddit; clerici habent tertiam partem.
132. 5. Obiit magister Richardus, canonicus et subdiaconus : X s.
133. Item eodem die obiit Gilbertus de Clauso, qui nobis dedit X s. annui redditus; pro istis in camera partitionis XX s.
134. Item obiit Remigius, Pampilonensis episcopus : XX s. partitionis.
135. 6. Obiit Girardus de Ataverna, canonicus et subdiaconus : XX s. in camera partitionis.
136. Item obiit Bonetus, clericus, qui nobis dedit quamdam vineam apud *Coullanges*, juxta *Valanz*, extra, XII d. census.
137. Item obiit Blancodus, canonicus et diaconus : X s. VI d.; sedent in aqua que fuit Hugonis dicti Hervei, que est intra aquas Capituli apud Sanctam Mauram, in camera partitionis.
138. 8. Obiit Albuinus, cantor hujus ecclesie et subdiaconus : C s. extra; sedent apud *Pannay* in XXV libras quas habet annuatim Galterus, thesaurarius, ejus frater, super grangiam et terras Marie *La Torpine*.

139. 9. Obiit Hebertus *Rainsanz*, canonicus et subdiaconus, qui dedit nobis quamdam domum in Magna Tanneria ; valet XX s., extra.

140. Item obiit Theobaldus de Roseriis, canonicus et subdiaconus, qui dedit nobis XIV libras ad emendos redditus, pro quo debent distribui XIV s.; sedent in veteri stanno *Giffaudimontis*.

141. 10. Obiit Petrus, thesaurarius, de Vitriaco, canonicus et subdiaconus : XXX s. in camera partitionis.

142. 11. Obiit Jacobus de Bononia, canonicus : XX s.; sedent super stallum Johannis de Montemirabili, extra.

143. Item obiit Guillelmus de Pertico : XX s. partitionis.

144. 12. Memoria Heberti *Belot,* canonicus et diaconus : XL s.; sedent in voltis Sancti Sepulchri : camera partitionis reddit.

145. 13. Obiit Dominicus *Li Coucons*, qui nobis dedit quoddam stallum juxta Scambia, quod est in prebendis : XX s.

146. Item eodem die obiit Andreas Meldensis, hujus ecclesie canonicus et subdiaconus : X s., totum in camera partitionis.

147. 14. Obiit Johannes de Chaoursia, presbiter, qui nobis dedit X libras.

148. Item obiit magister Johannes de Virtuto, qui nobis dedit X libras : XX s. in camera partitionis.

149. Item obiit Faerius de Lueriis : XX s. partitonis.

150. 15. Obiit magister Guillelmus de Vitriaco, hujus ecclesie succentor, pro quo habuimus L libras ad emendos redditus : L s. camera partitionis.

151. 16. Obiit Girbertus, canonicus altaris Beate Marie et sacerdos : XX s. in camera partitionis.

152. Item obiit Nicolaus *Flameris*, qui nobis dedit quamdam domum sitam juxta *Bourberaut :* XX s. in camera partitionis.

153. 17. Obiit Johannes de *Goumains,* canonicus et subdiaconus.

154. 18. Obiit Helias de *Caours,* qui dedit nobis XXX libras ad emendos redditus : XL s. in camera partitionis.

155. 19. Obiit dominus Haymo, canonicus et sacerdos, qui nobis dedit duos fructus prebende sue pro anniversario suo annuatim faciendo : XXXVII s. VI d. in camera partitionis; sedent in molendino de Warnonvillari.

156. 20. Obiit Petrus et Rocelina, parentes magistri Guillelmi de Vitriaco, quondam succentoris hujus ecclesie.

157. Item obiit dominus Adam, quondam curatus de Luporum Viis, avunculus dicti magistri G[uillemi de Vitriaco], pro quibus habuimus XXX libras ad emendos redditus : XXX s. in camera partitionis.

158. 21. Obiit dominus Stephanus ad Aurum, canonicus Beate Marie et sacerdos, qui nobis dedit XII libras pro redditibus emendis, pro quo debent distribui VIII s. VI d.; positi sunt in novo stanno *Giffaudimontis.*

159. 22. Obiit magister Stephanus de Luxovio, hujus ecclesie decanus : C s. partitionis apud *Pannay.*

160. Obiit Humbertus de Luxovio, canonicus altaris Beate Marie in ecclesia Trecensi; et Henricus et Sibilla, parentes defuncti Stephani, decani : XXX s. partitionis; sedent apud *Pannay.*

161. 23. Obiit Ogerinus, qui nobis dedit quamdam vineam sitam apud Larcicurciam in territorio quod vocatur *Mont de Flois :* XL s. in camera partitionis.

162. 24. Obiit Ancherus de Sublanis et Johannes frater ejus, presbiteri, qui nobis dederunt XX libras ad redditus emendos : XX s. super aquam que vocatur Vadum Repertum subtus *Culoison;* camera partitionis reddit.

163. Item obiit Manasses, cantor ecclesie Trecensis : XX s. partitionis.

164. 25. Obiit Theobaldus, comes, juvenis, filius comitis Henrici, hujus ecclesie fundatoris : VII l. in camera partitionis.

165. 26. Obiit Girardus, camerarius Sancti Petri Trecensis, qui nobis dedit quoddam stallum in quo venditur panis, et XX s. in domo que fuit Roberti *Chaurre,* juxta Sanctum Johannem : XL s. in camera partitionis.

166. 27. Memoria nobilis mulieris Isabellis, quondam regine Navarre, illustris regis Francorum filie : C s. partitionis.

167. 29. Memoria Theobaldi, regis Navarre, qui decessit in itinere Sancte Crucis : L s. in camera partitionis, quia positi fuerunt in terris emptis in finagio de Gallicantu quod stat in stanno de *Giffaumont* dicto *à la vane de Lourme.*

JUNIUS.

168. 1. Obiit Jocelinus de Lyno, canonicus, qui dedit nobis X s.; sedent in vineis suis in valle *de Wains*: Lambertus, frater ejus, debet reddere; et XX s. apud *Pannay* : G[uido], subdecanus, debet, totum extra. Item XII libras per fratres suos, pro quo debent distribui XII s. partitionis ; sedent in novo stanno de Giffaumonte.

169. 2. Obiit Petrus *Li Bougres,* canonicus : XL s. in camera partitionis ; matricularii nihil habent, Sanctus Lupus debet eis II s.

170. 3. Obiit Johannes, decanus Sancti Quiriaci Pruvinensis, hujus ecclesie capicerius, qui dedit nobis CX libras pro anniversario suo; C s. in furno de Pruvino camera partitionis reddit.

171. 4. Obiit Adam de Sarreyo, decanus Sancti Urbani Trecensis, qui nobis dedit quoddam pratum apud *Pannay;* valet C s., extra.

172. 5. Obiit Johannes de Vitriaco, thesaurarius hujus ecclesie, diaconus, qui nobis dedit XL libras pro anniversario suo : LX s. extra, apud *Pannay,* per G[uidonem], subdecanum.

173. 6. Obiit Phylippus de Sancto Justo : XX s. apud *Pannay,* extra ; G[uido], suddecanus, debet; item III s. in censibus de Creneyo; partiuntur.

174. Item obiit Richardus, vicarius : VII s. VI d. in censibus; sedent in domo Johannis, cantoris Trecensis, in Burgo Episcopi, extra, per canonicos altaris Beate Marie.

175. 7. Obiit magister Robertus de Radiis, canonicus et sacerdos, qui nobis dedit XL libras ad redditus emendos pro suo anniversario : X L s. in camera partitionis.

176. Obiit Hugo de Porta, canonicus : XXX s. in camera partitionis.

177. Item obiit Jocelinus, pro quo ejus frater dedit nobis X s. census, pro istis duobus : XL s. in camera partitionis.

178. 12. Obiit Ebrardus Conciergius qui dedit nobis quatuor loca ubi venduntur sotulares : nichil.

179. Item obiit Johannes de Barro, miles, qui dedit nobis quasdam vineas apud Barrum super Albam in finagio de Fontanis, de subtus Fulcas : valent X s.; G. *Bridemiche,* presbiter, tenet ad vitam, extra.

180. Item obiit Gaufridus de Palo, qui dedit nobis XX libras pro anniversario suo : XX s. partitionis.

181. 16. Obiit Robertus, aurifaber, qui dedit nobis quoddam stallum carnificum, quod valet XV s.; in camera partitionis.

182. Item obiit Deodatus, canonicus altaris Beate Marie et sacerdos : X s.; sedent in furno.

183. Item obiit Jacobus Malenutritus et uxor ejus : V s. in vico qui dicitur *Bourberaut;* totum partitur, scilicet XXX s.

184. 20. Obiit Maria uxor Petri Generi, qui dedit nobis quamdam cameram juxta domum Roberti *Chaurre :* XL s. in camera partitionis.

185. 21. Obiit Hugo de Clauso, canonicus, qui nobis

dedit quoddam stallum ad panem juxta domum Corrigiarum : XL s. in camera partitionis.

186. 21. Hebertus de Arceis, canonicus. Item obiit Gobaldus de Ponte. Item obiit Dominicus, canonicus et sacerdos altaris Beate Marie ; pro istis tribus, L s. in camera partitionis.

187. Obiit Robertus Delfini, canonicus et capicerius hujus ecclesie : L s. in camera partitionis.

188. 24. *Nativitas sancti Johannis Baptiste.* Festum duplex.

189. 26. Obiit Odo de Seleriis, canonicus et sacerdos, qui nobis dedit XXVII s. VI d. censuales in vineis et terris apud *Montmorel* : XXX s. in camera partitionis.

190. 27. Obiit Petrus de Sancto Quintino et Adelina, ejus uxor : XX s. partitionis.

191. Item memoria Gaufridi de Jovignaco, canonicus et diaconus : XX s.; sedent in domo sua de Loremeria, extra.

192. 28. Obiit Vincentius de Petra Castri, cantor, quondam cancellarius Campanie, pro quo habuimus C libras Turonenses positas in stagno novo de *Giffaumont :* C s. in camera partitionis.

193. 29. *Apostolorum Petri et Pauli.* Festum Duplex.

194. 30. Memoria Guidonis de Dampetra, domini Sancti Justi : LX s. extra; sedent apud *Pannay.* G[uido], subdecanus, debet.

JULIUS.

195. 1. Obiit magister Guillelmus de Vivariis, canonicus et subdiaconus, de quo habuimus LXXV libras ad redditus emendos : XXV s. in camera partitionis ; et L s. super quoddam pratum, quod emimus a Maria *la torpine,* apud *Pannay,* extra, Guillelmus *li lornes* debet. Item C s. quos receperunt camerarii de residuo bonorum suorum, pro quibus debent distribui V s. partitionis.

196. 2. Obiit Herveus, Trecensis episcopus, pro quo dominus Hugo, concanonicus noster, dedit nobis LX s. annui redditus apud Barbonam in terris et vineis et domibus que fuerunt Johannis Stulti. Illos LX s. assignavit Capitulum ad faciendum anniversarium Henrici, hujus ecclesie subdecani : in camera partitionis.

197. 3. Obiit Symon *li lurriers :* XL s. in camera partitionis.

198. 4. Obiit magister Jobertus, qui nobis dedit XX libras ad redditus emendos : XX s. in camera partitionis.

199. Item obiit Falco, canonicus et subdiaconus : V s. extra, in quadam vinea ad Pontem Beate Marie; et dedit nobis quartam partem cujusdam stalli ubi venditur panis, et alie III partes sunt pro anniversario defuncti Egidii, succentoris.

200. 5. Obiit Maria, comitissa Brene : XL s. apud *Pannay ;* G[uido], subdecanus debet.

201. 6. Obiit Nicolaus, hujus ecclesie thesaurarius : XX s. in camera partitionis.

202. Item obiit Johannes *Mingnez :* XVI s. in camera partitionis.

203. 7. Obiit Petrus de Sancto Quintino et Adelina, ejus uxor : X s. in camera partitionis.

204. 10. Obiit Johannes, Paphensis episcopus, qui nobis dedit LX libras ad redditus emendos pro quo debent distribui IIII sextarii frumenti et una mina censuales cum laudibus et ventis. Debent apud Villam Dei juxta Noas : in camera partitionis.

205. 11. Obiit illustrissimus Theobaldus, rex Navarre, Campanie et Brie comes palatinus : C s. ; sedent in portagio vinorum Trecensium, extra.

206. 13. Obiit Artaudus, hujus ecclesie canonicus et thesaurarius, qui nobis dedit LX libras ad emendos redditus : L s. in camera partitionis.

207. 14. Obiit Symon de Anchora, canonicus, qui no-

bis dedit LX s. annui redditus in voltis monialium de Foissiaco, juxta Draperiam; extra.

208. Item obiit Stephanus Grangerius, qui dedit nobis X s. censuales apud Noas : X s. in camera partitionis.

209. 15. Obiit Odo Boçutus, canonicus et subdiaconus. Fiat memoria defunctorum fratrum et nepotum ipsius Theobaldi et Symonis de Sezannia, canonicorum hujus ecclesie : CVI s. VIII d. in camera partitionis.

210. 16. Obiit Clarambaudus, Tyrensis archiepiscopus, et Jacobus, nepos ejus : XL s. in camera partitionis.

211. 17. Obiit magister Jacobus Parvus, phisicus, qui dedit nobis XL libras ad emendos redditus pro anniversario suo, et dedit nobis quoddam nemus situm apud *Torvoye*. Pro quo debent distribui XL s. in camera partitionis; sedent in novo stanno de *Giffaumont*.

212. 18. Obiit Abraham : XL s. in camera partitionis.

213. 19. Obiit domina *Anglée*, que dedit nobis X s. annui redditus in logiis Corrigiarum : X s. in camera partitionis.

214. Item obiit Petrus de Monasterio Arremarensi : XX s. in camera partitionis.

215. 20. Obiit Colinus *Chaurrez*, canonicus et subdiaconus : XXX s. quos domus Dei comitis reddit; et XX s. in quadam aqua ad Pontem Beate Marie que fuit Petri, clerici, quos reddit camera partitionis. Dedit etiam nobis XX s. annui redditus in quadam aqua apud Sanctum Benedictum, quam ipse emit a Petro de Portis, ad incensandum ante majus altare dum magna missa celebretur.

216. Item obiit Petrus Felix, et Petrus de Ferreriis : XX s. in camera partitionis.

217. 21. Obiit Villanus de Barro, canonicus et subdiaconus : XXX s. in camera partitionis; sedent in aqua ad Pontem Beate Marie.

218. Item obiit Johannes dictus *Villaine*, de quo habuimus XX libras ad emendos redditus pro anniversario suo; pro quo debent distribui XX s. in novo stanno de *Giffaumont*.

219. 22. *Sancte Marie Magdalenes.* Festum duplex.

220. 23. Obiit Henricus, rex Navarre : XX s. in camera partitionis.

221. 24. Obiit Johannes de *Monloon*, qui fecit nobis voltas et domos Draperie que dicuntur domus de *Monloon :* XL s. in camera partitionis.

222. 25. *Sancti Jacobi, apostoli.* Festum duplex.

223. 26. Obiit Guido de Capis, qui nobis dedit C libras ad emendos redditus pro anniversario suo : IIII libras X s. in camera partitionis.

224. 27. Obiit Manasses, archidiaconus, et *Seignorez :* XL s. in camera partitionis.

225. 28. Obiit Girardus de Barro, canonicus Trecensis, qui nobis dedit quoddam stallum juxta stallum Thierrici *Bridon :* XL s. in camera partitionis.

226. Missa Spiritus Sancti domini Roberti de Thorota, celebranda est die dominica ante kalendas augusti : LX s. partitionis.

227. 29. *Sancti Lupi, episcopi.* Festum duplex.

228. 30. Obiit Jacobus *Raviz*, et Richoudis, ejus uxor : XX s. in quadam camera quam dedit nobis Robertus *Chaurrez*, ante domum defuncti Petri Lingonensis : in camera partitionis.

229. Item obiit Guillelmus, scriba : XX s. partitionis.

230. 31. Obiit Haymo de Curia Beate Marie, presbiter beneficiatus ad altare Beati Martini, qui nobis dedit decem cameras sitas ultra portam Magne Tannerie, et grangiam, et duas alias cameras ante predictas decem cameras; item dedit nobis unam domum et unam cameram in Dongione; et aliam domum juxta domum monachorum de Fonteneto, in vico Templi; item XXX s. in camera partitionis, pro pratis que vendita fuerunt. Clerici habent XL s. partitionis.

AUGUSTUS.

231. 1. Obiit Mattheus de Duabus Aquis, qui nobis dedit XV libras ad emendos redditus pro anniversario suo. Item obiit Galterus de Vitriaco, canonicus et dyaconus, de quo habuimus XX libras de annuali prebende sue : pro istis duobus, XX s. in camera partitionis.

232. Item obiit Galtherus de Nogento : XX s. in camera partitionis.

233. 2. Obiit Theobaldus Scriba, qui dedit nobis domum suam lapideam et alia multa bona fecit nobis : LX s. in camera partitionis, et XX s. pro prato *Huinelaut,* in camera partitionis.

234. 3. *Inventio sancti Stephani.* Festum annale.

235. 5. Obiit Galtherus de Foro : XX s. extra, in domo sua lapidea ; et XL s. in camera partitionis.

236. 6. Obiit Theobaldus de Villamauri, canonicus XXX s. in camera partitionis.

237. 7. Obiit Galtherus Amatrii, qui dedit nobis quoddam stallum ad panem in Foro. Item obiit Otrannus : IIII s. in camera partitionis ; pro istis duobus, XVI s. in camera partitionis. Item obiit Petrus de *Voonon,* canonicus et diaconus : XV s. in camera partitionis, XXXI s. partitionis per totum.

238. 8. Obiit Thierricus de Sparnasco, qui dedit nobis XX libras ad emendos redditus pro anniversario suo ; pro istis XL s. in camera partitionis.

239. 9. Obiit Guillelmus de *Montmorel,* qui dedit nobis XX s. annui redditus, extra ; Domus Dei Sancti Stephani reddit.

240. Item obiit Galtherus *Blanchars,* canonicus : X s. partitionis.

241. 10. *Sancti Laurentii, martiris.* Festum duplex.

242. 11. Obiit dominus Egidius de Croncellis, de quo habuimus XXX libras ad emendos redditus pro anniversario suo : XXX s. partitionis.

243. 12. Obiit Stephanus Giroudi, canonicus et sacerdos : XL s.; Sanctus Lupus reddit pro horreo et vinea que sunt apud *Eschenilly*, extra.

244. 13. Obiit magister Johannes Garsie, canonicus : LX s.; sedent in domo Henrici *Larmeurier*, in Vico Magno, extra. Item XL s. partitionis, de quibus clerici habent XX s.

245. 14. Obiit magister Balduinus, canonicus. Item obiit Adam de *Peis:* pro istis duobus, XXX s. in camera partitionis.

246. 15. *Assumptio Beate Marie Virginis.* Festum annale.

247. 16. Magister Johannes de Pruvino, canonicus et subdiaconus, qui dedit nobis annuale prebende sue ad emendos redditus pro anniversario suo : X s. partitionis.

248. Item obiit Petrus Gener qui dedit nobis XX s. in domo sua de Coifferia, extra.

249. Obiit Gaufridus de *Villers*, qui dedit nobis quoddam redditum quem tenet Savericus, celerarius, ad vitam suam, pro XXX s. reddendis singulis annis in die anniversarii dicti G., extra.

250. 18. Obiit Lambertus *Bouchuz*, miles, qui dedit nobis XL s. annui redditus in domo sua que fuit defuncti Theobaldi, judei, extra.

251. 19. Obiit Jacobus de Droto, curatus altaris Crucifixi : XXX s., extra; de quibus sedent apud *Pannay* XX s. et apud Pontem Beate Marie VIII s.

252. 20. Obiit Petrus de Janicuria, miles, qui dedit nobis XL s. annui redditus super heredes suos, extra.

253. 21. Obiit Petrus de Vitriaco et Flandrina, ejus uxor : XX s. in camera partitionis.

254. Item obiit Henricus Lupus, de quo habuimus XXV libras ad redditus emendos pro anniversario suo : XXV s. in camera partitionis.

255. 22. Obiit Villanus, hujus ecclesie subdecanus : XL s. in camera partitionis.

256. 23. Obiit Urcellus, canonicus et sacerdos, qui dedit nobis XX s. annui redditus; sedent in Aqua Calida; partiuntur.

257. Item obiit Nicholaus de Pruvino : XX s. in camera partitionis.

258. 26. Obiit Bartholomeus, hujus ecclesie decanus, qui nobis dedit quoddam terragium apud Essarta, quod valet circiter XII sextarios bladi ad mensuram Sezannie, medietatem frumenti et medietatem avene, et laudes et ventas que fiunt in dicto terragio. Item dedit nobis XX s. annui redditus; sedent in quadam pecia terre sita retro molendinum Domus Dei Sancti Stephani apud *Cronciaus,* quam terram emit a Fromundo *le curtillier,* et Droino *le recovreur,* ejus genero. Item VIII s. in aqua que fuit *le clivier :* IIII libras VIII s. in camera partitionis; clerici habent quartam partem.

259. 27. Obiit Galterus Anglicus, canonicus et diaconus, qui dedit nobis domum suam de Claustro : XL s. in camera partitionis.

260. 29. Obiit magister Nicholaus, canonicus et sacerdos, de quo habuimus LX libras de venditione domus sue pro suo anniversario faciendo.

261. 30. Obiit Waucherus de Plaisseyo, canonicus et subdiaconus : L s. extra, super quoddam pratum quod est apud Sanctam Mauram, quod vendidit Henricus de Riparia.

SEPTEMBER

262. 1. Obiit Jacobus de Frigidopariete, canonicus et sacerdos, qui nobis dedit aquam *de la Demée,* apud *Culoison,* que valet X s.; et III sextarios avene apud *Subleigny,* in terris et prato prope fontem Somina; item VI s. VI d. censuales et unum boissellum frumenti ad valorem minagii : XX s. in camera partitionis, X s. extra, in aqua predicta.

263. 2. Obiit Ludovicus de Barro, qui dedit nobis quamdam domum : XX s. in camera partitionis.

264. Item obiit Colinus de Doschia : XX s.; sedent in domo que fuit Hueti, aurifabri : in camera partitionis.

265. 3. Obiit Thomas Brunelli, canonicus et dyaconus : XL s. in camera partitionis.

266. 4. Obiit Girardus de Villamauri, canonicus. Item obiit Petrus de Tanneria : XX s. partitionis. Item obiit Ayllermus de Attrabato : X s. partitionis.

267. 5. Obiit magister Johannes de Latigniaco, canonicus et diaconus : XXX s. apud *Pannay;* G[uido], subdecanus, debet.

268. 6. Obiit Johannes, cantor ecclesie Beate Marie de Brayo : XXII s. extra; sedent in duabus peciis prati que fuerunt Itheri de *Jaillart,* site juxta Foissiacum, et nemus Helye Xpistiani.

269. Item obiit Maria, mater Petri de Waudis, pro qua dictus Petrus dedit nobis XVI s. censuales in vico de *Truchepot;* partiuntur.

270. 7. Obiit Guerricus *Bouciaus,* canonicus : XX s. partitionis. Item obiit Ferricus, presbiter de Verreriis, qui dedit nobis XI s. annui redditus (sedent in ortis Waisye) reddendos in Nativitate beati Johannis Baptiste, extra.

271. 8. *Nativitas Beate Marie Virginis.*

272. 9. Obiit Radulphus de Remis, canonicus et subdiaconus, qui dedit nobis XL libras pro anniversario suo : XL s., de quibus XX s. sedent apud *Pannay* in pratis que Guido, subdecanus, tenet ad vitam; et XX s. in quadam domo apud *Cronciaus,* ante Sanctum Egydium; item XVI s. apud *Pannay,* totum extra.

273. 10. Obiit Henricus comes juvenis Campanie : L s. in camera partitionis.

274. 11. Obiit Guido de Capis, hujus ecclesie prepositus et subdiaconus : XL s. partitionis.

275. 12. Obiit Garsias, sacerdos et subdecanus hujus ecclesie : VI libre ; sedent in molendino de *Flas* et in hereditate de *Liors* infra Nogentum super Secanam, in camera partitionis.

276. 13. Obiit Galterus *Boucharz,* canonicus et subdiaconus, qui dedit nobis IIII libras XIIII s. annui redditus ; sedent apud *Torvoie* in domibus et ortis ; de quibus clerici habent X s., pro pane X s. Oratio communis dicenda est pro se et pro avunculo suo : extra.

277. 14. *Exaltatio S. Crucis.* Festum duplex.
Obiit Galcherus de Montigniaco, clericus regis, canonicus et subdiaconus : XX s. in camera partitionis.

278. 15. Obiit Johannes de Villiaco, canonicus et sacerdos, de quo habuimus duos fructus prebende sue pro aniversario suo.
. Item obiit Nicholaus de Cremona, miles : XV s.; sedent in salicibus et sileribus juxta porprisium Sancti Lupi in *Chailloel;* valent XVIII s., extra.

279. 17. Obiit Guillelmus Parisiensis, hujus ecclesie canonicus et subdiaconus : XX s. in camera partitionis.

280. Item obiit Milo de Barro : XX s. partitionis.

281. 18. Obiit Ludovicus, rex Francorum : XL s.; sedent in stallis que fuerunt defuncti Manasse, cantoris, in camera partitionis.

282. 20. Obiit Garnerus de Meriaco : XXX s. in camera partitionis.

283. 21. Obiit Clarambaudus de Chapis, et Droco, filius ejus : XXX s. in decima de Sancta Maura; partiuntur.

284. 22. *Sancti Mauricii, sociorumque ejus martyrum.* Festum duplex.

285. 23. Obiit magister Egidius de Franeyo, succentor hujus ecclesie, qui dedit nobis XI pecias curtillorum in Waisya : valent, omnibus deductis, VI libras, de quibus debent distribui XL s. in anniversario dicti succentoris, cum valore stallorum que nobis contulit ad convertendum in anniversarium suum post decessum Guillelmi de *Luvignys,* nepotis sui; alie IIII libre cedunt in anniversarium magistri Fulconis, et

patris ac matris ejusdem succentoris, silicet, pro domino Fulcone XL s., et pro dictis patre et matre dicti succentoris XL s. Item nobis contulit XXV libras de venditione grangie sue de Claustro, juxta Viridarium Comitis, ad redditus emendos pro augmentatione anniversarii sui; de quibus XXX s. in camera partitionis.

286. 24. Obiit Renaudus, canonicus et sacerdos : X s. in domo sua de Claustro, extra; et X s. in censa quam dedit nobis Johannes Renardi ad molendina Hosmundi : in camera partitionis.

287. Item obiit magister Johannes de Corbolio : XX s. in camera partitionis.

288. 25. Obiit Renerus *li renversez*, canonicus : IIII libre; sedent in quodam prato sito juxta molendina Hosmundi, extra.

289. 26. Obiit Gunterus, canonicus. Item obiit pater Guillelmi de Cavis. Item obiit Benedictus, canonicus et sacerdos, qui dedit nobis VIII libras ad redditus emendos pro anniversario suo ; pro quibus XL s. in camera partitionis.

290. Item obiit Bertrannus Bouchardi, clericus ; nichil.

291. 27. Obiit Hebertus de Villamauri : XL s. in camera partitionis.

292. 28. Obiit magister Egidius de Donemonio, beneficiatus hujus ecclesie, qui nobis dedit XXXV libras ad redditus emendos pro anniversario suo : XXXV s. in camera partitionis.

293. 29. *Sancti Mychaelis, archangeli.* Festum duplex.

294. 30. Obiit Savericus, dyaconus, hujus ecclesie celerarius : LX s. in camera partitionis.

OCTOBER.

295. 1. Obiit domina Lucqua, mater Milonis de Barro, hujus ecclesie decani, et Isabellis, domina de Nogento Artaudi, soror ejusdem decani : L s. extra;

sedent in domo retro domum curati Sancti Johannis in Foro.

296. 2. Obiit Radulphus *Nabur,* hujus ecclesie matricularius, qui nobis dedit XX s. annui redditus in quodam prato juxta Tanneriam, quod tenet dominus de Juilliaco : XX s. extra.

297. Item obiit Galtherus *Blancharz,* canonicus : X s. partitionis.

298. 3. Obiit quondam sanctissimus in Xpisto pater dominus Urbanus, papa, quartus, natione Trecensis, ecclesie Sancti Urbani Trecensis fundator et hujus ecclesie benefactor : XVIII libre in camera partitionis.

299. 4. Obiit Manasses de *Buci,* canonicus et sacerdos : XL s. in camera partitionis.

300. 5. Obiit Capellanus de Sezannia, canonicus et sados, qui nobis dedit quoddam terragium apud Essarta quod est in prebendis : XX s. in camera partitionis.

301. Item obiit Galtherus *le plaiz,* canonicus altaris Beate Marie : X s. partitionis.

302. 6. Obiit Johannes Cathalaunensis, canonicus et sacerdos hujus ecclesie : XLII s., extra, in censibus apud *Pannay,* per subdecanum. Item dedit nobis VI libras XXV s., pro quo debent distribui VI s. VI d. et positi sunt in novo stanno.

303. 7. Commemoratio omnium fratrum hujus ecclesie quam instituit Michael, succentor : XL s. in camera partitionis.

304. Obiit Guillelmus *Guinochet,* qui nobis dedit [..] : X s. partitionis.

305. Item obiit Ogerus, qui nobis dedit apud Boilliacum decimam quarumdam vinearum, et V s. censuales in platea Balneorum, et alios V solidos in domo sua de Claustro : X s. in camera partitionis.

306. Item obiit Thomas de Capella, canonicus et diaconus : X s. in camera partitionis.

307. 8. Obiit Milo de Sancto Quintino, qui nobis dedit

XXV libras pro anniversario suo : XXX s. in camera partitionis.

308. Dominica post festum sancti Dyonisii debet celebrari missa de Sancto Spiritu pro magistro Johanne de *Leuses*, hujus ecclesie scholastico, qui nobis dedit XVIII boisellos avene, VI bichetos frumenti, et circiter LVI s. minuti census portantes laudes et ventas super diversas possessiones apud Trecas, Villam Dei et apud Noas, et in finagiis dictarum villarum; et omnia emit dictus Johannes ab Aelidi, relicta Johannis *le meleron*, et Petro, ejus filio : LV s. in camera partitionis; et post ejus decessum debet celebrari missa defunctorum pro anniversario suo annuatim.

309. 9. Obiit Johannes Bergerius, canonicus et subdiaconus, qui dedit nobis annui redditus XIIII s. in medietate vinearum suarum de *Moncroie*. Item dedit VII s. annui redditus in quadam domo juxta domum Ade de Meleta, et IIII s. VI d. in censibus : XL s. in camera partitionis.

310. 10. Obiit Symon Monachus, altaris Beate Marie canonicus et sacerdos : XX s. partitionis, in stallo quod fuit Theobaldi *Bridon*.

311. Item obiit Hebertus, filius Ebrardi, qui dedit nobis XVI d. censuales juxta furnum cancellarii.

312. Item obiit Aelidis de Clauso, que nobis dedit quamdam domum Coifarum : XX s. in camera partitionis.

313. 11. Obiit Alaidis de Chapis, que dedit nobis quatuor sextarios frumenti in molendino de *Merdançom* : extra, XX s.

314. Item obiit Nicholaus de Verreriis, presbiter, pro quo habemus domum apud *Jaillard* cum porprisio, que fuit filie defuncti Charmeti, valet circiter XX s., extra.

315. 12. Obiit Jacobus de *Diclon*, presbiter Crucifixi, qui dedit nobis XXX libras ad emendos redditus pro anniversario : XXX s. in camera partitionis; sedent in vicecomitatu.

316. 13. Obiit mater Guillermi *Pijon*, que dedit nobis X s. in stavagio piperis apud Pruvinum, in nundinis maii. Item obiit Stephanus *Barbete*, canonicus, qui dedit nobis X libras, pro istis duobus : XX s. in camera partitionis.

317. Item obiit Andreas de Lueriis : X s. partionis.

318. 14. Obiit Renaudus de Pruvino : XXX s. in camera partitionis.

319. 15. Obiit Johannes et Isabellis, parentes magistri Egidii, succentoris hujus ecclesie : XL s. extra ; sedent in ortis in Waysia.

320. 17. Obiit magister Fulco de Franayo, quondam rector ecclesie de Decanivilla : XL s. extra, in ortis de Waisia.

321. 18. Obiit Ayllermus, celerarius, qui dedit nobis LX s. apud *Souderon*, in censa ejusdem ville, extra. Item dedit nobis sextam partem medietatis minagii de Nogento, et apud Pontes in aquis unum gurgitem qui valet XXX s., pro quo in camera partitionis LXX s., et LX s., extra.

322. 19. *Saviniani et Potentiani*. Festum duplex.

323. 20. Obiit Girardus de Barro. Item obiit Jocelinus de Turre : XLIIII s. in camera partitionis

324. 21. Obiit Jacobus *Beliarz*, canonicus et diaconus : XX s. in camera partitionis.

325. Item obiit Johannes de Tanneria, clericus, qui dedit nobis unum arpentum vinee situm apud *Linçon* : X s. partitionis.

326. 22. Obiit Gaudinus, altaris Beate Marie canonicus et sacerdos ; XXX s. in camera partitionis.

327. 23. Obiit magister Petrus Manducator : XX s. in camera partitionis.

328. Item obiit Allermus de Attrabato : X s. partitionis.

329. 24. Obiit Erardus, archidiaconus ; XL s. partitionis ; sedent super domum quam tenet relicta Hueti Claudi, in civitate Trecensi.

330. 25. Obiit magister Guillelmus de Tanneria, canonicus et sacerdos : XX s.; sedent in locis Sutorum juxta Scambia : in camera partitionis.

331. Item obiit Bonellus de Lueriis : XX s. partitionis.

332. 26. Obiit magister Nicholaus, decanus Sancti Machuti de Barro super Albam, qui dedit nobis XL s. annui redditus; sedent in furnis de Pontibus ; in camera partitionis.

333. 27. Obiit dominus Symon de Brecis, presbiter, qui dedit nobis quamdam domum sitam in Magno Vico, ante domum Barduini, cordubanarii.

334. 30. Obiit dominus Ancherus, Sancte Praxedis presbiter cardinalis. Pro quo habuimus LX libras, pro quo debent distribui LX s.; positi sunt in magno stanno.

NOVEMBER.

335. 1. *Festivitas Omnium Sanctorum*. Festum duplex.

336. 2. *Commemoratio omnium Fidelium defunctorum :* LX s. in camera partitionis: distributio ad matutinas.

337. 3. Obiit Gaufridus de Jovigniaco, canonicus et diaconus, qui dedit nobis domum suam in Lormeria : XL s. extra.

338. Item obiit Johannes *Champenois,* presbiter, capellanus altaris Sancti Thome : X s. partitionis, de molendino de Insulis.

339. 4. Obiit Guido, Antissiodorensis episcopus, qui dedit nobis XXX libras ad redditus emendos pro anniversario suo : XXX s. extra, apud *Pannay* in terris armigerorum de *Waucemain ;* G., subdecanus, debet.

340. 6. Obiit Hebertus *Belot,* canonicus diaconus : XL s. in camera partitionis; sedent in voltis Sancti Sepulchri.

341. 7. Obiit Theobaldus, Cabilonensis episcopus : C s.;

sedent in domo sua ante domum Clarevallis; partiuntur.

342. 9. Obiit Milo *Sarré*, canonicus et diaconus, de quo habemus domum suam de Claustro; III cameras juxta Plancham Clementis; quamdam domum apud *Jaillard*; et grangiam suam sitam apud *Linçon* cum omnibus pertinenciis suis et alia multa bona : LX s. in camera partitionis.

343. 10. Obiit *Brians*, canonicus et subdiaconus, qui dedit nobis XL libras pro anniversario suo : XL s. in camera partitionis; sedent in vicecomitatu. Item dedit nobis VI libras XV s. pro quo debent distribui VII s.; sedent in novo stanno : in camera partitionis.

344. 11. *Sancti Martini, episcopi et confessoris.* Festum duplex.

345. 12. Obiit Radulphus de Blangeyo, capellanus altaris Beate Katharine : XX s. in camera partitionis. Dedit et nobis XV s. annui redditus in terris et pratis juxta Pratum Episcopi ad oleum pro duobus lampadibus ante Crucifixum.

346. Item obiit Saynetus de *Culoison* : X s. in aqua *de la Demie*; extra.

347. 13. Obiit Symon de Feria, hujus ecclesie canonicus et scolasticus, qui dedit nobis domum suam lapideam apud Sezanniam, que est in prebendis de Essartis : LX s. in camera partitionis.

348. 14. Obiit Guido de *Chablies*, hujus ecclesie celerarius et sacerdos : LXX s. in Celario ad allia, extra.

349. 15. Obiit Henricus, Remensis archiepiscopus : XL s. in camera partitionis.

350. 16. Obiit magister Constantius, canonicus et sacerdos : XX s. partitionis.

351. Item obiit Herveus de Barro : X s. extra; sedent apud *Beli*, in quadam pecia terre quam tenet Jocelinus, major.

352. Item obiit Milo de Dono Martino pro quo habui-

mus VI libras, pro quo debent distribui VI s. in camera partitionis; sedent in stannis.

353. 17. Obiit Agano de Herviaco, miles, qui dedit nobis XL s. in camera partitionis; sedent in theloneo mercatorum de Ypra; clerici habent tertiam partem.

354. 18. Obiit Robertus *Vermine*, matricularius, qui dedit nobis quamdam domum sitam in Waisia juxta domum Mychaelis, piscenarii, ex una parte, et domum defuncti Felicii, marescalli, ex altera; et I quarterium cultillorum situm in cultillis Monasterii Celle ad fontem dictum *Au Gromer*. Dicta domus vendita fuit VIII libris. Pro quo debent distribui VIII s. in camera partitionis; sedent in stannis.

355. 19. Obiit Hebertus de Larcicuria : XX s. partitionis; sedent in vineis de *Montflois*.

356. Item obiit Galterus *Chaurrez* et Luqua, ejus uxor : XX s. in camera partitionis; sedent in camera defuncti Roberti *Chaurre*, juxta Pondus.

357. 21. Obiit Balduinus de *Porte Marne*, canonicus et diaconus : XX s. in camera partitionis.

358. Item obiit Tierricus Concergius : XX s. partitionis.

359. 23. Obiit Renaudus de Droto, canonicus dyaconus, de quo habuimus XXX libras pro anniversario suo : XXX s. in camera partitionis; sedent in novo stanno.

360. 24. Obiit Henricus de Sancto Mauricio, succentor hujus ecclesie : XX s. in camera partitionis.

361. Item Johannes, filius Artaudi : XX s. partitionis.

362. 25. *Sancte Katarine, virginis et martyris*. Festum duplex.

363. 26. Obiit Nicholaus, balneator, qui dedit nobis quoddam pratum apud *Pannay*, et IIII arpenta terre, que admodiata sunt L s.; et uxor ejus habet medietatem, de doario suo.

364. 27. Obiit magister Paulinus, canonicus, qui dedit

nobis IIII^{xx}X libras ad redditus emendos pro anniversario suo : IIII libre X s. in camera partitionis ; sedent in vicecomitatu.

365. 28. Obiit Stephanus, cancellarius et canonicus hujus ecclesie, qui dedit nobis XX s. annui redditus in domo sua lapidea que est inter Domum Dei et domum cancellarii : in camera partitionis.

366. Item obiit Petrus, sacerdos Sancti Leodegarii : XX s. in camera partitionis; sedent apud Larcicuriam.

367. 29. Obiit Clarambaudus, dominus de Chapis : XX s. in camera partitionis; sedent in vicecomitatu.

368. Item obiit Johannes, filius Petri Generi : XX s. partitionis.

369. 30. *Sancti Andree, apostoli*. Festum duplex.

DECEMBER.

370. 2. Obiit Gilo de Lueriis : XX s. in camera partitionis. Item Robertus, matricularius, et uxor ejus : XXX s. in cameria partitionis.

371. Item obiit Erardus, miles, dominus Janicurie, qui dedit nobis XV libras pro anniversario suo : XV s. extra; sedent in censibus de Creneyo.

372. 3. Obiit Theobaldus, illustris rex Navarre, Campanie et Brie comes palatinus, qui decessit in peregrinatione Terre Sancte : IX libre in camera partitionis; sedent in Prato *Le Juyf*, et in Prato *La Boule* in praeria de *Coaudon*.

373. Dominica prima Adventus debet celebrari missa Spiritus Sancti pro domino Theobaldo de Tilicastro, capellano altaris Sancti Thome, martyris : XXX s. partitionis.

374. 4. Obiit Henricus, hujus ecclesie subdecanus : LX s.; sedent in domo apud Pruvinum in vico Sancti Johannis, in nundinis maii, quos capitulum assigna-

vit ad faciendum anniversarium Henrici, Trecensis episcopi; in camera partitionis.

375. 5. Obiit Galterus de Janicuria, canonicus et subdiaconus, qui nobis dedit duas domos apud Barrum super Albam, et unam vineam in finagio de Courcellis, de quibus debemus percipere de quinque partibus duas, et alie tres partes sunt pro quodam altari in ecclesia nostra : VII l. X s. extra. Item ad Pontem Beate Marie IX d. census pro psalteriis legendis, et I boissellum avene, et super furnum ejusdem ville, extra X s. Item VI s. VI d. censuales super terras Hugonis de Renoilleria, coopertoris; totum ad sanctum Remigium.

376. 6. *Sancti Nycholai, episcopi et confessoris. Festum duplex.*

377. 7. Obiit Petrus, subdecanus hujus ecclesie, qui dedit nobis quoddam stallum carnificum, quod fuit defuncti Remigii Monachi; valet C s. Item VII s. VI d. census cum laudibus et vantis, que fuerunt dicti Remigii. Item apud *Bousanton* XX s. in minutis censibus, qui fuerunt defuncti Girardi de Cucheto : in camera partitionis. De hiis debent distribui pauperibus XL s. in pane, et clericis XX s. cum distributione communi.

378. 8. *Conceptio Beate Marie Virginis.*

379. 9. Obiit Bonnellus de Maceyo et Ysabellis, ejus uxor, et Girardus, sacerdos : XXX s. in camera partitionis.

380. 10. Obierunt Girardus Parvus, Gonterus, et Gilebertus : XXX s. in camera partitionis.

381. 12. Obiit Johannes de Pontibus, canonicus et sacerdos : XX s. in camera partitionis; sedent in censibus apud Pontes.

382. Item obiit Damerona, mater Villani, subdecani : XX s. partitionis.

383. 13. Obiit Mathildis, comitissa : LX s. in camera partitionis, et X s. pauperibus pro pane; sedent in

stallis que fuerunt Guillelmi Monachi et defuncti Roberti, aurifabri.

384. 14. *Sancti Nichasii, episcopi et martyris.* Festum duplex : XXV s. distribuendi ad matutinas ; sedent in quadam domo apud *Cronciaus* ante Sanctum Egydium.

385. 15. Obiit Guerricus *Buci :* XX s,, extra, in Praeria ; domus Sancti Abrahe reddit.

386. Item obiit Symon de Barro, canonicus et subdiaconus : in camera partitionis ; sedent in redditibus apud *Warnonviller.*

387. 16. Obiit Rocelinus, hujus ecclesie canonicus et capicerius : XXX s. in camera partitionis.

388. 17. Obiit Guillermus de Seduno : LX s. in camera partitionis.

389. 19. Obiit Droco de Planceyo, hujus ecclesie canonicus et capicerius : XL s. in camera partitionis, de quibus clerici habent terciam partem.

390. 20. Obiit Haubertus de Clauso et Guillermus, frater ejus, canonicus altaris Beate Marie et sacerdos, qui nobis assignavit XLVIII s. in censa domorum juxta domum domini G. Strabonis. Item dedit nobis IIII s. annui census in teneuris juxta Plancham Clementis : XL s. VI d. partitionis.

391. 21. Obiit Johannes de Verdeyo, miles, XX s., extra ; sedent apud *Villemeruel,* in stallis et in aliis redditibus ejusdem ville. — Item obiit Eustachius : XX s. partitionis.

392. 22. Obiit Symon, canonicus altaris Beate Marie et sacerdos : LX s.; sedent in quodam stallo in quo venditur panis, extra.

893. 23. Obiit Helyas, canonicus et sacerdos : XXX s. partitionis ; sedent in furno nostro in Vico Magno.

394. 25. *Nativitas Domini Jhu Xpisti.* Festum annale.

395. 26. *Sancti Stephani, Prothomartyris.* Festum annale.

396. 27. *Sancti Johannis, apostoli et evangeliste.* Festum duplex.

397. 28. *Sanctorum Innocentium.* Festum duplex.

398. 29. *Sancti Thome, episcopi et martyris.* Festum duplex.

399. 31. Obiit·dominus Guillelmus, frater illustris regis Navarre, qui dedit nobis C s. annui redditus; sedent in magno partagio vinorum apud Trecas.

§ II.

SUPPLÉMENT A L'ANCIEN OBITUAIRE DE SAINT-ÉTIENNE.

[Ce Supplément est tiré du manuscrit 1079 de la Bibliothèque de Troyes, xve siècle, avec quelques additions du xvie siècle.]

JANUARIUS.

400. 2. Obiit Johannes Motelli, hujus ecclesie canonicus et capicerius, pro quo debent distribui VII. partionis, de quibus clericis XX s.; sedent apud Dunnum Martinum. Per magnum camerarium.

401. 3. Obiit magister Franciscus Piscionarii, presbiter hujus ecclesie humilis et devotus canonicus; de cujus domus canonialis venditione XX l. habuit ecclesia, et de ceteris hereditagiis et libris pro fundatione anniversarii sui XXX libras fortis monete, pro quo debent distribui L s.; sedent super domum juxta Balnea, quam olim tenuit ad vitam suam magister Egidius de Auxonno.

402. 4. Obiit dominus *Felis* de Sancto Hulpho, presbiter, quondam hujus ecclesie canonicus, de bonis cujus ecclesia habuit L. denarios auri francos una cum medietate venditionis domus sue claustralis et uno grosso prebende sue post ejus obitum, juxta ecclesie predicte consuetudinem, in fundationem anniversarii sui in eadem ecclesia convertendo; pro quo debent distribui L s. t.

403. 5. Obiit Richardus, presbiter, canonicus altaris Beate Marie : LX s. partitionis; sedent apud *Pannay* super granchiam que fuit Coleti Torpini.

404. Dominica post Epiphaniam missa Sancti Spiritus pro revendo in Xpisto patre domino Petro de Arceiis, episcopo Trecensi, olim hujus ecclesie thesaurario, in qua debent distribui VII l. XII s. VI d.; sedent in domibus magne Macecrerie Trencensis emptis per eumdem a domino G. de Creneyo, dicte ecclesie subdecano, pretio VI^{xx} l. fortis monete; item in XXII s. VI d. annui redditus sitis apud Terracias, emptis ab executoribus defuncti Guidonis Flamingi. Post dicti reverendi patris obitum anniversarium ipsius celebrabitur.

405. 8. Obiit Radulphus de Bisuntio, et ejus uxor, quondam draperius Trecensis, qui dederunt huic ecclesie domum suam sitam Trecis a parte vici Coifferie, quam quidem inhabitabat Soucinetus de Lusigneyo et ejus uxor; pro quibus distribuntur XXX s.

406. 13. Obiit Johannes de Barro, hujus ecclesie canonicus et sacerdos, qui dedit quosdam ortos sitos in Voysia juxta Trecas, et XVIII s. annui redditus capiendos super pluribus ortis et terris sitis in finagio Ripparie, una cum venditione domus sue claustralis et valorem unius grossi. Pro quo debent distribui LXX s.

407. 17. Obiit dominus Johannes Mileti, hujus ecclesie canonicus, qui dedit huic ecclesie CC l. t. contentas, pro edificatione domorum Civitatis Trecensis, pro suo anniversario celebrando, pro quo debent distribui VI l. t. Cujus corpus prope cappellam Odardi Naudeti quiescit. Anima ejus et anima omnium fidelium defunctorum requiescant in pace. Amen. (XVIe s.)

408. 20. Obiit magister Renaudus de Lingonis, hujus ecclesie canonicus et celerarius, ac canonicus Trecensis, pro quo debent distribui L s., extra; sedent super redditibus emptis a Petro de Campis, aurifabro, et Katherina, ejus uxore, prout in libro magistri fabrice de *Anniversaris extra* continetur.

409. 31. Obiit Johanneta, quondam filia Symonete de Ausonno, que dedit huic ecclesie pro se et benefactoribus suis quasdam domos cum ortis et suis adjacentiis, sitas in Macecraria in longitudine pavimenti, ex una parte, et ruellam *des Arcis,* et in fronte domus ante ripariam Vienne, pro qua et suis benefactoribus distribuntur XL s. Memoria magistri Stephani de Aula, hujus ecclesie canonicus, pro quo debent distribui L s., de quibus XL s. sunt in domo claustrali quam tenet subdecanus, que fuit Andree de Lueriis, partitionis; item X s. super grangiam que dicitur *La Malemaison,* partitionis.

FEBRUARIUS.

410. 1. Obiit Karolus [IV], rex Francorum et Navarre, pro quo debent distribui VII l. in camera partitionis.

411. 11. Obiit Saymerus de *Culoison :* VI s., extra, in aqua *de la Deime.*

412. Item obiit Petrus *Po de Bon,* hujus ecclesie canonicus et sacerdos, qui dedit huic ecclesie quasdam terras et prata sita versus molendina Omondi, pro quo distribuuntur XX s.

413. 12. Obiit Johannes Mercerii, hujus ecclsie canonicus et sacerdos, qui legavit ecclesie residuum bonorum suorum, pro quo assignati fuerunt super terram de Balenodo, acquisitam a Francisco de Vauzellis, LX s., prout dictum est in mense novembri.

414. 14. Item obiit Dyonisia de Casteleto, quondam uxor Guillelmi de Casteleto, que dedit nobis LX s. super grangiam suam de Truncheto annuatim perpiendos, extra.

415. 19. Obiit magister Garnerus de Blicorio, hujus ecclesie decanus, pro quo debent distribui XI l. in camera partitionis, de quibus quilibet capellanus habet XII d. pro missis in die anniversarii sui celebrandis.

416. Item obiit dominus Nicholaus de Sancto Ulpho,

hujus ecclesie canonicus et sacerdos, qui dedit nobis pro anniversario suo quintam partem unius falcheye prati in loco vulgaliter nuncupato gallice *Le mort*, et dimidiam falcheyam in loco *Le prey de Chemey* in finagio de Sancto Ulpho.

417. 20. Obiit Johannes de Belloforti : XXX s., extra; sedent apud Pannayum : ecclesia debet. Item memoria Galfridi de Joigniaco, pro quo debent distribui XX s., extra; sedent in domo sua in Lormeria. Summa : L s.

418. Anniversarium solemne pro cunctis hujus ecclesie confratribus celebratur annuatim in dominica Quinquagesime, pro quo distribuuntur V s.

419. 25. Anniversarium Johannis de Champigneyo, hujus ecclesie canonici, qui dedit huic ecclesie LX solidatas terre annui et perpetui redditus in et super decem libratas terre acquisitas a Petro *Valet*, scutifero, Trecis commorante; item tradidit pro admortizamento XXX l. t.

420. 27. Anniversarium pro domino Johanne de Barbona, hujus ecclesie decano, pro quo debent distribui IIII l. II s., de quibus pro missis celebrandis per vicarios et beneficiatos X s., prout in missa ipsius decani mense augusti continetur.

421. Item obiit dominus Laurentius de Buyssiaco, hujus ecclesie canonicus et sacerdos, pro quo emimus a Galtero d'*Aubigny*, armigero, redditus quos habebat in Ripparia *de Cors* prope Trecas, videlicet sextam partem justitie in quosdam homines justiciabiles, cum quadam pecia prati : valent omnia circa VIII l.

MARTIUS.

422. 8. Obiit magister Bernardus de Wasconia, capicerius hujus ecclesie, pro quo debent distribui LX s. in camera partitionis.

423. 9. Obierunt parentes magistri Petri de Arbosio, canonici Trecensis, pro quibus debent distribui

LX s.; sedent super redditibus emptis a Johanne Esmaurici, prout in libro *Anniversariorum Extra.*

424. Item Missa Sancti Spiritus pro domino Stephano Gileberti, hujus ecclesie canonico, in qua debent distribui C s. turonensium; sedent super duabus domibus situatis Trecis in vico qui dicitur Harduini, in capite vici Cathalaunensis prope domum Menisserii et domum Sancti Abrahe; item super granchia apud Sanctum Pothamium; item super XXX arpentis in finagio de Villa *Mereuil,* prout in litteris prepositure Trecensis super hoc confectis clarius continetur.

425. 10. Obiit magister Johannes de Lensis, scholasticus, pro quo debent distribui LX s. partitionis.

426. 12. Obiit Aventinus *Coiffard,* quondam canonicus et cantor hujus ecclesie, pro quo nobis dedit magister Nicolaus *Coiffard,* dicti Aventini frater, summam LX librarum; pro quo debent distribui LX s.

427. 13. Obiit dominus Johannes Natalis, quondam hujus ecclesie canonicus et celerarius, qui dedit huic ecclesie septem quarteria prati sita in finagio de *Lavau* juxta ripariam nuncupatam gallice *Les Essandiz.* Obiit die XIIII marcii anno Domini M° CCCC° LXXVI°; pro quo debent distribui LX s. t.

428. Item obiit Guillelmus de Flavacuria, archiepiscopus Rothomagensis, pro quo debent distribui XXVI s. in camera.

429. Item obiit Johannes, episcopus Trecensis, pro quo debent distribui XL s. in camera partitionis.

430. Item obiit nobilis et circumspectus vir magister Johannes *de Veelu,* presbiter et decanus hujus ecclesie, qui legavit unum arpentum vinee in vinitorio de Nois in loco de *Paluel* et III arpenta in vinitorio de Riceyo in loco dicto *La Forest;* pro quo distribuuntur X l. manualiter.

431. 16. Obiit Egidius *Guillaume,* hujus ecclesie decanus, pro quo distribuuntur X l. manualiter. (XVI° s.)

432. 18. Obiit Nicholaus de Curia, hujus ecclesie canonicus et subdiaconus : XL s., sedent in vineis suis de Collengiis; in camera partitionis.

433. 20. Memoria Erardi de Janicuria, pro quo debent distribui IIII libre in camera partitionis; sedent in redditibus de Larcicuria qui fuerunt G. de Chaleta, prout continetur alias in anniversario suo.

434. 21. Obiit magister Hemardus de Sancto Ulpho, hujus ecclesie canonicus et scolasticus, pro quo debent distribui XL s. extra; sedent super redditibus emptis a Johanne Esmaurici, prout in libro Anniversariorum Extra magistri fabrice plenius continetur.

435. 23. Obiit Coletus *Cernel*, serviens regis; pro quo distribuuntur X s. capiendi in domibus Johannis de Senonis in vico Templi.

APRILIS.

436. 1. Obiit Petrus Creditoris. In domibus in ruella *aux Quenoilles*, per heredes Johannis *Despaux* et donnam Perrotam de Calvomonte.

437. 2. Obiit venerabilis et circumspectus vir magister Petrus Jaquoti, hujus ecclesie decanus : distribuuntur cuilibet canonico manualiter V s.

438. 3. Obiit Johannes Biseti, hujus ecclesie cantor, qui pro acquirendis XXX libratis terre annui redditus super terram de Balenodo, quam tunc tenebat dominus de *Laubespin*, tradidit certam pecunie summam, scilicet C solidos turonensium, per suos executores.

439. Item obiit illustris mulier domina Johanna, regina Francie et Navarre, et comitissa palatina Campanie et Brie, pro qua debent distribui LIII s. partitionis. Item pro eadem de X l. in novis conquestibus assignatis pro Ludovico rege Francie, ejus filio, L s., summa : CIII s.

440. 6. Obiit domicella Margarita de Sancto Karauno,

quondam domina de Pleinis, pro qua dedit nobis dominus Henricus de Noa, decanus Trecensis, XX l.; pro qua debent distribui XXX s. in camera partitionis.

441. 9. Obiit dominus de Barbona, hujus ecclesie canonicus et decanus, pro quo debent distribui IIII libre et X s., de quibus pro missis per capitulum et vicarios : X s.

442. 12. Obiit Johannes *Choudey*, canonicus altaris B. Marie, qui dedit huic ecclesie domum sitam ante vicum Trium Ulmorum pro anniversario suo.

443. Item obiit dominus Johannes *Guilleminot*, canonicus hujus ecclesie, qui dedit unam vineam in finagio de Nois continentem V quarteria. Et fuit curatus ecclesie parrochialis Sancte Savine.

444. 13. [Obiit Guido de Boulerra, hujus ecclesie canonicus et thesaurarius] post cujus obitum accipiemus XXV l. t. pro suo anniversario; pro quo distribui debent XXV s. t.

445. 14. Obierunt domini Guillelmus et Stephanus Dyaboli, fratres, canonici hujus ecclesie, qui dederunt medietatem prati siti inter Sanceyum et molendinum *Pestau*, valens XL s.; item XX s. super domum Henrici de Fonvanna, apud Croncellos sitam super ruellam de Virgultis : extra.

446. 15. Obiit magister Stephanus de Champlito, qui dedit huic ecclesie pro anniversario suo unum sextarium frumenti super parvam granchiam de *Larcicur*.

447. 18. Obiit dominus Johannes de Castronovo, quondam curatus de Aquis.

448. 19. Obiit dominus Henricus de Noa, pro quo debent distribui LX s. in camera partitionis.

449. 20. Obiit Flamandus de Lauda, quondam canonicus hujus ecclesie et archidiaconus Trecensis, qui dedit huic ecclesie pro anniversario suo LX s. annui redditus.

450. 23. Johannes de Bosco, hujus ecclesie succentor,

qui dedit nobis CX florenos ad scutum, quos posuimus in refectione domorum nostrarum de Fanaria.

451. 27. Obierunt Jacobus Cognati, hujus ecclesie succentor, et Johannes Blancheti, ejus frater, pro quibus distribuuntur XL s. capiendi in et super domos et bertauchiam sitas in vico S. Panthaleonis et super plures hortos in Voisia.

452. 29. Obiit dominus Ludovicus de *Vaucemain,* episcopus Carnotensis, die XIX^a januarii anno Domini M° CCC° L° nono, qui dedit huic ecclesie pro anniversario suo plures redditus apud Villammaurum, *Seurençon, Paliz;* pro quo debent distribui prout in libro Anniversariorum Extra magistri fabrice continetur.

MAIUS.

453. 1. Obiit Galfridus de Monte Martini, hujus ecclesie capicerius, pro quo debent distribui C. s. in camera partitionis; sedent in novis conquestibus; de quibus canonici altaris Beate Marie habent VIII s. et capellani Crucifixi IIII s. et debent facere anniversarium.

454. 5. Obiit Guido, dominus de Sancto Sepulchro, decanus Trecensis, ac hujus ecclesie canonicus, pro quo debent distribui V floreni de Florencia; sedent in domibus et terris que fuerunt Petri de Malo Rege senioris, sitis in clauso Beate Marie Magdalene.

455. 7. Obiit magister Johannes *Osenne,* sacerdos et decanus hujus ecclesie, qui dedit nobis quoddam stallum ad panem, versus Logiam, quod fuit defuncti Guiberti *Boissun;* valet circa XLV s., extra.

456. 13. Obiit Nicolaus de *Espotemont,* hujus ecclesie canonicus et sacerdos, pro quo distribuuntur X s. capiendi super terram de *Baleno.*

457. 14. Laurentius *La Guite,* hujus ecclesie canonicus et subdiaconus, pro quo debent distribui L s. extra; sedent in censibus de Villarceyo admortizatis per Ludovicum, quondam regem Francie.

458. 19. Obiit (1519) magister Stephanus *de Refuge,* Trecensis et hujus ecclesie canonicus et celerarius, qui legavit nobis CCLXX libras pro suo anniversario; que fuerunt exposite in edificatione domus site in vico *du Temple* prope domum *de l'Estoille.*

459. 21. Obiit dominus Stephanus de Porta, pro quo debent distribui IV libre, extra. Magister Stephanus de Chanlito, ejus nepos, assignavit nobis IV sextarios frumenti super grangia nostra de Linçone.

460. 27. Fundacio anniversarii magister Aymonis de Arceiis, hujus ecclesie succentoris, pro quo debent distribui LX s. super domibus sitis in suburbio Trecensi de Croncellis et in vico dicto *Bourberaust,* que fuerunt Aymerici de Poulengeyo.

461. 31. Obiit dominus Johannes de Champlito, canonicus altaris Beate Marie in ista ecclesia, qui nobis legavit XI l. II s. et IX d. t.

462. Item anniversarium solenne pro civitatis fidelibus defunctis, quod debet celebrari qualibet VI^a feria Quatuor Temporum anni, de fundatione Jacobi de Barro, hujus ecclesie canonici et thesaurarii; VI l. distribuuntur.

JUNIUS.

463. 2. Anniversarium domini Jacobi *Leschevin,* hujus ecclesie canonici et subdecani, quod debet celebrari IV^a feria IV Temporum anni, cum pulsatione prout solet fieri in anniversario magistri Johannis de Barbona. (XVIe s.)

464. 6. Obiit anno M^o CCC^o XVI° illustris Ludovicus Francorum et Navarre rex, qui nobis legavit C libras, de quibus redditus empti admortizantur per ipsum, pro quo debent distribui de X libris : VII l. X s. partitionis.

465. 9. Obiit dominus Henricus *Sevestre,* hujus ecclesie canonicus, qui dedit ecclesie CL l. pro fundatione sui anniversarii; que fuerunt posite in redditibus apud *Vuarnonvillier.* (XVIe s.)

466. 10. Obiit Guillermeta, relicta quondam defuncti Johannis *Boolant*, civis Trecensis, pro qua domicella Felisia, quondam filia sua, uxor magistri Johannis Blancheti, domini regis secretarii, dedit duos sextarios frumenti de annuo redditu super IX arpenta terre in finagio de Saceyo.

467. 14. Obiit Henricus de Noa, decanus Trecensis, die veneris post festum sancti Barnabe, anno M° CCC° XXV°, pro quo debent distribui LX s. in camera partitionis.

468. 17. Missa Simonnette de Ausonno in et super quamdam domum in vico Beate Marie juxta domos religiosarum Beate Marie ad Moniales Trecenses ante Parvam Tanneriam, prout latius scribitur in compoto magistri fabrice, L s.

469. 19. Obiit magister Guillelmus de super Secanam (*sic*) qui nobis dedit II domos in Clauso, videlicet domum in qua morabatur, que partitur cum domo Domus Dei Comitis, pro qua parte nostra dicte domus predicta Domus Dei reddit nobis quolibet anno C s.; item aliam domum in dicto Clauso, sitam juxta domum que fuit defuncti Johannis Generi, valet IIII libras, totum extra. De summis predictis debentur ecclesie pro censu dictarum domorum VI s. VI d.

470. Item obiit magister Petrus de Creneyo, hujus ecclesie canonicus et succentor, qui dedit huic ecclesie vineam suam Inferni apud Mongolium vel Noas, cum venditione domus sue pro suo anniversario C s. t. anno quolibet faciendo; qui quidem C s. t. distribuuntur. Cujus corpus prope tumbam defuncti Jacobi de Barro quiescit. Anima ejus requiescat in pace. Amen.

471. 27. Obiit dominus Johannes de Esclancia, miles; pro anniversario ejus : in domo *Garsille* in Magno Vico L s., in cameris ante domum de Colaverdeyo XV s., in Lobia juxta Sanctum Johannem XL s., in domibus vici Veteris Monete LXXXVI s.; summa de istis IX l. XII d., de quibus solvantur pro anniversario domini Petri de Janicuria XXVII s. III d.; residuum distribuitur pro anniversario domini Jo-

hannis predicti. Totum extra, prout in libro Anniversariorum Extra magistri fabrice continetur.

472. 29. Anno Domini M° CCCC° XVI°, in vigilia apostolorum Petri et Pauli, obiit dominus Mauricius de Chaonnis, majoris, istius, et Sancti Urbani canonicus, qui dedit nobis CC l. t. pro fundatione sui anniversarii ; cujus anima requiescat in pace. Amen.

473. 30. Memoria domini Arnulphi de Camalano, quondam decani hujus ecclesie, pro qua debent distribui C s. extra; sedent super domibus et porprisio ante portam de Cappis ultra Plancham Clementis.

JULIUS.

474. 1. Misa Sancti Spiritus pro nobili domina Maria de Braucis, domina de Rancia, que dedit nobis CLX libras turonensium, convertendas in summa C s. t. anno quolibet distribuendorum inter presentes ad missam predictam, die prima julii, et postea in die anniversarii sui.

475. 3. Obiit dominus Petrus de Janicuria, miles, pater Erardi de Janicuria, pro quo debent distribui XXVII s. III d.; extra sedent in cameris vici Veteris Monete. Item pro eo IIII s. partitionis; sedent in redditibus de Larcicuria qui fuerunt Guioti de Chaleta.

476. 5. Memoria Henrici de Noa, decani Trecensis, pro quo debent distribui XL s. partitionis. Obiit die XIV junii.

477. 6. Obierunt dominus Milo *Pyoche,* miles, dominus de Montelayno, et ejus uxor, qui dederunt nobis quoddam pratum apud molendinum Omondi ; valet circa XII s., extra. Item obiit Erardus de Montelayno, presbiter, eorum filius, canonicus altaris Beate Marie Trecensis, qui dedit nobis duos sextarios frumenti in costumis de Pouilleyo.

478. 8. Obiit magister Stephanus de Aula, canonicus hujus ecclesie et sacerdos, pro quo debent distribui XX s. partitionis; sedent super grangiam de Mala-

domo. Item pro eodem in domo sita in Vico Perdito, que fuit Girardi *Chippot,* C s. extra.

479. 13. Obiit Jacobus de Amillyaco, hujus ecclesie canonicus et subdiaconus, qui dedit nobis pro anniversario suo quoddam stallum panificum, situm juxta Logiam prepositi, quod decanus noster habet annuatim ; valet circa L s., extra. Item dedit quamdam partem decime sitam apud Ascenserias, quam emit ab abbate et conventu de Arripatorio; potest valere quolibet anno II modios avene.

480. Item obiit dominus Stephanus *Morse,* hujus ecclesie canonicus et sacerdos, qui nobis legavit tertiam partem residui bonorum suorum pro suo anniversario, pro quo debent distribui I. s. capiendi super molendinis ad bladum Pontis Humberti.

481. 14. Obiit Stephanus *Plaisance,* hujus ecclesie canonicus et sacerdos, qui dedit nobis pro anniversario suo et Johannete, ejus matris, quamdam domum sitam Trecis juxta cimiterium Beate Marie Magdalene.

482. 19. Obiit Robertus, Laudunensis episcopus, pro quo debent distribui LX s. in camera partitionis.

483. 20. Obiit anno M° CCCC° I° dominus Johannes *Buridan,* presbiter, hujus ecclesie decanus, qui dedit dicte ecclesie pro fundatione et admortizatione anniversarii sui CC libras fortis monete, pro quo debent distribui X libre; sedent apud Ballonodum.

484. 24. Obiit Nicolaus *Boutiffart,* qui nobis dedit quatuor cameras apud Croncellos, pro quo debent distribui XL s. partitionis.

AUGUSTUS

485. 2. Obierunt venerabiles et discreti viri magistri Odardus *Hennequin,* in utroque jure licentiatus, hujus ecclesie decanus, et Natalis *de Vanlay,* dicte ecclesie canonicus, quorum anniversarium singulis annis in crastino Inventionis sancti Stephani celebrabitur.

486. 3. Anniversarium domini Nicolai *Mergey*, presbiteri, capellani ad altare Sancti Fiacrii, pro quo debent distribui LX soldi. Qui quidem Nicolaus dedit huic ecclesie aquilam de culpro, gallice *letrin*, in medio chori existente, quam fecit suis expensis. Item dedit nobis X l. t.

487. 4. Obiit anno Domini M° CCCC° LXVIII° die quarta augusti dominus Johannes Micheleti, quondam presbiter et canonicus hujus ecclesie, qui dedit nobis LXXX libras turonensium contentas, dum viveret, et post decessum legavit bona sua mobilia cum venditione domus sue canonialis, pro domibus Compiti Civitatis de novo faciendis, pro suo anniversario.

488. 9. Missa Sancti Spiritus pro domino Johanne de Barbona, hujus ecclesie decano.

489. 10. Obiit revendus in Christo pater dominus Johannes Mileti, Suessionensis episcopus, nepos Johannis *d'Arsonval*, episcopi Cabilonensis. Obiit kalendas aprilis anno Domini M° V° III°. Dedit nobis pro suo anniversario quolibet anno faciendo in crastino beati Laurentii C et XX l. turonensium, que impense fuerunt in reedificatione domorum nostrarum in Vico Magno juxta domos nostras balneales.

490. 13. Obiit anno MCCC XLIIII dominus Johannes *d'Arseis* (al. de Chacenayo), quondam episcopus Lingonensis, pro quo debent distribui IIII libre; sedent super redditibus de *Baleno*, prout in libro Anniversariorum Extra magistri fabrice continetur.

491. Item Obierunt dominus Johannes de Torceyo et dominus Bricetus, ejus frater, qui dederunt nobis quamdam domum in Tanneria. Valet circa XII s. VI d. prout in libro Anniversariorum Extra magistri fabrice continetur.

492. 15. Missa Sancti Spiritus pro confratribus vivis.

493. 17. Anniversarium pro magistro Aymerico Helye, hujus ecclesie canonico, qui dedit huic ecclesie unum quarterium orti in Voisia, pro quo debent distribui

prout in libro Anniversariorum Extra magistri fabrice continetur.

494. 19. Obiit Johannes de Campoguidonis, hujus ecclesie canonicus et sacerdos, pro quo debent distribui C s. in camera partitionis; sedent in novis conquestibus.

495. 20. Obiit illustris mulier Johanna, regina Francie et Navarre, uxor quondam illustrissimi principis Karoli [IV], regis Francie, pro qua debent distribui C s. in camera partitionis; sedent in novis conquestibus.

496. 21. Missa illustrissimi principis Karoli [IV], Francorum et Navarre regis, ac nobilis Johanne regine, ejus uxoris, qui nobis concessit ut possumus acquirere C libratas terre admortizatas : pro quibus debent distribui X l. in camera partitionis; sedent in novis conquestibus. Et post decessum eorum fiet servicium defunctorum pro eis. (Alibi in duobus anniversariis.)

497. 25. Obiit Henricus de Pictavia, quondam episcopus Trecensis, pro quo debent distribui C solidi extra ; sedent super redditibus emptis a Johanne Esmaurici, drapperio Trecensi, prout in libro Anniversariorum Extra magistri fabrice continetur.

498. 26. Obiit dominus Petrus *Lenfant,* canonicus et sacerdos ac scolasticus hujus ecclesie, qui dedit nobis vineas suas de Donemoino, pro quo debent distribui LX s. in camera partitionis. Item dedit nobis quamdam domum cum quadam pecia prati sitas apud *Yèvre;* valent XX s.

499. 30. Obiit anno Domini M° CCCC° XXVIII°, mense augusti, vir venerabilis Egidius *le marie,* canonicus ecclesie, qui contulit nobis summam LX scutorum auri, ponendorum ad constructionem novarum stufarum nostrarum... pro anniversario suo faciendo post obitum suum..

SEPTEMBER.

500. 1. Obiit Jocelinus de *Lyno,* hujus ecclesie cano-

nicus, qui dedit nobis X solidos; sedent in vineis suis de Valle *de Vaux*. (Cfr. n° 168.)

501. Item obiit dominus Egidius *le marie*, canonicus thesauri, qui se et sua contulit ecclesie Sancti Stephani, pro quo quolibet anno prima die mensis septembris fiet unum anniversarium pro remedio anime sue cum commandisiis, VII psalmis et missis... pro quo debent distribui CX st. t. et pro missis X s.

502. 2. Obiit Vitellus, hujus ecclesie canonicus et sacerdos : XX s. in camera partitionis; sedent in Aqua Calida.

503. 4. Obiit venerabilis et circumspectus vir magister Johannes *Milon,* quondam presbiter Trecensis ecclesie canonicus; dedit CCCL libras turonensium pro suo anniversario, que exposite fuerunt in edificatione domus site in vico de *La Pye,* prope primum pontem illius vici : C solidi distribuntur.

504. 5. Obiit magister Garcherus de Insulis, hujus ecclesie decanus : C s., extra.

505. 6. Obiit anno M° CCC° II° dominus Andreas de Sancto Fidolo, presbiter, decanus Trecensis, pro quo debent distribui XXVI s. in camera partitionis.

506. 7. Obiit anno M° CCC° LXXVI° Nicolaus de Arceiis, episcopus Autissiodorensis, quondam hujus ecclesie canonicus et thesaurarius, pro cujus fundatione anniversarii Petrus de Arceiis, episcopus Trecensis, frater ejus, etiamque hujus ecclesie olim thesaurarius, dedit nobis C denarios auri nuncupatos francos. Distribuuntur L solidi capiendi super X libris annui redditus apud *Couaudum*.

507. 8. Nicolaus Burgondi, hujus ecclesie decanus, fundavit festum annale Nativitas Beate Marie Virginis et dedit nobis pro distributione VI libratas terre annui et perpetui redditus.

508. 9. Obiit dominus Johannes de Barbona, quondam hujus ecclesie decanus, qui dedit huic ecclesie super domibus defuncti Johannis dicti *Bouisson..* sitis apud Croncellos ante Sanctum Egidium; item super

domibus ante portam Sancti Spiritus a parte Belfridi, super viam communem, subtus muros ville et super viam pavimenti, de annuo redditu X l. Item super duabus domibus sitis in Roeria juxta domum Sancti Abrahe; item super domum suam in Vico Medio et tenet usque in Magno Vico et vocatur gallice *lez viellez halez de Provins* VIII l. annui redditus. Item super duabus domibus sitis in Parva Tanneria juxta pontem *de la Crois ;* super domum in Magna Tanneria; super domum in capite *de Bourberaust* X l. Super domus in vico Nostre Domine XL s. Summa : XXX l. pro isto anniversario faciendo, videlicet in mense augusti, in decembri, in februario, IIII l. X s.; et pro Translatione Sancti Stephani de IX lectionum in mense novembris facienda, XX s.; et pour alia Translatione ejusdem in mense maii, ut dictum est, facienda, XX s.; et pro festo sanctorum Crispini et Crispiniani in mense octobris de IX lectionum faciendo, XX s.

509. 12. Obiit anno M° CCC° LXXIII° magister Adam de Bruillicuria, quondam decanus Trecensis, qui pro XXX libris turonensium annui redditus acquirendis a domino *de Laubespin* super terram de *Baleno* tradidit pecuniam, pro qua sibi assignati sunt C solidi.

510. 17. Obiit dominus Arnulphus de Cathalano, quondam decanus hujus ecclesie, qui dedit nobis pro anniversario suo II stalla ad vendendum panem, sita prope Logiam prepositi Trecensis, que valent IIII libras. Item dedit alia bona.

511. 18. Obiit Herbertus, hujus ecclesie decanus et sacerdos : IIII l. in camera partitionis.

512. 23. Obiit Erardus de Janicuria, hujus ecclesie canonicus et diaconus, qui legavit ecclesie nostre omnia mobilia sua et conquestus et tertiam partem hereditatum suarum. De quibus emimus a Guidone de Chaleta, armigero, domum suam quam habebat apud Larcicuriam prope Ronascum, cum terris, pratis, vineis, censivis, hominibus et justitia, super quibus assedimus XLV libratas terre francas et li-

beras pro anniversario dicti Erardi.. Item in augmentatione commemorationis fratrum XL s. Item in augmentatione anniversarii Henrici, regis Navarre, in crastino festi beate Marie Magdalene XXX s.. Item pro annuali festo de Corpore Xpisti, ad matutinas LX s.; item pro Sequentia in missa dicti festi X s. Item pro festis apostolorum, evangelistarum et doctorum faciendis dupplicibus VIII l.. Item in festo sancte Ohuldis ut fiat duplex festum, pro quo debent distribui XXX s.. Item in festo sancte Helene duplex festum, pro quo debent distribui XXX s.. Item pro lampade in capella fundata pro defuncto XX s. Summa : XLV libre.

513. 24. Obiit magister Johannes *Trinalle,* hujus ecclesie succentor, qui dedit nobis quoddam pratum apud Giffaudimontem in loco qui dicitur *le Tanchis*.. Item le diz maistres Jehans Trinalle laissa à leiglise de céans plusures rantes séans à Bousanton.

514. 28. Obiit Oudardus de Latigniaco, hujus ecclesie canonicus et subdiaconus, qui dedit nobis pro anniversario suo et pro festo beate Marie Egyptiane XIII falchatas prati sitas apud Giffaudimontem in loco qui dicitur *Le ru Liecart*. Item dedit domum, cum V cameris, apud Plancham Clementis. Item dedit domum, grangiam cum pluribus terris apud Spinam et in finagio, prout omnia in libro Anniversariorum Extra magistri fabrice continetur.

515. 29. Obiit Symon Motelli, scolasticus hujus ecclesie, pro quo debet distribui VI libre partitionis apud Donnum Martinum; de quibus clericis XX s. per magnum camerarium.

516. Item obiit dominus Petrus de Arbosio, quondam canonicus Trecensis, qui dedit nobis anno quolibet C solidatas terre percipiendas super domum suam in vico Templi Trecensis et alia hereditagia que fuerunt a Johanne de Herbitia, olim burgensi Trecensi, prout in libro Anniversariorum Extra continetur.

517. 30. Obiit Dominicus [Tacconi] de Alexandria, hujus ecclesie celerarius, ac totius regni Francie summus fisicus, decanusque Lingonensis et sacer-

dos, pro quo habuimus C l. turonensium pro venditione domus sue claustralis.., pro quo debent distribui VI l. Anima ejus requiescat in pace. Amen.

OCTOBER.

518. 2. Commemoratio fratrum omnium hujus ecclesie, quam instituit Michael, succentor : XL s. in camera partitionis. Missa ducis Burgondie.

519. 3. Obiit venerabilis et discretus vir dominus Johannes *Lamy*, hujus ecclesie canonicus et subdecanus, qui dedit huic ecclesie VI l. t. annui et perpetui redditus, capiendas in et super quamdam domum, grangiam, stabula et super plura alia hereditagia sita apud Belleyum, pro suo suorumque patris, matris, parentum et amicorum anno quolibet celebrando.. Item tradidit huic ecclesie XL l. ut sit particeps suffragiorum que fiunt quotidie in navi ecclesie ante magnam missam; pro quo distribuntur C s. manualiter.

520. 4. Festum sancti Francisci fundatum semiduplum per dominum Franciscum Piscionarii, pro quo disbuuntur XL s.; sedent in et super quamdam granchiam apud Rippariam Corporum.

521. Item anniversarium magistri Johannis Henrieti, hujus ecclesie canonici, patris, matris et suorum parentum defunctorum, qui dedit huic ecclesie LX l. contentas, pro suo anniversario LX s., die IV hujus mensis anno quolibet faciendo. Anima ejus et anime omnium fidelium defunctorum requiescant in pace. Amen.

522. 8. Obiit dominus Philippus de Fonte Bliaudi, hujus ecclesie subdecanus, qui dedit super domibus Petri de *Banniaus* de Macecreria XL s. censuales, extra; item unam domum stantem ante halas de Cathalano.

523. 9. Obiit dominus Johannes *Chappellot*, hujus ecclesie quondam canonicus, anno Domini M° CCCC° XC° quinto, die nona mensis octobris, qui

nobis dedit quoddam gangnagium cum domo, grangia, pratis et pluribus terris sitis *à Longeville* gallice, juxta Planceyum, pro anniversario quolibet anno die obitus sui celebrando cum commendationibus et VII psalmis in talibus assuetis; cujus corpus requiescit ante capellaniam Sancti Nicholai. Anima ejus requiescat in pace. Amen.

524. 13. Obiit Petrus de Mareolio, hujus ecclesie canonicus et sacerdos, qui legavit nobis domum in Roeria, quasdam pecias ortorum in Voysia et tertiam partem domus sue site ante Beffridum.

525. Item obiit dominus Johannes Riveti, quondam presbiter et canonicus Beate Marie in ista ecclesia, anno Domini M° CCCC° LVI° die XIII octobris, qui dedit nobis CL l. t. cum venditione domus sue claustralis, pro anniversario suo quolibet anno perpetuo celebrando. Cujus corpus ante capellam Beate Marie quiescit. Anima ejus et anime omnium fidelium defunctorum requiescant in pace. Amen. Et multa bona dedit dicto Capitulo.

526. 14. Obiit Nicholaus de Montearremarensi, hujus ecclesie canonicus, qui nobis dedit LX libras ad redditus emendos : LX s. in camera partitionis.

527. 15. Obiit dominus Petrus de Molayo, decanus Trecensis, anno Domini M° CCC° XXXIII°, pro anniversario suo LX s. VI d., extra.

528. 18. Obierunt magister Johannes de Chavangiis; Johannes de Firmitate, quondam decanus Trecensis.

529. 26. Obiit magister Johannes *Hennequin*, hujus ecclesie canonicus, qui dedit nobis L libras turonensium pro suo anniversario quolibet anno faciendo XXVI[a] die hujus mensis, aut alteri propinquiori. Anima ejus et anime omnium defunctorum requiescant in pace. Et distribuntur L s.

530. 29. Obiit Nicholaus Cognati de Gelanis, pro quo magister Johannes Blancheti, domini regis secretarius, dedit II sextarios frumenti huic ecclesie de

annuo redditu super IX arpenta terre in finagio de Saceyo, distribuendos die dicti anniversarii in pane.

NOVEMBER.

531. 6. Obiit dominus Johannes *Simi* de Sancto Ulpho, hujus ecclesie canonicus et sacerdos, qui dedit nobis tertiam partem medietatis residui bonorum suorum ; distribuntur LX s. capiendi in et super terram de *Longeville,* que fuit domini Karoli de Pictavia, militis. Memoria domini Petri de Arceiis, olim episcopi Trecensis, pro cujus memoria dictus dominus Johannes *Simi* dedit XL s. capiendos super predictam terram de *Longeville.*

532. Obiit Stephanus *Morse,* canonicus hujus ecclesie ac decanus Sancti Urbani, pro quo debent distribui XL s. t.

533. 7. Obiit Johannes Mercerii, hujus ecclesie canonicus et sacerdos, qui dedit nobis vineas suas de Chableis dictas *les Closiaux.*

534. 8. Obiit Johannes Garnerii de Super Arcus, quondam hujus ecclesie canonicus ac decanus Sancti Urbani Trecensis, qui dedit huic ecclesie pro anniversario suo II pecias orti cum quadam parva domo sita in Torvoya. Item dedit census suos minutos et custumas quas idem habebat Trecis et in pluribus locis, de patrimonio suo.

535. 17. Obiit Nichasius *Le Maistre,* hujus ecclesie canonicus, qui pro fundatione festi beatissimi Aniani, quod in nostra ecclesia est festum duplex, et pro fundatione sui anniversarii, quod celebrabitur in crastino festi sancti Aniani singulis annis, nobis dedit V^e libras ad redditus emendos et unam peciam vinee in finagio de *Lespine* gallice. Unum modium vini distribuitur in die anniversarii et II sextaria frumenti distribuntur etiam, pro quibus dedit XL libras. Ex dictis V^e libris domus nostra *des Quarreaulx* gallice, in vico *des Lorgnes* prope ecclesiam Beate Magdalene, reedificata fuit, quam nunc tenet

Johannes *Girard*, regius notarius. Et ex illo redditu distribuuntur annuatim C s. t.

536. 19. Anniversarium egregii et scientifici viri magistri Ludovici *Budé*, hujus et Trecensis ecclesie canonici, ac in eadem ecclesia archidiaconi Arceyarum, qui obiit XIX mensis novembris (1517). Legavit huic ecclesie CC libras. Pro quo distribuuntur manualiter C solidi turonensium.

537. Obiit dominus Henricus de Sancta Syria, hujus ecclesie canonicus, pro quo debent distribui LX s.; sedent apud Bellonodum in possessionibus acquisitis a Francisco de Vaizellis, armigero, pro quibus idem dominus Henricus dedit dominis de capitulo LX l. t. in LIII scutis auri et in moneta.

538. 26. Obiit magister Jacobus de Barbona, quondam hujus ecclesie cantor; pro quo dominus Johannes de Barbona, hujus ecclesie decanus, dedit super domum sitam in capite Burcerie, apte Cambiorum ante domum istius ecclesie, que vocatur Domus Piscis, et super domum sitam in fine vici Sancti Lupi IIII l. X s., extra; de quibus pro illis qui intererunt commendationi dicti anniversarii X. s., et pro missis celebrandis per vicarios et beneficiatos istius ecclesie die anniversarii X. s., prout in libro Anniversariorum Extra magistri fabrice plenius continetur.

539. 27. Obiit Guiardus de Fontebliaudi, canonicus hujus ecclesie, [qui dedit nobis] pro anniversario suo super quoddam stallum ad vendendas cerotecas, juxta Sanctum Johannem; valet XL s., extra. Item dedit nobis grangiam suam de Monte Alani oneratam de XII l. terre; de quibus debent distribui in augmentatione sui anniversarii IIII l. partitionis. Item pro distributionibus chori capellanis capellanie quam idem Guiardus fundavit in dicta ecclesia IIII libre, et pro commemoratione fratrum XX s.. Item dedit nobis quoddam terragium situm in finagio de *Valcharceis*.. et VI sextarios avene de coustumis et XXXIIII d. et ob. de censivis, quas coustumas et censivas emit a domicella Katherina de Capella Sancti Luce.. et dimidium arpentum vinee site in

finagio de Barbereio ad Monachos in loco qui dicitur gallice *le Tertre Symon*...

540. 29. Obiit Stephanus de Presseyo : XX s. partitionis; sedent in grangia Torpinorum.

DECEMBER.

541. 6. Obiit dominus Petrus *la Ville*, presbiter quondam hujus et Sancti Urbani ecclesiarum canonicus, qui legavit fabrice hujus ecclesie pro fundatione sui anniversarii annuatim celebrandi terciam partem bonorum suorum.. XL s. t. in officio provisoris capiendos assignavimus.

542. 8. *Conceptio Beate Marie Virginis*. Festum duplex. Pro quo festo cum duplici ac devote celebrando dedit nobis Egidius de Jotro, hujus ecclesie celerarius, quartam partem terragii Nocheri, siti in finagio de Lueriis et Fontaneis, cum I mina avene de coustuma quolibet anno; que omnia valent XXV s. distribuendos ad matutinas.

543. 10. Memoria domini Egidii de Jotro, hujus ecclesie celerarii, pro quo magister Johannes de Jotro, frater ejus, dedit nobis LX florenos ad scutum. Pro quo debent distribui LX s. in camera partitionis; sedent super domos Fenarie.

544. 11. Obiit Andreas *Voyer*, mercator Trecensis, qui dedit huic ecclesie C l. t. pro suo anniversario quolibet anno faciendo die XI^a decembris.

545. 29. Obiit dominus Manasses, quondam curatus de Sancto Leobaudo, qui dedit huic ecclesie pro anniversario suo redditus apud *Paliz* et in finagio. Item memoria Anselmi et Itheri, fratrum, de Malonido (*al.* Bercenayo), episcoporum Laudunensium. Prior obiit III nonas septembris anno M°CC° trigesimo octavo; posterior obiit XI kalendas junii anno M° CC° LX° primo.

§ III.

FONDATIONS ESTABLIES EN L'ÉGLISE ROYALLE DE TROYES.

I. *Fondations establies ès jours fixes, selon le calendrier.*

JANUARIUS.

546. 1. *Circumcisio Domini.* Duplex 2 classis seu solemne. Après complies, ℟ *Gaude Maria,* prose *Inviolata,* etc. En allant à la nef *Miserere, De profundis, Libera,* de la fondation de M. Guillaume Millet, scholastique et chanoine de cette église, décédé le 6 septembre 1577, inhumé en la nef proche le premier pilier à gauche. Distribution 3 s. Il n'y a point de messe le lendemain dudit *Gaude.*

547. Ce jour, mémoire de madame Mahaut ou Mathilde de Champagne, fille du comte Thibaut [II], mariée à Rotrou [III], comte du Perche.

548. 6. *Epiphania Domini.* Duplex 1 classis. De la fondation de M. Pierre Jolly, chanoine de cette église, en l'année 1656; *dedit 400 l.* Pendant qu'on chante le 8ᵉ respond des matines, le diacre chanoine en table, portant le texte des évangilles et revestu d'ornements blancs, part de la sacristie, entre au chœur à l'ordinaire, demande la bénédiction au premier prêtre dignité du chœur, ou chanoine, monte au jubé, et après que le 9ᵉ respond est fini, il chante l'évangille de saint Luc : *Factum est autem cum baptizaretur,* etc., lequel estant fini, on commence *Te Deum.* Au retour du jubé on encense celuy qui a donné la bénédiction, et le soubdiacre lui donne à baiser le texte des évangilles. Il y a 2 s. de distribution à matines. On sonne le dernier à cinq heures. L'entrée finit au 3ᵉ respond du 1ᵉʳ nocturne.

549. 10. *De octava.* Anniversaire pour très-illustre Thibault [II], comte de Champagne, décédé ce jour,

en 1252; de 15 l., distribution 7 s. Il y a deux chappiers et résidents. MM. les dignitez chantent le *Libera* aux vigilles et le trait à la messe du lendemain. On ouvre le tombeau aux vigilles et à la messe qui est en musique. Il y a treize cierges.

550. 16. Ce jour *Gaude* pour madame Jeanne de Chastillon, épouse de Gaucher [V], comte de Brienne et Liche, duc d'Athènes, décédée le 16 janvier 1353. Elle est inhumée aux Jacobins [1].

FEBRUARIUS.

551. 2. *Purificatio Beate Marie Virginis*. Duplex 1 classis cum octava. Feste annuelle fondée par le thrésorier Jacques de Bar le 7 aoult 1435, comme il se voit au feuillet 105 des registres. Matines à cinq heures; distribution 2 s. Après tierce la bénédiction des cierges, ensuite la distribution qui se fait par un officier du chœur en surply et le sonneur en robbe.

552. Le lendemain messe, distribution 4 s. de la fondation de MM. Royer, en l'année 1565; ils sont tous inhumez soubs leur tombe au milieu de la nef.

553. 4. *Aventini, conf.* Duplex 1 classis. Feste annuelle de la fondation de M. Odard Angenoust, chanoine dans cette église, en 1678. Matines à cinq heures; distribution 2 s. Après matines on descend la châsse. Devant la messe il y a procession en chappes par la cité, à laquelle la châsse est portée; après complies on la remonte.

554. 7. *De octava*. Anniversaire pour M. Estienne Roberdel, célerier et chanoine, en 1579, inhumé proche le premier pillier à droitte, 10 l., distribution 4 s.

555. 11. *De feria*. Anniversaire pour M. Claude Lorier, chanoine, décédé le 10 février 1608, inhumé dans la nef entre les 2 pilliers à droite, 10 l., distribution 4 s.

556. 17. *De ca*. Anniversaire pour M. Jacques Gillot,

---

[1] Armoiries : De gueules, à trois pals de vair, au chef d'or chargé d'une merlette de sable. (Courtalon.)

décédé le 17 février 1546, inhumé proche du bénistier du costé du cloistre, 10 l., distribution 4 s.

MARTIUS.

557. 4. *De ea.* Anniversaire pour très-illustre dame Marie de France, fille du roi Louis le Jeune, épouse du comte Henri [Ier], 10 l., distribution 4. s. On allume sept gros cierges, et on met le poesle sur les tombeaux.

558. 6. *De ea.* Anniversaire pour M. Jean Veelu, doyen et chanoine, en 1611, inhumé soubs la grande tombe dessoubs le jubé, en entrant au chœur, 10 l., distribution 4 s.

559. 7. *Sancti Thomæ Aquinatis.* Duplex 3 classis. De la fondation de M. Gilbert, ancien chantre et chanoine vétérant de cette église et de celle de Saint-Pierre. Il estait chapellain de la chapelle et oratoire du Roy; enterré en la chapelle de la Conception, en 1693, âgé de quatre-vingt-quatorze ans.

560. 8. *De ea.* Anniversaire pour M. Gillet Guillaume, doyen et chanoine, environ 1536, inhumé au mesme endroit du sieur Veelu, 10 l., distribution 4 s.

561. Ce jour, mémoire de la comtesse Adelaïde, mère de Thibaut [II], comte de Champagne.

562. 13. *De ea.* Mémoire de Marie, fille de Thibaut [II], comte de Champagne, et femme d'Eudes [II], duc de Bourgogne. Elle a sa sépulture à Fontevrault, où elle est décédée le 11 de ce mois. — Anniversaire pour Pierre Morot, chanoine du thrésor, 5 l., distribution 2 s.

563. 17. *De ea. Obitus Henrici, comitis.* Anniversaire pour très-hault et très-illustre prince Henri, comte de Champagne, et fondateur de cette église. La veille on sonne complies à une heure et demie avec la plus grosse cloche; à deux heures on les chante; ensuite on chante l'office des morts comme aux festes annuelles, l'autel paré de rouge, et les officians pareillement revestus de rouges ornements. Après le

1ᵉʳ psalme des vespres des Morts, l'entrée au chœur est finie. Au 5ᵉ psalme d'icelles on advertit deux chanoines, qui accompagnent M. le doyen quand il officie, pour encenser le grand autel pendant le *Magnificat*. Les deux chanoines seuls encensent les tombeaux des comtes, et on va à l'ordinaire au bas de la stalle de M. le doyen, on ne fait point d'autres encensements. Après l'antienne du *Magnificat*, l'officiant dit l'oraison *Deus indulgentiarum*, etc., à la fin *Dominus vobiscum*, et les enfants disent le verset *Requiescant in pace*. Aussytot les quatre chanoines qui doivent chanter le *Venite* commencent à l'aigle l'invitatoire *Regem*. Les quatre choristes qui sont à la forme recommencent ensemble *Regem*, et le chœur continue *Venite adoremus*; et ainsy à chasque verset du *Venite*. Pendant le 3ᵒ respond de chasque nocturne, les deux choristes qui accompagnent MM. les chantre et soubschantre encensent le grand autel et les tombeaux. Quant on chante le *Libera*, tous MM. sont debout dans leurs places, et M. le chantre reprend seul *Quando cœli*, etc. *Dum veneris*, etc. *Libera me Domine*, etc., et à *Benedictus* les chanoines marquez en table encensent comme à *Magnificat*.

Le dit jour, 17 mars, on commence matines à trois heures du matin auxquelles doivent assister les stagiaires (sy il y en a), ensuite on récite tout le psaultier, et chaque féerie achevée, un prêtre du chœur, qui d'ordinaire est le commis de M. le soubschantre, aiant une estole noire et l'aspersoir en main, devant l'aisle, dit tout bas le *De profundis* et l'oraison *Inclina*, et à la fin *Requiescant in pace*, en jestant de l'eau besnite sur les tombeaux.

Le psaultier achevé, on commence le *Benedictus* du 7ᵉ ton; à la fin on dit l'antienne *Libera me Domine*, l'oraison *Inclina*, et *Fidelium*.

Ce mesme jour la messe de Nostre-Dame est pour le fondateur; ainsy on la chante de *Requiem* comme au chœur.

Prime commence à huit heures et demie, ensuite tierce et sexte. Aussytot on commence les recommandises solennellement. M. le chantre commence seul et achève sous l'antienne *Subvenite*. Le commis de M. le soubchantre, en sa place en hault du costé droit, dit ce seul mot *Suscipiat*, qui est le commencement d'une autre antienne; après quoy M. le chantre entonne le psaume *In exitu*, lequel estant fini, M. le chantre recommence encore et achève seul l'antienne *Suscipiat*, après laquelle le commis dit encore ce seul mot *Chorus*, qui est aussi le commencement d'une autre antienne, et M. le chantre continue à entonner les psaumes graduels.

L'entrée au chœur est finie après le psaume *In exitu*.

Environ le temps qu'on chante *Defecit in salutare*, qui est la suite du psalme *Beati immaculati*, on porte à MM. les chanoines prêtres des petits cahiers où sont quelques prières pour les deffunts, et on les reprend devant les 7 psalmes qu'on récite après la messe. Sur la fin des psalmes graduels l'officiant, accompagné de tous ses ministres et assistants, descend à l'aigle et aiant dit *Pater noster*, récite tout haut les oraisons marquées dans le livre, à la fin desquelles les enfans disent *Requiescant in pace*.

Ensuite on dit la messe, qui est en musique, à laquelle MM. les chantre et soubschantre sont accompagnez de deux autres choristes.

On envoye au trait trois de MM., scavoir, deux dignitez et un chanoine revestus de chasubles. Tous MM. les chanoines qui ne sont pas revestus de chasubles vont à l'offrande, mais les quatre choristes vont les premiers.

Après la messe on récite les sept psalmes; sur la fin d'iceux, l'officiant retourne encore à l'aigle, et dit les oraisons comme auparavant à la messe, et à la fin les enfans disent encore *Requiescant in pace*.

Il fault remarquer que les soubdiacres d'office portent les textes allant à leurs places avec l'officiant.

Il fault remarquer aussy que pendant les recommandises et les sept psaumes, l'officiant est assis à la place de M. le soubdoyen, le soubdiacre en celle de de M. le doyen, et le diacre en celle de M. le chantre, et les contenances aux basses chaires au dessous.

MM. les dignitez et chanoines prêtres sont placez aux basses chaires, proche les tombeaux, revestus de chasubles rouges. Les autres, soit dignitez ou chanoines, diacres et soubdiacres, sont placez aux hautes chaires, du costé de l'autel, derrière les chanoines prestres revestus de chappes; et les jeunes chanoines sont en la place de M. le prévôt et places suivantes. Les chantres-musiciens sont assis en hault, vis-à-vis du luthrin, aussy revestus de chapes.

Pendant qu'on chante toutes les recommandises et les sept psalmes, deux enfans de chœur encensent continuellement les tombeaux. Le tout estant achevé, aussitôt on commence none; immédiatement après on chante la messe du jour devant laquelle il n'y a ny procession, ny station. Et pendant qu'on chante la messe du jour, MM. sont au chapitre, auxquels on distribue 6 s., c'est-à-dire à ceux qui ont assisté aux vigilles, recommandises et messe; les officiers ne sont point privilégiez.

L'après-disnée il n'y a point de vigilles, ainsy qu'il a été ordonné par MM. du Chapitre le 17 mars 1677.

Lorsque le 17 mars arrive au jour du dimanche, le présent anniversaire se remet au lundy, et la veille, qui est le dimanche, on sonne à midy et demy, on chante none à une heure, après une heure, on chante vespres et vigilles des deffunts, et ensuitte vespres et complies du dimanche, auxquelles on chante le *In exitu* en faux-bourdon, et le reste à l'ordinaire.

564. 19. *Josephi, conf.* Duplex 3 classis. De la fondation de M. Pierre Cotignon, sous-chantre et chanoine, en 1638, décedé le 9 mars 1651, inhumé près le grand crucifix.

565. 20. *Joachim, conf.* Duplex 3 classis. De la fondation de Nicolas Bonhomme.

566. 22. *De ea.* Anniversaire de 10 l., distribution 6 s. pour M. Nicolas Jolly, chanoine, inhumé dans la chappelle de la Conception, le 12 novembre 1657.

567. 24. *De ea.* Anniversaire de 5 l., distribution 2 s., pour M. Pierre Gaulard, chanoine, en 1571, inhumé près la chappelle du Crucifix. On va à la contenance,

568. 25. *Annunciatio Beate Marie Virginis*. Duplex 1 classis. De la fondation de M. Claude Millet, inhumé en la chapelle des Vicaires, le 2 juin 1667. La veille on dit complies à quatre heures et demie. Le jour à matines, qui se disent à cinq heures, il y a 3 s. de distribution manuelle. Le même jour, au *Magnificat* des vespres, distribution 1 s. Après les complies il y a *Gaude, Miserere, De profundis, Libera*, distribution 3 s. Le lendemain, messe du *Gaude*, distribution 4 s. Le tout de la fondation de M. Michel Girardin, chanoine, en 1552, inhumé en la nef, proche le premier pillier à droite.

APRILIS.

569. 1. *Hugonis, ep. et conf.* Duplex 3 classis. Commemoratio *Sancti Leuconii ep. et conf.* Ex fundatione Hugonis de Columbeyo, clerici Cameræ Computorum regis et canonici hujus ecclesiæ, anno 1403 mense augusto.

570. 3. *Mariæ Ægyptiæ. nec virg., nec mart.* Semi-duplex.

Anniversaire de 15 l., distribution 7 s., pour M. Pierre Jaquoti, doyen et chanoine de cette église, et chanoine de Saint-Pierre, où il est inhumé, en l'année 1527. MM. les dignitez chantent le *Libera* aux vigiles et le trait à la messe, il y a deux choristes, le poesle sur les tombeaux dès complies; les trois croix; le luminaire à l'ordinaire.

571. 12. *De ea.* Anniversaire de 10 l., distribution 4 s., pour M. Guy Mergey, prévost et chanoine, en 1543. Avant les vigiles dans le Caresme, qui se disent après complies, et au temps paschal après none, on va dans la nef chanter *Salve Regina*, et à la fin les enfans chantent les *Virgo*, le semainier dit les oraisons *Gratiam, Deus qui inter apostolicos, Deus qui nos patrem*, et *Fidelium*, auquel *Salve* il y a distribution 1 s. Le luminaire comme aux *Salve* pendant l'année.

572. 15. *De ea.* Anniversaire de 5 l., distribution 2 s.,

pour M. Louis Courtois, chanoine de l'église de Troyes, et auparavant chanoine vétérant de cette église, inhumé à Saint-Pierre.

573. 30. *Hoyldis, virg.* Duplex 1 classis. Le dimanche auparavant la feste de sainte Hoylde on commence matines à cinq heures. Après matines on descend la châsse. On commence la messe de Nostre Dame à sept heures et demie. Après sexte, prédication dans la nef, et ensuite la procession en surplis, qui va jusques à l'Hostel de Ville; on chante des respons de sainte Hoylde, et au retour de la procession le premier prestre du chœur dit l'oraison de sainte Hoylde : *Exaudi nos Deus.*

Il fault remarquer que le mesme dimanche on ne faict point de procession après vespres.

Il fault encore remarquer que sy à ce jour de dimanche arrive la feste de la Dédicace, on faict la procession tous en chappes soubs les arbres auparavant la messe, et après la prédication on faict encore la procession en surplis, à laquelle on porte la châsse, comme nous avons dit cy-dessus, et pour lors on commence les matines à quatre heures et demye à cause de la feste annuelle.

Il fault encore remarquer que si la feste de sainte Hoylde arrive le dimanche de la Dédicace on en fait ce jour-là le panégyrique, et on transfert la feste de la sainte au mardy, lendemain de saint Jacques et saint Philippe ; c'est ce qui est arrivé en 1747.

574. 30. *Sainte Hoylde,* feste annuelle. De la fondation de M: Odard Angenoust, en 1678. La veille, pendant le dernier coup des vespres, on va dans la nef, où l'on donne à chascun de MM. un cierge allumé, et on entre au chœur processionnellement en chantant un respons propre de sainte Hoylde. Un chantre musicien, le dernier venu, apporte le baston où est l'image de la sainte, et l'enfant de chœur, revestu de chappe, le suit.

Le jour, on commence les matines à cinq heures. Devant la messe il y a procession en chappes par la cité, on y porte la châsse et le baston de la sainte.

M. le chantre, portant le baston du chœur, marche après la châsse. A la procession on chante un respons propre : *O Hoyldis*, ensuitte *Regnum mundi*, verset *Eructavit* sur le livre, et en rentrant au chœur le ℟ *Lapides*. MM. vont à l'offrande. L'enfant de chœur, revestu de chappe, va le premier, accompagné de deux de MM. qui sont les premiers au chœur ; il donne luy-mesme à l'offrande la pièce d'or ou d'argent que luy a donné celuy qui rend le baston. Après complies on fait la cérémonie du baston, après laquelle le commis du soubschantre, accompagné de tous les musiciens et enfans de chœur, portent l'image du baston dans la maison de celuy de MM. à qui il appartient de le prendre, selon l'ordre de sa réception et à son tour.

(Toutes les cérémonies qui se faisaient autrefois, comme de porter des chappes à la procession, d'aller à l'offrande, de porter le baston de sainte Hoïlde et de saint Laurent chez l'un de MM. qui était en tour, ne se pratiquent plus.)

MAIUS.

575. 11. *Gengulphi, mart.* Anniversaire de 10 l., distribution 4 s., pour M. Henry Moleron, chanoine, en 1667, inhumé proche la chapelle de paroisse.

576. 12. *Nerei, Achillei atque Pancratii, mart.* Anniversaire de 10 l., distribution 4 s., pour M. Elion Prévostat, protonotaire, décédé à Rome en 1640. La contenance se met proche la chappelle Nostre-Dame de Pitié, sur la sépulture de Claude Prévostat, son frère.

577. 13. *De ea.* Anniversaire de 5 l., distribution 2 s., pour M. Jean Forin, chanoine.

578. 20. *De ea.* Anniversaire de 10 l., distribution 4 s., pour M. Jacques Lebey, chanoine, décédé en l'année 1700.

579. 21. *Maurilii, conf.* Anniversaire de 10 l., distribution 4 s. pour les parens dudit sieur Lebey.

580. 23. *De ea.* Anniversaire de 10 l., pour M. Bonaventure Galerey, chanoine du thrésor.

581. 24. *De ea.* Anniversaire de 5 l., distribution 2 s., pour M. Philibert Sourdot, chanoine.

582. 25. *Sancti Urbani, pp. et mart.* Anniversaire de Thibaut [III], comte de Champagne. Comme au 10 janvier.

583. 27. *De ea.* Le 27 may 1691 est décédé M. Nicolas de Beurville, chanoine, qui a fondé une messe basse par an au jour de son décès, et a laissé la somme de 200 l. Il est inhumé sous une tombe vis-à-vis le crucifix.

JUNIUS.

584. 8. *Medardi et Gildardi, ep. et conf.* Comm. *sanctæ Syriæ, virg.* Le 8 juin 1690 est décédé M. Nicolas Rouget, chanoine de cette église, qui a fondé une messe basse à perpétuité et un anniversaire de 10 l. Il a légué la somme de 4,500 l.; distribution pour l'anniversaire 4 s. Il est inhumé sous une tombe vis-à-vis le crucifix. Le dit anniversaire se dit le jour de son décès.

585. 18. *Marci et Marcelliani, mart.* Anniversaire de 10 l., distribution 4 s., pour M. Simon Marcilly, chanoine de la chappelle Nostre-Dame en cette église, en 1583, et inhumé en la ditte chappelle.

JULIUS.

586. 2. *Visitatio Beate Mariæ Virginis.* Duplex 3 classis. Comm. *SS. Processi et Martiniani, mart.* La deuxième grosse cloche sonne au dernier, par la fondation de M. Pierre Collot, scolastique et chanoine, déceddé le 17 mars 1602.

587. *Dominica post octavam SS. Petri et Pauli.* Celebratur in hac ecclesia festum Nominis Jesu, duplex 1 classis cum octava, infra quam si venerit festum semiduplex transfertur post octavam; de simplici fit commemoratio. Post tertiam fit processio extra ec-

clesiam, distributio 4 s. In regressu processionis fit expositio SS. Sacramenti ; post missam reconditur. Ad nonam fit eadem expositio ; post completorium datur benedictio per D. Decanum ; deinde cantatur ℟ Gaude Marta, de fundatione D. Petri Jolly, canonici. Obiit 5 junii 1661, distributio 5 s. Postridie missa pro defunctis, distributio 6 s.

588. *Dies octava Sancti Nominis Jesu.* Duplex 3 classis. Transfertur a die 15 januarii.

589. 9. *Dedicatio ecclesiæ Trecensis.* Annuale-minus.

590. 10. *Septem Fratrum, martyr.* Anniversaire de Thibaut [IV], comte de Champagne et de Brie, roi de Navarre.

591. 13. *De ea.* Anniversaire de 10 l., distribution 4 s., pour M. Odard Lorey, chanoine, décédé le 13 juillet 1681. Il est inhumé sous la tombe de MM. Hennequin, de Coussy, etc.

592. 14. *De ea.* Anniversaire de 10 l., distribution 4 s., pour M. Henry Failly, célérier et chanoine vétéran, inhumé à Saint-Nicolas-du-Marché, au mois de décembre 1676.

593. 20. *Margaritæ, virg. et mart.* Semiduplex. Station à la chappelle qui est dans celle de la Conception, fondée par le dit sieur Failly, célérier ; il y a sept petits cierges allumez pendant les grandes heures de la feste.

Le mesme jour, anniversaire de 10 l., distribution 4 s., pour M. Simon de Marcilly, chanoine, comme il a esté dit cy-devant au 18 juin.

594. 21. *Juliæ virg. et mart.* Semid. Comm. *sanctæ Praxedis, virg. et mart.* On porte le chef de la sainte à la procession de la messe.

Le dimanche auparavant la feste de sainte Jule il y a prédication à neuf heures du matin. Matines à cinq heures et demie.

Sainte Jule. Feste annuelle (elle n'est plus que solennelle ou de 2ᵉ classe), de la fondation de M. Pierre Le Marguenat, avocat en Parlement et chapelain de cette église. *Dedit* 1,250 l. Après complies se dit le *De profundis* en faulx-bourdon. Distribution à matines 2 s., et au *De profundis* qui se dit après complies dans la nef, 3 s. Il est enterré soubs une tombe dans la ditte nef, proche la chapelle de la Trinité.

595. 22. *Mariæ Magdalenæ.* Duplex 1 classis. Anniversaire de Henri [III], comte de Champagne.

596. 23. *Apollinaris, ep. et mart.* Anniversaire de 5 l., distribution 2 s., pour M. Jean Hennequin, chevecier et chanoine, en 1531.

597. 24. *Christinæ, virg. et mart.* Anniversaire de 14 l., distribution 6 s., pour M. Nicolas Cointre, chanoine, inhumé en la nef sous la tombe de M. Le Gruyer, le 1ᵉʳ aoust 1651.

598. 28. *Ursi, ep. et conf.* Semid. Comm. *sancti Cameliani, ep. et conf.* Anniversaire de 15 l., distribution 7 s., pour M. Jacques Peleux, thrésorier et chanoine, décédé le 29 janvier 1584. MM. les dignitez chantent le *Libera* et le trait. On met le poesle sur les tombeaux et les trois croix devant. Il y a résidence ; deux choristes régissent le chœur ; il y a treize petits cierges allumez. Cet anniversaire se remet quelquefois au 31 de ce mois.

AUGUSTUS.

599. 1. *Petri ad Vincula.* Duplex 4 classis. Il n'y a qu'une messe qui est en musique. Après complies il y a respons *O Claviger*, hymne *Aurea luce, jam bone Pastor*, qui se chante alternativement avec l'orgue. Le verset *Tu es Petrus;* ensuitte *Miserere, Libera.* Distribution 3 s.

Le lendemain messe du *Gaude,* distribution 2 s., de la fondation de M. Pierre Collot, scholastique et chanoine, en 1607, inhumé en la nef proche l'autel Saint-Vincent.

600. 3. *Inventio sancti Stephani, protomart.* Duplex 1 classis, seu annuale cum octava. Le dimanche auparavant la Saint-Estienne prédication à neuf heures,

de la fondation de M. Estienne Boulard, chanoine en cette église. La veille on commence vespres à deux heures et matines à quatre heures et demie; distribution 2 s. Le jour, procession par la cité en chappes; on y porte la relique. Pendant la grand'messe tous MM. demeurent en chappes, ils vont tous à l'offrande, excepté les quatre choristes, qui retournent à leurs places après qu'on a chanté *Domine salvum fac regem*.

601. 4. *De octava*. Messe solennelle des deffunts, 10 l., distribution 4 s. De la fondation de M. Odard Hennequin, doyen de Saint-Urbain, et chanoine de cette église, et de M. Noël de Vanlay, chanoine de Saint-Urbain. La contenance se met sur la tombe de MM. Hennequin, de Coussy, Lorey, etc., proche la chappelle de la Trinité.

602. 4. *Dominici, conf.* Duplex 3 classis. De la fondation de M. Jean Gilbert, chapellain de la chapelle et oratoire du roy, chantre et chanoine de cette église, et chanoine de Saint-Pierre, inhumé en la chapelle de la Conception, en l'année 1693, âgé de quatre-vingt-quatorze ans. Il est décédé vétérant des deux églises.

603. 11. *Susceptio Sanctæ Coronæ Domini*. Duplex 4 classis. Comm. *sancti Tiburtii, mart.* Mémoire d'Agnès de Bar, fille du comte Thibaut [II]. Ce jour, lendemain de Saint-Laurent, il y a une messe pour un évesque de Soissons, nommé Jean Millet, décédé en 1503; on la sonne avec les deux grosses cloches, à volée, et on la chante comme la messe du comte. Il n'y a aucune distribution.

604. 12. *De octava sancti Laurentii*. Anniversaire de 10 l., distribution 4 s., pour M. Nicolas Boulard, chanoine de Troyes, et auparavant de cette église, inhumé à Saint-Pierre, le 8 may 1642. La contenance se met proche la chappelle de la Trinité, au dessus de celle de MM. Hennequin, Lorey, etc., avec quatre cierges sur la sépulture de son frère.

605. 13. *Hippolyti et sociorum, mart.* Anniversaire

de 5 l., distribution 2 s., pour M. Charles Mérille, scholastique et chanoine de cette église, et chanoine de Saint-Pierre, en 1615, inhumé...

Ce jour, mémoire d'Élisabeth, duchesse de Pouille [épouse du duc Roger], sœur du comte Henri [Ier, le Libéral].

606. 15. *Assumptio Beatæ Mariæ Virginis*. Duplex 1 classis, cum octava. Feste annuelle. La veille il y a station à la chappelle de Nostre-Dame, l'antienne *Alma Redemptoris*, de la fondation de M. Jean de Barbonne, doyen de cette église, en 1369. Il n'y a point de station à *Laudes*. Matines à quatre heures et demie du matin, distribution 2 s. A sexte il y a 1 s. de distribution; de la fondation de M. Pierre Forin, chanoine. Le gros luminaire demeure allumé pendant sexte comme à la messe. Après complies, *Gaude, Inviolata,* verset *Post partum*, oraison *Veneranda, Miserere, Libera,* etc., distribution 3 s.; de la fondation de M. Michel Girardin, chanoine, inhumé en la nef, proche le premier pillier à droite, en 1552. Ce *Gaude* s'avance au 14 août, à cause de la procession générale qui se fait le 15 après vespres.

607. 17. *Octava sancti Laurentii*. Duplex 4 classis. Messe solennelle pour les deffunts, de 5 l., distribution 2 s.; de la fondation du dit sieur Forin, chanoine.

608. 20. *Bernardi, abb.* Duplex 3 classis. Comm. *octavæ*. De la fondation de M. Jean Gilbert, chanoine vétérant et chantre de Saint-Estienne, et chanoine vétérant de l'église Saint-Pierre, chapelain du roy.

609. *Octava Assumptionis*. Duplex 4 classis. Comm. SS. *Thimothei et Simphoriani, mart.* Octave de l'Assomption, double de 3e classe, de la fondation de M. Odard Mouton, chanoine, en 1734.

610. 23. *Timothei et Apollinaris, mart.* Simplex. Anniversaire de 10 l., distribution 4 s., pour M. Yves Le Tartier, doyen et chanoine. MM. vont à l'offrande, et les enfans de chœur, et treize pauvres. Ce dit Tar-

tier inhumé en la nef, proche le premier pillier à droite, en 1562.

611. 25. *Ludovici, reg. Franc., conf.* Solemne. Il y a distribution de 5 s. pour chaque office, à commencer aux premières vespres.

612. 27. *Ruffi, ep. et mart.* Anniversaire de 10 l., distribution de 4 s., pour M. Jean Le Gruyer, scholastique et chanoine, inhumé en la nef, proche les orgues, en 1564.

613. 30. *Fiacrii, conf.* Duplex 3 classis. Commem. *SS. Felicis et Audacti, mart.,* et *S. Ayli, abbat.* Le mesme jour et dès la veille, le dernier psaume des vespres, l'hymne et *Magnificat* à l'orgue et en faulx-bourdon. Station à la chappelle des Vicaires, de la fondation de M. Pierre Jolly, déceddé le 25 juin 1661.

614. 31. *Paulini, ep. et mart.* Le 31 et dernier jour d'août 1707, M. Eustache Dorey, chanoine de cette église, est décédé, et fut inhumé le 2 septembre sous une tombe dans la nef, proche le premier pillier à gauche. Il a fondé une messe à perpétuité qui se dit immédiatement après la grand'messe; elle se sonne de quinze coups de cloches. Il a laissé la somme de 5,000 livres.

SEPTEMBER.

615. 1. *Ægidii, abb.* Semid. Comm. *sancti · Prisci, mart., ac sancti Lupi, ep. et conf.* Anniversaire de 15 l. pour Louis XIV, roy de France, d'heureuse mémoire, en 1715. Il y a 20 s. pour chacun de MM.

616. 4. *Marcelli, presb. et mart.* Anniversaire de 6 l., distribution 3 s., pour M. Jean Milon, chanoine.

617. 6. M. Edouard Hugot, chanoine de cette église, est décédé le 7 septembre 1740, et a été inhumé le lendemain 8, sous une grande tombe de marbre dans le bas costé, vis-à-vis la porte qui est du costé du Préaux. Il a laissé 500 francs au Chapitre, et a prié MM. de luy faire dire chaque année, pendant cin-

quante ans, un anniversaire de 6 l., ce qui a été accordé; et il a été réglé qu'il se dirait le 6 septembre, à commencer la première année en 1741.

618. 7. *Memorii et sociorum, mart.* Semid. Comm. *sancti Alpini, ep. et conf.* Anniversaire de 14 l., dis-distribution 6 s., pour M. Nicolas Martel, chanoine de cette église, et doyen de Saint-Urbain, décédé le 7 septembre 1638, et inhumé dans la ditte église de Saint-Urbain.

619. 8. *Nativitas Beatæ Mariæ Virginis.* Duplex 1 classis, seu annuale. De la fondation de M. Nicolas Bourgoin, doyen et chanoine depuis 1397 jusqu'en 1430. On sonne les deux premières grosses cloches. A matines distribution de 2 s. Après complies respons *Gaude, Miserere, Libera,* etc., distribution 3 s., de la fondation de M. Claude Protat, chanoine, en 1556, inhumé dans la chappelle Saint-Laurent.

620. 9. *De octava.* Comm. *sancti Gorgonii, mart.* Messe solennelle pour les deffunts, 6 l., distribution 3 s., de la fondation de M. Adgesilaus Guion, chevecier et chanoine, en 1601.

621. 10. *De octava.* Anniversaire de Henri [II], comte de Champagne.

622. 14. *Exaltatio Sanctæ Crucis.* Duplex 1 classis, seu annuale. Matines à cinq heures, distribution de 2 s. Procession en chappes à la messe, dans l'église; on chante l'hymne *Vexilla* dans la nef, l'orgue joue et le chœur répète sur le livre *O Crux ave,* et en rentrant *Te, summe Deus,* etc. Le célébrant porte la Vraie Croix à la procession, et elle demeure sur l'autel pendant la messe. Après complies les enfants de chœur, seuls, chantent *Ave Regina,* etc., le verset et la collecte. Ensuite *Stabat Mater.* Après on chante l'hymne *Vexilla Regis* en musique, alternativement avec l'orgue. L'entrée du présent *Gaude* finit après la première strophe du *Stabat Mater.* En allant à la nef *Miserere, Libera,* etc., distribution de 3 s.

623. 15. *Octava Nativitatis Beatæ Mariæ Virginis.* Du-

plex 4 classis. Comm. *sancti Nicomedis*, *mart.*
Messe du *Gaude*, distribution de 2 s. La feste annuelle, le *Gaude*, et la messe du lendemain sont de la fondation de M. Jacques Ramel, chanoine de la chappelle de Nostre-Dame, inhumé en la nef, sous la tombe de M. Le Gruyer.

624. 25. *Firmini, ep. et mart.* Le 25 septembre 1721 est décédé M. Jean Trottant, chanoine et célerier de cette église; inhumé sous le jubé, dans un caveau, sous l'autel de Saint-André. Anniversaire de 20 s. Il a laissé tout son bien à l'église.

OCTOBER.

625. 1. *Remigii, ep. et conf.* Semid. Comm. *sancti Germani, ep. et conf.* Fit distributio pro cœna Dominorum 1 l.

626. 3. *Angeli Custodis.* Duplex 3 classis. De la fondation de M. Pierre Cotignon, soubschantre et chanoine, en 1638; inhumé près le grand crucifix, le 9 mars 1651.

627. 4. *Francisci, conf.* Duplex 4 classis. ℟ *Gaude* à vespres. De fundatione Francisci *Sourdat,* canonici, distrib. 4 s., postridie missa defunctorum, le 20 octobre 1745.

628. 9. *Dionisii et sociorum, mart.* Duplex 3 classis. Après complies *Gaude*, comme au jour de la Circoncision; distribution 3 s., de la fondation de M. Denis Le Brun, soubschantre et chanoine, en l'an 1671. Il n'y a point de messe du *Gaude* le lendemain.

629. 10. *Gereonis, Victoris, Cassii, Florentii et socior., mart.* Simplex. Anniversaire de 5 l., distribution 2 s., pour M. Jean Lamy, soubsdoyen et chanoine, en 1532.

630. 13. *Venantii, conf.* Anniversaire de 10 l., de la fondation de M. Odard Angenoust, chanoine, décédé le 13 octobre 1686, et inhumé à Sainte-Marie-Magdeleine.

631. 23. *Severini, ep. et conf.* Anniversaire de 10 l., distribution 4 s., pour M. Odard de Coussy, chanoine, inhumé le 23 octobre 1676, proche la chappelle de la Sainte-Trinité, en la nef, sous la tombe de M. Hennequin.

632. 28. *Simonis et Judœ, apost.* Duplex 3 classis. Comm. *sancti Pharonis, ep. et conf.* Après complies *Gaude Maria,* comme au jour de la Circoncision, distribution 3 s., de la fondation de M. Simon Marcilly, chanoine de la chappelle Nostre-Dame, comme cy-devant. Le lendemain messe du *Gaude,* distribution 2 s.

NOVEMBER.

633. 4. *De octava.* Anniversaire de 10 l., distribution 4 s., pour M. Nicolle Lévesque, chanoine, inhumé dans la nef, proche le premier pillier à droitte.

634. 6. Mémoire de Marguerite, fille de Thibaut [II], comte de Champagne, et religieuse à Fontevrault où elle a sa sépulture. Elle est décédée le 6 de ce mois.

635. 7. *De octava.* Anniversaire pour M. Jacques Noel, chanoine; auquel on fait distribution de pain et de vin; il est de 15 s. de distribution.

636. 8. *Octava Omnium SS.* Duplex 4 classis. Comm. *Quatuor Coronatorum, mart.* Anniversaire pour M. Jean Garnier, chanoine; auquel on fait distribution de pain. On donne 15 s.

637. 9. *Theodori, mart.* Anniversaire pour M. Jean Mercier, chanoine; auquel on fait distribution de vin. On donne 15 s.

638. 10. *Martini, pap. et mart.* Anniversaire pour M. Nicaise Le Maistre, chanoine, inhumé en la chappelle Saint-Laurent, en 1511. Distribution de pain. (On donne 15 s. au lieu de pain, comme aux autres cy-dessus.)

Ces quatre anniversaires se sonnent et se célèbrent comme ceux de 15 l. C'est assez d'avoir assisté à un des susdits quatre anniversaires pour avoir les quatre distributions.

639. (Sans date.) Anniversaire de 15 l., pour M. Pierre Doé, archidiacre et chanoine de l'église de Troyes, et chanoine vétérant de cette église, qui a laissé 800 livres pour un anniversaire. Il est décédé le 8 novembre 1700. Distribution 7 s. Il est inhumé à l'église Saint-Pierre.

640. 13. *Brictii, ep. et conf.* Semiduplex. Anniversaire de 10 l., distribution 4 s., pour M. Jean Flodey, soubsdoyen et chanoine, inhumé en la nef, sous les orgues, en 1592.

641. 14. *De octava (sancti Martini).* Anniversaire de 10 l., distribution 4 s., pour M. Odard Hennequin, évesque de Troyes. On met la contenance sur la tombe de MM. Hennequin, de Coussy, etc.

642. 16. *De octava.* Anniversaire de 10 l., distribution 4 s., de la fondation de M. Jean Gilbert, ancien chantre de Saint-Estienne et chanoine vétérant des deux églises. Il estait aussy chapellain de la chapelle et oratoire du roy. Lequel est décédé le 24 novembre 1693, âgé de quatre-ving-quatorze ans. Il est inhumé en la chapelle de la Conception. Le dit Gilbert a fondé les festes de saint Dominique et de saint Thomas d'Aquin, de 3ᵉ classe; lequel a donné la somme... Ledit anniversaire se dit le 24 de ce mois, jour de son décéds.

643. 19. *Translatio sancti Stephani Bizantiam.* Duplex 4 classis. Anniversaire de 5 l., distribution 2 s., pour M. Nicolas Budé, archidiacre d'Arcys, chanoine de Troyes et de cette église.

644. 21. *Presentatio Beatæ Mariæ Virginis.* Duplex 1 classis, seu annuale. A matines distribution de 2 s. et la sonnerie comme à Pasques. Après complies *Gaude Maria*, comme au jour de la Circoncision, distribution 3 s. La ditte fondation par M. Claude Prévostat, chanoine des deux églises, qui est inhumé proche de la chappelle Nostre-Dame-de-Pitié, décéddé le 9 may 1641. La messe du *Gaude* se remet au 23, lendemain de Sainte-Cécile

645. 24. *Chrysogoni, mart.* Anniversaire de 10 l., dis-

tribution 4 s., pour M. François de Remain, chanoine des deux églises ; il est inhumé à Saint-Pierre.

DECEMBER

646. 3. *De ea.* Anniversaire de Thibaut [V], roi de Navarre et comte de Champagne et de Brie.

647. 4. *De ea.* Anniversaire de 5 l., distribution 2 s., pour M. Jacques Moyne, chanoine de la chappelle de Nostre-Dame, inhumé en la ditte chappelle, le 4 décembre 1671. On y va à la contenance.

648. 6. *Nicolai, ep. et conf.* Duplex 3 classis. On sonne comme aux festes solennelles. Aux vespres de la veille et du jour les derniers psaulmes et *Magnificat* en faulx-bourdon, avec un motet. Station à la chappelle sous le jubé, à gauche. Après complies respons *Ex ejus tumba*, avec la prose comme à la Conception, verset *Ora pro nobis*, etc., l'oraison du jour *Deus qui*, etc. Il n'y a point de messe du *Gaude.* Le tout de la fondation de M. Nicolas du Fresne, chanoine, en 1678. La contenance proche les fonts ; oraisons *Deus, qui nos patrem et matrem*, et *Fidelium*. Distribution 3 s.

Le jour de la Saint-Nicolas, il y a une messe basse qui se dit par le petit semainier. La distribution est de 20 s., de la fondation de M. Nicolas Vigneron, chanoine ; le fabricien la paye.

649. 8. *Conceptio Beatæ Mariæ Virginis.* Duplex annuale. De la fondation de M. Pierre Mignan, chanoine, en 1550. A matines, distribution 2 s.

Après complies respons et verset *O Maria clausa.* Vers la fin de la prose, qui se chante après ce respons, deux enfants de chœur montent aux hautes chaires, l'un à droitte, l'autre à gauche, en chantant chacun alternativement avec l'orgue ce verset *Ergo pia*, etc. En allant à la nef on dit *Miserere, Libera*, etc., distribution 3 s., de la fondation de M. Nicolas Clément, chanoine des deux églises, inhumé proche le premier pillier à droitte, le 9 novembre 1554.

650. 9. *De ea.* Messe solennelle de 5 l., distribution 2 s., pour le sieur Mignan.

651. 10. *De ea.* Anniversaire de 10 l., distribution 4 s., pour le dit sieur Nicolas Clément.

652. 13. Mémoire de Mathilde [fille d'Engelbert, marquis d'Istrie], épouse du comte Thibaut [II].

653. 15. *De ea.* Anniversaire de 6 l., distribution 3 s., pour M. Michel Rotey, chanoine, inhumé dans la chappelle de Nostre-Dame, le 17 décembre 1644. On y va à la contenance.

654. 25. *Nativitas Domini Nostri Jesu Christi.* Duplex 1 classis, seu annuale. A la messe, au lieu de l'*O salutaris*, on chante : *Noel, Noel.*

655. 26. *Stephani, protomartyris.* Duplex 1 classis, seu annuale. A la messe, le soubsdiacre monte au jubé comme pour chanter l'espistre, et néanmoins il ne la chante pas, parce que deux de MM. qui savent le mieux chanter descendent à l'aigle et chantent l'espitre en latin, et le chœur respond en français et en musique [1].

II. *Remarques et observations particulières touchant les fondations establies en l'Église Royale de Troyes, pendant l'année, ès jours de festes mobiles.*

656. *Tous les premiers dimanches des mois.* Procession en chantant les litanies de la Sainte-Vierge en faulxbourdon et en faisant trois tours autour du chœur de l'église aux mois de l'hiver, scavoir, janvier, febvrier, mars, octobre, novembre et décembre; et aux autres mois de l'année on sort sous les arbres par la grande porte du costé du palais, et on rentre par celle du costé du Préau. En rentrant au chœur, et les litanies achevéez, le semainier dit le verset et la collecte de la Vierge comme à complies. Cette procession se faict entre vespres et complies. Il y a 4 s.

---

[1] L'épitre *farcie* de saint Étienne a été plusieurs fois imprimée.

de distribution. Il fault avoir assisté à vespres pour assister à la procession et pour avoir la distribution. Le tout de la fondation de M. Odard Angenoust, chanoine, en 1678.

657. *Le samedy des IV Temps de Caresme.* Anniversaire de 6 l., distribution 3 s., pour tous les fidelles trépassés; de la fondation de M. Jacques de Bar, thrésorier et chanoine, inhumé au dessous crucifix du jubé, le 26 avril 1444. Après la messé les sept psaumes et l'aspersion par toute l'église. Les vicaires officient.

658. *Le mardy après le IIe dimanche de Caresme.* Anniversaire de 10 l., distribution 4 s., pour M. Guillaume Millet, scholastique et chanoine, inhumé dans la nef, proche le 1er pillier à gauche, le 6 septembre 1577. Sa fondation est du 7 janvier 1575.

659. *Le dimanche de Lætare.* Après complies ℟. *Gaude*, comme au jour de la Circoncision, de la fondation de M. Claude Millet, chanoine, inhumé en la chapelle des Vicaires, le 1er jour de juin 1677; distribution de 3 s. Le lendemain messe du *Gaude*; distribution de 4 s.

660. *Le mercredy après le dimanche de Lætare.* Anniversaire de 10 l., distribution de 4 s., pour M. Guillaume Juvenis, chantre et chanoine, inhumé assès près de la chappelle de la Sainte-Trinité.

661. *Le mardy après le dimanche de la Passion.* Anniversaire de 10 l., distribution de 4 s., pour M. Samson Frotey.. inhumé..

662. *Le dimanche des Rameaux.* Après complies ℟. *Gaude,* comme au jour de l'Exaltation de la Sainte-Croix, de la fondation de M. Edme Simonnet, chanoine, inhumé proche la chappelle de Nostre-Dame-de-Pitié. Distribution de 3 s.

663. *Le jour de Pasques.* A sept heures *Gaude*. Les enfants seuls chantent *Domine non secundum*. Ensuitte ils commencent *Sedit Angelus*, et le chœur continue. L'entrée finit devant le verset du 1er res-

pons *Regina cœli* sur le livre du chœur et avec l'orgue ; *Miserere, Libera*, etc. ; de la fondation de M. Jean Flodey, sous-doyen et chanoine, inhumé en la nef, sous les grandes orgues, le 13 novembre 1572. Distribution de 3 s. On ne change point cette heure que par ordonnance du Chapitre, quoyque l'épitaphe du fondateur porte entre six et sept heures du soir ; elle est à un pillier sous les grandes orgues.

Il a été ordonné que lorsque Pasques serait en mars le *Gaude* se dirait à six heures.

664. *Le lendemain de Pasques*. Après complies *Gaude*. Les enfants commencent *Hæc dies*, le chœur continue. Les enfants disent le verset *Dicat nunc Israel* comme aux vespres du jour. L'entrée est finie devant le verset. Deux chantres disent l'*Alleluya* et le verset *Nonne* à l'aigle. On abaisse les sièges et on les relève à la prose *Victimæ paschali*, que l'on dit ensuitte de plain-chant alternativement avec l'orgue. Aussitost après les enfants commencent l'hymne *O filii et filiæ*, et à la fin disent le verset *Surrexit Dominus de sepulchro alleluya*, etc. La contenance se met sur la tombe de MM. Hennequin, de Coussy, etc. Distribution de 3 s.

Il n'y a point de messe de *Gaude*. De la fondation de M. Angenoust, décédé le 13 octobre 1686.

665. *L'Ascension*, feste annuelle. De la fondation de M. Pierre Jolly, en 1636, moyennant 400 livres. Matines à cinq heures, distribution 2 s. Après complies respons *Gaude*, comme au jour de la Circoncision, de M. Préjan Millet, chanoine du thrésor, inhumé dans la nef, proche le premier pillier à gauche, décedé le 17 juin 1606; distribution de 3 s. Le lendemain messe du *Gaude*, distribution de 2 s.

666. *La Pentecoste*. A sept heures du soir respons *Gaude*. La prose *Veni Sancte Spiritus* sur le livre et avec l'orgue, le verset *Emitte*, et l'oraison *Deus qui corda fidelium*. Ensuitte l'orgue commence *Inviolata*, etc. Cependant on va à la nef, où on l'achève en musique. Le verset *Post partum*, l'oraison *Famulorum*. Après on chante *De profundis* en faulx-

bourdon; à la fin *Kyrie eleison, Pater noster*, les oraisons *Inclina*, etc. Il n'y a point de *Libera*. Distribution 3 s., de la fondation de M. Odard Hennequin, doyen et chanoine de cette église, en 1614, aussy archidiacre de Saint-Pierre et chanoine de la ditte église, grand vicaire de M. le Grand-Aumònier et de M. l'Evesque de Troyes. Il décedda le 18 janvier 1614.

667 *Le lundy de la Pentecoste.* Après complies *Gaude Maria*. En allant à la nef *Miserere* et *De profundis* en faulx-bourdon; à la fin *Kyrie eleison, Inclina,* etc. Il n'y a point de *Libera*. Distribution de 3 s. Le lendemain messe du *Gaude*. Le tout de la fondation de M. Claude Denis, chantre et chanoine, inhumé en la chappelle de la Conception, le 21 may 1641, aagé de 51 ans.

668. *La Sainte-Trinité*. Après complies respons *O beata Trinitas*, la prose de la messe *Benedicta sit*, etc., sur le livre alternativement avec l'orgue; *Miserere, Libera*, etc., distribution de 3 s. Le lendemain messe du *Gaude*, distribution de 2 s., de la fondation de M. Jean Frotey, chanoine de céans et de Saint-Urbain, inhumé en la nef proche le premier pillier à droitte, décedé le 3 mars 1616. Il y a quatre cierges allumez à la contenance pendant la messe du *Gaude*.

669. *La veille de la Feste-Dieu.* Anniversaire pour tous les fidèles trespassez, comme cy devant aux IV Temps du Caresme. Distribution de 3 s.

670. *La Feste-Dieu*. Après complies respons *Amen, amen*, ensuitte l'hymne *Verbum superbum* alternativement avec l'orgue; *Miserere, Libera*, distribution de 3 s., de la fondation de M. Yves Le Tartier, doyen et chanoine. A sept heures vespres solennelles, exposition du Saint-Sacrement. Le chœur est à droitte. Les antiennes des vespres sur le livre. L'hymne en musique. Motet après le *Magnificat*. Ensuite procession de trois tours à l'entour du chœur, distribution de 4 s., de la fondation de M. Pierre Jolly, chanoine, inhumé en la chappelle des Vicaires, le 5 juin 1661.

La présente fondation et les suivantes faites dès l'an 1642.

671. *Le vendredy, lendemain de la Feste-Dieu.* Messe des deffunts, distribution de 4 s., de la fondation du dit Jolly. Le même jour et pendant toute l'octave exposition du Saint-Sacrement aux vespres qui se disent à sept heures du soir, on les chante comme aux festes doubles, de la fondation du dit Jolly. Distribution de 3 s.

672. *Le samedy.* Aux vespres du soir distribution de 3 s., de la fondation du dit Jolly.

673. *Le dimanche.* Vespres du soir et procession comme au jour de la Feste-Dieu. Distribution de 4 s., de la fondation de M. Antoine Vautherin, chantre et chanoine, inhumé à Sainte-Magdeleine.

674. *Le lundy.* Messe solennelle des deffunts, distribution de 4 s., de la fondation du dit sieur Vautherin. Aux vespres du soir distribution de 3 s., de la fondation du dit sieur Jolly.

675. *Le mardy.* Aux vespres du soir, distribution de 3 s., de la fondation du dit sieur Jolly.

676. *Le mercredy.* Idem.

677. *Le jeudy.* Vespres du soir et procession comme au jour de la Feste-Dieu. Distribution de 4 s., de la fondation de M. Pierre Vautherin, comme cy-dessus.

678. *Le samedy des IV Temps de septembre.* Anniversaire pour tous les fidèles trépassez, comme aux IV Temps de Caresme, distribution de 3 s.

679. *Le Ier dimanche de l'Avent.* Après complies respons *Missus est, Inviolata, Miserere, Libera,* distribution de 3 s. Il n'y a pas de messe du *Gaude* le lendemain; mais l'après-dinée il y a vigilles, et lendemain anniversaire de 10 l., distribution de 4 s., fondez en 1551 par M. Jean Arnoul, chanoine, inhumé en la chappelle des Vicaires, le 4 novembre 1570.

680. *Le samedy des IV Temps de décembre.* Anniversaire comme aux IV Temps de Caresme.

PIÈCES JUSTIFICATIVES.

I. — Tombeaux et restes mortels des comtes Henri Ier et Thibaut III.

(Voir n°s 79, 164.)

1. *Mémoire et description des tombeaux des comtes de Champagne qui sont dans l'église royale et collégiale de Troyes.*

[Nous publions la description des tombeaux des comtes de Champagne, faite en 1704, par Hugot, chanoine de Saint-Étienne, d'après le texte original qui se trouve aux Archives de l'Aube, *reg.* 6 G I[6]. Des variantes de ce texte ont été données par Baugier (*Mém. hist.*, I, 399-406); Grosley (*Mém. hist.*, II, 404-410); Arnaud (*Voyage archéolog.*, 29-30); et par M. Coffinet, doyen du Chapitre de Troyes (dans les *Annales archéol.* de Dideron, t. XX).]

Il y a deux tombeaux eslevés sur leur piedestail au milieu du chœur de l'église de Saint-Estienne, qui était jointe à l'ancien palais de nos comtes et leur servait de sainte chapelle.

Premier tombeau.

L'un de ces tombeaux, qui est le plus proche de l'aigle, est celui de Henri Ier, surnommé le Riche, le Large ou le Libéral, comte palatin de Troyes, comte féodal des comtés de Chartres, Blois et Sancerre, et vicomte de Chasteaudun, fils aîné de Thibaud le Grand, IVe du nom comte de Blois, Chartres, Meaux, et depuis IIe du nom comte de Champagne, surnommé à la belle lignée, et de la comtesse Mahaud, fille de Baudoin, comtesse de Flandre.

La baze du tombeau est de six piés de long sur deux et demy de large, posée sur son piedestail; elle est garnie de bronze poussé en feuillages et enrichie de vingt huit émaux très précieux dont les desseins sont tous différens. Au dessus des émaux, qui sont séparés les uns des autres par une plaque qui représente un bassin à fleurs et quelques feuillages, il y a une bande de bronze doré qui fait le tour du tombeau, sur la quelle sont gravez et relevés en émail turquin ces mots, à commencer à la colonne derrière la teste de la grande figure :

> *Hujus firma fides, rata spes, devotio fervens,*
> *Mens pia, larga manus, lingua diserta fuit;*
> *Hic sua plusque suis moriens se contulit ipsum,*
> *Hac ope, post tot opes muniit author opus.*
> *Crastina [17ª mart.] post idus martis, ferieque secunda*
> *Vespere, sole suo fecit egere diem ;*
> *Deseritur solum, sic sine sole solum.*

De dessus la baze s'élévent quarante quatre colonnes de bronze doré, cizelées et taillées à huit pans d'ordre corinthien, qui étant accompagnées d'autre architecture forment plusieurs portiques et ouvertures très-magnifiques, savoir, une à la teste, une aux piés, et quatre à chacun des costez, au travers des quelles on voit la figure de ce prince, de bronze doré, grande comme nature, couché sur la base tout de son long, les mains jointes, et le visage en haut, habillé d'une longue robe qui lui vient jusqu'aux piés, avec une ceinture, et pardessus un manteau dont un pan, passant dessous le bras droit, est porté vers la gauche et fait une draperie sur le ventre ; il a sur la teste une calotte qui vient jusque dessus les oreilles; ses cheveux sont fort courts et frisez, on voit au dessus le bout de ses oreilles ; sa barbe lui couvre le menton et est fort frizée comme une laine très fine.

Derrière les colonnes il y a des plaques de bronze doré, gravées de différens feuillages et dentelées aux extrémitez.

Le tombeau, y compris la baze et l'entablement, a 2 piés 2 pouces de haut. L'entablement est soutenu aux quatre coins par huit pilastres de bronze doré et cizelé en feuillage. A chaque coin du tombeau il y a une baguette de bronze dorée qui forme une petite colonne sans ordre, qui tient toute la hauteur depuis la baze jusqu'à l'entablement.

Entre les pilastres il y a les portiques dont j'ai parlé, qui sont formés par un demy-cercle, l'intérieur du quel, étant divisé en deux, forme deux petites arcades dans chacune des grandes, et toutes ces arcades tant grandes que petites sont soutenues par les quarante quatre colonnes susdittes.

L'ornement des quatre portiques qui sont à chacun des costés consiste en une platebande et une doucine qui forment un demy-cercle; la platebande est couverte de bronze doré cizelé et émaillé de différentes couleurs, et la doucine est garnie d'une feuille de bronze poussée en feuillage.

Au bas de la doucine, dans la capacité de son demy-cercle, il y a deux demy-ronds de moindre diamètre, qui doublent les portiques, et l'espace entre le grand demy-cercle et les deux petits est rempli d'un bronze doré et cizelé, où paroissent de gros feuillages, arbres, et figures de différens desseins, pour l'ornement des portiques.

Le portique du costé de la teste et celui du costé des piés sont à peu près semblables, excepté que les ornements du haut des portiques ne sont pas contournés en demy-cercles mais en manières de trèfle, et qu'il y a des inscriptions au liteau, savoir, au portique du costé de la teste du tombeau il y a ces mots gravés et relevés en émail :

Quod dator iste dedit, nunc redditur huic et obedit.

Au portique du costé des piés il y a ces mots :

Sed quod possedit cum decedente recedit.

Entre chaque arcade il y a la figure d'un ange à demy-corps, de bronze doré, tenant en main chacun une bande sur laquelle est une inscription.

Au premier ange, placé à la teste du tombeau du costé de l'épître, il y a : *Spernere mundum.*

Au second :   *Initium sapientie timor Domini.*
Au troisième :   *Timor Domini manet.*
Au quatrième :   *Verba Dei non transient.*
Au cinquième :   *Memento quia cinis es.*
Au sixième :   *Gloria carnis abit.*
Au septième :   *Omnis homo mendax.*
Au huitième :   *Malos male perdet.*
Au neuvième :   *Spernere sese.*
Au dixième :   *Omnis caro fenum.*
Au onzième :   *Vile sperma.*
Au douzième :   *Vas stercorum.*

Au treizième : *Esca vermium..*
Au quatorzième : *Omnis homo mendax.*

Au dessus de la teste des quatorze anges il y a un liteau, ou réglet, de bronze doré, qui, faisant le tour du tombeau, forme le bas de l'entablement, sur lequel sont gravés et relevés en émail ces vers à commencer au dessus de la teste de la grande figure :

> *Me meus huc finis protraxit de peregrinis*
> *Finibus, ut sit in his hic sine fine cinis;*
> *Hunc ceus ipse torum mihi stravit ut hic cor eorum*
> *Me recolat, quorum res rego, servo chorum.*
> *Hunc tumulum mihi feci qui fundamina jeci*
> *Ecclesie tante, quam nunc rego sicut et ante;*
> *Hic mea membra tegi volo, sic confirmo quod egi.*

Au dessus des inscriptions la doucine ou simaise de l'entablement est garnie de bronze doré et cizelé en feuillages.

Le larmier ou couronne est garni de vingt-huit pièces de bronze doré et émaillé de différentes couleurs dont les desseins sont presque tous différens, et entre chaques émaux il y a des plaques de bronze doré, qui représentent chacune un petit bassin à fleurs et quelque feuillages.

Au dessus de la couronne il y a une baguette de bronze doré, qui fait le tour de l'entablement, qui, étant dans sa couleur naturelle, sert à diversifier et faire paroistre davantage les couleurs de l'or, de l'argent et des émaux.

L'entabement, veu pardessus, forme une manière de quadre dont les plantes-bandes sont couvertes de grandes pièces de bronze cizelé, gravé, doré, et rempli d'émaux de différentes couleurs, qui forment de petits bouquets de fleurs et autres desseins d'un très-grand travail, et d'un goût particulier.

La doucine du quadre est couverte de feuilles de bronze doré et cizelé en feuillages, et au bas des feuillages il y a un réglet de bronze doré, qui, faisant le tour du devant du quadre, le finit; sur lequel sont gravés et relevés en émail ces vers :

> *Hic jacet Henricus, comis comes ille Trecorum,*
> *Hec loca qui statuit, et adhuc stat tutor eorum.*
> *Annos millenos centenos terque novenos*
> *Impleveras, Christe, quando datus est dator iste,*

*Bis deni decrant de Christi mille ducentis
Annis, cum medius mars os clausit morientis.*

Le dedans du quadre se trouve divisé en cinq portions par une manière de croix magnifique de bronze doré, gravé, cizelé et émaillé par bouquets, au milieu de laquelle est une grande rose qui porte un petit quadre d'argent, sur lequel est en émail la figure du prophète Isaye et sa prophétie par un arbre qui pousse une fleur sur laquelle est le Saint Esprit, par laquelle il prédit la venue de Notre-Seigneur, qui est représenté au bas de la ditte croix, sortant d'un nuage, aïant un livre scellé à la main, sur lequel est un petit rubis, et comme donnant sa bénédiction, entre le soleil, la lune et les estoiles. La figure de Notre-Seigneur et tout ce qui est dans les trois portions du cercle est tout d'argent, doré en plusieurs endroits.

Les trois portions du cercle forment un quadre en manière de trèfle, dont les plates-bandes sont couvertes de bronze doré, cizelé et émaillé par bouquets; la doucine est garnie d'une feuille de bronze doré, poussé en feuillages, et sur le réglet qui termine le quadre, qui est aussi de bronze doré, sont gravés et relevés en émail ces deux vers :

*Fons ego sum vite, venie dator; ergo venite
Ad mea jussa, mei vincula solvo rei.*

Au bas du réglet il y a un chapelet de bronze doré, qui fait le tour du dedans du quadre.

Au dessus de la figure de Notre-Seigneur sont deux anges, l'un à droite, l'autre à gauche, tous deux de relief demie-bosse, haut chacun d'environ 15 pouces, sur 6 de large, qui sont tous deux d'argent, doré en quelques endroits, et chacun dans leur portion séparée, dont le fond est aussi d'argent semé de petites rosettes d'argent doré.

Au dessus des anges, dans la portion du costé de l'épitre, tirant vers l'aigle, il y a la figure du comte Henry, toute d'argent demie-bosse, haute de 23 pouces sur 7 pouces de largeur, tenant en ses mains la figure d'une église d'argent doré, qu'il paraît présenter à saint Estienne, qui est auprès. Sa couronne est aussi d'argent doré, garnie de pierreries, savoir, un saphir, une agathe orientale et quatre petits grenats. Il y a au-dessus de la tête une manière de tour accompagnée de deux petits dômes ; le tout, aussi bien que le fond, est d'argent doré en quelques endroits, semé de rosettes et terminé ainsi que toutes les autres figures par un chapelet de bronze doré.

Dans la portion du costé de l'évangile, tirant vers l'aigle, il y a la figure de saint Estienne de même relief que celle du comte Henry, toute d'argent, haute de 22 pouces sur environ 6 de large, revêtue de ses habits de diacre, tenant d'une main un texte doré, au milieu duquel est une croix où le Christ est attaché, et les figures de la sainte Vierge et de saint Jean aux deux costez ; de l'autre main il tient une palme dorée. Le manipule, le colet, les cheveux, le bas des manches, la pièce du bas de l'aube, et les fleurons dont la dalmatique est semée sont aussi dorez, et le reste de la tunique est gravé de différens feuillages ; le fond de la portion où est la ditte figure est d'argent semé de plusieurs rosettes dorées ; le tout terminé par un chapelet de bronze doré.

Dessous ce tombeau gist le corps de Henry Ier, dit le Libéral, comte de Champagne, etc., etc., dans une pierre de la longueur du corps creusée ; il est vestu d'une robe de chambre de soye épaisse, de couleur violette rougeastre ; il y a du costé droit près de ses jambes une lampe sépulcrale, qui est encore en son entier, faite de plomb. La pierre est couverte d'une tombe qui déborde environ d'un pied tout autour ; sur cette tombe il y a de la massonnerie, et sur la massonnerie une autre tombe, sur laquelle est posé le piedestail du tombeau. Ce prince mourut le 17e jour de mars de l'année 1180, âgé de cinquante-trois ans.

[*Nota.* L'inscription tombale du comte Henri Ier telle qu'elle est donnée ici est incomplète. Camusat donne deux vers de plus qui devaient accompagner la statue de la comtesse Marie :

Principis egregios actus Maria revelat,
Dum sponsi cineres tali velamine velat [1].

Quatre autres vers ont été publiés par l'abbé Lebeuf d'après un manuscrit de Saint-Victor :

---

[1] *Promptuar.*, fol. 330 r°.

> *Largus eram, multis dederam, multumque laborem*
> *Hic tuleram : nunc, queso, feram fructum meliorem.*
> *Que statuo templo tuo, protomartyr, honori,*
> *Perpetuo rege, daque suo prodesse datori* [1].

L'ordre de cette inscription fut sans doute bouleversé lorsque différentes pièces du tombeau furent arrachées par des voleurs, en 1583.

Arnaud a donné un dessin [2] du tombeau dont on vient de lire la description, et qui était une merveille d'orfévrerie.]

Second tombeau.

Auprès du tombeau du comte Henry il en y a un autre très superbe, presque tout d'argent, enrichi de grand nombre de pierreries, d'émaux rares de différens desseins, et de plusieurs figures d'argent qui représentent la famille des comtes. Il est de même hauteur, longueur et largeur que le précédent et sur le même piédestail; il a été donné par la comtesse Blanche de Navarre à son mary Thibaut III, comte de Champagne, pour marque de l'amour qu'elle lui portait pendant sa vie, comme on le voit par les deux vers qui sont au dessus de sa figure :

> *Hoc tumulo Blancha, Navarre regibus orta,*
> *Dum comitem velat, quo ferveat igne, revelat.*

Ce tombeau est donc celui de Thibaut V, comte de Blois, Chartres et Sancerre, vicomte de Chasteaudun, et depuis IIIe du nom comte palatin de Champagne, par donation de Henri, son frère aisné, qui fut outre-mer et fut roy de Jérusalem.

Le dit Thibaut fut fils d'Henry Ier surnommé le Large ou le Libéral, et de Marie de France, fille aisnée de Louis le Jeune, roy de France, et d'Éléonore, fille aisnée et héritière de Guillaume, duc d'Aquitaine.

La plinthe de la base est garnie d'argent et enrichie de vingt-huit grands émaux, dont les différens desseins, l'or et le ménagement des couleurs font voir l'invention, la richesse et la beauté du travail.

---

[1] *Dissertat.*, II, 266.
[2] *Voyage archéol.*, p. 29.

Entre chacun de ces émaux il y a une espèce de bassin à fleurs poussé sur l'argent qui en fait la séparation, et la doucine est aussi couverte d'argent cizelé et poussé en feuillages. Le liteau est couvert de bandes de bronze doré sur les quelles sont gravés et rehaussés d'émail ces vers à commencer à la teste du tombeau du costé de l'évangile :

> *Hac Deus urbe mori mihi contulit, ut genitori,*
> *Judeam penetrare pium votum meditanti*
> *Solvere; quod vovi domino, probat ista figura.*
> *Ut requies detur mihi, qui legit ista, precetur.*
> *Filius hoc tumulo genitori proximus heret,*
> *Muniat ut Stephano duplici sua dona sigillo;*
> *Annis a Christo completis mille ducentis,*
> *Me caput evi, finis maii claudit in urna.*

De dessus la base s'élèvent trente-quatre colonnes de bronze doré, cizelé, et taillées à huit pans, dont le chapiteau est d'ordre corinthien, qui avec d'autre architecture forment plusieurs niches très-magnifiques, savoir, une à la teste du tombeau, une au pied et quatre à chacun des costés, dans les quelles sont placées autant de figures d'argent d'environ 14 pouces de hauteur.

Derrière chaque pilier ou colonne il y a une plaque de bronze doré et dentelé aux costés. Le fond de chaque niche est couvert d'argent, aussi bien que ce qui sert de fond à tout le reste du tombeau, et l'ornement de chacune consiste en une plate-bande, une doucine et un liteau ou réglet qui forment un demy-cercle. La platebande est couverte de bronze doré, gravé et émaillé. La doucine est garnie d'une plaque d'argent poussée en feuillages. Le liteau est de bronze doré, sur le quel sont gravées les inscriptions convenables à chaque figure.

Au bas du liteau, dans la capacité de son demy-rond, trois portions de cercle forment un trèfle ; et l'espace depuis le liteau jusqu'au trèfle est couvert de plaques d'argent doré, poussées en gros feuillages, et le trèfle est terminé par un chapelet de bronze doré qui y fait un ornement fort agréable.

Les niches du costé de la teste et des piés sont différentes seulement en ce que les ornements ne sont point contournés en demy-cercle, mais forment un trèfle.

Le tombeau, y compris l'entablement et la base, a

2 piés 2 pouces de hauteur, et l'entablement est soutenu aux quatre coins par huit pilastres d'argent, doré en quelques endroits, et cizelé en feuillages, dont les deux costés de chacun sont terminés par un chapelet de bronze doré ; et à chaque coin du tombeau, entre deux pilastres, il y a une baguette dorée qui forme une petite colonne sans ordre, qui tient toute la hauteur depuis la base jusqu'à l'entablement.

Entre les pilastres il y a les niches qui sont soutenues par les trente quatre colonnes ; aux costés des niches, entre les vuides que laissent les dehors de chaque cercle jusqu'à l'entablement, il y a la figure d'un ange à demy-corps tout d'argent, doré en quelques endroits, et ces anges se trouvent au nombre de quatorze, savoir, six dont les deux ailes sont estendues, et huit dont il ne parait qu'une des ailes, parcequ'ils sont placés dans les encognures du tombeau.

Dans la niche qui regarde l'autel il y a la figure de Louis le Jeune, VIIe du nom, roy de France, grand-père de Thibaut III (le comte Henry ayant épousé Marie de France, fille de Louis VII et d'Éléonore, fille du duc d'Aquitaine, laquelle, après avoir donné deux filles, savoir, Marie de France, épouse de Henry Ier dit le Libéral, et Alix de France, femme de Thibaut le Bon, comte de Blois, frère du dit Henry Ier, fut répudiée à cause de parenté ; et le dit Louis VII épousa en troisièmes nopces Alix ou Adèle, fille de Thibaut le Grand, sœur du comte Henry Ier, fondateur de cette église, qui donna un roy à la France, qui fut Philippe-Auguste). Cette figure tient en main un sceptre avec une couronne à la teste, garnie de pierres ; au dessus de la niche sont gravés ces mots relevés en émail :

Rex ego Francorum, gravis hostibus, hostis eorum.

Dans la niche du costé de l'épître, auprès de Louis VII, il y a la figure d'Henry II, frère aisné du comte Thibaut III, qui, allant outre-mer, lui fit une donation de la conté de Champagne ; il fut roy de Jérusalem, ayant épousé en secondes nopces Isabeau, reine de Jérusalem, sœur de Baudoin IV, roi de Jérusalem et de Chypre. La figure tient en main un sceptre et a sur la teste une couronne garnie de pierreries ; au dessus de la figure sont gravés ces mots :

> *Urbe tua, Christe, rex electus fuit iste*
> *Nobilis Henricus, divine legis amicus.*

Dans la niche suivante tirant vers l'aigle, il y a la figure de Marie de France, femme du comte Henri Ier, fille de Louis VII et mère de Thibaut III comte de Champagne ; au-dessus de la figure sont gravés et relevés en émail ces mots :

> *Maria comitista.*
> *Mater ego comitis, Christum rogo, sit tibi mitis.*

Dans la niche suivante, du même costé, il y a la figure d'Henry Ier dit le Libéral, comte de Champagne, fondateur de cette église, frère de Thibaut III ; il tient en ses mains la figure de l'église dont il est fondateur ; au dessus de sa teste sont gravés ces deux vers :

> *Hic et Henricus, Theobalde, tui genitivus,*
> *Qui fuit ecclesie presentis compositivus.*

Dans la niche suivante, proche le tombeau de Henry, est la figure de Scolastique, sœur de Thibaut III, femme de Guillaume V, comte de Vienne et de Macon. Cette figure fait un point de controverse contre M. Jean du Tillet, qui dans sa généalogie des comtes de Champagne ne parle que de trois enfants du comte Henry Ier, savoir, Marie, Henry II, et Thibaut III, et cependant voici Scolastique, sœur de Thibaut, comme il parait par ces mots qui sont gravés au dessus de la figure :

> *Scolastica.*
> *Hec, Theobalde, tua soror, est comitista Vienne.*

Dans la niche qui regarde la tombe du comte Henry Ier est la figure de Henri II, roy d'Angleterre, qui épousa Éléonore, mère de Marie de France, femme du comte Henry Ier, après que Louis VII l'eut répudiée pour parenté ; il y a dans la figure trois pierres au bas de la gorge, et elle tient une couronne garnie de pierreries ; au-dessus de sa teste sont gravés et émaillés ces mots :

> *Anglica regna rego Rex venerandus ego.*

Dans la niche du costé de l'évangile, proche du tombeau du comte Henry Ier, est la figure de Marie, sœur de Thibaut et de Scolastique, femme de Baudoin, comte de Flandres et depuis premier empereur de Constantinople; au-dessus de sa teste sont gravés et émaillés ces deux vers :

> *Hec est germana, flos unicus, una, Maria,*
> *Circa quam studuit formandam tota sophia.*

Dans la niche qui suit il y a la figure de Blanche, troizième fille de Sance le Fort, quatrième du nom, et dixième roi de Navarre, et de Béatrix, fille d'Alphonse, empereur d'Espagne, femme de Thibaut III, comte de Champagne; quoiqu'elle fût la plus jeune des cinq enfants de Sance le Fort, roy de Navarre, elle demeura seule héritière, et c'est par elle que les comtes de Champagne furent depuis roys de Navarre. Elle porte entre ses mains la figure du tombeau, autour du quel sont en petit les figures des oncles et des tantes de son mary; entre autres celle de Guillaume, frère du comte Henry, évesque de Chartres et depuis archevesque de Sens, puis de Rheims, cardinal au titre de Sainte-Sabine et légat en France. Au-dessus de la figure de Blanche sont gravés et émaillez ces deux vers :

> *Hoc tumulo Blancha, Navarre regibus orta,*
> *Dum comitem velat, quo ferveat igne, revelat.*

Dans la niche suivante, il y a les figures de Marie, fille unique de Thibaut III, qui fut donnée en garde après la mort dudit comte Thibaut à Philippe-Auguste, roy de France, et peu après décéda; et celle de Thibaut IV, comte de Champagne, fils posthume du dit Thibaut III et de Blanche de Navarre, qui après la mort de Sance V l'Infirme fut proclamé douzième roy de Navarre en 1234 [le 8 mai].

(Son fils Thibaut V lui succéda au comté de Champagne et à la couronne de Navarre; il épousa Isabeau de France, fille de saint Louis, n'eut point d'enfants; et son frère Henri III lui succéda, il épousa Blanche d'Artois, fille de Robert, comte d'Artois, frère du roy saint Louis, et de ce mariage vint leur fille unique, Jeanne, reine de Navarre, comtesse de Champagne et Brie, qui épousa Philippe le Bel, roy de France, par la quelle les comtes de Champagne et Brie entrèrent en la maison de France, et la réunion des dits comtez à la couronne de France fut faite par le roi Jean au mois de novembre 1361.)

Les deux figures de Marie et de Thibaut V sont d'argent doré; au dessus de leurs testes il y a ces deux vers gravez et émaillez :

> *Dat pro patre duos Deus hos flores adolere,*
> *Ut tibi ver pacis Campania constat habere.*

La dernière niche est celle de Sance IV le Fort, dixième roi de Navarre, père de Blanche de Navarre, femme de Thibaut III; il a une couronne sur la teste, garnie de pierreries; au-dessus de la figure on lit ces mots gravez et émaillez :

> *Sancius est presens, quod signat imago decenter,*
> *Quoque gubernatur Navarra rege potenter.*

Toutes ces figures sont d'argent, doré en plusieurs endroits, hautes d'environ 14 pouces, à l'exception des deux enfants du comte Thibaut, qui sont plus petits.

Au dessus de la teste des quatorze anges, il y a un liteau de bronze doré qui règne tout autour du tombeau, où sont gravez et esmaillez ces mots à commencer à la teste du tombeau, du costé de l'Évangile :

> *Tanta palatino ne principe terra careret,*
> *Transit in heredem vita paterna novum ;*
> *Qui puer, ut phenix, de funere patris abortus,*
> *Continuet patris in sua jura dies.*
> *Damna redempturus crucis et patriam Crucifixi,*
> *Struxerat expensis, milite, classe viam.*
> *Terrenam querens, celestem reperit urbem ;*
> *Dum procul hec petitur, obviat illa domi.*

La doucine de l'entablement est couverte d'argent poussé en feuillages. Le larmier ou couronne est garny de vingt huit pièces de bronze, dorées et émaillées de plusieurs couleurs, et dont les dessins sont différens, et entre chacun des émaux il y a des plaques d'argent cizelé qui représentent chacune un bassin de fleurs.

Au dessus du larmier il y a une baguette de bronze qui fait le tour de l'entablement, qui dans sa couleur naturelle sert de lustre à toutes les autres.

L'entablement, veu par le dessus, forme comme à

l'autre tombeau une espèce de quadre, dont les plates-bandes sont couvertes de grandes pièces de bronze, cizelé, gravé, doré et rempli d'émaux de différentes couleurs.

La doucine est garnie d'argent cizelé et poussé en feuillages, et au bas de ces feuillages il y a un liteau ou réglet de bronze doré, qui faisant le tour du quadre le finit, sur le quel sont gravez et relevez en émail ces mots à commencer à la teste du tombeau, du costé de l'épistre :

> *Hoc, Theobalde, loco recubas luctamine forti,*
> *Mors vite pro quo conflixit, vitaque morti,*
> *Vicit in hac lite vitam mors invida vite;*
> *Intulit invite vires, et ademit ei te;*
> *Qua tibi, rumpente florentis fila juvente,*
> *Vim facit etali nimis ausa licentia fati.*
> *Judaicis opibus inopes relevando fideles,*
> *Principio summi principis egit opus.*
> *Qui legit hec oret pro comite* [1].

Dedans le quadre, sur un fond tout couvert d'argent garni de plusieurs rosettes dorées, est en grand la statue de Thibaut III, comte de Champagne, fils d'Henry Ier dit le Large ou le Libéral, toute couverte d'argent, couchée de son long, la tête sur un carreau dont les coutures sont recouvertes d'un chapelet de bronze doré. Il a les mains jointes, avec une grande robe, une ceinture, et un manteau qui descend fort bas. Il a un baston de pélerin, qui passant entre ses mains touche ses piés, ce qui fait voir qu'il s'était croisé et avait fait vœu d'aller outre-mer, et qu'il est mort sans avoir satisfait à son vœu. Il a à sa ceinture une escarcelle ou bourse, où sont ses armes ; il a les cheveux assez courts et est sans barbe. Il y a autour de sa teste une espèce de couronne, avec un bracelet à chaque bras. Les cheveux sont entièrement dorez, sa couronne est garnie de pierreries, savoir, quatre pierres bleues, deux cornalines, cinq perles, une émeraude, deux pierres jaunes, deux blanches, un saphyr, un grenat et une pierre de couleur. Ses yeux sont d'émail bleu et blanc, tout ouverts. Le colet de sa robe est en filigrame d'argent doré garni de pierreries, savoir, quatre amétis-

---

[1] Les vers de cette épitaphe paraissent disposés dans un meilleur ordre dans le *Promptuarium* de Camusat, fol. 330 r°.

tes, trois émeraudes, un grenat. L'attache du manteau est d'argent doré, poussé en fleurs et feuillages, le dessus est doré entièrement ; sur l'épaule droite du quel il y a une croix de filigrane d'argent doré garnie de pierreries, savoir, quatre perles, quatre pierres vertes, un saphir. Sa ceinture a plus d'un pouce de largeur toute garnie de pierreries, elle est d'argent, travaillée en filigrane, dorée entièrement, et les pierreries sont au nombre de dix, savoir, trois grenats, une agathe, un topase, une amétiste, un saphir foncé, un saphyr clair, une pierre verte, une grosse perle. Au milieu de la ceinture il y a une boucle d'argent doré dedans la quelle le bout de la ceinture passe et descend jusqu'aux genoux ; à la boucle il y a quatre petites pierres. Ce qui descend depuis la boucle jusqu'aux genoux est aussi garni de pierreries, savoir, quatre émeraudes, deux amétistes, un grenat, une pierre blanche, deux petites pierres vertes, un petit grenat. Au bas de la ceinture, du costé gauche, il y a une bource ou escarcelle suspendue avec une bande d'argent doré travaillée de différentes manières, autour de la quelle il y a une bordure d'argent doré travaillée en filigrane, au bas de laquelle il y a cinq pendans ; toute cette bordure et les pendans sont garnis de pierreries, savoir, cinq agathes, quatre pierres d'émail, une agathe orientale gravée, cinq cornalines, trois saphirs, deux grenats, une pierre jaune, deux autres pierres imitant le topase, une pierre d'émail. Au milieu de la bourse il y a les armes de Champagne sur une bosse d'émail et aux quatre angles quatre roses d'argent doré poussées sur la plaque. Les armes portent d'azur, à la bande d'argent accompagnées de cotisses d'or fleuronnées sans nombre, au lieu de nos cotisses potencées et contre-potencées au nombre de treize.

Au bas des genoux, il y a une bande de bronze doré et cizelé en contour de feuillages ; elle suit les enfoncements de chaque ply de la robe.

Le bas de la robe est aussi bordé d'une bande d'argent doré poussé en feuillages. Ses piés sont couverts d'argent doré et sont appliquez à un marche-pied d'argent, dont la face qui regarde l'autel est couverte de bronze doré, travaillé en forme de bassins, qui contiennent chacun une grosse pierre, avec trois grosses amétistes, deux agathes, et deux pierres de cristal de roche pour accompagnement.

Il tient un baston de pèlerin, qui passant entre ses mains descend à ses piés ; il est couvert d'argent, garni de quatre virolles dorées et d'une pomme aussi d'argent emmenchée au bout d'en haut.

Dessous ce tombeau gist le corps de Thibaut III, comte de Champagne, fils d'Henry Ier, dit le Libéral, fondateur de cette église, dans une grande pierre creusée de la longueur du corps, estroite vers les piés et toujours en augmentant jusqu'à la teste, couverte d'une tombe de pierre de même espèce, qui déborde environ d'un pied autour de la première pierre. Sur cette tombe il y a environ un pied de massonnerie, et dessus une autre tombe d'une espèce de marbre rouge, qui tient toute la longueur et largeur du tombeau.

Thibaut III mourut à Troyes le 24 du mois de mai l'an 1201, âgé de 22 ans.

2. *Procès-verbal du larcin de la sépulture des comtes de Champagne* [1].

« L'an 1582, le cinquiesme jour du moys d'avril » enquête ordonnée par « Eustache de Mesgrigny, conseiller du roy nostre sire, sieur de Villebretain, Moussey et la Loge aux Chèvres, président et lieutenant général au bailliage et siège présidial de Troyes... pour veoyr et visiter la dicte église (Saint-Étienne) et les lieulx par où on a entré en icelle pour le fur et larcein qui a esté faict de la sépulture du compte Henry la nuict de vendredy et de sabmedy dernier.. Nous aurions faict faire ouverture du couvescle et chapiteau de la dicte chasse de la sépulture du dict comte Henry, laquelle ouverte, aurions trouvé la dicte sépulture rompue et brisée en plusieurs endroictz, mesme es lieux où auparavant y aurait eu de l'argent couvrant la dicte sépulture, sur laquelle cest trouvé une croix couverte de cuivre esmaillé en plusieurs endroitz et enlevée d'environ deux doigtz plus que le fondz ; sur le quel fondz se seroyent trouvées plusieurs

---

[1] Archiv. de l'Aube, pièce provenant du cabinet Harmand.

cloues de fert et petitz cloues d'argent avec les quelz estoyent attachés les feuilles d'argent étants sur la dicte sépulture; comme aussy plusieurs petitz morceaux des dites feuilles d'argent, les ungs tenant encore au boys dudit fondz et les autres derompuz sur icelle; comme aussi se seroyent trouvez plusieurs petites barres de cuivre doré et pareillement plusieurs morceaux de bois et masticq, sur les quelz estoyent les dites effigiez enlevées estant sur la dite sépulture ; et ny avoit plus de feuilles d'argent de la couverture du fondz de la dicte sépulture, sinon un morceau estant du costé de la main dextre sur la base de la dicte croix et un autre petit morceau sur la fin de la base de la dicte croix et quelques autres petitz morceaux en trois endroits au fondz de la dicte sépulture... »

3. *Translation des restes mortels des comte Henry Ier et Thibaut III; enlèvement et destruction de leurs tombeaux.*

L'église de Saint-Étienne allait disparaître dans la tourmente révolutionnaire. Au mois de décembre 1791, Sibile, évêque constitutionnel de l'Aube, et les fabriciens de Saint-Pierre demandaient au directoire du département la faveur de faire transporter à la cathédrale les restes mortels des comtes de Champagne ainsi que leurs mausolées.

« A Messieurs les Administrateurs du directoire du département de l'Aube.

» Monsieur l'évêque du département de l'Aube et les marguilliers et fabriciens de l'église épiscopale de Saint-Pierre de Troyes, représentent à MM. les Administrateurs du directoire du département de l'Aube qu'en conséquence de l'adjudication de l'église collégiale de Saint-Étienne et conformément au réquisitoire de M. le procureur-général du département il est convenu d'enlever de la dicte église les reliques insignes de sainte Hoylde, de saint Aventin et autres qui jusqu'à ce jour ont été exposes à la vénération des fidèles en la dite église, et aussi les corps et tombeaux des comtes de

Champagne qui aux termes des décrets doivent être déposés dans l'église cathédrale ; qu'ils attendent de leur piété et de leur zèle qu'ils donneront leurs ordres pour l'emplacement de ces monuments précieux dont la ville de Troyes est dépositaire et l'autorisation de faire la translation des reliques de cette église dans celle de Saint-Pierre au jour qui sera indiqué. *Signé :* Augustin Sibille, évêque [1]. »

Le directoire octroya cette requête.

« Vu la requête ci-dessus estimons qu'il y a lieu d'accéder à la demande des exposants, qui donneront une reconnaissance des reliques et autres objets qui leur seront remis. A Troyes ce 20 décembre 1791 [2]. »

Le 23 février 1792 les corps de Henri Ier et de son fils Thibaut III furent exhumés en présence des commissaires du département. « Lors de l'ouverture des tombeaux et avant l'enlèvement des cadavres, le sieur Rondot professeur de l'école de dessin, a dessiné les corps dans la position où ils se trouvaient et nous a présenté le dessin lavé et accompagné de notes instructives, le quel demeure joint et annexé au présent procès-verbal [3]. »

Les corps, provisoirement déposés dans la salle du Trésor, furent transferés solennellement à la cathédrale le lundi 27 février.

La cérémonie commença à dix heures du matin. Plusieurs compagnies de la garde nationale, musique en tête, ouvraient la marche. Dans le cortége se trouvaient l'évêque constitutionnel, son clergé et les principales autorités du département. Les dépouilles mortelles d'Henri et de Thibaut, portées à bras, étaient couvertes de draps mortuaires. Le maire, les présidents du département, du district et du tribunal criminel, tenaient les coins du poële du comte Henri. Les présidents du tribunal du district, du tribunal de commerce, du tribunal de police correctionnelle et du bureau de conciliation, tenaient les coins du poële du comte Thibaut. On voyait ensuite

---

[1] Archiv. de l'Aube, *lias.* I Q, 336.
[2] Ibid.
[3] Ibid. Le dessin est encore joint au procès-verbal.

sur deux chariots le tombeau du comte Henri et celui du comte Thibaut ; à chacun de ces chariots étaient attelés trois chevaux caparaçonnés de noir. Au sortir de l'église Saint-Étienne la procession suivit la Rue-Moyenne jusqu'à la hauteur de l'Hôtel-de-Ville, puis elle a pris les rues de l'Hôtel-de-Ville et de la Cité pour arriver à la cathédrale. Là eut lieu un service solennel chanté en musique. « Les corps ont été déposés dans la chapelle de Notre-Dame, derrière le chœur, dans des fosses creusées à cet effet et les mausolées déposés aux deux côtés dans la même chapelle. » Dans le cercueil d'Henri Ier était l'inscription suivante :

> *Hic jacet Henricus, palatinus*
> *Campaniæ et Briæ comes.*
> *Hujus ossa ex S. Stephani*
> *Templo in basilicam fucre*
> *Translata anno reparatæ salutis*
> *1792, libertatis vero quarto.*
> *Obiit anno 1180.*
> *Augustino* Sibile *episcopo primario electione populi.*

On ne fit pas d'inscription pour Thibaut III[1].

L'année suivante les mausolées furent détruits en vertu d'un arrêté du 18 novembre 1793.

« Vu par nous Administrateurs composant le directoire du département de l'Aube la pétition faite par quatre commissaires députés par la Société Populaire de Troyes, tendante à obtenir le brisement des châsses (les tombeaux) des ci-devant comtes de Champagne et l'envoi du cuivre et des autres métaux à la Monnoie, et l'enlèvement de leurs cendres pour être confondues avec celles des autres citoyens.. Le directoire arrête que les mausolées dont il s'agit seront transférés dans tel lieu qu'il plaira au directoire du district de Troyes de désigner, qu'ils seront visités par le citoyen Rondot fils, expert, demeurant à Troyes, à l'effet de constater si lesdits mausolées méritent d'être conservés comme monuments des arts, et dans ce cas, s'il est possible d'enlever

---

[1] Archiv. de l'Aube, lias. 1 Q, 336, *Procès-verbal de la translation..* Cette pièce a été analysée par Arnaud, *Voyage archéol.*, p. 34. — D'Arbois de Jubainville, *Hist. des comtes de Champagne*, III, 323.

les marques de féodalité sans dégrader lesdits monuments ; arrête que dans le cas contraire le cuivre et autres métaux qui couvrent lesdits monuments seront envoyés à la Monnoie... Fait le 8ᵉ jour de la 2ᵉ descade de brumaire de l'an II de la République une et indivisible [1]. »

Les restes mortels des comtes Henri Iᵉʳ et Thibaut III sont encore aujourd'hui sous le pavé de la chapelle Notre-Dame à la Cathédrale.

II. — Épitaphes et extraits de testaments.

1. Épitaphe de Marie, fille de Thibaut II, comte de Champagne, et femme d'Eudes II, duc de Bourgogne. (Voir n° 562.)

Migravit a seculo Maria, quondam Burgundie ducissa, dulcis et benigna, omnium virtutum floribus adornata, que dum terram possideret commendabilis et approbate coram Deo et omnibus extitit vite : nam dum adhuc fervoris etatis sue virtute polleret, et mundus ei orrideret, non a seculo relicta sed seculum relinquens, ipsa meliorem partem sibi elegit que non auferetur ab ea. Relictis etenim quas tenebat possessionibus et terris, soli Deo mente et corpore studuit adherere. Post positis ergo omnibus aliis cenobiis, Fontis Ebraldi claustrum, in quo religionis habitum recepit, eligere voluit, quod ex suo desiderio et honesta presentia illustravit, et divitiarum suarum plenitudine ditavit, nudas et pauperes vestiens, omnibus que habebat et que habere poterat largiens materno affectu, nos fovit, pavit, vestivit, gubernavit, necnon et dilexit. Cum esset genere excellentissima et mater et domina necnon et abbatissa, sed pro Dei timore ipsam abbatiam relinquens, omnibus non ut sociam et ancillam se exhibuit cum gaudente gaudens, dolenti compatiens etc.
(Pavillon, *Vie du B. Robert d'Arbrissel, Preuves*, p. 591.)

2. Épitaphe de Marguerite de Champagne, fille du comte Thibaut II. (Voir n° 634.)

Migravit a seculo dulcis ac pie memorie domina Margareta, Virgini virgo devota et Deo sacrata, magni Theobaldi nobilissimi comitis filia, cujus vita et conversatio omnium bonorum honestate preclara, intra claustrum Fontis Ebraldi incomparabilis existit atque inimitanda. Fuit enim procul dubio dum vixit fundamentum et ornamentum totius bonitatis, decus et exemplum totius sancte religionis, flos et speculum vere humilitatis atque charitatis, refugium

---

[1] Archiv. de l'Aube, lias. I Q, 336.

et solamen pauperibus et desolatis, via quoque et lucerna omnibus Christi dilectis.
(Pavillon, *Vie du B. Robert d'Arbrissel, Preuves*, p. 592.)

3. Épitaphe d'Anselme de Mauny (ou Bercenay-le-Hayer), évêque de Laon, décédé le 11 septembre 1238 et enterré à Vauluisant. (Voir n° 545.)

Hic jacet Anselmus de Bercenayo notus, quondam Laudunensis episcopus, qui obiit III nonas septembris anno M° CC° XL° octavo (lege 1238). Sed, urgente inopia, anno Domini M° CCCC° XL° octavo hujus loci abbas, Henricus nomine, cupreum tumulum vendidit, quem prefatus crexerat, de cujus huic ecclesie, que tunc ruinosa permultum erat, posse tenus, Altissimo disponente, subvenit. Quem pro eis orate.
(*Gallia Christ.*, IX, 53.)

4. Épitaphe d'Ithier de Mauny (ou Bercenay-le-Hayer), évêque de Laon, décédé le 22 mai 1261. (Voir n° 545.)

Hic jacet egregius presul tumulatus Itherus,
Prudens, procerus corpore, mente pius.
Anno milleno Domini deciesque viceno,
Et sexageno primo, juniique calendas
Undecimo, dominique Dei sub nomine Trini,
Spiritus in mane corpus dimisit inane :
Cui sit solamen Spiritus almus.
(*Gallia Christ.*, IX, 541.)

5. Épitaphe de Jean d'Arcis-sur-Aube (*al.* de Chacenay), évêque de Langres. (Voir n° 490.)

Son corps reposait sous une tombe en marbre dans le chœur de la cathédrale de Langres.

Dictus ab Arcis hic J[ohannes] legitur tumulatus,
Dum vixit variis virtutibus irradiatus.
Primo Mimatensis presul fuit, hinc Eduensis,
Presentemque chorum decoravit dogmate morum,
Corde pius, fastus expers, et corpore castus,
Mitis, discretus, prudens, verboque facetus.
Hippolyti festo rapit hunc nox turbida letho.
M C ter Xque quater, duo bis. Deus huic pius esto.
(*Gallia Christ.*, IV, 622.)

6. Felize *la Boulotte* fonde l'anniversaire de sa mère Guillemette, veuve de Jean *Boolant* (n° 466).

Felize était alors mariée à Jean Blanchet, secrétaire du roi Charles V. Devenue veuve elle épousa en secondes noces Guillaume Cassinel, seigneur de Romainville, Pompone et Ver, maître-d'hôtel d'Isabeau de Bavière et de Charles VI. Guillaume Cassinel, frère de Ferry de Cassinel, archevêque de Rheims, avait perdu sa première femme Isabeau de Châtillon-sur-Marne avant 1387. — (André du Chesne, *Histoire de la maison de Châtillon-sur-Marne*, p. 454, 455.)

7. Jacques *Courtois*, chanoine de Saint-Étienne, et avant chantre de Saint-Urbain.

Son testament, en date du 1ᵉʳ mai 1464, est certifié par « Johannes *Closier*, presbiter, decanus ecclesie collegiate S. Urbani Trecensis. »

Compte de l'exécution testamentaire : « Pour XII livres de cire en torches et cierges tant à l'église de Saint-Urbain, comme de Saint-Estienne, à faire le service, LII s.

Item pour XXX petites messes bassez le jour de son obiit, L. s.

Item pour IIII messes haultes, VII s. VI d. »
— (Archiv. de l'Aube, 6 G, 1908, fol. 10 r°.)

8. Jean de *Faverolles*, prêtre et chanoine de la chapelle Notre-Dame à Saint-Étienne.

Son testament du 12 avril (jour de *Quasimodo*) 1471.. « Élist sa sépulture pour estre inhumez en ladicte église devant la chapelle de Nostre-Dame, emprés feu messire Jehan Rivet, et poursa dicte sépulture laisse à l'œuvre et fabrique d'icelle église de Saint-Estienne sa bonne robe fourrée de pates de regnars, son bon patron, son aulmusse et son meilleur surpeliz.. Item veult et ordonne estre dictes et célébrées en la dicte église XII messes basses de *Requiem*, chacune de XX d. t. et une haulte messe de II s. VI d. t. pour le remède de son âme. » Jean Jacob, doyen de Saint-Étienne, est un des exécuteurs testamentaires.

« Item le jour du trespas dudit deffunct, pour aler faire des offerandes à saint Ladre, baillé X d. t. » — (Archiv. de l'Aube, 6 G, 1911, fol. 1 et 14 r°.)

9. Pierre *Jaquoti*, prêtre, licencié en décret, doyen de Saint-Étienne (n° 437).

Il décéda le mardi 2 avril 1526 (v. st.). Inventaire de ses meubles et immeubles. — (Archiv. de l'Aube, 6 G, 1914 *bis*.)

10. Jean *Milet* et Jean *d'Arsonval* (n° 487).

Jean Milet, recteur de l'Académie de Paris, conseiller du roi, évêque de Soissons, neveu de Jean d'Arsonval, décéda le 1ᵉʳ avril 1503 et fut enterré à Longpont, sous une tombe de cuivre devant le maître-autel, et son cœur fut déposé dans l'église des Célestins, à Paris.

Jean d'Arsonval, évêque de Châlon-sur-Saône, dans son testament du 9 août 1416, lègue 200 livres pour l'œuvre du clocher de la cathédrale de Troyes et à la paroisse d'Arsonval 100 écus pour le repos de Louis, dauphin de Viennois ; il mourut le 27 août 1416. Jean Milet, secrétaire du roi, mari de sa nièce, est un des légataires. — (*Gallia Christ.* IV, 929. — IX, 375.)

11. Jean de *Molome* (Molommez), chanoine et chevecier de Saint-Étienne, décédé le 2 janvier 1433.

Par son testament...

« Item vuelt et ordonne huit psaultiers estre dis, et laisse pour chacun III s. IIII d. t.

Item veult et ordonne XIII messes de *Requiem* estre dites et célébrées pour le remède de son âme, et laisse pour chascune desdites messes vint deniers tournois.

Item vuelt et ordonne estre porté en terre par quatre dyacres ; pour ce laisse à chascun vint deniers tournois. »

Le testateur demande un anniversaire, une fois célébré, en la chapelle Notre-Dame, et un autre anniversaire, une fois célébré, par les vicaires ; il laisse pour chacun de ses anniversaires « dix solz tournois. ». — (Archiv. de l'Aube, 6 G, 1907, fol. 1 r°.)

12. Jacques *Noel*, chanoine de Saint-Étienne, décédé en 1517.

Compte de son exécution testamentaire : « Pour avoir fait dire cens deux messes le jour de son obiit, à II s. t. chacune messe, valent   x l. III s. t.

Item pour deux Salvés, l'un dict à Saint-Urbain et l'autre à Saint-Estienne,   IIII l. II s. VI d. t.

Item pour trois haultes messes dictes le jour qu'il fut inhumé, pour chascune messe II s. VI d. t.,   VII s. VI d.

Receu des exécuteurs dudict testament par moy Colot Godier, menuysier, pour avoir faict le noz la somme de dix s. t., tesmoing. (Quittance autographe avec signature artistique.) — (Archiv. de l'Aube, 6 G, 1914, fol. 1-4.)

13. Jean *Prunay*, vicaire et chapelain de la chapelle Saint-Thibaut en l'église de Saint-Étienne.

Compte de l'exécution testamentaire, 4 août 1493 : « Le jour du trespas dudit testateur furent dittes et célébrées ou cueur de ladite esglise Saint-Estienne trois haultes messes ; pour chascune a été paié la somme de   vii s. vi d.

Item le jour du trespas.. lx messes basses et pour chascune xx d. qui valent   c s. t.

Pour la procession de mesdits seigneurs et pour ung anniversaire fait ou cueur de la dite esglise,   viii l. t.

Pour la distribution du *Salve*, chanté en la nef de la dite esglise après que le corps fut présenté, fut paié à MM. et autres gens illec présens à chascun ii d. valent   xx s.

Pour un trenté de messes dit et célébré en la dicte esglise par les vicaires d'icelle, ou quel a esté offert chacun jour une quarte de vin et deux pains,   l s.

Item pour demi annuel de messes célébrées après son trespas,   xii l. t.

Item à sept ladres trouvés es églises de Saint-Pierre et de Nostre-Dame en l'Isle le dimanche après le trespas dudit testateur, à chascun v d. valent   ii s. vi d. »

— (Archiv. de l'Aube, 6 G, 1910, fol. 1-3.)

14. Jean de *Pannes*, chantre et chanoine de Saint-Étienne, « nez et bastizez à Fontaine Macon. »

Exécution testamentaire, 27 juin 1420 : « Despense.. tant pour annulier le dit deffunt que pour les funérailles de son enterrement.

Pour la procession de MM. qui vindrent ennulier ledit deffunt et ont heu chacun x d., t. et chacun des vicaires v d., distribué par Mrs Gile le Marie,   xxxv s.

Pour deux escuelles en bois,   iiii d.

Pour xiii chandelles,   xiii d.

Pour le salaire du prestre qui l'eneulia, xx d.
A la prieure de la maison Dieu le Comte,
pour laver et nestoier, à lui *(sic)* baillé v d.
Pour ung no pour ledit deffunt, vi s. iii d.
A mess. Regnart, pour un vestement de
prestre pour vestir le dit deffunt et un calice
de plome, et pour son salaire d'une seulle nuit
et lire les Passions et autre soufraiges, xlv s.
Pour viii potoz de terre, xv d.
Pour demie livre d'ancent, xv d. » —
(Archiv. de l'Aube, 6 G, 1906, fol. 18 r°.)

15. Pierre *Podebon* (n° 412).

Inventaire et compte d'exécution testamentaire *auditus et clausus die XVII julii anno M° CCC° XC° septimo. Ita est : N. Burgondi, decanus.* Différents legs à « Nicolas d'Auxon, son neveu et hoir » et à « Gile d'Auxon, curé de Thil, frère doudit Nicolas. »

« Pour vestemens sacerdotaulx à vestir le corps doudit deffunct, cest assavoir : pour une paire de chauces neuves, vii s.
Pour une paire de souliers, iiii s. iiii. d.
Pour ung sarqueuz à mettre le corps doudit deffunct, v s. x. d.
A mess. Nicole de Chastres et Jean de Chauchigny, prestres, pour vestir ledit deffunct, à chascun, iii s. iiii d.
Pour un calice de plomb, vi s. viii d.
Pour une almuce achetée de Pierre l'ermite, xxii s. vi d.
Pour le poile mis sur le corps doudit deffunct pour le jour de son inhumation, c s.
Pour xx livres de cire pour luminaire du dict deffunct avec une livre de bougie pour lere les psautiers, l xxix s.
Pour 1 quarteron d'encenz, ii s. vi d.
Pour vi potez de terre a mettre à l'ancenz, xii d.
Aux vicaires de la dite église pour dire les psautiers, xxvi s. viii d.
A Jacot dit Le Jay, masson, pour mettre à point la tumbe dudit deffunct et la asseoir sur la fosse, deu xx s.

Au couvent des Frères Prescheurs pour leur procession, xxx s.

Au couvent des Cordeliers pour leur procession, xxx s.

A messire Pierre Piot pour la procession de ladite église Saint-Estienne, lx s.

A la maison Dieu de Troyes pour la pittance des povres, xx s.

Aux autres maisons Dieu de Troyes, c'est assavoir Sainct-Esprit, Sainct-Nicolas, Sainct-Bernart, Sainct-Abraham et Sainct-Anthoine, à chacune ii s., valent x s.

Aux iiii banleues pour les ladres, à chacune ii s., valent viii s.

Aux Filles Dieu de Troyes, v s.

— (Archiv. de l'Aube, *reg.* 6 G, 1905, fol. 28 r°.)

16. Claude *Protat*, chanoine de Saint-Étienne. Exécution testamentaire, 22 mars 1557 :

« Au menusier qui a faict le no ou sercueil pour mectre le corps dudit deffunct, x s. t.

Pour trente basses messes dictes et célébrées en la dicte église de Sainct-Estienne le jour de sa sépulture, à ii solz vi d. t. pour messe, payé lxxv s. t.

Pour ung trenté de messes dictes après son décès, audict pris la messe...

A l'enfant de cueur qui a porté l'anceau à reconduyre le deuil jusques en la maison du deffunct, xii d. t.

Au procureur de la confrérie de la Croix de Saint-Remy de Troyes [1], xix s. x d. t.

---

[1] Le plus ancien registre de la confrérie de la Croix, comprenant l'exercice de mai 1550 à mai 1551, est aux Archives de l'Aube, 20 G, 134. « Au commencement de l'année les confrères estoient au nombre de six cens quatre confrères, qui payent pour chacun trespassé V d. t., qui seroit pour chacun décédé la somme de XII l. XI s. VIII d., et sont décédez en la dicte année cinquante et ung, qui seroit en somme pour lesdits trespassez VI° XLI l. XV s. t. » fol. 4 r°. On trouve aussi aux Archives de l'Aube un *Office de la confrérie de la Croix* donné par les confrères, XVI° s. (20 G, 142).

A Claude Girard pour la torche de la dicte
confrérie, v s. t.
A messire Jehan Begat, père spirituel dudict
deffunct, pour ses peines de lui avoir adminis-
tré les sacrementz. xxv s. t.
A Jacques Julliot, tailleur d'images, pour
une tumbe de pierre dure pour apposer sur le
lieu de la sépulture dudict deffunct, payé six
escuz soleil à quarante huict solz t. pièce, valent xiiii l. viii s. »
— (Archiv. de l'Aube, 6 G, 1917, fol. 14 r° — 15 v°.)

17. Pierre de *Roncevaux*, archevêque de Bordeaux (n° 89.)

Il fut institué archevêque de Bordeaux le 23 mars 1261 par le pape Urbain IV et décéda très-probablement en 1269. Les frères de Sainte-Marthe l'ont confondu à tort avec le suivant.

18. Pierre *Roncevoille* ou de Ronceveaux (n° 77).

Pierre de Roncevaux était chanoine sous-doyen de Saint-Étienne, et vice-chancelier et aumônier de Thibaut V, comte de Champagne. Pierre figure encore comme aumônier du comte dans un acte du 7 mars 1267. (D'Arbois de Jubainville, *Hist. des comtes de Champagne*, IV, 531.)

19. Jacques de *Saint-Germain*, prêtre, chanoine des églises Saint-Pierre et Saint-Étienne.

Il décéda le dimanche 22 octobre 1542. D'après son testament du 22 septembre 1542 : « .. Veult et ordonne que le jour de son obiit, ou devant, se faire se peult, soyent dictes et célébrées en la dicte église de Sainct-Estienne par les habituez d'icelle esglise cent quarante basses messes pour chacune des quelles sera payé II s. VI d. t. » Legs fait à son frère noble homme « Maurice de Saint-Germain, escuyer. » —(Archiv. de l'Aube, 6 G, 1916.)

20. Henri de *Sainte-Syre*, prêtre, chanoine de Saint-Étienne et curé de Chauchigny « le quel trespassa à Troye le XX° jour du mois de novembre mil CCC IIII^{xx} XIX. »

Compte de l'exécution testamentaire rendu par « Jehan

de Bar, chanoine de Saint-Estienne et Henry Ancelot curé de Premierfait :

Pour II escuelles de bois en sa danrenière Onction et VI potos de terre, VIII d.

A messire Jacque Grillot pour lire les IIII passions de Nostre-Seigneur et aultres souffrages à l'eure du trespassement dudit feu mess. Henry, XX d.

Pour XIIII chandeles de cire pour alumer à daireniere Onction, VII d.

A Gilet le sonneur demorant en la Rue Moienne pour un nol a mettre le deffunct, V s. X d.

A IIII pauvres enffans qui portèrent les torches et à aultres IIII qui portèrent les potos et l'encenc à s'obsèque et enterrement, IIII s. II d.

A messire Giles le Marie, curé du Crucifi en la dite église, qui aporta l'eaue benoite en l'ostel dudit deffunct après son enterrement, X d.

Aux chanoines de la dite église qui portèrent en terre le corps dudit deffunct, pour satisfaction à eulx faite à disner en l'ostel Perrin Lopin, tavernier de Troyes, X s.

Au maçon faiseur des tombes pour mettre en la tombe dudit deffunct l'an et le jour de son trespassement, V s.

A Jaquin Le Jay, maçon, pour lever et raceoir la tombe dudit deffunct, VI s. VIII d.

A mess. Estienne Estey, maistre de l'œuvre de la dite eglise, pour le paille de la dite église mis sur le corps dudit deffunct, C s. t. »

— (Archiv. de l'Aube, 6 G, 1905 *bis*, fol. 1830.

[Il y avait dans l'église Saint-Étienne plusieurs épitaphes. Le 10 février 1792, Jean Milony, architecte du département de l'Aube, nommé pour dresser un état de tous les objets d'art de l'église Saint-Étienne, fait la déclaration suivante : « Nous avons ensuite visitté touttes les épitaphes, au nombre de vingt-sept, dont deux sont en bois et le surplus en cuivre ; aucune ne nous a paru mériter une attention particuliaire, soit relativement aux arts, soit relativement à l'histoire. » Nous regrettons la perte de ces épitaphes.] (Arch. de l'Aube, lias. I Q, 336.)

3. OBITUAIRE DE SAINT-URBAIN.

LIBER DISTRIBUTIONUM PRO ANNIVERSARIIS ET FESTIS FUNDATIS IN ECCLESIA PAPALI, SÆCULARI ET COLLEGIATA SANCTI URBANI TRECENSIS AD SEDEM APOSTOLICAM NULLO MEDIO PERTINENTIS, FACIENDARUM. 1711.

Hic liber visus et approbatus fuit in Capitulo hac die 12 augusti 1711. *Signé : Chantecler*, scriba Capituli.

[Le *Liber distributionum*, rédigé en 1711, ne renferme pas tous les anniversaires qui ont été fondés primitivement. Plusieurs ont été retranchés parce que l'argent ayant considérablement diminué de valeur de la fin du XIIIe siècle à la fin du XVIIIe, les revenus des fondations ne répondaient plus aux charges qui en résultaient.

Les anniversaires, sous le rapport des distributions, se divisent en deux classes, la première dite du *Grand tapis* et la seconde dite du *Petit tapis*. Aux autres anniversaires il n'y avait pas de distribution.

Aux différentes fêtes fondées, la distribution est la même, à moins d'indication contraire.]

DISTRIBUTIONES.

1. *In anniversariis vulgo* Grand tapis : decano, 12 s.; cantori et thesaurario, cuique, 9 s.; cuique canonicorum, 6 s.; cuique capellanorum, 3 s.; cuique vicariorum, ædituo et pulsatori, 1 s. 6 d.
2. *In anniversariis vulgo* Petit tapis : decano, 6 s.; cantori et thesaurario, cuique, 4 s. 6 d.; cuique canonicorum 3 s.; cuique capellanorum, 1 s. 6 d.; cuique vicariorum, ædituo et pulsatori, 1 s.
3. *In festo sancti Marci et triduo Rogationum :* decano, 6 s.; cantori et thesaurario, cuique, 4 s. 6 d.; cuique canonicorum, 3 s.; cuique canonicorum Sancti Nicholai

et capellanorum, 1 s. 6 d.; cuique vicariorum et pulsatori, 1 s.; crucifigero, 2 s.

4. *In Circumcisione Christi Jesu, Purificatione, Annuntiatione, Visitatione, Assumptione, Nativitate, et Conceptione Beate Marie, in processione litaniarum, ex fundatione D. Nicolai de* Beaumont, *canonici :* decano, 6 s.; cantori et thesaurario, cuique, 11 s. 6 d.; cuique canonicorum Sancti Nicolai et capellanorum, 2 s.; cuique vicariorum et pulsatori, 2 s.; crucigero et cuique matriculariorum, 1 s.

5. *Distributio earumdem litaniarum in festo Presentationis Beatœ Mariœ, ex fundatione D.* Rougeot, *cantoris :* decano, 10 s.; cantori et thesaurario, cuique, 7 s. 6 d.; cuique canonicorum, 5 s.; cuique canonicorum Sancti Nicolai et capellanorum, 2 s. 6 d.; cuique vicariorum et pulsatori, 2 s.; cuique matriculariorum et crucigero, 1 s.; fabricæ, 10 s.

JANUARIUS.

6. 1. *Circumcisio Christi Jesu.* Litaniæ Jesu, ex fundatione Nicolai de *Beaumont,* die 9 januarii 1652 (V. n° 4).

7. Calendas januarii obiit quondam reverendissimus pater dominus Guillelmus de Brayo, olim cardinalis, qui dedit nobis CC libras turonensium.

8. Eadem die, 1668, obiit Johannes Jacobus *Nivelle,* canonicus hujus ecclesiæ.

9. 2. *Octava sancti Stephani.* Anniversarium depositionis D. Remigii *Pothier,* canonici hujus ecclesiæ. Petit tapis (V. n° 2). La représentation et les recommandises au milieu de la nef.

10. 3. *Octava sancti Johannis Evangelistœ.* Duplex. Anniversarium Claudii *Rougeot,* cantoris. Grand tapis (V. n° 1). M. Rougeot a fait plusieurs fondations qui ont été acceptées le 24 janvier 1669. La représentation et les recommandises sur le caveau de Saint-Laurent. (Voir au 9 décembre.)

11. 4. *Octava Sanctorum Innocentium.* Duplex. Anniversaire de demoiselle Guillemette Guignard, qui a

3. — OBITUAIRE DE SAINT-URBAIN.

laissé à cette église 4 livres de rente annuelle sur trois arpens de terre sis en Preize, à la charge de deux anniversaires.

12. 5. *Vigilia Epiphaniæ Domini.* Anniversarium D. Edmundi *Migard*, thesaurarii. *Grand tapis* (V. n° 1). (Voir au 16 septembre.)

13. 6. *Epiphania Domini.* Duplex 2 classis.

14. 7. *De octava.* Anniversaire de Claude Millet, chantre de Saint-Urbain. Claude Millet, le 14 novembre 1671, a donné la somme de 1,000 livres, à la charge que MM. de cette église feront dire chacun jour par le diacre, à la grand'messe, au *Memento* des morts, à l'oreille du célébrant : *Memento animæ Claudii* Millet, *hujus ecclesiæ cantoris et canonici.*

15. 8. *De octava.* Anniversaire de Jean Gambey, chapelain de Sainte-Croix en cette église. Ledit Jean Gambey a fondé, le 23 juin 1550, son anniversaire, qui sera célébré par les chapelains de Sainte-Croix, et pour lequel il a laissé 7 s. 6 d. de rente à prendre sur la maison de l'Adventure, en la Rue-Moyenne.

16. 9. *De octava.* Anniversarium Claudii *Aubry*, canonici. *Grand tapis* (V. n° 1). La recommandation et les recommandises sur le caveau où on inhume MM. Le 31 mars 1710, M. Aubry a laissé pour son anniversaire et pour une messe tous les dimanches 13 s. 4 d. de rente au principal de 400 l., et 100 pistoles au denier 24.

17. 10. *Guillelmi, ep et conf.* Duplex majus.

18. 11. *De octava.* Anniversarium magistri Guillelmi *Petit*, capellani. *Petit tapis* (V. n° 2).

19. 12. *De octava.* Anniversaire de Michelet Hennequin. Outre beaucoup de dons faits à cette église, Michelet Hennequin a donné pour les processions du Saint-Sacrement un ciel de velours moiré, semé d'étoiles d'or; au dedans il y avait un soleil de brodure d'or, et à chaque bout une image de saint Michel et de sainte Catherine. Ce ciel fut porté à la procession de la Fête-Dieu en 1530. (Voir au 15 mars.)

20. 13. Anniversaire de Nicolas Moïse, marguillier.

Le 31 mai 1694 Nicolas Morise a donné 250 l. pour le répons *Salvator mundi* le dimanche dans l'octave de l'Ascension.

21. 14. Anniversaire de Jean de Valence, sergent en la prévosté de Troyes, marguillier de Saint-Urbain. Le 17 septembre 1457, il a fait une fondation de l'huile de la lampe devant l'image de saint Sébastien, en la chapelle Notre-Dame, pendant la messe Perrard, et chaque samedi à vêpres. Il a assigné 20 s. de rente sur une maison et jardin rue des Etuves-aux-Femmes, devant la maison de Saint-Jean de Jérusalem.

22. 15. *Pauli, primi erem.* Semiduplex. Anniversaire de Robert d'Isle [Aumont], chanoine de Saint-Urbain. Robert, pour la fondation de son anniversaire, en 1348, a donné à cette église 20 s. de rente sur une maison dans la rue du Char-Daniel.

23. 16. *Marcelli, ep. et mart.* Semiduplex. Anniversaire d'Etienne le Diablat et d'Elvide, sa femme. Ils ont fondé en cette église la chapelle Saint-Léonard en 1312, près de laquelle ils sont inhumés. Leur anniversaire a été fondé le 1ᵉʳ septembre 1320 par leur fils.

24. 17. *Antonii, abb.* Duplex. Anniversaire de Jean des Bruyères (de Brueriis), premier doyen de cette église qu'il gouvernait en 1265.

25. 18. *Cathedra sancti Petri, Romæ.* Duplex.

26. 19. *Canuti, mart.* Semiduplex. Anniversaire de Pierre de Champlite, clerc. La fondation est de 20 s. de rente sur une maison rue de Châlons ou du Coq, en 1348.

27. 20. *Fabiani et Sebastiani, mart.* Duplex majus.

28. 21. *Agnetis, virg. et mart.* Duplex.

29. 22. *Vincentii et Anastasii, mart.* Semiduplex. Anniversarium Sebastiani *Canis*, thesaurarii. *Grand tapis* (V. n° 1). Le 24 janvier 1586, Nicolas Hennequin, doyen, a versé 100 écus soleils pour ce, au nom de Sébastien Canis, alors à Paris.

30. 23. *Raymundi de* Pennafort, *conf.* Semiduplex.

Anniversaire de Philippe d'Amance, fondé le 23 décembre 1348, moyennant 40 s. de rente à prendre sur trois quartiers de vignes au faubourg Saint-Martin, près la porte de la Madeleine, sur les fossés.

31. 24. *Saviniani, mart.* Duplex majus. Anniversaire de Jean Bompas, docteur en médecine, décédé ce jour en 1524 et enterré sous sa tombe en cette église avec Anne Saulnier, sa femme. Son nom est inscrit au Livre du Prosne. Cet anniversaire se fait le 28 suivant.

32. 25. *Conversio sancti Pauli.* Duplex majus.

33. 26. *Polycarpi, ep. et mart.* Anniversarium Guillelmi *Creteau,* thesaurarii hujus ecclesiæ. *Petit tapis* (V. n° 2).

34. 27. *Johannis Chrysostomi, ep.* Duplex.

35. 28. *Timothei, ep. et mart.* Anniversaire de Jean Petit, chapelain de cette église. Le 8 juillet 1534, Jean Petit a fondé la fête de la Visitation, et un *Gaude* le même jour, pourquoi il a donné un pré de cinq quartiers sis à la Chapelle-Saint-Luc. Le 2 août 1534 il a donné deux pièces de pré, sis à Villette, pour son anniversaire.

36. 29. *Francisci Salesii, conf. pont.* Duplex.

37. 30. *Martinæ, virg. et mart.* Semiduplex. Anniversaire de Guyot de Maraye et d'Alipse, sa femme. Ils ont fondé et doté l'autel Saint-Nicolas dans cette église au mois de février 1281.

38. 31. *Petri Nolasci, conf.* Duplex.

39. [*Nota.* Nous avons donné tous les jours du mois de janvier, même ceux qui n'intéressent pas l'Obituaire, afin de montrer que le calendrier de la collégiale papale était resté purement romain. Les chanoines de Saint-Urbain n'admirent dans leur liturgie que les principaux saints de la ville et du diocèse de Troyes, saint Savinien, sainte Hélène, sainte Mathie et saint Loup.]

FEBRUARIUS.

40. 1. *Ignatii, ep. et mart.* Semiduplex. Post vesperas ℟. *Gaude Maria,* ex fundatione Petri *Chastel,* canonici

hujus ecclesiæ. Distributio : decano 10 s.: cantori et thesaurario, cuique, 7 s. 6 d,; canonicis Sancti Nicolai et capellanis, 2 s. 6 d.; succentori, ut intonet à *Libera me*, 2 s.: vicariorum cuique et ædituo, 2 s.; pulsatori et organico, cuique, 3 s.; flatori, crucigero et cuique matriculariorum, 1 s.

La représentation, le beau poesle et quatre cierges au milieu de la nef.

M. Chastel a donné 400 l. pour ce *Gaude* qu'il avait demandé pour le jour de la Purification avec une messe haute au chœur, le lendemain, comme aux gros anniversaires.

41. 2. *Purificatio Beatæ Mariæ Virginis.* In II vesperis litaniæ Beatæ Mariæ Virginis, ex fundatione Nicolai de *Beaumont*, canonici hujus ecclesiæ (V. n° 4).

42. 3. *Blasii, ep. et mart.* Semiduplex. Anniversarium Petri *Chastel*, canonici hujus ecclesiæ. *Petit tapis* (V. n° 2).

43. 4. *Andreæ Corsini, ep. et conf.* Semiduplex. Anniversaire de Jacques de La Noue et de Marguerite, sa sa femme. En 1332 ils ont donné à cette église, pour la fondation de la chappelle Sainte-Marguerite et de leur anniversaire, la grange de la Tronche, près de Rosson.

44. 5. *Agathæ, virg. et mart.* Semiduplex. Anniversaire de Henri l'Armurier, bourgeois de Troyes. Au mois de juillet 1291 il donna à cette église, de concert avec Marie, sa femme, 50 soldées de terre à prendre sur sa grange de Sacey, à la charge de deux anniversaires. (Voir au 23 août.)

45. 6. *Dorotheæ, virg. et mart.* Simplex. Anniversaire de Jean Despeaux, fils de Jean Despeaux, citoyen de Troyes. Fondation moyennant 50 sols de rente.

46. 7. *Romualdi, abb.* Duplex. Anniversarium Odonis *Odinot*, capellani ad altare Beatæ Mariæ in hac ecclesia. *Petit tapis* (V. n° 2). La représentation et les recommandises entre la porte du chœur et la chapelle de l'Annonciation.

47. 9. **Anniversaire de Jean de Mesgrigny et de Guil-**

3. — OBITUAIRE DE SAINT-URBAIN.

lemette sa femme. Le 14 février 1468 M. de Mesgrigny donna à cette église plusieurs maisons sises à Troyes; une pièce de pré de trois arpens à Lavau, une maison et appartenances avec grange, terres, prés, jardins à Onjon; le tout à la charge de six anniversaires.

48. 10. Anniversaire de Jean Macrey, curé du Pont-Sainte-Marie, qui a donné à cette église, en 1376, une maison vis-à-vis l'église Saint-Remy, à Troyes, et 50 sols de rente sur plusieurs héritages au Pont-Sainte-Marie, à la charge de deux anniversaires par les vicaires.

49. 11. Anniversaire de Jean-Baptiste Bonneville, qui a donné à cette église, en 1547, 20 s. de rente sur une maison appelée l'Huis-de-fer, rue Notre-Dame, à charge d'un anniversaire.

50. 12. Anniversaire d'Isabeau, femme de Poinçot le couturier. Le 30 décembre 1413, Isabeau donna à cette église, à la charge dudit anniversaire, deux parts de tous ses biens meubles et immeubles après son décès.

51. 14. *Valentini, presb. et mart.* Simplex. Anniversaire de Guillaume Juvenis, chanoine de Saint-Pierre et archidiacre d'Arcis, chanoine et chantre de Saint-Etienne, et chanoine de Saint-Urbain. Le 30 avril 1543 il donna 300 livres à cette église pour son anniversaire avec vigiles, et en 1551 il laissa 60 livres pour un anniversaire par les vicaires à l'autel de l'Annonciation. Il est décédé le 14 février.

52. 15. *Faustini et Jovitæ, mart.* Simplex. Anniversaire de Thomas [de Beaumetz], archevêque de Reims, décédé ce jour en 1263. Cet anniversaire a été fondé par Adam de Sarrey, second doyen de cette église. (Voir au 6 mars.)

53. 18. *Simeonis, ep. et mart.* Simplex. Anniversaire de Jean l'Armurier, fondé le 20 mai 1362 par Jeanne, sa veuve, qui donna à cette église un setier de froment à prendre sur la grange de Sacey, à la charge de cet anniversaire.

54. 19. Hac die, anno 1648, obiit Nicolaus *Le Maistre*, decanus hujus ecclesiæ.

55. 20. Anniversaire de Gérard Joubert, doyen de cette église. Par son testament, du mois de février 1451, Gérard Joubert, décédé la même année, a fait nombre de legs pieux à cette église, à la charge de deux anniversaires. Il était chanoine de Saint-Pierre, du 18 juin 1422.

56. 21. Anniversaire de Marguerite, veuve de Pierre de Saint-Pouange, drapier. Marguerite a donné à cette église, en 1398, 20 sols de rente, à la charge d'un anniversaire pour elle et son mary inhumé à Saint-Urbain.

57. Prima die lune in Quadragesima fit anniversarium Jacobi *Poisson,* lanæ textoris, vulgo *drapier*. *Petit tapis* (V. n° 2).

58. Le 1er lundi de Carême anniversaire pour Nicolas Laurent, chanoine de cette église, et pour ses parens; il a donné 300 livres le 15 juin 1564, pour ledit anniversaire. (Voir aux 11 et 14 août.)

59. Die 1ª martis in Quadragesima anniversarium Jacobi de *Salon,* capellani in hac ecclesia. *Petit tapis* (V. n° 2).

60. Die 2ª martis in Quadragesima anniversarium Nicolai *Laurent,* canonici hujus ecclesiæ. *Grand tapis* (V. n° 1). (Voir au 11 août.)

61. Die 1ª mercurii in qua celebrantur IV Tempora Quadragesimæ anniversarium Joannis *Pinette*, canonici hujus ecclesiæ. *Petit tapis* (V. n° 2).

62. Die veneris IV Temporum Quadragesime anniversarium Nicolai *du Monstier,* matricularii hujus ecclesiæ. *Petit tapis* (V. n° 2). (Voir au 25 juin.)

MARTIUS.

63. 1. Anniversaire de Laurent Billotte, chanoine, qui a laissé à cette église, le 30 août 1378, 40 sols de rente sur une maison rue des Buchettes, et 28 sols

sur une autre attenant à l'héritage de Sellières, à la charge de deux anniversaires.

64. 2. Anniversaire de Jacques Mallier, hôtellier à Troyes, qui a donné à cette église, pour son anniversaire, sept quartiers de pré au finage de Saint-Jean-de Bonneval, le 13 octobre 1349.

65. 3. Anniversaire de Pierre de Verdun et de Jeanne, sa femme; de Guillaume de Verdun; d'Isabelle de Verdun, sœur de Pierre; d'Etienne Pevrier, neveu d'Isabelle; de Hugot, de Perrin, de Jean, prieur d'Angluzelle, et de Gui, chanoine de Troyes, tous fils de Pierre; de Colette et de Julienne, les filles de Pierre; de Jean de Vauchassis, mari de Colette, et de Perrard Garnier, mari de Julienne. Tous, mais principalement Pierre de Verdun et Isabelle, sa sœur, ont contribué à la fondation de la *messe Pérard*, le 6 février 1356. Jeanne, femme de Pierre de Verdun, était décédée à cette époque.

66. 4. *Casimiri, conf.* Semiduplex. Anniversaire de Jean Jacob, doyen de Saint-Étienne. En 1476, Jean Jacob a donné à cette église une vigne en la paroisse de Saint-Julien, lieu dit à la Pointe-de-la-Grosse.

67. 5. Anniversaire de Marie, femme d'Odin de Verdun. Marie a donné à la fabrique de cette église, au mois de février 1405, 10 sols de rente à la charge d'un anniversaire par les vicaires dans la chapelle Saint-Luc, où elle a choisi sa sépulture.

68. 6. Anniversaire des père et mère et des frères et sœur d'Adam de Sarrey, second doyen de cette église. Adam de Sarrey, pour cet anniversaire et pour celui de Thomas, archevêque de Reims (V. n° 52), a donné aux chapelains de Saint-Jean-Baptiste trois étaux de boucherie.

69. 7. Anniversaire de Jacquette Moreau, veuve de Magnin Collet. Jacquette a donné à cette église, le 3 mars 1559, une maison faisant le coin de la Rue-Moyenne, vis-à-vis les Lisses Notre-Dame, à la charge d'un anniversaire avec vigiles.

70. 8. Anniversaire de Jeanne, veuve de Pierre Pelan-

ger. Jeanne laissa 20 sols de rente sur sa maison, en 1363, à la charge de cet anniversaire.

71. 9. *Franciscæ, vid.* Duplex. Anniversaire de Gui du Bois, chanoine et trésorier de cette église, et aussi chanoine de Saint-Etienne. Il décéda ce jour en 1371, et il est enterré sous sa tombe dans cette église. C'est lui qui dota la chapelle en l'honneur des saints Laurent, Marc, Sulpice et Antoine.

72. 10. *Quadraginta Mart.* Semiduplex. Anniversaire de Nicolas Huyard de Marisy, vicaire de Saint-Remy, qui a donné à cette église, en 1403, une pièce de pré de cinq quartiers au finage de Pont-Sainte-Marie, lieu dit Coupe-Tête, à la charge dudit anniversaire.

73. 11. Anniversaire de Jean Broncaro, qui a donné à cette église, au mois d'août 1355, un arpent de pré aux Ecrevolles, à la charge d'un anniversaire.

74. 12. *Gregorii, papæ et doct.* Duplex majus. Anniversaire de Nicolette de Verdun. En 1400, Nicolette a laisé à cette église 30 livres productives de 40 sols de rente, à la charge d'un anniversaire.

75. 13. Anniversarium pro cunctis fidelibus defunctis, ex fundatione Nicolai de *Bierne*, vicarii sacerdotis. *Grand tapis* (V. n° 1).

76. 14. Anniversaire de Jean Durand, bas-vicaire et maître des enfants pendant ving-cinq ans. Le 31 janvier 1574 Jean Durand a donné à cette église 80 livres pour son anniversaire par les vicaires.

77. 15. Anniversarium Odardi *Hennequin*, decani hujus ecclesiæ. *Petit tapis* (V. n° 2). La représentation et les recommandises sur la tombe entre le chœur et la chapelle Saint-Laurent, tenant à la porte du chœur. Au mois de février 1497 Odard Hennequin légua de grands biens pour la fondation d'une messe basse qui se dit pendant ou après l'épître de la grand'messe à l'autel des Quatre-Saints, et il a légué pour le service de cet autel un beau missel [1]. Michel Hennequin, exé-

---

[1] Il se trouve aux Archives de l'Aube. Bel infol., parchemin, fin du XV° s. (Vitrines.)

cuteur testamentaire d'Odard Hennequin, a délivré ce missel en 1500.

[On y lit à la fin : Anno domini millesimo CCCCC^{mo} nobilis vir Michael *Hennequin*, civis et burgensis Trecensis, heres et executor testamenti nunc defuncti venerabilis et discreti viri magistri Odardi *Hennequin*, dum viveret presbyteri et decani hujus presentis Sancti Urbani ecclesie, deliberavit executorio nomine venerabilibus et circumspectis viris dominis decano et capitulo predicte ecclesie hunc presentem librum completum, legatum eisdem venerabilibus per predictum magistrum Odardum pro serviendo ad altare Quatuor Sanctorum in ultima missa prefate ecclesie per prefatum defunctum *Hennequin* in dicta ecclesia fundata; cujus anima requiescat in pace. Amen.] (V. n° 19.)

78. 16. Anniversaire de Jean Bouvart, tanneur, qui, au mois de novembre 1355, a donné à cette église pour ledit anniversaire 20 sols de rente sur une maison proche Saint-Urbain.

79. 18. Hac die, anno 1731, obiit Franciscus *Barat*, decanus hujus ecclesie.

80. 19. *Joseph, conf.* Duplex majus. Ex fundatione Petri *Baudot*, succentoris Santi Petri. Distributio : decano 12 s.; cantori et thesaurario, cuique 9 s.; cuique canonicorum 6 s.; cuique capellanorum 3 s.; cuique vicariorum et pulsatori 2 s.; organico 4 s. Le 12 septembre 1643, Pierre Baudot donna la somme de 300 livres pour cette fondation.

81. 22. Anniversaire de Nicolas Thalamon, chapelain de la chapelle Notre-Dame et curé de Rouilly-les-Sacey. Le 5 avril 1577 Nicolas Thalamon a donné 100 livres pour ledit anniversaire et pour deux grand'messes les jours de saint Pierre et de saint Paul.

82. 24. Post vesperas responsorium *Gaude* (au milieu de la nef) ex fundatione Joannis *Grippel*, canonici hujus ecclesiæ. Distributio ut supra n° 3. (V. n° 84.)

83. 25. *Annuntiatio Beatæ Mariæ Virginis.* Duplex

annuale. Post completorium litaniæ Beate Mariæ Virginis ex fundatione Nicolai *de Beaumont*. Distributio ut supra n° 4.

84. 26. Anniversarium Joannis *Grippel*, canonici hujus ecclesiæ. *Grand tapis* (V. n° 1.). Distributio ut supra n° 5. La représentation et les recommandises entre les chapelles de Saint-Jean-l'Evangéliste et de Toussaints. Le 28 mars 1526 Jean Grippel, chanoine de Saint-Urbain, a fondé un *Gaude* la veille de l'Annonciation et un anniversaire le lendemain de la même fête. Il a laissé pour ces deux fondations 10 livres de rente foncière à prendre sur des biens qu'il possède à la Celle-sous-Chantemerle.

85. 27. Hac die, anno 1378, obiit Gregorius, papa [XI], benefactor hujus ecclesiæ.

86. 28. Anniversarium Johannis *l'Arbalestrier*, canonici hujus ecclesiæ.

87. *Feria 3ª post dominicam Palmarum*. Anniversarium Guillelmi Juvenis, canonici hujus ecclesiæ. Distributio ut supra n° 5. (Voir au 14 février.)

88. *Feria sexta Parasceves*. Post vesperas decantatur hymnus *Stabat mater*, ex fundatione Petri *Maillet*, canonici hujus ecclesiæ et officialis. Distributio ut supra n° 5. Fondation du 2 août 1662, moyennant la somme de 200 livres et 10 livres pour la fabrique.

89. *Dominica Resurrectionis*. Hora 7ª post meridiem a duobus vicariis alternatim cum choro hymnus *O filii*, ŋ. *Sedit angelus* et antiphona *Regina cœli;* deinde, *Miserere* et *Libera* super cavam canonicorum; ex fundatione Petri *Belin*, canonici hujus ecclesiæ. Distributio ut supra n° 5. Le 17 mars 1603 Pierre Belin donna pour cette fondation 300 livres, qui ont été converties, par acte du 18 février 1608, en une rente de 12 livres sur la maison qui a pour enseigne *le Belin couronné*.

APRILIS.

90. 1. Anniversaire de Simon Francin, qui, par son

testament, en 1358, laissa 40 sols de rente sur ses biens, à la charge dudit anniversaire.

91. 2. *Francisci de Paula*, conf. Duplex. Anniversaire de Nicolas Houzelot, drapier, qui a donné à cette église, en 1365, 40 sols de rente sur une maison, Grande-Rue, au coin de la rue des Quenouilles, à la charge dudit anniversaire.

92. 3. Anniversaire d'Isabeau, duchesse d'Athènes, comtesse de Brienne et dame d'Anglure. Isabeau a donné, en 1358, l'amortissement de la terre et seigneurie de la Potole, à la charge dudit anniversaire.

93. 6. [*Prudentii, ep. Trecens. conf.* Duplex. Ex fundatione D. Remigii *Breyer,* die 4ᵉ septembris anni 1733.]

94. 8. Ce jour, en 1364, est décédé Jean II, roi de France, qui, le 1ᵉʳ décembre 1361, a permis au Chapitre d'acquérir 20 livres de rente en faisant remise de ses droits, à la charge d'un anniversaire.

95. 9. Anniversaire d'Adam de Sarrey, deuxième doyen de cette église, qui, pour ledit anniversaire, a donné des vignes à Chablis. (Voir au 6 mars.)

96. 12. Anniversaire de Marie, femme de Pierre Vrivale. Le 30 avril 1360, Marie a donné à cette église, à la charge d'un anniversaire, une maison rue du Char-Daniel, et un courtil dans la rue des Trois-Ormes.

97. 13. *Hermenegildis, mart.* Semiduplex. Anniversaire de Laurence Mérille, femme de Pierre le Breton. Elle décéda ce jour, en 1497, et elle repose avec son mari sous la même tombe. La représentation et les recommandises proche la chapelle de l'Annonciation, à côté des cloches.

98. 14. *Tiburtii et Valentini, mart.* Anniversaire de Jacquette de Sur-les-Arcs, femme de Jean Mauléry, bourgeois de Troyes. Elle est décédée le 13 de ce mois en 1384, et elle est enterrée avec son mari sous la même tombe.

99. 19. Anniversaire de Jean Despeaux, avocat, qui a donné à cette église, le 1ᵉʳ août 1379, 20 livres qui ont

été employées à réédifier les maisons du Chapitre. Jean Despeaux a demandé un anniversaire pour lui et un pour sa femme. Par son testament, en 1382, Jean Despeaux a laissé à cette église 40 sols de rente à la charge d'un anniversaire pour lui, et 50 sols de rente à la charge d'un anniversaire pour ses parents. (Voir au 15 juin.)

100. 20. Anniversaire de Simon de Saint-Florentin, chantre de cette église. Au mois de juin 1399 Simon a donné à cette église, à la charge de deux anniversaires avec vigiles : 1° un setier de froment sur une maison en la Grande-Rue ; 2° 6 livres de rente sur une maison de la même rue; 3° 15 sols de rente sur une vigne au finage de Torvilliers, lieu dit la Couche, etc.

101. 25. *Marci, evang.* Duplex majus. Processio Litaniarum. Distributio ut supra n° 3.

102. *Feria secunda, tertia et quarta Rogationum.* Processio Litaniarum. Distributio ut supra n° 3.

103. *Ascensio Domini.* Duplex 1 classis. Post vesperas responsorium *Salvator mundi*, ex fundatione Nicolai Le Maistre, decani hujus ecclesiæ. Le 22 mai 1645, Nicolas LeMaistre a donné 300 livres pour cette fondation.

MAIUS.

104. *1. Philippi et Jacobi, apost.* Duplex majus. Anniversaire de Jean Marcel, prêtre, chapelain de Sainte-Madelaine, en l'église Saint-Urbain. Le 7 novembre 1375, Jean Marcel a donné à cette église 50 sols de rente sur une maison rue de Châlons, à la charge dudit anniversaire.

105. 2. *Athanasii, ep. et conf.* Duplex. Anniversaire de Jeanne, reine de France et de Navarre, et comtesse de Champagne, décédée le 2 avril 1305. Elle a accordé gratuitement à cette église plusieurs amortisments.

106. 3. *Inventio Sanctæ Crucis.* Duplex majus.

107. 4. *Helenæ, virg.* Duplex majus.

108. 5. *Monicœ*, *vid.* Semiduplex. Anniversaire du pape Nicolas [IV] qui a soutenu les droits de cette église, et lui a accordé de grandes indulgences ; il est décédé le 4 avril 1292.

109. 10. Anniversaire de Pierre le Favier, qui a donné à cette église, en 1365, 20 sols de rente sur une maison devant les Bains, à la charge dudit anniversaire.

110. 11. Anniversaire de Nicole Dorigny, chapelain de Sainte-Croix, en cette église. Il décéda le 7 de ce mois, en 1380, et il est inhumé sous sa tombe dans cette église.

111. 12. *Nerei et Achillei, mart.* Semiduplex. Anniversaire de Marguerite, comtesse de Flandres et de Bourgogne, qui a accordé gratuitement plusieurs amortissements à cette église.

112. 13. Anniversaire de Milon Berthier, chanoine de cette église, qui décéda ce jour en 1375. Il est inhumé sous sa tombe dans cette église.

113. *Eadem die.* Anniversarium Elionis *Prévostat,* in curia Romana trapezitœ (vulgo *banquier*). *Grand tapis* (V. n° 1). Cet anniversaire a été fondé, le 19 mars 1640, par M. Claude Prévostat, chanoine de la cathédrale, pour son frère, avec demande d'une lame où soit inscrite ladite fondation.

114. 14. Anniversaire de Jean le Rasé, bourgeois de Troyes, qui a donné à cette église, le 3 mai 1373, trois setiers de froment à prendre à Chanay, près d'Isle [Aumont], à la charge dudit anniversaire.

115. 23. Anniversaire de Jeanne, femme de Pierre Lannemat. Elle décéda ce jour, en 1404, et elle est enterrée sous sa tombe dans cette église.

116. 25. *Urbani, papœ et mart.* Annuale. Hodie distributio fit ut sequitur : decano 20 s.; cantori et thesaurario, cuique 15 s.; cuique canonicorum Sancti Nicolai et capellanorum 5 s.; cuique vicariorum 2 s. 6 d. Post vesperas responsorium *O martyr*, ex fundatione Nicolai *Bertrand,* sacerdotis et thesaurarii

hujus ecclesiæ. Distributio ut supra n° 5. Le 27 septembre 1659, Nicolas Bertrand a donné 700 livres pour un *Gaude* le jour de saint Urbain, et un autre le jour de saint Nicolas, son patron.

117. 26. *Philippi Nerei.* Duplex. Anniversarium Nicolai *Bertrand,* sacerdotis et thesaurarii hujus ecclesiæ. *Petit tapis* (V. n° 2). Fondation du 6 mai 1673, moyennant 100 livres.

118. *Dominica Pentecostes.* Hora 7ᵃ serotina reponsorium *Veni Sancte Spiritus,* cum *Salve* et collecta ; deinde *Miserere* et *Libera* super fossa de *Jeanne Guillaume,* matris Claudii *Rougeot,* ex fundatione ejusdem Claudii *Rougeot,* cantoris hujus ecclesiæ. Distributio ut in die Purificationis. En 1636, Claude Rougeot a donné 300 livres pour cette fondation. En conséquence, la fondation de Jean Potherat est remise au mardi suivant.

119. *Feria secunda sequenti.* Hora 7ᵃ serotina vesperæ de sanctissimo ac venerabili Eucharistiæ sacramento, ex fundatione Petri *Chevalier,* thesaurarii hujus ecclesiæ. Distributio : decano 16 s.; cantori et thesaurario, cuique 12 s.; cuique canonicorum 8 s.; cuique canonicorum Sancti Nicolai et capellanorum 4 s.; cuique vicariorum 3 s.

120. *Feria tertia sequenti.* Le 1ᵉʳ mars 1626 Jean Potherat, marguillier de cette église, a donné 300 livres pour la fondation du répons *Veni sancte Spiritus* et du *Gaude* le jour de la Pentecôte. Cette fondation a été remise au mardi suivant.

121. *Feria quarta sequenti.* Anniversarium Nicolai *du Monstier. Petit tapis* (V. n° 2). La représentation et les recommandises vis-à-vis la chapelle de l'Annonciation.

122. *Festum SS. Trinitatis.* Ex fundatione Jacobi *Nivelle,* canonici hujus ecclesiæ. Distributio ut supra n° 5. Par son testament du 1ᵉʳ janvier 1668, Jacques Nivelle a légué à Saint-Urbain la somme de 600 livres pour la fondation de la fête de la Trinité comme fête annuelle.

123. *Feria secunda sequenti.* Anniversarium Jacobi Nivelle. *Petit tapis* (V. n° 2). Jacques Nivelle, pour diverses fondations (Voir au 29 septembre et au 1ᵉʳ novembre), y compris la fête de la Trinité et son anniversaire, a laissé diverses sommes rabattues par ses héritiers, le 17 février 1669, à 1,792 livres.

124. *Feria quinta post Trinitatem fit festum Corporis Christi Jesu.* In processione distributio ut in anniversario *Grand tapis* (V. n° 1).

125. *Per octavam.* Quotidie hora 7ᵃ serotina vesperæ, ex fundatione Nicolai *Martel*, decani hujus ecclesiæ. Distributio ut in anniversariis *Petit tapis* (V. n° 2). Le 6 juin 1632 Nicolas Martel a donné 1,500 livres pour cette fondation.

126. *Dominica infra octavam.* Une messe basse du Saint-Sacrement tous les ans. Fondation faite, le 9 juin 1653, par Edmond Maillet, chanoine de Saint-Pierre, et auparavant de Saint-Urbain, moyennant 20 livres une fois payées.

127. *Feria secunda post dominicam infra octavam.* Anniversarium confraternitatis SS. Sacramenti absque distributione; fit offertorium.

JUNIUS.

128. 1. *Octava sancti Urbani.* Duplex.

129. 2. *Marcellini, Petri et Erasmi, mart.* Anniversaire de Jean Despeaux, citoyen de Troyes, qui a donné, en 1374, 40 soldées de terre pour ledit anniversaire. Il a fondé l'anniversaire de son fils Jean Despeaux. (Voir au 6 février.)

130. Hodie in veteri Obituario legitur: Obitus Adami de Sarreyo, hujus ecclesiæ decani. (Voir au 9 avril.)

131. 5. Ce jour, en 1695, est décédé M. de Vienne, chanoine de cette église. Il a fondé un *Gaude*, et par son testament il avait laissé 100 pistoles et une maison, à la charge de célébrer le 6 juin la fête de saint Claude, comme se célèbre celle de saint Bona-

venture. Mais le Chapitre, par un acte du 12 mars 1703, renonça à ce legs.

132. 7. Anniversaire de Pierrette la Rogère. En 1361 Pierrette a donné à cette église, à la charge d'un anniversaire, un arpent et demi de pré au finage de Barberey-Saint-Sulpice.

133. 8. Anniversaire de Françoise Breyer, sœur de Remy Breyer. (Voir au 29 octobre.)

134. *Margaretæ Scotorum reginæ.* Semiduplex. Anniversarium Petri *Chevalier*, canonici et thesaurarii hujus ecclesiæ. *Grand tapis* (V. n° 1). Fondation du 23 juin 1694.

135. 12. *Basilidis, Cirini, Naboris et Nazarii, mart.* Anniversaire de dame Boilletot, femme de Jean-Baptiste Legrin, décédée ce jour, en 1730. Son nom est inscrit au Livre du Prosne.

136. 13. *Antonii de Padua.* Duplex. Anniversaire de Jean de *Cadonis*, qui, pour fonder ledit anniversaire, a donné à cette église, au mois d'août 1361, 22 sols de rente à prendre sur un jardin sis au Champ-Dieu.

137. 15. Anniversaire de Marie, veuve de Jean Despeaux, avocat. Marie a laissé à cette église une rente de 20 soldées de terre, à la charge de deux anniversaires, l'un pour elle, et l'autre pour son fils. (Voir au 19 avril.)

138. 16. Anniversaire de Jean Mauléry, bourgeois de Troyes, et notaire des foires de Champagne et de Brie, décédé ce jour, en 1360, et enterré avec Jacquette de Sur-les-Arcs, sa femme, sous la même tombe, dans cette église.

139. 20. Anniversaire de noble demoiselle Léonarde Gornot, femme de Simon Hennequin, marguillier de cette église. Elle est décédée ce jour, en 1517, et elle est enterrée avec son mari sous la même tombe.

140. 24. *Nativitas sancti Joannis Baptistæ.* Duplex. Post vesperas responsorium *Præcursor* et hymnus *Antra deserti*, ex fundatione Johannis *Sardigny*.

Petit tapis (n° 2). Le 10 mai 1677, M. Evrat a donné 300 livrres pour ce répons le jour de saint Jean-Baptiste, et un petit anniversaire le lendemain à l'intention de Jean Sardigny, chanoine de céans et son résignant.

141. 25. *De octava.* Anniversarium dicti Joannis *Sardigny*, canonici hujus ecclesiæ. *Petit tapis* (n° 2). La représentation et les recommandises proche la cave du milieu de la nef.

142. 29. *Petri et Pauli, apost.* Duplex majus. Hora 7ᵃ serotina vesperæ de sanctissimo Eucharistiæ sacramento cum expositione, ex fundatione Petri *Chevalier*, canonici et thesaurarii hujus ecclesiæ. Distributio ut supra n° 119. Fondation du 23 juin 1694. La représentation et les recommandises sur la sépulde Messieurs.

JULIUS.

143. 1. *Octava sancti Joannis Baptistæ.* Duplex. Responsorium *Gaude*, ex fundatione Joannis *Petit*, capellani ad altare Beatæ Mariæ Virginis. Distributio ut supra n° 2. Le 8 juillet 1534, Jean Petit a fondé la fête de Visitation avec un *Gaude* le même jour ; pour quoy il a donné un pré de cinq quartiers, sis à la Chapelle-Saint-Luc. Le *Gaude* se chante la veille de la Visitation.

144. 2. *Visitatio Beatæ Mariæ Virginis.* Duplex majus. Post vesperas litaniæ, ex fundatione Nicolai *de Beaumont*. Distributio ut supra n° 4. Fondation du 16 septembre 1658, moyennant 100 livres.

145. 2. *De octava.* Anniversarium Johannis *Petit*, capellani hujus ecclesiæ. *Petit tapis* (n° 2).

146. 5. *De octava.* Anniversarium Johannis *Clausier*, decani hujus ecclesiæ. *Petit tapis* (n° 2). Jean Clausier a fondé son anniversaire par son testament du 4 novembre 1470.

147. *Dominica secunda julii. Dedicatio hujus ecclesiæ.* Post vesperas responsorium *Beata Mater*, ex fun-

datione Claudii *de Vienne,* canonici hujus ecclesiæ. Distributio ut supra n° 25. Le 23 avril 1681 le Chapitre accepta 150 livres, plus 10 louis d'or pour cette fondation; en 1685, Claude de Vienne ajoute encore 110 livres.

148. *Feria secunda ejusdem hebdomadæ,* Anniversarium Claudii *de Vienne.* (Voir au 5 juin.) *Petit tapis* (n° 2). La représentation et les recommandises au lieu où se fait la prière le dimanche après la procession.

149. *In eadem hebdomada.* Anniversarium Petri *d'Arcys,* episcopi Trecensis, qui obiit die decima octava aprilis 1393; hanc ecclesiam dedicavit. *Petit tapis* (n° 2).

150. 9. Anniversaire d'Isabelle de la Rouillère. Isabelle a laissé à cette église, en 1361, à charge d'un anniversaire, 15 livres de rente sur l'hôtel de la Coupe et plusieurs autres revenus.

151. 14. *Bonaventuræ, ep. et conf.* Duplex majus. Ex fundatione Joannis *Sardigny,* pro sua matre. Distributio ut supra n° 5. Le 7 octobre 1675, Jean Sardigny, ci-devant chanoine de cette église, versa au Chapitre 500 livres pour fonder double, à orgue, la fête de saint Bonaventure, et pour un anniversaire le lendemain pour sa mère.

152. 15. *Henrici, conf.* Semiduplex. Anniversarium Bonaventuræ *Milot,* matris Joannis *Sardigny. Petit tapis* (n° 2).

153. 21. *Danielis prophetæ.* Duplex majus. Ex fundatione Claudii Thorlot, canonici hujus ecclesiæ. Ad processionem distribuitur : decano 3 s. 4 d.; cantori et thesaurario, cuique, 2 s. 6 d.; cuique canonicorum 1 s. 5 d.; cuique capellanorum 10 d.; cuique vicariorum 6 d.; cuique deferentium reliquias 2 s.; alia distributio ad officium fit ut supra n° 5. Le 17 novembre 1648, le Chapitre a accepté 600 livres laissées par feu M. Thorlot pour cette fondation et pour un anniversaire le lendemain.

154. 22. *Mariæ Magdalenæ.* Duplex majus. Anniver-

saire de Henri [III], comte de Champagne, qui est décédé ce jour en 1274.

155. Ce même jour, anniversaire de Claude Thorlot. *Petit tapis* (n° 2). La représentation et les recommandises proche la chappelle de l'Annonciation.

156. 24. *Vigilia.* Hac die, anno 1531, obiit Johannes *Hennequin* junior, abbas Bassifontis, decanus hujus ecclesiæ.

157. 26. *Annæ, matris B. Mariæ Virginis.* Duplex majus. Hora 7ª serotina vesperæ de Sanctissimo Sacramento, ex fundatione Petri *Chevalier*, absque expositione, deinde *Miserere, De profundis, Libera.* Fondation du 23 juin 1694.

158. 27. Le 25 février 1643, Jeanne Pelée, majeure d'âge, a donné à cette église 20 cordes de terre à Machy, à la charge d'une messe le jour de sainte Anne ou le jour le plus rapproché.

AUGUSTUS

159. 1. *Petri ad Vincula.* Duplex majus. Anniversaire de Jean Terrible, fils de Margot, femme de Jacquinot le Bègue, cordonnier. Il décéda ce jour en 1352, et il est enterré dans cette église, sous la même tombe avec Jacquinot et Margot.

160. 2. *Stephani, papæ et mart.* Anniversaire de Jean Seignoret, qui a donné pour la fondation dudit anniversaire, en 1399, une maison attenant à la ruelle des Maubert, vis-à-vis les Lisses de Notre-Dame.

161. 3. *Inventio sancti Stephani protomart.* Semiduplex. Anniversaire de Pierre Sargette. Le 26 septembre 1358, Pierre Sargette donna à cette église pour son anniversaire 100 s. de rente, assis sur plusieurs maisons et autres héritages.

162. 4. *Dominici, confes.* Duplex. Hac die, anno 1776, obiit Ivo *Alexandre*, decanus noster; in cava decanorum deponitur.

163. *Dominica prima mensis augusti. Festum SS. No-*

minis Jesu. Duplex 1 classis. Ex fundatione Remigii *Pothier*, canonici hujus ecclesiæ. Distributio : decano 16 s.; cantori et thesaurario, cuique, 12 s.; cuique canonicorum 8 s.; cuique capellanorum 4 s.; succentori 2 s.; cuique vicariorum 3 s.; ædituo 4 s.; pulsatori 5 s.; organico 8 s.; thuriferario 1 s.; crucigero 2 s. Le 4 septembre 1651, M. Remy Pothier a fondé le Saint-Nom de Jésus moyennant la somme de 600 livres. *Libera* après complies au milieu de la nef, le beau poële et deux cothidiens, la sonnerie comme aux *Grand tapis* (n° 1).

164. *Die lunæ subsequenti.* Anniversarium Remigii *Pothier* ejusque familiæ, ab Anna *Potier*, ejus nepte, fundatum, die 9 julii 1663.

165. *Dominica secunda. Festum SS. Coronæ Spineæ Domini Jesu.* Annuale. Ex fundatione Joannis *Chemery*, civis Trecensis, die 12 augusti 1684. Distributio ut supra n° 5, et Rem Divinam agenti 12 s. Jean Chemery a fondé cette fête de rite annuel, le 27 juillet 1684.

166. Le 9 août 1649, MM. ont remercié M. Jean-Jacques Nivelle, chanoine de cette église, d'une couronne d'argent représentant la Couronne d'épines, dont il a fait présent à cette église; dans laquelle couronne sont renfermées différentes reliques tirées du coffre du Trésor.

167. *Die lunæ subsequenti*, anniversarium ejusdem Joannis *Chemery*. *Petit tapis* (n° 2).

168. 7. *Cajetani, conf.* Duplex. Anniversarium Nicolai *Martel*, decani hujus ecclesiæ. *Grand tapis* (n° 1). La représentation et les recommandises sur la cave de Saint-Laurent. (Voir au 7 septembre.)

169. 11. *De octava.* Anniversarium Nicolai *Laurent*, canonici hujus ecclesiæ. *Grand tapis* (n° 1). La distribution comme plus haut (n° 5). Nicolas Laurent a fait cette fondation le 17 novembre 1567, et a donné à cet effet 200 livres. (Voir n° 58.)

170. 12. Anniversaire d'Isabeau, veuve de Guillaume Mattan. Isabeau a laissé à cette église, en 1371, une

maison Rue-Moyenne, à la charge dudit anniversaire.

171. 13. Anniversaire d'Agnès, veuve de Jean Bonnay, marchand à Troyes. Cet anniversaire fut fondé par Jean Bonnay, en 1363, moyennant 25 sols de rente et 6 deniers de censives sur maison et dépendances à Méry.

172. 14. *De octava. Vigilia et jejunium.* Anniversaire de Guillaume le Potentier, qui a donné à cette église, en 1351, cinq quartiers de terre au finage de Chauffour pour son anniversaire.

173. Eadem die post vesperas responsorium *Gaude Maria*, ex fundatione D. *Laurent,* canonici hujus ecclesiæ. Le 31 janvier 1568, Nicolas Laurent a donné 150 livres pour cette fondation. Distribution comme plus haut (n° 3).

174. 15. *Assumptio Beatæ Mariæ Virginis.* Duplex I classis. Litaniæ, ex fundatione Nicolai de *Beaumont.* Distributio ut supra n° 4. Fondation du 14 août 1655.

175. Hora 7ª serotina responsorium *Gaude Maria,* ex fundatione Joannis *Desrats,* canonici hujus ecclesiæ. Distributio ut supra n° 5. Jacques Desrats fit cette fondation moyennant 300 livres, par actes du 30 octobre et du 7 novembre 1633.

176. 18. *De octava.* Anniversarium Joannis *l'Arbalestrier,* canonici hujus ecclesiæ. *Petit tapis* (n° 2). Il y a un premier anniversaire au 28 mars.

177. 19. Anniversaire d'Edme Evrat, décédé ce jour en 1727; son nom est inscrit au Livre du Prosne. Il est enterré sous sa tombe, vis-à-vis la chapelle Saint-Luc.

178. 20. *Bernardi, abb.* Duplex.

179. 21. *De octava.* Anniversarium Petri *La Ville,* ca-canonici hujus ecclesiæ. *Petit tapis* (n° 2).

180. 22. *Octava Assumptionis.* Duplex. Ce jour, en 1350, est décédé le roi Philippe [de Valois]. Il a accordé gratuitement à cette église plusieurs amortis-

sements, c'est pourquoi le Chapitre fait son anniversaire.

181. Ce même jour, en 1695, est décédé Pierre Chevalier, chanoine et trésorier de cette église. Son anniversaire a été transporté au 10 juin.

182. 23. *Philippi Benetii.* Duplex. Anniversaire de Marie, femme de Henri l'Armurier, bourgeois de Troyes. (Voir au 5 février.)

183. 28. Anniversaire de Nicolas de Metz-Robert, chapelain à l'autel de Sainte-Croix. Il décéda ce jour, en 1393, et il est enterré sous sa tombe dans cette église. Le 14 février 1401 [v. st.], Nicolas de Metz-Robert donne à cette église deux maisons, l'une à Troyes devant le cimetière de Saint-Remy et l'autre à Saint-Parre, plus six arpens et un quartier et demi de terres et vignes audit Saint-Parre ; à la charge de six anniversaires, deux pour lui, deux pour les chapelains de Sainte-Croix et les deux autres pour tous les fidèles trespassés. [La date de cette donation, qui est en contradiction avec l'épitaphe, se rapporte peut-être à l'époque de la délivrance du testament ou à un *vidimus* du même testament.]

SEPTEMBER.

184. 1. *Egidii, abb.* Anniversaire de Guillaume Garnier, qui, pour fonder ledit anniversaire, a donné à à cette église, au mois de septembre 1360, une maison qui aboutit à la rue Notre-Dame et à la Rue-Moyenne.

185. 2. *Stephani, Hungariæ reg.* Semiduplex. Anniversaire du roi Charles [le Bel], décédé le 1ᵉʳ février 1327. Il a accordé à cette église l'entrée franche des vins.

186. 4. Mémoire de Michel Hennequin, bourgeois de Troyes, qui a donné, au mois de décembre 1506, à la fabrique de cette église 69 livres en vue de participer aux prières de ladite église. (Voir au 15 mars.)

187. 5. *Laurentii Justiniani, ep. et conf.* Semiduplex.

Anniversaire de Jean Duperrier, chanoine de Saint-Étienne, qui a donné pour la fondation de cet anniversaire, en 1479, une maison en la Rue-Moienne.

188. 7. Anniversarium Nicolai *Martel,* decani hujus ecclesiæ, qui hac die anno 1638 obiit. *Grand tapis* (n° 1). Il est inhumé dans la nef à côté du premier pillier à gauche. La représentation et les recommandises sur la cave de Saint-Laurent. Par son testament du 7 septembre 1738, Nicolas Martel, doyen de cette église et chanoine de Saint-Étienne, a laissé un gagnage sis à Brienne, et une maison sise au Marché-aux-Trappans, à Troyes, à la charge de deux anniversaires à partager entre le Chapitre et les chanoines de Saint-Nicolas en cette église. (Voir au 7 août.)

189. Le même jour, après vêpres, répons *Ante thronum,* fondé par Nicolas Laurent, chanoine de cette église. Distribution comme plus haut (n° 5). Nicolas Laurent a donné 150 livres pour cette fondation, le 6 mars 1570.

190. 8. *Nativitas Beatæ Mariæ Virginis.* Duplex I classis. Litaniæ, ex fundatione Nicolai *de Beaumont* (V. n° 4).

Eadem die *Gaude* ex fundatione Joannis Valepin, matricularii hujus ecclesiæ. (Voir au 5 novembre.)

191. 9. *De octava.* Anniversarium Agesilai *Wion,* canonici hujus ecclesiæ. *Petit tapis* (n° 2). Agesilas Wion, aumônier du roi, chanoine de Saint-Pierre et de Saint-Urbain, laissa sur l'Hôtel-de-Ville de Paris une rente de 37 livres 12 s., par acte du 19 septembre 1616. Il demanda deux anniversaires, l'un pour lui et sa sœur Antoinette Wion, religieuse cordelière à Provins ; et l'autre pour son père le maréchal Wion.

192. 10. *Nicolai Tolentini.* Duplex. Anniversarium Joannis *Larbalestrier,* canonici hujus ecclesiæ. *Petit tapis* (n° 2). (Voir 28 mars, 18 août, 11 décembre.)

193. 11. *De octava.* Anniversarium Nicolai *Dumonstier,* matricularii hujus ecclesiæ. *Petit tapis* (n° 2). La représentation et les recommandises proche l'Annonciation. (Voir 25 juin et 15 décembre.)

194. 12. *De octava*. Anniversaire de Jeanne, femme de Félix le Gras, décédée ce jour en 1374. Son nom est au Livre du Prosne. (Voir au 20 octobre.)

195. 13. *De octava*. Mémoire de Denis de Vermont, clerc, qui a donné, sans charges, 40 sols de rente sur une maison, en 1349.

196. 16. *Cornelii et Cypriani, mart.* Semiduplex. Ce jour, en 1380, est décédé le roi Charles [V dit le Sage], qui accorda gratuitement à cette église plusienrs amortissements.

197. Anniversarium Edmundi *Migard*, thesaurarii hujus ecclesiæ. *Grand tapis* (n° 1). Par acte des 22 et 29 mars 1632, Edme Migard a donné 300 livres à cette église, à charge qu'avant les heures canoniales, excepté matines, il sera chanté par le semainier *Ave Maria, gratia plena, Dominus tecum*, et qu'il sera répondu par le chœur *Benedicta tu in mulieribus et benedictus fructus ventris tui :* et qu'à tous les anniversaires il sera chanté au Levé-Dieu *Pie Jesu* et *Bone Jesu, dulcis*. Le 6 juin suivant, il a donné 100 livres pour un anniversaire par les vicaires, et le 6 juin 1633, il a ajouté 300 livres pour son anniversaire avec vigiles. (Voir au 5 janvier.)

198. 17. *Stigmata sancti Francisci*. Semiduplex. M. Gayet, chanoine de cette église, le 22 juillet 1667, a donné 400 livres et ses ornements de chapelle pour solenniser comme fête double les Stigmates de saint François le 17 septembre, avec un petit anniversaire le lendemain. Le testament a été reçu le 28 juillet 1667. La fête au 17 septembre a été supprimée faute de fonds ; reste l'anniversaire.

199. 18. *Thomæ de Villanova, ep. et conf.* Semiduplex. Anniversarium francisci *Gayet*, canonici hujus ecclesiæ. *Petit tapis* (n° 2). La représentation et les recommandises vis-à-vis l'Annonciation. (Voir n° 198.)

200. 19. Anniversaire d'Adeline, veuve de Jean Buisson, qui a laissé à cette église, pour ledit anniversaire, 30 sols de rente sur des maisons proche de la porte de Croncel, le 9 avril 1364.

201. 20. *Eustachii et socior., mart.* Duplex. Anniversaire par les vicaires pour François Maréchaux, qui a donné, le 11 avril 1575, pour ledit anniversaire, 60 livres.

202. 22. *Mauritii et socior., mart.* Semiduplex. Anniversarium Joannis *de Buvray*, thesaurarii hujus ecclesiæ. *Petit tapis* (n° 2).

203. 24. *Beatæ Mariæ de Mercede.* Duplex. Anniversaire de Jean Morel, prêtre, qui a laissé à cette église, à la charge dudit anniversaire, une maison et héritage à Aillefol (Gérosdot), en 1356.

204. 25. Anniversaire de Jacques Déry, changeur et bourgeois de Troyes. Il est inhumé sous sa tombe, qui est brisée, dans cette église. L'acte de fondation est perdu.

205. 27. *Cosmæ et Damiani, mart.* Semiduplex. Mémoire de Simon de Rougenot qui, par son testament du 15 novembre 1353, laisse à cette église, à charge de prier pour lui, les maisons qu'il occupe.

206. 29. *Dedicatio sancti Michaelis archangeli.* Duplex majus. Anniversaire de Jean-Baptiste Legrin, conseiller en la chambre de l'Échevinage, décédé ce jour, en 1727. Son nom est inscrit au Livre du Prosne.

207. Ce même jour, messe haute de saint Michel, par les vicaires, avec *Libera* après, fondés par Jacques Nivelle, chanoine de cette église, qui a laissé à cet effet 100 livres le 1er janvier 1668.

OCTOBER.

208. 1. *Remigii, ep.* Duplex. Anniversaire de Pierre de Saint-Pouange, drapier, qui a laissé à cette église, en 1379, pour la fondation de deux anniversaires, la troisième partie d'une rente de quatre livrées de terre au finage des Noes.

209. 2. *Angelorum Custodum.* Duplex 1 classis. Ex fundatione Gabrielis *Bourgeois*, hujus ecclesiæ can-

toris. Distributio ut supra n° 119. Son anniversaire, qui devait se faire le lendemain, est remis au 5 du même mois. Fondation du 16 avril 1714.

210. 3. Anniversarium Joannis *Pinette*, canonici hujus ecclesiæ. *Petit tapis* (n° 2). Ce jour, depuis une heure de l'après-midi jusqu'à la demie, à cause de l'anniversaire de notre fondateur, on sonnera la grosse cloche à volée, ensuite les quatre à volée jusqu'au commencement des vêpres des Morts, ainsi que pendant le *Magnificat* et le *Libera*. Le reste, pour la sonnerie, comme aux anniversaires ordinaires.

211. 4. *Francisci*, *conf*. Duplex. Anniversarium felicis memoriæ sanctissimi in Christo patris domini Urbani, papæ, quarti, natione Trecensis, hujus ecclesiæ fundatoris. Distributio ut supra die 25 maii. A sept heures et demie la messe de prime, et pendant l'Évangile la grosse cloche à volée. A l'issue de la messe les quatre cloches à volée jusqu'au ℟. *Pretiosa*. La représentation et les recommandises au chœur, entre la bancelle et l'aigle. Les quatre cloches à volée pendant les Sept Psaumes et le *Libera*.

212. 5. Anniversarium Gabrielis *Bourgeois*, cantoris hujus ecclesiæ. *Grand tapis* (n° 1). Fondation du 16 avril 1714

213. 6. *Brunonis*, *conf*. Duplex. Mémoire de Pierre Hiems, chapelain de Saint-Nicolas en cette église, qui a donné par testament, en 1382, plusieurs sommes une fois payées, seulement à charge de prier pour lui.

214. 7. *Marci, papæ et conf*. Mémoire de Guillaume Félix, chapelain de Saint-Léonard en cette église, qui a donné le 10 mars 1403, afin de participer aux prières de la collégiale, 1° une maison en la rue du Bourg-Neuf; 2° six arpens de pré à Courteranges, lieu dit la Chausssée, et un arpent au même finage, lieu dit la Poële.

215. 8. *Birgittæ*, *vid*. Semiduplex. Hac die obiit Johannes *Hennequin* (senior), decanus hujus ecclesiæ, archidiaconus Arceensis, canonicus Sancti Petri et Sancti Stephani.

216. 9. *Dionysii et socior., mart.* Duplex. Anniversaire de Jaquette, femme de Robert d'Amance, bourgeois de Troyes et marguillier de cette église. Elle décéda ce jour, en 1380, et est enterrée sous sa tombe dans cette église.

217. 10. *Francisci Borgiæ, conf.* Semiduplex. Deuxième anniversaire de Henri Larmurier, bourgeois de Troyes, et de Marie, sa femme.

218. 11. Anniversaire de Jean Bizet, de Barbonne, jadis notaire du roy, conseiller de la comtesse de Flandres, chanoine de cette église, de Saint-Pierre, et chantre de Saint-Étienne, où il est inhumé. Il décéda le 1er avril 1367.

219. 12. Anniversaire de Guillaume Garnier de Molins, laïque.

220. 13. *Eduardi, conf.* Semiduplex. Deuxième anniversaire de demoiselle Guillemette Guignard, fondé le 2 octobre 1372.

221. 14. *Calixti, papæ et mart.* Semiduplex. Mémoire de Jean Macrey, curé de Pont-Sainte-Marie, qui, en 1376, a fondé deux anniversaires par les vicaires.

222. 15. *Theresiæ, virg.* Duplex. Deuxième anniversaire de Jean de Mesgrigny et de Guillemette, sa femme, fondé le 14 février 1468.

223. 16. Mémoire de Laurent Bilote, chanoine de cette église, qui a fondé deux anniversaires le 30 août 1378.

224. 17. *Edwigis, vid.* Semiduplex. Mémoire d'Isabeau, femme de Poinçot le couturier. Le 30 décembre 1414 Isabeau a fondé deux anniversaires.

225. 19. Anniversaire du maréchal Wion, fondé par Agesilas Wion, fils du défunt, le 19 septembre 1616. (Voir n° 191.)

226. 20. Anniversaire de Félix le Gras, de Chauchigny; bourgeois de Troyes, décédé ce jour, en 1398, et enterré dans cette église, près de l'autel de l'Annonciation, avec sa femme, sous la même tombe. Ils ont

fondé la messe qui se chante tous les dimanches à l'autel de l'Annonciation, et à laquelle on distribue huit pains de prébende à huit vicaires. Son nom est au Livre du Prosne.

227. 21. *Hilarionis, abb.* Anniversaire d'Anne Saulnier, femme de Jean Bompas. Ils sont enterrés sous la même tombe, et leurs noms sont inscrits au Livre du Prosne.

228. 22. Mémoire de frère Hilaire, religieux de Notre-Dame-en-l'Isle, qui a rendu plusieurs services à cette église. C'est lui qui a fait et fourni le jeu d'orgue, pour quoi il a reçu 250 livres, suivant le marché passé avec lui, plus 13 livres en sus, d'après quittance du 11 mai 1568.

229. 23. Deuxième anniversaire de Simon de Saint-Florentin, chantre de cette église, fondé au mois de juin 1399.

230. 25. *Chrysanti et Dariæ, mart.* Hac die anno 1654 obiit... *de Mayran,* decanus hujus ecclesiæ.

231. 27. Deuxième anniversaire de Jean Seignoret, fondé en 1399.

232. 28. *Simonis et Judæ, apost.* Duplex majus. Mémoire de Jean Truchot, religieux et prévôt de Montier-la-Celle, qui a rendu plusieurs services à cette église. Il est décédé ce jour, en 1514, et il est inhumé dans l'église de Montier-la-Celle.

233. 29. Anniversaire de Jaquette Aubry, *vulgo* la Corthière. *Petit tapis* (n 2). Elle a donné pour son anniversaire, par acte du 30 octobre 1559, une maison à côté de celle du *Faisan,* vis-à-vis les Lisses de Notre-Dame.

234. Ce même jour, en 1749, est décédé Remy Bréyer, chanoine de Saint-Pierre. Le Chapitre a fixé son anniversaire à ce jour, par acte du 14 décembre 1750.

235. 31. Post vesperas responsorium *Beatæ,* ex fundatione Laurentii *Millet,* canonici hujus ecclesiæ. Disbutio ut supra n° 5. Fondation du 31 janvier 1616.

NOVEMBER.

236. 1. *Festum Omnium Sanctorum.* Duplex 1 classis. Litanie de tous les saints à la procession avant la messe au lieu du répons d'usage: *Miserere, De profundis* et *Libera*, avec les oraisons accoutumées, dans la nef et sans représentation, aussitôt après les complies dudit jour. Fondation de Jacques de Nivelle, chanoine de cette église, qui a laissé à cet effet 200 livres par acte du 17 février 1669. (Voir n° 122.)

237. 2. *De octava, et commemoratio omnium Fidelium Defunctorum.* Ce même jour, à cause de l'anniversaire du cardinal Ancher, à une heure et demie, on sonnera la grosse cloche à volée, et à deux heures les quatre cloches à volée.

238. 3. *De octava.* Obiit quondam reverendus Pater dominus Ancherus, cardinalis, nepos hujus ecclesie fundatoris, pro cujus anniversario debent distribui XL solidi, capiendi in camera. Nunc distribuntur : decano 40 s.; cantori et thesaurario, cuique 30 s.; cuique canonicorum 20 s.; cuique capellanorum 4 s.; cuique vicariorum, ædituo et pulsatori 2 s. La messe de Prime à huit heures. La représentation et les recommandises derrière la bancelle. Le reste comme au fondateur (n° 211) excepté qu'on ne sonne point au *Libera*.

239. 4. *Caroli, ep. et conf.* Duplex. Mémoire de Jeanne, fille de Blanche et femme de Philippe le Bel; elle mourut le 2 avril 1304.

240. 5. *De octava.* Anniversaire de Jean Valepin, marguillier de cette église. Le 20 juillet 1587, Jean Valepin a donné 100 livres pour le susdit anniversaire et un *Gaude* le jour de la Nativité de la Sainte Vierge.

241. 6. *De octava.* Anniversaire de Jacques de Salon, chapelain en cette église. Le 5 août 1492, Jacques de Salon a donné pour le susdit anniversaire un quartier et demi de terre, au finage de Croncel, lieu dit les Gaiettes.

242. 7. *De octava.* Anniversarium Theobaldi de Acenayo, quondam procuratoris DD. Urbani, papæ, ad œdificationem hujus ecclesiæ, et Julianæ, uxoris ejusdem Theobaldi.

243. 8. *Octava Omnium Sanctorum.* Duplex. Mémoire de Guiot de Viaspre, écuyer, et de Marguerite, sa femme, qui, au mois de mai 1264, ont contribué à la fondation de cette église.

244. 11. *Martini, ep. et conf.* Duplex majus. Mémoire de Seier, de Fontaine-les-Montaulin, écuyer, qui au mois de juin 1264, a contribué à la fondation de cette église.

245. 12. *Martini, papæ et mart.* Semiduplex. Anniversarium rever. in Christo patris Odardi *Hennequin* (junior), episcopi Trecensis, hujus ecclesiæ decani. *Grand tapis* (n° 1). La contenance et les recommandises à la porte du chœur.

246. Ce même jour, anniversaire de Pierre de Saint-Pouange, drapier, qui a laissé à cette église, en 1379, la troisième partie d'une rente de quatre livres de terre au finage des Noës.

247. 13. Anniversaire de noble homme Jacques Juliot, maître-sculpteur et marguillier de cette église. Il décéda le 12 de ce mois, en 1578, et est enterré sous sa tombe devant l'entrée du chœur. C'est lui qui a sculpté le rétable du maître-autel.

248. 14. Mémoire des deux frères Jean, trésorier de Laon, et Gui, chanoine de la même église, qui, au mois de juin 1264, ont contribué par des aumônes à la fondation de cette église.

249. 15. Anniversaire, par les vicaires, de Nicolas Hennequin (l'ancien), doyen de cette église. Cet anniversaire a été fondé, moyennant 50 livres, le 6 octobre 1565, par Nicolas Hennequin, petit-neveu du précédent, aussi doyen. (Voir au 20 décembre.)

250. 16. Mémoire de Simon de Méry, chevalier, et d'Isabelle, sa femme, qui, au mois de juin 1264,

ont contribué par leurs aumônes à la fondation de cette église.

251. 17. *Gregorii Thaumaturgi, ep. et conf.* Semiduplex. Anniversaire d'Étienne Morce, cinquième doyen de cette église. Pour son anniversaire, qu'il fonda le 13 octobre 1377, il donna quatre arpents de pré, sis à Pont-sur-Seine. Il décéda le 17 novembre 1396, et il est enterré sous sa tombe dans cette église.

252. Ce même jour, anniversarium Elisabeth *Artheriel*, viduæ Anthonii *Paupelier*, hujus ecclesiæ pulsatoris. *Petit tapis* (n° 2). Le 19 décembre 1605, Élisabeth Artheriel a donné 60 livres pour fonder cet anniversaire.

253. 18. *Dedicatio basilicæ Petri et Pauli, apost.* Duplex. Anniversarium Nicolai *Mérille,* decani hujus ecclesiæ, qui hac die obiit anno 1652.

254. Ce même jour, anniversaire de noble homme Simon Hennequin, marguillier de cette église. Il décéda ce jour, en 1519, et est enterré avec sa femme (n° 5) et deux de leurs enfants sous la même tombe, dans cette église.

255. 20. *Felicis Valesii, conf.* Duplex. Post vesperas responsorium *Gaude,* ex fundatione Remigii *Pothier,* canonici hujus ecclesiæ. Distributio ut supra n° 5. Ce *Gaude* fut fondé en même temps que la fête de la Présentation.

256. 21. *Presentatio Beatæ Mariæ Virginis.* Duplex 1 classis. Ex fundatione Remigii *Pothier,* canonici hujus ecclesiæ. Distributio supra n° 119. Le 26 mars 1645, Remy Pothier a laissé 600 livres pour cette fondation.

257. Post vesperas litaniæ Beatæ Mariæ Virginis, ex fundatione Claudii *Rougeot,* cantoris hujus ecclesiæ, ad intentionem Nicolai *Martel,* decani hujus ecclesiæ. Distributio ut supra n° 5. (Voir au 8 décembre.) Post completorium *Gaude,* ex fundatione ejusdem Claudii *Rougeot,* ad intentionem Nicolai *Martel.* Distributio ut supra n° 5.

258. Ce même jour, anniversaire de Marguerite la Caillate, de Gelannes, cousine du quatrième doyen de cette église. Elle décéda ce jour, en 1411, et elle est enterrée sous sa tombe dans cette église.

259. 22. *Ceciliæ, virg. et mart.* Duplex majus. Ex fundatione Johannis *Marchand*, canonici hujus ecclesiæ, anno 1478. (Voir au 10 décembre.)

260. 23. *Clementis, papæ et mart.* Semiduplex. Anniversarium Johannis *Marchand*, canonici hujus ecclesiæ. *Petit tapis* (n° 2). (Voir au 10 décembre.) La représentation et les recommandises sur la cave de de Saint-Laurent.

261. 24. *Chrysogoni, mart.* Anniversarium Johannis *Gilbert*, canonici hujus ecclesiæ. Hac die obiit anno 1693. *Grand tapis* (n° 1).

262. 26. Mémoire de Robert de Mante, écuyer, conseiller et chambellan du roi, grand panetier de France, qui a fait du bien à cette église. Il trépassa le 22 mai 1464, et il est inhumé à Saint-Étienne.

263. 29. *Vigilia et Jejunium.* Hac die, anno 1268, obiit Clemens, papa [V], hujus ecclesiæ benefactor.

264. Ce même jour, en 1314, est décédé le roi Philippe [le Bel]. Il y a un anniversaire pour lui et pour Jeanne, sa femme, reine de Navarre, et comtesse de Champagne, à cause des amortissements et droits qu'ils ont accordés à cette église.

265. Ce même jour, anniversaire de Renaud de Colombey, troisième doyen de cette église. Il décéda le 29 novembre, vigile de saint André, en 1336. Le 8 octobre 1328, pour compléter les intentions du cardinal Ancher, il fonda un second chapelain à l'autel de Notre-Dame, en cette église.

DECEMBER.

266. 1. Mémoire de Pierre Sarrasin et de Blanche, sa femme, bourgeois de Troyes, qui, au mois de septembre 1263, ont aidé de leurs aumônes le pape Urbain IV à fonder cette église.

267. 3. *Francisci Xaverii, conf.* Duplex. Anniversaire de Pierre Le Breton, notaire des foires et marguillier de cette église, où il est inhumé avec sa femme. Il est décédé ce jour, l'an 1492. *Petit tapis* (n° 2).

268. Ce même jour, anniversaire de Thibaut [V], comte de Champagne, décédé ce jour, en 1270.

269. 4: *Barbaræ, virg. et mart.* Anniversaire de Pétronille de Juilly, fille de Gui de Saint-Benoit, chevalier. Pétronille nous a donné un étal aux tripes, en même temps qu'elle nous a vendu un autre étal au mois d'avril 1263, à charge d'un anniversaire.

270. 6. *Nicolai, ep. et conf.* Duplex majus. Post vesperas responsorium *Ex ejus tumba*. Distributio ut supra n° 5. Ex fundatione Nicolai *Bertrand* (6 may 1673).

271. 7. *Ambrosii, ep. et doct.* Duplex majus. Anniversarium Nicolai *Bertrand*, canonici et thesaurarii hujus ecclesiæ. *Petit tapis* (n° 2). Cet anniversaire a été fondé le 6 mai 1673 par les héritiers de Nicolas Bertrand, moyennant 100 livres.

272. Post vesperas responsorium *Gaude*, ex fundatione Joannis *Marchand*, canonici hujus ecclesiæ. Distributio ut supra n° 2.

273. Ce même jour, anniversaire d'Adeline, dite Châlaine, de Fontvanne, sœur d'Étienne du Port, trésorier de Saint-Urbain. Au mois de septembre 1299 elle a fondé et doté la chapelle Saint-Jean-Baptiste en cette église, où elle est enterrée sous sa tombe. Elle décéda le 7 décembre 1310.

274. 8. *Conceptio Beatæ Mariæ Virginis.* Duplex 1 classis. Litanie in processione post vesperas ex fundatione Nicolai *de Beaumont*. Distributio ut supra n° 4. Fondation du 14 août 1655.

275. Post vesperas responsorium *O Maria*, prosa *Stella maris*, ex fundatione Claudii *Rougeot*, cantoris hujus ecclesiæ. Le 29 novembre 1655 Claude Rougeot a donné au Chapitre 1,313 livres à la charge dudit répons avec un anniversaire le lendemain : et des

litanies le jour de la Présentation avec un *Gaude* pour son oncle Nicolas Martel, doyen de cette église.

276. 9. Anniversarium dicti Claudi *Rougeot*. *Petit tapis* (n° 2). (Voir au 3 janvier.)

277. 10. *De octava*. Anniversarium Johannis *Marchand*, canonici hujus ecclesiæ. *Petit tapis* (n° 2). La représentation et les recommandises proche la chapelle de l'Annonciation. Jean Marchand a fondé son anniversaire en 1478, et aussi la fête de sainte Cécile avec un autre anniversaire le lendemain. (Voir au 22 et au 23 novembre.)

278. 11. *Damasci, ep. et conf.* Semiduplex. Anniversarium Joannis *Larbalestrier*, canonici hujus ecclesiæ. *Petit tapis* (n° 2). (Voir au 10 septembre.)

279. 12. Mémoire de Dreux de La Loge, chevalier, et de Helvide, sa femme, qui, au mois de mai 1264, ont contribué à la fondation de cette église.

280. 14. *De octava*. Mémoire de Geoffroi, dit Larchelier, et de Félisée, sa femme, qui, au mois de septembre 1262, ont contribué par leurs aumônes à la fondation de cette église.

281. 15. *Octava*. Duplex. Anniversarium Nicolai *Dumoustier*, matricularii hujus ecclesiæ. *Petit tapis* (n° 2).

282. 16. Anniversarium depositionis Gabrielis *Bourgeois*, cantoris hujus ecclesiæ. *Grand tapis* (n° 1). Fondation du 16 avril 1714.

283. Ad antiphonam *O Sapientia* persolvuntur a D. decano 6 libræ.

284. 17. Ad antiphonam *O Adonai* persolvuntur a D. cantore 4 libræ.

285. 19. Ad antiphonam *O Radix Jesse* persolvuntur a D. thesaurario 4 libræ.

286. 20. Anniversarium Nicolai *Hennequin* (junioris), decani hujus ecclesiæ, qui obiit die 24 decembris anno 1590. *Grand tapis* (n° 1). La représentation et

les recommandises à la porte du chœur, du côté de Saint-Laurent. Il est inhumé sous la tombe de Nicolas Hennequin, aussi doyen, son grand-oncle.

287. 22. Anniversaire de Pierre d'Erbisse, bourgeois de Troyes, décédé ce jour, en 1348. Il est enterré sous sa tombe dans cette église. Son nom est inscrit au Livre du Prosne.

288. 23. Mémoire de Blanche, veuve de Henri III, comte de Champagne, et d'Edmond d'Angleterre; elle mourut à Paris le 2 mai 1302.

289. 25. *Nativitas Domini nostri Jesu Cristi.* Duplex 1 classis. In missa ad auroram distributio ut supra n° 5.

290. 27. *Joannis, evangel.* Duplex majus. Anniversaire pour Anne Pothier et pour son fils, qui est décédé ce jour. Fondation du 9 juillet 1663.

291. 28. *Innocentium, mart.* Duplex majus. Anniversaire de Jean de Sur-les-Arcs, quatrième doyen de cette église, qui donna, le 21 février 1369, pour ledit anniversaire un étal à la Poissonnerie.

292. 29. *Thomœ, ep. et mart.* Semiduplex. Anniversaire de Remy Breyer, chanoine de Saint-Pierre et ancien chanoine de Saint-Urbain, décédé ce jour, en 1749.

293. 30. Mémoire de Gauthier, comte de Brienne, qui fut tué le 19 septembre 1356 devant Poitiers, de Jeanne, sa femme, et de ses filles Jeanne et Marguerite; ils sont inhumés en l'abbaye de Beaulieu. Cet anniversaire a été fondé le 1er mars 1365 par Jeanne, veuve de Gauthier et remariée à Louis, comte d'Étampes.

294. *Nota.* 1° D'après une bulle du pape Clément IV, en date du 24 septembre 1265, le Chapitre de cette église est obligé : 1° de dire, au moins une fois la semaine, une messe de *Requiem* pour les Souverains Pontifes décédés; 2° de faire mention à la messe capitulaire, au *Memento* des vivants, du pape qui occupe le Saint-Siége, et au *Memento* des morts du

pape Urbain IV, fondateur de cette église ; 3° de dire pour ce même pontife une oraison particulière, aux principales fêtes de l'Eglise. *Statuimus ut in ipsa Sancti Urbani ecclesia fiat quotidie in missarum solemniis commemoratio de predicto predecessore Urbano IV, ipsius suppresso nomine, et pro Romano Pontifice, preterquam in precipuis festivitatibus oratio specialis ; necnon pro Romanis Pontificibus defunctis missa ibi semel ad minus in hebdomada celebretur.* (Dans nos *Chartes de Saint-Urbain*, p. 458.)

295. 2° On a commencé en 1577 à ne plus distribuer aux chanoines de Saint-Urbain ni oublies, ni pommes, ni vins aux fêtes, mais seulement le Jeudi-Saint. Maintenant cette distribution n'a plus lieu, même le Jeudi-Saint.

PIÈCES JUSTIFICATIVES.

I. — Notices sur tous ceux qui sont dénommés aux prières du prosne qui se font tous les dimanches a la procession.

[Nous donnons le texte de ces notices tel qu'il existe dans le registre des Inventaires de la collégiale, p. 299-307.]

Parmi ceux qui se trouvent insérés au Livre du Prosne, il en est qui ont donné à cette fin ; il en est d'autres que le Chapitre a inscrit de son propre mouvement. Je vais rendre ce que j'ai pu découvrir par les titres de fondation, par l'ancien cartulaire et par les registres.

1. *Urbain IV, fondateur.*

Un acte du 16 novembre 1670, chapitre général, porte même qu'il serait fait mémoire d'Urbain IV, fondateur, au **Memento** des morts à toutes les grandes messes du chœur ; et un autre acte du 5 novembre 1672, chapitre général, porte que toutes les messes basses qui se diront dans l'église Saint-Urbain le 4 octobre, jour du décès et de l'anniversaire solennel d'Urbain IV, seront de *Requiem* à son intention. Il est décédé le 4 octobre 1264.

2. *Le cardinal Ancher, neveu d'Urbain IV.*

C'est le cardinal Ancher qui a achevé la bâtisse de l'église de Saint-Urbain et qui a obtenu de Clément IV, successeur de son oncle, la bulle de fondation du Chapitre, datée du 24 septembre 1265. C'est luy qui a obtenu de Henry III, roi de Navarre et comte de Champagne, levée de la saisie, faite par les gens du comte, des biens acquis dans sa mouvance par les procureurs d'Urbain IV. C'est luy qui a fait avec Henry III la transaction du mois d'aout 1273, par laquelle le comte de Champagne prend le Chapitre de Saint-Urbain sous sa protection spéciale. On trouvera dans la petite boëte n° 15 une pièce intitulée : *Jocalia Sancti Urbani*, où sont détaillés les ornements et argenterie donnés par le cardinal Ancher à l'église Saint-Urbain, cottée n° 2. (V. nos *Chartes de Saint-Urbain*.)

3. *Le pape Clément IV.*

C'est Clément IV qui par sa bulle du 24 septembre 1265, a proprement donné l'existence au Chapitre de Saint-Urbain, ainsy que les exemptions dont il a toujours joui. (Voir nos *Chartes de Saint-Urbain*.)

4. *Le pape Grégoire XI.*

C'est Grégoire XI qui par deux bulles de l'an 1375 a commis les abbés de Saint-Remy de Reims, de Saint-Germain d'Auxerre, de Sainte-Geneviève de Paris juges conservateurs apostoliques des privilèges de l'église de Saint-Urbain. (Voir nos *Chartes de Saint-Urbain*.)

5. *Le cardinal Guillaume de Bray.*

L'ancien cartulaire en tête duquel est le Prosne, porte, au mois de janvier, que le cardinal Guillaume de Bray a donné 100 livres pour l'acquisition des Halles de Provins à Troyes; pour quoy on lui doit trois anniversaires par an.

6. *Messire Adam de Sarrey [II⁰] doyen.*

Messire Adam a fondé la chapelle de Saint-Jean-Baptiste, aujourd'huy réunie à la fabrique, et avait doté cette chapelle de trois étaux, dejà censuels au Chapitre, qu'il avait chargé de 3 livres de rente pour trois anniversaires. Il a donné en outre des vignes à Chablis, que le Chapitre a vendues 400 livres le 13 may 1669.

7. *Messire Regnault de Colombey [IIIe] doyen.*

Messire Regnault de Colombey a fondé la chapelle de Notre-Dame, aujourd'hui réunie à la fabrique. Les 40 sols de rente et 12 deniers de censives en la rue des Masqueries viennent de luy. L'ancien cartulaire, qui lui marque quatre anniversaires, porte qu'il a laissé des rentes sur différentes maisons depuis la rue des Quenouilles, en entrant par la Grande-Rue, jusque dans la rue des Buchettes, sur lesquelles étaient assis ses quatre anniversaires.

8. *Messire Jean de Sur-les-Arcs [IVe] doyen.*

Messire Jean de Sur-les-Arcs a donné en 1369 douze livres de rente qu'il avait acquises des Chartreux sur une maison rue Colas-Verdey pour la fondation de la procession dominicale ; laquelle rente se trouve restreinte aujourd'huy à 100 sols. Les prés que le Chapitre possède à Saint-Phal viennent de luy. L'ancien cartulaire lui marque un anniversaire en décembre, pour lequel il avait donné en 1369 un étail à la Poissonnerie, dont Saint-Urbain jouit encore.

9. *Messire Etienne Morce [V^e] doyen.*

Messire Etienne Morce a donné en 1377 les cinq arpens de pré que le Chapitre possède à Pont-sur-Seine, *pro suo anniversario* porte le titre. Et l'ancien cartulaire luy assigne un anniversaire assis sur ces prés.

10. *Messire Jean Hennequin [VIIe] doyen.*

L'ancien cartulaire porte que messire Jean Hennequin, doyen de Saint-Urbain, archidiacre d'Arcis, chanoine de Saint-Pierre et de Saint-Étienne, a donné 50 livres pour son anniversaire, désigné au mois d'octobre, auquel se doivent distribuer 20 sols pris sur sa maison dite de la Tartre, au Marché-à-Blé.

11. *Messire Jean Clausier [IXe] doyen.*

Messire Jean Clausier, doyen dès l'an 1451, a donné au Chapitre, par son testament du 4 novembre 1470, les héritages que le Chapitre possède encore à Rilly-Sainte-Syre et environs ; le petit gagnage de Verrières qui ne fait plus qu'un avec le grand ; le gagnage de Saint-Mesmin en commun avec Saint-Étienne ; une maison rue de l'École ; une maison Rue-Moyenne, à côté de celle du Maillet-Vert. Il n'est pas doyen qui ait fait autant de bien au Chapitre.

12. *Messire Jean Hennequin [XIIIe] doyen.*

Messire Jean Hennequin, doyen, était neveu de messire Nicolas Hennequin, onzième doyen, et frère d'Odard Hennequin, évêque de Troyes et quatorzième doyen, dont il va être parlé. On ne sait pas ce qu'il a fait pour le Chapitre ; il y a lieu de croire qu'on l'a inséré au Livre du Prosne en y mettant Mre Odard Hennequin, son frère, et peut-être à la demande de ce dernier.

13. *Messire Odard Hennequin, évêque de Troyes et [XIVe] doyen.*

Un acte du 13 juillet 1545 porte que les héritiers de Mre Odard Hennequin, évêque de Troyes et [XIVe] doyen, ont donné au Chapitre, selon la teneur de son testament, 600 livres, à charge qu'il serait inscrit au livre du Prosne, et en outre de deux anniversaires par chacun an, un pour luy et un pour son frère Mre Jean Hennequin [XIIIe] doyen. Appert par une sentence du 7 octobre 1577 que Mre Odard Hennequin a donné au Chapitre, en 1544, moitié des étaux de la boucherie dite de Saint-Marcel, aujourd'hui renfermée dans la Boucherie, qui lui venait de Mre Oudinot Hennequin, qui en avait fait l'acquisition en 1377, et dont on trouve le contrat parmy les titres primitifs des étaux de la Boucherie, cotte B.

14. *Messire Nicolas Martel [XVIIe] doyen.*

Messire Nicolas Martel, doyen, est fondateur des quatre canonicats de la chapelle Saint-Nicolas, aujourd'huy réunie à la fabrique. Il a donné 1,500 livres pour la fondation des vespres du Saint-Sacrement durant l'octave de la Fête-Dieu, par acte du 6 juin 1632. Il a laissé par son testament de l'an 1638 (cotte XXX dans la boête des fondations) une maison rue au Marché-aux-Trappans et un gagnage à Beurey, à partager par moitié avec les chanoines de la chapelle de Saint-Nicolas, à charge par le Chapitre de luy faire deux anniversaires par an. Et M⁰ʳ Claude Rougeot, chantre de Saint-Urbain, son neveu et son héritier, a compté 200 livres au Chapitre pour que le nom de son oncle fut inscrit au Livre du Prosne, par acte du 13 août 1654.

15. *Messire François Barat [XXIIe] doyen.*

Messire François Barat est mort le 18 mars 1631, et a laissé à la fabrique un bassin d'argent, une chasuble de panne noire avec orfroy de satin blanc, une chasuble de satin à fleurs avec trois bourses de pareille étoffe, dix amis, trois corporaux, deux aubes à dentelle, une unie, quatre ceintures, vingt purificatoires, un grand missel romain et un petit pour les morts; pourquoy MM. ont arrêté, par acte du 16 avril 1731, que son nom serait inscrit au Livre du Prosne.

16. *Jean Blanchet, écuyer, jadis secrétaire du roy, et Félise la Boulotte, sa femme.*

On lit à l'ancien cartulaire, au mois de mars, que M. Jean Blanchet, écuyer, jadis secrétaire du roy, a fait de grands biens au Chapitre et luy a rendu des services signalés auprès du Souverain Pontife Grégoire XI, pour la rénovation des priviléges et exemptions de l'église de Saint-Urbain [bulles des 24 janvier et 3 février 1375 [1]]; pour quoy le Chapitre, d'une voix unanime, luy avait assuré quatre messes du Saint-Esprit par an tant qu'il vivrait, qui seraient converties en quatre anniversaires à perpétuité à son décès.

17. *Jacques de la Noue, chevalier, et dame Marguerite, sa femme.*

L'ancien cartulaire, au mois de février, désigne deux anniversaires pour Mre Jacques de la Noue, chevalier, et Marguerite, sa femme, et dit que la rétribution se prendra sur la grange du Tronchet [près Rosson]. En recourant à la liasse du Tronchet, le premier titre, cotte A, porte une déclaration de Dreux, seigneur de Chappes, que, étant instruit que Jacque de la Noue étant dis-

---

[1] Dans nos *Chartes de Saint-Urbain*, p. 325-329.

posé à donner la terre du Tronchet au Chapitre de Saint-Urbain, pour ériger un autel dans l'église de Saint-Urbain, pour les bons services que MM. de Saint-Urbain luy ont rendus et lui rendaient journellement, il consent à cette donation et amortit, tant pour luy que pour ses successeurs, seigneurs, les terres du Tronchet, de manière que lesdits sieurs de Saint-Urbain puissent les tenir perpétuellement en main-morte sans nul service, c'est-à-dire sans foy et hommage. Le second titre, cotte B, est la donation faite de la terre du Tronchet par Mre Jacques de la Noue, chevalier, et Marguerite, sa femme, à l'église de Saint-Urbain [en 1332 [1]].

18. *Pierre de Verdun, Isabelle, sa sœur, et Jeanne, sa femme.*

Pierre de Verdun et Isabelle, sa sœur, ont fondé la chapelle de la Sainte-Croix à l'autel de Saint-Nicolas, avec deux chapelains pour célébrer la messe pour le remède de leurs âmes et de celle de feue Jeanne, femme de Pierre de Verdun [le 6 février 1356 [2]]. L'ancien cartulaire assigne plusieurs anniversaires à Pierre et Isabelle de Verdun et à leurs parents. Les bustes en pierre de l'un et de l'autre ont été enclavés à un des piliers de la chapelle de Saint-Luc, qui était aussi celle des deux chapelains de la Croix, conformément à la demande qu'en avait faite Pierre de Verdun par son testament, dont il existe une copie du mois de mars 1417 et qu'on trouvera dans la boëte des Fondations, sous la cotte CCC.

19. *Perrard Garnier et Julienne de Verdun, sa femme, Jacques Desry et Jaquette, sa femme.*

Perrard Garnier, mari de Juliette de Verdun, fille de Pierre de Verdun, et Jacques Desry et Jacquette, sa femme, ont donné, par acte du 10 août 1346, le grand gagnage de Verrières, à la charge de dire la messe six jours de la semaine, qu'on a appelé par la suite la messe Perrard. Et comme ce gagnage ne produisait point douze septiers de froment, à quoi Perrard Garnier et

---

[1] Dans nos *Chartes de Saint-Urbain*, p. 318.
[2] Dans nos *Chartes de Saint-Urbain*, p. 321.

Jacques Desry avaient voulu porter leurs fondations, les héritiers de Jacques Desry ont ajouté en 1395 deux septiers de froment de rente, sur une maison vis-à-vis l'église de Saint-Remy (réduits aujourd'hui à huit boisseaux), et dix boisseaux et demi, un tiers de picotin, avec 8 sols 4 deniers de rente, sur une maison rue du Temple; c'est la maison qui a pour enseigne la Pyramide. Le titre de cette dernière rente est dans la liasse qui concerne cette maison, cotte A, grande boette n° 5, et le titre des septiers est dans la boette des fondations cotte RR.

20. *Félix Le Gras et Jeanne, sa femme.*

On trouve une fondation de l'an 1362, par Félix Le Gras et son épouse, d'une messe basse tous les dimanches, à l'autel de l'Annonciation, pour laquelle ils ont donné 80 florins; Jean de Sur-les-Arcs était alors doyen. Dans la boette des fondations, sous la cotte X.

21. *Pierre et Guillaume d'Erbice.*

On lit dans l'ancien cartulaire, au mois de janvier, que Pierre d'Erbice donne deux septiers de froment de rente sur une maison au Marché-à-bled, à charge de quatre anniversaires: deux dans le chœur, pour lesquels il serait distribué à MM. vingt-quatre boisseaux; deux dans la chapelle, pour lesquels il serait distribué aux chapelains huit boisseaux. Le cartulaire porte en outre que Guillaume d'Erbice a laissé 40 sols de rente, à charge de trois anniversaires: un dans le chœur, pour lequel il serait distribué à MM. 20 sols; deux dans la chapelle, pour lesquels il serait distribué aux chapelains 20 sols. Une sentence du bailliage de Troyes, des premiers jours de février 1356, condamne les détenteurs de cette maison à acquitter ces trente-deux boisseaux de froment; mais par transaction du 28 mars 1539, elle a été transférée sur un héritage à Rouilly. Il y a une suite de reconnaissances jusqu'à ce jour pour les portions qui étaient chargées de quinze boisseaux (petite boette n° 3), et les héritages qui étaient hypothéqués des dix-sept autres boisseaux, et forment le petit gagnage de terres et prés à Menois, dont les titres sont dans la petite boette n° 7.

22. *Jacquinot Lapostolle, de Marayes.*

Je n'ai rien trouvé au cartulaire ny aux registres qui le concerne, ny parmi les titres.

23. *Maître Simon Hennequin et Gilette La Guermoise, sa femme.*

Je n'ai trouvé autre chose qui puisse y avoir rapport que la fondation faite l'an 1455, par Françoise la Guermoise, d'une messe basse tous les jours de la semaine, pour laquelle elle a donné 800 livres qui ont été employées à réparer les maisons du Chapitre. On trouvera le titre cotte FF, dans la boette des fondations.

24. *Pierre Le Breton, marguillier de cette église, et Laurence Mérille, sa femme.*

Pierre Le Breton et Laurence Mérille, sa femme, ont donné, par acte du 5 août 1493, cotte KKK dans la boette des fondations, 100 livres et 40 sols de rente pour deux anniversaires qui se célèbrent, un pour le mary, l'autre pour la femme. Ils ont donné en outre la maison, dite de l'Aventure, dans la Rue-Moienne (grande boette n° 2); trois arpents de pré à Villette, tenus aujourd'hui en ascensement, et quatre arpents de prés à Piney, qui ont été de même accensés. Le titre, cotte A dans la liasse qui concerne la maison, comprend les prés de Villette et ceux de Piney.

25. *Maître Guillaume Petit, cy-devant bénéficier de cette église, en la chapelle de Notre-Dame.*

Le cartulaire porte, au mois de janvier, à l'endroit de l'anniversaire pour le sieur Guillaume Petit, qui doit se célébrer le lendemain de la fête de saint Guillaume, que ledit sieur a donné pour fondation de la fête de saint Guillaume, et de son anniversaire le lendemain, une somme emploiée à bâtir à neuf une maison attenant à l'église; plus un tiers dans toute sa succession, dont partie a été emploiée à faire l'aigle, la statue de saint Urbain au-dessus du maître-autel, des colonnes du même métail dans le sanctuaire, et le reste à réparer différentes maisons du Chapitre. Le cartulaire ajoute que l'exécuteur du testament du sieur Petit a fait don, en outre, de 132 l. Je n'ai trouvé aucun titre et les registres qui dattent de 1509 n'en font point mention. Ce qui prouve que M. Guillaume Petit est antérieur.

26. *Messire Guillaume Créteau, trésorier et chanoine de Saint-Urbain.*

Le cartulaire place l'anniversaire de M. Guillaume Créteau, trésorier, au mois de janvier, comme il se célèbre encore aujourd'huy. Il dit que pour asseoir cet anniversaire M. Guillaume Créteau a donné sa maison, Grande-Rue, qui était dans la censive du Chapitre ; et en outre des burettes et bassin d'argent.

27. *Messires Jean Marchand et Jean Grippel, chanoines de Saint-Urbain.*

Mre Jean Marchand, chanoine de Saint-Urbain, a donné en 1478, pour asseoir les deux anniversaires qui se font pour luy, en novembre et en décembre, moitié de cinq quartiers de prés au finage du Pont-Sainte-Marie, lieu dit les Bochots, et un quartier de pré même lieu. Et par son testament, joint à la susdite donation (qui est dans la petite boette n° 7), il a laissé au Chapitre une maison rue de la Grande-Tannerie, qui était dans la censive de Saint-Urbain; et la seigneurie du Tronchet, dont le Chapitre possédait déjà les biens fonds, par donation de Mre Jacques de La Noüe, cité plus haut. (Voir n° 17.)

On trouvera dans la boette des fondations un acte devant notaire, du 23 mars 1526, cotte NNN, par lequel Mre Jean Grippel, chanoine de Saint-Urbain, a donné 10 livres de rente sur héritages à la Celle-sous-Chantemerle, à la charge d'un *Gaude* la veille de l'Annonciation, avec anniversaire le lendemain; et un autre acte de l'an 1528 annonce que le Chapitre a vendu cette rente moiennant 200 livres. C'est ce qui se trouve de relatif à Mre Jean Grippel.

28. *Messire Nicolas Bertrand, trésorier et chanoine de cette église.*

Mre Nicolas Bertrand, trésorier, a donné, par acte du 19 décembre 1650, 300 l. pour la fondation du *Sacrosanctæ* qui se récite à la fin des laudes, de sexte et complies. Il a donné 700 livres pour la fondation de deux *Gaude* le jour de la Saint-Nicolas et le jour de saint Urbain, par acte du 22 septembre 1659; et ses héritiers ont donné, par acte du 6 mai 1673, 150 l. pour que son nom fût inscrit au Livre du Prosne. Il a donné en outre 200 l. pour un anniversaire le lendemain de la Saint-Nicolas et un anniversaire le lendemain de la Saint-Urbain.

29. *Messire Pierre Chevallier, aussy trésorier et chanoine de cette église.*

Messire Pierre Chevallier, trésorier, décédé le 22 août 1695, a donné 2,000 livres pour la fondation d'un anniversaire avec vigiles, et des vespres du Saint-Sacrement le lundy de la Pentecoste, le jour de saint Pierre et le jour de sainte Anne, par acte du 23 juin 1694 (cotte HHHH dans la boette des fondations). Il a laissé par son testament, on le voit au registre à la date du 13 juin 1695, la maison qu'il occupait Rue-Moienne vis-à-vis Saint-Urbain, à charge d'une messe basse par semaine. Enfin il a donné son argenterie, sa tapisserie de verdure et tout son linge d'église, sous condition que son nom serait inséré au Livre du Prosne. On voit au registre, au 22 août 1695, 19 et 30 octobre 1695, que l'argenterie, la tapisserie de verdure et autres effets ont été vendus 339 l. 10 s.

30. *Messire Gabriel Bourgeois, chantre et chanoine de Saint-Urbain.*

Messire Gabriel Bourgeois, chantre de Saint-Urbain, a fait remise au Chapitre de 8,000 livres, que le Chapitre lui devait, à charge d'une messe basse quotidienne ; de célébrer la fête des saints Anges Gardiens le 2 octobre comme fête annuelle ; de deux anniversaires, l'un sans vigiles le lendemain de la fête des saints Anges Gardiens, l'autre avec vigiles au jour de son décès (qui est au mois d'octobre); et que son nom serait inséré au Livre du Prosne. On trouvera le titre du 16 avril 1714, cotte LLLL dans la boette des fondations.

31. *Messire Edme Evrat, chanoine de cette église.*

Messire Edme Evrat, chanoine de Saint-Urbain, a donné au Chapitre, par acte du 29 août 1614, 1,200 livres pour la fondation de la fête de saint Edme, comme fête double, à orgue, avec anniversaire le lendemain ; et d'un *Gaude* le jour de la Nativité avec anniversaire le lendemain. Il a donné en outre, par acte du 1ᵉʳ décembre 1722, son calice avec les burettes d'argent, deux chasubles vertes à fleurs, trois aubes à dentelle et trois ceintures, cinq amys, quatre coeffes de calice, sept tours d'étoles, douze purificatoires, six essuies-mains, quatre corporaux, deux palles, quatre coussins, un missel, un canon; pour quoy messieurs ont arrêté que son nom serait inséré au Livre du Prosne. Il est mort le 19 août 1727, et a été enterré sous sa tombe vis-à-vis la chapelle Saint-Luc.

32. *M. Jean-Baptiste Legrin, conseiller en l'Hôtel commun de cette ville, et dame Boilletot, son épouse.*

Un acte du 26 juillet 1748 porte que M. Legrin l'aîné, conseiller en la chambre de l'échevinage, donne un ornement complet de damas rouge, et de velours fond blanc, consistant les deux chappes, une chasuble, une tunique, une dalmatique, un devant d'autel, et un tapis pour couvrir l'autel, pour quoy Messieurs ont arrêté de le mettre, ainsi que Mᵐᵉ son épouse, au Livre du Prosne. Le Chapitre lui a fait un service à son décès, arrivé le 29 septembre 1727, ainsy qu'à Mᵐᵉ son épouse, décédée le 12 juin 1750.

II. — Extrait des lames ou plaques attachées aux murs dans l'église de Saint-Urbain.

[Nous donnons cet extrait tel qu'il se lit dans le registre des Inventaires de la collégiale, p. 222.]

Plaques à côté de la porte du nord (Grande-Rue.)

1. La grande plaque fait mention que :

Par acte du 12 aoust 1684, Jean Chemery, bourgeois de Troyes, a fondé la fête de la Sainte-Couronne d'épines, avec sermon, et anniversaire le lendemain pour ledit Chemery, lequel a donné pour ce la somme de neuf cents livres. (Voir cotte FFFF, p. 218.)

2. La moyenne plaque au dessous, à droite, fait mention que :

M. Jean-Jacques Nivelle, chanoine de Saint-Urbain, a

fondé la fête de la Sainte-Trinité, avec exposition du Saint-Sacrement à la messe, à vespres et complies, avec anniversaire le lendemain; plus, le jour de la Toussaint, les litanies de tous les Saints après la messe, et après complies *Miserere* avec *Libera*; et encore *Miserere* et *Libera* le 29 septembre, jour de saint Michel; pour quoy il a donné neuf cents livres, par acte accepté le 17 février 1669. (Voir cotte BBBB, p. 217.)

3. La moyenne plaque, au-dessous, à gauche, fait mention que :

M. Remy Pothier, chanoine de Saint-Urbain, a fondé la fête de la Présentation de Notre-Dame, et pour ce a donné 600 livres; plus la fête du Saint Nom de Jésus le premier dimanche d'aoust, avec exposition du Saint-Sacrement depuis matines jusqu'à complies et ensuite des complies le *Libera*. Pour ce il a donné 600 livres, par acte du 4 septembre 1651, devant Pierre Morangis, notaire. (*Nota* qu'on ne trouve aucune expédition de cet acte.)

La même plaque porte que Anne Pothier, nièce du susdit, a fondé deux prédications, l'une le dimanche qui précède la Saint-Urbain, l'autre le jour et fête du Saint Nom de Jésus; un *Gaude* à l'issue des complies, du jour de la Présentation, et un anniversaire le lendemain; un anniversaire le jour de la fête du Saint Nom de Jésus, et un troisième le 27 décembre, jour du décès de son fils. Pour ce elle a donné 1,300 livres par contrat du 9 juillet 1663, devant Cligny. (Voir cotte AAAA, p. 216.)

Plaques à côté des grandes portes du midi (Rue-Moyenne.)

4. La grande plaque, à gauche, en entrant, fait mention que :

M. Nicolas de Beaumont, chanoine de Saint-Urbain, a fondé les litanies du Saint Nom de Jésus le jour de la Circoncision; les litanies de la Sainte-Vierge à toutes les fêtes de la Sainte-Vierge; plus la prière du vendredy et du samedy après sexte, et pour ce a donné 900 livres, par actes du 9 janvier 1652, du 14 aoust 1655 et du 16 septembre 1658. (Voir cotte ZZZ, p. 215.)

5. La moyenne plaque, au-dessous, fait mention que :

M. Jean Desrat, chanoine de Saint-Urbain, a fondé le jour l'Assomption, pour être chanté à sept heures du soir, un *Gaude* avec *Inviolata* et *Libera*, au milieu de la nef ; pour quoy il a donné 300 livres par acte du 7 novembre 1658. (*Nota* qu'on ne trouve aucun titre de cette fondation.

6. La moyenne plaque, en suivant, porte que :

M. Dumoncel, vicaire de Saint-Urbain, a fondé les heures de la Croix le dimanche de la Passion et le dimanche des Rameaux, pour être dites par les vicaires et les enfants de chœur devant l'autel de l'Annonciation, et le lendemain un anniversaire. Plus un anniversaire le 17 aoust et un autre le lundy d'après l'Exaltation de la sainte Croix ; pour quoy il a laissé au Chapitre de quoy païer par l'officier 10 livres par an. (*Nota* que cette plaque ne porte point de date et qu'on ne trouve aucun titre de cette fondation.

7. La grande plaque, à droite, en entrant, porte que :

M. Jean Bompas, et Jeanne Saulnier, son épouse, ont fondé par chacun an, le premier dimanche de chaque mois, et le jour de la Sainte-Trinité, une messe haute avec diacre et sous-diacre, par les vicaires, avec *Salve* et collecte ; pourquoy il a été donné 300 livres avec une chasuble et deux tuniques de damas violet, trois aubes, trois amys, trois nappes, un calice et deux burettes d'étain, deux chandelliers de cuivre et un gros coffre pour mettre les ornemens, par acte du 15 mars 1562. (*Nota* qu'on ne trouve aucun titre de cette fondation.)

8. La moyenne plaque, au-dessus, porte que :

M. Pierre Maillot, chanoine de Saint-Urbain, a fondé le *Stabat*, pour être chanté à l'image de Notre-Dame-de-Pitié le vendredy saint ; pour quoy il a donné 200 livres, et 10 livres pour la fabrique, par acte devant Cligny, du 17 novembre 1662 ; il a donné en outre à la confrérie du Saint-Sacrement 20 livres pour être célébrée à perpétuité une messe basse à son intention le dimanche de l'octave du Saint-Sacrement. (*Nota* qu'on ne trouve aucun titre de cette fondation.)

9. La moyenne plaque, en suivant, porte que :

M. Louis Cuverdot, notaire, a fondé vingt-deux messes basses par an, à huit heures, sçavoir : cinq le 19 décembre, jour du décès dudit sieur, cinq le lendemain, une messe chacune des principales fêtes de la Sainte Vierge, la Purification, l'Annonciation, l'Assomption, la Nativité, la Présentation, la Conception, une le jour de Notre-Dame-de-Pitié, une le jour de sainte Magdelaine, une le jour des Trépassés et trois le 7 juin, jour du décès de son épouse; pourquoi il a donné 30 livres de rente sur différentes maisons, par contrat devant Devesle et Bourgeois du 1er mars 1723. (Voir dans la boëte de la fabrique, lias. n° 6.)

Plaques au côté des grandes portes (portail principal.)

10. La grande plaque, à droite en entrant, fait mention que :

M. Odard Hennequin, doïen de Saint-Urbain, a fondé par chaque jour de l'année une messe basse pour être dite après l'épitre de la grand'messe, en outre un anniversaire au jour de son décès; pourquoy il a donné plusieurs biens et héritages, comme il appert par lettres du dernier jour de may 1499. (Voir cotte LLL, p. 213.)

11. La moyenne plaque, au-dessous, porte que :

M. Nicolas Bertrand, trésorier, a fondé la prière *Sacrosanctæ* à la fin des trois grands offices, avec deux *Gaude* et *Libera*, le jour de saint Urbain et le jour de saint Nicolas d'hiver, avec anniversaire le lendemain des dites fêtes, par contrat passé le 6 septembre 1659. (Voir cotte TTT, p. 216.)

12. La moyenne plaque, en suivant, porte que :

M. Pierre Chevallier, a fondé, moyennant 2,250 livres, les vêpres du Saint-Sacrement, les jours et fêtes du lundy de la Pentecoste, de saint Pierre et de sainte Anne, à l'issue desquelles se dira un *Libera*, en outre un anniversaire au jour le plus prochain de son décès. De plus, une messe basse tous les lundys de l'année, à l'autel de la sainte Vierge, et encore une messe basse tous les premiers lundys du mois à l'autel de Saint-Pierre et de

Saint-Paul, par acte capitulaire du 30 juin 1695. (Voir cotte HHHH, p 225.)

13. La grande plaque, à gauche, en entrant, porte que :

M. Lardot, marchand, et Nicole Bonnerat, sa femme, demeurant à Troyes, ont fondé pour être dits par les vicaires, un anniversaire avec vigiles, ensuite *Libera* et collectes; pourquoy ils ont donné trente-trois écus sols un tiers, par contrat du 3 novembre 1579, devant Jean Hermand. (*Nota* qu'il ne se trouve aucun titre de cette fondation.)

14. La moyenne plaque, au-dessous, porte que :

M. Claude Prévostat, chanoine de la cathédrale, et auparavant chanoine de Saint-Urbain, a fondé un anniversaire, au 13 may, pour Élie Prévostat, son frère, pour lequel il a donné 300 livres, par contrat devant Coulon et Thevignon, du 19 mars 1640. (Voir au 19 mars 1640 du registre des délibérations.)

15. La moyenne plaque, en suivant, porte que :

M. Gabriel Bourgeois, chantre de cette église, a fondé, le 16 avril 1714, une messe basse quotidienne à l'autel Sainte-Anne, en été à sept heures, en hiver à sept heures et demie, laquelle doit être tintée par douze coups de la grosse cloche, et ensuite sonnée à l'ordinaire; plus la fête de l'Ange Gardien, le 2 octobre, avec procession et même cérémonie qu'au jour de Pâques, carillon à midy, la veille, avec le bon soir, et carillon durant le *Te Deum* à matines; anniversaire le lendemain, sans vigiles; autre anniversaire le 16 décembre, la représentation sur la cave et le *Libera* ensuite; pour quoy il a donné la somme de 8,000 livres, en contrats délivrés au Chapitre par les héritiers et exécuteurs du sieur Bourgeois. (Voir cotte LLLL, p. 220.)

III. — Extraits de testaments. — Inscriptions tumulaires.

[Les inscriptions tumulaires, à moins d'indications contraires, sont tirées de l'église de Saint-Urbain. Nous avons relevé les inscriptions de Saint-Urbain en 1860.

M. l'abbé Méchin, en 1876, a fait le même travail, qui a été inséré dans les *Mémoires de la Société Académique de l'Aube* (t. XLIII, 1879). Nous donnons la lecture qui nous a paru la meilleure après avoir revu nous-même ces inscriptions, dont plusieurs sont gravement endommagées.]

1. *Fondation de la chapelle des Quatre-Saints, par Gui du Bois, en 1371.*

Gui du Bois, trésorier de Saint-Urbain et en même temps chanoine de Saint-Étienne, a fondé dans l'église de Saint-Urbain la chapelle en l'honneur des saints Laurent, Marc, Sulpice et Antoine, dite chapelle des Quatre-Saints. Gui du Bois a donné à cette fin : 18 livres de rente sur deux frêtes de maisons en la rue de la Saveterie, dont une était de la censive de Saint-Urbain et l'autre de franc aleu; 100 sols de rente sur une maison en la rue Surgale, de la censive de Saint-Étienne; une maison en la Grande-Rue, bâtie à neuf; 50 écus d'or pour être employés en achat d'héritages. Le tout à la charge de six messes par semaine en la dite chapelle et de quatre messes hautes aux fêtes de saint Laurent, de saint Marc, de saint Sulpice et de saint Antoine. (*Registre des Inventaires de Saint-Urbain*, p. 206.)

2. *Extrait du testament de M. Jean Clausier, prêtre, chanoine et doyen de Saint-Urbain et en même temps chanoine et sous-chantre de Saint-Étienne, le 4 novembre 1470.*

Par ce testament, entre autres legs qu'il fait à nombre d'églises, Jean Closier laisse à la fabrique de Saint-Urbain tous les héritages qu'il possède à Sainte-Syre, Rilly et environs, et une maison à Troyes en la rue de la Grande-École, tenant à l'héritage de Foissy, moiennant et pour quoy la fabrique sera tenue par chacun an de payer deux sols six deniers au curé de Saint-Savinien pour dire et célébrer par chacun an un anniversaire audit Saint-Savinien;

Item fait remise au chapitre de Saint-Urbain de tout l'argent qu'il peut luy avoir prêté, ou avoir avancé pour luy à quelque somme que cela puisse monter;

• Item laisse audit Chapitre cinq quartiers de vignes, assis à Machy, en la coste de Montenant, tenant à la plante dudit chapitre ;

Item sur un septier de froment à prendre chacun an sur tous ses héritages assis au finage de Verrières, porte le testament que ce septier de froment sera distribué aux pauvres, le grand-jeudy, avec un demy-muid de vin, deux deniers tournois et une écuelle de fèves ;

Item laisse deux petits frêtes de maison devant les Lisses de Notre-Dame ;

Item veut qu'il soit fait par ses héritiers une maison neuve, au bout du freste de la Grande-Rue, appartenant à l'église de Saint-Urbain, et veut que la maison conduise jusqu'au pillier et arc-boutant du portail de ladite église, et que cette maison soit faite le plus profitablement que se pourra envers ledit chapitre ;

Item et moiennant lesdits legs, le sieur Closier veut être écrit au livre de ladite église qu'on appelle la Règle : *Messire Jean Closier, neuvième doien de cette église, qui a fait plusieurs biens et grandes fondations en ladite église;*

Item et moiennant aussi lesdits legs, veut qu'il soit perpétuellement célébré au jour de son trépas un pareil anniversaire que pour le cardinal Ancher, et qu'il soit fait à chacun la même distribution qu'au service dudit cardinal ;

Laisse mondit sieur Closier aux chapelains de Notre-Dame vingt sols de rente à prendre sur la maison léguée ci-dessus, vis-à-vis les Lisses de Notre-Dame, à la charge de deux anniversaires par an ;

Et il lègue aux vicaires de Saint-Urbain et aux vicaires de Saint-Étienne trois septiers de froment à prendre sur son gagnage de Saint-Mesmin, à la charge de célébrer chacun an, chacun dans leur église, un anniversaire.

Ce testament porte la date du 4 novembre 1470 et le *vidimus* de l'official y est joint. (*Registre des Inventaires de Saint-Urbain*, p. 211.)

3. *Fondation de la messe qui se dit après ou pendant l'épître de la grand'messe, par M. Odard Hennequin, doïen de Saint-Urbain, février 1497.*

Odard Hennequin laisse pour cette fondation :

1° La moitié d'une pièce de pré, contenant deux arpents ou environ, au finage de Barberey-aux-Moines, lieu dit la Fosse-l'Évêque ;

2° Une maison au Pont-Sainte-Marie, près le presbytère, avec un jardin, contenant un quartier ;

3° Une pièce de pré, contenant cinq quartiers, au même finage, lieu dit les Parfonds ;

4° Une autre pièce contenant trois quartiers, audit finage et lieu ;

5° Une autre pièce de pré, au finage de Saint-Thibault-les-Isles, lieu dit le Champ-de-la-Croix ;

6° Une maison assise à Troies, près l'hôtel de la Cloche, chargée de quatre deniers tournois de censive ;

7° La somme de douze livres de rente, sur deux frêtes de maison, près la porte Croncels, chargés, l'un de neuf sols deux deniers de rente envers l'église de la Magdelaine des Deux-Eaux, et l'autre de dix-neuf deniers trois pougeoises de censive envers l'église Saint-Étienne ;

8° La somme de vingt sols de rente au jour de la Purification, sur trois arpents de terre labourable à la Rivière-de-Cors, lieu dit la Claye ;

9° Une maison, rue Saint-Pantaléon. (*Registre des Inventaires de Saint-Urbain*, p. 212.)

4. *Fondation de quatre messes par Marie-Madeleine Pérancy, en 1746.*

Marie-Madeleine Pérancy a fondé quatre messes basses à perpétuité, sçavoir, les jours de sainte Catherine, de saint Nicolas, de sainte Madeleine et de saint François. Mme Pérancy a donné 3oo livres pour cette fondation.

5. Le cardinal *Ancher* (n° 238).

ÉPITAPHE.

Qui legis Ancherum duro sub marmore claudi
Si nescis, audi, quem nece perdis herum.
Treca parit puerum, Laudanum dat sibi clerum,
Cardine Praxedis titulatur et istius edis
Defuit in se lis, largus fuit atque fidelis
Demonis a telis serva Deus hunc, cape Celis.
  Anno milleno centum bis et octuageno
  Sexto, decessit hic prima luce novembris.

(Épitaphe dans l'église de Sainte-Paxède, à Rome, sur le tombeau du cardinal, élevé de terre environ d'un mètre, en marbre blanc, semé de roses et de fleurs de lis.)

6. *Milot Berthier*, chanoine de Saint-Urbain (n° 112).

ÉPITAPHE.

Cy gist Milot Berthier, chanoine de ceste église, qui trespassa de cest siècle l'an mil trois cens sexante quinze, le XIIIe jour dou mois... Priez pour ly que Diex li face paix.

7. *Jean Bizet*, chanoine de Saint-Urbain, de Saint-Pierre et de Saint-Étienne (n° 218).

ÉPITAPHE.

Cy gist messire Jehan Bizet, de Barbonne, jadis notaire du roy nostre sire, et conseiller de la comtesse de Flandre et d'Artois, chanoine de l'église de Troyes et chantre de ceste église, lequel a fondé ceste chapelle en l'honneur dou laict de la benoiste Vierge Marie, et trespassé l'an de grâce M. CCC. LXVII, le lundi 1er jour d'avril.

(Sur le tombeau de Jean Bizet dans la chapelle Saint-Martin, à Saint-Étienne. (Arnaud, *Voyage archéol.*, p. 28.)

8. Jean *Bompas*, docteur en médecine, et Anne *Saulnier*, sa femme (n°s 31, 227).

ÉPITAPHE.

Cy gisent feux noble homme Jehan Bompas, en son vivant docteur en médecine, qui décéda le XXIIIIe jour de février M. V^c. XXIIII. et dame Anne Saulnier, sa femme, qui décéda aussi le XXIe jour d'octobre M. V^c. LXIII. Priez Dieu pour eulx.

9. *Sébastien Canis* (al. Canny), trésorier de Saint-Urbain et chanoine de Saint-Pierre, décédé le 29 avril 1591 (n° 29). Sa tombe, brisée, se trouve à Saint-Pierre, dans la cour près de la sacristie des chantres. (Voir son épitaphe dans l'*Obituaire de Saint-Pierre*, p. 114, n° 772.)

10. *Gauthier*, comte de Brienne, duc d'Athènes, seigneur de Liches, inhumé dans l'abbaye de Beaulieu (n° 493).

ÉPITAPHE.

Cy gist très-excellent prince Mgr Gauthier, duc d'Athènes, comte de Brienne, seigneur de Liche et conestable de France, qui trespassa M. CCC. LVI. en la bataille de Poitiers, quand le roi Jean fut prins.

(Courtalon, *Topographie* .., III, 435.)

11. Le cardinal *Guillaume de Bray* (n° 7.).

ÉPITAPHE.

Sit Christo gratus hic Guillelmus tumulatus,
De Brayo natus, Marci titulo decoratus

Et per te, Marce, cœli Guillelmus in arce
Quœso non parcè, Deus omnipotens, sibi parce.
Francia plange virum, mors istius tibi mirum
Defectum pariet, quia vix similis sibi fiet,
Defleat hunc mathesis, lex et decreta, poesis,
Nec non synderesis, heu mihi quam Themesis.
Bis sexcentenus binus, bis bisque vicenus
Annus erat Christi, quando mors affuit isti.
Obiit tertio kalendas maii.

(Épitaphe sur le tombeau de marbre du cardinal, à Orvieto. — Franç. Duchesne, *Histoire des cardinaux françois*, t. II, p. 205.)

12. *Adeline*, dite *Chatelaine*, de Fontvanne (n° 373).

ÉPITAPHE.

Cy gist Adeline, dite Castelaine, de Fontvenne, qui trespassa l'an M. CCC et X, le lendemain de la feste de saint Nicolas d'iver.

13. *Renaud de Colombé*, doyen de Saint-Urbain (n° 265).

ÉPITAPHE.

Ici gist messire Renaus de Columbier, jadis deyens de·céans, qui trespassa l'an de grâce M. CCC. XXXVI, le vanredi vigile de saint Andrieu. Priez pour l'ame de li que Dieu donne merci in pace.

14. *Jacques Déry*, bourgeois de Troyes (n° 204).

ÉPITAPHE.

Ci gist Jaque Déri, jadis changeur et bourgeois de Troyes, lequel...

15. Nicolas *Dorigny*, chapelain de Sainte-Croix, dans l'église de Saint-Urbain (n° 110).

ÉPITAPHE.

Cy gyst Nicolas Dorigny, prestre, bénéficier à l'autel Sainte-Croix en ceste église, qui trespassa l'an de grâce M. CCC. IIII^{xx}. Priez Dieu pour l'ame de ly. Amen.

16. *Guy du Bois*, chanoine et trésorier de Saint-Urbain (n° 71).

ÉPITAPHE.

Hic jacet dominus Guido de Bosco, hujus ecclesie canonicus et thesaurarius, ac ecclesie Sancti Stephani Trecensis canonicus, qui obiit anno Domini M. CCC. LXXI, die nona mensis martii. Anima ejus requiescat in pace. Amen.

17. *Simon Hennequin* et *Léonarde Gornot*, sa femme (n°s 139, 254).

ÉPITAPHE.

Cy gisent feus noble homme Symon Hennequin, mareglier de l'église de céans, et damoiselle Liénart Gornot, sa femme, avec deux *de leurs enfans, laquelle trespassa le XX*^{e} *jour de juin M. V*^{c}*. XVII, et le dit Hennequin trespassa le XVIII novembre M. V*^{c}*. XIX. Priez Dieu pour eulx.*

18. Pierre d'Herbisse, bourgeois de Troyes (n° 482).

ÉPITAPHE.

Cy git Pierre d'Erbice, jadis bourgeois de Troys, qui trespassa l'an M. CCC. XLVIII, le lundi avant Nouel. Priez pour s'ame.

19. Jaquette, femme de Robert d'Amance (n° 216).

ÉPITAPHE.

Cy gist Jacote, jadis femme Robert d'Amance, borjois de Troyes, et marreglier de ceste église, laquelle trespassa le IXe *jour du moys d'octobre l'an de grâce Mil CCC. IIII*^{xx}*. Diex ait merci de l'âme d'elle.* Amen.

20. Jacquinot, Margot et Jean Terrible (n° 159).

ÉPITAPHE.

Cy gist Jacquinaus li Becgue, cordouaniers, qui trespassa l'an mil [....] et Margot, sa femme, qui trespassa l'an mil [....]

Cy gist Johannes Terrible, fils de ladite Margot, qui trespassa en l'an mil CCC. L et II, le mercredi jour de feste saint Perc en aoust. Priez por li.

21. Jehanne, femme de Perron Lannemat. (n° 115).

ÉPITAPHE.

Ci gist Jehanne, jadis femme de feu Pierron Lannemat, qui trespassa le XXIIIe *jour de may mil CCCC et IIII. Priez à Dieu pour elle.*

22. Jacques Juliot, sculpteur (n° 247).

ÉPITAPHE.

Cy gist noble homme Jacque Juliot, maistre sculpteur et mariglier de céans, lequel a donné la table du grand hostel. Il décéda le XIIe *jour de novembre 1575. Priez Dieu pour les trespassez.*

23. Marguerite la Caillate, de Gelannes (n° 258).

ÉPITAPHE.

Ci gist feu Marguerite la Caillate, de Gélennes, jadis cousine du quart (lisez : 5e*) déan de ceste église, laquelle trespassa l'an de grâce M. CCCC. et XI, le XXI*^{e} *jour de novembre. Priez pour elle que Dieu en ait l'ame.* Amen.

24. Pierre Le Breton et Laurence Mérille, sa femme (n°^{s} 97, 267).

ÉPITAPHE.

Cy-dessouz gisent Pierre le Breton, à son vivant notaire des foires et marreguier de cette esglise, qui trespassa le troisième jour de décembre l'an mil CCCC. IIII^{xx} *et XII ; et Laurette Mérille, sa femme, laquelle trespassa le XIIII*^{e} *jour d'april l'an mil CCCC IIII*^{xx} *et XVII. Priez Dieu que pardon leurs face.*

25. *Félix Le Gras*, de Chauchigny, et *Jeanne*, sa femme (n°ˢ 194, 226).
ÉPITAPHE.

Cy gisent Felis li Gras, de Chauchigny, borjois de Trois et Jehanne, sa femme. Liquel Félis trespassa l'an de grâce mil CCC IIII^{xx} et XVIII et la dite Jehanne l'an de grâce M. CCC. LXXIIII. Les quelz ont fondé en ceste église la messe que l'on chante le dimanche à ce présent autel de l'Annonciation ; à laquelle messe doit tous les dimanches Chapitre de séans huict pains de provande à huict vicaires. Priez pour eulx.

26. *Robert de Mante*, grand pannetier de France (n° 262).
ÉPITAPHE.

Cy gist noble et puissant seigneur M^{sr} Robert de Mante, escuyer, conseiller et chambellan du Roi nostre Sire, et de Mgr de Bourgogne, et grand pannetier de France, qui trespassa le vendredy XXIIe jour de may mil CCCC. LXIIII. Priez Dieu pour l'ame de luy.

(Cette inscription était dans l'église collégialle de Saint-Étienne. — Arnaud, *Voyage archéol.*, p. 29.)

27. *Jean Mauléry* et *Jacquette de Sur-les-Arcs*, sa femme (n°ˢ 98, 138).
ÉPITAPHE.

Icy gist Jehan Maulery, jadis bourgois de Troyes et notaire des foires de Champagne et de Brie, qui trespassa l'an de grâce mil CCC. LX. le XVIe jour du moys de juing. Priez pour l'ame de li.

Icy gist Jaquette de Surs les Ars, jadis bourgeoise de Troyes et femme de feu Jehan Mauléry, la quelle trespassa l'an de grâce mil CCC. IIII^{xx} et IIII. le XIIIe jour d'avril.

28. *Nicolas de Metz-Robert*, chapelain de Sainte-Croix dans l'église de Saint-Urbain (n° 183).
ÉPITAPHE.

Cy gist messire Nicole de Mes Robert, prestre, jadis bénéficier à l'autel Sainte-Croix en ceste église, lequel trespassa le XXVIIIe jour d'aoust l'an de grâce M. CCC. IIII^{xx} XII. Priez Dieu pour l'âme de ly. Amen.

29. *Étienne Morce*, doyen de Saint-Urbain (n° 251).
ÉPITAPHE.

Cy gist feu messire Estienne Morce, jadis quart déan [lisez : 5e] de ceste église, et chanoine de Saint-Estienne de Troyes, qui trespassa l'an de grâce mil CCC. IIII^{xx} et XVI, le XVIIe jour de novembre. Priez pour luy que Dieux en ait l'ame. Amen.

30. *Jean Truchot*, prévôt de Montier-la-Celle (n° 232).
ÉPITAPHE.

Cy gist noble et religieuse personne frère Jehan Truchot, natif de Troyes, en son vivant religieux profès et prévost de ceste église, *prieur de Celle-sous-Chantemerle et de Plancy, lequel trespassa le XXVIII° jour d'octobre l'an mil cinq cens et quatorze. Priez Dieu pour luy.* Requiescat in pace.

(Arnaud, *Voyage archéol.*, p. 15.)

31. Le pape *Urbain IV* (211).

Il mourut le jeudi 4 octobre 1264 à Pérouse et fut inhumé dans l'église cathédrale dédiée à saint Laurent. Son épitaphe fut composée par saint Thomas d'Aquin. « Et fut mise sur sa tombe une épitaphe qui est écrite à la fin d'un légendaire in-4° en parchemin des leçons de l'octave de la Fête-Dieu, qui est gardé dans le Chapitre de cette église, au-dessus de laquelle épitaphe est écrit en lettres rouges et gothiques ce qui suit :

» Hi sunt versus scripti supra sepulchrum domini Urbani, pape, nati de civitate Trecensi, versificati per fratrem Thomam de Aquina, de ordine Predicatorum, qui etiam frater compilavit officium sacramenti Corporis Xpisti de mandato dicti domini pape :

    Archilevita fui, Pastorque gregis, Patriarcha,
    Tunc Jacobus; posui michi nomen ab urbe Monarcha,
    Tunc cinis exivi, tumuli condor in archa.
    Te sine fine frui tribuas michi summe Hierarcha. »

(Voir nos *Chartes de la collégiale de Saint-Urbain.* Introduction, LXXVI.)

M. l'abbé Coffinet, doyen du Chapitre de Troyes, a donné la description du tombeau d'Urbain IV, tel qu'il a été restauré dans les temps modernes. (*Recherches histor. et archéolog. sur les restes mortels d'Urbain IV.*)

4. OBITUAIRE DE SAINT-LOUP.

[Nous avons cru devoir modifier légèrement l'ordre annoncé dans notre *Avertissement*, p. 11, relativement aux matières qui constituent l'Obituaire de Saint-Loup.]

§ I.

COMMENDATIO QUÆ FIEBAT SINGULIS DIEBUS DOMINICIS IN REDITU PROCESSIONIS IN CHORO, COMMUNI LINGUA.

[Cette formule est tirée « Ex veteribus Sancti Lupi

Trecensis ritualibus » dans Cousinet, *Thesaurus antiquitatum Sancti Lupi Trecensis*, t. III, p. 72, ms. n° 2283, à la Bibliothèque de Troyes.]

1. Dites *Pater noster*. Paiz que Dex la nos doint ce por les bienfaiteurs de l'église de ceians et por tos ces qui sont alé au service Deu an Ih̄r̄lem et qui fins i sunt.

2. Por l'amor de nostre Seignor dites *Pater noster* por l'ame l'abé Guitier et por l'ame l'abé Droon [*addition :* et pour l'ame de l'abé Jehan Persin] et por les ames a tos ces qui ont été abés de céans, qui trespassés sunt, et por la mort Monseignor Garnier de Trignel qui grand bien fit à l'église de ceians : por les vis que Dex les monteplit, et à mors doint *requiem sempiternam*.

3. Dites *Pater noster* et si proiés por l'ame le roi Charlon lou Chauf qui ceste église funda ; et por l'ame lou conte Henri, lou père ; et por lou fils, qui mors fu outremer ; et por lou conte Thiébault ; et por la contesse Marie, lor mère, que Dex veraie merci lor face [une ligne est effacée dans l'ancien manuscrit] ; et por le roy et la royne qui or sunt, Diex les croisse et gart et monteplit.

4. Et pro salute vivorum et requie defunctorum. Amen. Pater noster.

§ II.

EXCERPTA EX LIBRO VETERI OBITUUM SANCTI LUPI TRECENSIS.

[Le *Liber vetus obituum* est perdu ; mais on en trouve divers extraits dans le tome III du *Thesaurus antiquitatum Sancti Lupi Trecensis* du P. Cousinet (Biblioth. de Troyes, ms. n° 2283). Nous avons réuni ces diverses citations sous le titre de *Excerpta ex Libro veteri obituum Sancti Lupi Trecensis*. L'ancien Obituaire, avec ses additions successives, s'arrêtait, inclusivement, à la mort de Pierre Andoillette, décédé le 26 septembre 1491. Beaucoup d'obits qui figurent dans le *Liber vetus* ont été retranchés dans le *Liber novus*. Les notes entre crochets, à moins d'indications contraires, sont tirées de Cousinet.]

JANUARIUS.

5. 1. Generalis commemoratio canonicorum Sancti Memmii Cathalaunensis [societas a vetustissimis temporibus inita fuit].

6. 4. Obiit Renaudus, hujus ecclesie abbas [decimus].

7. 10. Obiit Teobaudus, comes, vir christianissimus et princeps illustris [anno M. C. LII. Jacet in ecclesia de *Lagny*.]

EPITAPHIUM.

Transiit ille comes Theobaldus clarus ubique,
  Ecclesiæ matris filius, immo pater,
Magnus honore, potens armis, spectabilis ortu,
  Mente sagax, verbis lucidus, ore decens.
Exiguis parvus, tumidis ferus, asper iniquis,
  Simplicibus simplex, omnibus omnis erat.
Lætus pauperibus, monachis ægrisque parabat
  Incessanter opem, munera, templa, domos.
Hujus erat servare bonos, punire nocentes,
  Hujus erat juste vivere, justa loqui,
Omnes virtutes in eo lucere videres
  Certabantque simul mirificare virum.
Gallia nostra gemens, tanto viduata patrono,
  Sicut eo stabat stante, jacente jacet.
Ergo dies decimus jani fuit ultimus illi,
  Cui Deus est melior millibus una dies.

D. Bouquet, XII, 294 n. — Cet éloge fut composé par Simon de Capra Aurea, chanoine de Saint-Victor de Paris. Voir *Obituaire de Saint-Étienne*, n°s 12 et 549.

8. 18. Commemoratio defunctorum ordinis Cartusiensis [societas anno 1453 die tertia maii inita fuit].

9. 23. Jacobus dictus *Mucte*, sacerdos et canonicus regularis hujus loci, qui etiam hujus ecclesie pluribus annis extitit abbas.

10. 24. Obiit canonum doctor egregius Johannes *Persin*, de Virtuto, domini regis consiliarius, ecclesie presentis abbas, qui cum prudentia, plebisque gratia, per XXXVII annos hanc rexit ecclesiam bonis quamplu-

ribus habundantem, anno Domini M. CCCC. X. [Jacet in sacello Omnium Sanctorum cum hoc epitaphio :

Hic jacet venerabilis pater M. Johannes Persin, natus de Virtuto, juris canonici eximius doctor, qui hanc capellam cum multis edificiis in hac domo edificavit, diesque suos terminavit die XXIV januarii anno M. CCCC. X.] (v. st.)

11. 25. Obiit Margareta, filia Guillelmi de Villa Harduini, anno M. CC. XLII. [Jacet in ecclesia Arripatorii.]

[EPITAPHIUM.

Hic jacet Margareta, filia Guillelmi de Villa Harduini. Obiit autem anno M. CC. XLII, mense januario. — Camusat, *Promptuar.*, fol. 320 v°.]

FEBRUARIUS.

12. 1. Commemoratio defunctorum Sancti Stephani Divionensis.

13. 8. Commemoratio defunctorum Sancti Stephani Trecensis [societas anno 1440 firmata fuit].

14. 19. Commemoratio omnium canonicorum Sancti Nicolai de Pougeio tam vivorum quam mortuorum.

15. 21. Obiit anno M. CC. LIII Margareta de *Mello*, mareschalissa Campanie. [Jacet apud Arripatorium.]

[EPITAPHIUM.

Hic jacet domina Margareta de Mello, *mareschalissa Campanie. Obiit anno Domini M. CC. LIII, VIIII kal. martii.* — Camusat, *Promptuar.*, fol. 320, v°.]

MARTIUS.

16. 1. Commemoratio generalis defunctorum ordinis Fratrum Minorum [societas anno 1448 die decima martii].

17. 3. Obiit domicella Margareta de *Lisignes*, anno M. CCC. VII. [Jacet apud Arripatorium.]

[ÉPITAPHE.

Cy gist damoiselle Marguerite, jadis fille de monseigneur Erard de Lisignes, chevalier, laquelle trespassa en l'an de grâce M. CCC. VII, le tiers jour de mars. — Camusat, *Promptuar.*, fol. 320 v°.]

18. 5. Commemoratio defunctorum fratrum religiosorum Sancte Genovefe Parisiensis.

19. 7. Obiit bone memorie domnus Alardus de Savigneio, hujus ecclesie abbas.

20. 17. Obiit Henricus, comes Trecensis, monasterii Sancti Lupi benefactor, M. C. LXXX.

21. 18. Obiit pie recordationis Nicholaus de Marigniaco, hujus ecclesie abbas quatuordecimus, anno Domini M. CCC. XXV.

22. 19. Obiit Petrus de Castro Vitone, sacerdos et canonicus Sancti Martini et Sancti Lupi.

APRILIS.

23. 1. Commemoratio defunctorum Beate Marie et Beate Katerine de Insula Trecensis [societas anno 1422 die 27ª firmata fuit].

24. 9. Obiit Ondoynus, quondam abbas et canonicus regularis, abbas hujus ecclesie, qui multa bona fecit eidem ecclesie, de quo habemus annuatim XX solidos apud Sanctum Naborem.

25. 18. Obiit Johannes, canonicus Sancti Lupi prepositus [secundus, qui floruit sub Hugone Capeto].

26. 20. Obiit Philippus [II] de Triangulo, canonicus regularis hujus loci, qui etiam istius ecclesie pluribus annis extitit abbas [septimus].

27. 23. Commemoratio defunctorum Sancti Urbani Trecensis [societas anno 1448 firmata fuit].

MAIUS.

28. 5. Commemoratio defunctorum Sancti Quintini Belvacensis.

29. 6. Commemoratio defunctorum Geminorum Speusippi, Eleusippi et Meleusippi, IX lectionum [societas mense junio 1226 inita fuit].

30. 10. Commemoratio defunctorum ordinis Fratrum Predicatorum [societas anno 1450 die 17ᵃ maii inita fuit].

31. 12. Obiit Aalais, uxor Theobaudi [I], comitis Campaniæ. [Jacet sub tumba in monasterio Sancti Faronis.]

[EPITAPHIUM.

Ales Campaniæ tumulor quondam comitissa
Hic ; pars in requie michi sit sanctis repromissa.
Gaingni cum multis, hoc si cognoscere vultis,
Donavi donis amore Deique Faronis
  Orate pro me.

Toussaint du Plessis, *Hist. de l'église de Meaux*, I, 709.]

32. 19. XIV kal. junii in festo Pentecostes (anno DCCCIV) obiit Alchuinus, dierum plenus [abbas quintus et rector septimus ecclesie Sancti Lupi Trecensis. Jacet in ecclesia Sancti Martini Turonensis.]

[EPITAPHIUM.

Hic, rogo, pauxillum veniens subsiste, viator,
 Et mea scrutare pectore dicta tuo;
Ut tua deque meis agnoscas fata figuris
 Vertatur species, ut mea, sicque tua.
Quod nunc es, fueram, famosus in orbe viator
 Et quod nunc ego sum, tuque futurus eris.
Delicias mundi casto sectabar amore :
 Nunc cinis et pulvis, vermibus atque cibus.
Qua propter potius animam curare memento
 Quam carnem : quoniam hæc manet, illa perit.
Cur tibi rura paras? Quam parvo cernis in antro
 Me tenet hic requies : sic tua parva fiet.
Cur tyrio corpus inhias vestirier ostro
 Quod mox esuriens pulvere vermis edet?
Ut flores pereunt vento veniente minaci
 Sic tua namque caro, gloria tota perit.
Tu mihi redde vicem, Lector, rogo, carminis hujus,
 Et dic : da veniam, Christe, tuo famulo.
Obsecro nulla manus violet pia jura sepulchri
 Personet angelica donec ab arce tuba :
Qui jaces in tumulo, terræ de pulvere surge.
 Magnus adest judex millibus innumeris.
Alchuin nomen erat sophiam mihi semper amanti,
Pro quo funde preces mente, legens titulum.

Hic requiescit beatæ memoriæ D. Alchuinus, abbas, qui obiit in pace XIV kal. junii. Quando legeritis, o vos omnes, orate pro eo et dicite : requiem æternam donet ei Dominus. — (*Histoire littéraire de la France*, IV, p. 299.)

33. Obiit Guerricus, sacerdos et canonicus regularis hujus loci, qui fuit primus prior de Achaia.

34. Commemoratio fratris Ondoyni, quondam abbatis Beati Martini et Beati Lupi, pro qua habemus apud Sanctum Naborem XX solidos.

JUNIUS.

35. 1. Commemoratio defunctorum canonicorum ecclesie Jacenensis in Hispania [societas anno 1229 die 21ᵃ julii inita fuit].

36. 2. Obiit Johannes de Sancto Aventino, quondam abbas et canonicus regularis hujus loci, pro quo habemus XX solidos annuatim apud Sanctum Naborem, anno Domini M. CCC. IX.

37. 8. Obiit Guillelmus de *Villy*, mareschallus Campanie, anno M. CC. XLVI. [Jacet apud Arripatorium.]

[EPITAPHIUM.
Hic jacet dominus Guillermus de Villi, mareschallus Campanie.
Hic crucesignatus obiit peregre paratus,
Gaudet in celis miles bonus atque fidelis.
Obiit anno Domini M. CC. XLVI, VI id. junii. — Camusat, Promptuar., fol. 320, vᵒ.]

38. 10. Obiit Ulricus, archiepiscopus, qui composuit responsorium sancti Lupi.

39. 11. Commemoratio defunctorum ecclesie Sancte Marie de Virtuto, pro qua tenemur facere servitium defunctorum, societate firmata anno Domini 1371.

40. 13. Obiit Hugo, comes Trecensis.

41. 13. Commemoratio defunctorum ecclesie Omnium Sanctorum de Insula Cathalaunensi.

JULIUS.

42. 1. Commemoratio defunctorum canonicorum Domus Dei Comitis Trecensis [societas anno M. CCCC. LIX firmata].

189. Obitus Simonete de Insulis, sororis domini Guillermi dicti *Belette*, pro cujus anniversario quolibet anno celebrando habemus XX solidos annuatim percipiendos super quodam orto sito in villa de Fontanis.

190. Commemoratio fratris Roberti Raffardi, sacerdotis et canonici regularis hujus loci, parentum, benefactorum et amicorum suorum celebrabitur quolibet anno in perpetuum cum supradicto anniversario, quam nos promisimus in capitulo nostro generali adimplere. Anno Domini M. CCCC. XXXIX.

191. Obitus Petri de Perta, civis Trecensis, pro quo tenemur quolibet anno facere anniversarium sicut et pro Melineta, quondam jus uxore, qui nobis legavit certa arpenta prati in finagio...

192. Obitus Marie, quondam uxoris Johannis de Fontanis, que dimisit nobis XX solidos percipiendos annuatim super uno quarterio terre sito in Voesia Trecensi, pro suo et parentum et amicorum suorum anniversario quolibet anno faciendo.

193. Commemoratio fratris Petri de Ruella, sacerdotis et canonici regularis hujus loci, necnon parentum et amicorum ejus.

194. Obitus reverendissimi Everardi, sancte memorie, hujus ecclesie abbatis secundi.

NOVEMBER.

195. 1. † Obitus solemnis fr. Nicolai *Prunel*, abbatis hujus monasterii devotissimi, quem die commemorationis generalis omnium defunctorum celebrari ordinavit, nisi cum eadem commemoratio die sabbati continget, quo casu die illico sequenti celebrabitur. In quo et missa sequenti ministrabit thesaurarius ecclesie VIII cereos. Pro quo obitu et solemni Presentationis virginis Marie ab eodem sub festo duplici instituto, et officiis eodem solemni et die Visitationis exequendis, acquisivit atque tradidit ecclesie ad opus conventus quoddam pratum situm apud Lusigneium, dictum de *Saultour* sive de *Lespinasse*, de cujus

prati redditibus percipiet idem thesaurarius XXV solidos turonensium pro cera et aliis oneribus sui officii sufferendis, sicut patet latius in litteris super hoc confectis et in archivis hujus ecclesie reconditis. Actum anno M. CCCCC. XXIII [1].

196. Obitus Huguenini de Jassenis, qui dedit nobis L solidos turonensium annui redditus percipiendos quolibet anno super quamdam domum sitam juxta portam ad Caillias, pro anniversario suo quolibet anno faciendo.

197. Obitus domini Jacobi, miles de Noa, de quo, pro ejus anniversario faciendo, habemus duo arpenta prati cum uno quarterio, sita in justitia de Villeparte juxta Bertoneriam.

198. Anniversarium defuncti Adam de Blaincuria et Perrotte, ejus uxoris, necnon puerorum, amicorum, parentum et benefactorum suorum, pro quibus XL solidos turonensium annuatim percipiendos super sua hereditagia existentia in dicta villa de Blaincuria et pluribus aliis locis, et hoc mediante tenemur facere quolibet anno duo anniversaria.

199. 9. † Obitus solemnis Claudie, uxoris quondam Clementis, que legavit nobis pro anniversario suo solemniter quolibet anno faciendo XI quarteria prati sita in finagio Villepartis ; in quo quidem anniversario thesaurarius precipiet, sicut solitum est in aliis anniversariis solemnibus, quod ratificatum fuit in capitulo generali anno Domini M. D. XXXIV, et dicitur die nono novembris.

200. 13. † Anniversarium solemne pro reverendissimo domino et magistro Odardo *Hennequin*, Trecensis episcopo, et hujus monasterii abbate, qui fuit primus qui habuit in commendam. Celebratur die sancti Briccii, quo die defunctus est anno M. D. XLIV.

201. Commemoratio Johanne *la Nonne*, Girardi de Vaudis, mariti sui, suorumque parentum; pro quo

---

[1] Cet acte de fondation se trouve à la Bibliothèque de Troyes, ms 361, fol. 135 r°

habemus XX solidos super certis cameris apud *Jaillard*. Jacet inter pilliare de navi et tumbam de *Mauroy*.

202. Obitus magistri Radolphi, dicti *Cretez,* quondam canonici Sancti Stephani Trecensis, de quo habuimus X libras pro anniversario suo quolibet anno faciendo.

203. Obitus Allesii, mercenarii, de Lingonis, qui dimisit nobis XX solidos pro anniversario suo annuatim faciendo.

204. Commemoratio Johannis *Didier* et Johannete, ejus uxoris, eorumque parentum defunctorum, pro qua facienda dedit nobis dicta Johanneta pratum dictum *le prey Perrun,* situm Lusigniaco.

205. 13. Obitus Symonis Potuelli, pie recordationis, hujus ecclesie abbatis vigesimi secundi.

206. Commemoratio Johannis dicti *Boileau* et Margarete, uxoris ejus, pro quorum commemoratione habemus XX solidos super cameras sitas ante domum monasterii Celle. Jacet subtus tumbam suam que stat juxta grossum pilliare.

207. Obitus de *Gylo* de Bocello, priore Sancti Vinebaldi, sacerdotis et canonici regularis hujus loci, qui dedit nobis medietatem redditus furni de Remeyo, pro anniversario suo quolibet anno faciendo.

208. Obitus Ysambardi, pie recordationis, hujus ecclesie abbatis decimi tertii.

209. 15. † Commemoratio omnium canonicorum defunctorum hujus ecclesie. Pulsabitur omnibus campanis. Celebratur die XV° hujus mensis.

210. Obitus Galteri Baptizati et Constantie, uxoris sue, pro quibus habemus annuatim XL francos de censu, accipiendos super domos que sunt juxta Sanctum Remigium et super vineam que est in Praeria, de quo litteras habemus sigillatas officialis sigillo [mense junio M. CC. XXXIII].

211. 28. † Obitus Johannis *Coiffart,* clerici et matricularii hujus ecclesie, et Margarete, ejus uxoris, que nobis dederunt XXX libras turonensium pro anni-

versario suo quolibet anno faciendo, et celebratur XXVIII* hujus mensis novembris, quo die defunctus est dictus *Coiffart* anno M. CCCC. LXXXIV, et vixerunt in matrimonio LIX.

DECEMBER.

212. Obitus Nicolai *Bourgois* et Margarete, ejus uxoris, et parentum eorum, pro quibus conventus habet unum arpentum prati situm in finagio Lusigniaci.

213. Memoria fratris Johannis de Sancto Aventino, sancte recordationis, hujus ecclesie abbatis ; pro qua habemus XX solidos apud Sanctum Naborem.

214. † Anniversarium solemne venerabilis et discreti magistri Nicolai *Laurent,* canonici Trecensis, qui legavit nobis X libras turonensium pro dicto anniversario quolibet anno faciendo die Sancti Nicolai, aut alio die proximiori ad commoditatem.

215. Obitus domicelle Johanne de Noeis, converse hujus loci, que dedit conventui duo arpenta prati sita in finagio Ruliaci pro anniversario suo quolibet anno faciendo, quod nos bona fide promisimus adimplere.

216. † Generalis commemoratio patrum et matrum omnium canonicorum hujus ecclesie ; pulsatur cum omnibus tympanis, et celebratur cum cantu solemni.

217. Commemoratio defuncti magistri Jacobi, fisici, dicti *le Petit,* que percipitur in V arpentis prati apud Bayram.

218. 5. Obitus pie memorie domni Guiteri, hujus ecclesie abbatis tertii, qui per XLIV annos miro moderamine pacifice rexit hanc ecclesiam. In capitulo sepultus fuit.

219. 13. Obitus Milonis, felicissime recordationis, hujus ecclesie abbatis vigilantissimi et numero duodecimi.

220. 13. † Quartum anniversarium solemne pro Henrico *Dorey* et Agnete, ejus uxore, quod celebratur die sancte Lucie, virginis et martyris. Legatio seu fundatio ista pro IIII anniversariis facta fuit anno

Domini M. CCCC. LXXII. Henricus *Dorey* donavit XXX solidos turonensium supra unam domum in vico de Croncellis; item hereditagia situata *en la Planche*, in parrochiatu de *Verrières;* item XL solidos turonensium in finagio de *Censé;* item duo arpenta prati in *Escrevaulle;* item redditus supra certas vineas in parrochiatu de Lanis ad Nemus. Domus Dei pauperum percipiet in quolibet anniversario duos panes albos supra unam domum sitam in Vico Lapideo. Retribuet illis Dominus Jesus.

221. Obitus Melinete, uxoris Dominici de Vitello, que nobis contulit unam campanam, pro qua tenemur anniversarium celebrare.

222. Obitus Johannete, uxoris quondam Guillermi dicti *Brice*, que dedit nobis X libras pro anniversario suo, parentum et benefactorum suorum quolibet anno faciendo. Percipitur super domum sitam ad portam ad Caillas. M. CCCC. X.

223. Obitus magistri Droconis de Cantumerula, canonici Trecensis, qui dedit nobis XL libras bone monete pro anniversario suo quolibet anno faciendo.

224. 18. Obitus singularis et sancte recordationis magistri Nicolai *Forjot,* abbatis devotissimi hujus ecclesie, qui multa et plurima bona huic monasterio acquisivit. Qui obitus celebratur die sancti Flaviti, quo die decessit dictus *Forjot* anno Domini M. V. C. XIV. (Supplem.)

225. 22. Obitus reverendissimi Everardi, abbatis Sancti Lupi secundi. Sepultus est in choro, presente Henrico episcopo, assistentibus et condolentibus abbatibus suburbanis.

226. Obitus Jaquete, relicte defuncti magistri Johannis de Savigneyo, et filio quondam Petri *Boileo*, que legavit nobis XX solidos percipiendos super quamdam domum sitam prope *Jaillart*, pertinentem ad monachos Celle, pro anniversario quolibet anno faciendo.

227. Obitus magistri Johannis de Vendopere, qui dedit nobis X libras pro anniversario suo singulis annis faciendo, percipiendos in hereditagiis Villeparte.

§ IV.

EXTRAIT D'UN OBITUAIRE DE SAINT-LOUP ÉCRIT AU XVIIIe SIÈCLE.

[Nous avons tiré une copie de cet obituaire qui nous a été communiqué par M. A. Socard, ancien libraire à Troyes.]

JANUARIUS.

228. 8. Obiit anno 1609 Johannes de *Marisy*, grenatarius urbis Trecensis. [En l'église des Jacobins de Troyes, au milieu de la chapelle des Sœurs du Tiers-Ordre, autrement de Saint-Loup, est une assez grande tombe noire où se lit :

Dessoubz ce marbre gist attendant la résurrection Jean de Marisy, vivant escuyer, sieur du Fort, grènetier de Troyes et conseiller en la Chambre de ladite ville, qui décéda le huitième jour de janvier l'an mil six cent et neuf. — Communication faite par M. Dautremant à la Société Académique de l'Aube. — Roserot, *Les Marisy*.]

229. 10. Obiit, hac die jovis anno 1359, Johannes de Auxeio (junior), Trecensis, postea Autissiodorensis episcopus.

230. 13. Obiit, hac die jovis anno 1317, Johannes de Auxeio (senior), Trecensis episcopus. [Inhumé au pied du maître-autel de la cathédrale de Troyes. Sa tombe, en bronze, a été enlevée en 1778. — L'*Obituaire de Saint-Pierre*, p. 79. 80, n°s 644, 647, confond les deux Jean d'Auxois. L'ancien est le bienfaiteur de la cathédrale de Troyes ; le jeune a été transféré du siège de Troyes à celui d'Auxerre. L'*Obituaire de Saint-Loup* fournit les dates vraies de la mort des deux évêques.]

231. 14. Obiit anno 1640 Odardus *Colbert*, dominus de *Villacerf*. Jacet sub tumba in ecclesia Fratum Minorum.

[ÉPITAPHE.

Cy gist Odard Colbert, seigneur de Villacerf, Saint-Pouange et Turgis, Conseiller, Secrétaire du Roy, Maison et Couronne de France, lequel décéda le 14 janvier 1640, en la quatrevingtième année de son aage.

Priez Dieu pour son âme.

4. — OBITUAIRE DE SAINT-LOUP.

Arnaud, *Voyage archéol.*, p. 109. — Armoiries : D'or, à la couleuvre lampassée de gueules, posée en pal. — Roserot, n° 232.]

232. 26. Obiit anno 1613 Odardus de *Marisy*, dominus de *Cervel*. [Sa tombe est dans l'église de Saint-Léger-près-Troyes, avec cette épitaphe :

Dessoubz ce marbre gist Odard de Marisy, en son vivant escuier, sieur de Cervel et Bréviande, advocat en parlement, lieutenant au marquisat d'Isles, lequel décéda le vingt sixiesme jour de janvier mil six cens et treize. — Roserot, *Les Marisy*, p. 62.]

233. 30. Obiit Catharina de *Milly*, uxor Johannis de *Marisy*, domini de *Cervel*. [La tombe de Catherine de Milly est dans l'église de Saint-Léger-près-Troyes, avec cette épitaphe :

Cy repose, attendant la résurrection future, damoiselle Catherine de Milly, en son vivant espouse de Jean de Marisy, escuyer, seigneur de Cervel et de Bréviande, laquelle trespassa en sa maison à Troyes le XXXe jour de janvier l'an de grâce mil V^c soixante deux. Priez Dieu pour son âme. — Roserot, *Les Marisy*, p. 54.]

234. 3. Obiit anno 1556 Mammes *Barbier*, vicarius Sancti Nicetii Trecensis. [La tombe est dans l'église Saint-Nizier, avec cette épitaphe :

Cy gist venerable et discrète personne messire Mammès Barbier, prebtre, natif de Valleroy, près Fouvens, au diocèse de Langres, en son vivant vicaire de céans, quy décéda le IIIe jour de febvrier l'an M. V^c L VI. Priez Dieu pour les trespassés. J. H. S. Amen.]

FEBRUARIUS.

235. 10. Obierunt *Johannette de Marisy*, domina de *Charley-les-Sainte-Maure*, et Henricus de *Premierfait*, dominus de *Charley*, maritus Johannetæ, et *Gilot de Marisy*, pater Johannetæ, et *Simonet de Marisy*, avunculus Johannetæ.

236. 28. Obiit anno 1664 Guichardus *du Vouldy*. Jacet in ecclesia Carmelitarum. Epitaphe dans la chapelle de Notre-Dame-de-Pitié :

Cy gist le cœur de Guichard du Vouldy, conseiller et maistre d'hôtel ordinaire du Roy et secrétaire de la Maison et Couronne de France, lequel a donné cette chapelle pour être à perpétuité à sa famille, décédé le 28 février 1664.

MARTIUS.

237. 9. Obiit anno 1561 Jacobus de *Mauroy*, dominus

de *Plyvot*. Jacet in capella Sancti Nominis Jesu in ecclesia Fratrum Minorum.

238. Eadem die memoria Petri de *Mauroy*, patris ejus, dominus de *Colasverdey*; et Mariæ *Moslé*, uxoris dicti Jacobi.

239. Eadem die obiit anno 1604 frater Pantaleon *Le Roux*, eleemosinarius de *Montier-la-Celle*. [La tombe est au Musée de Troyes avec cette épitaphe :

Cy gist vénérable et discrette personne frère Panthaléon Le Roux, vivant prestre, religieux profex et aulmonier de l'abbaye de Monstier-la-Selle, qui décéda le IXe jour de mars 1604. Requiescant in in pace.]

240. 21. Obiit anno 1532 Galcherus de *Dinteville*, ballivus Trecensis. [Le cœur de Gaucher Ier de Dinteville, enfermé dans une boite de plomb, fut déposé dans l'église de Thennelières, contre le mur d'une chapelle, avec cette inscription :

† *Gaucher de Dinteville, seigneur de Polisy et de Thennelières, décédé en mars le 21 l'an 1531.* Au-dessus sont incrustés dans le marbre deux cœurs unis, marqués des initiales A et G, et au-dessous est une bonne foi avec cette inscription : *Gualtero* de Dinteville *Anna* Duplessis, *cara conjux, 1531.* Enfin, une statue de femme, en marbre blanc, de grandeur naturelle, étendue, les mains jointes, sur une table de marbre noir supportée par deux pilastres, termine le monument. Cette femme représente, comme l'indique l'inscription, Louise de Coligny, veuve de Gaucher II de Dinteville, morte le vingt-quatre août 1580.

241. 29. Obiit anno 1578 Ludovicus de *Lorraine*, qui fuit Trecensis episcopus. [Décédé à Paris et inhumé dans le chœur de l'abbaye de Saint-Victor, à gauche du maitre-autel.]

APRILIS.

242. 1. Obiit anno 1431 Johannes *Juvenel des Ursins*, dominus de *Trainel*. Jacet sub tumba in ecclesia Nostræ-Dominæ Parisiensis.

[ÉPITAPHE.

Cy gist noble homme messire Jean Juvenel des Ursins, chevalier, baron de Trainel, conseiller du Roy nostre Sire, qui trespassa à Poitiers, l'an de grâce mil quatre cent trente-un le 1er jour d'avril, jour de Pasques, et dame Michelle de Vitry, sa femme, qui trespassa à

Paris, l'an de grâce M. IIII cens LVI, le X° jour de juin. — Arnaud, *Voyage archéol.*, p. 110. — Voir ci-dessous, n° 247.]

243. 2. Obiit anno 1617 Johannes *Thévignon*, olim abbas Sancti Martini Trecensis.

[Armoiries : d'azur au chevron brisé d'argent, à deux étoiles d'or en chef et un lion de même en pointe. — Audra, *Mémoire sur le prieuré-cure de Sainte-Maure*, Bibliot. de Troyes, ms. n° 2297.]

244. 3. Obiit anno 1586 Johannes *Villain*, olim prior Sancti Martini Trecensis.

[On voit dans ses armoiries, en forme de croix, à la partie supérieure un calice, à la partie inférieure un vilna ou vilain, et à droite et à gauche les initiales J et V.]

245. 5. Obiit anno 1535 Robertus de *Chantelou*, dominus de *Baire*. Jacet sub tumba in ecclesia Fratrum Minorum.

ÉPITAPHE.

Cy gisent Robert de Chantaloe, en son vivant escuyer, seigneur de Baire, et damoiselle Katherine Dorigny, sa femme, lesquels trespassèrent, à savoir, ledict escuyer le cinquième jour d'april mil cinq cens trente cinq, et ladite damoiselle le vingt cinquième jour dudict moys M. cinq cens et trente. Priez Dieu pour les trespassés.]

(Cette tombe, en marbre noir, est maintenant au Musée de Troyes.)

246. 12. Obiit hac die 1537 Jacobus *Turqain*, canonicus ecclesiæ Trecensis. (Voir l'*Obituaire de Saint-Pierre*, p. 112, n° 765.)

247. 13. Obiit anno 1471 Michael *Juvenel des Ursins*, ballivus Trecensis. Jacet in ecclesia Fratrum Minorum.

[ÉPITAPHE.

Cy gisent noble homme Michel Juvenal des Ursains, escuyer, seigneur de la Chapelle Gauthier, de Doué en Brie et d'Armentières, conseiller du Roy notre sire et son bailly de Troyes, qui trespassa audit lieu de Troyes l'an de grâce 1470, le treizième jour d'avril, veille de Pasques; et damoiselle Yolande de Montberon, sa femme, qui trespassa... (après 1484). — Arnaud, *Voyage archéol.*, p 110. — Armoiries : Bandé d'argent et de gueules de six pièces. On trouve aussi un chef d'argent chargé d'une rose d'or de gueules, boutonnée d'or, soutenu de même. — Roserot, n° 443.]

248. 25. Obiit anno 1520 Katharina *Dorigny*, quondam uxor Roberti de *Chantelou*, domini de *Baire*. (Voir n° 245. — Armoiries : d'azur, à chandeliers

d'or accompagnés en chef d'une étoile de même. — Roserot, n° 287.)

AUGUSTUS.

249. 1. Obiit anno 1523 Petrus de *Villiers*, dominus de *Plessy-les-Chaas*. Jacet in ecclesia Fratrum Minorum.

[ÉPITAPHE.

Cy gist noble homme *Pierre de Villiers*, en son vivant seigneur de *Plaisy-les-Chas*, qui trespassa le I*er* jour d'aoust l'an de grâce mil cinq cens et *XXIII*. Priez Dieu pour son âme et tous les trespassés en disant : Requiescant in pace. — Arnaud, *Voyage archéol.*, p. 106.]

250. 5. Obiit anno 1591 Bonaventura a *Dampierre*, prior Marigniaci.

251. 9. Obiit anno 1594 dominus Edmundus *Duchat*, magister spiritualis Domus Dei Comitis, qui etiam prior claustralis extitit.

252. 18. Obiit anno 1600 dominus Ludovicus *Le Mérat*, matricularius hujus ecclesiæ.

253. 28. Obiit anno 1629 dominus Johannes *Paillot*, dominus de *Nuisement*. Jacet in ecclesia Sancti Johannis in Foro.

[ÉPITAPHE.

Hic Jacet vir nobilis, plenus dierum, *Johannes Pailliotius*, dominus de Nuisement, qui majorum satis superque conspicuus, in hoc clarior inter spectatæ virtutis viros extitit, quod suas suorumque opes et se ipsum laboribus exhauserit, ut urbem hanc et patriam, quæ longum periculosumque morbum male nominatæ unionis contagione contraxerat, regi [Henri IV] melius spirantem redderet et incolumen. Quod præcelsius animi consilium, proborumque votis et favore, ut fortiter susceperat, forebat intrepide, ita anno 1594, mense martio, introducto in urbem proconsule et regio præfecto, omnium applausu feliciter ad finem perduxit. Quod Johannes Pailliotius, filius, apud Calvimontanos de vectigalibus juridicundo regius præfectus hoc marmore magis paternæ pietatis erga regem, erga patriam amoris quam patrii nominis satis aliunde commendati memors et ut nepotibus exemplo foret testatum voluit, obiit 28 mensis augusti anno 1629, ætatis 99. Requiescat in pace. — Courtalon, *Topographie...*, II, 201].

254. 31. Obiit anno 1661 Jacobus *Hennequin*, doctor et lector Sorbonnæ. Jacet sub tumba in ecclesia Fratrum Minorum.

[ÉPITAPHE.

Cy gist vénérable et discrette personne maistre Jacques Hennequin, docteur et lecteur de la maison de Sorbonne, lequel décéda le dernier d'aout M. DC. LXI. — Arnaud, *Voyage archéol.*, p. 108.]

SEPTEMBER.

255. 4. Obiit hac die 1560 Edmundus *Simonnet*, canonicus Sancti Petri Trecensis. Jacet sub tumba in ecclesia Sancti Petri. [Sa tombe, brisée, se trouve dans la cour près de la sacristie des chantres.]

256. 6. Obiit anno 1671 Odardus *Denis*, dominus de *Pouilly*. Jacet in ecclesia Carmelitarum.

OCTOBER.

257. 3. Obiit anno 1593 dominus Stephanus *Bruchié*, prepositus hujus ecclesiæ, qui non paucis annis prior claustralis extitit.

258. 11. Obiit anno 1624 Jacobus *Loyseau*, parochus Sancti Nicetii Trecensis. [Sa tombe est dans l'église Saint-Nizier :

Cy gist vénérable et discrète personne Jacques Loyseau, prebstre, lequel ayant esté curé de ceste eglise (dès 1599) est décédé le onzième jour d'octobre 1624. Requiescat in pace. Amen.]

259. 14. Obiit anno 1607 Desiderius *Charpy*, prior de *Molins*.

260. 31. Hac die anno 1602 obiit Ludovicus *Duval*, dominus de *Fay*. Sepultus est in ecclesia Fratrum Minorum. [Il composa lui-même son épitaphe :

Cy repose et gist Louis Duval, écuyer, en son vivant seigneur haut-justicier, moyen et bas, de la terre et seigneurie de Fay, des bois de Pompée et Sainte-Colombe près Nogent-sur-Seine, lequel décéda en cette ville de Troyes le dernier jour d'octobre l'an mil six cens deux, et qui de son vivant avoit donné tous ses biens à son fils, réservant les usufruits pour luy sa vie durant. Il prie tous ceux qui liront cette mémoire de prier pour luy, et qu'ils ne fassent pas comme luy, car il s'en est fort mal trouvé. — Courtalon, *Topogr.*, II, 254.]

NOVEMBER.

261. 19. Obiit anno 1554 Nicolaus *Clément*, canonicus Sancti Petri et Sancti Stephani. Jacet sub tumba sua

in ecclesia Sancti Stephani. [Sa tombe, en marbre noir, se trouve aujourd'hui dans la cour de la maison n° 8 rue Linard-Gonthier, avec cette épitaphe :

Cy gist noble et discrète personne Me Nicole Clément, licencié ès-loix, chanoine de l'église de Saint-Pierre et de céans, qui décéda le dix-neuvième jour de novembre 1534. Priés Dieu pour lui.]

DÉCEMBER.

262. 8. Obiit anno 1536 Guillelmus *Parvi*, olim Trecensis episcopus. [Conseiller et confesseur des rois Louis XII et François Ier, c'est par ses soins que fut fondé, en 1521, le collége de Nesle, à Paris. Il fut inhumé dans le chœur de la cathédrale de Senlis, auprès du grand-autel.]

263. 11. Obiit anno 1601 Dominus Carolus *Duchat*.

264. 12. Obiit hac die 1693 Ambrosius Franciscus de *Bournonville*, dominus de *la Motte-Tilly*, sacerdos. [Ambroise-François de Bournonville, duc de Bournonville, fut pair de France, seigneur de la Motte-Tilly, ancien gouverneur de Paris. Sa femme, Lucre-Françoise de la Vieuville, étant morte le 22 janvier 1678, il entra dans l'état ecclésiastique, reçut la prêtrise et mourut en son château de la Motte-Tilly, près de Nogent-sur-Seine, le 12 décembre 1693. — P. Anselme, V, 838-C.]

265. 20. Obiit anno 1703 Elisabeth *Le Fouin*, uxor Johannis Ludovici *Marchand de Christon*, dominus de *Auzon*. [Dans l'église d'Auzon, on lit sur une même tombe l'épitaphe d'Élisabeth et celle de son fils, Jean-Louis, qui périt au combat de Chiari, dans le Milanais :

Ici gît madame Élisabeth Le Fouin, vivante épouse de feu messire Louis de Christon, chevalier, seigneur d'Auzon, Nuisement, Montaulin et autres lieux, qui est décédée le vingt de décembre mil sept cent trois, âgée de 30 ans. Requiescat in pace.

Ci gist messire Louis Marchant de Christon, chevalier, seigneur d'Auzon et du Prelay, lequel, après avoir servi le roi dès sa plus tendre jeunesse, à l'imitation de ses ancêtres, ayant été cornette, ensuite lieutenant de dragons dans le régiment d'Épinay pendant plus de vingt-deux ans, est mort dans cet emploi en bon chrestien le

30 janvier 1731, et a été inhumé sous cette tombe qui avait servi à la dame sa mère. Requiescant in pace, in nomine Domini. — Armoiries : De sable, au lion d'argent lampassé et couronné d'or tenant de la patte dextre une hache d'argent (*Caumartin*); alias : ... tenant de ses deux pattes (*d'Hozier*; — *Chevillard*), une croix haussée d'argent. — *Roserot*, n° 513.]

266. 27. Obiit anno 1594 dominus Franciscus *Gombault*.

5. OBITUAIRE DE NOTRE-DAME-AUX-NONNAINS.

§ I.

OBITUAIRE DU XIIIe SIÈCLE.

[Nous donnons le texte du manuscrit latin 9894 de la Bibliothèque nationale, avec quelques additions tirées d'un obituaire transcrit en 1770 (Ms. 2605 de la Bibliothèque de Troyes). Ces additions viendront sous cette désignation : *Ms. de Tr.*]

JANUARIUS.

1. 1. O. Luciana, monasterii Farensis abbatissa; et Gertrudis; Boscella, Deo sacrata; Adelina laica, Emelina, conversa; Eufemia, priorissa nostra; Agnes, monacha; Foucherus, laicus; Galterus, laicus, et Jacoba, uxor ejus. O. Joya, laica, domina de *Vilemorun*.

2. 2. *Octava S. Stephani.* O. Itiberia, monacha; et Guerricus, clericus; Guido. (*Ms. de Tr.* Commemoratio fratrum et sororum S. Bertini, ordinis sancti Benedicti, Homerensis diocesis.)

3. 3. *Octava S. Johannis.* O. Guerricus, clericus; et Sybilla, laica.

4. 4. *Octava SS. Innocentium.* O. Adelina, cantrix Faremonasterii; Elisabeth, conversa; et Alaidis, laica.

5. 5. O. Emelina, Deo sacrata; et Adelina conversa; Petrus, canonicus.

6. 6. *Epiphania Domini.* O. Robertus, conversus; et Fredesendis, laica; O. Emelina, Deo sacrata, quondam priorissa de villa dicta *Bassun.*

7. 7. O. Hersendis, conversa; et Helvidis de Torneella, laica; et Hilduinus, miles.

8. 8. O. Reinaudus, episcopus; Tecelina, conversa; et Odela. (*Ms. de Tr.* Philippus, rex.)

9. 9. O. Margareta et Pontia, Deo sacrate; et Petrus canonicus et sacerdos.

10. 10. *Pauli, primi heremite.* O. Itiberia, sanctimonialis; et Hauvinus, conversus.

11. 11. O. Hersendis, Deo sacrata; Maria, laica; et Berta, conversa.

12. 12. O. Hersendis, abbatissa Jotrensis; Odo Sancti Fydoli et Galterus, milites. (*Ms. de Tr.* Theobaldus, comes.)

13. 13. O. Humbertus, laicus, pro cujus anniversario Andreas, filius ejus, dimisit nobis V solidos annuatim pro pitanciis conventus; Freesendis, monacha; Maria, conversa; et Hugo *Li Jais*, miles, monachus ad succurrendum. (*Ms. de Tr.* Guichardus, episcopus.)

14. 14. *Felicis in Pincis.* O. Ida, Jotrensis abbatissa; Maria, monacha; et Hersendis, laica. (*Ms. de Tr.* Guido, episcopus.)

15. 15. *Mauri abbatis.* O. Avelina, Deo sacrata; Symon, dux Lotaringeris; Radulphus, laicus; et Emelina, laica.

16. 16. *Marcelli, pape et mart.* O. Theobaldus, scriba.

17. 17. *Speusipi, Eleusipi et Meleusipi, mart.* O. Guillelmus, sacerdos; et Eramburgis, conversa; et Jesse, clericus.

18. 18. *Prisce virg.* O. Mabilla et Havidis, laice.

19. 19. O. Maria, conversa; et Gaufridus, laicus.

20. 20. *Fabiani et Sebastiani.* O. Martinus, conversus; et Altaudus, camerarius comitis Henrici Trecensis.

21. 21. *Agnetis, virg. et mart.* O. Lancelina, Deo sa-

5. — OBITUAIRE DE NOTRE-DAME-AUX-NONNAINS. 419

crata; et Maria, conversa; et Nicholaus, sacerdos et canonicus noster.

22. 22. *Vincentii, mart.* O. Salo, canonicus; Petrus, conversus; Alpasia et Mabilla, laice; et Guiardus, monachus.

23. 23. *Emerentiane, virg. et mart.* O. Johannes, miles; Nicholaus, clericus; Margareta de Grangiis, laica.

24. 24. *Saviniani, mart.* O. Durandus; Nicholaus, conversus; et Aaliz de Chenisiaco, monacha ad succurrendum; et Isembardus, miles.

25. 25. *Conversio sancti Pauli. Prejecti, mart.* O. Johannes, miles, et Agnes, uxor ejus; et Renaudus, miles; et Richardus, conversus; Eva et Margareta, laice; Ansellus, clericus, de Floriniaco.

26. 26. O. Andreas, abbas de *Cheminon*; Elisabeth, Deo sacrata; Sybilla, laica; et Maria, familiaris nostra.

27. 27. O. Odo, monachus; Rigildis et Maria, monache.

28. 28. *Agnetis secundo.* O. Agnes, Deo sacrata; Suffisia et Odela, converse; et Joachim, monachus.

29. 29. O. Dominus Petrus de Sancto Fydolo, monachus ad succurrendum; Hildeburgis et Isenburgis, converse; et Emelina, laica; et Jacobus *Pristemouche*, laicus; Sessia, laica.

30. 30. O. Johannes de Barro, qui dedit nobis duo stalla pro remedio anime sue.

31. 31. O. Henricus, episcopus; Elisabeth, Deo sacrata; Milesendis, conversa; et Johannes, conversus; Johannes de Abrusello, conversus; Emelgardis, Deo sacrata, de Floriniaco.

FEBRUARIUS.

32. 1. *Ignacii, ep. et mart.: Brigide, virg.* O. Jacoba, laica.

33. 2. *Purificatio S. Marie.* O. Suinus, monachus.

34. 3. O. Agnes de Campo Guidonis, que dimisit nobis XVI solidos census; et Ermensendis, laica; et Guiardus, conversus.

35. 4. O. Herbertus, miles; Adelaidis, Deo sacrata; et Ascelina conversa. Ego Gertrudis, B. Marie Trecensis abbatissa, atque tocius ecclesie conventus, Joberto *Torcol*, camerario, et uxori ejus Esmerande, et filio ejus Andree, annuatim anniversarium eorum in perpetuum concedimus. (*Ms. de Tr.* Hugea, abbatissa.)

36. 5. *Agathe, virg. et mart.* O. Arnulfus, cantor; Hersendis et Agnes, Deo sacrate; Beatrix et Sibilla, laice. (*Ms. de Tr.* Carolus, rex. Commemoratio fratrum ecclesie Sancti Vindiciani in Monte Sancti Eligii, ordinis sancti Augustini.)

37. 6. *Vedasti et Amandi, episcop.* O. Itiberia, Deo sacra; Galterus, cancellarius Campanie; Guillelmus, armiger; Radulfus et Gaufridus, laici; Aalidis, abbatissa de Avenaio.

38. 7. O. Risendis, abbatissa.

39. 8. O. Guiardus, monachus.

40. 9. O. Lancelina, monacha.

41. 10. *Scolastice, virg.* O. Petronilla et Eranburgis, Deo sacrate; et Consta, monacha; Henricus, cantor B. Petri Trecensis.

42. 11. O. Belina, Deo sacrata; et Andreas, conversus.

43. 12. O. Fredeburgis, abbatissa; et Adelaidis de Capis puellula.

44. 13. (*Ms. de Tr.* O. Simon et Petrus, monachi; Maria, monacha.

45. 14. O. Nichola, abbatissa; Rocelina, Deo sacrata; Galterus, miles; Aremberga, conversa; et Jacobus, laicus.

46. 15. *Felicule et Zenonis, mart.* O. Adelina, conversa; Margareta, laica.

47. 16. *Juliane, virg. et mart.* O. Hugo, miles; Emelina, conversa; et Petrus, canonicus B. Marie Remensis.

48. 17. O. Odela et Melesendis, Deo sacrate; et Hudeburgis, conversa.

49. 18. O. Fredeburgis, Deo sacrata; David, conversus; Thomas *li Jais*, miles.

50. 19. O. Vicecomitissa Senonensis. (*Ms. de Tr.* Hermensandis, comitissa.)

51. 20. O. Hauvidis, Deo sacrata; et Petronilla domina de Fonteneto. (*Ms. de Tr.* Commemoratio monasterii Sancte Cale de Nomaxina ordinis sancti Benedicti.)

52. 21. O. Bartholomeus, Trecensis episcopus; et Margareta, Deo sacrata; et Johannes, abbas.

53. 22. *Cathedra S. Petri.* O. Adelina, conversa; Gaufridus, miles.

54. 23. O. Orricus, sacerdos et canonicus; et Guido de Pougiaco, archidiaconus Belvacensis; et Eremburgis, conversa. (*Ms. de Tr.* Adelidis, abbatissa; Symon, miles.)

55. 24. *Matthie, apli.* O. dominus Jacobus, sacerdos, et Beatrix, laica. (*Ms. de Tr.* Johanna, abbatissa.)

56. 25. O. Adelaidis et Elvidis, Deo sacrate; et Thomas, sacerdos et canonicus; et Elisabeth, laica.

57. 26. O. Elisabeth, laica, qui dedit nobis IIII solidos annuatim pro anniversario suo et viri sui faciendo.

58. 27. O. Maria, Deo sacrata; et Lambertus, conversus; Elisabeth et Gela, laice.

59. 28. O. Emelina, Deo sacrata; Agnes, laica; et Guillelmus, conversus.

MARCIUS.

60. 1. *Albini, ep.* O. Galcherus, sacerdos et canonicus; Milotus, armiger, de Aesyo.

61. 2. O. Harduinus, episcopus; et Gela, Deo sacrata; et Guillelmus, miles; Hugo, canonicus. (*Ms. de Tr.* Commemoratio fratrum et sororum beati Benedicti Origniaci ecclesie.

62. 3. O. Luca, Deo sacrata; Johannes, laicus; et Garnerus, famulus noster.

63. 4. O. Maria, comitissa Campanie, filia regis Ludovici Francorum; Gaufridus, monachus; et Nicholaus de Meisseio, laicus.

64. 5. O. Marsilia, Beate Marie Suessionis abbatissa; Luca, Deo sacrata; Gaudinus, conversus; Hersendis, conversus; Burdinus et Milo, monachi; Guido, miles.

65. 6. O. Lancelina, monacha; Helvidis, conversa; Elisabeth Pharemonasterii Deo sacrata; et Herbertus, conversus.

66. 7. O. Manasses, episcopus.

67. 8. O. Ferricus, monachus; Ascelina, monacha; Hugo, conversus; et Johannes, laicus.

68. 9. O. Macelina, monacha.

69. 10. O. Goda, vicecomitissa.

70. 11. O. Agano de *Saron,* miles; et Galterus, laicus.

71. 12. *Gregorii, pp.* O. Blancha, comitissa Trecensis palatina; Xpistiana et Helvidis, de Avenaio Deo sacrate; Garnerus, canonicus; Savina, monacha; Robertus, laicus; et Hildeburgis, laica.

72. 13. O. Beatrix, Deo sacrata; Oda et Cicilia, converse; Gaufridus et Tecclina, uxor ejus, conversi.

73. 14. O. Aremberga, monacha. (*Ms. de Tr.* Commeratio fratrum et sororum B. Marie Nivernensis.)

74. 15. Commemoratio fratrum et sororum Saline Vallis. O. Felicius, conversus noster ad succurrendum.

75. 16. O. Illustrissimus Henricus, comes palatinus; Hersendis, abbatissa; et Johannes de Castro, miles. (*Ms. de Tr.* Nicholaus, cancellarius. Maria, abbatissa. L'an 1699 est décédée madame Louise Le Pelletier, notre abbesse.)

76. 17. O. Emelina, monacha; Agnes et Felicia, laice.

77. 18. O. Petrus, abbas; et Maria, conversa.

78. 19. Sybilla, Deo sacrata.

79. 20. O. Maria, monacha; et Leonius, miles.
80. 21. *Benedicti, abb.* O. Philippus, abbas ; Eremburgis, monacha; et Elisabeth de *Condeilli,* laica.
81. 22. O. Rilendis, Deo sacrata; Hubelina, monacha ; Margareta, conversa ; et Helisendis, laica ; et Beatrix, Deo sacrata.
82. 23. O. Hugo, archiepiscopus.
83. 24. O. Emelina, monacha; Maria, conversa; et Johannes, miles; et Margareta, Deo sacrata, de Plaustro.
84. 25. *Annunciacio Dominica.* O. Nicholaus, miles.
85. 26. O. Humbertus et Haimo, conversi; Galterus, miles; et Margareta, laica.
86. 27. O. Noe, conversus; Petrus Creditor, qui domum in Foro dedit; et Elisabeth laica.
87. 28. Commemoratio fratum et sororum de Campo Benedicto. O. Eustachia, Deo sacrata. (*Ms. de Tr.* Margareta, regina.)
88. 29. O. Agnes, Deo sacrata ; et Agnes, laica. (*Ms. de Tr.* Commemoratio fratrum monasterii Sancte Case Dei in Avernia, ordinis sancti Benedicti.)
89. 30. O. *Danors,* laica.
90. 31. O. Maria; et Adelina, monacha; et Helvidis, B. Marie Suessionis sanctimonialis ; Petronilla, laica; Isabellis, abbatissa B. Marie Trecensis; Galcherus dictus *Bridemme,* armiger, qui dedit nobis pro anniversario suo XV jornalia terre sita in finagio de Droto Beate Marie.

APRILIS.

91. 1. *Leuconii, ep. et conf.* O. Martirdis, Deo sacrata ; Acelina, monacha; et Margareta, Deo sacrata, quondam abbatissa Farensis ecclesie. (*Ms. de Tr.* Guillelmus, monachus. Johanna, regina.
92. 2. O. Hubelina, Elisabeth et Margareta, de Osa Deo sacrate.

93. 3. O. Agnes, Deo sacrata; et Angerbertus, canonicus; domina Maria de *Chahu,* domina de Vaciamanu.

94. 4. *Ambrosii, ep.* O. Macela, Ermengardis, et Adelina cantrix, Deo sacrate; et Tecia, conversa; Berta, laica. (*Ms. de Tr.* Ludovica, abbatissa.)

95. 5. O. Philippus, Cathalaunensis episcopus; et Maria, monacha; Emelina, abbatissa de *Oreigni*.

96. 6. O. Milo, decanus B. Petri Trecensis; Avelina, Deo sacrata Pharensis ecclesie; Fenia, monacha ad succurendum; Stephanus, conversus; et Hugo, laicus. (*M. de Tr.* Elisabeth, abbatissa.)

97. 7. O. Hugo, conversus; Hermena, Lancelina et Maria, converse; Guillelmus, miles.

98. 8. *Translacio sancti Leubaudi, mart.* O. Nicholaus de *Gombault*, filius Johannis et pater Renati, miles, dominus de *Gonaix* et de *Justigny*, et domina Maria de *Joyeuse*, uxor ejus. (*Ms. de Tr.* Elisabeth, abbatissa.)

99. 9. Manasses, Lingonensis episcopus, bone memorie, et Guillermus, miles, cognomine Bochardus, de Vendopera.

100. 10. O. Eustachia, abbatissa; Richildis, conversa; et Goda, laica.

101. 11. (*Ms. de Tr.* O. Henricus, miles; et Maria, Deo sacrata.)

102. 12. O. Itiberia, Deo sacrata; Bernerius, sacerdos; Ermengardis, monacha ad succurrendum; Macharius, miles; Robertus et Guiardus, conversi; Irdegardis, conversa; Odo, laicus; Agnes, laica.

103. 13. O. Fredesendis, Deo sacrata; Maria, laica; Elisabeth, uxor Jacobi, paneterii; Salo, miles; Gersendis, uxor ejus, laica.

104. 14. *Tiburcii et Valeriani.* O. Garnerus, Trecensis episcopus; Adilidis, abbatissa; Margareta, conversa; Petrus, laicus; Isabellis de Villaluporum, Deo sacrata. (*Ms. de Tr.* Martildis, abbatissa.)

105. 15. Rainaldus, miles; Agnes et Gila, laice; Girardus, miles.

106. 16. O. Celina, monacha; Luca, conversa; et Adelina, laica.

107. 17. *Translacio sancte Tanche*. O. Eremburgis, abbatissa. (*Ms. de Tr.* Nicholaus, episcopus.)

108. 18. O. Maltidis de *Marnon*, Jotrensis ecclesie Deo sacrata; Elisabeth, Emelina et Agnes, monache; Adilidis, de Paraclito monacha.

109. 19. O. Wingerus, canonicus, et Petrus, sacerdotes; Maria, Deo sacrata; et Obertus, laicus.

110. 20. O. Robertus; et Ida, monacha; dominus Odo, miles de Wauciamanu, dominus de *Coursain*.

111. 21. O. Rilendis, monacha; Gilebertus, pater Guiardi de Foro; Adelina et Alaidis, converse.

112. 22. O. Petrus Abaelardus; Garnerus, presbiter de *Moscei*; Hugo, laicus; et Blancha, laica.

113. 23. *Georgii, mart*. O. Gaufridus et Petrus, milites; Johannes, clericus; et Ermengardis, laica; Guido, miles, de Gallendia; Maria, laica, domina de Florigniaco. (*Ms. de Tr.* Elisabeth, regina.)

114. 24. O. Maria et Adelina, Deo sacrate; Petrus de Sancto Memorio, et soror ejus Guindesimoldis; Ermengardis, laica.

115. 25. *Marci, evang*. O. Agnes, Havidis, Alvilidis, Deo sacrate; Petrus, miles; et Adelaidis, laica; Maria, Deo sacrata.

116. 26. O. Emelina de *Flacci*, Deo sacrata; Radulphus, Beatrix, uxor ejus; et Johannes Concereus, conversus ad succurrendum.

117. 27. O. Milo, monachus; et Emelina, monacha ad succurrendum.

118. 28. *Vitalis, mart*. O. Emelina, monacha; Garinus laicus; et Emelina.

119. 29. O. Bernardus, monachus; et Maria, conversa; et Elisabeth, Deo sacrata.

120. 30. O. Rigaudus, abbas; Herbertus et Milo, monachi; Maria, laica; et Odo, miles. (*Ms. de Tr.* Commemoratio fratrum et sororum Sancte Marie Namurcensis ecclesie.)

MAIUS.

121. 1. *Philippi et Jacobi, apl.* O. Odierna, Deo sacrata; et Agnes, monacha; Laurentius, laicus; Agnes, laica; Jobertus et Helvidis, uxor ejus, laici, qui dederunt nobis V solidos censuales in quadam domo sita in vico Balneorum in domo magistri Stephani, physici. (*Ms. de Tr.* Erardus, miles.)

122. 2. O. Laurencius et Andreas, laici; Maria, monacha; Agnes, monacha ad succurrendum; et Maltidis, laica.

123. 3. *Inventio Sancte Crucis.* O. Petronilla, Deo sacrata; Agnes et Nichola, monache ad succurrendum; Garnerus, laicus; Alpassia, laica; Luca, Deo sacrata.

124. 4. O. Adelaidis et Emelina, monache; Herbertus, monachus; magister Richardus; et Gaufridus, miles; frater Johannes de Villamedia.

125. 5. O. Ermengardis et Berta, Deo sacrate; Pascha, monacha; et Hersendis, conversa.

126. 6. *Joannis ante Portam Latinam.* O. Agnes, Deo sacrata; Ermengardis, conversa; Radulphus, miles; Elisabeth, laica; Laura, laica; Cecilia, de Avenaio Deo sacrata.

127. 7. O. Gertrudis, abbatissa; Radulphus, laicus; et Gila, conversa.

128. 8. O. Effrindus et Hugo, sacerdotes; Petronilla, monacha; Emelina, domina *d'Eschieges;* Agnes de *Messi*, laica.

129. 9. O. Richildis, conversa; Balduinus, miles; et Hauvidis, laica.

130. 10. O. Adelidis de Vendopera, abbatissa B. Marie Trecensis; Itiberia, Deo sacrata; Elisabeth; Adeli-

dis, monacha; Milo de *Averly,* miles; et Hauvidis, monacha ad succurrendum.

131. 11. O. Guibergis, Deo sacrata; Ermengardis; et Petra, monacha.

132. 12. *Nerei, Achillei et Pancratii, mart.* O. Guiburgis et Margareta, Deo sacrate; et Hugo de *Rumeillei.*

133. 13. Commemoratio fratrum vel sororum de Montemartyrum.

134. 14. O. Avelina, Deo sacrata.

135. 15. O. Romanus, conversus.

136. 16. O. Emelina, Deo sacrata; Aelidis, monacha; et Margareta, conversa.

137. 17. O. Guillelmus, archidiaconus; Lupus et Iterus, monachi.

138. 18. O. Emelina de Meriaco, Deo sacrata; Jocelinus Dives; et Rainaldus, prepositus.

139. 19. *Potentiane, virg.* O. Goda, monacha; et Bovo, laicus.

140. 20. O. Richildis, monacha; Johannes, miles; Sibilla, Hersendis de Sancto Florentino, et Margareta, laice.

141. 21. O. Rooldis, monacha; et Ansellus, miles.

142. 22. (*Ms. de Tr.* Commemoratio fratrum et sororum Cluniacensis ecclesie. O. Andreas, sacerdos; et Johanna et Maria, laice.)

143. 23. *Desiderii, ep. et mart.* O. Hugo, monachus; et Hauvidis, laica.

144. 24. *Donaciani et Rogaciani, mart.* O. Margareta, monaca; Sibilla, conversa; et Guillelmus de Castro novo, conversus ad succurrendum.

145. 25. *Urbani, pp. et mart.* O. Cecilia, abbatissa; et Theobaldus, illustris comes Campanie palatinus; Emelina, priorissa de Floriniaco.

146. 26. O. Constancia; Hauvidis, monacha; Maria, conversa; et Praxedis, laica.

147. 27. O. Helvidis, monacha : et Petrus, miles.

148. 28. O. Ermengardis, Deo sacrata ; Hersendis, monacha ; Johannes, clericus ; Hugo, Senonensis archidiaconus ; et Helvidis, quondam domina de Vendopera.

149. 29. O. Letudis, abbatissa; Manasses, cantor : Nigra, laica ; Petrus, sacerdos ; Ansellus *Gasteblé*, miles.

150. 30. O. Herveus, sacerdos et monachus ad succurrendum ; Wiburgis de Ulmeo, Deo sacrata ; et Adilidis, monacha.

151. 31. *Petronille, virg.* O. Robertus, episcopus Trecensis ; Jocelinus, archidiaconus Trecensis ; et Gilo, miles.

JUNIUS.

152. 1. *Nichomedis, mart.* O. Anna *Colbert*, filia Henrici, militis, et Johannis Gombaldi, militis, uxor, que dedit nobis XV solidos annuatim.

153. 2. *Marcellini et Petri.* O. Sosya, monacha ; et Hersendis, laica.

154. 3. O. Martildis et Irdegardis, monache ; Iterius et Ansellus, milites ; Melisendis et Katerina, laice : magister Amicus, physicus.

155. 4. O. Maria, Margareta et Coustelina, Deo sacrate.

156. 5. O. Helisendis, Deo sacrata. (*Ms. de Tr.* Ludovicus, rex.)

157. 6. O. Elisabeth de Vendopera, Deo sacrata ; et Gertrudis, laica.

158. 7. O. Doda, conversa ; et Renerius, laicus.

159. 8. *Medardi, ep. et conf.* O. Maria, Deo sacrata ; Helvidis, conversa ; et Manasses, miles ; Guillelmus, marescallus Campanie, miles.

160. 9. *Primi et Feliciani, mart.* O. Maria, conversa. (*Ms. de Tr.* Erardus et Gaufridus, milites.)

161. 10. O. Elisabeth, monacha.
162. 11. *Barnabe, apli.* O. Lancelina, Deo sacrata; Henricus et Lucas, laici; et Adelina, laica; Guillelmus, miles.
163. 12. *Basilidis, Cyrini, Naboris, Nazarii, atque Celsi.* O. Martha, abbatissa; Hauvinus conversus.
164. 13. O. Pie memorie Hugo, comes, qui dedit nobis libertates et IIII fora; Hugo, conversus; Hubelina; Guillelmus, miles.
165. 14. O. Manasses, canonicus; et Guillelmus, scriba.
166. 15. *Viti, Modesti, et Crescentie, mart.* O. Ermengardis, Deo sacrata; et Ersendis, laica; Petrus, miles.
167. 16. *Cyrici et Judithe, mart.* O. Hedelina, Deo sacrata.
168. 17. O. Dominicus, sacerdos; et Berta, laica; Adelaidis, monacha ad succurrendum.
169. 18. *Marci et Marciliani, mart.* O. Maria, conversa.
170. 19. *Gervasii et Prothasii, mart* O. Alaidis de Verze, Deo sacrata; et Euphemia, laica; Elvydis de Jaune, laica.
171. 20. *Translacio sancti Vodoaldi.* O. Ermengardis, Deo sacrata; et Ersendis, monacha.
172. 21. O. Sybilla, abbatissa; Elisendis, monacha; et Hugo, sacerdos et canonicus Beati Petri, qui dedit nobis ob remedium anime sue XXIII solidos annuatim; Girardus, conversus.
173. 22. *Albani, mart.* O. Marsilia, Deo sacrata; Stephaneta, monacha; et Adam, conversus.
174. 23. *Vigilia.* O. Ermengardis, Deo sacrata; Diea et Emelina, monache; et Joannes Speciarius.
175. 24. *Nativitas sancti Joannis Baptiste.* O. Eremburgis, laica.
176. 25. O. Margareta, conversa; et Oda, laica.

177. 26. *Joannis et Pauli, mart.* O. Joanna, monacha ad succurrendum.

178. 27. O. Irdegardis; Emelina, conversa; Milo, miles.

179. 28. *Leonis, pp.; Vigilia.* O. Luca, priorissa; et Adilidis, Deo sacrata.

180. 29. *Natale Petri et Pauli, apl.* O. Margareta. monacha; et Milo, laicus.

181. 30. *Commemoracio sancti Pauli.* O. Guillelmus, miles; et Ermengardis, laica.

JULIUS.

182. 1. *Octava sancti Joannis Baptiste.* O. Adelina, conversa; et Erardus, miles, marescallus Campanie; dominus Gerardus de Acenniaco.

183. 2. *Processi et Martiniani, mart.* O. Luca de *Drot*, Deo sacrata; et Maria, conversa; Milo, miles. (*Ms. de Tr.* Henricus, episcopus.)

184. 3. O. Maria, Deo sacrata; Richildis et Milisendis, laice.

185. 4. (*Ms. de Tr.* Petrus et Gaucherus et Ancellus, milites.)

186. 5. O. Margareta de Venlaio, Deo sacrata; Villana, monacha; et Hugo, dominus de Vendopera.

187. 6. *Octava Apostolorum.* O. Nicholaus, filius domini Artaudi de Nogento; Hugo, laicus; Milisendis, laica; Emelina, conversa.

188. 7. O. Agnes abbatissa Jotrensis; Elvidis, Deo sacrata; et Agnes, monacha ad succurrendum; Margareta de *Puseaux*, laica. (*Ms. de Tr.* Maria, abbatissa.)

189. 8. O. Leduidis, monacha; Petrus de Castro, miles; Elisabeth, laica. (*Ms. de Tr.* Theobaldus, rex.)

190. 9. O. Tecelina, conversa.

191. 10. *Septem Fratrum.* O. Ermentrudis, Deo sacrata; Hugo de Meissiaco, puer, qui dedit nobis X

solidos annuatim ad refectionem sororum ; Agnes, comitissa Campanie ; et Petronilla, laica. (*Ms. de Tr.* Catharina, abbatissa.)

192. 11. O. Tecelina, Deo sacrata ; Petrus de Vendopere, laicus ; et Ermengardis, laica. (*Ms. de Tr.* Commeratio fratrum monasterii Sancti Laurentii Leodiensis, ordinis sancti Benedicti.

193. 12. O. Ermengardis, abbatissa ; Ermentrudis, Deo sacrata ; Galterus, abbas cenobii Dervi ; et Saintelina, conversa.

194. 13. O. Philippus Gombaldus, miles ; et domina Maria de *Roffey,* uxor ejus, et Artus eorum filius, miles.

195. 14. O. Petrus, sacerdos ; et Bovo, miles.

196. 15. O. Symon, canonicus Sancti Petri ; Fromondus, monachus ad succurrendum ; et Idegardis, conversa.

197. 16. O. Scolastica, que cognominatur *Aaliz,* de *Maissy.*

198. 17. O. Magister Odo.

199. 18. O. Ermengardis, laica. (*Ms. de Tr.* L'an 1756, est décédée madame Marie Angélique de la Chaussée d'Eu d'Arrest, abbesse de cet abbaye depuis 1717, et regardée comme réparatrice de cette maison par tout le bien qu'elle a fait tant au spirituel qu'au temporel.)

200. 19. O. Guindesemodis, monacha.

201. 20. *Margarete, virg.* O. Margareta, laica ; Nicholaus, laicus ; et Agnes, laica.

202. 21. *Praxedis, virg.* O. Symon, laicus ; et Jaqueta, monacha ; et Adelipdis, laica.

203. 22. *Marie Magdalene.* O. Adelaidis et Maria, Deo sacrata ; et Galcherus, miles ; Henricus, rex ; Johanna, monacha ; Petrus, puer, clericus, canonicus ecclesie Sancti Stephani.

204. 23. *Apollinaris, ep. et mart.* O. Beatrix, monacha ; Romanus, conversus ; et Gaufridus, miles, et Clauda,

monacha. (*Ms. de Tr.* Eadem die obierunt moniales numero multe in insigni, quod tunc contigit, incendio absumpte.)

205. 24. *Xpistine, virg. et mart.* O. Guido de Juilliaco et Hugo, milites; et Hersendis, laica; Galcherus, miles.

206. 26. *Jacobi, apli.; Xpistofori et cucufatis, mart.* O. Agnes, Elisabeth, Maria, Elisabeth et Petronilla, Deo sacrate; Galcherus, miles; et Renaudus dictus Imperator; Johannes de *Wauchans*, miles.

207. 26. O. Agnes, monacha; et Manasses, archidiaconus; et Johanna, item Johanna, laice.

208. 27. O. Hildeburgis et Agano, conversi; et Johannes *d'Eschieges,* laicus.

209. 28. *Nazarii, Celsi et Pantaleonis, mart.* O. Hugo, canonicus; et Eremburgis, conversa; et Clauda; monacha.

210. 29. (*Ms. de Tr.* O. Humbertus, laicus. L'an 1648, est décédée la mère Claude Eléonor de Choiseul d'Aigremont, dite de Jésus.)

211. 30. *Abdon et Sennes, mart.* O. Beatrix et Odelina, Deo sacrate; et Aspasia, laica.

212. 31. *Germani, ep. et conf.* O. Helissendis, Deo sacrata, de *Buci;* et Joannes, decanus Suessionis.

AUGUSTUS.

213. 1. *Ad Vincula sancti Petri.* O. Clemens de Divione et Girardus, puer.

214. 2. *Stephani, ep. et mart.* O. Maria, conversa; Petrus, monachus; Humbertus, miles; et Henricus, laicus.

215. 3. *Inventio sancti Stephani.* O. Adelaydis, abbatissa, bone memorie; Adelaydis, monacha; Helissendis et Elisabeth, laice; et Godefridus, miles.

216. 4. O. Odelina, monacha; Gaufridus, laicus et Bovo. (*Ms. de Tr.* Johannes, episcopus. L'an 1667

est décédée madame Claude de Choiseul de Praslin abbesse et réformatrice de la discipline qui s'était perdue dans ce monastère.)

217. 5. O. Hermengardis, monacha; et Galterus, camerarius; Agnes, Deo sacrata, de Floriniaco.

218. 6. *Sixti, pp. et mart. Felicissimi et Agapiti, mart.* O. Suzanna et Agna, Deo sacrate; et Theobaldus, scriptor.

219. 7. *Donati, ep. et mart.* O. Helvidis, Deo sacrata.

220. 8. *Cyriaci cum sociis suis; Leubaudi, mart.*

221. 9. (*Ms. de Tr.* Commemoratio fratrum de Corbeio, Johannes, abbas; Milisendis, Deo sacrata.)

222. 10. *Laurencii, mart.* O. Petrus, laicus; Genovefa et Elisabeth, laice.

223. 11. *Tiburcii, mart.* O. Hilduinus, Lingonensis episcopus; Elisabeth, Deo sacrata; Hermengardis, conversa.

224. 12. O. Odo, canonicus; Guilelmus de Clauso, sacerdos; Agnes et Cecilia, Deo sacrata.

225. 13. *Ypoliti cum sociis.* O. Cecilia, Deo sacrata; Johannes, sacerdos; et Maria, monacha; Petrus, miles.

226. 14. *Eusebii, presb.; Vigilia.* O. Maria et Letuidis, converse; Margareta, Deo sacrata.

227. 15. *Assumptio sancte Marie.* O. Elvydis, Deo sacrata. (*Ms. de Tr.* Catharina, abbatissa; et Philippus, miles.)

228. 16. O. Guiardus, conversus; Hugo, miles; Agnes, uxor ejus, laica; Stephanus, laicus; Margareta, laica.

229. 17. *Octava sancti Laurencii; Mammetis, mart.* O. Ulricus, sacerdos et canonicus; Eustachia et Agnes, Deo sacrate.

230. 18. *Agapiti, mart.* O. Johannes, sacerdos et canonicus; Josiana, Deo sacrata; Rogerus, miles, et Margareta, uxor ejus; et Radulphus, mercator d'Arraz.

231. 19. *Magni, mart.* O. Yterius et Galo, milites; Galterus, conversus; Richardus de *Pontellie*, et Richildis, laica.

232. 20. O. Elisabeth, Deo sacrata; et Karolus de *Reneborc*, mercator; Girardus, Yterius et Guido de *Mainicort,* milites ; Milisendis et Ermangardis, laice.

233. 21. O. Hugo de *Mainicourt,* miles; et Awidis, uxor ejus; Petrus de *Chaors*, Joanna de *Vardom,* laica; Philippus de Villanova, miles; Margareta de Virduno, que legavit nobis pro anniversario suo super domum *La Pige* in Coyferia, XXX solidos.

234. 22. *Octava Assumptionis; Timothei et Symphoriani, mart.* O. Juliana, monacha ad succurrendum, que pro anniversario suo dedit nobis X solidos annuatim; et Odo, monachus.

235. 23. O. Milo bone memorie de Sancto Fydolo, qui pro anniversario suo dedit nobis XL solidos annuatim; Bernardus, abbas Clarevallis; Elisabeth, Deo sacrata; et Wiburgis, conversa; Guido, monachus.

236. 24. *Bartholomei, apli.* O. Maria, Deo sacrata; Elvydis et Acelina, converse; et Margareta, laica.

237. 25. O. Guillelmus, subdecanus; Milo, dominus Sancti Fydoli, qui pro anniversario suo faciendo dedit nobis XL solidos annuatim ; item Scholastica, filia ejus, que dedit nobis medietatem molendini de *Cresentigne,* exceptis duobus sextariis bladi; Letuidis, Osanna et Constancia, Deo sacrate.

238. 26. O. Adelaidis, monacha; Nicholaus, canonicus Sancti Lupi; Philippus, miles; Auvidis, que fuerat uxor ejus; et Sybilla, conversa; et Bartholomeus, laicus. (*Ms. de Tr.* Elisabeth, abbatissa.)

239. 27. *Rufi, mart.* O. Hodierna et Eustachia, Deo sacrate; Ermengardis; et Beatrix, monacha ad succurrendum; Felicius, presbyter et capellanus noster; Odo, miles.

240. 28. O. Ildegardis, cantrix, Deo sacrata ; et Ysva; et Petronilla, monacha. comitissa Barri ; Maria, domina de Pougiaco; Rainaudus, laicus, qui dedit no-

bis XX solidos annui redditus in pitanciis dominanarum, et Adelina Barri, conversa, que nobis dedit X solidos in elemosina pro cenis.

241. 29. *Decollacio sancti Joannis Baptiste.* O. Bartholomeus, decanus Sancti Stephani Trecensis. Petronilla, Deo sacrata; et Scicilia conversa. (*Ms. de Tr.* O. Anno M. DC. LXXXVIII domina Anna de *Choiseul de Praslain,* hujusce monasterii abbatissa, soror domine Claudiæ de *Choiseul de Praslin,* ejusdem monasterii etiam abbatissæ et reformatricis, cui in labore reformationis soror et socia semper extitit indefessa.)

242. 30. *Felicis et Audacti, mart.* O. Hato, episcopus; Adelidis, monacha; Robertus de *Dielon;* et Elisabeth, laica.

243. 31. O. Petrus, canonicus Sancte Marie et Sancti Petri; Elisabeth, monacha.

SEPTEMBER.

244. 1. *Prisci, mart. Egidii, abb.* O. Guillelmus, monachus; Stephanus, sacerdos et canonicus; Agnes et Elisabeth, laice; Margareta, Deo sacrata, de Brenna. (*Ms. de Tr.* Ludovicus, rex. *En marge:* L'an 1715 est décédé Louis XIV, roi de France et de Navarre, lequel a accordé à Marie-Madeleine de la Chaussée d'Eu d'Arrest, abbesse de cette abbaye, en 1704, le prieuré commandataire de Saint-Geòmes, diocèse de Langres, dont l'abbaye n'est entrée en possession qu'en 1728. Le *Miserere* et autres prières.)

245. 2. O. Margareta, conversa; Eustachia, laica; et Johannes, conversus; frater Johannes de Templo.

246. 3. O. Odo, sacerdos; Teicia, laica; et Petrus, miles; Maria de *Cernon,* Deo sacrata, cantrix. (*Ms. de Tr.* Oda, abbatissa; et Petronilla, Deo sacrata.)

247. 4. *Marcelli, mart.* O. Laurentius, miles; et Emelina, laica; Dodo de *Floogni,* miles, et monachus; Emelina, Deo sacrata; Bartholomeus, armiger; Balduinus, clericus; Ysabellis, monacha; Sybilla, laica.

248. 5. O. Sarra, Deo sacrata; Stephanus *Li Jais,* et Galterus de *Ponteon,* milites.

249. 6. O. Maria, monacha; et Girardus de *Roure,* miles.

250. 7. O. Johanna et Ermengardis, conversa.

251. 8. *Nativitas B. Marie. Adriani, mart.* O. Juliana, abbatissa B. Marie Suessionis; Elisabeth, Deo sacrata, et Guerricus, canonicus; Eramburgis de Nogento, laica.

252. 9. *Gorgonii, mart.* O. Bone memorie comes Henricus, juvenis, in partibus transmarinis; Milisendis, Deo sacrata; Maria, monacha; Tebelina, conversa; Ogerus, qui dedit ecclesie nostre terram cum domo que adjacet domui nostro lapidee.

253. 10. O. Pie memorie comes Henricus in transmarinis partibus; Jacobus *Torpins,* conversus; Elisabeth, domina Castri, et Eufemia, laice; *Saboet,* Deo sacrata; Ermensendis, domina de *Sevrei;* et Agnes de *Valeri,* laica; Manasses, miles; Johanna, Deo sacrata, de Floriniaco.

254. 11. *Proti et Jacinthi, mart.* O. Ludovicus, rex Francorum; Ermentrudis, Deo sacrata; et Galterus; Isabellis de Doschia, domina de Sancto Memorio.

255. 12. O. Petrus, abbas Sancti Salvatoris de Virtuto; Haimo, sacerdos; *Freiers,* conversus; Garinus, miles; et Agnes, laica.

256. 13. O. Mabilla; Beatrix, Deo sacrata; Herbertus, presbyter; Jacoba, Deo sacrata, de *Jeugny.*

257. 14. *Exaltatio Sancte Crucis. Cornelii et Cipriani, mart.* O. Gela, Deo sacrata; Maria, monacha; et Petrus, clericus; Guillelmus de *Verdi,* miles.

258. 15. *Nichomedis, mart.* O. Philippus, miles; Oda de *Valeri,* laica. Memoria fratrum et sororum de Pomeria ; Gela, monacha ad succurrendum. (*Ms. de Tr.* Maria, abbatissa.)

259. 16. *Eufemie, virg. Lucie et Geminiani, mart.* O. Nevelo, episcopus Suessionis; Helvydis et Ma-

ria, Deo sacrate; et Salo, monachus; Iterus, canonicus, qui dedit nobis X libras.

260. 17. *Lamberti, episc. et mart.* O. Tecelina, Deo sacrata; Renaudus, canonicus; et Alvidis, laica.

261. 18. O. Margareta, abbatissa; Fredesendis, Deo sacrata; et Milo, miles; Guido, armiger, de *Courserant,* dominus de *Bloi.*

262. 19. O. Herbertus, decanus B. Stephani Trecensis; Andreas de Sancto Fydolo, miles; Gonterus, sacerdos et canonicus; Ermeniardis, laica; Eustachia, Deo sacrata.

263. 20. O. Radulphus, sacerdos et canonicus; Adelina, Deo sacrata; Theobaldus, miles; Galterus, armiger; Alvidis, laica. (*Ms. de Tr.* Maria, abbatissa.)

264. 21. *Mathei, apli. et evang.* O. Ermengardis et Hirdeburgis, Deo sacrate; Galterus de *Wauchans,* armiger; Blancha, dicta de *Basson,* monacha, anima ejus requiescat in pace. Amen. (*Ms. de Tr.* Ancherus, presbyter; et Agnes, vicecomitissa.)

265. 22. *Mauricii cum sociis.* O. Bonellus, sacerdos et canonicus; Ogerius et uxor ejus; et Galterus, conversus.

266. 23. O. Reneirius, canonicus; Alvidis et Tecia, laice.

267. 24. O. Jacobus, sacerdos et canonicus ecclesie nostre; Johanna de Cucharmoyo, monacha ad succurrendum, que legavit nobis LV solidos pro anniversario suo. (*Ms. de Tr.* Guillelmus, magister.)

268. 25. O. Reneirius, canonicus Sancti Petri; Philippus, monachus; Tecelina, monacha; Odo, miles.

269. 26. O. Hugo et Agano, milites; Ida, monacha; Eremburgis, conversa; dominus Johannes de Lauduno, canonicus B. Marie, qui legavit nobis pro anniversario suo LX solidos.

270. 27. *Cosme et Damiani, mart.* O. Petrus, sacerdos et canonicus; Maria, monacha; Ermengardis, conversa; Poncius, miles; Philippa de Montemar-

tyrum, Deo sacrata; Agnes, vicecomitissa, de Lineriis. (*M. de Tr.* L'an 1659 est decédée Charlotte Angélique Largentier, enfant.)

271. 28. Guilla, et Beatrix, Deo sacrate; Galcherus et Gaufridus, miles.

272. 29. *Michaelis, arch.* O. Ansellus, famulus; dominus Symon de *Broyes*, miles, anima ejus requiescat in pace.

273. 30. *Iheronymi, presb.* O. Agna, Deo sacrata; et Hugo, miles. *Ms. de Tr.* Henricus, cantor.)

OCTOBER.

274. 1. *Remigii, ep.* O. Guillelmus, monachus; Bonellus de *Dielon*, et uxor ejus; Odea, laica; et Manasses, sacerdos; Johannes, miles, de Gallandia; Johannes, episcopus Carnotensis, de Gallandia, qui legavit nobis pro anniversario suo decimam de *Villeraidain*.

275. 2. *Leodegarii, ep. et mart.* O. Eremburgis, Deo sacrata; Hugo et Eustachius, canonici; Elisabeth de *Pougi*, Deo sacrata; magister Guillelmus de *Vaucemain*, canonicus et sacerdos. (*Ms. de Tr.* Urbanus, papa.)

276. 3. O. Mattheus, Trecensis episcopus; Xpistianus, sacerdos; Maria, monacha; Anna et Letuidis, laice; Elisabeth de Castello, Deo sacrata.

277. 4. O. Malthidis, laica; Johannes, laicus.

278. 5. O. Elisabeth, Deo sacrata; Elisabeth, monacha; Gerberta, conversa.

279. 6. *Sancte Fidis, virg.* O. Emelina, Deo sacrata; Guillelmus *Guinochez*.

280. 7. *Marci, pp.* O. Nicholaus, conversus; et Johannes, laicus.

281. 8. O. Florencia.

282. 9. *Dionisii cum sociis.* O. Stephanus, clericus; Hodierna, monacha; Johannes, filius Guerrici; et Herbertus; miles; Maria, laica de Florigniaco.

283. 10. *Tanche, virg. et mart.* O. Emensendis, monacha; Maria, conversa; Petrus, miles: domina Johanna de Aconniaco.

284. 11. O. Maria et Adelidis, Pharemonasterii Deo sacrate; Petrus, canonicus; Maria, monacha; et Margareta, laica; Margareta de Sosyaco, laica: Johannes de Castello, miles. (*Ms. de Tr.* L'an 1717 est décédée madame Marie-Madeleine de la Chaussée d'Eu d'Arrest, abbesse de ce monastère. Elle est morte à Paris y étant allée pour les affaires de la maison.

285. 12. O. Helvydis et Heva, Deo sacrate. (*Ms. de Tr.* Commemoratio fratrum et sororum S. Vedasti, Atrebatensis ecclesie.)

286. 13. Jacobus et Johannes, milites; Petrus, armiger, et Balduinus, interfecti; et Maria, laica; dominus Johannes de Castello, miles. (*Ms. de Tr.* Gila, abbatissa.)

287. 14. *Callisti, pp. et mart.* O. Isabella, Jaessa, Deo sacrate; et Hugo, miles.

288. 15. O. Herbertus, et Maria, laica.

289. 16. O. Symon, laicus; Ermengardis de Montemartyrun, Deo sacrata; et Agnes, laica.

290. 17. O. Galterus, sacerdos et canonicus noster. (*Ms. de Tr.* Guillelmus, archidiaconus, Radulphus, ordinis Fratrum Minorum; et Petrus, miles.)

291. 18. *Luce, evang.* O. Helissendis, abbatissa Avenniaci; Maria, Deo sacrata; et Milo, miles.

192. 19. O. Milissendis, abbatissa Paraclyti; Agnes, Deo sacrata; Johannes, miles; Luciana, laica.

293. 20. Commemoracio fratrum et sororum de Paraclyto.

294. 21. O. Adelaidis, Deo sacrata; et Hugo Concereus. (*Ms. de Tr.* Helvidis, abbatissa.)

295. 22. O. Garnerus, miles. (*Ms. de Tr.* Commemoratio fratrum et sororum de Monte Jovis ecclesia.

296. 23. Commemoracio fratrum et sororum Jotrensis ecclesie.

297. 24. O. Odo, dictus Imperator; Andreas, miles; Guido, laicus; Berta et Elisabeth, laice; Theobaldus de *Vogri*.

298. 25. *Crispi et Crispiniani, mart.* O. Ebrardus, abbas; et Jobertus, canonicus; Alaidis de Villiaco, abbatissa Beate Marie Trecensis; Elisabeth, laica.

299. 26. Ansericus de Arceiis, decanus Lingonensis; Ancelinus, monachus; et Maria, conversa; Guido, monachus. (*Ms. de Tr.* Melisendis, abbatissa.)

300. 27. *Vigilia.* O. Cecilia, Deo sacrata; Jacobus *li Cronches*, qui dedit nobis II solidos annui redditus; domina Elisabeth, domina de Sosyaco.

301. 28. *Symonis et Jude, aplorum.* O. Ermengardis, conversa; et Gaufridus, laicus.

302. 29. O. Adelidis, Deo sacrata; Guido, miles, *Gasteblé*; Adilidis, comitissa; et Symon (laicus).

303. 30. O. Galcherus, monachus; et Adelina, conversa; Elisabeth, laica.

304. 31. *Quintini, mart. Vigilia.* O. Terricus de *Tusi*, qui dedit nobis VII libras et XL solidos pro pitanciis; Herbertus, conversus; et Eufemia, soror; Margareta, Deo sacrata, de *Champarmoy*; Clemencia, Deo sacrata, de Mailliaco; Guillerma, Deo sacrata, de *Lannery*.

NOVEMBER.

305. 1. *Festivitas Omnium Sanctorum.* O. Adelaidis, conversa; et Beatrix, monacha; Melisendis et Maria, laice; Ermengardis, conversa.

306. 2. O. Beatrix et Costelina, monache; et Symon, laicus.

307. 3. O. Gaufridus, canonicus; et Burdinus, clericus; Johannes, sacerdos Beate Marie.

308. 4. O. Beatrix, monacha; et Renerus, sacerdos, de Sancto Fidolo; Ermengardis *Gasteblé*, laica;

5. — OBITUAIRE DE NOTRE-DAME-AUX-NONNAINS.

Agnes, Deo sacrata, de *Champellain*. (*Ms. de Tr.* *Mahaut*, abbatissa.)

309. 5. O. Guilla, Deo sacrata; Matheus et Renerius, milites.

310. 6. O. Hermena, monacha; et Martinus, conversus.

311. 7. O. Berta, Deo sacrata; Emelina, monacha; Margareta de Julliaco et Sybilla, laice; Guido et Guillelmus, milites; Adelaidis, monacha ad succurrendum.

312. 8. O. Milo, sacerdos et canonicus noster; Philippus, episcopus Jocelinorum; Gilo, conversus. (*Ms. de Tr.* Matildis, abbatissa.)

313. 9. *Theodori, mart.* O. Emelina, Deo sacrata; Doda, Agnes et Hersendis, converse. (*Ms. de Tr.* Hermina, abbatissa.)

314. 10. O. Gaucherus; Erardus d'*Aunoi*, miles; et Odilia, Deo sacrata. (*Ms de Tr.* Milo, decanus.]

315. 11. *Martini, ep.* O. Guillelmus, sacerdos et canonicus; Agnes, Deo sacrata; Henricus *Furniers*, miles; *Ruesce*, uxor ejus; Stephanus, canonicus; et Hugo, mercator; Radulphus, presbyter de *Blegny*; Iterius, monachus.

316. 12. O. Isembardus et Galterus, sacerdotes; Guilla, Deo sacrata; et Henricus, archidiaconus Trecensis.

317. 13. *Brictii, ep.* O. Maria *la Jagolande*, que dedit nobis XXVIII libras pro anniversario suo; Aca, Deo sacrata; Guido, miles, de Floriniaco.

318. 14. O. Ermengardis, laica.

319. 15. O. Johannes, canonicus.

320. 16. O. Elisendis, Deo sacrata; Eremburgis, monacha; Emelina, conversa; et Radulphus, miles.

321. 17. *Aniani, ep.* O. Elisabeth, laica; dominus Erardus de *Vaucemain*, miles; et Margareta, monacha, de *Cuchaut*.

322. 18. O. Gertrudis, abbatissa; et Hemon, monachus.

323. 19. O. Adelina, priorissa; Gaufridus, monachus; et Maria de *Changillart,* et Agnes, laice. (*Ms. de Tr.* Erardus, miles.)

324. 20. O. Beatrix, monacha; Seemerus et Odo, milites; et Petrus, laicus.

325. 21. *Columbani, abbatis.* O. Bancelina, Deo sacrata; et Adelina, laica.

326. 22. *Cecilie, virg. et mart.* O. Emma, abbatissa; et Maria, conversa.

327. 23. *Clementis, pp. et mart.* O. Cecilia, monacha; Johannes; et Odo, laicus; et Gibertus, conversus.

328. 28. *Chrisogoni, mart.* O. Simon, archidiaconus Suessionis, concedimus etiam *Aaliz,* de Fera, sorori ejus, orationes et anniversarium in ecclesia nostra, qui dedit nobis quamdam regulam et collectarium pro anima sua et animabus omnium amicorum suorum; Elisabeth et Bilisendis, monache, Ida, conversa.

329. 25. O. Odo, sacerdos; Gauda, Deo sacrata; Luca, monacha; et Guillelmus, miles, qui dedit nobis XI. solidos ad refectionem sororum.

330. 26. O. Petronilla, Deo sacrata; Sybilla; Juliana; et Elisabeth de Avenaio monacha; et Petronilla, laica.

331. 27. *Agricole et Vitalis, mart.* O. Adelaidis, et Elvydis, monache; Ermengardis et Adelina, converse. (*Ms. de Tr.* L'an 1614 est décédée madame Louise de Dinteville, abbesse de cette maison. L'an 1700 est décédée madame Catherine de La Ferté, religieuse de notre maison et prieure de Sainte-Scholastique.)

332. 28. O. Gila, conversa; Petrus et Rogerus, laici; et Dominicus, conversus; et Milo, sacerdos et canonicus.

333. 29. *Saturnini, mart.; Vigilia.* O. Maria, conversa.

334. *Andree, apli.* O. Galterus, conversus; et Emelina, conversa.

5. — OBITUAIRE DE NOTRE-DAME-AUX-NONNAINS.

DECEMBER.

335. 1. Adelaidis et Elisabeth, Deo sacrate; Guerricus *Buciz*, qui dedit nobis XV solidos annui redditus; Bogerus, conversus; et Nazaria; et Petronilla, conversa.

336. 2. O. Elvydis, conversa; dominus Adam de Sozyaco, miles.

337. 3. Commemoracio fratrum et sororum ecclesie Sancte Marie de *Persignie*. (*Ms. de Tr.* O. Theobaldus, rex.)

338. 4. Commemoracio fratrum et sororum Sancti Aviti de Castroduno.

339. 5. O. Herlaius, sacerdos.

340. 6. *Nicholai, ep. et conf.* O. Stephanus, conversus; Gilbertus Asinus; et Emelina, laica; Adelina, conversa; Manasses, miles.

341. 7. *Octava sancti Andree.* O. Matheus, conversus; Gibuinus, cantor; et Agnes, laica.

342. 8. *Conceptio Sancte Marie.* O. Guillelmus, abbas; Bonellus, conversus; Eremburgis, conversa.

343. 9. O. Maria, Deo sacrata; Giraudus, monachus; Ersendis, conversa; et Ermengardis, laica.

344. 10. O. Constancia, Deo sacrata; et Petrus, miles; Elisabeth de Ripparia, conversa.

345. 11. *Damasi, pp.* O. Isemburgis, Deo sacrata; Gilo, monachus; Girardus, conversus; et Ermengardis, conversa;

346. 12. O. Gibertus, clericus; et Maltidis, comitissa; dominus Guillelmus de Muiseyo, miles.

347. 13. *Lucie, virg.* O. Genovefa. (*Ms. de Tr.* Maria, abatissa.)

348. 14. O. Hersendis, Deo sacrata; Macelina, monacha; Danmeta et Adelina, laice; domina Agnes de *Brois*, domina de *Saron*.

349. 15. O. Guillelmus *Concor* de Caturco, qui dedit nobis X libras pro aniversario suo annuatim faciendo; Elisabeth, Deo sacrata; Odo, comes; Lora, laica.

350. 16. O. Hodierna, monacha.

351. 17. O. Herveus, monachus; et Emelina, conversa.

352. 18. O. Guillelmus, sacerdos; Guido Fromundi; et Berta, conversa; Ermensendis; Deo sacrata.

353. 19. O. Lancelina et Adelina, Deo sacrate; Milo, comes; et Ermengardis, monacha.

354. 20. O. Acelina, monacha; et Agnes, monacha ad succurrendum.

355. 21. *Thome, apli.* Adelina, Deo sacrata; Rocelinus, canonicus; Hildeburgis, monacha ad succurrendum.

356. 22. O. Hodierna, monacha; Doeta; et Ermengardis, monacha ad succurrendum; Droco, canonicus; Milo, miles; et Robertus, laicus; Robertus de Noa, canonicus.

357. 23. O. Oda, domina Brecarum; et Aremardis, conversa; Renaudus de *Verzei*, miles; *Lederiz*, Deo sacrata, de Vanna, thesauraria.

358. 24. *Vigilia.* O. Oda, Deo sacrata; dominus Johannes de Sancta Syria, sacerdos et canonicus noster.

359. 25. *Nativitas Domini. Anastasie, virg.* O. Maria, conversa.

360. 26. *Stephani, prothomart.* O. Maria, Deo sacrata; et Fullitus, clericus.

361. 27. *Johannis, evang.* O. Adelidis, Deo sacrata; et Tecelina, conversa.

362. 28. *SS. Innocentium.* O. Sybilla et Adelaidis, Deo sacrate; Rangardis, monacha; et Renaudus, laicus.

363. 29. *Thome, archiep. et mart.* O. Hildeburgis, Deo sacrata; Odo de Doschia, et Henricus, frater ejus.

364. 3o. O. Odo de *Vougri*, miles; et Hubelina, uxor ejus. (*Ms. de Tr.* Margareta, abbatissa.)

365. 31. *Silvestri, pp. et conf.* O. Brochardus, sacerdos; Adelaidis, conversa.

§ II.

FONDATIONS DE NOTRE-DAME-AUX-NONNAINS DE 1198 A 1586.

[Nous avons publié ce document dans les *Mémoires de la Société Académique de l'Aube*, T. XXXVIII, an 1874, p. 225-229.]

§ III.

EPITAPHES ET INSCRIPTIONS EXTRAITES DES TUMBES ET MONUMENTZ QUI ONT ESTÉ RECONGNEUZ EN L'ÉGLISE ET CLOISTRE DE L'ABBAYE DE NOSTRE-DAME DE TROYES, EN L'AN 1626, ESTANT ABBESSE D'ICELLE NOBLE DAME SŒUR CLAUDE DE CHOISEUL, NONAIN PROFESSE DE LA DICTE ABBAYE.

[Nous avons publié ce document dans les *Mémoires de la Société Académique de l'Aube*, T. XXXVIII, an 1874, p. 229-235. Un manuscrit un peu plus complet (que nous possédons) nous fournit les trois additions suivantes :]

XXIV. En l'année 1380, sœur Marguerite de Saint Fal estoit abbesse, comme appert par un tiltre de la dicte année. Elle mourut le 30 décembre 1409, comme le porte une inscription, laquelle est contre un pillier du chœur, au-dessus des chaizes du côté dextre.

XXV. Epitaphe de Marie-Madeleine de la Chaussée d'Eu d'Arrest dans le cloître de l'abbaye du Val-de-Grâce, à Paris :

[*Cy gist Marie-Madeleine de la Chaussée d'Eu d'Arrest, sortie des anciens comtes d'Eu, plus illustre encore par sa piété et rares qualités que par ses ancêtres; Anne d'Autriche luy donna une place en cette auguste maison, et Louis-le-Grand, l'abbaye de Notre-Dame de Troyes, en 1691. Sa prudence, sa sagesse et singulière douceur lui gagnaient les cœurs de ses filles, et l'estime de tout le pays.*

Dieu éprouva sa vertu par de grandes infortunes sur le temporel de la maison, qu'elle a soutenu avec fermeté.

Etant contrainte de venir à Paris en 1716, elle y fut comblée de grâces et bontés de Philippe d'Orléans, régent, pour rétablir les malheurs de son abbaye. Le Seigneur la retira à luy le 11 octobre 1717 pour couronner ses œuvres et travaux. Elle fut regrettée de sa communauté, et s'en voyant éloignée, elle désira être inhumée en ce lieu, comme étant celuy de sa profession depuis 1669, qu'elle avait toujours aimé.

Les religieuses de son abbaye, la regardant comme leur réparatrice, luy ont érigé ce monument éternel de leur reconnaissance.

Requiescat in pace.

XXVI. Epitaphe de Marie-Angélique de la Chaussée d'Eu d'Arrest, dans l'église de céans :

D. O. M.

Dans l'attente de la résurrection
repose près de ce marbre
le corps de très-illustre dame
Marie-Angélique de la Chaussée d'Eu d'Arrest,
abbesse de cette abbaye,
Restauratrice de cette maison par sa prudente économie,
elle l'enrichit encore plus par l'exemple de ses vertus.
Un gouvernement de 39 ans,
dans la pratique la plus exacte de tous ses devoirs,
dans l'amour de la pauvreté, dans la ferveur d'une novice,
luy attira le respect et l'admiration de ses chères filles;
sa douceur prévenante, sa charité, qui s'étendait à tout,
gagnèrent leurs cœurs et excitèrent leurs regrets.
Elle mourut de la mort des justes le 18 juillet 1746, âgée de 91 ans.
Qu'elle repose dans la paix qu'elle a toujours chérie!

6. OBITUAIRE DU PARACLET.

§ I.

LIVRE DES SÉPULTURES DU PARACLET.

[Nous avons mis entre parenthèses les mentions ajoutées par une autre main au corps du manuscrit.]

JANUARIUS.

1. 1. Emeline de Donteilli gist ou cimetière, à la seconde tombe par devers les prestres.

2. 6. Forques, prestres, gist sous la goutière de lez la sale. Bietrix dou Plessé gist en chapitre, à la première tombe à destre. Item Isabel gist ou cimetière.

3. 7. Guibours de Verdy gist ou cimetière, sus la voie.

4. 8. Agnez de Joigny gist ou cimetière, sus la voie.

5. 9. Hugues et Henri, prestres, gisent ou cimetière, ou coignet.

6. 13. Agnes de Marigny gist ou milieu dou chapitre souz la grant tombe. Item Demetria gist de lez la porte. (Guillaumes, prestres, gist ou portal.)

7. 15. Aceline et Emmangart gisent ou cimetière, partout.

8. 17. Perenelle et Helissanz gisent ou cimetière, partot.

9. 18. Isabiaus dou Plessie gist à la porte de cloistre, à la grant tombe. (Margueritte Tabourat gist en la grant église, devant l'autel de Saint Jehan.)

10. 19. Luciene gist ou cimetière, partout. Sarradine gist ou cimetière.

11. 20. Tecla gist ou Petit Moustier, devant l'autel.

12. 22. Marguerite dou Teil gist ou grand cloistre, vers les rosiers de lez le gros postel, et si ni a point de tombe.

13. 23. Aliz de Justegny gist ou milieu dou cimetière.

14. 24. Estienes, prestres, gist ou cimetière.

15. 25. Isabiaus de la Granche gist ou cimetière, devant la porte, de lez la plus haute tombe.

16. 27. Isabiaus, prieuse de Monfort, gist à Monfort.

17. 30. Aveline gist ou cimetière. Pierres, prestres, gist ou cimetière. Isabiaus de Monfeil gist ou cimetière, de lez les prestres.

18. 31. Helewiz gist ou cimetière, partout. (Edmée de Chamigny, soubchantre, ne gist pas céans, 1544.)

FEBRUARIUS.

19. 1. Agnes de Saint Aubin gist ou milieu dou cimetière.
20. 4. Bietriz gist ou Petit Moustier, à destre de lez l'uis. Daria gist ou grant cloistre desouz Saint Thomas.
21. 6. Aliz Crolebois gist ou milieu dou cimetière.
22. 9. (Emeline de Boli gist ou cimetière.)
23. 11. Helevis de Mauny gist ou cimetière, à lentrée de la porte. (Phelippe de Miaus gist ou cimetière.)
24. 16. (Aliz de Peroi, prieuse, ne gist pas chiens.)
25. 21. Thiebauz de Somefontainne, prestres, gist ou cimetière, desouz l longue tombe estroite.
26. 22. Mahaut de Chaatres gist ou milieu du cimetière.
27. 26. (Clémence de Joussegny ne gist pas ceenz.)
28. 27. Marguerite de Courquentiennes gist ou cimetière, de lez les prestres.
29. 28. Agnes, prieuse, gist ou petit cloistre, à luis dou Petit Moustier. Agnes de Mescringe gist ou milieu dou cimetière. Aveline gist ou cimetière. (Alis, abbesse, gist au cuer as prestres, devant la pechinne.)

MARTIUS.

30. 1. Johanne de Monchavan gist hors céanz. (Estiennes de Vaux devant Saint Jehan, emprès la darrenière tombe dever la porte.)
31. 3. Emmanjart gist ou milieu du cimetière.
32. 4. Mahaut la Normande gist ou cimetière, souz la seconde tombe, ou cornet. Helvis gist ou cimetière soz l plate tombe.
33. 6. Marguerite de Suilliers gist ou milieu dou cimetière.
34. 9. Denise ne gist pas céans. (Madame l'abbesse

Jacque gist ou cuer au prestres, davant les huis des prosnes.

35. 10. Perenelle de la Louvetière gist ou cimetière. Agnes de Trignel gist en chapitre, de lez sa tante.

36. 11. (Aliz de la Mote gist ou cimetière, au prez aus dames de Breetes. Agnès de Vaux gist lez Aaliz de la Moute.)

37. 14. Isabiaus dou Crochet gist ou cloistre sous une tombe, devers l'archet. Item Isabiaus, dame de Planti, gist en chapitre sous la première tombe hors de la rangée. Agnes gist ou cimetière, partot.

38. 15. Luques, prieuse de Trignel, gist ou cimetière, de lez ceus de Clofontaine.

39. 16. Gile de Breetes gist de lez la porte, à senestre.

40. 18. Mahaut et Aliz gisent ou cimetière, partout.

41. 19. Agnez, prieuse, gist en cloistre, sans tombe.

42. 20. (Marie de Bonneval gist ou cimetière.)

43. 21. Emeline gist ou milieu dou cimetière. (Katherine gist en chapitre ou milieu des II fenestre, devers le paver. Mes^{re} Johanin Fort, chevalier, gist ou portal Saint Johan.)

44. 24. (Charlotte de Saint Julien, chantre, gist devant la porte de l'église, dedans le cloistre, 1538.)

45. 25. Emeline gist ou cimetière, vers les aubres.

46. 26. Isabiaus de Fontènes, prieuses, gist ou pan devers la cusine, devers la darriene tombe. (Isabelle gist ou milieu de cemetière, devers chapitre.)

47. 27. Bietriz de la Chapelle gist ou milieu dou cimetière.

48. 28. (Jacquelina de la Rivière, priorissa de Borrent, 1539.)

49. 29. (Marguerite de Foesi gist ou cimetière.)

50. 30. Marguerite gist ou milieu dou cimetière.

51. 31. Fara gist ou cimetière, de lez l'areste dou...

APRILIS.

52. 1. (Jeanne de Noyers, jadis prieuse du Paraclit, trespassa le 1er jour d'avril mil cinc cens LXXVIII.)

53. 2. Isabiaus, prieuse, gist à la porte dou cloistre, à la première tombe à senestre. (Johanne de Domaist gist en...)

54. 3. Emeline, la chantre, gist ou cimetière, à destre, sous la seconde tombe.

55. 6. (Cécile de Meaulx, subprieure du Paraclit, le XVIe jour d'apvril, 1580.)

56. 9. Letois, prieuse, gist ou cimetière, sous la grant tombe, de lez la voie.

57. 10. [Elisanz gist emmi le cimetière. Marguerite de Lunregni gist ou cimière, ou coignet, devers la vigne.)

58. 12. Agnes de Saint Port gist ou cimetière, desoz l'aubre.

59. 13. Isabiaus gist ou milieu dou cimetière. (Bietris gist à Laval. Marie de Melun, prieure du cloistre, gist en la chapelle de Notre Dame, 1548, post dominicam *Judica me*).

60. 14. Alis, prieuse de Trinel, ne gist pas céans.)

61. 15. Helevis de Chalestre gist ou cimetière, de lez la porte, à senestre. (Isabelle de Brouillart gist en cloistre, devant l'église.)

62. 16. Aliz gist ou cimetière, seur la voie.

63. 17. Clara gist ou cimetière, en la voie de lez l'areste Saint Jehan. Jehan, li prestres, gist ou quoignet.

64. 18. Agnes gist ou cimetière. Emmanjars de Trignel gist ou milieu dou chapitre. Emeline gist ou cimetière, de lez la porte.

65. 20. Felicitas gist à l'uis de la vigne. (Jehanne de Paris, prieuse, gist en cloistre, aus piez dou crucefi.)

66. 21. Maistre Pierres Abaalarz gist ou Petit Moustier.

Estiennes, prestres, gist en l'arche ou grant cloistre.

67. 22. Helevis et Florence gisent ou cimetière, partout. - (Madame Charlotte de Conlligny, jadis abbesse de séans, gist devant Notre Dame, 1533.)

68. 23. Marguerite gist ou grant cloistre, ou pied de la tombe de Monseigneur Thiébaut. (Madame Anastase de la Rivière, jadis prieuse de Saint Martin, ne gist pas séant, 1533.)

69. 24. Hues, prestres, gist en cloistre de lez la prieuse Alix de Chanoi.

70. 25. Heleviz gist ou cimetière. Marguerite gist en cloistre aux piez Emmenjarz de Jutigny.

71. 27. (Jehanne de Damemarie gist ou cimetière.)

72. 29. Gieubez, prestres, gist ou cimetière, souz la grosse tombe, à l'areste dou mur devers les prestres.

MAIUS.

73. 1. (Guillaume de Saint Aubin gist en droit la verrière de Saint Jehan.)

74. 3. Gile gist ou cimetière.

75. 4. Cecile gist ou cimetière.

76. 5. Miles, prestres, gist ou cimetière.

77. 6. Colate gist à la tombe qui est lez le postiz. Gile la Malade gist ou cimetière, sur la voie.

78. 7. (Agnes de Linant gist ou cimetière.)

79. 8. Adeline gist ou cimetière.

80. 9. Contesse gist ou cimetière. Agnes gist ou cimetière.

81. 10. Helissanz gist ou cimetière. (Agnes de Nantouleit gist au pan dever l'uis de clautre.)

82. 11. Helvuis de Trignel gist en chapitre, de lez le postel à destre, à la tombe qui est fendue. Marguerite gist ou cimetière.

83. 12. Marguerite la Fouende gist à l'uis dou portiz, en la voie. (Julienne gist de lez les prestres. Jehanne Court Guillerai ne gist pas séans.)

84. 13. (Anne de Colligny, prieuse de Blie, ne gist pas céans, 1542.)

85. 15. Marguerite de Sessefontaine gist en chapitre, à destre, de lez le gros postel.

86. 16. Helevis, premiere abbeesse, au Petit Moustier. Huedes, prestres, gist de lez la maison nueuve. Bietriz de Fontenai gist à l'areste dou mur de la voie. (La prieuse de Montargis gist ou cimetière.)

87. 17. Alez de Gales gist en cloistre, vers les rosiers. Item Aliz de Troies gist ou cimetière. Marie de C antealoe gist ou cimetière, soz les aubres. Isabiaus gist ou cimetière vers ceux de Closfontenne.

88. 18. Agnes, Marguerite gisent ou cimetière. Mahaut de Marigni gist en chapitre, à l'entrée.

89. 20. Alais de Wous gist ou cimetière. (Madame Agnes de la Borde, l'abbesse, gist en la chapelle Nostre Dame, devant l'autel. Madame Anthoinette de Bonneval, abbesse de céans, gist en la chapelle Nostre Dame, 1547.)

90. 22. Agnes gist ou cimetière.

91. 23. Marguerite, Helvis, prieuse, gisent au cimetière. Item Aveline de Nogent gist en cloistre.

92. 25. Agace, niece maistre Pierres, gist ou Petit Moustier. Isabiaus et Agnes gisent ou cimetière.

93. 29. Johanne gist à Laval.

94. 30. Lucie gist en cloistre, vers les rosiers, de lez Aveline de Nogent.

95. 31. Agnes de Boy gist en cloistre à la darriene tombe, devers la cusine.

JUNIUS.

96. 1. Hersanz gist ou cimetière, à l'uis de la vigne.

97. 2. Helwiz, prieuse, ne gist pas séant.

98. 6. Jehans de Panpone gist ou cuer aus prestres, à à la darriene tombe devers la porte.
99. 7. Boce gist ou cimetière.
100. 8. Gile de Baili gist ou cimetière, sous les aubres. Item Isabiaus à la tombe contre la chaiere.
101. 9. (Gileta de Noyers, thesauraria, gist devant Nostre Dame, à l'entrée du cuer, 1506.)
102. 11. Isabiaus la Saige gist ou cimetière.
103. 12. Aliz gist ou cimetière.
104. 19. Isabiau de Paci gist ou cimetière, à la porte devers senestre. (Marguerite de Villenueve gist ou pan du cloistre, devers les rosiers.)
105. 21. Marrilia gist en cloistre, ou milieu des II darrienes tombes, devers la cusine. Isabiaus de Millenfroi gist ou cimetière deseuz l'aubre, à une plate pierre devers le mur.
106. 22. Marguerite gist ou cimetière, ou milieu. Nicholas, prestres, gist ou portaul Saint Jehan. (Isabiaus de Esgreville gist ou cimetière.)
107. 23. Emmanjart gist ou cimetière. (Perrote de Morteri gist ou simetière.)
108. 26. Jehans, prestres, gist ou cimetière, ou quoignet.
109. 30. Aliz de Clofontenne gist ou cimetière, de lez sa suer, vers la voie. (Marguerite, prieuse, gist ou simetière de séans, devant la porte.)

JULIUS.

110. 3. Adeline gist ou cimetière.
111. 5. Marguerite de Jaune gist ou cimetière.
112. 6. Agnes et Perenelle gisent ou cimetière.
113. 7. Astrane, la première prieuse, gist ou petit cloistre, à la porte du moutier.
114. 8. Aliz gist ou cimetière.
115. 9. (Dame Katherine de Courcelles, abbesse, 1519.)
116. 15. Bietriz et Helisanz gisent ou cimetière.

117. 16. Marguerite gist ou cimetière.
118. 17. Marie gist ou cimetière.
119. 19. Natalia gist ou cimetière.
120. 22. More gist ou cimetière.
121. 23. Gile la Bacete gist ou cimetière.
122. 24. Reigne gist ou cimetière.
123. 25. Aanor gist ou cimetière, de lez ceus de Clofontenne, seur la voie.
124. 27. (Hac die obiit Catharina *Le Fevre* [subcantrix], monialis Paracliti, 1532.)
125. 29. Isabiaus et Isabiaus gisent ou cimetière de lez ceus de Breetez. Gauchiers, prestres, gist en cloistre sous Saint Thomas.
126. 30. (Frater Matheus et frater Fromondus, heremi de Pontibus.)
127. 31. Teolosie gist ou cimetière.

AUGUSTUS.

128. 1. Luciene gist ou cimetière.
129. 2. Heluis de Provins gist ou cimetière.
130. 3. Marguerite gist ou cimetière.
131. 5. Ermensendis gist ou cimetière. Helvis, chantre, gist en cloistre, au piez dou degré à destre.
132. 8. Girart, sire de Nogent, gist au cuer au prevoires, à la seconde tombe à prendre devers Saint Jehan.
133. 10. Helissanz de Fillées et Marie gisent ou cimetière de lez ceus de Breetes.
134. 11. (Ysabiaux dez Barrez gist ou cimitière.)
135. 12. Miles, prestres, gist ou cimetière, ou quoignet. Helevis de la Foret gist ou cimetière de lez ceus de Clofonteine. (Thomas de Miaus gist ou cimeutiers.)
136. 14. Reigne gist ou cimetière.
137. 16. Mahauz gist ou cimetière. Edeline de Ponz gist ou cimetière, la plus haute haute tombe devant

la porte. Agnes de Saint Par gist ou cimetière, desoz les aubres.

138. 17. Fredesindis et Phelippe gisent ou cimetière.

139. 18. Agna gist ou cimetière, de lez son oncle.

140. 20. (Madame Elisabeth de Villeviénart, abbesse, gist devant Saint Jehan.)

141. 21. Isabiaus de Viliers, prieuse, gist ou cimetière, de lez ceus de Breetes.

142. 22. Jehans, chivaliers, filz au seigneur de Nogent, gist au cuer au prévoires, la seconde tombe devers le Saint Esprit. (Gile gist ou cimetière.)

143. 24. Heleviz gist ou cimitière.

144. 29. Emmenjarz, abbesse, gist en cuer. Marie et Emeline gisent ou cimetière, devant la porte.

SEPTEMBER.

145. 1. Arambor gist en cloistre, en droit le gros postel, devers les rosiers. Raous, prestres, gist ou cimetière, ou coignet. (Dame Léonarde de Turenne, abbesse de séans, trespassa le premier jour de septembre l'an mil cinq cens soixante vints, unze heure du soir, et gist devant Nostre Dame, 1580.)

146. 2. Thiebauz, prestres, gist ou cimetière, ou quoignet.

147. 3. Hates, prestres, gist en chapitre, à senestre cuer, en droit la prieuse. Marie, abbesse, gist ou cuer aus prestres.

148. 5. Marthe gist ou cloistre, à la porte dou moustier, à une tombe qui est despecié. Marguerite de Sedane gist ou cimetière, soz les aubres.

149. 7. Marguerite : elle gist ou cloistre, devers la quisine, emprès la darriène tombe ; *non habet tombam.*

150. 8. (Marguerite gist ou cimetière auprez à ceus de Clofontenne. Hodierne gist à Laval.)

151. 9. Aliz gist en chapitre, entre les II postiaus, la plus large tombe. Emmanjars gist ou cimetière, entre les II aubres.

152. 10. Gile gist ou cimetière.

153. 12. Roce gist ou cimetière.

154. 13. Symons, prestres, gist ou cimetière. (Isabel de Garchi, prieuse, gist en cloistre, de lez seuz de Fogon. Marie, prieuse de Sedene, gist en clostre. Katherine de Champs gist à Villuis. Joanne de Fougon gist ou pan du clostre, devers la cuisine.)

155. 15. Bietriz gist ou cimetière. Raou de Rosiers gist en cloistre, en droit le gros postel. (Jehanne de Marginil gist ou simitière.)

156. 18. (Denise, chantre, gist ou pan du cloistre ver la cuisine.)

157. 19. Helvis gist ou cimetière. Agnes, monacha.)

158. 20. Iolanz de Foisi gist en cloistre, en droit le gros postel, si com en entre ou moustier. (Marguerite de Flacy gist ou semetière, devant la porte.)

159. 21. Isabiaus de Grant Champ, prieuse, gist ou portal Saint Jean.

160. 22. Helevis, Aveline gisent ou cimetière. (Floria, Deo sacrata monacha. Et Ezlisabel, monacha. Marie, prieuse de Nonfort, ne gist pas séans.)

161. 23. Marie gist en cloistre, de lez l'archet devers le mur. Raous, prestres, gist ou cimetière, ou quoignet.

162. 24. (Hermine de Monseaux, gist ou simetière. Jaque dou Bois gist ou symetière.)

163. 25. Hersanz gist ou moutier.

164. 26. Bietriz gist ou cimitière, devers le mur.

165. 27. Aveline gist ou moutier, devers le mur.

166. 29. (Symonne gist ou simmetière.)

167. 30. Gile gist ou cimetière, entre les II aubres.

OCTOBER.

168. 1. Emmanjars gist ou cimetière. Martins, prestres, gist ou cemetière, ou quoignet. (Peronel gist ou cemetière.)

169. 4. Ermenjarz gist ou cimetière. (Jehanne de Provins gist ou cimetière.)

170. 5. (Madame Jehanne de la Borde, abbesse, gist devant Nostre Dame.)

171. 8. Thiebauz, prestres, gist ou cloistre, devers les rosiers, à 1 large tombe. Isabiaux gist en chapitre, devers le destre cuer, en droit le gros postel et n'a pas tombe. Guie gist ou cimetière, ou quoignet. (Madame abbesse Helissant des Barres gist ou cuer aus prestres avec l'abesse Alis.)

172. 9. Aliz, prieuse, gist en cloistre, ou milieu dou pan devers les rosiers et n'a pas tombe, à la teste cele de Jutigny. (Péronelle gist en cloistre de lez la derrenié tombe, delier la cuisine. La dame de La Vuonère gist la première devers la cuisine.)

173. 11. Isabiaux, dame de Nogent, gist au cuer aus prestres, la premiere devers le Saint Esprit.

174. 12. (Isabiaux gist ou cimetière.)

175. 13. Guiz, prestres, gist ou cimetière, ou quoignet.

176. 16. (Isabeau, l'abbesse, religieuse de la Madelene de Trinel, gist devant Nostre Dame.)

177. 17. (Jehanne de La Couture gist ou cimetière. Isabel de Baudement gist en cloistre. *Requiescat in pace.*)

178. 18. (Jehanne du Chasne, dame Saint Aulbin, gist devant Nostre Dame.)

179. 19. Melisanz, abbesse, gist au cuer aus prestres. Meline, prieuse de Trignel, gist en cloistre, à la porte du moustier, ou quoignet. Isabiaus ne gist pas céans. (Emeline gist ou cimetière, de lez ceus de Clofonteinne. Mes^{re} Guillemin de Fogon gist en cloistre, ou pan devers la cuisine.

180. 20. Bietriz gist de lez ceus de Clofontaine. (Marie de Courcemain, prieuse, gist en cimetière. Johanna, monacha, priorissa, Deo sacrata, que jacet in cimiterio, juxta portam.)

181. 21. Helie, dame de Villemor, gist en cloistre, de-

vant l'archet. (A. *Parce;* et le ℣. *Regem ;* les responz du Mestre [1].) Emeline gist ou cimetière.

182. 22. Mahaut gist ou cimetière. (Gille de Boville gist en chapitre. Marguerite de Fos gist ou simetière.)

183. 23. Vivianus, prestres, gist ou cimetière. Marie gist ou cimetière.

184. Isabiaus de Clofonteinne gist ou cimetière, seur la voie, à I tombe maçonnée.

185. 27. Heluis gist ou cimetière, vers les prestres.

186. 29. Micheaus, prestres, gist ou cimetière, ou coignet.

187. 30. (Agnes gist ou cimetière, seur la voie.)

NOVEMBER.

188. 1. (Jeanne gist emmi le cimetière.)

189. 2. Gile gist ou cimetière, la premiere tombe à destre.

190. 3. Emeline gist en cloistre, la seconde tombe atornée devers la cuisine. Aliz de Chanai, prieuse, gist en cloistre, devers les rosiers en droit le gros postel.

191. 5. Geneveve gist en cloistre, à une tombe qui est de pierre vers les rosiers. Jehanne, la chantre, gist en cloistre, vers les rosiers, avec sa suer, desouz une menne tombe.

192. 8. Paciana gist ou Petit Moustier, en droit de l'autel.

193. 10. Agnes d'Ailli gist ou cimetière.

194. 11. Marie de Lunai gist ou cimetière, sous les aubres.

195. 12. (Agnes gist ou cimetière).

196. 13. (Mes^re Nicolas gist ou coignet dou cimetière.)

197. 15. (Agnez gist ou cimetière.)

---

[1] Abailard, auteur d'une partie de la liturgie du Paraclet.

198. 16. Ermensanz, Aliz, Isabiaus gisent ou cimetière. (Aaliz de Courgivost gist ou cimetière.)

199. 17. (Margot la Belotière gist à Laval.)

200. 18. (Agnes de Rains gist ou cimetière.)

201. 19. Emmanjars de Juteigny gist ou cloistre, à une tombe ovrée.

202. 20. Perenelle de Savins gist ou cimetière.

203. 23. Marie de Villemor gist en cloistre, la première tombe devers le prael de II qui sont ensemble de lez l'archet. Helvis gist ou cimetière.

204. 24. Jaque, Isania, Perenelle gisent au cimetière.

205. 25. Emmanjars, la suers l'évesque, gist devers les rosiers, la première tombe en droit du gros postel. Marie gist ou cimetière. (Vinçon, prieuse de Trignel, n'est pas séans.)

206. 26. Roce gist ou cimetière.

207. 26. Agnes, Emeline la Pique gisent ou cimetière. (Katherine, abbesse, gist ou cuer aux prestres.)

DÉCEMBER.

208. 1. (Etegnette, la grant prieure de Trinel, ne gist pas séans, elle git à la Madelene.)

209. 4. Jaque d'Ausone gist ou cimetière, à l'areste dou mur vers la cuisine.

210. 6. Emelisanz gist ou cimetière. Marie gist ou cimetière.

211. 8. Aveline gist ou cimetière.

212. 9. (Jehanne, prieuse de Bourrant, ne gist pas séans.)

213. 10. Fromonz, prestres, gist ou cimetière, ou quoignet.

214. 12. Perenelle gist ou cimetière.

215. 13. Perenelle de Planoi gist ou cimetière, ou quoignet.

216. 14. Perenelle de Breautes gist ou cimetière, la IIIe tombe à dreste.

217. 16. Euphemie, prieuse, gist en cloistre, ou pan de la cuisine, la darriene tombe fors une. Aceline, prieuse, gist ou cimetière de lez ceus de Cloufonteinne.

218. 18. Isabiaus de Beraule gist ou cimetière, de lez la partie à senestre.

219. 20. (Isabelle, prieuse de Bourrant, ne gist pas séans.)

220. 21. Isabiaus de Sergines gist ou cimetière, vers la voie.

221. 24. Edeline de Saint Remi gist ou cimetière, ou milieu. (Mademoiselle de Pailly gist en chapitre. Madame Jehanne des Barres, abbesse, gyst devant Nostre Dame.)

222. 25. Marguerite de Vaucemain gist ou cimetière, ou milieu.

223. 28. (Simone de Villiers trespassa le jour des Innocents, en l'an mil IIII^c LXXIIII, et gist ez bas costé de l'esglise devers Nostre Dame. Die lui pardoint.)

224. 30. Pierres, prestres. Gomier gist à l'antrée de la porte Saint Jehan.

§ II.

EXTRAITS DU *Necrologium Paracliti*.

(Copie du XVIIIe siècle. — Biblioth. de Troyes, ms. 2445.)

JANUARIUS.

225. 1. Maria, filia domini Ancelli Vicinarum.

226. 2. Robertus, diaconus, redditus noster; Ancellus, dominus Triangni, qui dedit nobis locum de Triangulo; Joanna de Villanova, domina de Triangulo; Jacoba, domina de Triangulo; Henricus, armiger, filius ejus.

227. 3. Heloisa, uxor Petri de Tornella.
228. 4. Emelina, vicecomitissa Joviniaci, que dedit nobis X solidos census ad Molinos; Joannes, miles, dominus de Garcheio.
229. 5. Elisabeth; *elle gist au cimetière.*
230. 6. Guiburgis, Deo sacrata ; *elle gist au cimetière.*
231. 7. Hermengardis, monacha ; Agnes, puella [1].
232. 9. Hugo, sacerdos et heremita ; *il gist au cimetière, au coignet.* Henricus, sacerdos; *il gist au cimetière, au coignet.* Petronilla, domina de Balliaco; Joannes de *Camps*, decanus Senonensis.
233. 10. Theobaldus, Trecensis comes palatinus.
234. 11. Ansellus, Triani dominus; Ansellus, miles; Matildis, uxor ejus.
235. 12. Milo, dominus de Nogento; Milo, junior, ejusdem castri dominus.
236. 14. Simon, dux Lotaringorum; Petronilla, Deo sacrata.
237. 15. Joanna, domina de Garcheio, familiaris nostra. Obiit bone memorie Eustachia, abbatissa Deo sacrata.
238. 16. Odo de Barris, thesaurarius Senonensis.
239. 18. Elisabeth, domina de Plesseio, familiaris nostra.
240. 22. Margarita de Tillio, monacha ad succurrendum; Laurentius, prior Clariloci, familiaris et confessor noster.
241. 23. Petrus, miles, de Tornela; Henricus, armiger, de Boullagiis.
242. 24. Mahauta, domina de Villa *Boneny ;* Margarita, filia ejus.

---

[1] Le 7 janvier 1710 est décédée madame Catherine de la Rochefoucault, abbesse de cette maison, qu'elle a sagement et saintement gouvernée pendant l'espace de trente ans, au bout desquels elle s'est démise en faveur de Marie de Roye de la Rochefoucauld, priez Dieu pour elle.

243. 25. Dominus Galterus de Alneto, miles; Elisabeth, uxor ejus; Joannes, miles, filius eorum.

244. 28. Erardus, dominus de Foussiaco; Joanna, uxor ejus.

245. 29. Gertrudis, vicecometissa Melodunensis.

246. 31. Joannes, armiger, dominus de Foussiaco; Erardus, frater ejus; Elisabeth, domina de *Mourinant;* Agnes de Barris, domina de Villamenardi.

FEBRUARIUS.

247. 1. Joanna, domina de Septem Pillis.

248. 3. Agnes, Castriduni abbatissa.

249. 4. Dominus Joannes de Agrivilla, miles; domina Elisabeth, ejus uxor; et Joannes de Agrivilla, armiger, eorumdem filius.

250. 5. Helvisindis, domina Calvimontis.

251. 7. Garnerius, dominus Trianguli; Ælisa, Advenensium abbatissa.

252. 9. Reginalda d'*Averly,* priorissa Sancte Magdalene de Triangulo.

253. 19. Eustachia, Deo sacrata; frater Guillelmus, confessor noster [1].

254. 21. Milo, canonicus Laudunensis, familiaris noster; Margarita, domina de *Flaci;* Joannes, abbas Sancti Jacobi Pruviniensis.

255. 23. Agnes, monacha; *elle gist au milieu du cimetière.*

256. 24. Theobaldus, sacerdos; Elisabeth, Deo sacrata [2].

---

[1] Madame Marie de la Rochefoucault, qui a été cinq ans abbesse du Paraclet, est décédée le 19 février 1639, et a laissé la maison en bonne observance de réforme, a mis en bon ordre les bâtiments, augmenté le revenu de plus de 4,000 livres, et donné le voille à cinquante religieuses. Priez Dieu pour son âme.

[2] Madame Marie de Roye de la Rochefoucauld, abbesse de ce lieu, est décédée le 24 février 1768, âgée de 90 ans, et 63 ans de

257. 28. Maria, Deo sacrata; Hato sacerdos[1].

MARTIUS.

258. 2. Ælisa, Deo sacrata, abbatissa Pomerii.

259. 3. Philippus de *Courcelles,* dominus de Sancto Leobaldo.

260. 4. Obiit regina Johanna de Evroicis, que dedit nobis LXX libras ad emendum redditus LX solidorum, pro quibus tenemur anno quolibet facere solemniter suum anniversarium et domini Caroli, regis, quondam sui mariti; et fiet pittantia de dictis LX solidis, ista die, anno quolibet[2].

261. 6. Guillelmus, miles, dominus de Doa; Emelina uxor ejus; Guillelmus, Guido, filii eorum; Joannes, miles, dominus de Villanova; Margarita, uxor ejus; Joannes, miles, et Guillelmus, filii ejusdem.

262. 7. Joanna, domina Sancti Mauricii.

---

son gouvernement; elle a fait le bonheur de toutes celles qui lui étaient soumises.

[1] *Jeanne de Salazar,* priorissa de *Laval,* obiit anno Domini 1556.

[2] Madame la reine Jeanne d'Evreux, jadis épouse du roy Charles, roy de France et de Navarre, a donné céans soixante livres tournois pour acheter soixante soldés de terre pour nous pour faire pitance au couvent, si trouver le pouvoit, et si trouver ne pouvoit, etre convertis en réparations, soutenements et restauration de l'église de céans. Si devons faire son service solennel avec diacre et sous-diacre, chacun an deux fois, tant comme elle vivroit, une année une messe du Saint-Esprit, l'autre année une messe de Notre-Dame; et sera faite prière en chacune messe pour le roy Charles. Après le décès de la ditte reine, l'en fera perpetuellement l'anniversaire d'elle, et seront serviteurs nommés à tel jour dont elle trespassa, ou au jour plus prochain avant ou après que l'on pourra faire le service des morts, et sera plus forte pitance au couvent; et ce fut faict le 15ᵉ jour d'avril 1342. Ma ditte dame trespassa le 4ᵉ jour de mars en l'an 1370. Et sera fait le dit jour son anniversaire en reconnaissance de sa charité et celle de son époux, et sera faite pittance au couvent comme dit est. Le cœur de cette princesse repose aux Cordeliers du grand couvent à Paris, auxquels elle a faits de grands biens; elle en a fait aussi beaucoup aux Chartreux comme on peut voir dans *Les Antiquitez.*

263. 8. Simon, Trecensis canonicus; Elisabeth, Deo sacrata.
264. 13. Margarita de Barris, domina de Bovilla.
265. 14. Aelisa, Deo sacrata, abbatissa de Pomerio; Ludovicus de *Courcelles*, archidiaconus Trecensis.
266. 65. Joanna, domina de Cantalupi.[1]
267. 16. Elisabeth, Deo sacrata, quondam abbatissa de Aveniaco.
268. 16. Henricus, Trecensis comes palatinus.
269. 18. Maria, domina de Serginis, familiaris nostra.
270. 21. Marguarita, domina de Sarone.
271. 25. Columba, puella; Maria, Deo sacrata; Maria, Trecensis comitissa.
272. Odelina, Deo sacrata, Pomeriensis abbatissa; Elisabeth, Deo sacrata, *elle gist au milieu du cloitre*.
273. 28. Commemoratio Solemniacensium fratrum.
274. 29. Joannes de Varennis, armiger; Joanna, uxor ejus.
275. 30. Garnerius, dominus Marigniaci; Agnes, domina de Resoni, filia ejusdem.

APRILIS.

276. 1. Aelisa, monacha ad succurrendum; Catharina, Deo sacrata, abbatissa Pomerii.

---

[1] Cejourdhuy 15 mars 1621 a été fait la translation des corps de maistre Pierre Abaillard et d'Héloïse, lesquels ont été enlevés l'un du côté dextre, l'autre du côté senestre de la grande grille de l'église pour être transportés sous le grand-autel en un charnier, et ce par le commandement de très-honorable, très-révérende mère abbesse madame Marie de la Rochefoucault, en présence de plusieurs personnes qui se trouvèrent présentes à la ditte translation, entre autres de très vertueux personnage messire Richard de Cancerveux, prêtre, confesseur ordinaire de ce monastère; révérend Père Quiriace Rozier, jacobin prédicateur; du révérend frère Hiacinte de Querel, prédicateur capucin; f. Philippe de Rion, son compagnon; M° Le Clerc, procureur au Châtelet à Paris; M° Jean Bardy, receveur de l'abbaye; François de Flez, procureur; Liénard Baligand; mademoiselle Anne Dubois; Marie de Flez et plusieurs autres personnes.

277. 3. Elizabeth, Trecensis abbatissa.
278. 4. Paganus, miles; Elizabeth, uxor ejus; Simon, miles, dominus de Perrigniaco, Petronilla uxor ejus; Renaudus, armiger; Elizabeth, uxor ejus; Elizabeth et Joanna, eorum filiæ.
279. 5. Commemoratio Sancte Marie Trecensis.
280. 9. Milo, miles, de Granchia.
281. 10. Eustachia, domina Calveimontis.
282. 11. Adelaidis, monacha, priorissa de Triangulo.
283. 12. Petrus, sacerdos, canonicus Laudunensis.
284. 13. Simon, sacerdos, decanus Beati Quiriaci Pruvinensis.
285. 14. Guillermus de Meriaco, armiger; et Joanna, ejus uxor.
286. 16. Robertus, miles de Nantouleio; Joanna et Aelisa, uxores ejus.
287. 18. Nicolaus, Trecensis episcopus; Joanna de *Bonneval,* monaca.
288. 20. Emelina, Deo sacrata, abbatissa Pomerii; Joannes, armiger de Charmeio; Ansellus, pater ejus [1].
289. 21. Magister noster Petrus *Abaalarz; il gist au Petit Moustier* [2].
290. 22. Yolandis, domina de Vallibus [3].
291. 24. Guillelmus de Barris, miles; Heloisa, uxor

---

[1] Domina Renata *de La Tour,* abbatissa, religiosa de *Poissy :* huc non venit, quia cita morte præventa, de medio sublata est 1548, die 20 aprilis.

[2] Anno Domini M.CCCC. XCVII, die II mensis maii, ossa hujusmodi Petri, Fundatoris, que erant reposita in loco hujus monasterii dicto *le Petit Moustier,* fuerunt delata et reposita in hac ecclesia a parte dextera cancelli, prout constat per instrumentum super hoc confectum.

[3] Le 22 avril 1631, sœur Marie de la Rochefoucault, prieure de Nonfort, est décédée après avoir vécu avec grande pureté et sainteté. Priez Dieu pour son âme.

ejus; dominus Petrus de Barris, miles, et Guillelmus de Barris, armiger, eorumdem filii, et Joanna et Helisendis, eorumdem filiæ.

292. 25. Eustachia, abbatissa, Deo sacrata; monasterii Sancti Juliani.

293. 26. Yolandis, Deo sacrata, priorissa de Nonforti; Heloisa, Deo sacrata; *elle gist emmi le cimetière.* Joanna, domina de Nantoleio.

294. 28. Maria de Marigniaco, domina de Grava.

295. 29. Johanna de Barris, domina de Vienna; *elle gist au cimetière.*

MAIUS.

296. 1. Guillelmus, armiger, dominus de Sancto Albino; *il gist en droit la verrière de saint Jehan.*

297. 3. Garnerius, Trecensis episcopus; Candida, regina Navarre, que dedit nobis XL libras pro redditus emendum pro anniversario suo faciendo.

298. 7. Petrus, miles, de Barris.

299. 8. Guillelmus de Triangulo, canonicus Senonensis.

300. 9. Ansellus, armiger, dominus de Triangulo.

301. 11. Joanna, monacha; *elle ne gist pas céans.*

302. 14. Henricus, miles, de Flaceyo; Renaudus, miles, de Nantouleyo; Reginaldus, filius ejus; Johanna, abbatissa, filia ejus.

303. 16. Mater nostre religionis Heloisa, prima abbatissa, documentis et religione clarissima, spem bonam nobis ejus vita donante, feliciter migravit ad Dominum [1]; Elisabeth, priorissa, Deo sacrata; *elle gist au cimetière.*

---

[1] Anno Domini M. CCCC. XCVII, die II mensis maii, ossa hujusmodi Heloise, que erant reposita in loco hujus monasterii dicto *le Petit Moustier*, fuerunt delata et reposita in hac ecclesia a parte sinistra cancelli, prout constat per instrumentum super hoc confectum.

304. 19. Elizabeth, regina Navarre.

305. 20. Joannes, miles, dominus de Garcheio [1].

306. 21. Marguarita, domina de Avelliaco.

307. 24. Henricus, filius iste, Trecensis comes palatinus.

308. 28. Osanna, Deo sacrata; Marguarita laica [2].

309. 29. Stephanus, miles de *Loors* [3].

310. 30. Elizabeth, priorissa, Deo sacrata Trianguli [4].

311. 31. Robertus, Trecensis episcopus; Agnes, domina de *Boy*.

JUNIUS.

312. 8. Elizabeth, filia domini Garneri de Triangulo; Johannes, miles Pomponiensis : *il gist au chœur aux prestres, à la dernière tombe devers la porte* [5].

313. 9. Ada, Juliana, monache; Galterus, conversus.

314. 12. Adelaidis, Deo sacrata; *elle gist au cimetière.*

315. 13. Elizabeth, ductrix Athenarum.

316. 15. Elizabeth, Deo sacrata, abbatissa Pomerii.

317. 21. Margarita *des Vignes,* domina de Marcilliaco, familiaris nostra.

---

[1] Hac die veneris in crastino Ascensionis Domini, 20 maii, inter meridiem et primam horam, anno ejusdem Domini 1547 obiit sapiens et prudens domina Anthoneta de *Bonneval*, abbatissa nostra.

[2] Le 28ᵉ jour de may 1646, révérende dame madame Anne Marie de la Rochefoucault, abbesse du Paraclet, est passée de cette vie à une vie plus heureuse, après avoir souffert de grandes maladies et témoignée une patience très grande. Priez Dieu pour son ame.

[3] Marguarita de *Salazar*, abbatissa Sancti Petri Poulengii, obiit anno Domini 1562.

[4] Maître Sébastien Guédon, prêtre, curé de Ferreux, décéda l'an 1564, lequel a laissé à l'abbaye le moulin à foulon de Quincey, chargé d'un obit comme il est a plein contenu dans le testament par lui fait.

[5] Obiit bonæ memoriæ Joanna de *Chabot*, abbatissa nostra, *qui trépassa l'an 1593, le 9 de juin.*

318. 23. Andreas, dominus de Merreolis (al. *Marreveiz*).

319. 24. Petronilla, monacha; *elle gist au cimetière.*

320. 25. Petrus, miles, dominus de *Boy;* commemoratio Sancti Sulpici Redonensis.

321. 27. Ermengardis, domina de *Vilerboneus.*

322. 28. Henricus, miles, dominus de Flaceyo.

323. 29. *Elienor de Courcelles,* domina de *Chastillon.*

324. 30. *Lancelot de Salazart,* miles, dominus de Marcilliaco.

JULIUS.

325. 1. Commemoratio Redonensium fratrum; Mattheus, comes Bellimontis; Emelina, Deo sacrata; *elle gist au cimetière.*

326. 2. Commemoratio defunctorum Calensis cœnobii; Odo, archiepiscopus Rotomagensis; commemoratio defunctorum Origniacii cenobii.

327. 4. Ales, laica, domina de *Boissi;* Helvisendis, domina Mariniaci.

328. 7. Agnes, puella; Herveius, Trecensis episcopus.

329. 9. Adelaidis, Deo sacrata; Hugo, sacerdos, familiaris noster [1].

330. 15. Alais, monaca; *elle gist au cimetière.*

331. 16. Maria, Deo sacrata, abbatissa Pomerii; Johannes, miles, dominus de Triangulo.

332. 23. Commemoratio Fontis Evraldi; Johannes, miles, dominus de Granchia; Margarita, uxor ejus; Robertus, Adam, filii eorum.

333. 27. Johannes, episcopus Trecensis.

---

[1] Obiit bone memorie Catharina *de Courcelles,* abbatissa nostra, et B. Marie ad Moniales Trecenses, anno Domini 1519 die vero 9 julii. Son cœur repose dans la chapelle de la Sainte-Vierge. Ista struxit claustrum, refectorium, dormitorium et alia edificia tali signo signata *(une tête de religieuse).*

334. 29. Elisabeth, domina Sancte Crucis; Dominus Guido de Caritate, presbiter, qui dedit nobis duas cameras Pruvenium.

335. 31. Ansellus, Trianguli dominus.

AUGUSTUS.

336. 6. Odo de Barris, armiger.

337. 8. Girardus, miles, de Nogento, *il gist au chœur, à la deuxième tombe aup. ès de Saint-Jehan.*

338. 17. Thomassa, Deo sacrata, *elle gist au cimetière.*

339. 16. Adelaidis, vicecomitissa Poliniacensis.

340. 21. Commemoratio defunctorum cenobii Roseti; Johannes, miles, filius Girardi, domini de Nogento, *il gist au chœur aux prestres, à la seconde tombe devant le Saint-Esprit.*

341. 23. Guibertus, prior de *Quinci;* Petronilla, monacha.

342. 25. Henricus, episcopus Trecensis.

343. 27. Commemoratio Argentolensium.

344. 29. Joanna, domina de Triangulo.

345. 31. Bone memorie Elisabeth, Deo sacrata, abbatissa nostra; Joannes dictus Lionus, miles, de *Nantouillet.*

SEPTEMBER.

346. 1. Johanna, Deo sacrata, quondam Pomeriensis abbatissa.

347. 3. Herbertus, prior Sancti Dionisii.

348. 4. Radulphus, Magistri nostri germanus.

349. 8. Gertrudis, prima Pomeriensis abbatissa.

350. 9. Garnerius, dominus Trianguli; Elisabeth, familiaris nostra, domina de Serginiis.

351. 10. Garnerus, dominus Marigniaci, *Lavoinier, La Grieve;* Helvisindis, domina *des Vignes,* soror ejus.

352. 11. Henricus, miles, dominus de Villanova.

353. 12. Maria, domina de Floniaco.

354. 14. Aelisa, domina de *Foujon,* elle *gist au petit cloître, derrière la cuisine.*

355. 15. Jacqueta de *Die,* priorissa de Triangulo.

356. 18. Commemoratio defunctorum Latiniacensis cenobii; Heloisa, abbatissa, Deo sacrata Pomerii.

357. 19. Dominus Guido de Triangulo, Verdunensis electus episcopus.

358. 21. Gilo, armiger, de Changeyo; Marguarita, domina *d'Antigny;* Joanna, filia ejus, domina de Foissiaco; Gilo, armiger, de Planceyo; Petrus, armiger, de *Villebéon;* Johannetta, uxor ejus.

359. 22. Elisabeth, priorissa, Deo sacrata, *elle gist céans.*

360. 23. Marguarita, Deo sacrata, abbatissa de Faremonasterio.

361. 25. Petrus, miles, de Barris; Odo, miles, frater ejus; Guillelmus, nepos eorum.

362. 27. Elisabeth, Deo sacrata, priorissa Curie Beate Marie; Elisabeth, monaca, abbatissa, de Triangulo.

OCTOBER.

363. 1. Ansellus, dominus de Triangulo; Sibilla, uxor ejus; Joannes, miles, de Romiliaco.

364. 2. Guibertus, laicus, qui dedit nobis XII denarios census super terram *de La Tancle,* pro remedio anime patris, matris, et uxoris ejus.

365. 3. Agnes, domina de Volaumonte; Erardus de Garcheio, abbas Sancti Martini.

366. 6. Hugo, dominus de Montefolio; Gila, uxor ejus.

367. 8. Guido, canonicus, cantor Carnotensis; Henricus, monacus de Resbaaco.

368. 10. Philippus, canonicus Laudunensis; Reginaldus, dominus de Nantoleio; Elisabeth, Deo sa-

crata, domina de Nogento, *elle gist au chœur aux prestres, la première devers le Saint-Esprit.*

369. 18. Guillelmus, decanus Autissiodorensis; Droco, sacerdos, canonicus Laudunensis; Joannes, archidiaconus ecclesie Beati Petri Trecensis; Johanna, Deo sacrata, *elle gist au cimetière.*

370. 20. Elizabeth, Deo sacrata, *elle gist en cloître;* Guillelmus, dominus de *Fojon,* et Margarita, uxor ejus, *elle gist au cloistre, au pavé devers la cuisine.*

371. 21. Stephanus, miles, de Chanayo; Agnes, Deo sacrata.

372. 22. Milo, miles; Marguarita, Deo sacrata; Heloisa, laica; Philippus, armiger; Marguarita, laica; Philippus, armiger; Marguarita, laica; Milo, armiger; Joannes de Pruvino, clericus.

373. 23. Joannes, armiger, *dict de Fogon.*

374. 26. Garnerius, miles, de *Villersbonnex.*

375. 29. Guido, miles, dominus de Soleigniaco.

376. 30. Petrus Astrolabius, magistri nostri Petri filius; Petrus, miles, de Barris; Joannes, dominus Calvimontis, frater ejus [1].

NOVEMBER.

377. 3. Guido *Gasteblé,* miles; Comitissa, uxor ejus; Petrus, archiepiscopus Remensis.

378. 4. Galterus, miles, dominus de Foissaco.

379. 7. Jacobus, miles, dominus de Barris; Joannes Odo, fratres ejus.

380. 9. Eustachia, Deo sacrata; Renaudus, miles de *Boy.*

381. 10. Maria, priorissa, Deo sacrata, *elle gist au cimetière, sous les arbres.* Obiit, imo transiit, ut spe-

---

[1] Le 30 octobre 1626 est décédée sœur Charlotte de Saint-Parize, prieure du prieuré de Saint-Martin de Borans, en l'année 1626. Priez Dieu pour son âme.

ramus, de mundo ad Christum vir magne sanctitatis Hugo, Rothomagensis archiepiscopus, persona moderatione excellentissima, et... donans copiosissima manu... X marchas argenti et XL libras et quinque sericos ad ornamenta...

382. 11. Garnerius, abbas Sancti Petri Meledunensis ; Agnes, monaca, priorissa de Nonforti.

383. 12. Elisa de Barris, domina de Calvimontis.

384. 13. Elizabeth, Deo sacrata, Pomeriensis abbatissa.

385. 15. Ansellus, miles, *Gasteblé*.

386. 18. Martirdis, infantula; Jacoba, Deo sacrata, abbatissa Pomeriensis ; Felicitas, domina de Pirone, que dedit nobis XL libras pro redditu emendo pro anniversario suo faciendo.

387. 19. Petronilla, Deo sacrata, *elle gist au cimetière*.

388. 20. Robertus, archidiaconus, canonicus Laudunensis.

389. 23. Johanna, laica, *elle ne gist pas céans* [1].

390. 29. Ansellus de Triangulo, dominus Vicinarum ; Agnes, uxor ejus; Ansellus, Droco, filii eorum.

DECEMBER.

391. 1. Hersindis, mater domine Heloise, abbatisse nostre; Theobaldus, abbas de Cantumerula.

392. 3. Elizabeth, domina de Cantualo.

393. 4. Dionisia, magistri nostri Petri germana; Yda, quondam abatissa; Droco, miles, dominus de Triangulo; Beatrix, uxor ejus; Guido, canonicus Autissiodorensis. Theobaldus, rex Navarre.

394. 5. Commemoratio Cormeracensium fratrum.

395. 6. Guillelmus, abbas Sancti Remigii Senonensis;

---

[1] Le 23 novembre 1693 est décédée Gabriel-Marie de la Rochefoucault, qui a été 29 ans abbesse de céans, elle est morte à Notre-Dame de Soissons, dont elle était abbesse.

7. — CONFRATERNITÉS EN FAVEUR DES MORTS. 473

Garinus, miles, dominus de Marcelliaco; Helisindis, uxor ejus, qui nobis dederunt XIV sextarios bladi in molendino de Marcelliaco ad receptionem conventus.

396. Marguarita de Marcelliaco, familiaris nostra.

397. 10. Gundricus, sacerdos, loci Trianguli fundator.

398. 12. Alexander, archidiaconus Sancte Marie Remensis.

399. 13. Elizabeth, Roseti cenobii fundatrix.

400. 14. Commemoratio Cisterciensium; Emelina, abbatissa, Deo sacrata, Pomerii.

401. 20. Ansellus, Trecensis archidiaconus.

402. 22. Guido, miles, de Marcelliaco.

403. 23. Odo, miles, de Pruneto; frater Renaudus, heremi de Pontibus.

404. 25. Petrus, Cluniacensis abbas, cujus concessu habet ecclesia nostra corpus magistri nostri Petri.

405. 26. Fulbertus, canonicus, domine Heloise avunculus.

406. 29. Garinus, familiaris noster, qui huic loco molendinum de Brusleto donavit.

407. 31. Henricus, Senonensis archiepiscopus; Menesserius, armiger, dominus de *Courmononcle*.

CONFRATERNITÉS EN FAVEUR DES MORTS.

Notre *Collection des principaux cartulaires du diocèse de Troyes* renferme de nombreuses chartes de prières accordées à de simples fidèles par des communautés ecclésiastiques et religieuses. Ici nous voulons parler des lettres de confraternité de prières pour les morts données par des communautés (chapitres, collégiales, abbayes, prieurés) à d'autres communautés ecclésiastiques ou religieuses.

Dans le savant travail de M. Léopold Delisle, intitulé

Rouleaux des Morts, on voit que du XIIe au XVe siècle les communautés ecclésiastiques et religieuses du diocèse de Troyes étaient unies par des confraternités à d'autres communautés appartenant même à des diocèses fort éloignés.

Les *Obituaires* que nous publions signalent très-fréquemment ces sortes de fraternités.

Dans nos *Cartulaires*, on trouve plusieurs actes d'associations ou lettres de fraternité en faveur des défunts entre des communautés ecclésiastiques et religieuses. Nous ajoutons quelques autres formules de confraternités.

Dans le diocèse de Troyes, la plupart des confraternités, formées avant la fin du XIIIe siècle, souvent renouvelées dans les âges suivants, tombèrent généralement en désuétude vers la fin du XVIIe siècle.

I. *Confraternité entre Montier-la-Celle et Moutier Saint-Jean, février 1236.*

Venerabilibus in Xpisto fratribus religiosis viris Guidoni, ecclesie Reomaensis divina permissione abbati, et ejusdem loci conventui, frater Letericus divina permissione Sancti Petri de Cella dictus abbas, et ejusdem loci conventus Trencensis, salutem et sinceram in Domino charitatem. Noveritis quod, ad petitionem charissimi nostri Guidonis, ecclesie Reomaensis abbatis, et quorumdam fratrum ecclesie predicte, in nomine Domini nostri Jhesu Xpristi unanimi assensu talem contraximus vobiscum societatem. Si domnus abbas Reomaensis ad nos venerit, et capitulum tenere voluerit, ei licebit, et quecumque ibi tractanda sunt disponere et fratres de quacunque sententia absolvere poterit. Similiter nostre ecclesie abbati in ecclesia Reomaensi idem, si voluerit, facere licebit. Item si aliquis monachus vester, excepto furto, discordatus ab abbate et capitulo vestro, ad nos venerit, quoad usque reconciliatus fuerit eum retinebimus, et ei necessaria providebimus; et vos similiter de nostro facietis. Si autem brevis defuncti ante capitulum venerit, commendatio, vigilie, missa matutinalis, ac si presens esset corpus, pro eo celebratur. Breves in capitulo legentur, post capitulum omnes campane pulsabuntur, generale fiet officium. Si autem post capitulum, quacunque hora venerit usque ad collationem, statim vigilie cantabuntur, cetera usque in crastinum differentur. In conventu VII vigilie et VII misse fient, inter fratres tricenarius missarum dividetur, pro eo XXX diebus in refectorio prebenda dabitur, unusquisque sacerdotum missam unam, unusquisque diaconorum, subdiaconorum, acolythorum psalterium unum; conversi centum *Miserere mei Deus,* vel totidem *Pater noster* dicent. In calendario nomen defuncti scribetur, et aniversarium quasi pro nostro professo celebrabitur. In anniversariis abbatum magne vigilie fient. Ad hanc societatem confirmandam et retinendam festivitas sancti Johannis Reomaensis, hominis Dei, in XII lectionibus celebrabitur apud nos, et festum sancti Frodoberti apud vos in XII lectionibus similiter. In cujus rei testimonium et memoriam presentes litteras sigillorum nostrorum munimine fecimus roborari. Anno gratie M° CC° XXX° sexto, mense februario.

(Rovier, *Reomaus,* p. 260.)

[Cette confraternité fut renouvelée au mois de décembre 1279, sous les sceaux des deux abbés *F*[*elisius*], *abbas Cellensis ; Gaudricus, abbas Reomaensis.*— Archiv. de l'Aube, *Invent. de Montier-la-Celle,* t. I, fol. 225, n° 9.]

II. *Confraternité entre l'abbaye de Montiéramey et l'abbaye de Saint-Maurice d'Agaune, 14 mai 1287.*

« Reverendo patri in Xpisto ac domino domino... R[...], Dei permissionne abbati Arremarensi, sacroque conventui... G[...], Dei patientia humilis abbas Sancti Mauricii Agaunensis totusque, ejusdem loci conventus... desideramus una cum conventu nostro speciali vinculo karitative dilectionis vobis in Xpisto confederari... vos participes constituimus omnium bonorum que fiunt et fient deinceps in ecclesia nostra Agaunensis, domibus et prioratibus ejusdem ecclesie nostre pertinentibus in missis, psalmis, orationibus, vigiliis, jejuniis elemosinis, et aliis omnibus bonis que in eis fient in perpetuum, statuentes singulis annis IX° kal. octobris ita solempniter fieri servicium in ecclesia nostra pro defunctis fratribus ecclesie vestre ut preter servicium quod solempniter fiet in conventu nostro quilibet sacerdos celebret missam unam, reliqui psalmos L dicant. Volumus enim quod inter nos et vos in temporalibus et spiritualibus fraternitas vigeat perpetua et quod quandocumque aliquis fratrum vestrorum ad nos missus fuerit, vel transitum per nos fecerit, benigne recipiemus et eum karitatlve in Domino curabimus pertractare sicut unum ex nostris secundum ordinis nostri observancias et statuta. Necnon et cum obitus alicujus fratris conventus vestri in capitulo nostro fuerit pronunciatus, tantum faciemus pro ipso quantum pro uno de nostris facere tenemur... Actum in capitulo nostro II° idus maii, anno Domini M° CC° LXXX° septimo. » — (Archiv. de l'Aube, *Origin.*)

III. *Confraternité entre les abbayes d'Oye et de Nesle-la-Reposte, juillet 1295.*

Confraternité signée entre Michel, abbé d'Oye, et Raoul, abbé de Nesle-la-Reposte, et les deux abbayes. La même association est confirmée par Guichard, abbé de Nesle, au mois de janvier 1300. — (Archiv. de l'Aube. *Origin.* F. Montier-la-Celle, Saint-Gond, n. 17.)

IV. *Secuntur fraternitates et societates monasterii Celle.*

Sancti Salvatoris in ecclesia Trecensi.
Ecclesie monasterii Arremarensis.
Ecclesie monasterii Dervensis.
Ecclesie monasterii Molismensis.
Sancti Germani de Pratis.
Ecclesie Reomensis.
Ecclesie Viziliacensis.
Sancti Remigii Rhemensis.
Sancti Petri de Balma.
Majoris Monasterii.
Sancti Vincentii Laudunensis.
Ecclesie Cluniacensis.
Sancti Dionysii in Francia.
Sancti Benigni Divionensis.

Sancti Petri de Besua.
Sancti Michaelis Tornodorensis.
De Nigella, diocesis Trecensis.
Caziaci.
De Cantumerula, diocesis Trecensis.
Sancte Columbe Senonensis.
Sancti Petri Vivi Senonensis.
Sancti Remigii Senonensis.
Sancti Petri Resbacensis.
Sancti Faronis Meldensis.
Monasterii Corbeiacensis.
Sancti Petri Cathalaunensis.
Sancti Quintini Belvacensis.
Sancti Lupi Trecensis.
Sancti Martini Trecensis.
Beate Marie de Pratea, ordinis Carthusiensis, prope Trecas.

Copie du XIVe S., que nous possédons. (Voir Camusat, *Promptuar.*, fol. 39 v°.)

V. *Confraternité entre Saint-Martin-ès-Aires et Notre-Dame-en-l'Ile, 5 juillet 1423.*

Universis presentes litteras inspecturis et audituris frater Felix, humilis abbas monasterii B. Martini in Areis Trecensis, ordinis S. Augustini, totusque ejusdem loci conventus, ex una parte, et frater Guillermus *Pichot*, humilis prior prioratus conventualis B. Marie et B. Katherine de Insula Trecensi, ordinis Vallis Scolarium, ac totus etiam dicti loci conventus, ex altera parte, salutem et sinceram in Domino caritatem.

Quia labente curriculo temporum ea que gesta sunt cito a memoria hominum recedunt, presertim que per negligentiam minime scripta retinentur. Idcirco tenore presentium ad notitiam posterorum nostrorum volumus devenire vinculum dilectionis societatis ac in Christo fraternitatis quo nos posterosque nostros ac ecclesias nostras ad invicem perpetuo conneximus. In utriusque nostro capitulo, nobis capitulantibus et propter hoc specialiter congregatis, nemine nostrum in hoc discrepante, sed potius consentiente, videlicet quod nos de S. Martino in festo B. Katherine, virginis, processionaliter ad eorum ecclesiam ibimus et ad celebracionem majoris Misse deinceps annuatim intererimus.

Et nos etiam de Insula in majori festo B. Martini annuatim processionaliter ibimus ad dictam ecclesiam B. Martini et ad celebracionem majoris Misse similiter presentes intererimus. Insuper, nos de S. Martino, nunciato nobis de cetero obitu cujuslibet religiosi dicti loci de Insula ad obsequium ejus processionaliter ibimus et debitum servicium pro eo Domino persolvemus, nomina que deinceps obeuncium religiosorum dicti prioratus de Insula in martirologio nostro, ut nostrorum concanonicorum, ascribemus et eos annuatim in capitulo nostro recolemus.

Et nos prior et conventus predicti de Insula, nunciato nobis similiter obitu cujuslibet canonici dicti monasterii, ad ejus obsequium processionaliter ibimus et ut nobis ipsi pro nobis spoponderuut, debitum servicium persolvemus, nominaque eorum canonicorum obeuntium in martirologio nostro ascribemus et annuatim, ut nostros, recolemus.

In quorum omnium fidem et testimonium sigilla nostra presentibus litteris duplicatis duximus apponenda.

Datum Trecis, die lune quinta mensis julii, anno. Domini millesimo quadringentesimo vicesimo tercio. — (Archiv. de l'Aube, *Origin. scellé*, 4 sceaux, F. Saint-Martin-ès-Aires, 5 H[bis] 1.)

VI. *Confraternité de Saint-Pierre, Saint-Etienne, Saint-Urbain, Montier-la-Celle, Montiéramey, Larrivour, Saint-Martin, Notre-Dame-en-l'Ile et l'Hôtel-Dieu-le-Comte avec Saint-Loup de Troyes, 28 août 1448.*

In nomine Sancte et Individue Trinitatis, Patris et Filii et Spiritus Sancti, Amen. Universis presentes litteras inspecturis et audituris, decani et capitula majoris (Sancti Petri), et collegiatarum Sancti Stephani et Sancti Urbani Trecensis ecclesiarum, fratres Johannes Raulini Celle prope Trecas, Galterus de Lavoncuria, Arremarensis, ordinis S. Benedicti, Petrus de *Montigny* de Ripatorio, Cisterciensis ordinis, Trecensis diocesis, Felix *Hardy* Sancti Martini in Areis Trecensis ordinis sancti

Augustini, monasteriorum abbates humiles totique eorumdem locorum conventus, Egidius *Vitdange*, prior prioratus conventualis Beate Marie de Insula Trecensis, ordinis Valliscolarium, Guido *Le Moigne*, prior et magister, fratres et sorores domus Dei Comitis Trecensis, ordinis sancti Augustini, venerabilibus et religiosis viris abbati et conventui monasterii Sancti Lupi Trecensis, ordinis sancti Augustini, salutem et sinceram in Domino caritatem cum orationum suffragio salutari, omnium incrementa virtutum.

Quamvis ex caritatis debito omnibus teneamur, illis tamen longius obligamur quorum dilectionem certis beneficiorum indiciis frequentius experimur. Proinde vestre devotionis sinceritatem attendentes quam erga nos et prefatas nostras ecclesias et benefactores earumdem geritis, vestra pia et veridica relatione cognovimus, dignum putavimus et divine acceptabile voluntati ut a nobis et ecclesiis nostris et benefactoribus earumdem prerogativam sentiatis spiritualium gratiarum caritatis nostre subsidiis dignam rependere vicem cupientes spiritualibus beneficiis, prout in nostris apud Deum servamus desideriis compensare spiritualiter affectamus. Eapropter vos omnes presentes pariter et futuros ac benefactores vestros ad confraternitates nostras et universa et singula nostra et dictarum ecclesiarum, monasteriorum et conventuum nostrorum suffragia in vita recipimus pariter et in morte. Plenam vobis omnibus et benefactoribus vestris, ut premittitur, missarum, orationum, officiorum, predicationum, jejuniorum, elemosinarum, peregrinationum, disciplinarum, instructionum, vigiliarum, abstinentiarum, devotionum, votorum, observationum, contemplationum, meditationum, studiorum, exercitationum et omnium bonarum operationum participacionem tenore presentium gratiose conferentes, que per nos, fratres et benefactores nostros et dictarum nostrarum ecclesiarum et ordinum per universum orbem operari et acceptare dignabitur clementia Salvatoris. In cujus rei testimonium sigilla nostra presentibus duximus apponenda. Datum et actum in capitulis nostris, anno Domini millesimo quadrigentesimo quadragesimo octavo, die vicesima octava mensis augusti. — (Archiv. de l'Aube, *Origin.*, F. Larrivour, 4 H 1.)

Nous ajouterons les trois renseignements suivants :

Le 12 décembre 1533, le *Rotulus mortuorum* de Cluny est présenté au chapitre de Saint-Pierre de Troyes qui fait inscrire les noms des chanoines morts depuis douze ans. — (Archiv. de l'Aube, *reg.* G. 1282, fol. 367, r°.)

Le 18 juin 1535, le *Rotulus mortuorum* de Saint-Aubin d'Angers est présenté solennellement au chœur de Saint-Pierre de Troyes. — (Archiv. de l'Aube, *reg.* G. 1282, fol. 422, v°.)

Enfin, parce que l'abbaye de Clairvaux appartient maintenant au diocèse de Troyes, on nous permettra de rappeler les cent quinze confraternités énumérées dans l'Obituaire de Clairvaux [1], et formées dans le cours du moyen-âge.

A une date toute récente, mars 1601, nous trouvons des lettres d'association entre l'abbaye de l'Olive, en Prusse, et l'abbaye de Clairvaux. Ces lettres sont adressées à Denys Largentier, abbé de Clairvaux, par David Konarski, abbé de l'Olive, et signées par lui, tous les officiers, les religieux et les convers de l'abbaye. — (Archiv. de l'Aube. *Origin.*, scellé des sceaux de l'abbé et de l'abbaye. Ecriture gothique-allemande, flamboyante, chef-d'œuvre de calligraphie.)

---

[1] Voir notre *Trésor de Clairvaux*, p. 181.

TABLE

DES

NOMS DE PERSONNES

[NOTA. — Les personnes sont désignées par leur nom le plus connu, ou par leur surnom.]

Aalipide, voy. Hélissende.
Abailard (maître Pierre), 425, 450, 452, 464, 465, 469, 473.
Acceline, prieure du Paraclet, 460.
Adam, apothicaire, 22.
Adam (Etienne) et Marie, sa femme, 397.
Adam de Blaincourt, Pierrette, sa femme, 397, 406.
Adam de Château-Landon, chan. prêtre de Saint-Etienne, 26.
Adam *de Meleta*, 241.
Adam *de Pels*, 235.
Adam de Sarrey, doyen de Saint-Urbain, 228, 331, 335, 339, 361.
Adam de Soisy, chevalier, 443.
Adam, curé de Villeloup, 227.
Adélaïde (Adèle, Alix), femme de Thibaut Ier, comte de Champagne, 387.
Adélaïde, comtesse, 440.
Adélaïde, abbesse d'Avenay, 420.
Adélaïde, abbesse de Notre-Dame-aux-Nonnains, 421.
Adèle, *al.* Alix de Champagne, fille de Thibaut II, comte de Champ., épouse de Louis VII, roi de France, sœur de Henri Ier, comte de Champ., 304.
Adélaïde de Chappes, 241.
Adélaïde de Chappes, jeune enfant, 420.
Adélaïde *de Clauso*, 241.
Adélaïde de Luyères, 223.
Adèle ou Adélaïde de Normandie, épouse d'Etienne-Henri et mère de Thibaut II, comte de Champagne, 273.
Adélaïde, vicomtesse de Polignac, 409.

Adélaïde de Vendeuvre, abbesse de N.-Dame-aux-Nonnains, 426, 432.
Adélaïde de Villy-le-Maréchal, abbesse de Notre-Dame-aux-Nonnains, 446.
Adélaïde, prieure de Trainel, 465.
Adélaïde de Verzy, *Deo sacrata*, 429.
Adélaïde de Wous, religieuse, 452.
Adélaïde, *Deo sacrata*, 420 ; autre, 439.
Adélaïde, *monacha ad succurrendum*, 429 ; autre, 411.
Adélaïde, *laica*, 417 ; autre, 425.
Adèle, abbesse de N.-Dame-aux-Nonnains, 424.
Adèle, *monacha*, du Paraclet, 425.
Adeline, prieure de N.-Dame-aux-Nonnains, 442.
Adeline, chantre de Faremoutier, 417.
Adeline, chantre de N.-Dame-aux-Nonnains, 424.
Adeline de Bar, *conversa*, 435.
Adeline, *conversa*, 417.
Adeline, veuve de Jean Buisson, 348.
Adeline, dite Châtelaine, de Fontvannes, sœur d'Etienne du Port, 357, 379.
Adeline, femme de Pierre de Saint-Quentin, 230, 231.
Adeline, femme de Renaud de Roncenay, 399.
Adeline, veuve de Simon Fourny, nièce de l'évêque Henri de Poitiers, 176, 180.
Adeline du Pont, 454.
Adeline de Saint-Remy, 460.
Adelips, *laica*, 431.
Adémar *de Virsiaco*, prêtre, 32.

Adérald (saint), 118.
Aganon d'Hervy, chevalier. 245, 437.
Aganon de Saron, chevalier, 422.
Agathe, nièce d'Abailard, 452.
Agnès, abbesse de Châteaudun, 462.
Agnès, abbesse de Jouarre, 430.
Agnès, prieure de Nontfort, 472.
Agnès, prieure du Paraclet, 448, 449.
Agnès, *monacha*, 417.
Agnès, *monacha ad succurrendum*, 426.
Agnès d'Ailly, 458.
Agnès, dame de Bouy, 452, 467.
Agnès de Broyes, dame de Saron, 443.
Agnès de Chamblain, *Deo sacrata*, 441.
Agnès de Champagne, fille de Thibaut II, 283, 431.
Agnès de Champguyon, 420.
Agnès de Fleurigny, *Deo sacrata*, 433.
Agnès de Joigny, religieuse, 447.
Agnès, vicomtesse de Lignières, 438.
Agnès de *Linan*, religieuse, 451.
Agnès de Macey, *laica*, 426.
Agnès de Marigny, religieuse, 447.
Agnès de Mécringe, religieuse, 448.
Agnès de Nantouillet, relig., 451.
Agnès de Rhèges, 395.
Agnès de Reims, relig., 459.
Agnès de Saint-Aubin, relig., 448.
Agnès de Saint-Parres, relig., 455.
Agnès de Saint-Port, relig., 450.
Agnès de Traînel, relig., 449.
Agnès de Valléry, 436.
Agnès de Vaux, relig., 449.
Agnès, dame *de Volaumonte*, 470.
Agnès, vicomtesse, 437.
Agnès de Marigny, dame de Resson, 464.
Agnès, femme d'Anseau, seigneur de Voisines, 472.
Agnès et Henri Dorey, 395, 408.
Agnès et Philippe, 433,
Agnès, enfant, 468.
Aimard de Saint-Oulph, chan., 254.
Aimery, cardinal, évêque de Chartres, 18.
Alard de Savigny, abbé de Saint-Loup, 386, 396.
Albéric (maître) *de Verberia*, 20.
Alboin, chantre de Saint-Etienne, 225.
Alcuin, abbé de Saint-Loup, 387.
Alerme d'Arras, 237, 242.
Alerme, cellérier de Saint-Etienne, 242.
Alexandre, archid. de Reims, 26, 473.

Alexandre (Yves), doyen de Saint-Urbain, 343.
Alipse et Guyot de Maraye, 327.
Alix, *monacha*, 427.
Alix, dame de Boissy, 468.
Alix du Chanoy, prieure du Paraclet, 451, 458.
Alix de Chennegy, *monacha ad succurrendum*, 419.
Alix, abbesse du Paraclet, 448.
Alix, abbesse du Paraclet, 457.
Alix, prieure du Paraclet, 457.
Alix, prieure de Traînel, 450.
Alix de Closfontaine, relig., 453.
Alix de Courgivaux, relig., 459.
Alix de France, fille de Louis VII, 304.
Alix de Gules, relig., 452.
Alix de Jutigny, relig., 447.
Alix de La Motte-Tilly, relig., 449.
Alix de Paroy, prieure du Paraclet, 448.
Alix de Troyes, relig., 452.
Allais, mercier, de Langres, 407.
Allard (Esprit d'), marquis de Grimault, 115.
Alpais, *laica*, 419, 426.
Ameret (Philippe), garde des foires de Champagne, 18.
Ami (maître), médecin, 428.
Amone de Vergigny, 398.
Ancel (maître), 24.
Ancel de Chigy, 22.
Ancel de La Saulsotte, 33.
Ancelin Chanel, 21.
Ancelot (Henri), curé de Premierfait, 322.
Ancher, cardinal, neveu d'Urbain IV, 243, 353, 356, 361, 377.
Ancher, prêtre, 437.
Ancher de Soulaines, 227.
Andoilette (Guillaume), abbé de Saint-Loup, 391.
Andoilette (Pierre), abbé de Saint-Loup, 390, 391, 403.
André, abbé de Cheminon, 419.
André, chevalier, 440.
André, grenetier, 25.
André de Luyères, chan., 216, 242, 250.
André de Meaux, chan., 226.
André, seigneur *de Merreolts* al. *Marreveiz*, 468.
André de Saint-Phal, seigneur de Saint-Phal, doyen de St-Pierre, 22, 51, 202.
André de Saint-Phal, chevalier, 437.

Andry (Pierre), sous-chantre de Saint-Pierre, 102.
Angelbert, chanoine, 29.
Angelmer, 1ᵉʳ chanoine régul. de Saint-Loup, 393.
Angenoust (Odard), chanoine, 272, 278, 287, 292, 293.
Angermer, chanoine, 25.
Anglée (dame), 232.
Anne d'Autriche, reine de France, 445.
Anseau ou Anselme, archid. de Troyes, 473.
Anseau (I), seigneur de Traînel, 469.
Anseau, seigneur de Traînel, 460.
Anseau, seign. de Traînel, 461.
Anseau, seign. de Traînel, 466.
Anseau dit le Gros, seign. de Traînel, Sibille, sa femme, 470.
Anseau de Traînel, chevalier, 222.
Anseau de Traînel, seign. de Voisines, 460.
Anseau de Traînel, seign. de Voisines, Agnès, sa femme, 472.
Anseau, père de Jean de Charmoy, 465.
Anseau, chevalier, Mathilde, sa femme, 461.
Anseau, chevalier, 427.
Anseau et Itier, chevaliers, 428.
Anselme de Fleurigny, clerc, 419.
Anseric d'Arcis-sur-Aube, doyen de Langres, 440.
Anseric, sous-diacre, 23.
Antigny (Nicole d'), curé de Saccy, 157.
Aramberge, *conversa*, 420.
Aremberge, *monacha*, 422.
Arbois (Pierre d'), l'ancien, chan. de Sᵗ-Pierre, 18, 39, 52, 73, 87, 88, 108, 121, 193, 194.
Arbois (Pierre d'), le jeune, chan. de Sᵗ-Pierre, 38, 70, 71, 90, 107, 159, 166, 194.
Arbois (Pierre d'), chan. de Sᵗ-Pierre, 252, 265.
Argenteuil (Association), 469.
Arnoul de Châlons-sur-Marne, doyen de Saint-Etienne, 264.
Arnaud, curé de Verdey, 22.
Arnould, archidiacre, 23, 195.
Arnoul, chantre, 420.
Arnoul, chevalier, 26.
Arnoul de *Glanna*, 26.
Arouaise (Association), 391.

Artaud, camérier, 418.
Artaud, trésorier, 22, 231.
Artaud, père de Jean, 245.
Artaud de Nogent, 430.
Artheriel (Elisabeth), 355.
Asceline, *monacha*, 422.
Aspasie, *laica*, 432.
Astrane, 1ʳᵉ prieure du Paraclet, 453.
Astrolabe (Pierre), fils d'Abailard, 471.
Aubert *de Clauso*, 248.
Aubert *de Corpore*, précepteur de la maison d'Orient, 183.
Aubry, drapier, 30.
Auda et Jacques Roncevalle, 222.
Aveline de Nogent, relig., 452.
Aveline, *Deo sacrata*, 418; autre, 424.
Ayce (maître), chanoine, 33.
Aymar de Poitiers, comte de Valentinois, 47.
Aymisius (maître), d'Orléans, 27.
Aymon (maître), 24.
Aymon d'Arcis-sur-Aube, sous-chantre de Saint-Etienne, 90, 257.

Bailly (Jean), architecte de Sᵗ-Pierre, 134.
Balthazar de Mons, tapissier, 186, 187.
Barat (François), doyen de Sᵗ-Urbain, 333, 364.
Barbette (Etienne), chanoine, 242.
Barbier (Mammès), vicaire de Saint-Nizier, 411.
Bareton (Jean), grand-archidiacre de Troyes, 38, 115.
Bareton (Jean), de Méry-sur-Seine, 180.
Barres (Agnès des), dame de Vilevenard, 462.
Barres (Eudes des), trésorier de Sens, 461.
Barres (Eudes des), écuyer, 469, 470, 471.
Barres (Guillaume des), chevalier, 465-466.
Barres (Hélissende des), abbesse du Paraclet, 457.
Barres (Jacques des), 471.
Barres (Jean des), seigneur de Chaumont, 471.
Barres (Jeanne des), abbesse du Paraclet, 460.
Barres (Jeanne des), dame de Vienne, 466.
Barres (Marguerite des), dame de Bouville, 464.
Barres (Pierre des), chev., 466, 470, 471.

Barthélemy-Haïce, évêque de Troyes, 17, 28, 92, 95, 103, 218, 421.
Barthélemy, doyen de Saint-Etienne, 236, 435.
Barthélemy, curé de Courteranges, 397.
Barthélemy, écuyer, 435.
Baudoin (maître), chanoine, 235.
Baudoin, chanoine, 217.
Baudouin de Pont-sur-Seine, chan., 26.
Baudoin de Porte-Marne, chan., 245.
Baudoin, prêtre, 19, 22.
Baudoin, chevalier, 426.
Baudoin, *interfectus*, 439.
Baudot (Pierre), grand-archidiacre de Troyes, 57, 122, 123.
Baudot (Pierre), sous-chantre de Saint-Pierre, 333.
Baux (Marguerite des), comtesse de Brienne, 402.
Béatrix et Dreux, seign. de Trainel, 472.
Béatrix de Fontenay, 452.
Béatrix de La Chapelle, 449.
Béatrix et Raoul, 425.
Béatrix, *laica*, 420 ; autre, 421.
Béatrix, *monacha ad succurrendum*, 434.
Beaumetz (Thomas de), archevêque de Reims, 329, 331.
Beaumont (Nicolas de), chanoine, 324, 328, 334, 341, 345, 347, 357, 371.
Belette (Guillaume), 405.
Béliarz (Jacques), chanoine, 242.
Belin (Etienne), 159.
Belin (Pierre), chanoine, 334.
Beline, *Deo sacrata*, 420.
Bellot (Hebert), chanoine, 226, 243.
Bellevue (Jean de), chanoine, 104.
Belocier (Jean), 29.
Belocier (Pierre), chan., 19, 21, 35, 66.
Benoit, chanoine, 239.
Benoit (Edme *al.* Edmond), chanoine, 43, 56, 100, 119.
Benoit de Chigy, 19.
Benoit, prêtre, 19.
Bocel (Eudes), *al.* Bouchu, 214, 232.
Bocel, *Buciz* (Guerry), 22, 248, 443.
Bochelle, *al.* Bochet (Jean de), chantre, 22, 31, 124.
Bergier (Jean), chanoine, 241.
Bernard (saint), 13, 14, 434.
Bernard, abbé de St-Loup, 391, 403.
Bernard de Vaucogne, chévecier de Saint-Etienne, 252.
Bernard, prêtre, 222.
Bernier, archidiacre de Troyes, 30.
Bérost (Barthélemy), 27.
Bertaud (Pierre), chanoine) 41, 76.
Berthier (Milon), chanoine, 337, 378.
Bertrand (Nicolas), trésorier, 337-338, 357, 368, 373.
Bertrand de Saint-Oulph, prêtre, 159.
Bichet (Remy), sous-chantre de Saint-Etienne, 31, 224.
Biétrix du Plessis, 447.
Bigot (René), chantre de Saint-Pierre, 38, 84.
Billotte (Laurent), chanoine, 330, 351.
Bizet (Jean) de Barbonne, chanoine, 254, 351, 378.
Blanchard (Gauthier), chanoine, 240.
Blanchard (Gauthier), chanoine, 234.
Blanche d'Artois, femme de Henri III, comte de Champagne, 306, 359.
Blanche de Navarre, femme de Thibaut III, comte de Champagne, 17, 29, 105, 220, 223, 306, 422.
Blanche et Pierre Sarrazin, 356.
Blanches-Mains (Guillaume aux), archevêque, cardinal, 306.
Blanchet (Jean), secrétaire de Charles V, 256, 258, 315, 364.
Blanchet (Jean), sous-chantre de Saint-Pierre, 50.
Blancol, chanoine, 225.
Blancs-Manteaux (église des), 188.
Boileau (Jean), 399, 403, 407.
Boileau (Pierre), 409.
Boilletot (François), 208.
Boilletot (dame) et Jean-Baptiste Legrin, 310.
Boisson (Guibert), 256.
Boiteux, peintre, 109.
Bompas (Jean), médecin, 327, 372, 378.
Bonaventure de Dampierre, prieur de Marigny, 414.
Bonhomme (Nicolas), chanoine, 106-107, 276.
Bonnerat (Nicole), femme de Lardot, 374.
Bonnet, chanoine, 437.
Bonnet, clerc, 225.
Bonnet de Délon, 438.
Bonnet de Luyères, 243.
Bonneval (Antoinette de), abbesse du Paraclet, 452, 467.

Bonneville (Jean-Baptiste), 329.
Bonnin (Mme Guillaume), marguillier à verge, 73.
Bonnot de Macey, 247.
Bordes (Claude), chanoine, 120.
Boscella, *Deo sacrata*, 427.
Bossuet (Jacques-Bénigne), évêque de Troyes, 132.
Bouchard (Bertrand), clerc, 239.
Bouchard (Gauthier), chanoine, 238.
Bouchard (Guillaume) de Vendeuvre, chevalier,
Bouchard (Pierre), 223.
Bouchu, voy. Bocel (Eudes),
Bouchu (Guerry), chanoine, 237.
Bouchu, *al.* La Bouche (Lambert), chevalier, 218, 235.
Bouczo, chanoine, 143.
Bougin (Guillaume) de Saint-Mards, 159.
Bouillerot (Simon), chanoine, 49.
Bouisson (Jean dit), 263.
Boulant (Jean), citoyen de Troyes, 257 315.
Boulard (Etienne), chanoine, 283.
Boulard (Nicolas), chanoine, 43, 283.
Boulogne (Etienne-Antoine de), évêque de Troyes, 209,
Bourgeois de Paris (confrérie), 187.
Bourgeois (Edme), 40, 45, 209.
Bourgeois (Gabriel), chantre de Saint-Urbain, 349, 358, 369, 374.
Bourgeois (Nicolas), commiss. des poudres en Champagne, etc., 45, 408.
Bourgogne (Nicolas), doyen de Saint-Etienne, 263, 319.
Bourgein (Nicolas), chanoine, 286
Bouthillier (François), év. de Troyes, 130.
Bouthillier de Chavigny (Denis-François), évêque de Troyes, 130-131.
Boutifard (Nicolas), 260.
Bournonville (Ambroise-François de), seign. de La Motte-Tilly, prêtre, 416
Bouvard (Jean), tanneur, 333.
Bovain (Guillaume), 116.
Bovon, chevalier, 431.
Braque (Jean VI de), évêque de Troyes, 44, 114, 160, 213.
Breslay (René de), évêque de Troyes, 51, 65, 101, 122, 195.
Brètes (les seigneurs de), 454, 455.
Breyer (Françoise), sœur de Remi Breyer, 340.

Breyer (Remi), chanoine, 335, 352, 359 *errat*.
Brians, chanoine, 241.
Brice (Guillaume), 409.
Bricet, frère de Jean de Torcy, 261.
Bridemiche (G.), prêtre, 229.
Bridemme (Gaucher), écuyer, 423.
Bridemouche (Blanche), 224.
Bridemouche (Jacques), 223.
Bridemouche (Jacques), *laicus*, 419.
Bridon (Thibaut), 241.
Bridon (Thierry), 233.
Brienne (Jean de), libraire à Troyes, 107.
Brillecourt (Adam de), doyen de Saint-Pierre, 159. *Voy*. Cochard.
Briolay (François de), grand archid. de Troyes, 51.
Brion (Jean de), archidiacre de Margerie, 77, 80, 137.
Brion (Pierre de), chanoine, 400.
Brochard, prêtre, 445.
Brouillart (Isabelle de), 450.
Broncaro (Jean), 332.
Bruchié (Etienne), prévot de St-Loup, 415.
Brunel (Thomas), diacre, 28.
Brunet (Thomas), chanoine, 237.
Bruyères (Jean des), doyen de Saint-Urbain, 326.
Budé (Dreux ou Droin), secrétaire du roi, 196.
Budé (Etienne), chanoine, 40, 196, 209.
Budé (Guillaume), secrétaire du roi, 69, 196.
Budé (Louis), chanoine, 69, 209, 269.
Budé (Nicolas), chanoine, 289.
Buffone (Jean), 33.
Burdin, *monachus*, 422.
Buridan (Jean), doyen de St-Etienne, 260.
Bursaut (maître Gauthier) de Villemaur, 32.
Buvray (Jean de), trésorier de Saint-Urbain, 349.

Calot (Jean), chanoine, curé de Saint-Remy, 61, 75, 209.
Camusat (Nicolas), chanoine, 83.
Candide, reine de Navarre, 466.
Canis *al.* Canny (Sébastien), chanoine, 57, 114, 209, 326, 378.
Caquey (Nicolas), chanoine, 40.
Carcassone (maître Guillaume), 28.
Carru (Nicolas), chanoine, 105.

Cassinel (Guillaume), seigneur de Romainville, etc., 164, 315-316.
Catherine, abbesse de Notre-Dame-aux-Nonnains, 431.
Catherine, abbesse de Notre-Dame-aux-Nonnains, 433.
Catherine, abbesse du Paraclet, 459.
Catherine, abbesse de La Pommeraie, 464.
Catherine (demoiselle) de La Chapelle-Saint-Luc, 269.
Catherine, femme de Pierre Deschamps, 250.
Catherine Deschamps, 456.
Cauchon (Jacques), neveu de Pierre d'Arcis, 174.
Cazillac (Claudine de), femme de Ch. de Choiseul, 37, 89.
Cécile, abbesse de N.-D.-aux-Nonn., 427.
Cécile de Meaux, sous-prieure du Paraclet, 450.
Cécile, *conversa*, 422.
Cécile, *Deo sacrata*, 426.
Céline, *monacha*, 425.
Cernel (Colet), sergent royal, 254.
Chabot (Jeanne de), abbesse du Paraclet, 467.
Chailley (Jean de), abbé de Saint-Loup, 391, 403.
Champagne, prêtre, 24.
Champ-Benoît (association), 423.
Champenois (Jean), chapelain, 243.
Champguyon (Denis de), doyen de Saint-Pierre, 24, 63, 199, 200.
Champigny (Jean de), chanoine, 18, 64, 90, 93-94, 196.
Chantecler, scribe, 323.
Chantemerle (association), 477.
Chapelain de Sézanne, chanoine, 240.
Chapeltot (Jean), chanoine, 266.
Chaperon (Geoffroi), 220.
Charles le Bel, roi de France, 262, 346.
Charles le Chauve, roi de France, 383, 391, 404.
Charles IV, roi de France et de Navarre, 251.
Charles V dit le Sage, roi de France, 348.
Charles VII, roi de France, 45.
Charles, roi de France, 420.
Charles, roi de Hongrie, 20.
Charles *de Clauso*, 28, 218.
Charles de Poitiers, seigneur de Longueville, 268.

Charles de *Reneborc*, marchand, 134.
Charlotte de Saint-Julien, chantre du Paraclet, 449.
Charlotte de Saint-Parise, prieure de Boran, 471.
Charpentier (Robert), dominicain, 159.
Charpy (Didier), prieur de Molins, 415.
Chartreux (association), 384.
Chassebras (Nicolas), chan., 96, 102.
Chastel (François), chanoine, 54.
Châtel (Pierre), chan. de Saint-Urbain, 327, 328.
Châtelet (Guillaume du), 251.
Chaure (Henri), 24.
Chauré (Colin), chanoine, 232.
Chauré (Gauthier), 245.
Chaurré (Robert), chanoine, 25, 218, 219, 220, 233, 245.
Chavaudon (Louis Guillaume de), grand-archidiacre de Troyes, 126-127.
Chelles (association), 421.
Chemery (Jean), 344, 370.
Chenevel (Simon), sergent royal, 183.
Chéret (Jacques), chanoine, 84.
Chevalier (Pierre), trésorier de S¹-Urbain, 338, 340, 341, 343, 346, 369, 373.
Chevriat (Jean), chanoine, 197.
Chevrier (Simon), chantre de S¹-Pierre, 53, 120.
Chézy (association), 477.
Chippot (Gérard), 260.
Choignot (Antoine), archidiacre de Sézanne, 62.
Choiseul (Charles de) 36, 37, 89, 197.
Choiseul (Elisabeth de), 37.
Choiseul (Roger de), 35, 36, 37.
Choiseul-Praslain (Anne de), abbesse de Notre-Dame-aux-Nonnains, 435.
Choiseul-d'Aigremont (Claude-Eléonore), 432, 435.
Choudey (Jean), chan. de N.-D. à Saint-Etienne, 255.
Chrétien, prêtre, 25.
Chrétien (Elie), bois près Foissy, 237.
Chrétien, père de Gérard de Bar, 21.
Chrétienne, *Deo sacrata*, 422.
Citeaux (association), 473.
Clairvaux (association), 480.
Clarellus de Saint-Savinien ou Rilly-Sainte-Syre, 33.
Claudine, femme de Clément, 406.
Clausier *al.* Closier (Jean), doyen de

Saint-Urbain, 316, 341, 362, 375.
Clémence de Jutigny, 448.
Clémence de Mailly, *Deo sacrata*, 440.
Clément IV, pape, 356, 361.
Clément (Jean), chanoine de Saint-Pierre, 45, 110.
Clément (Nicolas), chan. de S'-Pierre et de S'-Etienne, 66, 110, 415.
Clément de Dijon, 432.
Clérembaud de Chappes, archevêque de Tyr, 232.
Clérembaud, seign. de Chappes, 246.
Clérembaud de Chappes, père de Dreux de —, 238.
Clérembaud [IV], seign. de Chappes, 390.
Clérey (Denis), 395.
Cluny (association), 392, 427, 480.
Cochard (Adam), de Brillecourt, doyen de Saint-Pierre, 18, 55, 159, 196, 264.
Cochard (Renaud) de Brillecourt, frère d'Adam Cochard, 196.
Cœur (Pierre-Louis), évêque de Troyes, 213.
Coffinet (Gillet), 173, 174.
Cognat (Jacques), sous-chantre de Saint-Etienne, frère de Jean Blanchet, 256.
Cognat (Nicolas), de Gelannes, 267.
Coiffard (Aventin), chantre de Saint-Etienne, frère de Nicolas, 253.
Coiffard, (Jean), marguillier de S'-Loup, et Marguerite, sa femme, 407.
Coiffard (Juvénal), chan. de S'-Pierre, 65.
Coiffard (Nicolas), frère d'Aventin, 253.
Coiffard (Nicolas), doyen de S'-Pierre, 65, 118, 119, 121, 122.
Cointre (Nicolas), chanoine de Saint-Etienne, 282.
Colbert (Anne), fille de Henri, chevalier, et femme de Jean de Gombaud, 428.
Colbert (Odard), seign. de Villacerf, 410.
Colet (Garnier), 217.
Colet (Gilles), fermier de la cure de N.-D.-aux-Nonnains, 140.
Colette, fille de Pierre de Verdun, 331.
Colin de Chicherey, bourgeois de Troyes, 70.
Colin de Dosche, 237.
Colin (Josse), 19.
Colin (Pierre), exécuteur-testamentaire de Pierre d'Arcis, 179.
Colette, femme de Pierre de Crusy, 399.
Colligny (Anne de), prieure de Blie, 452.

Colligny (Charlotte de), abbesse du Paraclet, 451.
Colligny (Louise de), épouse de Gaucher II de Dinteville, 412.
Collot (Pierre), scolastique de Saint-Etienne, 280, 282.
Colomb de Tonnerre, 29.
Colombe, jeune enfant, 464.
Comestor (Pierre), doyen de Saint-Pierre, 23, 63.
Comparot (François), doyen de Saint-Pierre, 136.
Comtesse, de Pont-sur-Seine, 21.
Concor (Guillaume) de Cahors, 444.
Constance, curé des Noës, 214.
Constance, *Deo sacrata*, 443.
Constant (maître), chanoine de Saint-Etienne, 244.
Cotignon (Pierre), sous-chantre de Saint-Etienne, 276, 287.
Concérée (Hugues), 439.
Concérée (Jean), *conversus ad succurrendum*, 425.
Couvre (Jean), chanoine de S'-Pierre, maître de l'œuvre, 123-124.
Corberon (M' de), et sa femme, M° Dorey, 110.
Corbie (association), 433.
Cordonnier (Jacques), tailleur *d'images*, 133.
Cormery (association), 472.
Cornu (Dominique), chanoine de Saint-Pierre, 46, 75, 97.
Cornut (Gilles *al.* Gilon), archevêque de Sens, 27.
Côte-Noire (Jean), dessine des lettres sur une tombe, 124.
Courcelles (Catherine de), abbesse de N.-D.-aux-Nonnains et du Paraclet, 453, 468.
Courtois (Jacques), chantre de S'-Urbain, puis chanoine de S'-Etienne, 316.
Courtois (Jean), avocat, 74.
Courtois (Louis), chanoine de S'-Pierre, archidiacre d'Arcis, 118.
Courtois (Louis), chan. de Saint-Pierre et de Saint-Etienne, 278.
Cousin (Jacques), chan. de S'-Pierre, 90.
Cousin (Jean), banquier de Paris, 190.
Coussy (Odard de), chanoine de Saint-Etienne, 288.
Cousteline, *Deo sacrata*, 428.

Couteletus, mari d'Eméniarde, 223.
Créancier (Pierre), 222, 254, 423.
Crété (maître Raoul dit), chanoine de Saint-Etienne, 407.
Créteau (Guillaume), trésorier de Saint-Urbain, 327, 368.
Crolebois (Alix), relig. du Paraclet, 448.
Cruchot (Melchiade ou Melchisedec), chan. de Saint-Pierre, 56, 85, 197.
Cuverdot (Louis), notaire, 373.

Dadié (Pierre), chantre de Saint-Pierre. 38, 137, 138.
Dameron, mère de Rocelin, 26.
Damerone, mère de Villain, 247.
Damien, chapelain, 216.
Damille (Jacques), chanoine, 131.
Danors, *laica*, 423.
Dauphin (Robert), chévecier de Saint-Etienne, 230.
David (Pierre), 222.
Denis (Claude), chantre de St-Etienne, 24.
Denis (Odard), seign. de Pouilly, 415.
Denis de Vermont, clerc, 348.
Denise (Nicolas), archidiacre de Sézanne, 46, 47, 103, 113.
Denise, *germana* d'Abailard, 472.
Denise, chantre du Paraclet, 456.
Déodat, chanoine, 229.
Deschamps (Evrard), chanoine, curé de Moussey, 135.
Des Champs (Jean), doyen de Sens, 461.
Des Champs (Jean), Marie, sa femme, 403.
Deschamps (Pierre), orfèvre, 250.
Desguerrois (Nicolas), chanoine, 58.
Despaux (Jean), 254.
Despeaux (Jean), 328, 339.
Despeaux (Jean), avocat, époux de Marie, 335, 340.
Desrats (Jean), chanoine, 315, 372.
Desrieux (Jean), chanoine, 39, 40.
Desry (Jacques), changeur, Jacquette, sa femme, 349, 365, 379.
Didier (Jean), Jeannette La Gomorre, sa femme, 395, 398, 401.
Die, *monacha*, 429.
Dinteville (Gaucher I de), 412.
Dinteville (Louise de), abbesse de N.-D.-aux-Nonnains, 442.
Dison (Marguerite), supérieure des Filles-Dieu, 190.

Dominique de Vitel, Méline, sa femme, 399, 409.
Dominique, chanoine, 230.
Dominique (Thomas), chanoine et official, 166, 174.
Dode, *conversa*, 428.
Doë (Pierre), archidiacre, 209, 289.
Dodon de Flogny, chevalier, 435.
Dorey (Eustache), chanoine, 285.
Dorey (Jacques), chan., 107, 108, 135.
Dorey (Henri), notaire apostolique, 183.
Dorey (Henri), Agnès, sa femme, 395, 400, 402, 408.
Dorigny (Catherine), femme de Robert de Chanteloup, 413.
Dorigny (Nicole), chapelain, 337, 379.
Dorigny (Pierre), chanoine, conseiller du roi, 63, 72.
Douinet (Louis), chanoine, 44.
Doyen (Odinet), barbier, 398.
Doyer (Adeline du), 24.
Dreux, archidiacre de Troyes, 20.
Dreux, abbé de St-Loup, 383, 389, 401.
Dreux de Chantemerle, chan., 26, 409.
Dreux d'Esternay, 32.
Dreux, chanoine de Laon, 471.
Dreux de La Loge, chevalier, Helvide, sa femme, 358.
Dreux de Plancy, chanoine, chévecier de Saint-Etienne, 248.
Dreux de Plancy, 26.
Dreux, seigneur de Traînel, Béatrix, sa femme, 472.
Dreux de Traînel, fils d'Anselme, seigneur de Voisines, 472.
Dreux, chevalier, 444.
Dreux, couvreur, 236.
Drouin, *voy.* Dreux.
Dubois (Gui), trésorier de Saint-Urbain, 27, 196.
Dubois (Gui), chanoine, 332, 375, 379.
Du Bois (Jean), sous-chantre de Saint-Etienne, 255.
Duchat (Charles), 416.
Duchat (Edmond), prieur claustral de Saint-Loup, 414.
Du Four (Jean), chanoine, 221.
Du Fresne (Nicolas), chanoine, 290.
Dumoncel, vicaire, 372.
Duperrier (Jean), chanoine, 317.
Duplessis (Anne), femme de Gaucher I de Dinteville, 412.

Durand (Jean), tombier, 126.
Durand (Jean), 332.
Duremain (François), chanoine, 59, 71, 115, 210.
Duval (Louis), seigneur de Fay, 415.

Edmée de Chamigny, sous-chantre du Paraclet, 417.
Eléonore d'Aquitaine, femme de Louis VII, 302, 304, 305.
Eléonore de Courcelles, dame de Châtillon, 468.
Elie, chanoine, 248.
Elie de Cahors, 227.
Elisabeth, abbesse, 424.
Elisabeth, abbesse, 434.
Elisabeth, abbesse d'Avenay, 464.
Elisabeth, abbesse de Notre-Dame-aux-Nonnains, 465.
Elisabeth, abbesse du Paraclet, 469.
Elisabeth de Traînel, abbesse, 470.
Elisabeth, abbesse de La Pommeraie, 467, 472.
Elisabeth de Castello, Deo sacrata, 438.
Elisabeth, prieure de La Cour-Notre-Dame, 470.
Elisabeth, prieure du Paraclet, 466.
Elisabeth, prieure du Paraclet, 470.
Elisabeth, prieure de Traînel, 467.
Elisabeth, reine de Navarre, 467.
Elisabeth, duchesse d'Athènes, 467.
Elisabeth, dame de Chanteloup, 472.
Elisabeth, dame de Châtres, 436.
Elisabeth de Condilly, laica, 423.
Elisabeth, dame de Mourinant, 461.
Elisabeth, dame de Nogent, Deo sacrata, 470-471.
Elisabeth, duchesse de Pouille, 284.
Elisabeth, dame du Plessis, familiaris du Paraclet, 461.
Elisabeth de Pougy, Deo sacrata, 438.
Elisabeth de La Rivière-de-Corps, conversa, 443.
Elisabeth, fondatrice du prieuré de Rozoi, 473.
Elisabeth, dame de Sainte-Croix, 469.
Elisabeth, dame de Sergines, familiaris du Paraclet, 469.
Elisabeth, dame de Soisy, 440.
Elisabeth de Vendeuvre, Deo sacrata, 428.
Elisabeth de Villevenard, abbesse du Paraclet, 455.
Elisabeth, fille de Garnier de Traînel, 467.
Elisabeth, femme de Gauthier de Alneto, 462.
Elisabeth, mère de Mathieu, marguillier, 29.
Elisabeth, Deo sacrata, 419.
Elisabeth, Deo sacrata, 422.
Elisabeth, monacha, 442.
Elisabeth, conversa, 417.
Elisabeth, laica, 421 ; autre, 441.
Elise, abbesse d'Avenay, 462.
Elise, abbesse de La Pommeraie, 463, 464.
Elise des Barres, dame de Chaumont, 472.
Elise, dame de Fougeon, 470.
Elise, monacha ad succurrendum, 464.
Elvide, femme d'Etienne le Diablat, 326.
Elvide de Jaulnes, laica, 429.
Emelgarde de Fleurigny, Deo sacrata, 419.
Emeline, abbesse de La Pommeraie, 465, 473.
Emeline, abbesse d'Origny, 424.
Emeline, chantre du Paraclet, 450.
Emeline, Deo sacrata, 417.
Emeline, monacha ad succurrendum, 425.
Emeline, conversa, 420 ; autre, 427.
Emeline de Basson, prieure de N.-D.-aux-Nonnains, 418.
Emeline de Boli, 448.
Emeline de Dontilly, 446.
Emeline de Flacy, Deo sacrata, 235.
Emeline, prieure de Fleurigny, 427.
Emeline, vicomtesse de Joigny, 461.
Emeline de Méry, Deo sacrata, 427.
Emeline, dame des Sièges, 426.
Emeline, laica, 418.
Eméniarde, femme de Couteletus, 223.
Emery (Elie), chanoine, 21, 198, 261.
Emery de Poulangy, 257.
Emma, abbesse, 442.
Engelbert, marquis d'Istrie, 291.
Eramburge, abbesse, 425.
Eramburge, Deo sacrata, 420.
Eramburge, conversa, 443.
Eramburge de Nogent, laica, 436.
Eramburge, laica, 429.
Erard, archid. de Troyes, neveu du cardinal Pierre de Bar, 21, 197, 242.

Erard, maréchal de Champagne, 430.
Erard d'Aunay, chevalier, 441.
Erard de Crusy, 399, 404.
Erard, seigneur de Foissy, Jeanne, sa femme, 462.
Erard de Guerchy, abbé de St-Martin, 470.
Erard de Jaucourt, chanoine, 254, 264.
Erard, seigneur de Jaucourt, 246.
Erard de Jaucourt, chevalier, 259.
Erard de Lézines, 385.
Erard de Montaulin, 259.
Erard de Précy-Saint-Martin, 154, 159.
Erard de Vaucemain, chevalier, 441, 442.
Erard, chevalier, 426.
Erard et Geoffroy, chevaliers, 428.
Ermengarde, abbesse de N.-Dame-aux-Nonnains, 431.
Ermengarde, abbesse du Paraclet, 455.
Ermengarde, la sœur de l'évêque, 459.
Ermengarde, *Deo sacrata*, 439.
Ermengarde, *monacha ad succurrendum*, 424.
Ermengarde, *monacha ad succurrendum*, 444.
Ermengarde de Jutigny, 451, 459.
Ermengarde de Trainel, 450.
Ermengarde, dame de Villiers-Bonneux, 468.
Ermengarde, *laica*, 443.
Ermensinde, dame de Sivrey, 436.
Ermensinde, *laica*, 420.
Ermintrude, *Deo sacrata*, 430.
Ersende, *conversa*, 443.
Etienne, abbé de Cluny, 105.
Etienne, prêtre, 447.
Etienne d'Arconville, 398.
Etienne *ad Aurum*, chanoine, 227.
Etienne de Chanoy, chevalier, 471.
Etienne de Lourps, chevalier, 467.
Etienne de Noyers, chanoine, 389, 398.
Etienne de Sens, 27.
Etienne, chancelier, 246.
Etienne, grenetier, 20.
Etienne, prêtre, 20.
Etienne *de Aula*, chanoine de Saint-Etienne, 251.
Etienne de Champlitte, 255, 257.
Etienne de Chanteloup, chanoine, 20, 106, 200.
Etienne de Chigy, 19.
Etienne de Givry, évêque de Troyes, 18, 116, 117, 118, 119, 175, 183.
Etienne *de Lata Quercu*, 26.
Etienne de Luxeuil, doyen de St-Etienne, 32, 227.
Etienne de Plancy, 21.
Etienne de Précy, 270.
Etienne de Saint-Phal, curé de St-Jean de Troyes, 202.
Etienne de Sancey-Saint-Julien, 20.
Etiennette, grande-prieure de Trainel, 459.
Etiennette, *monacha*, 429.
Eudes, archidiacre, 27.
Eudes, chantre du chap. de Villemaur, 23.
Eudes, chanoine, 29.
Eudes (maître), 431.
Eudes III, comte de Champagne, 17.
Eudes, comte, 444.
Eudes de Donnement, 19.
Eudes de Dosches, 444.
Eudes de Luyères, chanoine, 221.
Eudes de Mesnil-Sellières, chan., 230.
Eudes de Pougy, connétable de Champagne, 18, 27, 85, 103, 217.
Eudes de Prunay, chevalier, 473.
Eudes Rigaud, archev. de Rouen, 468.
Eudes de Saint-Phal, chevalier, 418.
Eudes de Sens, 21.
Eudes *de Thoriaco*, 19.
Eudes de Truchepot, 18.
Eudes de Vaucemain, chevalier, seigneur de Coursan, 425.
Eudes de Vougrey, chevalier, 445.
Eudes, chevalier, 425; autre, 434; autre, 437; autre, 442.
Eufémie, prieure de Notre-Dame-aux-Nonnains, 417.
Euphémie, prieure du Paraclet, 460.
Eustachie, abbesse, 424.
Eustachie, abbesse, 461.
Eustachie, abbesse de St-Julien, 466.
Eustachie, *Deo sacrata*, 423.
Eustachie, dame de Chaumont, 465.
Evrard, abbé de Saint-Loup, 391, 394, 405, 409, 440.
Evrat (Edme), chanoine, 341, 369.

Fabre (maître Jean), 216.
Faerius de Luyères, 226.
Failly (Henri), chanoine, 281.
Falcidie (Nicolas), 26, 216.
Faucille (Lambert), 19.

TABLE DES NOMS DE PERSONNES. 491

Faucon, archidiacre, 28.
Faucon, chanoine, 231.
Favereau (Gabriel), maître-maçon de Saint-Pierre, 197.
Fay (Claude), chan., curé de Saint-Denis de Troyes, 54, 75.
Félicité, dame de Pisron-les-Chalautre, 472.
Felise de Chauchigny, 159.
Felise, abbé de Montier-la-Celle, 475.
Felise et Jean de Troyes, 404.
Félisée et Geoffroi l'Archelier, 358.
Féliset de Bouranton, 396.
Félix de Saint-André, chanoine, 216.
Félix de Saint-Oulph, chanoine, 249.
Félix de la Tannerie, chanoine, 220.
Félix (Guillaume), 350.
Félix, chapelain, 434.
Félix, maréchal, 245.
Fenie, *monacha ad succurrendum*, 424.
Ferrados (Garnier), 29.
Ferry, curé de Verrières, 237.
Ferry, *monachus*, 422.
Festuot *al* Futuot, chanoine, 395.
Festuot (Jean), chanoine, 58.
Feytis de Saint-Capraise (Charles), doyen de Saint-Pierre, 143, 144.
Fienne (Jean), 71.
Fienne (Pierre), official de Troyes, 71.
Filles-Dieu ou Filles-Repenties, 189, 190, 194, 199, 320.
Firmin, curé de Bonsac, 153.
Flamand *de Lauda*, chanoine, 255.
Flamèche (Gui), 172.
Flameris (Nicolas), 226.
Flaming (Gui), 250.
Flandrine, femme de Pierre de Vitry, 235.
Flodey (Jean), chan. et sous-doyen de Saint-Etienne, 66, 289, 293.
Fontaine-de-Bèse (association), 477.
Fontevrault (association), 468.
Forest (Gabriel), chanoine, 143.
Forin (Jean), chanoine, 279.
Forin (Pierre), chanoine, 281.
Forjot (Nicolas), abbé de Saint-Loup, 393, 396, 400, 409.
Format (Anne), 59.
Format (Nicolas), chanoine, 44, 45, 59, 79, 210.
Fort (Jean), chevalier, 449.
Foucher, *laicus*, 417.

Foulques (maître), 239.
Foulques, prêtre, 447.
Foulques de Fresnay, curé de Dienville, 242.
Fouquier (Jacques), chanoine, 54, 133.
Fourny (Simon), bailli de Troyes, 176.
Francin (Simon), 334.
François de Rhèges, 21.
François de Vaucelles, seigneur de Balnot, 269.
Fredeburge, abbesse de Notre-Dame-aux-Nonnains, 420.
Fredeburge, *Deo sacrata*, 421.
Frédésinde, *Deo sacrata*, 424.
Frédésinde, *monacha*, 418.
Frédésinde, *laica*, 418.
Freiers, *conversus*, 436.
Freppier (Jean), chanoine, 139.
Frères-Prêcheurs (association), 387.
Frères-Mineurs (association), 385.
Froger, 222.
Fromond, *monachus ad succurrendum*, 431.
Fromond, ermite de Pont-sur-Seine, 454.
Fromond de Colours, 31.
Fromond, courtillier, 236.
Frotey (Jean), chanoine, 294.
Frotey (Samson), 292.
Fulbert, chanoine, oncle d'Héloyse, 473.

G., abbé de Saint-Maurice d'Agaune, 475.
G. de Chatelte, 254.
G. de Chartres, sous-diacre, 21.
G. de Creney, sous-doyen de St-Etienne, 250.
G. de Montmorel, 21.
Gaillard (Claude), chanoine, 397.
Gaius, voy. Le Jay.
Galeret (Bonaventure), chanoine, 280.
Galeret (Guillaume), archidiacre de Margerie, 135, 141.
Gambey (Jean), chapelain, 325.
Garin, chevalier, 436.
Garnache (Jeanson), maître-maçon, 133.
Garnier de Traînel, évêque de Troyes, 17, 30, 98, 112, 421, 466.
Garnier, abbé de St-Pierre de Melun, 472.
Garnier (Guillaume) de Molins, laïque, 346, 351.
Garnier (Jean), chanoine, 288.
Garnier (Jean) de Dessus-les-Arcs, doyen de Saint-Urbain, 268.

Garnier (Nicolas), sous-diacre, 52.
Garnier (Perrard), 331, 365.
Garnier, seigneur de Traînel, 462.
Garnier, seigneur de Traînel, 469.
Garnier, seigneur de Traînel, 467.
Garnier de Traînel, seigneur de Marigny-le-Châtel, 383.
Garnier, seign. de Marigny, Hélissende, sa sœur, 469.
Garnier, seigneur de Marigny, Agnès, sa fille, 464.
Garnier, seign. de Marigny, Hélissende, sa femme, 473.
Garnier de Bricot, doyen de S‑Etienne, 251.
Garnier de Corbie, chanoine, sous-doyen de Saint-Etienne, 223.
Garnier de Gyé-sur-Seine, receveur de Saint-Etienne, 19.
Garnier de Méry-sur-Seine, 238.
Garnier, curé de Moucey, 31, 425.
Garnier de Villiers-Bonneux, chevalier, 471.
Garnier, *familiaris* du Paraclet, 473.
Garsie, archidiacre de Troyes, 22.
Garsie, sous-doyen de Saint-Etienne, 237.
Garsie (Jean), chanoine, 235.
Garsie, clerc de Blanche de Navarre, 216.
Gâteblé (Anseau), chevalier, 428, 472.
Gâteblé (Emengarde), *laica*, 440.
Gâteblé (Gui), chevalier, et Comtesse, sa femme, 471.
Gâteblé (Gui), chevalier, 440.
Gâteblé *al.* Gâtebien (Pierre), 27.
Gaucher, chanoine, 421.
Gaucher, *monachus*, 440.
Gaucher, chevalier, 431 ; autre, 432.
Gaucher V, comte de Brienne, 272.
Gaucher d'Isle-Aumont, doyen de Saint-Etienne, 263.
Gaucher de Lavoncour, abbé de Montié-ramey, 478.
Gaucher de Montigny, clerc du roi, 238.
Gaucher du Plessis, chanoine, 236.
Gaudin, chanoine, 212.
Gaudry, abbé de S‑Jean-de-Réome, 475.
Gaulard (Jean), 30.
Gaulard (Pierre), chanoine, 276.
Gauthier, évêque de Nevers, 31.
Gauthier, abbé de Montiérender, 431.
Gauthier, abbé de Saint-Loup, 389, 400.
Gauthier *de Alneto*, chevalier, 462.

Gauthier d'Arzillières, chanoine, 78.
Gauthier d'Aubigny, écuyer, 252.
Gauthier de Bar, chan., 79, 215, 395.
Gauthier V, comte de Brienne, 147.
Gauthier VI, comte de Brienne, 359, 378.
Gauthier de Chappes, chancelier de Champagne 197, 420.
Gauthier de Chappes, prévôt de Saint-Etienne, 217.
Gauthier de Daudes, 219.
Gauthier, seigneur de Foissy, 471.
Gauthier *de Foro*, 234.
Gauthier de Jaucourt, 28.
Gauthier de Nogent, 234.
Gauthier de *Ponteon*, chevalier, 436.
Gauthier, curé de S‑Denis de Troyes, 27.
Gauthier de Saint-Phal, chevalier, 418.
Gauthier, chancelier de S‑Pierre, 28.
Gauthier, prévôt de Saint-Pierre, 24.
Gauthier, trésorier de S‑Etienne, 225.
Gauthier, trésorier de S‑Pierre, 20, 23.
Gauthier de Sézanne, 22.
Gauthier de Vauchamps, écuyer, 437.
Gauthier de Villehardouin, 215.
Gauthier de Vitry, chanoine, 234.
Gauthier, chanoine, 439.
Gauthier, chambrier, 433.
Gauthier, chevalier, 420 ; autre, 423.
Gauthier et Jacquette, 417.
Gayet (François), chanoine, 348.
Gela, *Deo sacrata*, 421.
Gela, *monacha ad succurrendum*, 436.
Gendret (Jean), sculpteur, 124.
Geoffroy, *monachus*, 422.
Geoffroi de Joigny, chanoine, 220, 222, 230, 243, 252.
Geoffroy de Méry, trésorier de Saint-Etienne, 213.
Geoffroy de Montmartin, chévecier de Saint-Etienne, 256.
Geoffroi de Pel-et-Der, 229.
Geoffroi de Villiers, 235.
Geoffroy, chevalier, 421, 426, 438.
Geoffroy et Erard, chevaliers, 428.
Geoffroy et Pierre, chevaliers, 425.
Geoffroy et Teceline, *conversi*, 422.
Geoffroy, *laicus*, 418.
Gérard, *voy.* Girard.
Gersinde, femme de Salon, 424.
Gertrude, abbesse de Notre-Dame-aux-Nonnains, 420.
Gertrude, abbesse, 426.

Gertrude, abbesse, 441.
Gertrude, première abbesse de La Pommeraie, 469.
Gertrude, vicomtesse de Melun, 162.
Gibuin, archidiacre de Troyes, 30.
Gibuin, chantre, 443.
Gilbert (Etienne), chanoine, 81, 126, 198, 253.
Gilbert (Jean), chantre de St-Etienne, 70, 273, 283, 284, 289, 356.
Gilbert de Clauso, 225.
Gilbert, chanoine, 226.
Gile, abbesse de N.-D.-aux-Nonnains 439.
Gile de Baili, 453.
Gile de Bouville, 458.
Gile de Bretes, 449.
Gilette de Noyers, trésorière du Paraclet, 453.
Gilles, sous-chantre de St-Etienne, 231.
Gilles d'Auxon (maitre), 249.
Gilles de Croncels, 234.
Gilles de Dannemoine, 239.
Gilles de Fresnay, sous-chantre de Saint-Etienne, 238.
Gilles de Jouarre, cellérier de Saint-Etienne, 270.
Gilles de Provins, 27.
Gilles de Macey, 24.
Gillot (de Bocello), prieur de Saint-Vinebaud, 47.
Gillot (Jacques), chanoine, 272.
Gilon de Changis, écuyer, 470.
Gilon de Luyères, 246.
Gilon de Plancy, écuyer, 470.
Gimbert, mercier, 400.
Girard, archid. et prévôt de Saint-Loup, 23, 389.
Girard, chantre de Saint-Pierre, 20.
Girard, trésorier de Saint-Pierre, 32.
Girard, chambrier de Saint-Pierre, 228.
Girard, chanoine, 22 ; autre, 33.
Girard, chapelain, 220.
Girard d'Assenay, 130.
Girard de Ataverna, chanoine, 225.
Girard de Bar, chanoine, 218, 233, 242.
Girard de Cuchelo, chanoine, 214.
Girard (Etienne), 32.
Girard, curé de Fouchères, 29, 221.
Girard (Jean), notaire royal, 269.
Girard, sire de Nogent, 454.
Girard de Nogent, chevalier, 469.
Girard de Pougy, 29.

Girard de Rouvre, chevalier, 436.
Girard, abbé de Saint-Loup, 389.
Girard de Vaudes, 406.
Girard de Villemaur, chanoine, 237.
Girard, chevalier.
Girard, enfant, 432.
Girardin (François), chanoine, 133-134.
Girardin (Michel), chanoine, 284.
Giraud (Etienne), chanoine, 235.
Goda, vicomtesse, 422.
Goëzand (Michel), chan., 53, 58, 143.
Gombaud (Artus de), 431.
Gombaud (Jean de), 424.
Gombaud (Nicolas de), seigneur de Genaix, etc., 424.
Gombaud (Philippe de), chevalier 431.
Gombaud (René de), 424.
Gombaud de Pont-Sainte-Marie, 230.
Goudry, fondateur de Sainte-Madeleine de Trainel, 473.
Gontier, archev. de Sens, 18, 120, 123.
Gonthier, chanoine, 437.
Gouthier, chanoine, 239.
Gornot (Léonarde de), 340, 379.
Goron de Beaulieu, 104.
Gossemant (Jean), 109.
Gouault (Guillaume), gardien des foires de Champagne, 176, 180.
Grand (François de), seigneur de Briocourt, 63, 83.
Grand (Jean de), grand-archidiacre de Troyes, 49, 50, 63, 83.
Granger (Etienne), 232.
Grapin (Etienne), archidiacre de Margerie, 18, 89, 121.
Grapin (Jean), Colette, sa femme, 89.
Grégoire XI, pape, 334, 364.
Grégoire, trésorier du pape Boniface, 24.
Grippel (Jean), chanoine, 333, 334, 368.
Groignel (Dreux), prêtre, 33.
Gros (Pierre), sous-chantre de Saint-Pierre, 133.
Guédon (Sébastien), curé de Ferreux, 467.
Guerraud (Ferry), 395.
Guerry, prieur d'Achaie, 388.
Guerry de Bucey, 27.
Guéry (Pierre), vicaire, 72.
Guerry, clerc, 417.
Gui, évêque, 418.
Gui, abbé de Molème, 140.
Gui, abbé de Moutier-Saint-Jean, 474.

32

Gui, sous-doyen de St-Etienne, 216, 217, 218, 219, 220, 221, 222, 223, 228, 229, 230, 231, 237.
Gui, chantre de Chartres, 170.
Gui, chanoine, 472.
Gui (Pierre), chanoine, 59.
Gui de Bar et sa femme, 215.
Gui de Bosco, 27.
Gui de Boulerre, trésorier de Saint-Etienne, 255.
Gui de Chablis, cellérier de Saint-Etienne, 211.
Gui de Chalette, écuyer, 264.
Gui de Champguyon, 19, 30.
Gui de Chappes, 20.
Gui de Chappes, prévôt de St-Etienne, 233, 237, 197.
Gui de Coursan, seigneur de Boulay-les-Neuvy-Sautour, 437.
Gui de Dampierre, seigneur de Saint-Just, 215, 221, 230.
Gui de Dampierre, chevalier, 32.
Gui de Fleurigny, chevalier, 441.
Gui de Garlande, chevalier, 425.
Gui de Juilly, chevalier, 432.
Gui de La Charité, prêtre, 169.
Gui, chanoine de Laon, 354.
Gui de Magnicourt, chevalier, 431.
Gui de Marcilly, chevalier, 173.
Gui de Mello, évêque d'Auxerre, 243.
Gui de Pougy, archidiacre de Beauvais, 421.
Gui, seigneur de Saint-Just et de Dampierre, 215, 221, 230.
Gui, chanoine, 331.
Gui, seigneur de Saint-Sépulcre, doyen de Saint-Pierre, 256.
Gui, seign. de Soligny-les-Etangs, 471.
Gui de Trainel, év. élu de Verdun, 470.
Gui de Vannes, chanoine, 225.
Gui de La Viéville, chanoine, 35.
Gui, chevalier, 422 ; autre, 441.
Guiard de Beaufort, 20.
Guiard de Brienne, archid. de Troyes, 28.
Guiard de Fontainebleau, chan., 269.
Guiard de Foro, 215, 425.
Guibert, prieur de Quincy, 469.
Guibert, laicus, 470.
Guiberge, Deo sacrata, 427.
Guiburge, Deo sacrata, 461.
Guiburge de Umeo, Deo sacrata, 428.
Guiburge de Verdey, 447.

Guichard, évêque de Troyes, 18, 27, 82, 125, 418.
Guichard (Jacques), chan., 73, 74, 210.
Guichard du Vouldy, 411.
Guignard (Guillemette), 324, 351.
Guillaume, archidiacre, 427, 439.
Guillaume, sous-doyen, 434.
Guillaume, chanoine, 418, 441.
Guillaume, chevalier, 421 ; autre, 424 ; autre, 441.
Guillaume, écuyer, 420.
Guillaume, scribe, 233, 429.
Guillaume, duc d'Aquitaine, 302, 304.
Guillaume de Arcu, 25.
Guillaume, doyen d'Auxerre, 471.
Guillaume de Bange, 28.
Guillaume de Bouilly, 23.
Guillaume de Bray, cardinal, 31, 116, 221, 324, 361, 378.
Guillaume de Castro Novo, monachus ad succurrendum, 427.
Guillaume des Caves, 239.
Guillaume de Champagne, frère de Thibaut V, 26.
Guillaume, chancelier de Champagne, 233.
Guillaume de Clauso, 218 ; autre, 248 ; autre, 433.
Guillaume de Crency, chanoine, 109, 174, 175, 196.
Guillaume de Crouy, écolâtre d'Amiens, 151.
Guillaume de Domá, prieur de Saint-Bernard de Troyes, 174.
Guillaume, seign. de Doue, Emeline, sa femme, 463.
Guillaume, seign. de Fougeon, Marguerite, sa femme, 471.
Guillaume de Flavacourt, archevêque de Rouen, 253.
Guillaume (Gilles), doyen de St-Etienne, 104, 253, 273.
Guillaume de Gomes, 28.
Guillaume de Grand-Puy, év. de Nevers, 32, 195.
Guillaume d'Herbice, 366.
Guillaume (Jean-Baptiste), chan., 80, 81.
Guillaume (Jeanne), 338.
Guillaume de Lévigny, 238.
Guillaume de Lusigny, 33.
Guillaume de Magrobrio, official de Troyes, 159.

Guillaume de Mauny, écuyer, 195.
Guillaume de Méry-s¹-Seine, écuyer, 165.
Guillaume de Montmorel, 234.
Guillaume de (Muissy ou Moucey), chevalier, 443.
Guillaume de Navarre, frère de Thibaut V, 249.
Guillaume de Paris, chanoine, 238.
Guillaume du Perche, 226.
Guillaume, seigneur du Plessis, 175.
Guillaume de Provins, archidiacre, 23.
Guillaume de Saint-Aubin, 451.
Guillaume, seign. de Saint-Aubin, 466.
Guillaume de Saint-Florentin, 214.
Guillaume, abbé de S¹-Martin-ès-Aires, 392, 393, 443.
Guillaume, abbé de Saint-Remy de Sens, 472.
Guillaume de Sion-en-Valais, 218.
Guillaume *de Super Secanam*, 258.
Guillaume de La Tannerie, chan. prêtre de Saint-Étienne, 243.
Guillaume de Troyes, év. de Laon, 29.
Guillaume de Traînel, 466.
Guillaume de Vaucemain, chan., 438.
Guillaume de Verdey, chevalier, 436.
Guillaume de Villehardouin, 385.
Guillaume de Villehardouin, 392.
Guillaume de Villy, maréchal de Champagne, 388, 428.
Guillaume de Vitry (maître), sous-chantre de Saint-Étienne, 226, 227.
Guillaume de Viviers, chanoine de Saint-Étienne, 230.
Guillemet (Jacques), doyen de Saint-Pierre, 74.
Guillemet (Jean), doyen de S¹-Pierre, 79.
Guillemet (Nicolas), chanoine, 44, 59, 79, 120.
Guillemette, veuve de Jean Boulant, 257.
Guillemette de Champgirault, 188.
Guillemette de Lannerey, *Deo sacrata*, 440.
Guillemin de Fougeon, 457.
Guilleminot (Jean), chanoine, 235.
Guilleminot (Pierre), chanoine, 77, 78.
Guillot (Jean), chanoine, 125.
Guinard, trésorier de Saint-Étienne, 19.
Guindesimode, *monacha*, 431.
Guindesimolde, sœur de Pierre de Saint-Mesmin, 425.
Guinochet (Guillaume), 240, 438.

Guitère, abbé de Saint-Loup, 383, 408.
Guitere, abbé de Saint-Loup, 393.
Guyon (Agésilas), chévecier de Saint-Étienne, 286.
Guyot de Condé, chanoine, 223.
Guyot de Maraye, 327.
Guyot de Viaspre, Marguerite, sa femme, 354.
Gyé (Claire de), 44, 63.
Gyé (Maurice de), grand-archidiacre de Troyes, 49, 50, 63, 88.

H. (maître) de Saint-Maixant, 20, 21, 26.
Halyns (Nicolas), sculpteur, 131.
Hanom-Lamivoye (Florentin de), théologal, archidiacre, 57, 84, 198.
Hardi (Félix), abbé de Saint-Martin-ès-Aires, 477, 478.
Hardi (Jacques), 55.
Hardouin, évêque, 421.
Haton, évêque de Troyes, 21, 105, 435.
Haton de Sens, 29.
Hault (Jean de), grand-archidiacre de Troyes, 47, 70, 119, 120.
Hauvide, *monacha ad succurrendum*, 427.
Hauvide, femme de Hugues de Magnicourt, 434.
Hauvide, femme de Philippe, 434.
Hauvide, *laica*, 418.
Hauvin, *conversus*, 418.
Haymon, chanoine, 227.
Haymon de La Cour Notre-Dame, 233.
Hébert, *voy.* Herbert.
Hébert d'Arcis, chanoine 230.
Hébert de Lassicourt, 245.
Hébert de Provins, 22.
Hébert de Saint-Pouange, chan., 214.
Hébert (maître) de Vaudes, 23.
Hébert de Villemaur, 238.
Hébert, fils d'Évrard, 241.
Hedeline, *Deo sacrata*, 429.
Hélène (sainte), 98, 145.
Hélie *de Suilleyo*, 32.
Hélie, dame de Villemaur, 18, 31, 79, 457.
Hélimpe de Ramerupt, 33.
Héliot (Martin), doyen de Saint-Pierre, 165, 175, 179.
Hélissende, abbesse d'Avenay, 439.
Hélissende, *Deo sacrata*, 428.
Hélissende de Bucey, *Deo sacrata*, 432.

Hélissende de Chappes, 23, 29.
Hélissende, dame de Chappes, 220.
Hélissende, dame de Chaumont, 162.
Hélissende de *Fillées* al. *Fuillées*, 454.
Hélissende, dame de Marigny, 468.
Hélissende, *laica*, 423.
Héloïse, première abbesse du Paraclet, 452, 464, 466, 472, 173.
Héloïse, prieure du Paraclet, 452.
Héloyse, abbesse de La Pommeraie, 170.
Héloyse, femme de Pierre de *Tornella*, 461.
Helvide, abbesse de Notre-Dame-aux-Nonnains, 439.
Helvide, chantre du Paraclet, 454.
Helvide, *Deo sacrata*, 422.
Helvide, *Deo sacrata*, 439.
Helvide, *sanctimonialis*, 423.
Helvide, *conversa*, 422.
Helvide de Chalautre, 450.
Helvide de La Forêt, 454.
Helvide de Mauny, 418.
Helvide de Provins, 454.
Helvide *de Tornella*, 418.
Helvide de Trainel, 451.
Helvide, dame de Vendeuvre, 428.
Helvide, femme de Jobert, 426.
Hennequin (Claude), chanoine, 43.
Hennequin (Jacques), 39, 49.
Hennequin (Jean), l'ancien, doyen de Saint-Urbain, 350, 362.
Hennequin (Jean), le jeune, doyen de Saint-Urbain, 343, 363.
Hennequin (Jean), archid. d'Arcis, 64.
Hennequin (Jean), archidiacre de Margerie, 38.
Hennequin (Jean), docteur en Sorbonne, 414, 415.
Hennequin (Jean), chévecier de Saint-Etienne, 282.
Hennequin (Jean), chanoine de Saint-Etienne, 267.
Hennequin (Michelet), 325, 333, 346.
Hennequin (Nicolas), l'ancien, doyen de St-Urbain, 76, 326, 354, 359, 363.
Hennequin (Nicolas), le jeune, doyen de Saint-Urbain, 358.
Hennequin (Odard), l'ancien, doyen de St-Urbain et de St-Etienne, 39, 41, 42, 332, 333, 373, 376.
Hennequin (Odard), doyen de St-Etienne, 71, 260, 283, 294.

Hennequin (Odard), le jeune, doyen de St-Urbain, év. de Troyes, 38, 66, 67, 192, 193, 289, 354, 363, 406.
Hennequin (Odard), trésorier de Saint-Etienne, 39, 198.
Hennequin (Odard), 392.
Hennequin (Simon), Léonarde Gornot, sa femme, 340, 355, 379.
Hennequin (maître Simon), Gilette La Guermoise, sa femme, 367.
Hennequin (Oudinot), 363.
Henri, archevêque de Sens, 473.
Henri, archidiacre de Troyes, 25, 441.
Henri, chantre de Saint-Pierre, 28, 218, 420, 438.
Henri, sous-doyen de Saint-Etienne, 231, 246.
Henri, chanoine, 32.
Henri, cloîtrier de Saint-Pierre, 27.
Henri, chapelain, 218.
Henri, moine de Rebais, 170.
Henri, roi, 131.
Henri III, roi de France, 52.
Henri II, roi d'Angleterre, 305.
Henri Ier, comte de Champagne, 17, 29, 98, 102, 105, 213, 221, 273, 295, 302, 304, 305, 310, 311, 314, 383, 386, 396, 422, 464.
Henri II, comte de Champagne, 17, 257, 286, 304, 305, 383, 436, 467.
Henri III, comte de Champagne, 233, 265, 282, 306, 343.
Henri de Basson, 24.
Henri de Boulages, écuyer, 461.
Henri de Carinthie, év. de Troyes, 87, 88, 103, 217, 247, 419, 430, 469.
Henri de Chennegy, chevalier, 27.
Henri de Dosches, 411.
Henri, seigneur de Flacy, 466, 468.
Henri de Fontvannes, chevalier, 29, 214, 255.
Henri Fournier, chevalier, 441.
Henri de France, archev. de Reims, 243.
Henri de Luxeuil, père d'Etienne, 227.
Henri de Pouan, 214.
Henri de Premierfait, 411.
Henri de Rilly-Sainte-Syre, chanoine, 166, 175, 269, 324.
Henri de La Rivière-de-Corps, 236.
Henri de Saint-Lyé, 27.
Henri de Saint-Maurice, sous-chantre de Saint-Etienne, 245.

TABLE DES NOMS DE PERSONNES. 497

Henri de Saint-Sépulcre, 50.
Henri, seigneur de Villeneuve, 170.
Henri, chevalier, 424.
Henri, écuyer, fils de Jacquette de Trainel, 460.
Henriet (Jean), 266.
Hérarde, mère de Girard de Bar, 21.
Hérault (Nicolas), marguillier-prêtre, 124, 198.
Hérault (Nicolas), receveur des tailles, 125.
Hérault (Pierre), chanoine, 11, 198, 216.
Herbelet des Jardins, 399.
Herbert, voy. Hébert.
Herbert, archidiacre de Troyes, 22.
Herbert, doyen de St-Étienne, 264, 437.
Herbert (maître), chanoine, 23.
Herbert, chanoine, 33.
Herbert, prieur de Saint-Denis, 169.
Herbert, chevalier, 420 ; autre, 438.
Herbert, buchier, 216.
Hergot (Pierre), 219.
Hermengarde, *monacha*, 461.
Hermensande, comtesse, 421.
Hermensende, 21.
Hermine de Montceaux, 156.
Hermine, abbesse de Notre-Dame-aux-Nonnains, 441.
Hernaud de Sens, 25.
Hersinde, abbesse de Jouarre, 418.
Hersinde, abbesse de Notre-Dame-aux-Nonnains, 422.
Hersinde, *Deo sacrata*, 418 ; autre, 420.
Hersinde, *conversa*, 418.
Hersinde, mère d'Héloïse, fondatrice du Paraclet, 472.
Hersinde de Saint-Florentin, 427.
Hersinde, *laica*, 418.
Hervé, évêque de Troyes, 17, 19, 25, 34, 35, 38, 49, 71, 138, 213, 231, 468.
Hervé de Bar, 244.
Hervé, prêtre, *monachus ad succurrendum*, 428.
Hervé (Hugues dit), 225.
Hiems (Pierre), chapelain, 350.
Hilaire, relig. de N.-D.-en-l'Isle, 352.
Hildeburge, *conversa*, 419.
Hildeburge, *laica*, 422.
Hildeburge, *monacha ad succurrendum*, 444.
Hildegarde, chantre de Notre-Dame-aux-Nonnains, 434.

Hilduin, évêque de Langres, 433.
Hilduin, chevalier, 418.
Hodierne (Guillaume), bailli de Reims, 402.
Hodierne (Jacques), citoyen de Troyes, 402.
Hôtel-Dieu-le-Comte de Troyes (association), 388.
Houdoin, abbé de Saint-Loup, 201.
Houvry (Jean), archid. de Troyes, 191.
Housset (Émile), receveur du grenier à sel, 60, 134.
Housset (Jean), 134.
Houzelot (Nicolas), drapier, 335.
Hubeline, *monacha*, 423.
Huchon d'Arras, 215.
Hudeburge, *conversa*, 421.
Huet, orfèvre, 237.
Hugot (Édouard), chanoine, 285.
Huguenin de Jasseines, 406.
Hugues d'Amiens, archev. de Rouen, 423, 472.
Aubigny (Hugues d'), 151.
Hugues de Beauvoir, chevalier, 30.
Hugues *de Celario*, clerc, 219.
Hugues, comte de Champagne, 17, 33, 388, 429.
Huges *de Clauso*, chan., 20, 218, 229.
Hugues de Colombé, clerc, 277.
Hugues de Creney, prêtre, 26.
Hugues de Frolois, 31.
Hugues de Juilly, chevalier, 432.
Hugues de Macey, enfant, 430.
Hugues de Magnicourt, chevalier, 434.
Hugues, seigneur de Montfey, 170.
Hugues de Plancy, 24.
Hugues de La Renouillère, couvreur, 247.
Hugues de Romilly-sur-Seine, 427.
Hugues de Saint-Lyé, 30.
Hugues de Sancey-Saint-Julien, 32.
Hugues, archidiacre de Sens, 428.
Hugues [de Toucy], archev. de Sens, 222.
Hugues, seigneur de Vendeuvre, 430.
Hugues, chanoine, 223 ; autre, 231 ; autre, 429.
Hugues, prêtre, *familiaris* du Paraclet, 468.
Hugues, prêtre et ermite, 461.
Hugues, chevalier, 420 ; autre, 133 ; autre, 438.
Hugues, orfèvre, (maison de), 218, 219.
Huguet (Mathurin), chanoine, 92.

Huguette, abbesse de Notre-Dame-aux-Nonnains, 420.
Humbeline, femme d'Eudes de Vougrey, 445.
Humbert de Luxeuil, chanoine, 227.
Humbert, chevalier, 432.
Humbert, André, son fils, 418.
Huot (Claude), chanoine, 41, 49, 57, 78, 210.
Huyard (Catherine), 404.
Huyard (Guillaume), avocat, 103-104, 400.
Huyard (Jean), chanoine, 103.
Huyard (Jean), chanoine, 48, 104.
Huyard de Marisy (Nicolas), vicaire, 332.
Huyard (Nicolas) de Villeret, notaire, 183.

Ide, abbesse, 472.
Ide, abbesse de Jouarre, 418.
Ide, *monacha*, 425.
Ildegarde, *conversa*, 424; autre, 428.
Iolande de Foissy, 456.
Isabeau, *voy.* Isabelle.
Isabelle, abbesse de Notre-Dame-aux-Nonnains, 423.
Isabelle, abbesse du Paraclet, 457.
Isabelle, prieure du Paraclet, 450.
Isabelle, prieure de Boran, 460.
Isabelle des Barres, 454.
Isabelle de Baudement, 457.
Isabelle de *Béraude*, 460.
Isabelle, comtesse de Brienne, 335.
Isabelle de Closfontaine, 458.
Isabelle du Crochet, 449.
Isabelle de Dosche, dame de Saint-Mesmin, 436.
Isabelle d'Egreville, 453.
Isabelle de Fontaine, 449.
Isabelle de France, femme de Thibaut V, 31, 224, 228, 306.
Isabelle de Grand-Champ, 456.
Isabelle de Guerchy, prieure du Paraclet, 456.
Isabelle de La Grange, 447.
Isabelle de Lézinnes, 27.
Isabelle de Mélanfroy, 453.
Isabelle de Montfey, 447.
Isabelle, dame de Nogent-l'Artaud, 239.
Isabelle, dame de Nogent, 456.
Isabelle, prieure de Nonfort, 447.
Isabelle de Pacy, 453.

Isabelle, dame de Planty, 449.
Isabelle du Plessis, 447.
Isabelle de Sergines, 460.
Isabelle de Verdun, 331, 365.
Isabelle de Villeloup, *Deo sacrata*, 424.
Isabelle de Villiers, prieure du Paraclet, 455.
Isabelle d'Ypre, 399.
Isabelle, femme de Bonnot de Macey, 247.
Isabelle, mère de Gilles, sous-chantre, 212.
Isabelle, veuve de Guillaume Gouault, 176.
Isabelle, veuve de Guillaume Mattan, 344.
Isabelle, femme de Jacques Bride-Mouche, 223.
Isabelle, femme de Pierre de Bar, 400.
Isabelle, femme de Poinsot le Couturier, 329.
Isabelle, femme de Simon de Méry, 354.
Isembard, abbé de Saint-Loup, 392.
Isembard, chevalier, 419.
Isemburge, *Deo sacrata*, 443.
Isemburge, *conversa*, 419.
Ithier, doyen de Saint-Etienne, 215.
Ithier, du faubourg St-Jacques, archid. de Troyes, 30, 107, 199.
Ithier, de Jaillard, 237.
Ithier de Mauny (*al.* Bercenay-le-Hayer), évêque de Laon, 270, 315.
Ithier et Anseau, chevaliers, 428.
Itibérie, *sanctimonialis*, 418.
Itibérie, *monacha*, 417.

J. de Jardo, archid. de Brienne, 25, 31.
J. de Gyé, 393.
J. de Pont-sur-Seine, 26.
J. de Saint-Verain, 24.
Jaca (association), 388.
Jacobée de St-Martin-lès-Verrières, 374.
Jacob (Jean), doyen de Saint-Etienne, 316, 331.
Jacque, *voir* Jacquette.
Jacque d'*Ausone*, 459.
Jacqueline de La Rivière, prieure de Boran, 449.
Jacquemin (Pierre), chanoine, 76.
Jacques d'Amillis, chanoine, 260.
Jacques de Bar, trésorier de St-Etienne, 257, 258, 272, 293.
Jacques de Barbonne, chantre de Saint-Etienne, 269.

TABLE DES NOMS DE PERSONNES. 499

Jacques de Basson, archidiacre, 19, 31, 32, 35.
Jacques de Bologne, chanoine de Saint-Etienne, 226.
Jacques de Diclon, curé, 251.
Jacques de Droupt, 235.
Jacques de Foissy, 22.
Jacques de Froides-Parois, chan., 236.
Jacques *de Longavilla*, 24.
Jacques de Saint-Germain, chan., 321.
Jacques de Saint-Phal, et Jeannette, sa femme, 401.
Jacques de Salon, chapelain, 330, 353.
Jacques de Sens, 28.
Jacques de Tornange, 27.
Jacques, prêtre, chanoine, 437.
Jacques, panneticr, 424.
Jacques, neveu de Clérembaud, archev. de Tyr, 232.
Jacques, fils de Pierre Bouchard, 223.
Jaquet, tombier et peintre, 124, 197.
Jacquet, fils d'Adam, 397.
Jacquette, abbesse du Paraclet, 448-449.
Jacquette, abbesse de La Pommeraie, 472.
Jacquette de Die, prieure de Traînel, 470.
Jacquette, femme de Gauthier, 417.
Jacquette, femme de Jacques Desry, 365.
Jacquette, veuve de Jean de Savigny, 409.
Jacquette de Jeugny, *Deo sacrata*, 436.
Jacquette, femme de Robert d'Amance, 351, 380.
Jacquette de Sur-les-Arcs, femme de Jean Mauléry, 335, 381.
Jacquette, dame de Traînel, Henri, son fils, 460.
Jacquette, *laica*, 419.
Jaquoti (Léonard), 110.
Jaquoti (Pierre), doyen de St-Etienne, 110, 210, 254, 277, 316.
Jean, évêque de Bafo, 231.
Jean, évêque de Troyes, 253.
Jean, évêque de Troyes, 468.
Jean, archidiacre de Troyes, 23, 106.
Jean, chanoine, 433.
Jean, chanoine, 210.
Jean, abbé, 421.
Jean, abbé, 433.
Jean, templier, 435.
Jean II, roi de France, 307, 335.
Jean *de Agrivilla*, chevalier, 462.
Jean d'Alincourt (maître), 395.

Jean d'Allemanche, prêtre, 31.
Jean, prieur d'Angluzelle, 331.
Jean d'Arcis-sur-Aube, *al.* de Chacenay, év. de Langres, 29, 264, 315.
Jean d'Arsonval, évêque de Châlon-sur-Saône, 261, 317.
Jean d'Arzillières, 19, 37, 120.
Jean d'Assencières, 396.
Jean d'Aubigny, évêque de Troyes, 18, 24, 65, 149-154.
Jean *de Aula*, 216.
Jean d'Auxois I, évêque de Troyes, 18, 26, 79, 80, 410.
Jean d'Auxois II, évêque de Troyes, 33, 79, 80, 410.
Jean de Bar, chanoine, 250, 321-322.
Jean de Bar, 217.
Jean de Bar, 419.
Jean de Bar, chevalier, 33.
Jean de Bar-sur-Aube, chevalier, 229.
Jean de Barbonne, doyen de St-Etienne, 252, 255, 261, 269, 284.
Jean de Beaufort (Montmorency), 252.
Jean de Beaufort, chapelain, 216-217.
Jean de Beauvoir, 25, 29.
Jean de Braque, évêque de Troyes, 213.
Jean, chantre de N.-D.-de-Bray, 237.
Jean de Cadonis, 310.
Jean de Cambrai, maître du St-Esprit de Troyes, 159.
Jean *de Castello*, chevalier, 439.
Jean *de Castro*, chevalier, 422.
Jean de Chacenay, *al.* Arcis-sr-Aube, 29.
Jean de Châlons-sur-Marne, chan., 240.
Jean de Champgirard, 216.
Jean de Champgoyon, chanoine, 262.
Jean de Champigny, chan., 252, 398.
Jean de Champlitte, chanoine, 257.
Jean de Champmarot, 20.
Jean de Chaource, prêtre, 226.
Jean de Charmont (autrefois Colasverdé), 33.
Jean de Charmoy, écuyer, 465.
Jean de Charny (maître), 30.
Jean de Châteauneuf, curé d'Aix-en-Othe, 255.
Jean de Chavanges, 267.
Jean du Chêne, official de Troyes, 181.
Jean de Corbeil, 239.
Jean d'Echance, chevalier, 258.
Jean de Faverolles, chanoine, 316.
Jean, seigneur de Foissy, 462.

Jean de Fontaine, 405.
Jean de Fougeon, écuyer, 474.
Jean de Garlande, év. de Chartres, 138.
Jean de Garlande, chevalier, 138.
Jean de Gonnay, archidiacre d'Arcis, 22, 23, 55, 69.
Jean de Goumain, chanoine, 227.
Jean, seigneur de Guerchy, 464, 467.
Jean de Hédun, chanoine, 224.
Jean d'Herbisse, bourgeois de Troyes, 265.
Jean de Jouarre, chanoine, 159, 270.
Jean, seigneur de La Grange, 468.
Jean, trésorier de Laon, 354.
Jean de Laon, chanoine, 437.
Jean de La Tannerie, clerc, 242.
Jean de Laubressel, *conversus*, 419.
Jean *de Lensis*, scolastique de Saint-Etienne, 244, 253.
Jean de Longchamp, chapelain, 64, 240.
Jean *de Marescheriis*, 28.
Jean de Melôme, chanoine et chevecier de Saint-Etienne, 317.
Jean de Monloon, 233.
Jean de Montmirail, 226.
Jean de Moussey, chevalier, 31.
Jean de Moussey (maître), 397.
Jean de Nanteuil-le-Haudouin, évêque de Troyes, 137, 199, 432.
Jean de Nogent, chevalier, 469.
Jean d'Onjon, sous-doyen de St-Etienne, 133.
Jean d'Orléans, 29.
Jean *de Paciaco*, 33.
Jean de Panais *al.* Pannés, chantre de Saint-Etienne, 222, 318.
Jean de Pomponne, chevalier, 453, 467.
Jean de Pont-sur-Seine, chanoine, 247.
Jean du Pont, chanoine, 153.
Jean de Provins, chanoine, 235.
Jean de Provins, 28, 31.
Jean de Rhèges, écuyer, 400.
Jean de Romilly, chevalier, 470.
Jean de Roncenay, prieur de Lusigny, 398.
Jean de Rosay, abbé de Notre-Dame-de-Sellières, 400.
Jean de Rouillerot, 23.
Jean de Saint-Aventin, abbé de St-Loup, 388, 392, 398, 408.
Jean, abbé de St-Jacques de Provins, 462.
Jean, prévôt de Saint-Loup, 386.

Jean de Saint-Lyé, clerc, 400.
Jean, doyen de Saint-Pierre, 21.
Jean, chantre de Saint-Pierre, 32, 229.
Jean, doyen de Saint-Quiriace de Provins, 228.
Jean de Sainte Syre, 441.
Jean de Savigny, 409.
Jean de Sens, 254.
Jean des Sièges, 432.
Jean, doyen de Soissons, 432.
Jean de Soulaines, 227.
Jean de Sur-les-Arcs, doyen de Saint-Urbain, 359, 362.
Jean *de Thoriaco*, 20.
Jean de Thourotte, chevalier, 31.
Jean de Torcy, 261.
Jean de Trainel, chevalier, 151.
Jean, seigneur de Trainel, 468.
Jean de Troyes, chan. de Saint-Loup, 397, 402, 403, 404.
Jean de Valence, marguillier, 326.
Jean de Varennes, écuyer, 464.
Jean de Vauchamps, chevalier, 132.
Jean de Vauchassis, 331.
Jean de Vaucogne, 24.
Jean de Vendeuvre (maître), 400.
Jean de Verdey, chevalier, 248.
Jean de Vertus, 226.
Jean de Villenauxe, 21.
Jean (frère) de Villemoyenne, 426.
Jean, seigneur de Villeneuve, 463.
Jean de Villy-le-Maréchal, chanoine, 238.
Jean de Vitry, trésorier de Saint-Etienne, 228.
Jean de Vitry, chanoine, 217.
Jean d'Ypre, 125.
Jean, chevalier, fils de Gauthier *de Atneto*, 462.
Jean, chevalier, fils de Girard, seign. de Nogent, 455; autre, 419; autre, 423; autre, 427.
Jeanne, abbesse de Notre-Dame-aux-Nonnains, 121.
Jeanne, abbesse de La Pommeraie, 469.
Jeanne, chantre du Paraclet, 458.
Jeanne, *monacha*, prieure du Paraclet, 457.
Jeanne, *monacha ad succurrendum*, 430.
Jeanne, dame *de Aconniaco*, 439.
Jeanne de Bonneval, *monacha*, 465.
Jeanne, prieure de Boran, 459.

TABLE DES NOMS DE PERSONNES. 501

Jeanne, dame de Chanteloup, 464.
Jeanne de Châtillon, femme de Gaucher V, comte de Brienne, 147, 272.
Jeanne du Chesne, dame de Saint-Aubin, 457.
Jeanne de *Court-Guillerai*, 452.
Jeanne de Cucharmoy, *monacha ad succurrendum*, 437.
Jeanne de *Damemarie*, 451.
Jeanne de Domats, 450.
Jeanne d'Eu, femme de Gauthier VI, comte de Brienne, 359.
Jeanne d'Evreux, femme de Charles le Bel, 262, 336, 463.
Jeanne de Fleuriguy, *Deo sacrata*, 436.
Jeanne, dame de Foissy, 470.
Jeanne de Foissy, 470.
Jeanne de Fougeon, 456.
Jeanne dame de Guerchy, *familiaris* du Paraclet, 461.
Jeanne de *Marginil* 456.
Jeanne de *Moncharan*, 448.
Jeanne, dame de Nanteuil, 466.
Jeanne de Nanteuil, abbesse, 466.
Jeanne de Navarre, femme de Philippe le Bel, 254, 306, 423.
Jeanne des Noës (demoiselle), 393, 408.
Jeanne de Noyers, prieure du Paraclet, 459.
Jeanne de Paris, 450.
Jeanne de Provins, 457.
Jeanne, dame de Saint-Maurice-aux-Riches-Hommes, 463.
Jeanne de Salazard, prieure de Lavai, 463.
Jeanne, dame de *Septem Pillis*, 462.
Jeanne, dame de Traînel, 460.
Jeanne de *Vardom*, 434.
Jeanne de Villeneuve, dame de Traînel, 460.
Jeanne d'Ypre, 125.
Jeanne, fille de Gauthier VI, comte de Brienne, 359.
Jeanne, fille de Philippe le Bel, 353.
Jeannette, femme de Jacques de Saint-Phal, 401.
Jeannette, sœur de Louis Raguier, 188.
Jeanson (Jean), chanoine, 111.
Jessé, clerc, 418.
Jobert ou Herbert, médecin, 19, 231.
Jobert et Helvide, sa femme, 426.
Jocelin, archidiacre de Troyes, 32, 428.
Jocelin de Lignol, chan., 228, 229, 262.

Jolin (Hugues), chevalier, 25.
Jolly (Nicolas), archid. de Brienne, 59.
Jolly (Nicolas), chanoine, 276.
Jolly (Pierre), chanoine, 271, 281, 285, 293, 294, 295.
Jouarre (association), 440.
Joubert (Gérard), doyen de St-Urbain, 330.
Jouvenel *al.* Juvenis (Guillaume), archidiacre d'Arcis, 59, 75, 91.
Jouvenel (Guillaume), chantre de Saint-Etienne, 292.
Jouvenel (Guillaume), chan., 329, 334.
Jouvenel (Nicolas), chantre de Saint-Etienne, 75.
Jouvenel des Ursins (Jean), 412.
Joya, dame de Villemoiron, 417.
Joyeuse (Marie de), femme de Nicolas de Gombaud, 424.
Julienne, abbesse de Notre-Dame de Soissons, 436.
Julienne, *monacha ad succurrendum*, 434.
Julienne, fille de Pierre de Verdun, 331, 365.
Julienne, femme de Thibaut d'Acenay, 354.
Juliot (Jacques), maître-sculpteur, 137, 203, 321, 354, 380.

Konarski, abbé d'Olive, 480.

La Bannière (Jean), prêtre, 164.
La Bassette (Gile), 454.
La Belotière (Margot), 459.
La Borde (Agnès de), abbesse du Paraclet, 452.
La Borde (Jeanne de), abbesse du Paraclet, 457.
La Boulotte (Félise), femme de Jean Blanchet, 257, 315, 364.
La Caillate (Marguerite), de Gelannes, 356, 380.
La Chasse (Nicolas), chanoine, 125-126.
La Chaussée-d'Eu-d'Arrest (Marie-Angélique de), abbesse de Notre-Dame-aux-Nonnains, 431, 446.
La Chaussée-d'Eu-d'Arrest (Marie-Madeleine de), abbesse de Notre-Dame-aux-Nonnains, 435, 439, 445.
La Cortière (Jacquette Aubry *vulgo*), 352.

La Cour (Etienne), chanoine), 259.
La Cour (Nicolas de), sous-doyen de Saint-Etienne, 222, 254.
La Couture (Jeanne de), 457.
La Croix (Jean de), tombier, bourgeois de Paris, 194.
La Croix (Jean de), couturier, 159.
La Fère (Alix de), 442.
La Fère (Marie de), femme de Pierre de Bar, 401.
La Ferté (Catherine de), prieure de Sainte-Scholastique, 442.
La Ferté (Jean de), doyen de Saint-Pierre, 267,
La Ferté (Nicolas de), abbé de La Crète, 41, 49, 131.
La Fezzie (Jeanne), femme d'Arnoul Lulier, 123, 210, 211,
La Fouende (Marguerite), 452.
La Garcille (Marguerite), 397, 398.
La Garmoise (Dreux de), 163, 164.
La Garmoise (Gillette), femme de Simon Hennequin, 367.
La Garmoise (Jean de), 125, 163, 164.
La Garmoise (Jeanne ou Jeannette de), 164.
La Gomorre (Jeanne), 396.
La Gaye (Pérégrine), de la maison des Filles-Pénitentes, 190.
Lagny (association), 470.
La Guite (Laurent), chanoine, 256.
La Jagolande (Marie), 441.
La Malade (Gile), 451.
La Marche (Catherine de), femme de Jean d'Ypre, 125, 163, 211.
La Marche (Colas de), 164.
La Marche (Dreux ou Droin de), l'ancien, chanoine, 160.
La Marche (Dreux de), le jeune, chanoine, 54, 55, 60, 160, 164.
La Marche (Isabelle de), 164.
La Marche (Jaquotte de), 164.
La Marche (Jean de), 55.
La Marche (Jean de), 164.
Lamaury (Jean), 253, 254, 262.
Lambert, diacre, 25.
Lambert, frère de Jocelin de Lignol, 228, 229.
Lambert, cordonnier, 220.
La Motte (Eudes de), 21, 26.
La Motte (Manassès de), 26.
Lamoureux (Gauthier), 234.

Lamy (Jean), sous-doyen de St-Etienne, 266, 287.
Lanceline, *Deo sacrata*, 419.
Lanceline, *monacha*, 420; autre, 422.
Lancelot de Salazard, seigneur de Marcilly, 468.
Lancelot (Thibaut), procureur, 183.
L'Ane (Gilbert), 443.
Langlois (Gaultier), 28.
Langlois (Gauthier), chanoine, 236.
Langlois (Guillaume), 218.
Lannemat (Pierre), 337.
La Nonne (Jeanne), femme de Girard de Vaudes, 406.
La Normande (Mahaut), 448.
La Noue (Henri de), doyen de Saint-Pierre, 18, 20, 21, 33, 38, 39, 41, 50, 59, 120, 147, 255, 258, 259.
La Noue (Henri de), chanoine, 64, 72, 126, 131.
La Noue (Herbert de), chevalier, 29.
La Noue (Jacques de), 328, 364, 365.
La Noue (Jacques de), chevalier, 32, 73, 120, 406.
La Noue (Robert de), chanoine, 444.
La Paix (Jean dit), grand-maire de Saint-Loup, 400.
La Pique (Emeline), 459.
La Place (Nicolas de), doyen de Saint-Pierre, 114, 188.
La Pommeraie (association), 436.
La Porte (maître Etienne de), 257.
La Porte (Hugues de), chanoine, 229.
Lapostole (Jacquinot), de Maraye, 367.
La Prée (association), 477.
L'Arbalestrier (Jean), chanoine, 334, 345, 347, 358.
L'Archelier (Geoffroi, dit), 358.
Lardot, marchand, et Nicole Bonnerat, sa femme, 374.
Largentier (Charlotte-Angélique), enfant, 438.
Largentier (Denis), abbé de Clairvaux, 480.
La Rivière (Anastasie de), prieure de Boran, 451.
L'Armurier (Henri), bourgeois de Troyes, 235, 328.
L'Armurier (Jean), Jeanne sa femme, 329.
La Rochefoucault de Langeac (Anne-Marie), abbesse du Paraclet, 467.
La Rochefoucault (Catherine de), abbesse

du Paraclet, 461.
La Rochefoucault (Gabriel-Marie), abbesse du Paraclet, 472.
La Rochefoucault (Marie de), abbesse du Paraclet, 462, 464.
La Rochefoucault (Marie de), prieure de Nonfort, 465.
La Rochefoucault de Roucy (Marie de), abbesse du Paraclet, 461, 462.
La Rouillière (Isabelle de), 342.
La Rogère (Pierrette), 340.
La Sage (Isabeau), 453.
La Sale (Marie dite), 222.
La Tiédée *al.* La Tiélère (Marguerite),29.
La Torpine (Marie), 225, 230.
La Tour (Guillaume de), scelleur de l'officialité, 174.
La Tour (Guillaume de), chan., 133.
La Tour (Jocelin de), 242.
La Tour (Renée de), abbesse du Paraclet, 465.
La Tour-du-Pin-Montauban (Louis-Appollinaire de), év. de Troyes, 211.
La Trémoille (Mathieu de), curé de Talmas (Somme), chanoine de Saint-Pierre, 151, 153.
Laubespin (de), seigneur de Balnot, 254, 264.
Launay (Jacques de), docteur en médecine, 51, 52.
Laurent, prieur de Clairlieu, *familiaris* du Paraclet, 461.
Laurent (Nicolas), chanoine, 344, 345.
Laurent (Nicolas), chanoine, 347.
Laurent (Nicolas), chanoine, 330.
Laurent (Nicolas), chan., 31, 46, 54, 408.
Laurent (Nicolas), marguillier de Saint-Pierre, 123, 135, 211.
Laurent *de Buissiaco*, chanoine, 252.
Laurent de Coulours, 22.
Laurent de Salon, chanoine, 176.
Laurent de Salon, 180, 181.
Laurent, chevalier, 435.
Laurent, père de Gilbert, 224.
La Ville (Pierre), chanoine, 270, 345.
Le Baptisé (Gauthier), Constance, sa femme, 407.
Le Bascle (Nicolas), l'ancien, doyen de Saint-Pierre, 87.
Le Bascle (Nicolas), le jeune, doyen de Saint-Pierre, 44, 45, 59.
Le Bécel (François), clerc.

Le Bègue (Jacquinot), cordonnier, 343, 380.
Lebey (Jacques), chanoine, 279.
Le Blonde (Philippe), 216.
Le Boiteux (Huet), 240.
Le Borgne (Guy), 33.
Le Bougre (Pierre), chanoine, 33, 228.
Le Breton (Guillaume), 25, 71.
Le Breton (Pierre), 335, 357, 367, 380.
Le Brun (Denis), sous-chantre de Saint-Etienne, 287.
Le Caillat (Jaquin), 225.
Le Chevriat (Jean), chanoine, 111.
Le Cler (Garnier), 398.
Le Clivier, 236.
Le Coc (Jean), de Saint-Lyé, prêtre, 30.
Lecomte (André), bourgeois, 171.
Le Concierge (Evrard), 229.
Le Concierge (Hugues), 224.
Le Concierge (Thierry), 245.
Li Coucons (Dominique), 226.
Le Couturier (Poinsot), 329.
Li Cronches (Jacques), 440.
Lécuyer (Jean), notaire, 396.
Lederiz de Vannes, trésorière de Notre-Dame-aux-Nonnains, 444.
Le Diablat (Etienne), 326.
Le Diable (Etienne), chanoine, 255.
Le Diable (Guillaume), chan., 30, 255.
Le Favier (Pierre), 337.
Le Febure (Jean), prieur de Notre-Dame-en-l'Ile, 110.
Le Fèvre (Catherine), sous-chantre du Paraclet, 554.
Le Fouin (Elisabeth), 416.
Le Gendre (Jean), 258.
Le Gendre (Pierre), père de Jean, 229, 235, 246.
Le Gendre (Renaud), 27.
Le Gras (Félix), de Chauchigny, 351, 366, 381.
Le Gros (Huet dit), de Montmirail, 395, 403.
Legrin (Jean-Baptiste), conseill. de l'Echevinage, 349.
Legrin (Jean-Baptiste), mari de dame Boilletot, 340, 370.
Le Gruyer (Jean), chan. et scolastique de Saint-Etienne, 282, 285.
Léguisé (Jean), évêque de Troyes, 36, 37, 42, 82.
Léguisé (Guillaume), archidiacre de

Brienne, 42, 82.
Léguisé (Jeanne), veuve de Guillaume Molé, 50.
Le Jay (Etienne), chevalier, 436.
Le Jay (Garnier), chanoine, 27, 216.
Li Jais (Hugues), chevalier, *monachus ad succurrendum*, 418.
Le Jay (Jean), chanoine, 176.
Le Jay Jean), 180.
Le Jay (Jean), 180, 181.
Li Jais (Thomas), chevalier, 421.
Le Lorne (Guillaume), 230.
Le Lorne (Jacques), 221.
Le Loup (Henri), 235.
Li Lurriers (Simon), 231.
Lemaistre (Jean), bourgeois de Troyes, 55.
Le Maistre (Nicaise), chan., 268, 288.
Le Maistre (Nicolas), doyen de Saint-Urbain, 330, 336.
Le Marguenat (Pierre), avocat, chapelain, 281.
Lemarie (Gilles), chan., 262, 263, 318, 322.
Le Meleron (Girard), 404.
Le Meleron (Jean), Alix, sa femme, 211.
Le Mérat (Louis), marguillier de Saint-Loup, 414.
Le Moine (Gui), prieur de l'Hôtel-Dieu-le-Comte, 478.
Le Moine (Jean), 28.
Lemoine (Remy), 247.
Lemoine (Simon), chanoine, 241.
Le Moyère (Jean), de Gand, tombier, 160.
Lempereur (Eudes, dit), 430.
Lempereur (Jacques), 395.
Lempereur (Renaud, dit), 432.
Lenfant (Pierre), scolastique de Saint-Etienne, 262.
Léon, chevalier, 423.
Le Pelletier (Louise), abbesse de Notre-Dame-aux-Nonnains, 422.
Lepevrier (Gilles), 180.
L'Epicier (Jean), 429.
Le Plaiz (Gauthier), chanoine, 240.
Le Poissonnier (François), chanoine, 249, 266.
Le Potentier (Guillaume), 345.
Le Razé (Jean), bourgeois de Troyes, 337.
Le Riche (Jocelin), 427.
Le Renversé (Rénier), chanoine, 239.
Le Roux (Pantaléon), aumonier de Montier-la-Celle, 412.
Lescot (Nicolas), chanoine, 166.

Le Scribe (Thibaut), 315, 223, 234, 418.
Lesguyer (Guillaume), marguillier de Saint-Loup, 399, 402.
Le Tartier (Yves), doyen de Saint-Etienne, 284, 294.
Letericus, abbé de Montier-la-Celle, 174.
Létuide, abbesse de Notre-Dame-aux-Nonnains, 428.
Létuide, *conversa*, 433.
Létuise, prieure du Paraclet, 450.
Le Verriat (Jean), curé de Saint-Jean de Troyes, 135.
Lévesque (Nicole), chanoine, 288.
Lhommeau (Robert de), chanoine, 69.
Loiseau (Jacques), curé de Saint-Nizier de Troyes, 415.
Lombard, chan. de Saint-Pierre, 211.
Lombard (Guillaume), prêtre, 28.
Lorey (Odard), chanoine, 281.
Lorier (Claude), chanoine, 272.
Lorraine (Louis de), év. de Troyes, 412.
Louis de Courcelles, archidiacre, 164.
Louis, clerc, 22.
Louis, roi de France, 33.
Louis, roi de France, 428.
Louis VII, roi de France, 238, 273, 302, 304, 436.
Louis IX (saint), roi de France, 14.
Louis X, roi de France, 254, 256, 257.
Louis XIII, roi de France, 36, 75 *Angelus*.
Louis XIV, roi de France, 285, 435, 445.
Louis de Bar, 236.
Louis de Vaucemain, évêque de Chartres, 256.
Loup (Etienne), prêtre, 28.
Loup, chevalier, 25.
Lucienne, abbesse de Faremoutier, 117.
Lulier (Arnoul-Laurent), 211.
Luquette, prieure de Trainel, 449.
Luquette, prieure de Notre-Dame-aux-Nonnains, 430.
Luquette, *Deo sacrata*, 422.
Luquette de Droupt, *Deo sacrata*, 430.
Luquette, femme de Gauthier Chauvré, 245.
Luquette, mère de Milon de Bar, doyen, 238.
Luxembourg (Louise de), abbesse de Notre-Dame-aux-Nonnains, 424.
Lyonnet de Nantouillet (Jean dit), chevalier, 469.

Mabile, *laica*, 418; autre, 419.
Macaire, chevalier, 424.
Macé (Eudes), doyen de Marigny, 32, 55, 56.
Macé Panthoul, libraire, 107.
Macée (dame), 25.
Maceline, *monacha*, 422.
Macrey (Jean), curé de Pont-Sainte-Marie, 329, 351.
Mahaut, *voy.* Mathilde.
Maillet (Edmond), chanoine, 339.
Maillet (Edme), chanoine, 41, 45, 57.
Maillet (Pierre), chanoine, 334, 372.
Mailly (Jean), chanoine, 112.
Malier du Houssay (François), évêque de Troyes, 60, 61, 213.
Malingre (Didier), chanoine, 43, 96.
Mallier (Jacques), hôtelier, 331.
Malnourri (Jacques), 229.
Malot (Pierre), enfant de chœur de St-Pierre, 211.
Manassès, évêque de Langres, 424.
Manassès, archidiacre de Troyes, 432.
Manassès, archidiacre, 233.
Manassès, chantre de Saint-Pierre, 227, 238, 428.
Manassès, abbé de St-Loup, 389.
Manassès de Burey-en-Othe, chan., 240.
Manassès II de Pougy, év. de Troyes, 17, 29, 85, 102, 103, 127, 422.
Manassès de Rumilly, archidiacre de Troyes, 33.
Manassès, curé de Saint-Liébaut (Estissac), 270.
Manassès de Saint-Phal, chantre de Saint-Pierre, 32.
Manassès de Villemaur, archidiacre de Troyes, 20.
Manassès, chevalier, 428; autre, 436; autre, 443.
Manducator (Pierre), doyen de Saint-Pierre, 242, 391.
Marcel (Jean), chapelain, 336.
Marchand (Jean), chanoine, 356, 357, 358, 368.
Marchand de Christon (Jean-Louis), seigneur d'Auzon, 416, 417.
Marcilly (Simon), chan., 280, 281, 288.
Maréchaux (François), 319.
Margot, mère de Jean Terrible, 343, 380.
Marguerite, abbesse de Notre-Dame-aux-Nonnains, 437.

Marguerite, abbesse de Faremoutier, 423.
Marguerite, abbesse de Faremoutier, 470.
Marguerite, prieure du Paraclet, 453.
Marguerite, *Deo sacrata*, 418.
Marguerite, reine de Navarre, 222, 423.
Marguerite, dame d'Antigny, 470.
Marguerite de Brienne, *Deo sacrata*, 435.
Marguerite de Brienne, fille de Gauthier VI, 359.
Marguerite de Champagne, fille de Thibaut II, 288, 314.
Marguerite de *Champarmoy*, *Deo sacrata*, 440.
Marguerite de Courquetaine, 448.
Marguerite de Cuchaud, *monacha*, 441.
Marie de Crusy, femme de Pierre de Bar, 401.
Marguerite, dame d'Everly, 467.
Marguerite de Faux, 458.
Marguerite de Flacy, 456, 462.
Marguerite, comtesse de Flandres, 337.
Marguerite de Foissy, 449.
Marguerite des Granges, *laica*, 419.
Marguerite de Jaulne, 453.
Marguerite de Juilly, *laica*, 441.
Marguerite de Launercy, 450.
Marguerite de Lézinnes, maréchale de Champagne, fille d'Erard, 28, 385.
Marguerite de Longeville, femme de Goron de Beaulieu, 104.
Marguerite de Marcilly, *familiaris* du Paraclet, 473.
Marguerite de Mello, maréchale de Champagne, 219, 385.
Marguerite d'Oze, *Deo sacrata*, 423.
Marguerite de Pleurs, *Deo sacrata*, 423.
Marguerite de Puiseaux, *laica*, 430.
Marguerite de Saint-Chéron, dame de *Plenis*, 254-255.
Marguerite de Saint-Phal, abbesse de Notre-Dame-aux-Nonnains, 445.
Marguerite de Salazard, abbesse de Poulengy, 467.
Marguerite, dame de Saron, 464.
Marguerite de *Sedane*, 455.
Marguerite de Sexfontaines, 452.
Marguerite de Soisy, *laica*, 439.
Marguerite de *Suilliers*, 448.
Marguerite *dou Teil*, 447.
Marguerite de Tilly, *monacha ad suc-*

currendum du Paraclet, 461.
Marguerite de Vanlay, *Deo sacrata*, 430.
Marguerite de Vaucemain, 460.
Marguerite de Verdun, 434.
Marguerite des Vignes, dame de Marcilly, *familiaris* du Paraclet, 467.
Marguerite de Villeneuve, 453.
Marguerite de Villehardouin, 385.
Marguerite, dame de Villiers-Bonneux, 461.
Marguerite, fille de Guillaume de Villehardouin, 385.
Marguerite, *laica*, 420.
Marie, abbesse de Notre-Dame-aux-Nonnains, 437.
Marie, abbesse, 455.
Marie, abbesse de La Pommeraie, 468.
Marie, prieure du Paraclet, 471.
Marie, prieure de Nonfort, 456.
Marie, prieure de *Sedene*, 456.
Marie, *Deo sacrata*, 439.
Marie, *conversa*, 418, autre, 418; autre, 418.
Marie, *familiaris*, de Notre-Dame-aux-Nonnains, 419.
Marie, comtesse d'Alençon, 18.
Marie de Bonneval, 449.
Marie de Braux, dame de Rances, 259.
Marie, comtesse de Brienne, 29, 231.
Marie de Cernon, chantre de Notre-Dame-aux-Nonnains, 435.
Marie de Champagne, fille de Thibaut II, 273, 314.
Marie de Champagne, fille d'Henri Ier, 306, 307.
Marie, comtesse de Champagne, 464.
Marie, comtesse de Champagne, fille du roi Louis IX, 422.
Marie de Chahu, dame de Vaucemain, 424.
Marie de Champ-Girard, 412.
Marie de Champgirault, 188.
Marie de Chanteloup, 452.
Marie de Courcemain, prieure du Paraclet, 457.
Marie de Crusy, femme de Pierre de Bar, 401.
Marie, dame de Fleurigny, 425.
Marie, dame de Flogny, 470.
Marie de Florigny, *laica*, 438.
Marie de Foolz, abbesse de Notre-Dame-aux-Nonnains, 443.

Marie de France, femme de Henri Ier, comte de Champagne, 17, 219, 273, 302, 304, 305, 383.
Marie de Joyeuse, 424.
Marie de La Fère, 401.
Marie de Lunay, 458.
Marie de Luxembourg, abbesse de Notre-Dame-aux-Nonnains, 422.
Marie de Monstier, abbesse de Notre-Dame-aux-Nonnains, 430.
Marie de Marigny, dame de la Grève, 466.
Marie de Melun, prieure du Paraclet, 450.
Marie, dame de Pougy, 433.
Marie de Roffey, 431.
Marie de Saint-Phal, abbesse de Notre-Dame-aux-Nonnains, 436.
Marie, dame de Sergines, *familiaris* du Paraclet, 464.
Marie de Villemaur, 459.
Marie, fille d'Anseau de Voisines, 460.
Marisy (Gilot de), 411.
Marisy (Jean de), grènetier de Troyes, 410.
Marisy (Jean de), seign. de Cervet, 411.
Marisy (Jeannette), dame de Charley, 411.
Marisy (Odard de), seign. de Cervet, 411.
Marisy (Simonnet de), 411.
Marmoutiers (association), 476.
Marmier (Hugues), chanoine, 105.
Marsilie, abbesse de Notre-Dame de de Soissons, 422.
Marsilie, *Deo sacrata*, 429.
Martel (Nicolas), doyen de Saint-Urbain, 286, 339, 344, 347, 355, 358, 363.
Marthe, abbesse de Notre-Dame-aux-Nonnains, 429.
Martin IV, pape, 221.
Martin, médecin, 22.
Martin de Beaufort (Montmorency), 219.
Martin *de Hernencuria* al. *de Ornaturis* (maître), 81.
Mathieu, chanoine, 29.
Mathieu, clerc, 26.
Mathieu, ermite de Pont-sur-Seine, 454.
Mathieu, comte de Beaumont-sur-Oise, 468.
Mathieu de Contre, chanoine, 153.
Mathieu des Deux-Eaux, 234.
Mathieu, curé de Saint-Pouange, 23.
Mathieu, marguillier de Saint-Pierre, 21.
Mathilde, abbesse, 424.

TABLE DES NOMS DE PERSONNES.

Mathilde, abbesse, 441.
Mathilde, comtesse, 443.
Mathilde de Champagne, fille de Thibaut II, 271.
Mathilde *al.* Mahaut de Châtres, 448.
Mathilde de Marigny, 452.
Mathilde de Marnon, *Deo sacrata*, 425.
Mathilde, fille d'Engelbert, 18, 26, 247, 291.
Mathilde, dame de Villiers-Bonneux, 461.
Mathilde, jeune enfant, 472.
Mattan (Guillaume), 344.
Maubert (Guillaume), archidiacre d'Arcis, 165.
Maubert (Guillaume), chanoine, curé de Pont-Sainte-Marie, 136.
Maugier (Robert), conseiller du roi, 175, 179.
Mauléry (Jean), bourgeois, 335, 340, 381.
Maurice de Channes, chanoine, 259.
Maurice de Courcelles, 213.
Maurice de Saint-Germain, écuyer, 321.
Mauroy (Jacques de), seigneur de Plivot, 411-412.
Mauroy (Pierre de), seigneur de Colaverdey ou Charmont, 412.
Maydieu, chanoine, 143.
Mayran (de), doyen de St-Urbain, 352.
Méchin (Guillaume), év. de Troyes, 28.
Méjard (Edme), trésorier de Saint-Urbain, 79.
Mélesinde, *Deo sacrata*, 421.
Méline, prieure de Traînel, 457.
Méline, femme de Dominique de Vitel, 399, 409.
Mélinette d'Ocey, veuve de Huet de Montmirail, 396, 403.
Mélinette, veuve de Pierre de Perthe, 403, 405.
Mélisende, *conversa*, 419.
Mélisende, abbesse du Paraclet, 439, 440.
Mélisende, abbesse du Paraclet, 457.
Mellin (Pierre), 24.
Ménier (Jean), 231.
Menneret (Nicolas), chanoine, 117, 118.
Mercier (Étienne), chanoine, 170.
Mercier (Jean), chanoine, 251, 268, 288.
Mergey (Gui), chanoine, 112, 277.
Mergey (Jean) et dame Agnès, sa tante, 211.
Mergey (Nicolas), marguillier, prêtre de Saint-Pierre, 94, 211.

Mergey (Nicolas), chapelain, 261.
Mérille (Charles), scolastique de Saint-Etienne, etc., 41, 284.
Mérille (Laurence), femme de Pierre Le Breton, 335, 367, 380.
Mérille (Nicolas), doyen de Saint-Urbain, 355.
Mesgrigny (Eustache de), sieur de Villebertain, etc., 310.
Mesgrigny (Jean de), 197, 328, 329.
Mesgrigny (Marie de), femme de Jacques Vignier, 203.
Mesgrigny (Nicolas), nommé évêque de Troyes, 86, 100, 101.
Metz (Jean de), curé de La Chapelle-Godefroy, 153.
Michel, abbé d'Oye, 476.
Michel, chanoine, 218.
Michel (Jacques), 211, 212.
Michel, sous-chantre, 240, 266.
Michel de Bar, 21.
Michel de Fayel, chanoine, 217.
Michel, pisciculteur, 245.
Michelle de Vitry, femme de Jean Jouvenel des Ursins, 412.
Michelot (Nicolas), curé de Barberey-Saint-Sulpice, 396.
Mignan (Pierre), chanoine, 290, 291.
Millet (Claude), chanoine, 277, 292.
Millet (Claude), chantre de Saint-Urbain, 325.
Millet (Guillaume), scolastique de Saint-Etienne, 271, 292.
Milet (Jean), évêque de de Soissons, 261, 283, 317.
Milet (Jean), secrétaire du roi, 317.
Milet (Jean) de Chaunes, sous-doyen de Saint-Etienne, 129, 130.
Milet (Jean), chanoine, 250.
Milet (Laurent) chanoine, 64, 352.
Milet (Nicolas), chanoine, 123.
Milet (Préjan), chanoine, 293.
Milon, doyen de Saint-Etienne, 30.
Milon, doyen de Saint-Pierre, 441.
Milon de Bar, doyen de Saint-Etienne, 221, 238, 239.
Milon, abbé de Saint-Loup, 393, 408.
Milon, chanoine, 442.
Milon, chanoine de Laon, *familiaris* du Paraclet, 462.
Milon (Jean), chantre de St-Pierre, 50.
Milon (Jean), chanoine, 285.

Milon (Jean), official de Troyes, 69, 263.
Milon, comte de Bar-sur-Seine, 18, 26, 414.
Milon vicomte de Troyes, 17.
Milon de Bar, 22, 24.
Milon de Bray, 20.
Milon de Champlost, 28.
Milon de Dommartin, 244.
Milon d'Everly, chevalier, 127.
Milon de La Chapelle, 22.
Milon de La Grange, chevalier, 465.
Milon, l'ancien, seign. de Nogent, 461.
Milon, le jeune, seign. de Nogent, 461.
Milon de Planey, 27.
Milon de Pont-sur-Seine, 21.
Milon-Philippe de Pont sur-Seine, év. de Troyes, 17, 24, 66.
Milon de Saint-Aubin, doyen de Saint-Pierre, 30, 145, 222, 424.
Milon, seigneur de Saint-Phal, 434.
Milon de Saint-Quentin, 240.
Milon, chevalier, 223 ; autre, 439.
Milot (Bonaventure), mère de Jean Sardigny, 342.
Milot, écuyer *de Aesio*, 421.
Minet (Pierre), 66.
Molay (Pierre de), doyen de Saint-Pierre, 23, 200.
Molé (Guillaume), 50.
Molé (Marie), femme de Pierre de Mauroy, 412.
Molême (association), 476.
Moleron (Henri), chanoine, 119, 279.
Molinons (Jean de), 21.
Molins (Renaud de), 32.
Monginet (Pierre), 97.
Monstier (Nicolas du), marguillier, 330, 338, 347, 358.
Montiéramey (association), 475, 476, 478.
Montier-la-Celle (association), 474, 476, 478.
Montiérender (association), 476.
Montjou (S'-Bernard de), 439.
Montmartre (association), 427.
Mont-Saint-Michel (pèlerinage), 189.
Muraine (Christophe de), chanoine, 122.
Moree (Etienne), chanoine, 260, 268.
Moree (Etienne), doyen de Saint-Urbain, 355, 362, 381.
Moreau (Jacquette), veuve de Magnin Collet, 331.
Morel (Jean), prêtre, 349.

Morise (Nicolas), chanoine, 136.
Morise (Nicolas), marguillier de Saint-Urbain, 325.
Morisse (Catherine), veuve de Jean Lemaistre, 55.
Motet (Jean), chévecier de S'-Etienne, 249.
Motet (Simon), scolastique de Saint-Etienne, 265.
Moutier-Saint-Jean (association), 474, 475, 476.
Mouton (Odard), chanoine, 284.
Moussey (Pierre de), chevalier, 25.
Moyne (Jacques), chanoine, 290.
Muette (Adam), 401, 402.
Muette (Jacques), abbé de Saint-Loup, 384, 394, 395, 404.
Muette (Nicolas), 403.
Muette (Pierre), 51.

Nabur (Raoul), marguillier de Saint-Etienne, 240.
Naudet (Odard), 250.
Nesle-la-Reposte (association), 476, 477.
Nevelet (Louis), archid. de Margerie, 137.
Nicolas IV, pape, 337.
Nicolas, curé d'Aillefol (Géraudot), 199.
Nicolas, d'Arcis-sur-Aube, évêque d'Auxerre, 263.
Nicolas de Beureville, chanoine, 280.
Nicolas de Bierne, vicaire, 333.
Nicolas de Brie, évêque de Troyes, 18, 19, 23, 24, 25, 30, 32, 35, 48, 63, 64, 69, 101, 106, 113, 115, 167, 199, 200, 213, 223, 425, 465.
Nicolas de Crémone, chevalier, 238.
Nicolas d'Epothémont, chanoine, prêtre de Saint-Etienne, 256.
Nicolas de Margerie, archidiacre de Brienne, 30, 31, 200.
Nicolas de Marigny, abbé de S'-Lorp, 386.
Nicolas de Marigny, abbé de Saint-Loup, 386, 396.
Nicolas *de Maso*, doyen de Saint-Pierre, 31, 117.
Nicolas *de Meisselo*, laïque, 422.
Nicolas de Metz-Robert, chapelain, 346,
Nicolas de Montiéramey, chanoine, 267.
Nicolas de Provins, 236.
Nicolas de Saint-Oulph, chanoine, 251.
Nicolas de Verrières, prêtre, 241.
Nicolas (maître), doyen de Saint-Maclou

de Bar-sur-Aube, 243.
Nicolas, trésorier de Saint-Etienne, 231.
Nicolas, chancelier de l'église de Noyon, 214.
Nicolas, chancelier, 422.
Nicolas, chanoine, 236.
Nicolas, chanoine, 434.
Nicolas, chanoine, 419.
Nicolas, prêtre, 453.
Nicolas, chapelain, 221.
Nicolas, fils d'Artaud de Nogent, 430.
Nicolas, chevalier, 423.
Nicolas, maître de bains, 245.
Nicole, abbesse de Notre-Dame-aux-Nonnains, 420.
Nicolette, *monacha ad succurendum*, 426.
Nicolette de Verdun, 332.
Nivelle (Jacques), archid. de Brienne, 79.
Nivelle (Jean-Jacques), chan., 324, 338, 339, 344, 349, 353, 370.
Nivelon, évêque de Soissons, 436.
Noé (Marc-Antoine de), év. de Troyes, 212.
Noel (Jacques), chanoine, 288, 317.
Noel (Jean), cellérier de St-Etienne, 253.
Notre-Dame de Châtillon-sur-Seine (association), 389.
Notre-Dame-en-l'Isle de Troyes (association), 386.
Notre-Dame de Mont-Benoit (association), 390.
Notre-Dame de Namur (association), 426.
Notre-Dame de Nevers (association), 422.
Notre-Dame-aux-Nonnains de Troyes (association), 465; incendie, 432.
Notre-Dame de Vertus (association), 388.

Odèle, *conversa*, 419.
Odeline, abbesse de La Pommeraie, 464.
Odette, abbesse de Notre-Dame-aux-Nonnains, 435.
Odette, *conversa*, 422.
Odette, dame de Broyes, 444.
Odette de Valléry, *laica*, 436.
Odette, femme de Herbert de La Noue, 29.
Odette de Plancy, 31.
Odinet de Fay, 399.
Odinot (Eudes), chapelain, 328.
Oger, 240.
Oger, seigneur d'Anglure, 171.
Oger, seigneur d'Anglure, 171.

Oger et sa femme, 436, 437.
Ondoin, abbé de St-Loup et de St-Martin, 386, 388, 397, 398, 399.
Orge (Jean d'), chan., 40, 45, 79, 137.
Origny (association), 421, 468.
Osanne, mère de Thibaut, clerc, 26.
Osenne (Jean), doyen de St-Etienne, 250.
Otran, 234.
Oudard de Lagny, chanoine, 265.
Ourseau, chanoine, 236.
Oye (association), 476.

Paillon (Mahier), grand-maire de Saint-Loup, 399.
Paillot, chanoine de Saint-Pierre, 107.
Paillot (Jean), seign. de Nuisement, 114.
Pailly (demoiselle de), 460.
Paraclet (association), 439.
Paris de Saint-Martin, 396.
Parvi (Guillaume), al. Petit, évêque de Troyes, 416.
Passot (Jacques), peintre, 203.
Paulin (maître), chanoine, 245.
Payen *de Cambio*, 218.
Payen de Chartres (maître), 221.
Payen chevalier, 465.
Payen des Changes, clerc, 218.
Pelée (Jeanne), 343.
Pèlerin (Pierre), 219.
Peleux (Jacques), trésorier de Saint-Etienne, 40, 96, 282.
Peleux (Nicolas), 60.
Pérancy (Marie-Madeleine), 377.
Perceval [de Troyes], 20.
Péronelle de *Bréautes*, 460.
Péronelle de La Louptière, 449.
Péronelle de Planoy, 459.
Péronelle de Savins, 459.
Perrin, fils de Pierre de Verdun, 331.
Perrotte de Chaumont, 254.
Perrotte de Mortery, 453.
Perricard (Jacques), bourgeois de Troyes, 404.
Perrot (Robert), archidiacre de Sézanne, 42, 108.
Perseigne (association), 443.
Persin (Jean), abbé de Saint-Loup, 383, 384, 385.
Petit (Gérard), 247.
Petit (Guillaume), chapelain, 325, 367, 368.
Petit (Jacques), médecin, 232, 400, 408.

34

Petit (Jean), chan.-archiprêtre, 68, 69.
Petit (Jean), chapelain de Saint-Urbain, 327, 341.
Petit (Nicole), chapelain de François Girardin, 134.
Petit (Pierre), dit de Vouarces, marguillier-prêtre, 136.
Petitpied (Jacques), vicaire, 91.
Petitpied (Jérôme), chanoine, 132.
Pétronille, *Deo sacrata*, 426; autre, 435.
Pétronille, dame de Bailly, 461.
Pétronille, comtesse de Bar-sur-Seine *monacha*, 434.
Pétronille, dame de Fontenay, 421.
Pétronille de Juilly, 357.
Pevrier (Etienne), 331.
Philippe (saint), 98, 105.
Philippe, évêque de Châlons, 424.
Philippe, évêque *Jocelimorum*, 441.
Philippe (Jean), doyen de St-Pierre, 136.
Philippe, chanoine, 470.
Philippe, abbé.
Philippe d'Amance, 327.
Philippe de Châtres, chanoine, 219.
Philippe de Courcelles, seigneur de Saint-Liébault, 463.
Philippe de Fontainebleau, sous-doyen de Saint-Etienne, 266.
Philippe le Bel, roi de France, 356.
Philippe [V]?, roi de France, 418.
Philippe de Lusigny, 31.
Philippe de Meaux, 448.
Philippe de Plancy, prêtre, 22.
Philippe-Milon de Pont-sur-Seine, évêque de Troyes, *voy*. Milon.
Philippe de Saint-Just, 229.
Philippe de Sézanne, chanoine, 224.
Philippe de Trainel, abbé de St-Loup, 386.
Philippe de Valois, roi de France, 345.
Philippe de Vannes, 23.
Philippe, chevalier, et Hauvide, sa femme, 434.
Philippe, chevalier, 433.
Philippe de Villeneuve, chevalier, 434.
Philippine, *Deo sacrata*, 437-438.
Picard (Jean), 397.
Pichot (Guerry), 22.
Pichot (Guillaume), prieur de N.-Dame-en-l'Isle, 477.
Pied-de-Larron (Gui), 218.
Pierre (saint), 98, 105.
Pierre, archevêque de Reims, 471.

Pierre (Ier), prévôt de St-Loup, 393.
Pierre, prévôt de Saint-Loup, 392.
Pierre, sous-doyen de St-Etienne, 247.
Pierre, abbé de Saint-Sauveur de Vertus, 436.
Pierre, abbé, 422.
Pierre d'Allemanche, 25.
Pierre Aycie, 22.
Pierre d'Arcis-sur-Aube, évêque de Troyes, 165-175, 179, 213, 250, 268, 342.
Pierre de Bagneux, 266.
Pierre de Bar-sur-Aube, cardinal, doyen de Saint-Maclou, 198.
Pierre de Bar, Isabelle, sa femme, 400.
Pierre de Bar, tabellion, 401.
Pierre de Bonneval, 19.
Pierre, seigneur de Bouy, 468.
Pierre *de Busseyo*, chanoine, 218.
Pierre *de Castro*, chevalier, 430.
Pierre (maître) *de Celario*, 29.
Pierre de Champlite, clerc, 326.
Pierre de Chaource, 434.
Pierre de Château-Huton, chan., 386.
Pierre de Chennegy, 29.
Pierre de Clesle, archid. d'Arcis, 29, 118.
Pierre de Cluny, abbé, 473.
Pierre (maître), de Cornillon, 19.
Pierre de Creney, sous-chantre de Saint-Etienne, 258.
Pierre de Creney, curé de Rumilly, 166.
Pierre de Crusy, 397, 399.
Pierre de Cussangy, curé de Laubressel, 196.
Pierre David, 23.
P. (maître), de Dannemoine, 224.
Pierre de Ferrières, 232.
Pierre de Flavigny, 33.
Pierre d'Herbisse, bourgeois, 359, 366, 380.
Pierre de Jaucourt, 21.
Pierre de Jaucourt, chevalier, 235, 258, 259.
Pierre de La Celle, archidiacre, 30.
Pierre de La Celle, doyen de Saint-Pierre, 147.
Pierre de Langres, 233.
Pierre de Lyon, 23.
Pierre de Malroy, l'aîné, 256.
Pierre *(de Marcio)*, archidiacre de Saint-Pierre, 389.
Pierre de Mareuil, chanoine, 216, 267.

Pierre de Molay, doyen de S¹-Pierre, 267.
Pierre de Montiéramey, 232.
Pierre de Montigny, abbé de Larrivour, 478.
Pierre (maitre), de Morinval, 26.
Pierre du Pavillon, chanoine, 121.
Pierre de Perthe, 403, 405.
Pierre du Pont-Sainte Marie, chan., 214.
Pierre des Portes, 232.
Pierre, curé de Prunay, 199.
Pierre [de Roncevaux], archevêque de Bordeaux, 222, 321.
Pierre, curé de S¹-Léger-sous-Brienne, 246.
Pierre de Saint-Mesmin, 425.
Pierre de Saint-Phal, *monachus ad succurrendum*, 419.
Pierre de Saint-Pouange, drapier, 330, 349, 354.
Pierre de Saint-Quentin, 230, 231.
Pierre de La Tannerie, 237.
Pierre de Tonnerre, 31.
Pierre de *Tornella*, chevalier, 461.
Pierre de Vaudes, fils de Marie, 237.
Pierre de Vendeuvre, laïque, 431.
Pierre de Verdun, bourgeois de Troyes, 164, 331, 365.
Pierre de Villebéon, écuyer, 470.
Pierre de Villeneuve, 24, 32.
Pierre de Villeneuve, chanoine, 151.
Pierre de Villiers, seign. de Plessis-lez-Choast, 414.
Pierre I de Villiers-Herbisse, évêque de Troyes, 51, 75, 104, 127, 129, 159, 204.
Pierre de Vitry, trésorier de Saint-Etienne, 226.
Pierre de Vitry, Flandrine, sa femme, 235.
Pierre de Vosnon, chanoine, 234.
Pierre, chanoine, 420.
Pierre, chanoine-enfant de S¹-Etienne, 431.
Pierre, chanoine, 417, 418, 435.
Pierre, clerc, 232.
Pierre, chevalier, 425; autre, 439.
Pierre, écuyer, *interfectus*, 439.
Pierre, fils de Jean Le Méleron, 241.
Pierre, maire des Essarts-lès-Sézanne, 223.
Pierre, père de Guillaume de Vitry, 227.
Pierrette, femme d'Adam de Blaincourt, 397, 406.
Piétrequin (Claude), 109.

Piétrequin (Claudine), 72.
Pijon (Guillaume), 242.
Pinette (Jean), chanoine, 330, 350.
Pioche (Milon), seign. de Montaulin, 259.
Pion (Pierre), seigneur de Rumilly-les-Vaudes, 35, 135, 136, 190, 191.
Piot (Pierre), bourgeois, 402.
Plaisance (Etienne de), chan., 132, 260.
Plaisance (Jean de), chanoine, 198.
Plaisance (Robert de), chanoine, 69.
Plaisance (Aubert de) al. Robert, 25, 28, 92.
Plumé (Robert), chapelain, 37.
Podebon (Pierre), chanoine, 251, 319.
Poilevillain (François), 20.
Poisson (Jacques), drapier, 330.
Poitiers (Charles de), frère de Henri, évêque de Troyes, 158, 190.
Poitiers (Guillaume de), sous-diacre, 31.
Poitiers (Henri de), év. de Troyes, 17, 27, 47, 48, 154-160, 262, 389.
Poitiers (Robert de), frère d'Henri, 157.
Ponce, chevalier, 437.
Poncet de La Rivière (Matthias), évêque de Troyes, 132.
Pontia, Deo sacrata, 418.
Potator (Pierre dit), 22.
Potherat (Jean), marguillier de Saint-Urbain, 338.
Pothier (Anne), 344, 359, 371.
Pothier (Nicolas), peintre, 137.
Pothier (Remy), chanoine, 324, 344, 355, 371.
Potnelli (Simon), abbé de Saint-Loup, 392, 407.
Pougeoise (Jean), doyen de S¹-Pierre, 60.
Pongeoise (Jean), de Nogent-sur-Seine, 180.
Praxède, *laica*, 427.
Prémontré (association), 389.
Prévostat (Claude), chanoine, 117, 289, 337, 374.
Prévostat (Claude), frère d'Elion, 279.
Prévostat (Elion), banquier, 117, 119, 337, 374.
Prévostat (Elion), protonotaire apostolique, 279.
Prolat (Claude), chanoine, 286, 320.
Prin (Félix), 78.
Prunay (Jean), chapelain, 318.
Prunel (Nicolas), abbé de Saint-Loup, 390, 394, 405.

Purée (maître Guy), curé de St-Denis de Troyes, 29.
Putemonoie (Guillaume), 22, 224.

Quesnel (Nicolas), chanoine, 135.

R., abbé de Montiéramey, 475.
Raffard (Robert), chan. de St-Loup, 405.
Raguier (Antoine), 188.
Raguier (Denisette), sœur de Louis, évêque de Troyes, 188.
Raguier (Droin), 188.
Raguier (Edme), prieur de Soisy, 190.
Raguier (Isabelle), 188.
Raguier (Jacques), évêque de Troyes, 67, 68, 72, 188, 190.
Raguier (Jean), 188.
Raguier (Jean), archid. de Sézanne, 68.
Raguier (Louis), évêque de Troyes, 45, 46, 185, 188, 189.
Raguier (Louis), évêque élu de Lisieux, 188.
Raguier (Marguerite), 188.
Raisin (Anne et Marie), 111.
Ramel (Jacques), chanoine, 287.
Raoul, *germanus* d'Abailard, 469.
Raoul, marchand d'Arras, 433.
Raoul d'Avenay, 20.
Raoul de Besançon, drapier à Troyes, 250.
Raoul et Béatrix, sa femme, 425.
Raoul de Blangey, chapelain.
Raoul, curé de Bligny, 441.
Regnault de Cambrai, tombier, 159, 160.
Raoul de Mal-Ru, 31.
Raoul, abbé de Nesle, 476.
Raoul de Reims, chanoine, 237.
Raoul de Rosiers, 456.
Raoul de Rumilly, 24.
Raoul de Savières, 21.
Raoul de Suippes, 20, 151.
Raoul de Villy-le-Maréchal, 25.
Raoul, chanoine, 437.
Raoul (maître), scolastique de Saint-Etienne, 225.
Raoul, chanoine de Saint-Pierre, 31.
Raoul, Frère Mineur, 439.
Raulin (Jean), abbé de Montier-la-Celle, 478.
Raoul, *laicus*, 418.
Raviz (Jacques), 233.
Refuge (Etienne de), cellérier de Saint-Etienne, 69, 120, 201, 257.
Reliques (Jacques des), 31.
Remy, évêque de Pampelune, 225.
Renard (Jean), chanoine, 218, 239.
Renaud, archidiacre de Troyes, 23, 25.
Renaud, chanoine, 28; autre, 239.
Renaud, abbé de Saint-Loup, 384.
Renaud, ermite de Pont-sur-Seine, 473.
Renaud de Bigny, prieur claustral de Saint-Loup, 403.
Renaud de Bouy, chevalier, 471.
Renaud de Chacenay, chanoine, 32.
Renaud de Clesles, prêtre, 24.
Renaud de Colombey, doyen de Saint-Urbain, 25, 356, 362, 379.
Renaud de Droupt, chanoine, 245.
Renaud (Garnier), 217.
Renaud (Jean), 118.
Renaud de Langres, cellérier de Saint-Etienne, 281, 212, 250.
Renaud de Macey, chanoine, 224.
Renaud de Montlhéry, év. de Troyes, 17, 81, 118, 127.
Renaud de Nanteuil, chevalier, 166.
Renaud, seigneur de Nanteuil, 470.
Renaud de Périgny-la-Rose, archidiacre de Sézanne, 26, 79.
Renaud de Pougy, 24.
Renaud de Provins, 242.
Renaud de Roncenay, chevalier, 399.
Renaud de Saint-Léger-sous-Brienne, chevalier, 213.
Renaud de Vallant-Saint-Georges, 28.
Regnault de Vergigny, prieur claustral de Saint-Loup, 392.
Renaud de Verzy, chevalier, 444.
Renaud, chevalier, 419; autre, 425.
Renaud, écuyer, 465.
Renaud, *laicus*, 434.
Renaude d'Everly, prieure de Traînel, 462.
Rénier, archidiacre de Troyes, 22.
Rénier (Claude), chanoine, 125, 135, 143.
Rénier, chanoine, 437.
Rénier des Bordes, chanoine, 219.
Rénier de Saint-Phal, prêtre, 440.
Rénier de Saint-Quentin, chantre de Saint-Etienne, 31, 115, 145, 224.
Remain (François de), chanoine, 290.
Remi, chanoine, 27.
Ribout (Guillaume), théologal de Saint-Pierre, 88, 201, 202.

TABLE DES NOMS DE PERSONNES. 513

Ricard, chanoine, 29.
Richard, chanoine, 215, 225, 250.
Richard, vicaire, 229.
Richard de *Pontellié*, 434.
Richer de Marigny, chanoine, 392.
Richilde, *conversa*, 424; autre, 426.
Richoude, femme de Jacques Raviz, 233.
Ricourt (Jeanne), femme de Robert de Colasverdey, 86.
Rigaud, abbé, 426.
Rigilde, *monacha*, 419.
Rilende, *Deo sacrata*, 423.
Rilende, *monacha*, 425.
Rincent (Hébert), chanoine, 225.
Risiade, abbesse de Notre-Dame-aux-Nonnains, 420.
Rivet (Jean), chanoine, 267, 316.
Roberdel (Denis), 60.
Roberdel (Etienne), cellérier de Saint-Etienne, 90, 272.
Robert, évêque de Troyes, 17, 124, 125, 428, 467.
Robert, archidiacre, 30.
Robert, archidiacre de Laon, 472.
Robert, prêtre, 223, 225.
Robert, diacre, *redditus* du Paraclet, 460.
Robert, *conversus*, 418.
Robert d'Amance, 351, 380.
Robert d'Arbrissel, 14.
Robert d'Asnières, grand-archidiacre de Troyes, 33, 195.
Robert d'Aubigny, frère de Jean, évêque de Troyes, 151.
Robert de Bar, chanoine, 121, 218.
Robert de Chanteloup, seigneur de Baire, 413.
Robert de Charmont, seign. de La Chapelle-Saint-Luc, 86.
Robert de Courçon, cardinal, 28.
Robert de Crouy, chanoine, 151.
Robert de *Dielon*, 435.
Robert d'Isle-Aumont, chanoine, 326.
Robert de Lagny, 218.
Robert d'Ervy, 26.
Robert de Mante, grand-panetier de France, 356, 381.
Robert de Nanteuil, chevalier, 465.
Robert *de Radlis*, chanoine, 229.
Robert de Ramerupt, prêtre, 26, 71.
Robert de Saint-Parres, 25.
Robert de Saint-Pouange, 26.

Robert de Thourotte, 233.
Robert (de Thourotte), év. de Laon, 260.
Robert, marguillier, 246.
Robert, chevalier, 27.
Robert, orfèvre, 221, 229.
Rocelin, chévecier de St-Etienne, 248.
Rocelin, chanoine, 26.
Roceline, *Deo sacrata*, 420.
Roceline, mère de Guillaume de Vitry, 227.
Rochette (Jean), 32.
Rocignot (Jacques), chanoine, curé de Saint-Nizier, 127.
Roffey (Marie de), femme de Philippe de Gombaud, 431.
Roger, archidiacre, 27.
Roger, chevalier, 433.
Roisard (Jean), chanoine, 111.
Roncevalle Jacques), 30, 222.
Roncevalle al. de Roncevaux (Pierre), sous-doyen de Saint-Etienne, 226, 321.
Roolde, *monacha*, 427.
Roquel (Henri), 137.
Roté (Jean), archid. d'Arcis, 114-115.
Rotey (Michel), chanoine, 291.
Rotrou III, comte du Perche, 271.
Rougenot (Simon de), 349.
Rougeot (Claude), chantre de St-Urbain, 324, 338, 355, 357, 358, 364.
Rouget (Claude), prêtre, 111.
Rouget (Nicolas), chanoine, 280.
Royer (Simon), maître de l'œuvre de Saint-Pierre, 109, 202.
Royer, 272.
Rozoy (association), 169.
Ruelle (Pierre), chanoine, 405.
Ruesce, femme d'Henri Fournier, 441.

Saboet, *Deo sacrata*, 436.
Sainct de Culoison, 244, 251.
Saint-Aubin d'Angers (association), 480.
St-Avy-lès-Châteaudun (associat.), 443.
Saint-Bénigne de Dijon (associat.), 476.
Saint-Denis de France (associat.), 476.
St-Etienne de Dijon (association), 385.
St-Etienne de Troyes (associat.), 345, 478.
Saint-Faron-lès-Meaux (associat.), 477.
Sainte-Geneviève de Paris (association), 386.
Saint-Germain-des-Prés (associat.), 476.
Saint-Géômes (association), 386.
Saint-Jean de Sens (association), 389.

Saint-Laurent de Liège (associat.), 431.
Saint-Loup de Troyes (association), 400. 401, 407, 408, 477, 478.
Saint-Maurice d'Agaune (associat.), 475.
Saint-Martin-ès-Aires (association), 477, 478.
Saint-Menge de Châlons-sur-Marne (association), 384.
Saint-Michel de Tonnerre (associat.), 477.
Saint-Nicolas de Pougy (associat.), 385.
Saint-Pierre de Beaune (associat.), 476.
Saint-Pierre de Châlons (associat.), 477.
Saint-Pierre de Rebais (associat.), 477.
Saint-Pierre de Troyes (association), 392, 478-480.
Saint-Pierre-le-Vif (association), 477.
Saint-Quentin de Beauvais (association), 386, 377.
Saint-Remy de Reims (associat.), 476.
Saint-Remy de Sens (associat.), 477.
Saint-Sauveur à Saint-Pierre de Troyes, 476.
Saint-Sulpice de Rennes (associat.), 468.
Saint-Urbain de Troyes (association), 386, 478.
Saint-Vaast d'Arras (association), 439.
Saint-Vincent de Laon (associat.), 476.
Sainte d'Arcis-sur-Aube, 174, 175.
Sainteline, *conversa*, 431.
Salival (association), 422.
Salon, chanoine, 419.
Salon, chevalier, 424.
Sanche VI le Sage, roi de Navarre, 307.
Sardigny (Jean), chan., 340-341, 342.
Sargette (Pierre), 343.
Sarrazin (Pierre), 356.
Sarré (Milon), chanoine, 213.
Saulnier (Anne), femme de Jean Bompas, 327, 352, 372, 378.
Saveric, cellérier de S¹-Etienne, 235, 239.
Savine, *monacha*, 422.
Scholastique de Champagne, femme de Guillaume V, comte de Vienne, 305.
Scholastique, fille de Milon de Saint-Phal, 434.
Scholastique, dite Alix, de Macey, 431.
Seemer, chevalier, 442.
Seier de Fontaine-lès-Montaulin, écuyer, 354.
Seignoret (Jean), 233, 313, 352.
Séguin (François), chan., 74, 202, 203.
Séguin des Hons (Jacques-Louis-David

de), évêque de Troyes, 212.
Seury (Marguerite), 97.
Sevestre (Henri), chanoine, 257.
Sibille (Augustin), évêque constitut. de l'Aube, 310, 311.
Sibille de Luxeuil, mère d'Etienne, 227.
Sibille, abbesse de Notre-Dame-aux-Nonnains, 429.
Sibille, femme d'Anseau de Traînel, 470.
Sibille, *laica*, 417.
Sifflet (Jean), chanoine), 92, 137.
Silvestre, prévôt de S¹-Loup, 389, 390.
Simi (Jean) de Saint-Oulph, chan., 268.
Simi (Jean) de Saint-Oulph, notaire, 175.
Simon, doyen de Saint-Pierre, 31.
Simon, doyen de Saint-Quiriace de Provins, 465.
Simon, chanoine, 431, 464.
Simon, chanoine, 214.
Simon, chanoine, 248.
Simon, prêtre, 456.
Simon, abbé de Saint-Loup, 389, 400.
Simon (Ambroise), prieur de Molins et d'Auzon, 391, 404.
Simon *de Anchora*, chanoine, 231.
Simon de Bar, chanoine, 248.
Simon de Basson, chanoine, 22, 56.
Simon de Broyes, chevalier, 438, 243.
Simon de Fère-Champenoise, scolastique de Saint-Etienne, 244.
Simon, duc de Lorraine, 418, 461.
Simon de Méry, chevalier, 354.
Simon de Montlhéry, official de Troyes, 28, 201, 403.
Simon, seign. de Périgny-la-Rose, 465.
Simon de Saint-Florentin, chantre de Saint-Urbain, 335, 352.
Simon de *Savigniaco*, 21.
Simon de Sézanne, chanoine, 220.
Simon archidiacre de Soissons, 442.
Simon *de Spinali Bosco*, sous-doyen de Saint-Etienne, 219.
Simon, chevalier, 421.
Simone de Villiers, 460.
Simonnet (Christophe), 48.
Simonnet (Edmond), chanoine de Saint-Pierre, 48, 109, 110, 292, 415.
Simonnette d'Auzon, mère de Jeannette, 251, 258.
Simonette d'Isles, sœur de Guillaume dit Belette, 405.
Simonette, femme d'Odinet Doyen, 398.

TABLE DES NOMS DE PERSONNES. 515

Solas (Nicolas), chanoine, 41, 78, 91, 102, 212.
Solignac (association), 461.
Sosye, *monacha*, 428.
Sot (Jean), 231.
Soucinet de Lusigny, 250.
Sourdat (François), chanoine, 287.
Sourdot (Philippe), chanoine, 280.
Strabon (Pierre), 32.
Strelus (Pierre de), scelleur de l'officialité, 159.
Suffise, *conversa*, 419.

Tabourat (Marguerite), 447.
Tacconi (Dominique) d'Alexandrie, cellérier de St-Etienne, médecin, doyen de Langres, 62, 114, 159, 265.
Taillet (Jean), peintre, 131.
Taix (Guillaume de), doyen de Saint-Pierre, 51, 52.
Tebeline, *conversa*, 436.
Tecelinе, *conversa*, 418; autre, 430.
Teceline et Geoffroy, *conversi*, 422.
Telet (Gauthier), 48.
Terrible (Jean), 313, 380.
Testard (Guillaume), 24, 25.
Thalamon (Nicolas), curé de Rouilly-Sacey, 333.
Thévignon (Jean), abbé de Saint-Martin de Troyes, 413.
Thévenon (Nicolas(, archidiacre de Sézanne, 63.
Therroy (Simon), 127.
Thibaut, prêtre du Paraclet, 457.
Thibaut, évêque de Châlon-sur-Saône, 25, 243.
Thibaut de Nanteuil, év. de Beauvais, 33, 38.
Thibaut (Mgr), 451.
Thibaut, abbé de Chantemerle, 472.
Thibaut, prieur de Cluny, 105.
Thibaut II, comte de Champagne, 18, 26, 80, 271, 283, 288, 296, 304, 384, 418, 461.
Thibaut III, comte de Champagne, 17, 32, 105, 120, 213, 214, 228, 280, 302, 304, 305, 308, 311, 314, 383, 427.
Thibaut IV, comte de Champagne, 231, 281, 290, 306, 430.
Thibaut V, comte de Champagne, 25, 228, 246, 249, 306, 307, 357, 443, 472.

Thibaut V le Bon, comte de Blois, 304.
Thibaut d'Acenay, procureur d'Urbain IV, 354.
Thibaut d'Attigny, chanoine, 176, 180.
Thibaut de Champguyon, chanoine, 220.
Thibaut *dou Chanoy*, 19.
Thibaut de Fismes, chanoine, 224.
Thibaut de Nanteuil-le-Haudouin, évêque de Beauvais, 137.
Thibaut *de Plenis*, sous-doyen de Saint-Etienne, 220.
Thibaut de Pommeuse, official de Troyes, 33.
Thibaut de Rozières, chanoine, 225.
Thibaut de Sézanne, chanoine, 213, 214.
Thibaut de Sommefontaine, prêtre, 448.
Thibaut de Thil-Châtel, chapelain, 246.
Thibaut de Villemaur, chanoine, 234.
Thibaut de Vougrey, 440.
Thibaut, chevalier, 437.
Thibaut, clerc, fils d'Osanne, 26.
Thibaut, frère de Philippe de Lusigny, 31.
Thibaut, frère de Simon de Sézanne, 220.
Thibaut, maire, 33.
Thibaut, juif, 235.
Thiénot (Jean), chan., 111.
Thierry d'Epernay, 234.
Thierry de Thuisy, 440.
Thomas, chanoine, 421.
Thomas, curé de Corbeil, 28.
Thomas de Gomer, chevalier, 23.
Thomas de La Chapelle-Saint-Luc, chanoine, 240.
Thomas de Meaux, 454.
Thomas de Sainte-Syre, 27.
Thorlot (Claude), chan., 342, 343.
Torpin (Colet), 250.
Torpin (Jacques), *conversus*, 436.
Torpin (Jean), chanoine, 220.
Toussaints-en-l'Ile (association), 388.
Toussaint (Simonne), 40, 64.
Trinalle (Jean), sous-chantre de Saint-Etienne, 265.
Trottant (Jean), cellérier de Saint-Etienne, 287.
Truchot (Jean), prévôt de Montier-la-Celle, 352, 381.
Turenne (Léonarde de), abbesse du Paraclet, 455.
Turquain (Etienne), chanoine, 73.
Turquain (Jacques), chanoine, 73, 112, 203, 413.

Ulric, archevêque. 388.
Ulric, chanoine, 133.
Urbain IV, pape, 22, 240, 359, 360, 361, 382, 438.
Ursins (Jean Jouvenel des), seigneur de Traînel, 412.
Usier (Etienne), chanoine, 180, 181.

Valepin (Jean), marguillier de Saint-Urbain, 347, 353.
Valet (Pierre), écuyer, 252.
Valentinois (le comte de), 158.
Valérian, sous-diacre, 20.
Vallières (Jacques de), scholastique de St-Martin de Tours, 76, 184, 185.
Vanlay (Charles de), chanoine, 65, 76.
Vanlay (Noël de), chanoine, 260, 283.
Varocler (Jean), chanoine, 92.
Vaucelles (François de), seigneur de Balnot, 251.
Vautherin (Antoine), chantre de Saint-Etienne, 295.
Vautherin (Pierre), 295.
Velu (Jean de), doyen de St-Etienne, 253, 273.
Venel (Claude), 81.
Venel (Jean), chanoine, 81.
Verdot (Jean), grand-archidiacre de Troyes, 124.
Verrey (Jean), chanoine, 48, 49.
Vermine (Robert), marguillier de Saint-Etienne, 245.
Vervins (Jean de), curé de Dienville, 153.
Vestier (Claude), doyen de Saint-Pierre, 73, 92.
Vestier (François), chanoine, 135.
Vestier (Nicolas), doyen de Troyes, 57.
Vestier (Odard), hermite du Hayer, 99.
Vezelai (association), 476.
Vidange (Gilles), prieur de Notre-Dame-en-l'Isle, 478.
Vienne (Claude de), chan., 339, 342.
Vienne (Pierre de), 57.
Vigneron (Nicolas), chan., 73, 74, 75.
Vigneron (Nicolas), chanoine, 290.

Vignier (Jacques), baron de Juilly, etc., 101, 203.
Vignier (Jacques), désigné évêque de Troyes, 86, 101, 108, 203, 204.
Villain, sous-doyen de St-Etienne, 235.
Villain de Bar, chanoine, 232.
Villain (Jean), prieur de Saint-Martin de Troyes, 113.
Villain (Jacques), chanoine, curé de Nogent-sur-Seine, 112, 204, 212.
Villain (Jacques), bénéficier de Saint-Pierre, 176.
Villain (Jean dit), 233.
Villemaur (Chapitre de), 125.
Villeneus, prévôt de Saint-Loup, 389.
Villeprouvée (Charles de), 69.
Villeprouvée (Maurice de), dominicain, 189.
Vincent (saint), évêque de Troyes, 213.
Vincent de Pierre-Châtel, chancelier, chantre de Saint-Etienne, 230.
Vinçon, prieure de Traînel, 459.
Vinot (François), doyen de Saint-Pierre, 126, 204.
Vinot (Marie), 116.
Vitel (Erard de), maître de l'Œuvre de Saint-Pierre, 90, 116.
Vitel, chanoine, 263.
Vivien (Arnoul), chan., 82, 205.
Voisin (Elie), prêtre, 62, 106.
Voton (Jean de), chan., 121.
Voyer (André), marchand de Troyes, 270.
Vrivale (Pierre), 335.

Walin, prêtre, 33.
Winger, chanoine, 425.
Wion (Agésilas), chanoine, 347.
Wion (Antoinette), religieuse, 347.
Wion (le maréchal), 347.

Yolande, prieure de Nonfort, 466.
Yolande, dame des Vallées, 465.

Zacharie, diacre, 22.

TABLE

DES

NOMS DE LIEUX

EMPLOYÉS COMME NOMS PATRONYMIQUES, OU SURNOMS, ET QUI NE SE TROUVENT PAS DANS LA PREMIÈRE TABLE.

[NOTA. — Cette Table renvoie à la Table des noms de personnes.]

Aconniaco (de) : Jeanne.
Ailleful, voir Gérosdot.
Ailly : Agnès.
Alençon : Marie.
Alincourt : Jean.
Allemanche : Jean, Pierre.
Alneto (de) : Elisabeth, Erard, Gauthier, Jean.
Amance : Philippe, Robert.
Amiens : Hugues.
Amillis : Jacques.
Anchora (de) : Simon.
Angleterre : Henri II.
Anglure : Isabeau, Mathilde (abbesse de Notre-Dame-aux-Nonnains), Oger.
Antigny : Marguerite, Nicole.
Aquitaine : Eléonore, Guillaume.
Arbrissel : Robert.
Arcis-sur-Aube : Cauchon, Hébert, Pierre, Jean, Nicolas, Sainte.
Arconville : Etienne.
Arras : Huchon, Raoul.
Arsonval : Jean.
Artois : Blanche.
Arzillières : Gauthier, Jean.
Asnières : Robert.
Assenay : Girard, Julienne, Thibaut.
Assensières : Jean.
Athènes : Elisabeth.
Attigny : Thibaut.
Aubigny : Gauthier, Jean, Robert.
Aunoy-le-Chastel : Amé. Voir Alneto (de).

Autriche : Anne.
Auxon : Jean.
Auxois : Gilles.
Auzon : Jeannette, Simonette.
Avenay : Raoul.

Bagneux : Pierre.
Bailly : Pétronille.
Baili : Gile.
Balnot : François de Vaucelles.
Bango : Guillaume.
Bar : Adeline, Gauthier, Girard, Gui, Hervé, Hugues, Jacques, Jean, Michel, Milon, Pierre, Robert, Simon, Villain.
Bar-sur-Aube : Pierre (cardinal), Jean, Nicolas.
Bar-sur-Seine : Milon, Pétronille.
Barbonne : Jacques, Jean.
Barres (des) : Elise, Isabelle. Voir Barres.
Basson : Emeline, Henri, Jacques, Simon.
Baudement : Isabelle.
Beaufort, voir Montmorency.
Beaumont-sur-Oise : Mathieu.
Beauvoir : Hugues, Jean.
Béraule : Isabelle.
Bercenay-le-Hayer, voir Mauny.
Besançon : Raoul.
Bessy : Huguette (abbesse de Notre-Dame-aux-Nonnains).
Beurreville : Nicolas.

Bierne : Nicolas.
Bigny : Renaud.
Blaincourt : Adam, Pierrette.
Blangey : Raoul.
Bligny : Raoul.
Blois (comté) : Thibaut V.
Boissy : Alix.
Boti : Emeline.
Bologne : Jacques.
Bonneval : Jeanne, Marie, Pierre.
Bonsac : Firmin.
Bordes (Les) : Rénier.
Bouilly : Guillaume.
Boulages : Henri.
Boulay-lès-Neuvy-Sautour : Gui de Coursan.
Boulerre : Gui.
Bouranton : Féliset.
Bourgogne : Marguerite.
Bouville : Henri.
Bouy-sur-Orvin : Agnès, Pierre, Renaud.
Braux-le-Comte : Marie.
Bray : Guillaume, Milon.
Brètes : Gile, Péronelle.
Bricot : Garnier.
Brienne-le-Château : Gaucher, Gauthier V, Gauthier VI, Guiard, Jeanne d'Eu, Isabelle, Jeanne de Châtillon, Jeanne (fille de Gauthier VI), Marguerite, Marie.
Briocourt : de Grand.
Broyes : Agnès, Odette, Simon, Jeanne (abbesse de N.-D. aux Nonn.).
Buccey-en-Othe : Guerry, Hélissende, Manassès.
Buissiaco (de) : Laurent.
Busseyo (de) : Pierre.

Cadonis : Jean.
Cahors : Elie.
Cambrai : Jean, Regnault.
Castello (de) : Elisabeth, Jean.
Castro (de) : Jean, Pierre.
Caves (Les) : Guillaume.
Celario (de) : Pierre.
Celle (La) : Pierre.
Cernon : Marie.
Cervet : Marisy.
Chablis : Gui.
Chacenay : Jean, Renaud.
Chabu : Marie.

Chalautre : Helvide.
Chalette : G., Gui.
Châlons-sur-Marne : Jean.
Chamblain : Agnès.
Chamigny : Edmée.
Champagne : Adélaïde, Adèle, Agnès, Blanche d'Artois, Blanche de Navarre, Eudes III, Guillaume-aux-Blanches-Mains, Guillaume de Navarre, Henri I, Henri II, Henri III, Hugues, Isabelle de France, Thibaut Ier, Thibaut II, Thibaut III, Thibaut IV, Thibaut V, Marguerite, Marie, ect., Mathilde, Scolastique.
Champgirard : Jean, Marie.
Champgirault : Guillaume, Marie.
Champguyon : Agnès, Gui, Jean, Thibaut.
Champigny : Jean.
Champlitte : Etienne, Jean, Pierre.
Champlost : Milon.
Champmarot : Jean.
Changis : Gilon.
Channes : Maurice, Milet.
Chanoy : Etienne, Thibaut.
Chanteloup : Elisabeth, Etienne, Jeanne, Marie, Robert.
Chantemerle : Dreux.
Chaource : Jean, Pierre.
Champarmoy : Marguerite.
Chapelle (La) : Milon.
Chapelle-Godefroy (La) : Metz.
Chapelle-Saint-Luc (La) : Catherine, Thomas.
Chappes : Adélaïde, Clérambaud, Gauthier, Gui, Hélissende, Jacques (neveu de Clérembaud).
Charité (La) : Gui.
Charley : Marisy.
Charmont (autrefois Colasverdey) : Jean, Jeanne Ricourt, Pierre de Marisy, Robert.
Charmoy : Jean.
Charny : Jean.
Château-Huton : Pierre.
Château-Landon : Adam.
Châteauneuf : Guillaume, Jean.
Châtillon : Jeanne.
Châtres : Elisabeth, Matilde, Philippe.
Chauchigny : Félise, Le Gras.
Chaumont, *voir* des Barres, Eustachie, Hélissende, Pérotte.

TABLE DES NOMS DE LIEUX.

Chavanges : Jean.
Chêne (Le) : Jean, Jeanne.
Chennegy : Alix, Henry, Pierre.
Chicherey : Colin.
Chigy : Etienne.
Clauso (de) : Adélaïde, Alix, Aubert, Charles, Gilbert, Guillaume, Hugues.
Clesles : Pierre, Renaud.
Closfontaine : Alix.
Cluny : Pierre.
Colombé : Hugues, Renaud.
Condé : Guyot.
Condilly : Elisabeth.
Contre : Mathieu.
Corbeil : Jean, Thomas.
Corbie : Garnier.
Coulours : Fromont, Laurent.
Courcelles : Catherine (abbesse de Notre-Dame-aux-Nonnains), Eléonore, Louis, Maurice, Philippe.
Courcemain : Marie.
Courçon : Robert.
Court-Guillerai : Jeanne.
Crémone : Nicolas.
Creney : G., Guillaume, Hugues, Pierre.
Crochet (Le) : Isabelle.
Crouy : Robert.
Cruzy : Colette, Erard, Marie, Pierre.
Cucharmoy : Jeanne.
Cuchaud : Marguerite.
Culoison : Sainet.
Cussangy : Pierre.

Damemarie : Jeanne.
Dampierre : Gui.
Dannemoine : Gilles.
Daudes : Gauthier.
Deux-Eaux : Mathieu.
Dessus-les-Arcs : Garnier.
Die : Jacquette.
Dielon : Jacques, Robert.
Dienville : Foulques de Fresnay, Vervins.
Dijon : Clément.
Domá (de) Domats : Guillaume, Jeanne.
Dommartin : Milon.
Donnement : Eudes.
Dontilly : Emeline.
Dosches : Eudes, Henri, Isabelle.
Doue : Emeline, Guillaume.
Doyer (Le) : Adeline.
Droupt : Jacques, Luquette, Renaud.

Duplessis : Gaucher, *voir* Duplessis.

Eclance : Jean.
Egreville : Isabelle, Jean (*de Agrivilld*).
Epothémont : Nicolas.
Ervy : Aganon, Robert.
Essarts-lès-Sézanne : Pierre.
Esternay : Dreux.
Everly : Marguerite, Milon, Renaude.

Faux : Marguerite.
Faverolles : Jean.
Fay : Duval, Odinet.
Fère (La) : Marie.
Fère-Champenoise : Simon.
Ferreux : Guédon.
Ferrières : Pierre.
Fillées al. *Fuillées* : Hélissende.
Fismes : Thibaut.
Flacy : Emeline, Henri, Marguerite.
Flandres : Marguerite.
Flavacourt : Guillaume.
Flavigny : Pierre.
Fleurigny : Emelgarde, Emeline, Gui, Jeanne, Marie.
Flogny : Dodon, Marie.
Foissy : Jacques.
Foissy, *voir* Traînel : Erard, Gauthier, Iolande, Jean, Jeanne, Marguerite.
Fontaine : Isabelle, Jean.
Fontainebleau : Guiard, Philippe.
Fontenay : Pétronille.
Fontvannes : Henri.
Foolz : Marie.
Forêt (La) : Helvide.
Fouchères : Girard.
Fougeon : Elise, Guillaume, Guillemin, Jean, Jeanne, Marguerite.
France : Alix, Anne, Charles le Bel, Charles le Chauve, Charles IV, Charles V, Charles VII, Henri, Henri de France, Isabelle, Jean II, Jeanne de Navarre ; Jeanne d'Evreux, Jeanne (fille de Philippe le Bel), Louis VII, Louis IX, Louis X, Louis XIII, Louis XIV, Marie, Philippe, Philippe le Bel, Philippe de Valois.
Fresnay : Foulques, Gilles.
Froides-Parois : Jacques.
Frolois : Hugues.

Gand : Le Moyère.

Garlande : Gui, Jean.
Gérosdot : Nicolas.
Givry : Etienne.
Gomer : Thomas.
Gonnay : Jean.
Goumain : Jean.
Grand-Champ : Isabelle.
Grand-Puy : Guillaume.
Grange (La) : Isabelle, Jean, Milon.
Granges (Les) : Marguerite.
Guerchy : Erard, Isabelle, Jean, Jeanne.
Gyé-sur-Seine : Garnier, J.

Hayer : Vestier.
Hédun : Jean.
Herbisse : Guillaume, Jean, Pierre.

Isle-Aumont : Gaucher, Guillaume, Robert, Simonette.
Istrie : Engelbert.

Jasseines : Huguenin.
Jaucourt : Erard, Gauthier, Pierre.
Jaulnes : Emeline, Marguerite.
Jeugny : Jacquette.
Joigny : Agnès, Emeline, Geoffroy.
Joinville : Amé.
Jouarre : Gilles, Jean.
Joyeuse (de) : Marie, *voir* Gombaud.
Juilly-le-Châtel : Gui, Hugues, Marguerite, Pétronille, Vignier.
Jutigny : Clémence, Ermengarde.

Lagny : Oudard, Robert.
Langres : Pierre, Renaud.
Lannerey : Guillemette, Marguerite.
Laon : Dreux.
La Rivière-de-Corps : Elisabeth.
Lassicourt : Hébert.
Laubressel : Jean.
Lavoncourt : Gaucher.
Lens : Jean.
Lévigny : Guillaume.
Lézinnes : Erard, Isabelle, Marguerite.
Lignières : Agnès.
Lignol : Jocelin, Lambert.
Linan : Agnès.
Loge (La) : Dreux, Helvide.
Longchamp : Jean.
Longeville : Marguerite.
Longueville : Charles de Poitiers.
Lorraine (duché) : Simon.

Louptière (La) : Péronelle.
Lourps : Etienne.
Lunay : Marie.
Lusigny : Catherine (abbesse de N.-D.-aux-Nonn.), Guillaume, Philippe, Soucinet, Thibaut.
Luxembourg : Marie.
Luxeuil : Etienne, Humbert, Sibille.
Luyères : Adélaïde, Eudès, *Faerius*, Gilon.
Lyon : Pierre.

Macey : Agnès, Alix, dite Scolastique, Gilles, Hugues, Renaud.
Magnicourt : Hauvide, Gui, Hugues.
Mailly : Clémence.
Magrobrio (de) : Guillaume.
Mairoy : Pierre.
Mal-Rû : Raoul.
Mante : Robert.
Maraye : Guyot, Lapostole.
Marcilly : Gui, Marguerite, Marguerite des Vignes.
Marelo (de) : Pierre.
Marescherlis (de) : Jean.
Mareuil : Pierre.
Margerie : Nicolas.
Marginil : Jeanne.
Marigny : Agnès, Garnier, Hélissende, Marie, Mathilde, Nicolas, Richer.
Marnon : Mathilde.
Marreveiz al. *Merreolis* : André.
Maso (de) : Nicolas.
Mauny : Anselme, Helvide, Guillaume, Ithier.
Meaux : Céline, Philippe.
Mécringe : Agnès.
Mélanfroy : Isabelle.
Meleta (de) : Adam.
Mello : Gui, Marguerite.
Melun : Gertrude, Marie.
Méry-sur-Seine : Emeline, Garnier, Geoffroy, Guillaume, Simon.
Mesnil-Sellières : Eudes.
Metz-Robert : Nicolas.
Molay : Pierre.
Molins : Garnier.
Molôme : Jean.
Monchavan : Jeanne.
Monstier : Marie, Nicolas, *voir* Monstier.
Montaulin : Erard, Pioche.

Montfey : Hugues, Isabelle.
Montiéramey : Nicolas, Pierre.
Montigny : Gaucher, Pierre.
Montlhéry : Renaud, Simon.
Montloon : Jean.
Montmartin : Geoffroy.
Montmirail : Jean, Le Gros.
Montmorency : Guiard, Jean, Martin.
Morinval : Pierre.
Mortéry : Pérotte.
Motte-Tilly (La) : Alix, Marguerite.
Moussey : Deschamps, Garnier, Guillaume, Jean, Pierre, *voir* Moussey.

Nanteuil-le-Haudoin : Jean, Jeanne, Renaud, Robert, Thibaut, Thibaut.
Navarre : Blanche, Elisabeth, Marguerite, Sanche VI.
Nantouillet : Lyonnet.
Noës (Les) : Constance.
Nogent-l'Artaud : Artaud, Isabelle, Nicolas.
Nogent-sur-Seine : Aveline, Elisabeth, Eramburge, Gautheir, Girard, Isabelle, Jean, Milon etc., Pougeoise, Villain.
Normandie : Adèle.
Noyers : Etienne, Gilette, Jeanne.
Nuisement : Paillot.

Ocey-les-Trois-Maisons : Melinette.
Onjon : Jean.
Orléans : Jean.
Oze : Marguerite.

Pacy : Isabelle, Jean (*de Paciaco*).
Pannis : Jean.
Paris : Cousin, Guillaume, Jeanne.
Pavillon (Le) : Pierre.
Peis (de) Pel-et-Der : Adam, Geoffroy.
Perche : Guillaume, Rotrou.
Périgny-la-Rose : Renaud, Simon.
Perthe : Pierre.
Pierre-Châtel : Vincent.
Pisron-lès-Chalautre : Félicité.
Plaines : Thibaut.
Plancy : Dreux, Etienne, Gilon, Hugues, Milon, Odette, Philippe.
Planoy : Péronelle.
Planty : Isabelle.
Plessis-Gâteblé : Elisabeth, Guillaume, Isabelle.
Plessis-lès-Chaast : Pierre de Villiers.

Pleurs : Marguerite.
Plivost : Mauroy (Jacques de).
Poitiers : Aymard, Charles, Guillaume, Henri.
Polignac : Adélaïde.
Pommeuse : Thibaut.
Pompoune : Jean.
Pontellié : Richard.
Pont-Sainte-Marie : Macrey, Pierre.
Pont-sur-Seine : Adeline, Comtesse, Fromont, J., Jean, Mathieu, Milon, Milon-Philippe, Renaud.
Portes (des) : Pierre.
Pouan : Henri.
Pougy : Elisabeth, Eudes, Girard, Gui, Manassès, Marie, Odette (abbesse de Notre-Dame-aux-Nonnains), Renaud.
Pouille : Elisabeth.
Poulangy : Emery.
Précy : Etienne.
Précy-Saint-Martin : Erard.
Premierfait : Henri.
Provins : Etienne, Helvide, Herbert, Garnier, Gilles, Guillaume, Jean, Jeanne, Nicolas, Renaud.
Prunay : Eudes, Pierre.
Puiseaux : Marguerite.

Radils (de) : Robert.
Ramerupt : Hélimpe, Robert.
Rances : Marie de Braux.
Reims : Agnès.
Reneborc : Charles.
Resson : Agnès de Marigny.
Rhèges : Agnès, François, Jean.
Rilly-Sainte-Syre : *Clarellus* Clairin, Henri, Jean, Thomas.
Rivière (La) : Jacqueline.
Rivière-de-Corps (La) : Henri.
Roffey : Marie.
Romainville : Guillaume Cassinel.
Romilly-sur-Seine : Hugues, Jean.
Roncenay : Jean, Renaud.
Ronceval, Roncevaux : Jacques, Pierre.
Rosay : Jean.
Rosières : Thibaut.
Rosiers : Raoul.
Rouillerot : Jean.
Rouilly-Sacey : Thalamon.
Rouvres : Girard.
Rumilly-les-Vaudes : Manassès, Pion, Raoul.

Saint-André : Félix.
Saint-Aubin : Agnès, Guillaume, Jeanne du Chesne, Milon.
Saint-Aventin : Jean.
Saint-Benoît-sur-Seine : Eudes *de Thoriaco*, Jean.
Saint-Chéron : Marguerite.
Sainte-Croix : Elisabeth.
Saint-Florentin : Guillaume, Hersinde, Simon.
Saint-Germain : Jacques, Maurice.
Saint-Just, *voir* Dampierre, Philippe.
Sancey-Saint-Julien : Charlotte, Hugues.
Saint-Léger : Pierre, Renaud.
Saint-Liébault : Philippe de Courcelles, Manassès.
Saint-Lyé : Henri, Hugues, Jean.
Saint-Martin-lès-Verrières : Jacobée.
Saint-Maurice-aux-Riches-Hommes : Henri, Jeanne.
Saint-Mesmin : Guindesimolde, Isabelle de Dosche, Pierre.
Saint-Oulph : Aimard, Félix, Nicolas, Simi.
Saint-Parise : Charlotte.
Saint-Parres : Agnès, Robert.
Saint-Phal : André, Etienne, Eudes, Gauthier, Isabelle IV (abbesse de Notre-Dame-aux-Nonnains), Jacques, Jeannette, Manassès, Marguerite, Marie, Milon, Pierre, Rénier, Scolastique.
Saint-Port : Agnès.
Saint-Pouange : Hébert, Mathieu, Pierre, Robert.
Saint-Quentin : Milon, Pierre, Rénier.
Saint-Remy : Adeline.
Saint-Savinien, *voir* Rilly-Sainte-Syre.
Saint-Sépulcre, *voir* Villacerf : Henri.
Saint-Vérain : J.
Salazard : Jeanne, Lancelot, Marguerite.
Salon : Jacques, Laurent.
Saron : Aganon, Agnès de Broyes, Marguerite.
Sarrey : Adam.
Savières : Raoul.
Savigny : Alard, Jean, Simon.
Savins : Péronelle.
Sedane : Marguerite.
Sens : Etienne, Eudes, Haton, Hernaud, Jacques, Jean.
Septem Pillis (de) : Jeanne.

Sergines : Elisabeth, Isabelle, Marie.
Sexfontaines : Marguerite.
Sézanne : Chaplain, Philippe, Simon, Thibaut.
Sièges (Les) : Emeline, Jean.
Sion-en-Valais : Guillaume.
Sivray : Ermensinde.
Soisy : Adam, Elisabeth, Marguerite.
Soligny-les-Etangs : Gui.
Sommefontaine, aujourd'hui Saint-Lupien : Thibaut.
Soulaines : Jean.
Suippes : Raoul.
Spinall Bosco (de) : Simon.
Sully : Hélie.

Thil-Châtel : Thibaut.
Thoriaco (de), *voir* Saint-Benoît-sur-Seine : Jean.
Thourotte : Jean, Robert.
Thuisy : Thierry.
Tonnerre : Colomb, Pierre.
Torcy : Jean.
Tornange : Jacques.
Tornella (de) : Héloyse, Pierre.
Toucy : Hugues.
Trainel : Agnès, Anseau, Dreux, Elisabeth, Ermengarde, Garnier (évêque), Garnier, Gui, Guillaume, Helvide, Henri, Jacquette, Jean, Jeanne, Jeanne de Villeneuve, Philippe.
Troyes : Guillaume, Jean.
Truchepot : Eudes.

Ursins : Jean Jouvenel.

Valence : Jean.
Valentinois, *voir* Poitiers.
Vallant-Saint-Georges : Renaud.
Vallées (Les) : Yolande.
Valléry : Agnès, Odette, Mathilde (abbesse de Notre-Dame-aux-Nonnains).
Vanlay : Marguerite.
Vannes : Gui, Lederiz, Philippe.
Vardom : Jeanne.
Varennes : Jean.
Vaucemain : Erard, Eudes, Guillaume, Louis, Marguerite, Marie de Chahut.
Vauchamps : Gauthier, Jean.
Vauchassis : Jean.
Vaucogne : Jean.

Vaudes : Girard, Hébert, La Nonne, Pierre.
Vaulomonte (de) : Agnès.
Vendeuvre : Adélaïde, Bouchard, Elisabeth, Helvide, Hugues, Jean, Pierre.
Verdey : Guiburge, Guillaume, Jean.
Verdun : Collette, Isabelle, Marguerite, Nicolette, Pierre.
Vergigny : Renaud.
Vermont : Denis.
Verrières : Ferry, Nicolas.
Vertus : Jean.
Verzi : Adélaïde, Adémar, Renaud.
Viaspres : Guyot.
Vienne (comté de) : Scholastique de Champagne.
Viéville (La) : Gui.
Vignes (Les) : Marguerite.
Villacerf : Colbert, Gui.
Villebéon : Pierre.
Villebertain : Mesgrigny.
Villehardoin : Gauthier, Guillaume, Marguerite.
Villemaur : Eudes, Manassès, Marie, Thibaut, Hélie, Girard, Hébert.
Villemoiron : Joya.

Villemoyenne : Jean.
Villenauxe : Jean.
Villeloup : Adam, Isabelle.
Villeneuve : Jean, Marguerite, Pierre.
Villeret : Huyart.
Villevenard : Elisabeth.
Villiers : Geoffroy, Isabelle, Pierre, Simone.
Villiers-Bonneux : Ermengarde, Garnier, Marguerite, Mathilde.
Villiers-Herbisse : Pierre.
Villy-le-Maréchal : Adélaïde, Guillaume, Jean, Raoul.
Vitel : Dominique, Méline.
Vitry-le-Croisé : Flandrine, Guillaume, Pierre.
Vitry : Gauthier, Jean, Michelle, Pierre.
Viviers : Guillaume.
Voisines : Agnès, Anseau, Marie.
Vosnon : Pierre.
Vouarce : Petit.
Vougré : Eudes, Humbeline, Thibaut.
Wous : Adélaïde.

Ypré : Isabelle, Jean, Jeanne.

ADDITION

« Par acte du 4 mars 1560, Jacques Juliot, sculpteur, avait offert de faire le retable du grand-autel (de Saint-Urbain) d'albâtre et de jaspe, et en outre six vingt livres; à la charge d'un anniversaire et d'être enterré avec sa femme dans la place où se fait le prosne, couverts d'une pierre de marbre de 4 pieds et demi en quadrature. Il a rempli ses offres, comme on le voit encore, et la tombe subsiste. » *Registre* de Saint-Urbain, p. 231.

L'épitaphe de Jacques Juliot, qui existe encore dans l'église Saint-Urbain et que nous avons relevée exactement, porte que l'habile sculpteur est mort « le XIIe jo^r de novembre 1567. » Cette date corrige toutes les dates différentes qui sont données par divers auteurs. (Voir plus haut p. 354, n° 247, et p. 380, n° 22.)

TROYES, DUFOUR-BOUQUOT, IMPR DE LA SOCIÉTÉ ACADÉMIQUE DE L'AUBE

PUBLICATIONS
DE LA
SOCIÉTÉ ACADÉMIQUE DE L'AUBE

MÉMOIRES
DE LA
SOCIÉTÉ ACADÉMIQUE
D'AGRICULTURE, DES SCIENCES, ARTS ET BELLES-LETTRES
DU DÉPARTEMENT DE L'AUBE
1822-1881. — 45 volumes in-8°, avec planches et cartes

Il paraît un volume à la fin de chaque année.
Ces Mémoires sont livrés au public par souscription. Le prix est fixé, par année, à CINQ FRANCS, pour les distributions qui se font à Troyes, et à SIX FRANCS, franc de port, pour les envois au dehors.
La première série des Mémoires comprend les années 1822-1846. — La seconde série se compose des années 1847-1863, et la troisième série, in-8° raisin, a commencé avec l'année 1864.
La Table générale des matières contenues dans la première série, et la Table générale de la deuxième série ont été imprimées séparément; — elles se vendent 1 franc, chacune.

COLLECTION
DE DOCUMENTS INÉDITS
RELATIFS A LA VILLE DE TROYES ET A LA CHAMPAGNE MÉRIDIONALE
1878-1882. — 2 volumes in-8°

CATALOGUE DES TABLEAUX DU MUSÉE DE TROYES
Un vol. in-12. 3° édition

CATALOGUE DES SCULPTURES DU MUSÉE DE TROYES
1 vol. in-12. 3° édition

ANNUAIRE DE L'AUBE
1826-1882. — 56 volumes

Depuis l'année 1835, l'*Annuaire de l'Aube* est publié sous les auspices et sous la direction de la Société Académique de l'Aube, et renferme des mémoires historiques, des notices archéologiques et des documents statistiques. — A partir de l'année 1854, l'*Annuaire* est du format in-8°, et contient des lithographies.

TROYES. — DUFOUR-BOUQUOT, IMPRIMEUR DE LA SOCIÉTÉ ACADÉMIQUE.

www.ingramcontent.com/pod-product-compliance
Lightning Source LLC
Chambersburg PA
CBHW071706230426
43670CB00008B/926